メモするだけで

単勝・馬単・3連単が

浮かび上がる!

爆勝的中

シート

ステルス佐藤

序章

ＪＲＡのレース設定とは

前作のリリース後、何百人もの読者から【爆勝的中シート】を毎週配ってほしいとの連絡をいただきました。本当にありがたいお話です。僕は、自分の視点が間違っていないのだという確固たる自信を得ました。0.0 秒差や 0.1 秒差（勝ち馬との差、あるいは２着馬との差）といったほんのわずかなタイム差の価値、負担重量規程による１kgや２kgといった加減が及ぼす影響、上がり３ハロン順位の重要性など、重箱の隅をつついて勝ち馬を探し出そうというチャレンジに対する皆さんからの賛同は、とてもうれしく心強いです。そして、実際に読者に送信した【爆勝的中シート】の正確さに感謝のメールをたくさんいただきました。このたび 2020 年 12 ～ 2021 年３月のＪＲＡ重賞用の本書を出版しようと思えたのは、支持してくださる皆さんの笑みをまた心に思い浮かべたいからでもあります。

一方で、
調教タイムや追い切りは見なくていいの？
馬体重は関係ないのでしょうか？
パドックは見ても意味がありませんか？
レース展開を予測しないというのは、いかがなものでしょう？
馬場状態は影響しないのでしょうか？
騎手の乗り替わりは？
血統は無視？
などなど、常識的な質問もたくさんいただきました。
僕の答えは、「それはすべて人気に現れています」というものです。競馬ファンが平等に得られる情報は、すべて単勝人気に集約されます。上記の問いに対してマスコミやファンが総力を挙げて出した答えが単勝人気ですから、逆らわずに利用すればいいと思います。
問題は、その人気が怪しいという点です。

こんな話はどうでしょう。
ほとんどの人は、競馬新聞やスポーツ新聞、ネットで出馬表を見て、そのレースで一番強い馬はどれか、最も勝ちそうな馬はどの馬かを一生懸命に考えます。
思うに、正しい予想とは、そのレースでどの馬が勝つかを考えるのではなく、「どんな馬がそのレースで求められているか」を知ることです。つまり、そのレースが要求する資質を持った馬を見つけることなのです。
50音順に有名女性芸能人10名を列記しました。

①綾瀬はるか
②新垣結衣
③有村架純
④白石麻衣
⑤田中みな実
⑥浜辺美波
⑦広瀬すず
⑧深田恭子
⑨本田翼
⑩吉岡里帆

「このなかで人気投票したら1位になるのは誰ですか」
そう問われたとします。誰と答えますか？
②新垣結衣が無難な答えではないでしょうか。新垣結衣は毎年オリコンニュースが行っている「恋人にしたい女性有名人ランキング」の第10回から第13回（＝2020年）で4年連続の1位

です。
「やっぱりそうだよ、このなかから選ぶとしたらガッキーだよ。俺、当たった」
これが一般的な競馬ファンの実態です（オジサンと仮定しますね）。
でも、いつも新垣結衣が優勝するならギャンブルになりません。そこで主催者は、「このなかで人気投票したら1位になるのは誰ですか」という同じ質問を、10代の若い子たちだけに対して行うのです。すると、どういう結果になるでしょうか。
答えは、⑨本田翼です。10代に「恋人にしたい女性有名人は？」と訊くと、三十路の新垣結衣はランキング5位にも入ってきません。
さて、オジサンたちが10代の若者の嗜好を知り、「本田翼」という解答を導きだすには、どうすればよいでしょう。
僕なら、過去12回のオリコンニュースのランキングを分析し、10代はどういうタイプを好むのかを徹底解剖します。つまり、有名人10人のなかでNo.1に選ばれる人を探すのではなく、「10代が要求する資質というものを見つける」のです。競馬で言えば、たとえばダービーの出馬表とにらめっこするのではなく、過去20回のダービーのレース結果に目をこらすのです。すると、ダービーというレースが求める馬の資質が浮かび上がってきて、今回優勝する馬をズバリ的中させることができます。
さらに、ダービーというレースが求める馬の資質が一度解明できたら、今年はもちろん、来年も再来年も、ずっとそういう馬を見つけて買えば当たるのですから、もうたまりません。

舞台が違えば、勝つ馬も違う

過去20年のダービーのレース結果を分析するときに肝心なのは、どこに着目するか、どういう視点で捉えるかです。データの切り方がすべてを左右します。

・どんな血統の馬か
・調教師は誰で、騎手は誰が乗っていたか
・どんなタイムで走ったか
・レース展開はどうだったか
・直前の調教（最終追い切り）はどうだったか

以上のような切り口は、僕に言わせればセンスなしです。以前は僕もそのような要素を気にかけていましたが、無意味とは言わないまでも、大きな要因ではないことがわかりました。
では、見るべき箇所はどこか。それはダービーで１着・２着に入った馬たちの

①デビュー以降の連対実績（連対＝１・２着の実績）
②そのときの負担重量と着差
③上がり３ハロンの順位

たったこれだけです。過去20年なら40頭の馬について、これを抽出します。
そして、共通項を見つけます。
すると、ダービーで１着・２着に来る馬たちの資質が浮かび上がり、すなわちダービーというレースが求める馬の像が明らかになるのです。
競馬の祭典・ダービーは初夏の東京競馬場（左回り）芝2400ｍで牡馬57kg（牝馬２kg減）で行われます。平地レースで世界一の売上を誇る年末の有馬記念は中山競馬場（右回り）芝2500ｍで牡馬57kg（３歳馬と牝馬２kg減）で行われます。２レースとも新垣結衣が優勝することは滅多にありません。やはりどちらかで本田翼が１位に輝いたりします。わずかな舞台の違いが別

の馬を勝たせるわけです。
ＪＲＡの重賞で同じ舞台はふたつとしてありません。すべての重賞で違う馬が１着・２着に来るようにひねって設定されています。

１つのレースに１つの専用武器

では、そんなＪＲＡ全重賞が求める“資質一覧表”があれば最高じゃないですか？
それが本書です。
【爆勝的中シート】の具体的な活用方法を紹介しましょう。
【爆勝的中シート】は【１番人気的中シート】と【１着穴馬的中シート】【２着穴馬的中シート】の３種類あります。
【１番人気的中シート】は、今回のレースの１番人気が「勝つか、負けるか」を判定する際に使います。僕は当該レース過去20年のレース結果を分析し、１着になった１番人気が満たしていた前提条件＝「大前提」と、クリアしていた「ハードル」の抽出に成功しました。つまり勝つ馬たちの共通項を知っているのです。従って、その「大前提」と「ハードル」に照らし合わせれば、今回の１番人気がどういう結果になるか、答えがおのずと出てきます。そして、今回は「１番人気が勝つ」とわかれば、その１番人気の単勝にドンと賭けて儲けます。２倍の配当（オッズ2.0倍）でも、当て続ければ、賭け金と同じ利益が得られます。年間100万円賭けて200万円のリターンで純利益100万円。週末に競馬を楽しんでお金持ちになれるなんて、そんな夢のような話があるわけないのに、ココにあるのです。

逆に、「１番人気が負ける」と判明した際は【１着穴馬的中シート】の出番です。このシートは、当該レースを２番人気以下で勝った馬たちの共通項をもとに作成しています。１着に来る穴馬が浮かび上がるという、前代未聞のオリジナルシートです。
もっとも、何頭もの穴馬が１着に来る可能性を示すレースが多く、買い目は何点にもなります。けれども、２番人気以下の穴馬ですから、そのぶん配当は高く、５点買いしても儲かるケースがほとんどです。５点買ったところ配当が５倍（オッズ5.0倍）未満で損をするケースを「トリガミ」と言いますが、ガミることがあっても落ち込む必要はありません。その一方で何十倍という高配当をキャッチすることがあるからです。
「単勝５点買いなんて、ステルスさんはそんな馬券の買い方するんですか（笑）」
よく驚かれるというか、あきれられるというか、半ばバカにされること度々です。
競馬の予想には本命、対抗、単穴、押さえという概念があり、基本的にそれぞれ◎　○　▲　△という印で示します。これは何十年も続いている常識で、競馬新聞もスポーツ新聞も、あらゆる媒体がそうしています。
でも、それは「出馬表」「馬柱」「箱」と言われる予想紙面を作る際に最適な道具であって、馬券を買う際の武器としては最善ではないと思います。競馬ファンがマスコミと同じように「本命だ」「押さえだ」と、それが正しい方法であるかのように予想する姿に、ちょっと違うのでは……と思うわけです（馬券で儲けたい際は、という条件付き）。
競馬ファンは１頭の「本命」に賭け、多くの場合、心中します。違うでしょ、と。毒されていますよ、マスコミにと。馬券を買う際は、１頭ではなく何頭もの馬と心中していいのです。日経225のなかの１社を選ぶのではなく、10社に分散投資するのと同じようにしたらいいと思います。
話は戻ります。
僕は、２番人気以下で２着に入った馬たちの共通項をもとに作成した【２着穴馬的中シート】という武器も得ました。１番人気が勝つとわかった際も、２番人気以下が勝つとわかった際も、馬単の２着候補を浮かび上がらせるときに活用するシートです。
とくに、人気薄が１着に来るレースにおいて高配当が期待できる馬単を買う場合に威力絶大です。
そんな魔法のシートの使い方を次に説明します。

【爆勝的中シート】の使い方

僕が開発した【爆勝的中シート】は、これから行われる重賞競走の１着馬と２着馬が浮かび上がる優れモノです。
馬券予想の基本は、まず１番人気の取捨選択。これこそがプラス収支をもたらす最も重要な要素です。それを可能にするのが【１番人気的中シート】です。基本的に当該レースの過去20年のレース結果を分析し､「大前提」と「ハードル」という２種類の基準を設定しています。皆さんは筆記用具を用いてその基準をクリアした馬に○、クリアしていない馬に×をつけることにより、お金になる馬を浮かび上がらせることができます。
次に【１着穴馬的中シート】の使い方。
【１番人気的中シート】を活用して今年の１番人気が「１着には来ない。２着以下に負ける」とわかった場合は、２番人気以下から１着候補を見つけだすために【１着穴馬的中シート】を利用します。
こちらにも、僕が過去20年の当該重賞１着馬20頭をチェックしたうえで設定した「大前提」と「ハードル」があり、それを満たした馬がひと目でわかるようになっています。フルゲートの場合、だいたい穴馬候補は５頭になります。２番人気以下で勝つ候補馬５頭が浮かび上がったら、その全馬の単勝をドーンと買いましょう。20倍でも30倍でもひるまずに買ってください。
【２着穴馬的中シート】の使い方は､もうおわかりですね。１番

人気が勝とうと、２番人気以下が勝とうと、美味しい馬単を的中させるためには２着馬を絞り込まなければなりません。その際に利用するシートです。そしてまた、３連単の３着候補に応用することも可です。

馬券は単勝が基本

　ＪＲＡの競馬で１番人気が勝つ確率は３レースに１回、約33.3%と言われています。どの期間でデータを採取するか、どのくらいのレース数をサンプルにするかによって33.3%を上回ったり下回ったりしますが、説明しやすいので３回に１回勝つとします。

その１番人気が勝ったときの配当は、平均230円とされます（これも同様です）。

つまり、１番人気に３回続けて賭けると、そのうち１回は馬券が的中して2.3倍の配当がもらえます。

賭け金を100円と仮定しましょう。３レース続けて１番人気に100円ずつ300円賭けると、１回は当たって230円が戻ってくるという机上の計算です。70円の赤字ですね。

では、１番人気が勝つ確率は33.3%で不変ですから、黒字にするにはどういう賭け方をすればよいでしょう。

ここで視点を変えます。

１番人気は、３レースに２回は負けるのです。66.6%（66.7%）の確率で負けるのです。この負けるレースを１つでも見つければどうなりますか？　３レース中に１番人気が負けるレースを見極めて、そのレースには賭けない。すると、１番人気は２レースに１回勝つことになるのです。すなわち、200円使うと、230円戻ってきます。賭け金の15%の利益です。

競馬ファンは、１番人気が勝つ３回に１回のレースを見極めんとします。違うのです。それよりも簡単なのは、１番人気が負ける３回に２回のレースを見つけることです。
僕の開発した【１番人気的中シート】を使えば、そういうレースがひと目でわかるのです。

黒字収支を続けるには

ＪＲＡの重賞は、ハンデ戦を除き、１年間に100レースほどあります。どのレースも長い歴史があり、データも豊富ですから、今年は１番人気が勝つか負けるか、比較的把握しやすくなっています。本書もそういうレースを題材にしています。
99レースのうち、33レースで１番人気が勝ちます。
あとの66レースでは２番人気以下の穴馬が勝ちます。
この66レースで絶対に１番人気に賭けないこと。その一方で、33レースで絶対に１番人気に賭けること。これが究極の目標です。
でも、33レースすべてを見極め、全レースを的中させることは不可能でしょう。でも、その半分の17レースだったら当てられそうな気がしませんか。
17レースを的中させて230円の配当が得られれば、
17レース×230円＝3910円。使うお金は33レース×100円＝3300円。610円の儲けです。18.5％の利回り。
１レース100万円賭ければ、年間3300万円を使って3910万円のリターン。610万円の黒字です（年収に匹敵？）。
これを目指すのが本書の目的です。

99レースのうち66レースでは２番人気以下の穴馬が勝つと言いました。
２番人気や７番人気や11番人気が勝つのが「荒れるレース」です。その単勝配当は、3.5倍、18倍、43倍といった数字になります。

【1番人気的中シート】を活用して、そのレースで1番人気が負けると判明したら、次は【1着穴馬的中シート】の出番です。
このシートを使うと、勝つ可能性のある穴馬が5頭ほど浮かび上がってきます。
浮かび上がっては来ますが、やはり、66 レースのうち半分の 33 レースを的中させるのが現実的な性能です。
また、1番人気1頭に賭けるときと違い、少なくとも穴馬5頭の単勝を買う必要があります。当たったときの配当は大きいのですが、外れたときのダメージは5倍です。
それを避けるために、2番人気以下の1着候補5頭には 20%ずつ賭けます。これで1番人気が勝つとわかったレースで1頭に 100%賭けるのと同じ賭け金になります。ということは、1番人気の配当が 230 円でしたから、その5倍＝ 1150 円の配当が平均して得られれば、前述の 18.5%の利回りが得られるのです。もし 3.5 倍、18 倍、43 倍といったふうに当たれば、その平均配当は 2150 円です。

投資をするのであって、ギャンブルをするのではない。

単勝の話ばかりしていますが、それには理由があります。
ＪＲＡの券種と控除率は以下のとおりです。

単勝　20%
複勝　20%
枠連　22.5%
馬連　22.5%
ワイド　22.5%
馬単　25%
３連複　25%
３連単　27.5%
WIN 5　30%

10人のファンが、１万円ずつ、合計10万円の馬券を買うとします。10人全員が単勝を買ったとしましょうか。上記のように単勝の控除率は20%ですから、胴元であるＪＲＡは売上10万円の２割にあたる２万円を引いて競馬開催の運営費として使い、残る８万円を配当として用意します。この８万円を10人で分け合うのですから、ファン一人ひとりの期待値は8000円。同じことを何度も何度も続けていくと、全員が賭け金合計の80%を配当として得るという姿になります。

単勝という馬券は、あまり人気がありません。

日本で一番売れる券種は３連単です。

そこでＪＲＡは、一番ポピュラーな３連単を買った人たちからは27.5%のテラ銭を取ります。ファンは高配当が得られそうに感じる３連単が大好きですから、テラ銭をたくさん取られて配当に回ってくる金額が少なくても文句を言いません。そして、単勝のときに説明したように、その３連単を何度も何度も買いつづけると、参加者全員が賭け金合計の72.5%を配当として得るという姿に落ち着きます。7250円ですね。

これ、「万円」という単位に変えてみましょうか。8000万円と7250万円。何十年も単勝を買いつづける人と、３連単を買いつづける人のあいだには、750万円もの差が生じるのです。

馬券で勝ちたい人にとって、どちらが正しいでしょう。

僕が単勝馬券の買い方をまず第一に取り上げるのは、けっしてギャンブルをするために競馬にお金を使うわけではないからです。ちなみに宝くじの控除率は45%。あれは本当に「くじ」ですね。そういう観点から言えば、当たると最高６億円の配当が得られるWIN ５もクジに近いと言えるでしょう（控除率30%）。

その点、単勝はＪＲＡが時々「５%ボーナス」を付けてくれることもあり（発表されますので気にとめておくこと）、となると10%台の手数料で参戦できることになります。公的な機関が運営する健全なフィールドであることを加味すると、競馬で単勝にお金を使うのは、賭け事ではありますが、投資に非常に近いと思います。

おさらい

１番人気の単勝オッズを2.3倍と仮定します（１番人気の平均配当はだいたい230円）。
ひとり単勝１点という決まりで、１万人が100円ずつ馬券を買うと、ＪＲＡは100万円の売得金を得て、そこから20％の場代＝20万円を引いて残る80万円を馬券購入者への配当に回します。
さて、単勝2.3倍の１番人気を買った人数は、何人でしょうか。単勝の払戻率は80％ですから、80万円をひとり当たり230円になるように分配すると、計算式は80万円/230円＝3478。つまり、１番人気の単勝を買った人は「１万人中3478人」になります。しかし、【１番人気的中シート】で１番人気が負けるとわかっているレースでは、3478人が買ったのは「負け馬投票券」という外れ馬券ですから、ＪＲＡの80万円の配当は、２番人気以下の単勝を買った人々「１万人－3478人」＝6522人に回ってくることになります。
この時点で、単勝配当の期待値は80万円/6522人で、ひとり当たり122.66円。２番人気以下全頭の単勝を100円ずつ買うと、そしてそれを何レースも続けると、払い戻しは掛け金の122.66％に近づいていきます。わかりやすく言うと、あなたが6522人×100円＝65万2200円をひとりで支払えば、ＪＲＡはあなたに間違いなく80万円くれるのです。14万7800円の黒字になります（競馬必勝法は、これしかない⁉）。
もちろん「１番人気が飛ぶとわかっているレースに賭けつづけられさえすれば」という条件がつきますが、これは５頭立てのレースで４頭の単勝を買っても、18頭立てで17頭の単勝を買っても同じです。何十、何百レースも買いつづけると、必ずそうなります。
僕は、これをなんとしてでも現実のものとすべく、そのレースで「１番人気が来るか飛ぶか」を察知する手段はないものかと頭を捻りました。そして、過去20年間の各馬の成績を分析し、たとえば有馬記念で来る１番人気、飛ぶ１番人気に「はっきりとした違い」がないかを、競馬四季報をめくりまくり、netkeibaを目が血走るほど凝視しました。
ありました。
各馬の成績を厳しく厳しく見ていくと、「差異」が確かにありました。
その違いの数々をメモし、集めたメモからエッセンスを抽出、そうして整えた「一文」を使って各馬を検証していきました。すると、ざるの編み目を細かくしていくごとに砂金が残るように（ちょっと違うか？）、負ける１番人気は落ちていき、勝つ１番人気、本物の１番人気だけが残ったのです。それは、どんなレースでも「必ず」でした。僕は負ける１番人気をつまずかせる「一文＝ざる＝ハードル」をいくつか作り、さらに、そのハードルを今回の１番人気は「越えられるのか　○」「引っかかるのか　×」か記入するだけで結果がひと目でわかるシートを作成しました。シートに×印がない１番人気は勝つし、ひとつでも×印があれば、そのレースの１番人気は飛び、間違いなく２番人気以下が勝つのです。
そう、２番人気以下が勝つレースが明らかになるのです。
前述のように、そのようなレースで２番人気以下の全頭買いをすれば、100レース終えるころには、あなたのもとに掛け金に対して22.66％の黒字がもたらされています。
これはもう、やるしかないでしょ！

本書内の語句・決まり事

本書を読みすすめていく際、「僕個人が決めた独自の表記法」など、読者にとっては初めての言葉などがあるかと思いますので、事前にいくつかお伝えします。

■本書内の「完勝」「圧勝」の定義について

「完勝」とは、2着馬に対して0.1秒以上のタイム差をつけての1着のことを言います。ハナ、アタマ、クビ差というカタカナ着差ではなく、1/2馬身差以上での1着になります。
「圧勝」とは完勝の上をゆく圧倒的な勝ち方です。下記のように距離によってそのタイム差は違いますが、あまりお目にかかれない勝ちっぷりです（200m延びる毎に0.1秒加わります）。
「圧勝」は、ひとクラス上の馬しかできない芸当と言えます。

1000m　0.2秒
1200m　0.3秒
1400m　0.4秒
1600m　0.5秒
1800m　0.6秒
2000m　0.7秒
2200m　0.8秒
2400m　0.9秒
3000m　1.2秒
3200m　1.3秒
3400m　1.4秒
3600m　1.5秒

■クラス分けについて

下位から次ページの図表のようになっています。

どのクラスにも「牝馬限定競走」があります。
牝馬限定戦は、牡馬・せん馬と一緒に走るレースより低レベルと考えて構いません。ただし、その牝馬同士のレースで勝った馬を一枚下に見るのは早計です。勝ち馬に対しては常に「そのクラスを勝ったという事実」を重視します。一方、２着以下に負けている馬に対しては、「牝馬戦で負けているのだから牡馬とのレースではもっと厳しい」と予測するのはＯＫです。

格下のクラスに出走することはできませんが、格上のクラスには、条件さえ満たせば出走できます。格上挑戦です。

■JRAのレースの種類、クラス分け

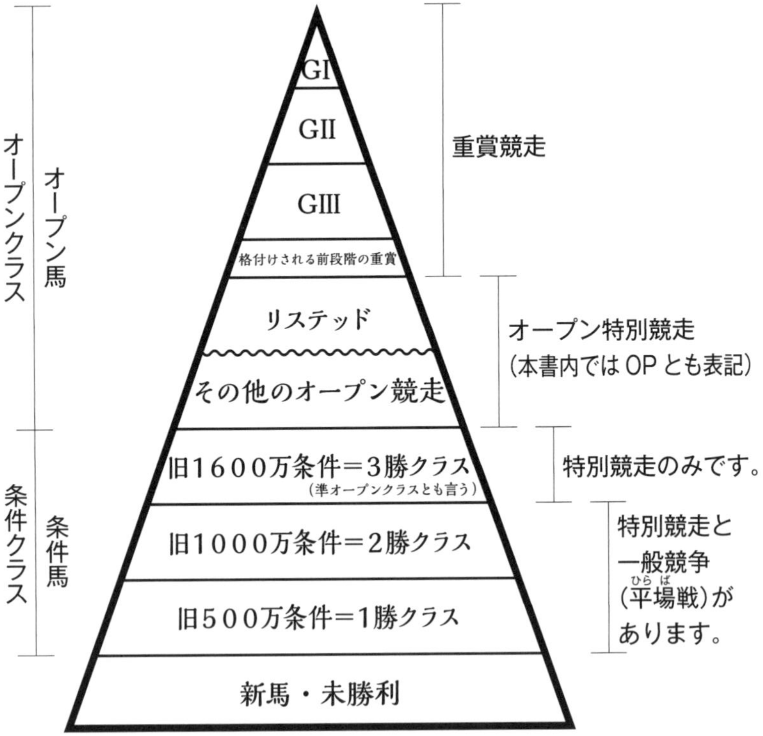

新馬戦は2歳戦のみ。1度しか出走できません。
未勝利戦は2歳戦と3歳戦があります。

(特別) 競走、(特別) レース、(特別) 戦は、どれも同じことです。
同様に、
(重賞) クラス、(重賞) 級は同じこと、
(500万) 条件、(500万) 下も同じことを言っています。

「3歳以上戦」、「4歳以上戦」は、「2歳戦」や「3歳戦」という世代限定競走ではないレースです。4歳馬や5歳馬、それ以上の高齢馬のことを「古馬」と言いますが、その古馬たちが走るレースのことを指します。

僕はクラス差をタイム差に換算しています。これを上回る差をつけて勝っていれば、上のクラスの馬です。その差をつけた1着のことを、前述のように「圧勝」と呼びます。
注:下記はクラス差であって、「圧勝」はこれを0.1秒上回るタイム差になります。

1000 m　0.1秒
1200 m　0.2秒
1400 m　0.3秒
1600 m　0.4秒
1800 m　0.5秒
2000 m　0.6秒
2200 m　0.7秒
2400 m　0.8秒
3000 m　1.1秒
3200 m　1.2秒
3400 m　1.3秒
3600 m　1.4秒

また、私はクラス差を斤量=重さに換算しています。
1kg (約2ポンド= 900 g) = 1馬身
6馬身=1秒　1馬身=約0.166秒

1 kg＝ 0.166 秒差
私は計算しやすいように、1 kg＝ 0.175 秒としています。
つまり4 kg＝0.7秒ですから、2200 m戦において4 kg軽いハンデ馬なら、ひとクラス下の馬でも互角になります。同じように2 kg＝ 0.35 秒ですから、1400 m以下のハンデ戦で2 kg軽いと下克上できます。

■牝馬限定競走のレベルについて

牡馬と走るＧⅡやＧⅢを勝った牝馬は、牝馬限定ＧⅠを勝つ能力があると考えます。牡馬と走るオープン特別を勝った牝馬は、牝馬限定重賞を勝てます。

《牡馬混合》		《牝馬限定》
ＧⅠ	＝	牝馬ＧⅠ
ＧⅡ　ＧⅢ	＝	牝馬ＧⅠ
オープン特別	＝	牝馬ＧⅡ　牝馬ＧⅢ
３勝クラス特別	＝	牝馬オープン特別

■負担重量規程の別定について

各レースの扉ページに負担重量規程を記載していますが、その別定にある「過去１年間～」という文章は意訳です。ＪＲＡの番組表にはしっかりとその日付が書いてあります。

■中央開催とローカル開催

中央開催は表開催、主場開催とも言い、中山、東京、京都、阪神競馬場での開催を指します（2020 年は９～ 10 月の中京競馬場は中央開催でした）。2021 年のように京都競馬場が改修によって使用できず、中京や小倉競馬場で代替する場合は、これも中央開催になります。それ以外はローカル開催で、地方開催、裏開催、従場開催とも言います。「地方競馬」とは違います。

■レースの各種条件についての記述（原則）

芝のレースでは「芝」と記述しません。
ダートのレースでは「ダート、あるいはＤ」と記述しません。

２歳戦のページでは「２歳」と記述しません。

３歳戦のページでは「３歳」と記述しません。

３歳以上戦を解説するときは「３歳以上」と記述しません。
４歳以上戦を解説するときは「４歳以上」と記述しません。

牝馬限定競走では「牝馬限定競走」と記述しません。
牝馬限定競走で、牡馬と一緒に走るレースの表記は「牡馬ＧⅢ」といった表し方になります。牡馬と一緒に走るレースを「牡馬混合戦」とも言います（「牡牝混合戦」とも言う）。

３歳限定戦のページで、３歳以上馬と一緒に走るレースの表記は「３歳以上ＧⅡ」といった表し方になります。
３歳以上戦のページで、２歳戦、３歳限定戦の表記は「２歳ＧⅡ」「３歳ＧⅠ」とはせず、そのまま「ＧⅡ」「ＧⅠ」といった表し方になります。

「３歳以上」という表記の際は、４歳以上戦を含みます。「３（４）歳以上戦」のことです。

■前走成績、前々走成績、実績の記述について
海外レースのコース名は、競馬場ではなく国名です。
新しいものから列記しています。
上がり３ハロンＸ位は、４位以下のことです。
上がり３ハロン順位のあとに、該当馬には「逃げ」「４角先頭」「３角先頭」「２角先頭」という記述があります。

メモするだけで単勝・馬単・3連単が浮かび上がる！

爆勝的中シート

Contents

巻末に2020年10月11日に行われたＧⅡ京都大賞典の【１番人気的中シート】【穴馬的中シート】を見本として掲載しました。
このレースは１番人気キセキが「飛ぶ」とわかり、２番人気以下から５頭の１着穴馬候補を浮かび上がらせ、そのなかのグローリーヴェイズ（３番人気）が勝ちました。２着キセキ（１番人気）、３着キングオブコージ（２番人気）という堅い決着でしたが、単勝620円、馬単2590円、３連単17470円といういい配当がつきました。

GⅡ

ステイヤーズS

12月5日（土）

中山競馬場　芝3600m

3歳以上

［グレード］

別定　3歳54kg　4歳以上56kg（牝馬2kg減）

過去1年間で　ＧⅠ競走（牝馬限定競走は除く）1着馬は2kg増
牝馬限定ＧⅠ競走およびＧⅡ競走（牝馬限定競走は除く）1着馬は1kg増
過去1年以前の　ＧⅠ競走（牝馬限定競走は除く）1着馬は1kg増
（ただし、2歳時の成績を除く）。

現在の基礎重量になったのは2012年からで、2011年までは3歳55kg、4歳以上57kgでした。
2005年までは（牝馬限定競走は除く）の一文はありません。
2003年までは「過去1年以前の～」というルールはありません。

1番人気で勝てる馬を浮かび上がらせます

大前提①　**6歳以下で加増は1kgまで**

3歳ハードル❶
菊花賞連対（負けていても0.1秒）

4歳ハードル❷
近2走で2400m以上「3勝クラス以上完勝か、GⅡ・GⅠ1番人気」

5歳以上大前提②　**4歳秋季競馬開始時点**（10月）**で条件馬**

5歳以上ハードル❸
前走2400m以上「オープン特別完勝か、重賞連対（負けていても0.1秒）**」**

5歳以上ハードル❹
2400m以上「オープンクラス1番人気1着歴*か、GⅡ・GⅠ完勝歴*」

どちらか一方で可。

*「歴」とは「戦歴」のこと。そういう実績を持っていることです。

注：ハードル❷❸❹は3歳以上戦

まず、1番人気馬を大前提とハードルに照らし合わせ、勝てるか負けるかを判定しましょう。2ページ後からの【1番人気的中シート】を利用してください。

ステイヤーズステークスの真相

ＪＲＡによればGⅡとは「GⅠに次ぐ主要な競走で、GⅠの勝ち馬も比較的容易に出走できる内容を持った競走」です。「競走体系上、最も重要な意義を持つ根幹競走」と位置づけされているGⅠのちょっと下というイメージでしょうか。そういうNo.２格付けですから、GⅡを分析する際、とくに３歳以上や４歳以上の「*古馬の芝GⅡ」を分析する際は、出走各馬のGⅢ・GⅡ・GⅠの連対歴を解析していけば事足ります。グレードレースの１～２着歴を精査すれば解答にたどりつけるのです。

しかし、当レースは、一番下の重賞であるGⅢのさらに下位のオープン特別や、そのまた下に位置する３勝クラスまでチェックしなければ的中に至りません。当レースはGⅡではありますが、天皇賞・春や有馬記念といった長距離GⅠに次ぐ主要な競走ではないと言えるでしょう。実質的にはGⅢであり、3600mという特殊な距離に適したオープン馬が好走するレースになっています。

つまり、キーポイントは距離適性。それさえわかれば的中に近づけるわけで、実際に当レースは過去20年で１番人気が11勝（勝率５割５分）という堅い結果になっています。

もうひとつ注目すべき点は、遅咲きの馬が活躍することです。サラブレッドがその競走能力のピークを迎えるのは４歳秋とされますが、その時点で条件馬にとどまっていた５歳以上馬が勝ちます。この事実は「スピードは先天的なもので、スタミナは獲得するもの」という“競馬格言”を体現している感じです。

なおＪＲＡによれば、GⅢとは「GⅠ、GⅡ以外の競走」という定義です。

＊古馬とは、３歳馬に対する４歳以上馬のこと。「こば」と呼ぶのが一般的ですが、「ふるうま」と呼ぶとツウっぽいです。

1番人気で勝てる馬【1番人気的中シート】

大前提①……………………6歳以下で加増は1kgまで
3歳ハードル❶…………菊花賞連対（負けていても0.1秒）
4歳ハードル❷…………近2走で2400m以上「3勝クラス以上完勝か、GⅡ・GⅠ1番人気」
5歳以上大前提②………4歳秋季競馬開始時点（10月）で条件馬
5歳以上ハードル❸……前走2400m以上「オープン特別完勝か、重賞連対（負けていても0.1秒）」
5歳以上ハードル❹……2400m以上「オープンクラス1番人気1着歴か、GⅡ・GⅠ完勝歴」
注：ハードル❷❸❹は3歳以上戦。5歳以上ハードルはどちらか一方で可。

年度	ステイヤーズSの1番人気馬	性齢	大前提①	3歳ハードル❶	4歳ハードル❷	5歳以上大前提②	5歳以上ハードル❸
2020							
2020							
2019	アルバート	牡8	×			○	
2018	リッジマン	牡5				○	○
2017	アルバート	牡6				○	
2016	アルバート	牡5				○	
2015	アルバート	牡4			○		
2014	クリールカイザー	牡5				○	×
2013	デスペラード	牡5				○	
2012	メイショウウズシオ	牡5				○	×
2011	ビートブラック	牡4			×		
2010	トウカイメロディ	牡3		×			
2009	フォゲッタブル	牡3		○			
2008	フローテーション	牡3		×			
2007	トウカイトリック	牡5				×	○
2006	アイポッパー	牡6				○	○
2005	デルタブルース	牡4			○		
2004	ダイタクバートラム	牡6				○	
2003	ファストタテヤマ	牡4			×		
2002	ホットシークレット	せん6				○	
2001	エリモブライアン	牡4			○		
2000	ナリタトップロード	牡4	×		×		

1番人気的中シートの使い方

左のシートに今年の1番人気候補を記入し、過去の成績をもとに「勝てるか、勝てないか」を判定してください。「勝てない」とわかったら、2番人気以下で勝てる馬が浮かび上がる【1着穴馬的中シート】(後ろのページ)に進んでください。

5歳以上 ハードル❹	判定	着順	単勝配当	結果	2番人気以下で勝った馬	人気	単勝配当	結果
○	×	2着		→	モンドインテロ	6	¥1,250	大的中
	◉	1着	¥390	大的中				
○	◉	1着	¥130	大的中				
○	◉	1着	¥130	大的中				
	◉	1着	¥320	大的中				
×	×	3着		→	デスペラード	3	¥520	大的中
○	◉	1着	¥300	大的中				
×	×	8着		→	トウカイトリック	8	¥2,800	大的中
	×	11着		→	マイネルキッツ	4	¥820	大的中
	×	9着		→	コスモヘレノス	5	¥1,490	大的中
	◉	1着	¥200	大的中				
	×	2着		→	エアジパング	6	¥1,190	大的中
○	×	4着		→	マキハタサイボーグ	7	¥5,070	大的中
○	◉	1着	¥170	大的中				
	◉	1着	¥180	大的中				
○	◉	1着	¥200	大的中				
	×	10着		→	チャクラ	6	¥1,140	大的中
○	◉	1着	¥340	大的中				
	◉	1着	¥150	大的中				
	×	4着		→	ホットシークレット	7	¥7,240	大的中

過去20年、１番人気に応えて優勝した馬の近２走成績と実績を紹介します。
（実績は３勝クラス＝1600万条件１着、オープンクラス連対を列記。以下同様）

まず３歳馬から。

2009年　フォゲッタブル　牡３　55kg　200円

前走	10月25日	京都3000m	ＧⅠ	菊花賞	７番人気	２着	0.0秒差	２位
前々走	９月20日	中山2200m	ＧⅡ	セントライト記念	７番人気	３着	0.1秒差	２位

次に４歳馬。

2015年　アルバート　牡４　56kg　320円

前走	11月14日	京都2400m	1600万	比叡Ｓ	３番人気	１着	0.4秒差	１位
前々走	10月10日	東京2400m	1000万	本栖湖特別	２番人気	１着	0.1秒差	２位

※500万→1000万→1600万と３連勝中。

2005年　デルタ·ブルース　牡４　58kg（＋１kg）180円

前走	11月６日	東京2500m	ＧⅡ	アルゼンチン共和国杯	１番人気	５着	0.7秒差	Ｘ位
前々走	12月26日	中山2500m	ＧⅠ	有馬記念	４番人気	５着	0.5秒差	Ｘ位
３歳	10月24日	京都3000m	ＧⅠ	菊花賞	８番人気	１着	0.2秒差	Ｘ位

2001年　エリモブライアン　牡４　57kg　150円

前走	11月11日	京都3000m	ＯＰ	ドンカスターＳ	２番人気	１着	1.2秒差	１位
前々走	10月20日	京都2000m	ＯＰ	オパールＳ	６番人気	７着	0.6秒差	Ｘ位
５歳	３月18日	阪神3000m	ＧⅡ	阪神大賞典	７番人気	２着	1.3秒差	２位
３歳	５月28日	東京2000m	ＯＰ	駒草賞	１番人気	１着	0.2秒差	３位
３歳	２月13日	京都1800m	ＧⅢ	きさらぎ賞	５番人気	２着	0.0秒差	３位
３歳	１月22日	京都2000m	ＯＰ	若駒Ｓ	２番人気	２着	0.1秒差	２位

続いて５歳馬。

2018年　リッジマン　牡５　56kg　390円

前走	９月２日	札幌2600m	ＯＰ	丹頂Ｓ	５番人気	１着	0.2秒差	２位
前々走	５月27日	東京2500m	ＧⅡ	目黒記念	12番人気	14着	1.3秒差	Ｘ位
５歳	２月17日	東京3400m	ＧⅢ	ダイヤモンドＳ	５番人気	２着	0.3秒差	２位
５歳	１月７日	京都3000m	ＯＰ	万葉Ｓ	３番人気	２着	0.1秒差	２位
２歳	８月23日	札幌1500m	ＯＰ	クローバー賞	13番人気	２着	0.0秒差	Ｘ位 逃げ

※オープン定着は５歳２月17日以降。

2016年　アルバート　牡５　57kg（＋１kg）130円

前走	11月６日	東京2500m	ＧⅡ	アルゼンチン共和国杯	４番人気	２着	0.1秒差	２位
前々走	５月１日	京都3200m	ＧⅠ	天皇賞・春	６番人気	６着	0.5秒差	３位
４歳	12月５日	中山3600m	ＧⅡ	ステイヤーズＳ	１番人気	１着	0.8秒差	１位
４歳	11月14日	京都2400m	1600万	比叡Ｓ	３番人気	１着	0.4秒差	１位

※オープン定着は４歳11月14日以降。

2013年　デスペラード　牡5　56kg　300円

前走	11月3日	東京2500m	GⅡ	アルゼンチン共和国杯	9番人気	6着	0.7秒差	3位
前々走	10月6日	京都2400m	GⅡ	京都大賞典	10番人気	10着	0.8秒差	3位
5歳	3月17日	阪神3000m	GⅡ	阪神大賞典	3番人気	2着	0.3秒差	1位
5歳	1月6日	京都3000m	OP	万葉S	1番人気	1着	0.0秒差	1位
4歳	11月3日	京都1800m	1600万	八坂S	4番人気	1着	0.0秒差	1位
4歳	1月28日	京都D1800m	1600万	雅S	1番人気	1着	0.2秒差	1位

※オープン定着は4歳11月3日以降。

最後に6歳馬。

2017年　アルバート　牡6　57kg（＋1kg）130円

前走	11月5日	東京2500m	GⅡ	アルゼンチン共和国杯	2番人気	4着	0.7秒差	X位
前々走	9月24日	中山2200m	GⅡ	オールカマー	4番人気	7着	0.5秒差	X位
6歳	2月18日	東京3400m	GⅢ	ダイヤモンドS	1番人気	1着	0.2秒差	1位
5歳	12月3日	中山3600m	GⅡ	ステイヤーズS	1番人気	1着	0.0秒差	1位
5歳	11月6日	東京2500m	GⅡ	アルゼンチン共和国杯	4番人気	2着	0.1秒差	2位
4歳	12月5日	中山3600m	GⅡ	ステイヤーズS	1番人気	1着	0.8秒差	1位
4歳	11月14日	京都2400m	1600万	比叡S	3番人気	1着	0.4秒差	1位

※オープン定着は4歳11月14日以降。

2006年　アイポッパー　牡6　57kg　170円

前走	11月5日	東京2500m	GⅡ	アルゼンチン共和国杯	2番人気	2着	0.0秒差	1位
前々走	10月8日	京都2400m	GⅡ	京都大賞典	3番人気	6着	0.4秒差	X位
6歳	5月28日	東京2500m	GⅡ	目黒記念	2番人気	2着	0.0秒差	1位
5歳	10月15日	豪州2400m	GⅠ	コーフィールドC		2着	0.0秒差	
5歳	3月20日	阪神3000m	GⅡ	阪神大賞典	1番人気	2着	0.1秒差	2位
5歳	1月8日	京都3000m	OP	万葉S	1番人気	1着	0.3秒差	1位
4歳	11月21日	京都2200m	1600万	古都S	1番人気	1着	0.1秒差	2位
4歳	5月2日	京都2400m	1600万	烏丸S	1番人気	1着	0.3秒差	1位

※オープン定着は4歳11月21日以降。

2004年　ダイタクバートラム　牡6　57kg　200円

前走	11月7日	東京2500m	GⅡ	アルゼンチン共和国杯	5番人気	4着	0.4秒差	3位
前々走	10月10日	京都2400m	GⅡ	京都大賞典	4番人気	5着	0.9秒差	X位　逃げ
6歳	7月18日	小倉1800m	GⅢ	北九州記念	6番人気	1着	0.0秒差	1位
5歳	3月23日	阪神3000m	GⅡ	阪神大賞典	1番人気	1着	0.2秒差	1位
5歳	1月11日	京都3000m	OP	万葉S	1番人気	1着	0.2秒差	1位
4歳	11月30日	中山3600m	GⅡ	ステイヤーズS	4番人気	2着	0.0秒差	1位
4歳	3月24日	阪神2000m	1600万	但馬S	1番人気	1着	0.2秒差	1位
3歳	4月14日	阪神2200m	OP	若草S	2番人気	2着	0.0秒差	2位

※オープン定着は4歳11月30日以降。

2002年　ホットシークレット　せん6　58kg（＋1kg）340円

前走	10月6日	京都2400m	GⅡ	京都大賞典	4番人気	6着	1.2秒差	X位

前々走	9月22日	新潟2200m	GⅡ	オールカマー	9番人気	3着	0.1秒差	X位
6歳	1月13日	京都2400m	GⅡ	日経新春杯	3番人気	2着	0.1秒差	X位 逃げ
5歳	5月19日	東京2500m	GⅡ	目黒記念	3番人気	1着	0.6秒差	1位
4歳	12月2日	中山3600m	GⅡ	ステイヤーズS	7番人気	1着	0.1秒差	1位
3歳	4月17日	阪神2200m	OP	若草S	5番人気	1着	0.1秒差	X位 逃げ

※オープン定着は4歳12月2日以降。

過去20年、1番人気に応えられず負けた馬の近2走成績と実績を紹介します。

まず3歳馬から。

2010年　トウカイメロディ　牡3　55kg　9着

前走	10月24日	京都3000m	GⅠ	菊花賞	2番人気	6着	0.4秒差	X位
前々走	9月5日	札幌2600m	OP	札幌日経OP	1番人気	1着	0.3秒差	1位
3歳	8月7日	札幌2600m	OP	みなみ北海道S	2番人気	1着	0.5秒差	1位

2008年　フローテーション　牡3　55kg　2着

前走	10月26日	京都3000m	GⅠ	菊花賞	15番人気	2着	0.2秒差	1位
前々走	9月28日	阪神2400m	GⅡ	神戸新聞杯	14番人気	12着	1.2秒差	X位
3歳	3月23日	中山1800m	GⅡ	スプリングS	11番人気	2着	0.0秒差	1位
2歳	10月27日	京都1800m	OP	萩S	3番人気	1着	0.0秒差	3位

※菊花賞0.2秒差NG。

次に4歳馬。3頭とも近2走がNGです。

2011年　ビートブラック　牡4　57kg　11着

前走	11月6日	東京2500m	GⅡ	アルゼンチン共和国杯	2番人気	5着	1.0秒差	X位
前々走	10月9日	京都2400m	GⅡ	京都大賞典	4番人気	2着	0.2秒差	3位
4歳	4月9日	阪神2400m	OP	大阪—ハンブルグC	1番人気	1着	0.0秒差	X位
3歳	12月12日	阪神2400m	1600万	オリオンS	1番人気	1着	0.0秒差	3位

2003年　ファストタテヤマ　牡4　58kg（+1kg）10着

前走	11月2日	東京2000m	GⅠ	天皇賞・秋	9番人気	7着	0.8秒差	X位
前々走	9月28日	中山2200m	GⅡ	オールカマー	3番人気	2着	0.1秒差	2位
3歳	10月20日	京都3000m	GⅠ	菊花賞	16番人気	2着	0.0秒差	1位
3歳	5月3日	京都2200m	GⅡ	京都新聞杯	6番人気	2着	0.0秒差	3位
3歳	3月16日	阪神2000m	OP	若葉S	6番人気	2着	0.1秒差	2位
2歳	10月13日	京都1600m	GⅡ	デイリー杯2歳S	8番人気	1着	0.0秒差	1位

2000年　ナリタトップロード　牡4　59kg（+2kg）4着

前走	10月29日	東京2000m	GⅠ	天皇賞・秋	3番人気	5着	0.6秒差	2位
前々走	10月8日	京都2400m	GⅡ	京都大賞典	2番人気	2着	0.0秒差	3位
4歳	2月20日	京都2200m	GⅡ	京都記念	2番人気	2着	0.0秒差	1位
3歳	11月7日	京都3000m	GⅠ	菊花賞	3番人気	1着	0.1秒差	3位
3歳	10月17日	京都2200m	GⅡ	京都新聞杯	1番人気	2着	0.0秒差	2位

３歳　６月６日　東京2400m　ＧⅠ　ダービー　１番人気　２着　0.1秒差　２位
３歳　３月７日　中山2000m　ＧⅡ　弥生賞　２番人気　１着　0.2秒差　２位
３歳　２月７日　京都1800m　ＧⅢ　きさらぎ賞　２番人気　１着　0.0秒差　１位
※２kg加増が大前提に引っかかります。

続いて５歳馬。

2014年　クリールカイザー　牡５　56kg　３着
前走　11月９日　東京2500m　ＧⅡ　アルゼンチン共和国杯　４番人気　２着　0.4秒差　Ｘ位
前々走　９月28日　新潟2200m　ＧⅡ　オールカマー　12番人気　３着　0.1秒差　Ｘ位
５歳　４月12日　中山2200m　1600万　湾岸Ｓ　２番人気　１着　0.5秒差　１位
４歳　４月20日　東京2400m　ＯＰ　メトロポリタンＳ　４番人気　２着　0.1秒差　２位
４歳　３月９日　中山2500m　1600万　サンシャインＳ　２番人気　１着　0.0秒差　Ｘ位　逃げ
※オープン定着は５歳４月12日以降。前走0.4秒差ＮＧ。

2012年　メイショウウズシオ　牡５　56kg　８着
前走　11月11日　京都2000m　ＯＰ　アンドロメダＳ　４番人気　２着　0.0秒差　３位
前々走　10月14日　東京2000m　ＯＰ　アイルランドＴ　６番人気　５着　0.5秒差　Ｘ位
５歳　４月８日　阪神2400m　ＯＰ　大阪―ハンブルグＣ　４番人気　２着　0.2秒差　Ｘ位
５歳　２月25日　阪神2400m　1600万　御堂筋Ｓ　３番人気　１着　0.4秒差　３位
※オープン定着は５歳２月25日以降。

2007年　トウカイトリック　牡５　57kg　４着
前走　11月４日　東京2500m　ＧⅡ　アルゼンチン共和国杯　10番人気　２着　0.1秒差　２位
前々走　６月24日　阪神2200m　ＧⅠ　宝塚記念　14番人気　９着　1.9秒差　Ｘ位
５歳　２月11日　東京3400m　ＧⅢ　ダイヤモンドＳ　１番人気　１着　0.0秒差　１位
５歳　１月７日　京都3000m　ＯＰ　万葉Ｓ　１番人気　２着　0.0秒差　２位
４歳　12月２日　中山3600m　ＧⅡ　ステイヤーズＳ　２番人気　２着　0.5秒差　２位
４歳　３月19日　阪神3000m　ＧⅡ　阪神大賞典　５番人気　２着　0.6秒差　２位　逃げ
３歳　11月13日　福島2000m　ＧⅢ　福島記念　７番人気　２着　0.2秒差　２位
３歳　10月29日　京都2400m　1600万　比叡Ｓ　３番人気　１着　0.1秒差　２位
※オープン定着が４歳３月19日でＮＧ。
３歳11月13日の福島記念２着で収得賞金は3200万円となり、降級がある４歳夏季競馬前までオープン馬でした。その間の３月19日に阪神大賞典２着で収得賞金の加算がありオープン定着。これが大前提に引っかかります。

最後に６歳以上馬。

2019年　アルバート　牡８　56kg　２着
前走　10月６日　京都2400m　ＧⅡ　京都大賞典　13番人気　16着　2.8秒差　Ｘ位
前々走　12月１日　中山3600m　ＧⅡ　ステイヤーズＳ　出走取消
６歳　12月２日　中山3600m　ＧⅡ　ステイヤーズＳ　１番人気　１着　0.4秒差　１位
６歳　２月18日　東京3400m　ＧⅢ　ダイヤモンドＳ　１番人気　１着　0.2秒差　１位
５歳　12月３日　中山3600m　ＧⅡ　ステイヤーズＳ　１番人気　１着　0.0秒差　１位
５歳　11月６日　東京2500m　ＧⅡ　アルゼンチン共和国杯　４番人気　２着　0.1秒差　２位

4歳	12月5日	中山3600m	GⅡ	ステイヤーズS	1番人気	1着	0.8秒差	1位
4歳	11月14日	京都2400m	1600万	比叡S	3番人気	1着	0.4秒差	1位

※8歳馬NG。オープン定着は4歳12月2日以降。

◆1番人気が飛ぶとわかったらココへ

1番人気が「負ける」とわかったら、2番人気以下の馬から勝つ馬を見つけます。簡単です。僕が課すハードルを満たした馬しか勝ちませんので、【1着穴馬的中シート】を利用して見つけだしてください。

2番人気以下で勝てる馬を浮かび上がらせます

3～4歳ハードル❶
GⅡ・GⅠ連対歴（負けていても0.0秒）

3～4歳ハードル❷
近2走で3歳以上2勝クラス以上完勝歴

どちらか一方で可。

5歳ハードル❸
当年2400m以上3勝クラス以上1着歴

6歳以上ハードル❹
5歳以降に2600m以上「オープン特別・GⅢ1番人気1着歴か、GⅡ・GⅠ1着歴」

2番人気以下で勝てる馬【1着穴馬的中シート】

条件	馬番 or 馬名
3～4歳 ハードル❶クリア	
3～4歳 ハードル❷クリア	
5歳 ハードル❸クリア	
6歳以上 ハードル❹クリア	

過去20年、2番人気以下で優勝した馬の近2走成績と実績を紹介します。

まず3歳馬から。

2010年　5番人気　コスモヘレノス　牡3　55kg　1490円

前走	11月7日	東京2500m	GⅡ	アルゼンチン共和国杯	9番人気	3着	0.3秒差	3位
前々走	10月10日	東京2000m	1000万	本栖湖特別	8番人気	1着	0.2秒差	2位
3歳	7月4日	福島1800m	GⅢ	ラジオNIKKEI賞	15番人気	11着	0.9秒差	3位
3歳	5月29日	京都1800m	OP	白百合S	8番人気	4着	0.8秒差	3位

2003年　6番人気　チャクラ　牡3　55kg　1140円

前走	11月16日	京都3000m	OP	ドンカスターS	2番人気	6着	0.4秒差	X位
前々走	10月26日	京都3000m	GⅠ	菊花賞	6番人気	6着	0.8秒差	3位
3歳	5月10日	京都2200m	GⅡ	京都新聞杯	8番人気	2着	0.0秒差	1位

続いて4歳馬。

2000年　7番人気　ホットシークレット　せん4　57kg　7240円

前走	11月12日	京都3000m	1600万	ドンカスターS	3番人気	5着	1.9秒差	X位
前々走	10月14日	東京2400m	900万	南武特別	2番人気	1着	1.4秒差	3位　逃げ
3歳	4月17日	阪神2200m	OP	若草S	6番人気	1着	0.1秒差	X位　逃げ

次に5歳馬。

2008年　6番人気　エアジパング　せん5　57kg　1190円

前走	11月9日	東京2500m	GⅡ	アルゼンチン共和国杯	11番人気	15着	2.2秒差	X位
前々走	9月7日	札幌2600m	OP	札幌日経OP	2番人気	3着	0.5秒差	2位

５歳	５月18日	京都2400m	1600万	烏丸Ｓ	５番人気	１着	0.1秒差	３位

◉この年のステイヤーズＳは、５番人気が初芝のダート専用馬という低レベル。前年の勝ち馬マキハタサイボーグと同じ「烏丸Ｓ勝ち」の６番人気の同馬で十分に足ります。

2007年　７番人気　マキハタサイボーグ　せん５　57kg　5070円

前走	11月４日	東京2500m	ＧⅡ	アルゼンチン共和国杯	12番人気	９着	0.9秒差	Ｘ位
前々走	10月７日	京都2400m	ＧⅡ	京都大賞典	９番人気	７着	0.7秒差	Ｘ位
５歳	５月５日	京都2400m	1600万	烏丸Ｓ	５番人気	１着	0.0秒差	２位

◉この年のステイヤーズＳは、３番人気が1000万条件馬（３歳）という低レベル。準オープン勝ちのある同馬が勝つのは不思議ではありません。

最後に６歳以上馬。

2019年　６番人気　モンドインテロ　牡７　56kg　1250円

前走	９月１日	札幌2600m	ＯＰ	丹頂Ｓ	５番人気	８着	1.3秒差	Ｘ位
前々走	８月３日	札幌2600m	ＯＰ	札幌日経ＯＰ	１番人気	６着	0.4秒差	Ｘ位
５歳	８月５日	札幌2600m	ＯＰ	札幌日経ＯＰ	１番人気	１着	0.1秒差	２位
４歳	８月６日	札幌2600m	ＯＰ	札幌日経ＯＰ	１番人気	１着	0.1秒差	１位
４歳	４月23日	東京2400m	ＯＰ	メトロポリタンＳ	１番人気	１着	0.1秒差	１位
４歳	１月31日	京都2400m	1600万	松籟Ｓ	１番人気	１着	0.2秒差	Ｘ位

2014年　４番人気　デスペラード　牡６　57kg（＋１kg）520円

前走	11月９日	東京2500m	ＧⅡ	アルゼンチン共和国杯	７番人気	９着	1.5秒差	Ｘ位
前々走	10月14日	京都2400m	ＧⅡ	京都大賞典	５番人気	８着	0.8秒差	Ｘ位
６歳	２月16日	京都2200m	ＧⅡ	京都記念	６番人気	１着	0.1秒差	２位
５歳	11月30日	中山3600m	ＧⅡ	ステイヤーズＳ	１番人気	１着	0.6秒差	２位
５歳	３月17日	阪神3000m	ＧⅡ	阪神大賞典	３番人気	２着	0.3秒差	１位
５歳	１月６日	京都3000m	ＯＰ	万葉Ｓ	１番人気	１着	0.0秒差	１位
４歳	11月３日	京都1800m	1600万	八坂Ｓ	４番人気	１着	0.0秒差	１位
４歳	１月28日	京都Ｄ1800m	1600万	雅Ｓ	１番人気	１着	0.2秒差	１位

2012年　８番人気　トウカイトリック　牡10　56kg　2800円

前走	11月４日	東京2500m	ＧⅡ	アルゼンチン共和国杯	14番人気	10着	1.6秒差	Ｘ位
前々走	４月29日	京都3200m	ＧⅠ	天皇賞・春	17番人気	８着	1.6秒差	Ｘ位
８歳	３月21日	阪神3000m	ＧⅡ	阪神大賞典	５番人気	１着	0.0秒差	２位
８歳	１月５日	京都3000m	ＯＰ	万葉Ｓ	２番人気	１着	0.0秒差	２位
６歳	１月５日	京都3000m	ＯＰ	万葉Ｓ	１番人気	１着	0.0秒差	２位
５歳	11月４日	東京2500m	ＧⅡ	アルゼンチン共和国杯	10番人気	２着	0.1秒差	２位
５歳	２月11日	東京3400m	ＧⅢ	ダイヤモンドＳ	１番人気	１着	0.0秒差	１位
４歳	12月２日	中山3600m	ＧⅡ	ステイヤーズＳ	２番人気	２着	0.5秒差	２位
４歳	３月19日	阪神3000m	ＧⅡ	阪神大賞典	５番人気	２着	0.6秒差	2位　逃げ
３歳	11月13日	福島2000m	ＧⅢ	福島記念	７番人気	２着	0.2秒差	２位
３歳	10月29日	京都2400m	1600万	比叡Ｓ	３番人気	１着	0.1秒差	２位

2011年　4番人気　マイネルキッツ　牡8　58kg（+1kg）820円

前走	10月9日	京都2400m	GⅡ	京都大賞典	5番人気	7着	1.0秒差	X位
前々走	5月28日	東京2500m	GⅡ	目黒記念	2番人気	8着	0.4秒差	X位
7歳	5月2日	京都3200m	GⅠ	天皇賞・春	4番人気	2着	0.1秒差	2位
7歳	3月27日	中山2500m	GⅡ	日経賞	6番人気	1着	0.1秒差	1位
6歳	5月3日	京都3200m	GⅠ	天皇賞・春	12番人気	1着	0.0秒差	X位
6歳	3月28日	中山2500m	GⅡ	日経賞	7番人気	2着	0.1秒差	2位
5歳	11月24日	福島2000m	GⅢ	福島記念	3番人気	2着	0.0秒差	1位
5歳	8月31日	新潟2000m	GⅢ	新潟記念	2番人気	2着	0.3秒差	X位
5歳	2月4日	東京1800m	1600万	早春S	1番人気	1着	0.4秒差	1位

◆2着馬を見つけるのはココで

2着候補を2番人気以下から見つけだすのに便利なツールが僕の作った大前提とハードルです。こちらも【2着穴馬的中シート】を併用して見つけてください。なお、1番人気に応えられなくても2着に来ることはありますので、1番人気馬は無条件で2着候補です。

2番人気以下で2着に入れる馬を浮かび上がらせます

次ページへ ☞

大前提①　**6歳以上は当年「オープンクラス3着以内か、条件クラス1着」**

ハードル❶
近2走で2勝クラス特別以上完勝

ハードル❷
「3勝クラス・オープン特別・GⅢ」1番人気1着歴

ハードル❸
近2走でGⅡ・GⅠ「1番人気か、3着0.1秒差以内」

ハードル❹
GⅡ・GⅠ連対歴（負けていても0.2秒）

どれか一つで可。

2番人気以下で2着に入れる馬【2着穴馬的中シート】

条件	馬番 or 馬名
大前提①クリア	
ハードル❶クリア	
ハードル❷クリア	
ハードル❸クリア	
ハードル❹クリア	

過去20年、２番人気以下で２着に入った馬の近２走成績と実績を紹介します。

まず３歳馬から。

2011年　６番人気　イグアス　牡３　55kg

前走	11月12日	京都2400m	1600万	比叡Ｓ	４番人気	３着	0.4秒差	３位
前々走	10月30日	京都2400m	1000万	高雄特別	３番人気	１着	0.1秒差	X位　逃げ

続いて４歳馬。

2012年　４番人気　ファタモルガーナ　せん４　56kg

前走	10月６日	東京2400m	1600万	オクトーバーＳ	２番人気	５着	0.7秒差	X位
前々走	８月11日	新潟2000m	1000万	信濃川特別	２番人気	１着	0.1秒差	１位

2010年　２番人気　ジャミール　牡４　57kg

前走	11月７日	東京2500m	ＧⅡ	アルゼンチン共和国杯	２番人気	２着	0.3秒差	２位
前々走	９月26日	中山2200m	ＧⅡ	オールカマー	２番人気	５着	0.4秒差	X位
４歳	７月25日	函館2000m	ＧⅢ	函館記念	１番人気	２着	0.6秒差	X位
４歳	３月21日	阪神3000m	ＧⅡ	阪神大賞典	４番人気	２着	0.0秒差	１位

2007年　２番人気　ネヴァブション　牡４　58kg（＋１kg）

前走	11月４日	東京2500m	ＧⅡ	アルゼンチン共和国杯	１番人気	８着	0.6秒差	３位
前々走	９月23日	中山2200m	ＧⅡ	オールカマー	３番人気	６着	0.9秒差	X位
４歳	３月24日	中山2500m	ＧⅡ	日経賞	３番人気	１着	0.1秒差	１位
４歳	２月３日	東京2000m	ＯＰ	白富士Ｓ	１番人気	１着	0.1秒差	２位
４歳	１月13日	中山2500m	1600万	迎春Ｓ	３番人気	１着	0.9秒差	１位

2006年　２番人気　トウカイトリック　牡４　57kg

前走	11月５日	東京2500m	ＧⅡ	アルゼンチン共和国杯	５番人気	５着	0.5秒差	３位
前々走	５月28日	東京2500m	ＧⅡ	目黒記念	１番人気	７着	1.4秒差	X位
４歳	３月19日	阪神3000m	ＧⅡ	阪神大賞典	５番人気	２着	0.6秒差	2位　逃げ
３歳	11月13日	福島2000m	ＧⅢ	福島記念	７番人気	２着	0.2秒差	２位
３歳	10月29日	京都2400m	1600万	比叡Ｓ	３番人気	１着	0.1秒差	２位

2003年　５番人気　エリモシャルマン　牡４　57kg

前走	11月９日	東京2500m	ＧⅡ	アルゼンチン共和国杯	８番人気	３着	0.1秒差	１位
前々走	10月25日	京都2400m	1600万	比叡Ｓ	４番人気	５着	0.8秒差	X位
４歳	３月１日	阪神2500m	1600万	御堂筋Ｓ	３番人気	１着	0.0秒差	３位

2002年　４番人気　ダイタクバートラム　牡４　57kg

前走	11月９日	中山1800m	1600万	ノベンバーＳ	４番人気	２着	0.0秒差	１位
前々走	10月20日	福島1800m	ＧⅢ	カブトヤマ記念	２番人気	８着	0.7秒差	X位
４歳	３月24日	阪神2000m	1600万	但馬Ｓ	１番人気	１着	0.2秒差	１位
３歳	４月14日	阪神2200m	ＯＰ	若草Ｓ	２番人気	２着	0.0秒差	２位

次に５歳馬。

2018年　２番人気　アドマイヤエイカン　牡５　56kg

前走	10月27日	京都2400m	1600万	古都Ｓ	１番人気	１着	0.0秒差	３位
前々走	10月13日	京都2000m	1600万	大原Ｓ	２番人気	５着	0.2秒差	Ｘ位
２歳	９月５日	札幌1800m	GⅢ	札幌２歳Ｓ	２番人気	１着	0.0秒差	１位

2013年　４番人気　ユニバーサルバンク　牡５　56kg

前走	11月10日	京都2000m	ＯＰ	アンドロメダＳ	５番人気	２着	0.3秒差	Ｘ位
前々走	８月４日	函館2600m	ＯＰ	札幌日経ＯＰ	３番人気	４着	0.1秒差	Ｘ位
４歳	４月８日	阪神2400m	ＯＰ	大阪―ハンブルグC	６番人気	１着	0.2秒差	１位
３歳	11月12日	京都2000m	ＯＰ	アンドロメダＳ	２番人気	１着	0.1秒差	２位
３歳	５月７日	京都2200m	GⅡ	京都新聞杯	２番人気	２着	0.0秒差	Ｘ位
３歳	２月13日	東京1800m	GⅢ	共同通信杯	６番人気	２着	0.0秒差	Ｘ位

2004年　４番人気　グラスポジション　牡５　57kg

前走	11月７日	東京2500m	GⅡ	アルゼンチン共和国杯	１番人気	10着	0.6秒差	Ｘ位
前々走	10月２日	中山2000m	1600万	ニューマーケットC	１番人気	１着	0.2秒差	１位

最後に６歳以上馬。

2017年　２番人気　フェイムゲーム　せん７　57kg（＋１kg）

前走	10月９日	京都2400m	GⅡ	京都大賞典	５番人気	10着	0.9秒差	Ｘ位
前々走	５月28日	東京2500m	GⅡ	目黒記念	８番人気	１着	0.1秒差	１位
６歳	２月20日	東京3400m	GⅢ	ダイヤモンドＳ	２番人気	２着	0.7秒差	１位
５歳	５月３日	京都3200m	GⅠ	天皇賞・春	７番人気	２着	0.0秒差	２位
５歳	２月21日	東京3400m	GⅢ	ダイヤモンドＳ	１番人気	１着	0.3秒差	１位
４歳	11月９日	東京2500m	GⅡ	アルゼンチン共和国杯	２番人気	１着	0.4秒差	１位
４歳	２月22日	東京3400m	GⅢ	ダイヤモンドＳ	１番人気	１着	0.2秒差	１位
３歳	１月21日	中山2000m	GⅢ	京成杯	７番人気	１着	0.0秒差	２位

2016年　３番人気　ファタモルガーナ　せん８　56kg

前走	10月10日	京都2400m	GⅡ	京都大賞典	９番人気	９着	0.8秒差	Ｘ位
前々走	５月１日	京都3200m	GⅠ	天皇賞・春	16番人気	７着	0.5秒差	Ｘ位
７歳	２月21日	東京3400m	GⅢ	ダイヤモンドＳ	２番人気	２着	0.3秒差	３位
６歳	12月６日	中山3600m	GⅡ	ステイヤーズＳ	４番人気	２着	0.1秒差	Ｘ位
４歳	12月１日	中山3600m	GⅡ	ステイヤーズＳ	４番人気	２着	0.2秒差	３位

※８歳２月20日東京3400mGⅢダイヤモンドＳ８番人気３着1.5秒差３位

2015年　７番人気　カムフィー　牡６　56kg

前走	11月７日	東京2000m	1600万	ノベンバーＳ	３番人気	３着	0.4秒差	３位
前々走	10月12日	京都2000m	1600万	オルフェーヴルM	８番人気	３着	0.3秒差	２位

※２着候補として浮かび上がらせることはできませんでした。

◉ただし、６歳２月21日東京3400mGⅢダイヤモンドＳ８番人気３着0.7秒差２位があり、「当年オープンクラス３着以内」という大前提は満たしています。**40ページの解説をお読みください。**

2014年　4番人気　ファタモルガーナ　せん6　56kg
前走　10月19日　東京2000m　OP　アイルランドT　6番人気　4着　0.6秒差　1位
前々走　9月1日　新潟2000m　GⅢ　新潟記念　7番人気　3着　0.2秒差　3位
4歳　12月1日　中山3600m　GⅡ　ステイヤーズS　4番人気　2着　0.2秒差　3位

2009年　13番人気　ゴールデンメイン　せん9　57kg
前走　11月14日　京都2000m　OP　アンドロメダS　12番人気　4着　0.5秒差　X位
前々走　11月1日　京都1800m　OP　カシオペアS　11番人気　3着　0.6秒差　X位
※2着候補として浮かび上がらせることはできませんでした。
◉ただし、前々走で「当年オープンクラス3着以内」という大前提は満たしています。40ページの解説をお読みください。

2005年　4番人気　エルノヴァ　牝6　55kg
前走　11月13日　福島2000m　GⅢ　福島記念　2番人気　6着　0.9秒差　X位
前々走　9月25日　中山2200m　GⅡ　オールカマー　6番人気　3着　0.1秒差　1位
6歳　4月24日　東京2400m　OP　メトロポリタンS　2番人気　2着　0.0秒差　3位
5歳　8月15日　札幌1800m　GⅢ　クイーンS　6番人気　2着　0.0秒差　1位

2001年　6番人気　スエヒロコマンダー　牡6　58kg（+1kg）
前走　11月4日　東京2500m　GⅡ　アルゼンチン共和国杯　6番人気　7着　1.3秒差　X位
前々走　10月7日　京都2400m　GⅡ　京都大賞典　4番人気　2着　0.8秒差　X位　逃げ
6歳　3月4日　中京2000m　GⅢ　中京記念　12番人気　2着　0.0秒差　X位
4歳　6月20日　阪神2000m　GⅡ　鳴尾記念　2番人気　1着　0.0秒差　3位
4歳　5月29日　中京2000m　GⅡ　金鯱賞　5番人気　2着　0.0秒差　2位
4歳　4月17日　中京1800m　GⅢ　小倉記念　6番人気　1着　0.1秒差　3位
4歳　2月7日　京都2400m　1600万　松籟S　4番人気　1着　0.1秒差　3位

2000年　4番人気　タガジョーノーブル　牡6　57kg
前走　11月12日　京都3000m　1600万　ドンカスターS　5番人気　1着　0.2秒差　X位　逃げ
前々走　10月29日　京都2000m　1600万　高雄S　5番人気　1着　0.0秒差　3位　逃げ

【解説】ステイヤーズSの2着候補について

2015年　勝てる1番人気アルバートの2着候補
2番人気　○
3番人気　○
4番人気　×
5番人気　○
6番人気　×
7番人気　☆　6歳カムフィー
8番人気　×
9番人気　×
10番人気　×
11番人気　○
12番人気　×
13番人気　×
14番人気　×
15番人気　×
16番人気　×
この年は【2着穴馬的中シート】から浮かび上がる2着候補が4頭しかいませんでした（○印）。5頭に達しないときは、6歳以上の高齢馬で「大前提①」をクリアしている馬（☆印）を2着候補に加えるのが、日本一の距離を走る重賞ステイヤーズS的中のポイントです。

2009年　勝てる1番人気フォゲッタブルの2着候補
2番人気　×
3番人気　×
4番人気　○
5番人気　×
6番人気　×
7番人気　×
8番人気　×
9番人気　○
10番人気　×
11番人気　×
12番人気　○
13番人気　☆　9歳ゴールデンメイン
14番人気　×
15番人気　×
16番人気　×
この年は【2着穴馬的中シート】から浮かび上がる2着候補が3頭しかいませんでした（○印）。5頭に達しないときは、6歳以上の高齢馬で「大前提①」をクリアしている馬（☆印）を2着候補に加えるのが、特殊な長距離重賞ステイヤーズSを攻略するための術です。

GⅢ

チャレンジC

12月5日(土)

阪神競馬場　芝2000m（2006年は中京競馬場　芝2000m）

3歳以上

［グレード］

別定　3歳55kg　4歳以上56kg（牝馬2kg減）

過去1年間で　　　　　GⅠ競走（牝馬限定競走は除く）1着馬は2kg増
牝馬限定GⅠ競走およびGⅡ競走（牝馬限定競走は除く）1着馬は1kg増
過去1年以前の　　　　GⅠ競走（牝馬限定競走は除く）1着馬は1kg増
（ただし、2歳時の成績を除く）。

2013年までは「朝日チャレンジC」という名称。

チャレンジカップの真相

2011年までは９月開催の賞金別定戦、2012～2016年の５年間は同じ阪神競馬場ですが外回り1800mで行われ、別定ではなくハンデ戦で12月に開催と、いまとは別のレースと言わざるを得ません。現在の内回り2000mのグレード別定戦になったのは2017年以降ですから、近３年だけのレース結果を分析するのが論理的です。

９月開催と12月開催で最も大きな差は、９月開催では３歳馬が４歳以上の古馬に歯が立たない点です。2000～2011年までの９月開催の12回で、３歳馬の勝利は2004年のスズカマンボ１頭のみ（後にＧⅠ天皇賞・春１着）。３kg軽くしてもらっても、３歳９月vs４歳９月は４歳馬が有利です。

それが12月開催になった2017年は３歳馬サトノクロニクルが勝ち、2019年も３歳馬ロードマイウェイが勝ちました。この２頭は、ともにスズカマンボのようにその後にＧⅠを勝つことなくフツウの重賞ウイナーでとどまっていますから、この12月という時期は３歳馬に有利な負担重量規程になるということです。とくに2019年は11月（30日）開催で「３歳54kg、４歳以上56kg」と２kg差がありましたので、３歳馬ロードマイウェイに有利でした（12月になると１kg差）。

なお、当レースは【爆勝的中シート】を作れるほどのデータはありませんので、各馬の近２走成績と過去実績を紹介するにとどめます。過去実績はオープン特別以上の連対歴を掲載します。当レースは2000mという根幹距離のレースです。前項の特殊な距離3600mのＧⅡステイヤーズＳに比べてワンランク低いＧⅢではありますが、３勝クラスの連対歴まで精査する必要はなく、オープンクラス連対歴の列記になります。

過去３年、１番人気に応えて優勝した馬の近２走成績と実績を紹介します。
（実績はオープンクラス連対を列記。以下同様）

2017年　サトノクロニクル　牡３　55kg　350円
前走　10月22日　京都3000m　ＧⅠ　菊花賞　６番人気　10着　1.9秒差　Ｘ位
前々走　９月18日　中山2200m　ＧⅡ　セントライト記念　３番人気　３着　0.5秒差　Ｘ位
３歳　５月27日　京都1800m　ＯＰ　白百合Ｓ　１番人気　１着　0.0秒差　２位
３歳　５月６日　京都2200m　ＧⅡ　京都新聞杯　１番人気　２着　0.0秒差　Ｘ位

過去３年、１番人気に応えられず負けた馬の近２走成績と実績を紹介します。

2019年　ギベオン　牡４　56kg　９着
前走　10月６日　東京1800m　ＧⅡ　毎日王冠　６番人気　７着　0.6秒差　Ｘ位
前々走　６月１日　阪神2000m　ＧⅢ　鳴尾記念　２番人気　４着　0.3秒差　２位
３歳　12月８日　中京2000m　ＧⅢ　中日新聞杯　１番人気　１着　0.0秒差　２位
３歳　５月６日　東京1600m　ＧⅠ　ＮＨＫマイルＣ　２番人気　２着　0.0秒差　Ｘ位
３歳　３月24日　阪神1800m　ＧⅢ　毎日杯　２番人気　２着　0.3秒差　３位

2018年　レイエンダ　牡３　55kg　６着
前走　９月17日　中山2200m　ＧⅡ　セントライト記念　１番人気　２着　0.2秒差　２位
前々走　７月22日　函館2000m　1000万　松前特別　１番人気　１着　0.3秒差　１位

過去３年、２番人気以下で優勝した馬の近２走成績と実績を紹介します。

2019年　２番人気　ロードマイウェイ　牡３　54kg　470円
前走　９月29日　阪神1600m　ＯＰ　ポートアイランドＳ　１番人気　１着　0.0秒差　Ｘ位
前々走　８月31日　新潟1600m　３勝クラス　長岡Ｓ　４番人気　１着　0.2秒差　２位
※11月30日開催のため、３歳馬の基礎重量は54kg。

2018年　２番人気　エアウィンザー　牡４　56kg　270円
前走　10月28日　京都1800m　ＯＰ　カシオペアＳ　１番人気　１着　0.3秒差　１位
前々走　９月23日　阪神2000m　1600万　西宮Ｓ　１番人気　１着　0.0秒差　３位
※1600万→1600万→オープン特別の３連勝中。

過去３年、２番人気以下で２着に入った馬の近２走成績と実績を紹介します。

2019年　８番人気　トリオンフ　せん５　56kg
前走　８月５日　小倉2000m　ＧⅢ　小倉記念　１番人気　１着　0.5秒差　2位　16カ月前
前々走　６月２日　阪神2000m　ＧⅢ　鳴尾記念　１番人気　２着　0.1秒差　１位
４歳　２月18日　小倉1800m　ＧⅢ　小倉大賞典　１番人気　１着　0.4秒差　２位

2018年　４番人気　マウントゴールド　牡５　56kg
前走　10月14日　阪神2000m　ＯＰ　オクトーバーＳ　３番人気　１着　0.1秒差　X位　逃げ
前々走　８月５日　小倉2000m　ＧⅢ　小倉記念　５番人気　３着　0.5秒差　Ｘ位

2017年　5番人気　デニムアンドルビー　牝7　54kg

前走	11月5日	東京2500m	GⅡ	アルゼンチン共和国杯	4番人気	8着	0.9秒差	2位
前々走	9月24日	中山2200m	GⅡ	オールカマー	8番人気	8着	0.5秒差	2位
5歳	6月28日	阪神2200m	GⅠ	宝塚記念	10番人気	2着	0.0秒差	1位
5歳	3月22日	阪神3000m	GⅡ	阪神大賞典	7番人気	2着	0.2秒差	2位
3歳	11月24日	東京2400m	GⅠ	ジャパンC	7番人気	2着	0.0秒差	1位
3歳	9月15日	阪神1800m	牝馬GⅡ	ローズS	1番人気	1着	0.1秒差	2位
3歳	4月21日	東京2000m	牝馬GⅡ	フローラS	1番人気	1着	0.1秒差	2位

■オープンクラス平地競走の減量（kg）

	3歳5月	6月	7月	8月	9月	10月	11月	12月	4歳1月	2月	3月
1000m以上1600m以下	4	4	3	3	2	2	1	1	1	0	0
1600m超2200m未満	5	4	4	3	3	2	2	1	1	1	0
2200m以上	6	5	4	4	3	3	2	2	1	1	1

この表はオープンクラスのものです。条件クラスでは、3歳馬はもっと厳しい目に遭っています。つまり、負担重量規程で不利を被っている3歳馬が古馬と一緒に走る1勝クラス、2勝クラス、3勝クラスを勝ち上がったら、高い評価を与える必要があるわけです。昇級初戦で狙うべきです。

別定　そのレース毎に負担重量を決定する基準が設けられているレースです。基本となる重量に、収得賞金や勝利度数などによって負担重量が増減されます。基本となる重量は、原則として、2歳馬・3歳馬のレースでは馬齢重量、3歳以上・4歳以上など異なる年齢の馬が出走するレースでは、5歳以上牡・せん馬が平地競走57kg（牝馬2kg減）となり、3歳馬・4歳馬は5歳以上馬に対して、上表のとおり、月別、距離別に負担重量の減量が設定されています。なお、一部のレースでは個別に基本となる重量が設定されています。

馬齢重量　2歳時と3歳時に、同一年齢の馬だけのレースの時のみに用います。

定量　別定のなかでも、馬の年齢と性別を基準に定められているレースです。なお、GⅠレースは、定量または馬齢重量で行います。

GI

チャンピオンズC

12月6日（日）

中京競馬場　ダート1800m

3歳以上

定量　3歳56kg　4歳以上57kg（牝馬2kg減）

2000～2001年	東京競馬場	ダート2100m	11月開催	3歳55kg	4歳以上57kg（牝馬2kg減）
2002年	中山競馬場	ダート1800m	11月開催	3歳55kg	4歳以上57kg（牝馬2kg減）
2003～2007年	東京競馬場	ダート2100m	11月開催	3歳55kg	4歳以上57kg（牝馬2kg減）
2008～2013年	阪神競馬場	ダート1800m	12月開催	3歳56kg	4歳以上57kg（牝馬2kg減）
2014～	中京競馬場	ダート1800m	12月開催	3歳56kg	4歳以上57kg（牝馬2kg減）

１番人気で勝てる馬を浮かび上がらせます

大前提①　**３～５歳馬**

大前提②　**前年出走馬は、その着順が人気を下回っていないこと**

３歳ハードル❶

前走３歳以上重賞上がり１位連対、かつ、「地方ＧⅠか、中央重賞」１番人気上がり１位完勝歴

４～５歳ハードル❷

「地方ＧⅠか、中央重賞」１番人気完勝歴

注：ハードルはともにダートのレース。

まず、今年も多くのファンを失望させることになるかもしれない１番人気馬を大前提とハードルに照らし合わせ、勝てるか負けるかを判定しましょう。２ページ後からの【１番人気的中シート】を利用してください。

チャンピオンズカップの真相

　当レースの始まりは2000年に創設されたＧⅠジャパンカップダート。１回だけ中山競馬場のダート1800ｍで行われましたが、東京競馬場のダート2100ｍという見応えのあるコースで７回開催、米国フリートストリートダンサーとアドマイヤドンの2003年など好レースを演出しました。2008年からは阪神競馬場で行われることになり、６回開催ののち、2014年からはレース名をチャンピオンズカップに変更して中京競馬場で行われています。

　負担重量は３歳と４歳で１kg差。これは1800ｍの距離によるところで、2500ｍの有馬記念は同じ12月開催でも３歳55kg、４歳以上57kgと２kg差があります。1600ｍ以下、2200ｍ未満、2200ｍ以上でルールは変わるのです（44ページ参照）。これがどういう結果を招いているかというと、12月開催になってからのチャンピオンズＣは３歳馬は12年間で２勝、有馬記念は同時期12年間で５勝です。ここ２年連続して３歳馬が勝っているチャンピオンＣですが、３歳馬に厳しいレースであることは忘れないでください。

　なお、当レースの２カ月後には、ＪＲＡのもうひとつのダートＧⅠであるフェブラリーステークスが東京競馬場ダート1600ｍで行われます。約２カ月のあいだに距離が200ｍしか違わないＧⅠを同じ左回りで行い、さらにそれがＪＲＡにふたつしかない貴重なダートＧⅠというのは疑問です。地方競馬との兼ね合いがありますが（外国はもう気にしなくていいか……）、さてＪＲＡはどう変えていくでしょうか。馬券師としては、相似形とも言えるふたつのＧⅠの豊富なデータを解析することにより、より高い確率で勝ち馬が見つけられるので有り難い現状ですが。

1番人気で勝てる馬【1番人気的中シート】

大前提①……………3～5歳馬
大前提②……………前年出走馬は、その着順が人気を下回っていないこと
3歳ハードル❶……前走3歳以上重賞上がり1位連対、かつ、「地方GIか、中央重賞」1番人気上がり1位完勝歴

年度	チャンピオンズCの1番人気馬	性齢	大前提①	大前提②	3歳ハードル❶	4～5歳ハードル❷	判定
2020							
2020							
2019	ゴールドドリーム	牡6	×			×	×
2018	ルヴァンスレーヴ	牡3			○		◉
2017	テイエムジンソク	牡5				×	×
2016	アウォーディー	牡6	×			○	×
2015	コパノリッキー	牡5		×		○	×
2014	コパノリッキー	牡4				×	×
2013	ホッコータルマエ	牡4		×		○	×
2012	ローマンレジェンド	牡4				×	×
2011	トランセンド	牡5				○	◉
2010	トランセンド	牡4				○	◉
2009	エスポワールシチー	牡4				○	◉
2008	ヴァーミリアン	牡6	×			○	×
2007	ヴァーミリアン	牡5				○	◉
2006	シーキングザダイヤ	牡5				×	×
2005	カネヒキリ	牡3			○		◉
2004	アドマイヤドン	牡5		×		○	×
2003	アドマイヤドン	牡4		×		○	×
2002	アドマイヤドン	牡3			×		×
2001	クロフネ	牡3			○		◉
2000	ファストフレンド	牝6	×			×	×

4～5歳ハードル❷……「地方GⅠか、中央重賞」1番人気完勝歴

1番人気的中シートの使い方

左のシートに今年の1番人気候補を記入し、過去の成績をもとに「勝てるか、勝てないか」を判定してください。「勝てない」とわかったら、2番人気以下で勝てる馬が浮かび上がる【1着穴馬的中シート】（後ろのページ）に進んでください。

着順	単勝配当	結果	2番人気以下で勝った馬	人気	単勝配当	結果
2着		→	クリソベリル	2	¥440	大的中
1着	¥190	大的中				
2着		→	ゴールドドリーム	8	¥1,300	大的中
2着		→	サウンドトゥルー	6	¥1,590	大的中
7着		→	サンビスタ	12	¥6,640	大的中
12着		→	ホッコータルマエ	2	¥590	大的中
3着		→	ベルシャザール	3	¥840	大的中
4着		→	ニホンピロアワーズ	6	¥1,990	大的中
1着	¥200	大的中				
1着	¥350	大的中				
1着	¥310	大的中				
3着		→	カネヒキリ	4	¥980	大的中
1着	¥230	大的中				
2着		→	アロンダイト	7	¥1,520	大的中
1着	¥210	大的中				
2着		→	タイムパラドックス	4	¥1,200	大的中
2着		→	フリートストリート	11	¥4,930	大的中
3着		→	イーグルカフェ	5	¥2,080	大的中
1着	¥170	大的中				
5着		→	ウイングアロー	4	¥580	大的中

過去20年、１番人気に応えて優勝した馬の近２走成績と実績を紹介します。
（実績は重賞連対を列記。以下同様）

まず３歳馬から。

2018年　ルヴァンスレーヴ　牡３　190円

前走	10月８日	盛岡1600m	ＧⅠ	マイルＣＳ南部杯	２番人気	１着	0.2秒差	１位
前々走	７月11日	大井2000m	ＧⅠ	ジャパンＤＤ	１番人気	１着	0.3秒差	１位
３歳	６月17日	東京1600m	ＧⅢ	ユニコーンＳ	１番人気	１着	0.6秒差	１位
２歳	12月13日	川崎1600m	ＧⅠ	全日本２歳優駿	１番人気	１着	0.2秒差	１位

2005年　カネヒキリ　牡３　210円

前走	10月29日	東京1600m	ＧⅢ	武蔵野Ｓ	１番人気	２着	0.3秒差	１位
前々走	９月19日	盛岡2000m	ＧⅠ	ダービーグランプリ	１番人気	１着	0.4秒差	４角先頭
３歳	７月13日	大井2000m	ＧⅠ	ジャパンＤＤ	１番人気	１着	0.8秒差	1位　4角先頭
３歳	６月４日	東京1600m	ＧⅢ	ユニコーンＳ	１番人気	１着	0.3秒差	３位

2001年　クロフネ　牡３　170円

前走	10月27日	東京1600m	ＧⅢ	武蔵野Ｓ	１番人気	１着	1.4秒差	１位
前々走	９月23日	阪神芝2000m	ＧⅡ	神戸新聞杯	２番人気	３着	0.1秒差	１位
３歳	５月６日	東京芝1600m	ＧⅠ	ＮＨＫマイルＣ	１番人気	１着	0.1秒差	１位
３歳	３月24日	阪神芝2000m	ＧⅢ	毎日杯	１番人気	１着	0.9秒差	１位

※前走だけでハードルをクリアしています。

続いて４歳馬。

2010年　トランセンド　牡４　350円

前走	11月７日	京都1800m	ＧⅢ	みやこＳ	２番人気	１着	0.2秒差	3位　逃げ
前々走	９月23日	船橋1800m	ＧⅡ	日本テレビ盃	２番人気	２着	0.5秒差	3位　逃げ
４歳	５月23日	京都1900m	ＧⅡ	東海Ｓ	１番人気	２着	0.0秒差	3位　逃げ
３歳	８月23日	新潟1800m	重賞	レパードＳ	１番人気	１着	0.5秒差	１位

2009年　エスポワールシチー　牡４　310円

前走	10月12日	盛岡1600m	ＧⅠ	マイルＣＳ南部杯	２番人気	１着	0.7秒差	X位　逃げ
前々走	５月５日	船橋1600m	ＧⅠ	かしわ記念	２番人気	１着	0.1秒差	１位
４歳	３月29日	中山1800m	ＧⅢ	マーチＳ	１番人気	１着	0.2秒差	Ｘ位
４歳	１月25日	京都1800m	ＧⅢ	平安Ｓ	１番人気	２着	0.0秒差	3位　逃げ

最後に５歳馬。

2011年　トランセンド　牡５　200円

前走	11月３日	大井2000m	ＧⅠ	ＪＢＣクラシック	２番人気	２着	0.2秒差	Ｘ位
前々走	10月10日	東京1600m	ＧⅠ	マイルＣＳ南部杯	１番人気	１着	0.0秒差	３位
５歳	３月26日	UAE2000m	ＧⅠ	ドバイワールドＣ		２着		
５歳	２月20日	東京1600m	ＧⅠ	フェブラリーＳ	１番人気	１着	0.2秒差	X位　逃げ

4歳	12月5日	阪神1800m	GⅠ	ジャパンCダート	1番人気	1着	0.0秒差	X位	逃げ
4歳	11月7日	京都1800m	GⅢ	みやこS	2番人気	1着	0.2秒差	3位	逃げ
4歳	9月23日	船橋1800m	GⅡ	日本テレビ盃	2番人気	2着	0.5秒差	3位	逃げ
4歳	5月23日	京都1900m	GⅡ	東海S	1番人気	2着	0.0秒差	3位	逃げ
3歳	8月23日	新潟1800m	重賞	レパードS	1番人気	1着	0.5秒差	1位	

2007年　ヴァーミリアン　牡5　230円

前走	10月31日	大井2000m	GⅠ	JBCクラシック	2番人気	1着	0.7秒差	1位	
前々走	3月31日	UAE2000m	GⅠ	ドバイワールドC		4着			
5歳	1月31日	川崎2100m	GⅠ	川崎記念	1番人気	1着	1.3秒差	1位	4角先頭
4歳	12月20日	名古屋2500m	GⅡ	名古屋グランプリ	1番人気	1着	1.3秒差	1位	
4歳	3月15日	船橋2400m	GⅡ	ダイオライト記念	1番人気	1着	1.3秒差	1位	4角先頭
4歳	1月22日	京都1800m	GⅢ	平安S	2番人気	2着	0.0秒差	3位	
3歳	11月30日	浦和2000m	GⅡ	浦和記念	1番人気	1着	0.6秒差	1位	
2歳	12月25日	阪神芝2000m	GⅢ	ラジオたんぱ杯2歳S	2番人気	1着	0.2秒差	2位	

過去20年、1番人気に応えられず負けた馬の近2走成績と実績を紹介します。

まず3歳馬から。

2002年　アドマイヤドン　牡3　3着

前走	11月4日	盛岡2000m	GⅠ	JBCクラシック	2番人気	1着	1.1秒差	
前々走	10月20日	京都3000m	GⅠ	菊花賞	5番人気	4着	0.5秒差	X位
2歳	12月9日	中山芝1600m	GⅠ	朝日杯FS	1番人気	1着	0.1秒差	X位

※前走が上がり1位でハードルを満たしているとしても（発表されていないため不明）、1番人気ではありません。また、朝日杯FSは上がり1位ではありませんし、そもそも芝のレースです。

続いて4歳馬。

2014年　コパノリッキー　牡4　12着

前走	11月3日	盛岡2000m	GⅠ	JBCクラシック	3番人気	1着	0.5秒差	2位	逃げ
前々走	6月25日	大井2000m	GⅠ	帝王賞	1番人気	2着	0.4秒差	2位	3角先頭
4歳	5月5日	船橋1600m	GⅠ	かしわ記念	2番人気	1着	0.4秒差	1位	
4歳	2月23日	東京1600m	GⅠ	フェブラリーS	16番人気	1着	0.1秒差	3位	
3歳	5月2日	園田1870m	GⅡ	兵庫CS	1番人気	1着	1.0秒差	1位	逃げ

※地方GⅠか中央重賞1番人気完勝歴なし。

2013年　ホッコータルマエ　牡4　3着

前走	11月4日	金沢2100m	GⅠ	JBCクラシック	1番人気	1着	0.4秒差	2位	逃げ
前々走	10月14日	盛岡1600m	GⅠ	マイルCS南部杯	1番人気	2着	0.2秒差	1位	
4歳	6月26日	大井2000m	GⅠ	帝王賞	3番人気	1着	0.2秒差	1位	
4歳	5月6日	船橋1600m	GⅠ	かしわ記念	2番人気	1着	0.3秒差	1位	
4歳	4月13日	阪神1800m	GⅢ	アンタレスS	1番人気	1着	0.1秒差	2位	
4歳	3月20日	名古屋1900m	GⅢ	名古屋大賞典	1番人気	1着	0.7秒差	1位	

４歳　２月11日　佐賀2000m　ＧⅢ　佐賀記念　１番人気　１着　0.6秒差　1位 4角先頭
３歳　８月５日　新潟1800m　ＧⅢ　レパードＳ　２番人気　１着　0.0秒差　３位
※前年の当レース１番人気３着がＮＧ。

2012年　ローマンレジェンド　牡４　４着
前走　11月４日　京都1800m　ＧⅢ　みやこＳ　１番人気　１着　0.0秒差　２位
前々走　８月25日　札幌1700m　ＧⅢ　エルムＳ　１番人気　１着　0.0秒差　２位
※地方ＧⅠか中央重賞１番人気完勝歴なし。

2003年　アドマイヤドン　牡４　２着
前走　11月３日　大井2000m　ＧⅠ　ＪＢＣクラシック　１番人気　１着　0.6秒差　１位
前々走　10月13日　盛岡1600m　ＧⅠ　マイルＣＳ南部杯　１番人気　１着　0.6秒差　４角先頭
４歳　９月６日　札幌1700m　ＧⅢ　エルムＳ　１番人気　１着　1.5秒差　１位
３歳　11月４日　盛岡2000m　ＧⅠ　ＪＢＣクラシック　２番人気　１着　1.1秒差
２歳　12月９日　中山1600m　ＧⅠ　朝日杯ＦＳ　１番人気　１着　0.1秒差　Ｘ位
※前年の当レース１番人気３着がＮＧ。

次に５歳馬。

2017年　テイエムジンソク　牡５　２着
前走　11月５日　京都1800m　ＧⅢ　みやこＳ　２番人気　１着　0.4秒差　2位 4角先頭
前々走　８月13日　札幌1700m　ＧⅢ　エルムＳ　１番人気　２着　0.1秒差　Ｘ位
※地方ＧⅠか中央重賞１番人気完勝歴なし。

2015年　コパノリッキー　牡５　７着
前走　11月３日　大井2000m　ＧⅠ　ＪＢＣクラシック　３番人気　１着　0.5秒差　2位 逃げ
前々走　10月７日　船橋1800m　ＧⅡ　日本テレビ盃　１番人気　３着　2.0秒差　X位 逃げ
５歳　２月22日　東京1600m　ＧⅠ　フェブラリーＳ　１番人気　１着　0.1秒差　Ｘ位
５歳　１月25日　中京1800m　ＧⅡ　東海Ｓ　１番人気　１着　0.7秒差　2位 4角先頭
４歳　12月29日　大井2000m　ＧⅠ　東京大賞典　２番人気　２着　0.8秒差　3位 逃げ
４歳　11月３日　盛岡2000m　ＧⅠ　ＪＢＣクラシック　３番人気　１着　0.5秒差　2位 逃げ
４歳　６月25日　大井2000m　ＧⅠ　帝王賞　１番人気　２着　0.4秒差　2位 3角先頭
４歳　５月５日　船橋1600m　ＧⅠ　かしわ記念　２番人気　１着　0.4秒差　１位
４歳　２月23日　東京1600m　ＧⅠ　フェブラリーＳ　16番人気　１着　0.1秒差　３位
３歳　５月２日　園田1870m　ＧⅡ　兵庫ＣＳ　１番人気　１着　1.0秒差　1位 逃げ
※前年の当レース１番人気12着がＮＧ。

2006年　シーキングザダイヤ　牡５　２着
前走　11月３日　川崎2100m　ＧⅠ　ＪＢＣクラシック　１番人気　２着　0.2秒差　１位
前々走　10月９日　盛岡1600m　ＧⅠ　マイルＣＳ南部杯　１番人気　４着　0.2秒差
５歳　９月20日　船橋1800m　ＧⅡ　日本テレビ盃　１番人気　１着　0.1秒差　２位
５歳　２月19日　東京1600m　ＧⅠ　フェブラリーＳ　２番人気　２着　0.5秒差　３位
５歳　１月25日　川崎2100m　ＧⅠ　川崎記念　１番人気　２着　0.1秒差　３位
５歳　12月29日　大井2000m　ＧⅠ　東京大賞典　２番人気　２着　0.3秒差　２位
４歳　11月26日　東京2100m　ＧⅠ　ジャパンＣダート　11番人気　２着　0.0秒差　Ｘ位

４歳	10月10日	盛岡1600m	ＧⅠ	マイルＣＳ南部杯	５番人気	２着	0.2秒差	
４歳	２月20日	東京1600m	ＧⅠ	フェブラリーＳ	５番人気	２着	0.2秒差	Ｘ位
４歳	１月26日	川崎2100m	ＧⅠ	川崎記念	３番人気	２着	0.0秒差	２位
３歳	12月28日	園田1400m	ＧⅢ	兵庫ゴールドＴ	１番人気	１着	0.0秒差	
３歳	12月７日	宇都宮1400m	ＧⅢ	とちぎマロニエ	１番人気	３着	0.1秒差	
３歳	４月10日	中山芝1600m	ＧⅡ	ＮＺＴ	１番人気	１着	0.1秒差	Ｘ位
３歳	２月28日	阪神芝1600m	ＧⅢ	アーリントンＣ	１番人気	１着	0.1秒差	１位

※地方ＧⅠか中央重賞１番人気完勝歴なし。３歳時の重賞は芝のレースなのでカウントできません。

2004年　アドマイヤドン　牡５　２着

前走	11月３日	大井2000m	ＧⅠ	ＪＢＣクラシック	１番人気	１着	0.2秒差	１位
前々走	10月11日	盛岡1600m	ＧⅠ	マイルＣＳ南部杯	１番人気	２着	0.1秒差	
５歳	６月30日	大井2000m	ＧⅠ	帝王賞	１番人気	１着	0.0秒差	１位
５歳	２月22日	東京1600m	ＧⅠ	フェブラリーＳ	１番人気	１着	0.1秒差	２位
４歳	11月29日	東京2100m	ＧⅠ	ジャパンＣダート	１番人気	２着	0.0秒差	１位
４歳	11月３日	大井2000m	ＧⅠ	ＪＢＣクラシック	１番人気	１着	0.6秒差	１位
４歳	10月13日	盛岡1600m	ＧⅠ	マイルＣＳ南部杯	１番人気	１着	0.6秒差	４角先頭
４歳	９月６日	札幌1700m	ＧⅢ	エルムＳ	１番人気	１着	1.5秒差	１位
３歳	11月４日	盛岡2000m	ＧⅠ	ＪＢＣクラシック	２番人気	１着	1.1秒差	
２歳	12月９日	中山1600m	ＧⅠ	朝日杯ＦＳ	１番人気	１着	0.1秒差	Ｘ位

※前年の当レース１番人気２着がＮＧ。

最後に６歳馬。

2019年　ゴールドドリーム　牡６　２着

前走	10月14日	盛岡1600m	ＧⅠ	マイルＣＳ南部杯	１番人気	３着	0.5秒差	２位
前々走	５月６日	船橋1600m	ＧⅠ	かしわ記念	２番人気	１着	0.2秒差	２位
６歳	２月17日	東京1600m	ＧⅠ	フェブラリーＳ	２番人気	２着	0.0秒差	１位
５歳	12月29日	大井2000m	ＧⅠ	東京大賞典	１番人気	２着	0.1秒差	３位
５歳	10月８日	盛岡1600m	ＧⅠ	マイルＣＳ南部杯	１番人気	２着	0.2秒差	３位
５歳	６月27日	大井2000m	ＧⅠ	帝王賞	２番人気	１着	0.1秒差	３位
５歳	５月２日	船橋1600m	ＧⅠ	かしわ記念	２番人気	１着	0.2秒差	１位
５歳	２月18日	東京1600m	ＧⅠ	フェブラリーＳ	１番人気	２着	0.0秒差	２位
４歳	12月３日	中京1800m	ＧⅠ	チャンピオンズＣ	８番人気	１着	0.0秒差	２位
４歳	２月19日	東京1600m	ＧⅠ	フェブラリーＳ	２番人気	１着	0.0秒差	３位
３歳	11月12日	東京1600m	ＧⅢ	武蔵野Ｓ	２番人気	２着	0.2秒差	２位
３歳	６月19日	東京1600m	ＧⅢ	ユニコーンＳ	２番人気	１着	0.0秒差	２位
３歳	５月４日	園田1870m	ＧⅡ	兵庫ＣＳ	１番人気	２着	1.2秒差	３位

※６歳馬ＮＧ。

2016年　アウォーディー　牡６　２着

前走	11月３日	川崎2100m	ＧⅠ	ＪＢＣクラシック	２番人気	１着	0.1秒差	１位
前々走	９月28日	船橋1800m	ＧⅡ	日本テレビ盃	１番人気	１着	0.0秒差	１位
６歳	４月16日	阪神1800m	ＧⅢ	アンタレスＳ	１番人気	１着	0.1秒差	１位

６歳	３月17日	名古屋1900m	GⅢ	名古屋大賞典	１番人気	１着	2.4秒差	１位
５歳	10月３日	阪神2000m	GⅢ	シリウスＳ	３番人気	１着	0.5秒差	１位

※６連勝中でも６歳馬はＮＧ。

2008年　ヴァーミリアン　牡６　３着

前走	11月３日	園田1870m	ＧⅠ	ＪＢＣクラシック	１番人気	１着	0.1秒差	３位
前々走	３月29日	UAE2000m	ＧⅠ	ドバイワールドＣ		12着		
６歳	２月24日	東京1600m	ＧⅠ	フェブラリーＳ	１番人気	１着	0.3秒差	１位
５歳	12月29日	大井2000m	ＧⅠ	東京大賞典	１番人気	１着	0.7秒差	１位
５歳	11月24日	東京2100m	ＧⅠ	ジャパンＣダート	１番人気	１着	0.2秒差	１位
５歳	10月31日	大井2000m	ＧⅠ	ＪＢＣクラシック	２番人気	１着	0.7秒差	１位
５歳	１月31日	川崎2100m	ＧⅠ	川崎記念	１番人気	１着	1.3秒差	1位　4角先頭
４歳	12月20日	名古屋2500m	ＧⅡ	名古屋グランプリ	１番人気	１着	1.3秒差	1位　4角先頭
４歳	３月15日	船橋2400m	ＧⅡ	ダイオライト記念	１番人気	１着	1.3秒差	1位　4角先頭
４歳	１月22日	京都1800m	ＧⅢ	平安Ｓ	２番人気	２着	0.0秒差	３位
３歳	11月30日	浦和2000m	ＧⅡ	浦和記念	１番人気	１着	0.6秒差	１位
２歳	12月25日	阪神芝2000m	ＧⅢ	ラジオたんぱ杯２歳Ｓ	２番人気	１着	0.2秒差	２位

※６歳馬ＮＧ。

2000年　ファストフレンド　牝６　５着

前走	11月３日	名古屋2500m	ＧⅡ	東海菊花賞	１番人気	１着	0.3秒差	
前々走	10月９日	盛岡1600m	ＧⅠ	マイルＣＳ南部杯	１番人気	４着	1.0秒差	３位
６歳	７月５日	川崎2100m	牝馬GⅡ	エンプレス杯	１番人気	１着	0.6秒差	１位
６歳	６月22日	大井2000m	ＧⅠ	帝王賞	２番人気	１着	0.0秒差	３位
６歳	５月21日	中京2300m	ＧⅡ	東海Ｓ	１番人気	１着	0.0秒差	１位
５歳	12月29日	大井2000m	ＧⅠ	東京大賞典	３番人気	２着	0.1秒差	２位
５歳	10月６日	船橋1800m	牝馬GⅢ	クイーン賞	１番人気	１着	0.0秒差	２位
５歳	７月19日	川崎2100m	牝馬GⅡ	エンプレス杯	１番人気	１着	1.1秒差	
５歳	６月15日	川崎1600m	牝馬GⅢ	スパーキングレディー	１番人気	１着	0.4秒差	
５歳	４月７日	船橋1600m	牝馬GⅢ	マリーンＣ	２番人気	１着	0.1秒差	

※６歳馬ＮＧ。

◆１番人気が飛ぶとわかったらココへ

１番人気が「負ける」とわかったら、２番人気以下の馬から勝つ馬を見つけます。簡単です。僕が課す大前提とハードルを満たした馬しか勝ちませんので、【１着穴馬的中シート】を利用して見つけだしてください。

２番人気以下で勝てる馬を浮かび上がらせます

大前提①　５歳以上馬は当年連対歴

ハードル❶
前走１番人気上がり１位完勝

ハードル❷
重賞１番人気完勝歴

ハードル❸
ＧⅠ１着歴（芝、牝馬限定競走を含む）

ハードル❹
外国馬は米国ＧⅠ３着以内

どれか一つで可。

2番人気以下で勝てる馬【1着穴馬的中シート】

条件	馬番 or 馬名
大前提①クリア	
ハードル❶クリア	
ハードル❷クリア	
ハードル❸クリア	
ハードル❹クリア	

過去20年、２番人気以下で優勝した馬の近２走成績と実績を紹介します。

まず３歳馬から。

2019年　２番人気　クリソベリル　牡３　440円

前走	９月23日	船橋1800m	GⅡ	日本テレビ盃	１番人気	１着	0.8秒差	１位
前々走	７月10日	大井2000m	GⅠ	ジャパンＤＤ	１番人気	１着	0.6秒差	２位
３歳	５月２日	園田1870m	GⅡ	兵庫ＣＳ	１番人気	１着	0.9秒差	１位

※デビュー５連勝中（うち、地方競馬で３連勝中）。

2006年　７番人気　アロンダイト　牡３　1520円

前走	10月22日	東京2100m	1600万	銀蹄Ｓ	１番人気	１着	0.1秒差	１位
前々走	７月29日	新潟1800m	1000万	魚沼特別	１番人気	１着	0.4秒差	X位　逃げ

※４連勝中。

次に４歳馬。

2017年　８番人気　ゴールドドリーム　牡４　1300円

前走	10月９日	盛岡1600m	GⅠ	マイルＣＳ南部杯	２番人気	５着	0.9秒差	１位
前々走	６月28日	大井2000m	GⅠ	帝王賞	４番人気	７着	1.8秒差	X位
４歳	２月19日	東京1600m	GⅠ	フェブラリーＳ	２番人気	１着	0.0秒差	３位
３歳	11月12日	東京1600m	GⅢ	武蔵野Ｓ	２番人気	２着	0.2秒差	２位
３歳	６月19日	東京1600m	GⅢ	ユニコーンＳ	２番人気	１着	0.0秒差	２位
３歳	５月４日	園田1870m	GⅡ	兵庫ＣＳ	１番人気	２着	1.2秒差	３位

続いて５歳馬。

2014年　２番人気　ホッコータルマエ　牡５　590円

前走	11月３日	盛岡2000m	GⅠ	ＪＢＣクラシック	４番人気	４着	0.8秒差	X位
前々走	３月29日	UAE2000m	GⅠ	ドバイワールドC	９番人気	16着		
５歳	２月23日	東京1600m	GⅠ	フェブラリーＳ	２番人気	２着	0.1秒差	１位
５歳	１月29日	川崎2100m	GⅠ	川崎記念	１番人気	１着	0.1秒差	１位
４歳	12月29日	大井2000m	GⅠ	東京大賞典	１番人気	１着	0.3秒差	１位
４歳	11月４日	金沢2100m	GⅠ	ＪＢＣクラシック	１番人気	１着	0.4秒差	2位　逃げ
４歳	10月14日	盛岡1600m	GⅠ	マイルＣＳ南部杯	１番人気	２着	0.2秒差	１位
４歳	６月26日	大井2000m	GⅠ	帝王賞	３番人気	１着	0.2秒差	１位
４歳	５月６日	船橋1600m	GⅠ	かしわ記念	２番人気	１着	0.3秒差	１位
４歳	４月13日	阪神1800m	GⅢ	アンタレスＳ	１番人気	１着	0.1秒差	２位
４歳	３月20日	名古屋1900m	GⅢ	名古屋大賞典	１番人気	１着	0.7秒差	１位
４歳	２月11日	佐賀2000m	GⅢ	佐賀記念	１番人気	１着	0.6秒差	１位
３歳	８月５日	新潟1800m	GⅢ	レパードＳ	２番人気	１着	0.0秒差	１位

2013年　３番人気　ベルシャザール　牡５　840円

前走	11月10日	東京1600m	GⅢ	武蔵野Ｓ	１番人気	１着	0.1秒差	X位
前々走	10月20日	東京2100m	ＯＰ	ブラジルＣ	１番人気	１着	0.2秒差	１位

３歳	３月26日	阪神芝1800m	ＧⅡ	スプリングＳ	４番人気	２着	0.1秒差	２位

2012年　６番人気　ニホンピロアワーズ　牡５　1990円

前走	11月４日	京都1800m	ＧⅢ	みやこＳ	３番人気	２着	0.0秒差	Ｘ位
前々走	10月２日	金沢2100m	ＧⅢ	白山大賞典	１番人気	１着	0.9秒差	１位
５歳	５月19日	京都1900m	ＧⅡ	東海Ｓ	３番人気	２着	0.0秒差	Ｘ位
５歳	３月22日	名古屋1900m	ＧⅢ	名古屋大賞典	１番人気	１着	1.2秒差	１位
４歳	12月23日	名古屋2500m	ＧⅡ	名古屋グランプリ	１番人気	１着	0.4秒差	１位
４歳	10月４日	金沢2100m	ＧⅢ	白山大賞典	１番人気	２着	0.5秒差	2位　3角先頭

2003年　11番人気　フリートストリートダンサー　せん５　4930円

前走	10月25日	米国1700m	準重賞	シービスケットＨ	１番人気	６着	1.0秒差
前々走	10月４日	米国1800m	ＧⅡ	グッドウッドブリーダーズＣＨ		２着	0.1秒差
５歳	５月10日	米国1700m	ＧⅡ	マーヴィンルロイＨ	６番人気	２着	２馬身
３歳	12月４日	米国1800m	ＧⅢ	ネイティヴダイヴァーＨ	６番人気	２着	0.1秒差
※５歳	８月24日	米国2000m	ＧⅠ	パシフィッククラシックＳ	４番人気	３着	10馬身

2002年　５番人気　イーグルカフェ　牡５　2080円

前走	10月５日	仏国芝1950m	ＧⅡ	ドラール賞		３着	0.0秒差	
前々走	８月18日	札幌2000m	ＧⅡ	札幌記念	５番人気	８着	0.7秒差	３位
５歳	７月７日	福島2000m	ＧⅢ	七夕賞	３番人気	１着	0.2秒差	１位
４歳	10月27日	東京1600m	ＧⅢ	武蔵野Ｓ	５番人気	２着	1.4秒差	２位
３歳	５月７日	東京芝1600m	ＧⅠ	ＮＨＫマイルＣ	２番人気	１着	0.0秒差	３位
３歳	２月６日	東京芝1800m	ＧⅢ	共同通信杯	４番人気	１着	0.0秒差	１位
３歳	１月16日	中山芝2000m	ＧⅢ	京成杯	９番人気	２着	0.0秒差	１位

2000年　４番人気　ウイングアロー　牡５　580円

前走	10月９日	盛岡1600m	ＧⅠ	マイルＣＳ南部杯	４番人気	２着	0.7秒差	
前々走	８月15日	旭川2300m	ＧⅡ	ブリーダーズゴールドＣ	１番人気	１着	0.4秒差	
５歳	２月20日	東京1600m	ＧⅠ	フェブラリーＳ	４番人気	１着	0.1秒差	１位
４歳	12月15日	浦和2000m	ＧⅡ	浦和記念	２番人気	２着	0.1秒差	
４歳	12月５日	小倉2400m	ＧⅡ	ウインターＳ	１番人気	２着	0.2秒差	１位
３歳	12月14日	水沢2000m	ＧⅠ	ダービーグランプリ	１番人気	２着	0.1秒差	
３歳	10月30日	大井2000m	ＧⅡ	スーパーＤＤ	１番人気	１着	0.5秒差	１位
３歳	10月３日	中山1800m	ＧⅢ	ユニコーンＳ	１番人気	１着	0.4秒差	１位
３歳	７月22日	旭川1600m	ＧⅢ	グランシャリオＣ	１番人気	１着	0.9秒差	
３歳	７月１日	名古屋1900m	ＧⅢ	名古屋優駿	２番人気	１着	0.3秒差	

最後に６歳馬。

2016年　６番人気　サウンドトゥルー　せん６　1590円

前走	11月３日	川崎2100m	ＧⅠ	ＪＢＣクラシック	５番人気	３着	0.3秒差	２位
前々走	９月28日	船橋1800m	ＧⅡ	日本テレビ盃	２番人気	３着	1.0秒差	３位
６歳	１月27日	川崎2100m	ＧⅠ	川崎記念	２番人気	２着	0.0秒差	１位
５歳	12月29日	大井2000m	ＧⅠ	東京大賞典	３番人気	１着	0.3秒差	１位

５歳	11月３日	大井2000m	ＧⅠ	ＪＢＣクラシック	４番人気	２着	0.5秒差	１位
５歳	10月７日	船橋1800m	ＧⅡ	日本テレビ盃	３番人気	１着	0.6秒差	１位

2015年	12番人気	サンビスタ	牝６	6640円				
前走	11月３日	大井1800m	牝馬GⅠ	JBCレディスクラシック	１番人気	２着	1.1秒差	３位
前々走	10月１日	大井1800m	牝馬GⅡ	レディスプレリュード	２番人気	１着	0.4秒差	１位
６歳	８月13日	門別2000m	ＧⅢ	ブリーダーズゴールドC	１番人気	２着	0.0秒差	２位
６歳	４月14日	船橋1600m	牝馬GⅢ	マリーンＣ	１番人気	１着	0.8秒差	１位
６歳	１月21日	大井1800m	牝馬GⅢ	ＴＣＫ女王盃	１番人気	１着	0.4秒差	１位
５歳	11月３日	盛岡1800m	牝馬GⅠ	JBCレディスクラシック	２番人気	１着	0.2秒差	２位
５歳	10月２日	大井1800m	牝馬GⅡ	レディスプレリュード	２番人気	２着	0.3秒差	３位
５歳	８月14日	門別2000m	ＧⅢ	ブリーダーズゴールドC	２番人気	１着	0.7秒差	１位

2008年	４番人気	カネヒキリ	牡６	980円				
前走	11月８日	東京1600m	ＧⅢ	武蔵野Ｓ	２番人気	９着	0.6秒差	Ｘ位
前々走	６月28日	大井2000m	（ＧⅠ）	帝王賞	１番人気	２着	0.2秒差	１位
４歳	２月19日	東京1600m	ＧⅠ	フェブラリーＳ	１番人気	１着	0.5秒差	１位
３歳	11月26日	東京2100m	ＧⅠ	ジャパンＣダート	１番人気	１着	0.0秒差	２位
３歳	10月29日	東京1600m	ＧⅢ	武蔵野Ｓ	１番人気	２着	0.3秒差	１位
３歳	９月19日	盛岡2000m	ＧⅠ	ダービーグランプリ	１番人気	１着	0.4秒差	X位 4角先頭
３歳	７月13日	大井2000m	ＧⅠ	ジャパンＤＤ	１番人気	１着	0.8秒差	１位
３歳	６月４日	東京1600m	ＧⅢ	ユニコーンＳ	１番人気	１着	0.3秒差	３位

2004年	４番人気	タイムパラドックス	牡６	1200円				
前走	11月３日	大井2000m	ＧⅠ	ＪＢＣクラシック	３番人気	３着	0.7秒差	３位
前々走	10月12日	金沢2100m	ＧⅢ	白山大賞典	１番人気	１着	1.5秒差	３角先頭
６歳	８月12日	旭川2300m	ＧⅡ	ブリーダーズゴールドC	２番人気	１着	0.3秒差	
６歳	５月23日	中京2300m	ＧⅡ	東海Ｓ	３番人気	２着	0.1秒差	１位
６歳	４月25日	京都1800m	ＧⅢ	アンタレスＳ	２番人気	１着	0.1秒差	１位
６歳	１月25日	京都1800m	ＧⅢ	平安Ｓ	５番人気	１着	0.0秒差	３位

◆２着馬を見つけるのはココで

２着候補を２番人気以下から見つけだすのに便利なツールが僕の作った大前提とハードルです。こちらも【２着穴馬的中シート】を併用して見つけてください。なお、１番人気に応えられなくても２着に来ることはありますので、１番人気馬は無条件で２着候補です。

２番人気以下で２着に入れる馬を浮かび上がらせます

大前提①　５歳以上馬は当年連対歴

3歳ハードル❶
前走オープンクラス上がり1位1着、かつ、
ジャパンダートダービー連対

4歳ハードル❷
前走重賞完勝か、GⅠ連対歴

5歳以上ハードル❸
近2走で「重賞連対（負けていても0.1秒）**か、オープン特別完勝」**

5歳以上ハードル❹
重賞1番人気上がり1位完勝歴

5歳以上ハードル❺
GⅠ連対歴（負けていても0.1秒）

どれか一つで可。

注：ハードルはすべて3歳以上（ジャパンダートダービーは除く）

2番人気以下で2着に入れる馬【2着穴馬的中シート】

条件	馬番 or 馬名
大前提① クリア	
3歳 ハードル❶クリア	
4歳 ハードル❷クリア	
5歳以上 ハードル❸クリア	
5歳以上 ハードル❹クリア	
5歳以上 ハードル❺クリア	

過去20年、２番人気以下で２着に入った馬の近２走成績と実績を紹介します。

まず３歳馬から。

2015年　３番人気　ノンコノユメ　牡３

前走	11月14日	東京1600m	GⅢ	武蔵野Ｓ	２番人気	１着	0.0秒差	１位
前々走	７月８日	大井2000m	GⅠ	ジャパンＤＤ	２番人気	１着	0.5秒差	１位
３歳	６月21日	中山1800m	GⅢ	ユニコーンＳ	１番人気	１着	0.4秒差	１位

2009年　５番人気　シルクメビウス　牡３

前走	11月21日	京都1800m	ＯＰ	トパーズＳ	４番人気	１着	0.8秒差	１位
前々走	11月７日	東京1600m	GⅢ	武蔵野Ｓ	７番人気	８着	0.7秒差	Ｘ位
３歳	７月８日	大井2000m	GⅠ	ジャパンＤＤ	２番人気	２着	0.3秒差	２位
３歳	６月６日	東京1600m	GⅢ	ユニコーンＳ	１番人気	１着	0.3秒差	１位

次に４歳馬。

2010年　８番人気　グロリアスノア　牡４

前走	11月14日	東京1600m	GⅢ	武蔵野Ｓ	６番人気	１着	0.1秒差	２位
前々走	７月11日	阪神1400m	GⅢ	プロキオンＳ	３番人気	９着	1.6秒差	Ｘ位
４歳	１月31日	東京1400m	GⅢ	根岸Ｓ	11番人気	１着	0.2秒差	２位
３歳	６月６日	東京1600m	GⅢ	ユニコーンＳ	２番人気	２着	0.3秒差	Ｘ位

2005年　11番人気　シーキングザダイヤ　牡４

前走	11月３日	名古屋1900m	GⅠ	ＪＢＣクラシック	４番人気	６着	0.8秒差	Ｘ位
前々走	10月10日	盛岡1600m	GⅠ	マイルＣＳ南部杯	５番人気	２着	0.2秒差	
４歳	２月20日	東京1600m	GⅠ	フェブラリーＳ	５番人気	２着	0.2秒差	Ｘ位
４歳	１月26日	川崎2100m	GⅠ	川崎記念	３番人気	２着	0.0秒差	２位
３歳	12月28日	園田1400m	GⅢ	兵庫ゴールドＴ	１番人気	１着	0.0秒差	
３歳	４月10日	中山芝1600m	GⅡ	ＮＺＴ	１番人気	１着	0.1秒差	Ｘ位
３歳	２月28日	阪神芝1600m	GⅢ	アーリントンＣ	１番人気	１着	0.1秒差	１位

続いて５歳馬。

2014年　８番人気　ナムラビクター　牡５

前走	11月９日	京都1800m	GⅢ	みやこＳ	４番人気	３着	0.1秒差	３位
前々走	10月４日	阪神2000m	GⅢ	シリウスＳ	３番人気	２着	0.1秒差	３位
５歳	４月19日	阪神1800m	GⅢ	アンタレスＳ	２番人気	１着	0.0秒差	１位
３歳	８月５日	新潟1800m	GⅢ	レパードＳ	３番人気	２着	0.0秒差	２位

2011年　５番人気　ワンダーアキュート　牡５

前走	11月６日	京都1800m	GⅢ	みやこＳ	２番人気	４着	0.8秒差	３位
前々走	５月22日	京都1900m	GⅡ	東海Ｓ	２番人気	１着	0.1秒差	１位
５歳	４月24日	京都1800m	GⅢ	アンタレスＳ	１番人気	２着	0.3秒差	１位
５歳	３月21日	名古屋1900m	GⅢ	名古屋大賞典	２番人気	２着	0.4秒差	２位

３歳	11月７日	東京1600m	ＧⅢ	武蔵野Ｓ	５番人気	１着	0.3秒差	Ｘ位 逃げ
３歳	10月３日	阪神2000m	ＧⅢ	シリウスＳ	３番人気	１着	0.5秒差	１位

2007年　６番人気　フィールドルージュ　牡５

前走	10月27日	東京1600m	ＧⅢ	武蔵野Ｓ	３番人気	４着	0.3秒差	１位
前々走	７月15日	函館1700m	ＯＰ	マリーンＳ	１番人気	１着	0.1秒差	２位
※４歳	11月25日	東京2100m	ＧⅠ	ジャパンＣダート	８番人気	３着	0.4秒差	１位

◉この年は低レベルで、２番人気には前走で重賞初制覇の３歳馬ドラゴンファイヤーが推されるほどでした。フィールドルージュは重賞１着歴はありませんが、前年の当レースで上がり１位３着。これだけでも２着候補として十分すぎる実績です。出走メンバーのレベルによって、臨機応変に対応しなければなりません。

2000年　５番人気　サンフォードシチー　牡５

前走	10月28日	東京1600m	ＧⅢ	武蔵野Ｓ	２番人気	１着	0.2秒差	１位
前々走	10月14日	京都1800m	ＯＰ	エニフＳ	２番人気	３着	0.8秒差	１位

最後に６歳以上馬。

2018年　８番人気　ウェスタールンド　せん６

前走	11月10日	東京1600m	ＧⅢ	武蔵野Ｓ	３番人気	７着	0.9秒差	Ｘ位
前々走	９月29日	阪神2000m	ＧⅢ	シリウスＳ	７番人気	２着	0.0秒差	１位

2013年　６番人気　ワンダーアキュート　牡７

前走	11月４日	金沢2100m	ＧⅠ	ＪＢＣクラシック	２番人気	２着	0.4秒差	２位
前々走	９月23日	船橋1800m	ＧⅡ	日本テレビ盃	１番人気	１着	0.0秒差	１位
７歳	１月30日	川崎2100m	ＧⅠ	川崎記念	１番人気	２着	0.1秒差	２位
６歳	12月２日	阪神1800m	ＧⅠ	ジャパンＣダート	３番人気	２着	0.6秒差	２位
６歳	11月５日	川崎2100m	ＧⅠ	ＪＢＣクラシック	５番人気	１着	1.0秒差	１位
５歳	12月29日	大井2000m	ＧⅠ	東京大賞典	３番人気	２着	0.0秒差	２位
５歳	12月４日	阪神1800m	ＧⅠ	ジャパンＣダート	５番人気	２着	0.3秒差	１位
５歳	５月22日	京都1900m	ＧⅡ	東海Ｓ	２番人気	１着	0.1秒差	１位
５歳	４月24日	京都1800m	ＧⅢ	アンタレスＳ	１番人気	２着	0.3秒差	１位
５歳	３月21日	名古屋1900m	ＧⅢ	名古屋大賞典	２番人気	２着	0.4秒差	２位
３歳	11月７日	東京1600m	ＧⅢ	武蔵野Ｓ	５番人気	１着	0.3秒差	Ｘ位 逃げ
３歳	10月３日	阪神2000m	ＧⅢ	シリウスＳ	３番人気	１着	0.5秒差	１位

2012年　３番人気　ワンダーアキュート　牡６

前走	11月５日	川崎2100m	ＧⅠ	ＪＢＣクラシック	５番人気	１着	1.0秒差	１位
前々走	５月19日	京都1900m	ＧⅡ	東海Ｓ	１番人気	10着	0.9秒差	Ｘ位
５歳	12月29日	大井2000m	ＧⅠ	東京大賞典	３番人気	２着	0.0秒差	２位
５歳	12月４日	阪神1800m	ＧⅠ	ジャパンＣダート	５番人気	２着	0.3秒差	１位
５歳	５月22日	京都1900m	ＧⅡ	東海Ｓ	２番人気	１着	0.1秒差	１位
５歳	４月24日	京都1800m	ＧⅢ	アンタレスＳ	１番人気	２着	0.3秒差	１位
５歳	３月21日	名古屋1900m	ＧⅢ	名古屋大賞典	２番人気	２着	0.4秒差	２位
３歳	11月７日	東京1600m	ＧⅢ	武蔵野Ｓ	５番人気	１着	0.3秒差	Ｘ位 逃げ

3歳	10月3日	阪神2000m	GⅢ	シリウスＳ	3番人気	1着	0.5秒差	1位

2008年　7番人気　メイショウトウコン　牡6

前走	11月3日	園田1870m	GⅠ	ＪＢＣクラシック	6番人気	3着	0.2秒差	2位
前々走	9月13日	札幌1700m	GⅢ	エルムＳ	1番人気	4着	0.5秒差	1位
6歳	8月14日	旭川2300m	GⅡ	ブリーダーズゴールドＣ	2番人気	1着	0.0秒差	1位
6歳	3月20日	名古屋1900m	GⅢ	名古屋大賞典	1番人気	1着	0.1秒差	1位
6歳	1月27日	京都1800m	GⅢ	平安Ｓ	1番人気	2着	0.0秒差	1位
5歳	9月17日	札幌1700m	GⅢ	エルムＳ	2番人気	1着	0.6秒差	1位
5歳	5月20日	中京2300m	GⅡ	東海Ｓ	2番人気	1着	0.1秒差	1位
5歳	1月21日	京都1800m	GⅢ	平安Ｓ	9番人気	1着	0.0秒差	1位

2002年　13番人気　リージェントブラフ　牡6

前走	11月4日	盛岡2000m	GⅠ	ＪＢＣクラシック	7番人気	4着	1.9秒差	
前々走	6月19日	大井2000m	GⅠ	帝王賞	7番人気	4着	0.7秒差	1位
6歳	1月30日	川崎2100m	GⅠ	川崎記念	3番人気	1着	0.0秒差	1位
5歳	12月29日	大井2000m	GⅠ	東京大賞典	5番人気	2着	0.1秒差	1位
5歳	6月26日	大井2000m	GⅠ	帝王賞	6番人気	2着	0.2秒差	1位
5歳	4月22日	京都1800m	GⅢ	アンタレスＳ	4番人気	2着	1.0秒差	1位
5歳	3月14日	船橋2400m	GⅡ	ダイオライト記念	5番人気	1着	0.2秒差	1位

2001年　3番人気　ウイングアロー　牡6

前走	10月8日	盛岡1600m	GⅠ	マイルＣＳ南部杯	2番人気	5着	1.1秒差	
前々走	8月16日	旭川2300m	GⅡ	ブリーダーズゴールドＣ	1番人気	1着	0.7秒差	
6歳	2月18日	東京1600m	GⅠ	フェブラリーＳ	2番人気	2着	0.2秒差	2位
5歳	11月25日	東京2100m	GⅠ	ジャパンＣダート	4番人気	1着	0.6秒差	2位
5歳	10月9日	盛岡1600m	GⅠ	マイルＣＳ南部杯	4番人気	2着	0.7秒差	
5歳	8月15日	旭川2300m	GⅡ	ブリーダーズゴールドＣ	1番人気	1着	0.4秒差	
5歳	2月20日	東京1600m	GⅠ	フェブラリーＳ	4番人気	1着	0.1秒差	1位
4歳	12月15日	浦和2000m	GⅡ	浦和記念	2番人気	2着	0.1秒差	
4歳	12月5日	小倉2400m	GⅡ	ウインターＳ	1番人気	2着	0.2秒差	1位
3歳	12月14日	水沢2000m	GⅠ	ダービーグランプリ	1番人気	2着	0.1秒差	
3歳	10月30日	大井2000m	GⅡ	スーパーＤＤ	1番人気	1着	0.5秒差	1位
3歳	10月3日	中山1800m	GⅢ	ユニコーンＳ	1番人気	1着	0.4秒差	1位
3歳	7月22日	旭川1600m	GⅢ	グランシャリオＣ	1番人気	1着	0.9秒差	
3歳	7月1日	名古屋1900m	GⅢ	名古屋優駿	2番人気	1着	0.3秒差	

GⅠ

阪神JF

12月13日(日)

阪神競馬場　芝1600m

2歳牝馬

馬齢	54kg

1番人気で勝てる馬を浮かび上がらせます

大前提①　**4戦全勝ではない**

大前提②　**3カ月以上の休み明けではない2戦以上馬**

大前提③　**近2走で1番人気歴**

ハードル❶

前走1番人気1着なら0.2秒差以上

（関東馬は0.3秒差以上）

前走2番人気1着なら0.3秒差以上

まず、今年も多くのファンを失望させることになるかもしれない1番人気馬を大前提とハードルに照らし合わせ、勝てるか負けるかを判定しましょう。2ページ後からの【1番人気的中シート】を利用してください。

阪神ジュベナイルフィリーズの真相

２歳牝馬の頂点を決める一戦です。2000年までは阪神３歳牝馬ステークスと呼ばれていました。

夏にローカル競馬場＝函館・新潟・札幌・小倉の順でスタートした２歳重賞戦線は、牝馬の場合、10月のＧⅢアルテミスステークス→11月のＧⅢファンタジーステークスを経て、ＧⅠの当レースに至ります。東京芝1600ｍ→京都芝1400ｍ→阪神芝1600ｍという流れで、注目はＧⅠ阪神ジュベナイルフィリーズの前哨戦となるＧⅢファンタジーＳを経由してきた馬に集まります。

しかし、ＧⅢファンタジーＳを勝って当レースで１番人気に推された８頭のうち、期待に応えられたのはわずか２頭のみ。残り６頭のうち２着に踏ん張れたのも１頭だけという有り様です。距離200ｍの違いがそうさせるのか、直線平坦の京都競馬場の実績は直線に坂のある阪神競馬場では信頼性に欠けるのか、いずれにせよ馬券のポイントはＧⅢファンタジーＳを「価値ある前哨戦」と考えずに、「ほかのレースと一緒」という扱いにすることです。ちなみに、当レースを２番人気以下で勝った13頭中、前走ファンタジーＳ出走馬は３頭だけです。

もうひとつのポイントは、西下してきた関東馬のハードルをちょっとだけ厳しくすることです。栗東トレーニングセンターから東京・中山競馬場への輸送よりも、美浦トレーニングセンターから阪神競馬場のほうが距離が長く、幼い２歳牝馬により負荷がかかります。それでも１番人気に応えようという関東馬は、前走勝っているなら、そこで関西馬よりも素晴らしいレースを見せていなければなりません。

1番人気で勝てる馬【1番人気的中シート】

大前提①……4戦全勝ではない
大前提②……3カ月以上の休み明けではない2戦以上馬
大前提③……近2走で1番人気歴

ハードル❶……前走1番人気1着なら0.2秒差以上（関東馬は0.3秒差以上）
前走2番人気1着なら0.3秒差以上

年度	阪神JFの1番人気馬	大前提①	大前提②	大前提③	ハードル❶	判定	着順
2020							
2020							
2019	リアアメリア				×	×	6着
2018	ダノンファンタジー				○	◉	1着
2017	ロックディスタウン		×		×	×	9着
2016	ソウルスターリング				○	◉	1着
2015	メジャーエンブレム				○	◉	1着
2014	ロカ		×		○	×	8着
2013	ハープスター		×		○	×	2着
2012	コレクターアイテム				×	×	4着
2011	サウンドオブハート				×	×	3着
2010	レーヴディソール				○	◉	1着
2009	シンメイフジ		×		×	×	5着
2008	ブエナビスタ				○	◉	1着
2007	オディール			×	○	×	4着
2006	アストンマーチャン			×	○	×	2着
2005	アルーリングボイス				×	×	14着
2004	ラインクラフト			×	○	×	3着
2003	スイープトウショウ				×	×	5着
2002	ピースオブワールド				○	◉	1着
2001	キタサンヒボタン	×			○	×	4着
2000	テイエムオーシャン				○	◉	1着

1番人気的中シートの使い方

左のシートに今年の1番人気候補を記入し、過去の成績をもとに「勝てるか、勝てないか」を判定してください。「勝てない」とわかったら、2番人気以下で勝てる馬が浮かび上がる【1着穴馬的中シート】（後ろのページ）に進んでください。

単勝配当	結果	2番人気以下で勝った馬	人気	単勝配当	結果
	→	レシステンシア	4	¥1,120	大的中
¥260	大的中				
	→	ラッキーライラック	2	¥410	大的中
¥280	大的中				
¥250	大的中				
	→	ショウナンアデラ	5	¥980	大的中
	→	レッドリヴェール	5	¥1,460	大的中
	→	ローブティサージュ	5	¥810	大的中
	→	ジョワドヴィーヴル	4	¥680	大的中
¥160	大的中				
	→	アパパネ	2	¥460	大的中
¥220	大的中				
	→	トールポピー	3	¥660	大的中
	→	ウオッカ	4	¥1,110	大的中
	→	テイエムプリキュア	8	¥2,260	大的中
	→	ショウナンパントル	8	¥2,230	大的中
	→	ヤマニンシュクル	6	¥1,480	大的中
¥150	大的中				
	→	タムロチェリー	7	¥1,800	大的中
¥430	大的中				

過去20年、１番人気に応えて優勝した馬の初勝利以降の成績を紹介します。

2018年　ダノンファンタジー　260円
前走　　11月３日　京都1400m　GⅢ　ファンタジーＳ　１番人気　１着　0.3秒差　１位
前々走　９月16日　阪神1600m　未勝利　１番人気　１着　0.3秒差　２位

2016年　ソウルスターリング　280円　関東馬
前走　　10月22日　東京1800m　牡馬ＯＰ　アイビーＳ　２番人気　１着　0.3秒差　１位
前々走　７月31日　札幌1800m　牡馬新馬　１番人気　１着　0.0秒差　１位
※２戦２勝

2015年　メジャーエンブレム　250円　関東馬
前走　　10月31日　東京1600m　GⅢ　アルテミスＳ　１番人気　２着　0.0秒差　Ｘ位
前々走　９月12日　中山1600m　牡馬500万　アスター賞　１番人気　１着　0.4秒差　１位
３走前　６月14日　東京1800m　牡馬新馬　１番人気　１着　0.2秒差　２位

◉読解力が求められるハードル❶は、「前走１番人気１着なら0.3秒差以上（関東馬）」。２着以下ならいくら負けていても構わないのです。半端な勝ち方をしているより負けているほうがいいことを示しています。負けていてもＧⅠ本番で１番人気に支持されていることのほうが凄いとも言えます。2000年のテイエムオーシャンもそうですが、前走負けているのに１番人気に推された馬は、過去20年で２頭おり、どちらも勝っています。

2010年　レーヴディソール　160円
前走　　10月16日　京都1600m　牡馬GⅡ　デイリー杯２歳Ｓ　１番人気　１着　0.2秒差　１位
前々走　９月11日　札幌1500m　牡馬新馬　１番人気　１着　0.2秒差　１位
※２戦２勝

2008年　ブエナビスタ　220円
前走　　11月15日　京都1600m　未勝利　１番人気　１着　0.5秒差　１位
前々走　10月26日　京都1800m　牡馬新馬　１番人気　３着　0.3秒差　１位

◉３着に敗れたデビュー戦は「伝説の新馬戦」と呼ばれるレースです。のちに重賞勝ちを飾る超豪華メンバーが揃い、１着アンライバルドはＧⅠ皐月賞馬、２着リーチザクラウンはＧⅠダービー２着ほか重賞２勝、４着スリーロールスは菊花賞馬、５着エーシンビートロンはダートＧⅢ馬になりました。

2002年　ピースオブワールド　150円
前走　　11月３日　京都1400m　GⅢ　ファンタジーＳ　１番人気　１着　0.2秒差　３位
前々走　10月20日　京都1400m　牡馬500万　かえで賞　１番人気　１着　0.3秒差　１位
３走前　10月５日　京都D1400m　新馬　１番人気　１着　1.0秒差　２位　逃げ
※３戦３勝

2000年　テイエムオーシャン　430円
前走　　９月23日　札幌1800m　牡馬GⅢ　札幌３歳Ｓ　１番人気　３着　0.3秒差　Ｘ位　逃げ
前々走　８月26日　札幌1200m　牡馬500万　１番人気　１着　1.0秒差　１位
３走前　８月５日　札幌1200m　牡馬新馬　３番人気　１着　0.4秒差　２位　逃げ

◉読解力が必要なハードル❶は、「前走１番人気１着なら0.2秒差以上」です。２着以下ならい

くら負けていても構わないのです。

過去20年、１番人気に応えられず負けた馬の初勝利以降の成績を紹介します。

2019年　リアアメリア　６着

前走	10月26日	東京1600m	GⅢ	アルテミスＳ	１番人気	１着	0.1秒差	１位
前々走	６月１日	阪神1600m	牡馬新馬		１番人気	１着	1.3秒差	１位

※前走0.1秒差ＮＧ。

2017年　ロックディスタウン　９着　関東馬

前走	９月２日	札幌1800m	牡馬GⅢ	札幌２歳Ｓ	１番人気	１着	0.0秒差	３位
前々走	８月６日	新潟1800m	牡馬新馬		１番人気	１着	0.1秒差	１位

※３カ月の休み明けＮＧ。

2014年　ロカ　８着

前走	11月２日	京都1800m	牡馬新馬		１番人気	１着	0.5秒差	１位

※１戦ＮＧ。

2013年　ハープスター　２着

前走	８月25日	新潟1600m	牡馬GⅢ	新潟２歳Ｓ	１番人気	１着	0.5秒差	１位
前々走	７月14日	中京1400m	牡馬新馬		１番人気	１着	0.3秒差	１位

※３カ月半の休み明けＮＧ。

2012年　コレクターアイテム　４着　関東馬

前走	11月３日	東京1600m	GⅢ	アルテミスＳ	１番人気	１着	0.1秒差	２位
前々走	10月６日	京都1600m	牡馬GⅡ	デイリー杯２歳Ｓ	７番人気	４着	0.2秒差	１位
３走前	９月15日	阪神1600m	新馬		２番人気	１着	0.1秒差	２位

※前走0.1秒差ＮＧ。

2011年　サウンドオブハート　３着　関東馬

前走	10月２日	中山1600m	牡馬ＯＰ	芙蓉Ｓ	１番人気	１着	0.2秒差	１位
前々走	８月20日	新潟1400m	新馬		１番人気	１着	0.7秒差	２位

※関東馬の前走0.2秒差ＮＧ。

2009年　シンメイフジ　５着

前走	９月６日	新潟1600m	牡馬GⅢ	新潟２歳Ｓ	１番人気	１着	0.1秒差	１位
前々走	８月８日	新潟1400m	牡馬ＯＰ	ダリア賞	１番人気	２着	0.1秒差	１位
３走前	７月５日	阪神1200m	牡馬新馬		１番人気	１着	0.0秒差	２位

※３カ月の休み明けＮＧ。

2007年　オディール　４着

前走	11月４日	京都1400m	GⅢ	ファンタジーＳ	４番人気	１着	0.2秒差	２位
前々走	10月６日	京都1400m	500万	りんどう賞	２番人気	２着	0.3秒差	１位
３走前	７月１日	阪神1200m	牡馬未勝利		１番人気	１着	0.7秒差	１位

※近２走１番人気なし。

2006年　アストンマーチャン　２着

前走	11月５日	京都1400m	GⅢ	ファンタジーＳ	３番人気	１着	0.8秒差	２位
前々走	９月３日	小倉1200m	牝馬GⅢ	小倉２歳Ｓ	３番人気	１着	0.4秒差	1位 4角先頭
３走前	８月６日	小倉1200m	牝馬未勝利		１番人気	１着	0.1秒差	２位

※近２走１番人気なし。

2005年　アルーリングボイス　14着

前走	11月６日	京都1400m	GⅢ	ファンタジーＳ	１番人気	１着	0.1秒差	１位
前々走	10月１日	阪神1400m	ＯＰ	ききょうＳ	１番人気	１着	0.2秒差	１位
３走前	９月４日	小倉1200m	牝馬GⅢ	小倉２歳Ｓ	２番人気	１着	0.0秒差	3位 逃げ
４走前	７月23日	小倉1200m	未勝利		１番人気	１着	0.6秒差	1位 逃げ

※前走0.1秒差ＮＧ。

2004年　ラインクラフト　３着

前走	11月７日	京都1400m	GⅢ	ファンタジーＳ	２番人気	１着	0.7秒差	２位
前々走	10月16日	京都1400m	新馬		３番人気	１着	0.8秒差	１位

※近２走１番人気なし。

2003年　スイープトウショウ　５着

前走	11月９日	京都1400m	GⅢ	ファンタジーＳ	２番人気	１着	0.2秒差	１位
前々走	10月18日	京都1400m	新馬		１番人気	１着	0.5秒差	１位

※前走２番人気の0.2秒差ＮＧ。

2001年　キタサンヒボタン　４着

前走	11月４日	京都1400m	GⅢ	ファンタジーＳ	１番人気	１着	0.2秒差	１位
前々走	９月23日	札幌1200m	牝馬ＯＰ	すずらん賞	２番人気	１着	0.2秒差	３位
３走前	９月８日	札幌1200m	牝馬500万		３番人気	１着	0.5秒差	３位
４走前	８月11日	札幌1000m	新馬		７番人気	１着	0.4秒差	１位

※４戦全勝ＮＧ。

◆１番人気が飛ぶとわかったらココへ

１番人気が「負ける」とわかったら、２番人気以下の馬から勝つ馬を見つけます。簡単です。僕が課すハードルを満たした馬しか勝ちませんので、【１着穴馬的中シート】を利用して見つけだしてください。

２番人気以下で勝てる馬を浮かび上がらせます

ハードル❶
前走新馬・未勝利１番人気完勝

ハードル❷
オープンクラス連対歴か、前走１勝クラス完勝
（牡馬混合戦なら連対で可）

２番人気以下で勝てる馬【1着穴馬的中シート】

条件	馬番 or 馬名
ハードル❶クリア	
ハードル❷クリア	

過去20年、２番人気以下で優勝した馬の初勝利以降の成績を紹介します。

2019年	４番人気	レシステンシア	1120円					
前走	11月２日	京都1400m	GⅢ　ファンタジーＳ	６番人気	１着	0.2秒差	３位
前々走	10月14日	京都1400m	新馬	１番人気	１着	0.2秒差	X位

2017年	２番人気	ラッキーライラック	410円				
前走	10月28日	東京1600m	GⅢ　アルテミスＳ	２番人気	１着	0.1秒差	１位
前々走	８月20日	新潟1600m	新馬	２番人気	１着	0.2秒差	２位

2014年	５番人気	ショウナンアデラ	980円				
前走	11月22日	東京1400m	牡馬500万　からまつ賞	１番人気	１着	0.1秒差	２位
前々走	10月12日	東京1600m	未勝利	１番人気	１着	0.2秒差	１位

2013年	５番人気	レッドリヴェール	1460円				
前走	８月31日	札幌1800m	牡馬GⅢ　札幌２歳Ｓ	２番人気	１着	0.0秒差	１位
前々走	６月１日	阪神1600m	牡馬新馬	３番人気	１着	0.1秒差	１位

2012年	５番人気	ローブティサージュ	810円				
前走	11月10日	京都1400m	GⅢ　ファンタジーＳ	４番人気	２着	0.5秒差	２位
前々走	７月15日	函館1800m	牡馬新馬	２番人気	１着	0.2秒差	１位

2011年　4番人気　ジョワドヴィーヴル　680円
前走　12月11日　京都1600m　牝馬新馬　1番人気　1着　0.2秒差　2位

2009年　2番人気　アパパネ　460円
前走　11月15日　東京1600m　500万　赤松賞　3番人気　1着　0.4秒差　1位
前々走　10月31日　東京1600m　牝馬未勝利　3番人気　1着　0.3秒差　X位

2007年　3番人気　トールポピー　660円
前走　11月11日　京都1800m　牝馬500万　黄菊賞　2番人気　2着　0.0秒差　2位
前々走　10月20日　京都2000m　牝馬未勝利　1番人気　1着　0.0秒差　2位
※前走、牡馬ヤマニンキングリーの2着。3着の牡馬グリフィスには0.3秒差をつけています。

2006年　4番人気　ウオッカ　1110円
前走　11月12日　京都1800m　牝馬500万　黄菊賞　2番人気　2着　0.2秒差　1位
前々走　10月29日　京都1600m　牝馬新馬　2番人気　1着　0.6秒差　1位 逃げ
※前走、牡馬マイネルソリストの2着。3着の牡馬マルカハンニバルには0.1秒差をつけています。

2005年　8番人気　テイエムプリキュア　2260円
前走　10月23日　京都1400m　牝馬500万　かえで賞　5番人気　1着　0.1秒差　X位
前々走　9月3日　小倉1200m　牝馬新馬　5番人気　1着　0.2秒差　X位 逃げ

2004年　8番人気　ショウナンパントル　2230円
前走　10月16日　京都1600m　牝馬GⅡ　デイリー杯2歳S　2番人気　5着　0.2秒差　3位
前々走　9月5日　新潟1600m　牝馬GⅢ　新潟2歳S　3番人気　2着　0.2秒差　2位
3走前　7月24日　新潟1600m　牝馬新馬　3番人気　1着　0.1秒差　1位
※前々走、牡馬マイネルレコルトの2着。3着の牡馬スムースバリトンには0.2秒差をつけています。

2003年　6番人気　ヤマニンシュクル　1480円
前走　10月4日　札幌1800m　牝馬GⅢ　札幌2歳S　2番人気　3着　0.3秒差　1位
前々走　9月13日　札幌1800m　牝馬OP　コスモス賞　2番人気　1着　0.3秒差　1位
3走前　8月30日　札幌1500m　牝馬OP　クローバー賞　3番人気　2着　0.4秒差　2位
4走前　7月19日　函館1800m　牝馬新馬　2番人気　1着　0.3秒差　1位

2001年　7番人気　タムロチェリー　1800円
前走　11月4日　京都1400m　GⅢ　ファンタジーS　8番人気　10着　0.9秒差　X位
前々走　9月2日　小倉1200m　牝馬GⅢ　小倉2歳S　15番人気　1着　0.1秒差　1位
3走前　8月25日　小倉1800m　牝馬未勝利　3番人気　1着　0.0秒差　1位

◆２着馬を見つけるのはココで

２着候補を２番人気以下から見つけだすのに便利なツールが僕の作ったハードルです。こちらも【２着穴馬的中シート】を併用して見つけてください。なお、１番人気に応えられなくても２着に来ることはありますので、１番人気馬は無条件で２着候補です。

２番人気以下で２着に入れる馬を浮かび上がらせます

ハードル❶
前走新馬・未勝利「１番人気１着か、上がり１位完勝」

ハードル❷
前走１勝クラス１着（牡馬混合戦なら牝馬最先着で可）**か、**
牡馬混合１勝クラス完勝歴か、オープンクラス連対歴

２番人気以下で２着に入れる馬【２着穴馬的中シート】

条件	馬番 or 馬名
ハードル❶クリア	
ハードル❷クリア	

過去20年、２番人気以下で２着に入った馬の初勝利以降の成績を紹介します。

2019年　６番人気　マルターズディオサ
前走　９月29日　中山1600m　１勝　サフラン賞　４番人気　１着　0.0秒差　１位
前々走　８月31日　新潟1600m　牝馬未勝利　１番人気　１着　0.1秒差　１位

2018年　２番人気　クロノジェネシス
前走　10月20日　東京1800m　牝馬ＯＰ　アイビーＳ　３番人気　１着　0.3秒差　１位
前々走　９月２日　小倉1800m　牝馬新馬　１番人気　１着　0.3秒差　１位

2017年　３番人気　リリーノーブル
前走　11月26日　京都1600m　500万　白菊賞　１番人気　１着　0.2秒差　２位
前々走　10月28日　東京1600m　新馬　２番人気　１着　0.6秒差　１位

2016年　２番人気　リスグラシュー
前走　10月29日　東京1600m　GⅢ　アルテミスS　１番人気　１着　0.1秒差　２位
前々走　９月10日　阪神1800m　牝馬未勝利　２番人気　１着　0.7秒差　１位

2015年　10番人気　ウインファビラス
前走　10月31日　東京1600m　GⅢ　アルテミスS　５番人気　５着　0.5秒差　X位
前々走　８月30日　新潟1600m　牡馬GⅢ　新潟２歳S　12番人気　２着　0.7秒差　３位
３走前　７月26日　福島1800m　牝馬未勝利　２番人気　１着　0.0秒差　１位

2014年　２番人気　レッツゴードンキ
前走　11月１日　東京1600m　GⅢ　アルテミスS　１番人気　２着　0.0秒差　２位
前々走　９月６日　札幌1800m　牡馬GⅢ　札幌２歳S　７番人気　３着　0.2秒差　３位
３走前　８月24日　札幌1800m　牝馬新馬　３番人気　１着　0.5秒差　１位

2012年　15番人気　クロフネサプライズ
前走　10月13日　京都1400m　500万　りんどう賞　５番人気　１着　0.2秒差　X位　逃げ
前々走　９月２日　小倉1200m　牡馬GⅢ　小倉２歳S　８番人気　９着　0.7秒差　X位
３走前　８月25日　小倉1200m　未勝利　１番人気　１着　0.0秒差　２位

2011年　８番人気　アイムユアーズ
前走　11月５日　京都1400m　GⅢ　ファンタジーS　８番人気　１着　0.2秒差　２位
前々走　８月７日　函館1200m　牡馬GⅢ　函館２歳S　５番人気　２着　0.2秒差　１位
３走前　７月９日　函館1200m　牝馬未勝利　１番人気　１着　0.3秒差　１位

2010年　４番人気　ホエールキャプチャ
前走　11月６日　京都1400m　GⅢ　ファンタジーS　５番人気　３着　0.0秒差　１位
前々走　10月３日　中山1600m　牡馬OP　芙蓉S　５番人気　１着　0.0秒差　2位　逃げ
３走前　７月17日　函館1200m　未勝利　２番人気　１着　0.2秒差　１位

2009年　５番人気　アニメイトバイオ
前走　11月14日　東京1400m　牡馬GⅡ　京王杯２歳S　４番人気　２着　0.2秒差　１位
前々走　10月18日　東京1400m　500万　サフラン賞　５番人気　１着　0.0秒差　２位
３走前　９月20日　中山1600m　牝馬未勝利　２番人気　１着　0.2秒差　２位
※前走、牡馬エイシンアポロンの２着。牡馬ツルマルジュピターをハナ差３着に退けています。

2008年　３番人気　ダノンベルベール
前走　11月16日　東京1600m　500万　赤松賞　１番人気　１着　0.2秒差　１位
前々走　10月４日　中山1600m　牡馬OP　芙蓉S　３番人気　２着　0.0秒差　３位
３走前　７月５日　福島1200m　牝馬新馬　１番人気　１着　0.1秒差　１位

2007年　８番人気　レーヴダムール
前走　10月27日　京都1600m　牡馬新馬　1番人気　1着　0.0秒差　1位

2005年　９番人気　シークレットコード
前走　11月５日　東京1600m　新馬　4番人気　1着　0.4秒差　1位

2004年　３番人気　アンブロワーズ
前走　８月８日　函館1200m　牝馬GⅢ　函館２歳Ｓ　6番人気　1着　0.1秒差　2位
前々走　７月10日　函館1000m　新馬　1番人気　1着　0.5秒差　1位

2003年　10番人気　ヤマニンアルシオン
前走　11月９日　京都1200m　新馬　1番人気　1着　0.9秒差　1位

2002年　11番人気　ヤマカツリリー
前走　11月10日　京都1400m　牡馬500万　3番人気　3着　0.4秒差　3位
前々走　８月４日　小倉1200m　新馬　1番人気　1着　0.3秒差　1位　逃げ
※前走、牡馬２頭に先着を許すも、４着の牡馬コスモブルーノートには0.2秒差をつけています。

2001年　９番人気　アローキャリー
前走　９月23日　札幌1200m　牝馬OP　すずらん賞　4番人気　3着　0.1秒差　X位　逃げ
前々走　９月６日　旭川D1600m　重賞　フローラルＣ　1番人気　13着　3.7秒差
３走前　８月11日　札幌1000m　牡馬500万　3番人気　1着　0.6秒差　1位　逃げ

2000年　６番人気　ダイワルージュ
前走　９月３日　中山1200m　牝馬GⅢ　新潟３歳Ｓ　2番人気　1着　0.2秒差　2位
前々走　７月23日　福島1200m　牡馬新馬　1番人気　1着　1.5秒差　1位　逃げ

GⅢ

カペラS

12月13日（日）

中山競馬場　ダート1200m

3歳以上

［グレード］

別定　3歳55kg　4歳以上56kg（牝馬2kg減）

過去1年間で　　　　　　GⅠ競走（牝馬限定競走は除く）1着馬は3kg増
牝馬限定GⅠ競走およびGⅡ競走（牝馬限定競走は除く）1着馬は2kg増
牝馬限定GⅡ競走およびGⅢ競走（牝馬限定競走は除く）1着馬は1kg増
過去1年以前の　　　　　GⅠ競走（牝馬限定競走は除く）1着馬は2kg増
牝馬限定GⅠ競走およびGⅡ競走（牝馬限定競走は除く）1着馬は1kg増
（ただし、2歳時の成績を除く）。

1番人気で勝てる馬を浮かび上がらせます

大前提①　**地方競馬重賞勝ちで加増されていない**

３歳ハードル❶
前走オープンクラス１番人気１着

４歳ハードル❷
オープンクラス１番人気完勝歴

５歳以上ハードル❸
1200m重賞１番人気完勝歴

注：ハードルはすべて東京競馬場以外の３歳以上戦

過去15回で１番人気はわずか２勝。まず始めに、今年も多くのファンを失望させることになるかもしれない１番人気馬を大前提とハードルに照らし合わせ、勝てるか負けるかを判定しましょう。２ページ後からの【１番人気的中シート】を利用してください。

カペラステークスの真相

2008年新設のＧⅢ。通常、新設重賞は創設してすぐにＧⅢの格付けを得ることはできず、「重賞」という表記で２年間チェックされますが、当レースは１年でＧⅢを取得することができました。これは、2008年まで毎年１月に同じ中山競馬場ダート1200mで行われていたＧⅢガーネットステークスが「１カ月前倒しになった」という解釈によります。

そのＧⅢガーネットＳは2002年まではグレード別定戦、2003～2008年はハンデ戦で行われていました。2000～2002年の３年間のグレード別定時代は、現在のカペラステークスと同じ条件です。本項ではこの３年間と、2008年以降の12年間の計15回のレース結果から【爆勝的中シート】を作成しています。

中山競馬場のダートコースは直線が308mしかありません。１周も1493mという小ささです。これに対して同じ関東エリアの東京競馬場のダートコースの直線は502m。１周は1899mと国内最大です。福島競馬場や小倉競馬場が小回りコースの代表格に思いますが、実は中山競馬場も大して変わりないダートコースなのです。

これがカペラＳの真相にもつながります。当レースにかぎらずよく見られるのは、東京競馬場で好成績を挙げたことによりファンの支持を得た１番人気馬が、勝手の違う小回りコースに対応しきれずに惜敗する姿です。府中コースでの勝ちっぷりはある種の“フェイク”と捉える必要があるでしょう。そのため、当レースのハードルには「東京競馬場以外」という但し書きをつけています。

1番人気で勝てる馬【1番人気的中シート】

大前提①……………地方競馬重賞勝ちで加増されていない　5歳以上ハードル❸……1200m重賞1
3歳ハードル❶……前走オープンクラス1番人気1着
4歳ハードル❷……オープンクラス1番人気完勝歴　注：ハードルはすべて東京競馬場以外

年度	カペラSの1番人気馬	性齢	大前提①	3歳ハードル❶	4歳ハードル❷	5歳以上ハードル❸	判定
2020							
2020							
2019	ゴールドクイーン	牝4	×		×		×
2018	コパノキッキング	せん3		○			◉
2017	ブルミラコロ	牡5				×	×
2016	コーリンベリー	牝5	×			×	×
2015	エイシンヴァラー	牡4			×		×
2014	ダッシャーワン	牡6				×	×
2013	スイートジュエリー	牝4			×		×
2012	ティアップワイルド	牡6				×	×
2011	セイクリムズン	牡5				×	×
2010	シルクフォーチュン	牡4			×		×
2009	ダイワディライト	牡5				×	×
2008	ダイワエンパイア	牡4			×		×
2002	ブロードアピール	牝8				○	◉
2001	ブロードアピール	牝7				×	×
2000	セレクトグリーン	牡5				×	×

番人気完勝歴

の3歳以上戦

1番人気的中シートの使い方

左のシートに今年の1番人気候補を記入し、過去の成績をもとに「勝てるか、勝てないか」を判定してください。「勝てない」とわかったら、2番人気以下で勝てる馬が浮かび上がる【1着穴馬的中シート】（後ろのページ）に進んでください。

着順	単勝配当	結果	2番人気以下で勝った馬	人気	単勝配当	結果
5着		→	コパノキッキング	2	¥340	大的中
1着	¥360	大的中				
10着		→	ディオスコリダー	4	¥660	大的中
3着		→	ノボバカラ	3	¥490	大的中
8着		→	キクノストーム	3	¥760	ハズレ
6着		→	ダノンレジェンド	12	¥4,680	大的中
9着		→	ノーザンリバー	6	¥1,120	大的中
5着		→	シルクフォーチュン	4	¥640	大的中
5着		→	ケイアイガーベラ	2	¥390	大的中
4着		→	セイクリムズン	3	¥440	大的中
2着		→	ミリオンディスク	5	¥940	大的中
12着		→	ビクトリーテツニー	4	¥1,070	大的中
1着	¥200	大的中				
2着		→	ビーマイナカヤマ	6	¥1,400	大的中
2着		→	ビーマイナカヤマ	7	¥2,690	大的中

過去15年、１番人気に応えて優勝した馬の近２走成績と実績を紹介します。
（実績はオープン特別連対以上を列記。以下同様）

2018年　コパノキッキング　せん３　55kg　360円

前走	11月25日	京都1200m	ＯＰ	オータムリーフＳ	１番人気	１着	0.0秒差	３位
前々走	10月14日	京都1200m	1600万	藤森Ｓ	１番人気	１着	0.0秒差	１位

2002年　ブロードアピール　牝８　55kg（＋１kg）200円

前走	11月23日	笠松1400m	ＧⅢ	全日本サラブレッドＣ	１番人気	３着	0.6秒差	Ｘ位
前々走	10月31日	大井1200m	ＧⅠ	ＪＢＣスプリント	２番人気	２着	0.5秒差	１位
７歳	９月29日	阪神1400m	ＧⅢ	シリウスＳ	１番人気	１着	0.0秒差	１位
７歳	６月17日	阪神1400m	ＧⅢ	プロキオンＳ	１番人気	１着	0.8秒差	１位
７歳	５月３日	名古屋1400m	ＧⅢ	かきつばた記念	２番人気	１着	0.1秒差	
７歳	１月７日	中山1200m	ＧⅢ	ガーネットＳ	１番人気	２着	0.1秒差	１位
６歳	11月12日	東京1200m	ＧⅢ	根岸Ｓ	１番人気	１着	0.2秒差	１位
６歳	５月14日	京都1200m	ＯＰ	栗東Ｓ	６番人気	１着	0.0秒差	１位
６歳	２月６日	京都芝1200m	ＧⅢ	シルクロードＳ	４番人気	１着	0.2秒差	１位
５歳	11月27日	東京芝1400m	ＧⅢ	富士Ｓ	１番人気	２着	0.5秒差	Ｘ位
５歳	10月30日	京都芝1400m	ＧⅡ	スワンＳ	２番人気	２着	0.3秒差	１位
５歳	４月10日	阪神芝1200m	ＧⅢ	阪急杯	１番人気	２着	0.2秒差	２位

※ＧⅢシリウスＳ１着による１kg加増。この年は東京競馬場開催でしたので、６歳時の東京1200mＧⅢ根岸Ｓ１番人気完勝歴によりハードル❸クリアです。

過去15年、１番人気に応えられず負けた馬の近２走成績と実績を紹介します。

まず４歳馬から。

2019年　ゴールドクイーン　牝４　55kg（＋１kg）５着

前走	11月４日	浦和1400m	牝馬GI	ＪＢＣレディスクラシック	２番人気	２着	0.4秒差	3位	逃げ
前々走	９月21日	中山1200m	ＯＰ	ながつきＳ	４番人気	１着	0.8秒差	3位	逃げ
４歳	５月１日	名古屋1400m	ＧⅢ	かきつばた記念	２番人気	１着	0.5秒差	1位	逃げ
３歳	12月23日	阪神1400m	ＯＰ	ギャラクシーＳ	８番人気	１着	0.0秒差	1位	逃げ
３歳	７月15日	福島芝1200m	ＯＰ	バーデンハーデンＣ	１番人気	２着	0.0秒差	X位	逃げ

※地方競馬ＧⅢかきつばた記念１着による１kg加増がＮＧ。中央競馬の実績では加増なし。

2015年　エイシンヴァラー　牡４　56kg　８着

前走	11月15日	京都1200m	1600万	西陣Ｓ	６番人気	１着	0.1秒差	３位
前々走	７月26日	福島1700m	1600万	横手特別	１番人気	１着	0.0秒差	３位

2013年　スイートジュエリー　牝４　54kg　９着

前走	10月13日	京都1200m	1600万	藤森Ｓ	１番人気	１着	0.3秒差	２位
前々走	９月８日	阪神1200m	1000万	夙川特別	２番人気	１着	0.8秒差	２位

2010年　シルクフォーチュン　牡４　56kg　４着

前走	11月14日	東京1600m	ＧⅢ	武蔵野Ｓ	３番人気	７着	0.5秒差	１位

前々走　10月３日　中山1200m　1600万　中山オータムプレミアム　１番人気　１着　0.2秒差　１位

2008年　ダイワエンパイア　牡４　56kg　12着
前走　10月25日　京都1200m　ＯＰ　室町Ｓ　１番人気　２着　0.0秒差　Ｘ位
前々走　９月６日　京都1200m　ＯＰ　ＢＳＮ賞　３番人気　２着　0.0秒差　２位

次に５歳馬。

2017年　ブルミラコロ　牡５　56kg　10着
前走　10月21日　京都1200m　ＯＰ　室町Ｓ　３番人気　１着　0.3秒差　Ｘ位
前々走　８月20日　新潟1200m　ＯＰ　ＮＳＴ賞　１番人気　２着　0.5秒差　Ｘ位

2016年　コーリンベリー　牝５　56kg（＋２kg）３着
前走　11月３日　川崎1400m　ＧⅠ　ＪＢＣスプリント　４番人気　３着　1.7秒差　Ｘ位
前々走　９月22日　大井1200m　ＧⅡ　東京盃　３番人気　２着　0.4秒差　Ｘ位
５歳　４月６日　大井1200m　ＧⅢ　東京スプリント　３番人気　１着　0.5秒差　3位　逃げ
４歳　11月３日　大井1200m　ＧⅠ　ＪＢＣスプリント　３番人気　１着　0.1秒差　3位　逃げ
４歳　７月12日　中京1400m　ＧⅢ　プロキオンＳ　２番人気　２着　0.3秒差　X位　逃げ
４歳　５月４日　名古屋1400m　ＧⅢ　かきつばた記念　１番人気　１着　0.3秒差　3位　逃げ
４歳　４月４日　阪神1400m　ＯＰ　コーラルＳ　１番人気　１着　0.5秒差　２位
３歳　12月28日　阪神1400m　ＯＰ　2014ファイナルＳ　２番人気　１着　0.6秒差　1位　逃げ
３歳　６月22日　東京1600m　ＧⅢ　ユニコーンＳ　４番人気　２着　0.4秒差　X位　逃げ
３歳　５月４日　京都1400m　ＯＰ　端午Ｓ　１番人気　２着　0.0秒差　Ｘ位
３歳　３月16日　中京1400m　ＯＰ　昇竜Ｓ　９番人気　１着　0.4秒差　X位　逃げ
※１年超前の地方競馬ＧⅠＪＢＣスプリント１着による加増２kgがＮＧ。中央競馬の実績では加増なし。

2011年　セイクリムズン　牡５　57kg（＋１kg）５着
前走　11月３日　大井1200m　ＧⅠ　ＪＢＣスプリント　２番人気　２着　0.2秒差　３位
前々走　９月28日　大井1200m　ＧⅡ　東京盃　１番人気　４着　0.3秒差　Ｘ位
５歳　５月３日　名古屋1400m　ＧⅢ　かきつばた記念　１番人気　１着　0.4秒差　１位
５歳　４月２日　阪神1400m　ＯＰ　コーラルＳ　３番人気　１着　0.2秒差　１位
５歳　１月30日　東京1400m　ＧⅢ　根岸Ｓ　２番人気　１着　0.2秒差　１位
４歳　12月12日　中山1200m　ＧⅢ　カペラＳ　３番人気　１着　0.0秒差　Ｘ位
４歳　11月21日　東京1400m　ＯＰ　霜月Ｓ　３番人気　１着　0.8秒差　２位
４歳　５月16日　京都1400m　ＯＰ　栗東Ｓ　１番人気　１着　0.4秒差　２位
※同馬の１kg加増はＧⅢ根岸Ｓ１着によるもの。

2009年　ダイワディライト　牡５　56kg　２着
前走　10月24日　京都1200m　ＯＰ　室町Ｓ　１番人気　１着　0.3秒差　２位
前々走　９月５日　新潟1200m　ＯＰ　ＢＳＮ賞　１番人気　２着　0.4秒差　１位
５歳　８月２日　新潟1200m　ＯＰ　ＮＳＴ賞　１番人気　１着　0.2秒差　３位

2000年　セレクトグリーン　牡５　57kg（＋１kg）２着
前走　12月19日　中山芝1200m　ＧⅠ　スプリンターズＳ　９番人気　８着　0.6秒差　Ｘ位

前々走	11月14日	東京1200m	GⅢ	根岸S	1番人気	1着	0.4秒差	3位
4歳	6月27日	福島芝1200m	OP	バーデンバーデンC	5番人気	2着	0.4秒差	X位
3歳	11月15日	東京1200m	GⅢ	根岸S	10番人気	2着	0.0秒差	X位

※GⅢ根岸S1着による1kg加増。東京競馬場以外の1200m重賞1番人気完勝歴がありません。

続いて6歳以上馬。

2014年　ダッシャーワン　牡6　56kg　6着

前走	10月25日	京都1200m	OP	室町S	3番人気	1着	0.2秒差	3位
前々走	8月24日	新潟1200m	OP	NST賞	1番人気	1着	0.1秒差	2位
6歳	4月20日	中山1200m	OP	オルフェーブルC	2番人気	2着	0.4秒差	3位
6歳	3月1日	中山1200m	OP	ジャニュアリーS	6番人気	7着	0.8秒差	X位

2012年　ティアップワイルド　牡6　56kg　5着

前走	10月20日	京都1200m	OP	室町S	5番人気	1着	0.0秒差	X位
前々走	10月3日	大井1200m	GⅡ	東京盃	5番人気	11着	2.2秒差	X位
6歳	1月8日	中山1200m	OP	ジャニュアリーS	1番人気	1着	0.1秒差	2位
5歳	12月11日	中山1200m	GⅢ	カペラS	3番人気	2着	0.4秒差	2位
5歳	4月20日	大井1200m	GⅢ	東京スプリント	1番人気	2着	0.1秒差	1位
5歳	2月26日	中山1200m	OP	千葉S	1番人気	1着	0.3秒差	2位
5歳	1月9日	中山1200m	OP	ジャニュアリーS	1番人気	1着	0.5秒差	2位
4歳	12月12日	中山1200m	GⅢ	カペラS	13番人気	2着	0.0秒差	X位

2001年　ブロードアピール　牝7　55kg（+1kg）2着

前走	11月12日	東京1200m	GⅢ	根岸S	1番人気	1着	0.2秒差	1位
前々走	10月28日	京都芝1400m	GⅡ	スワンS	2番人気	4着	0.3秒差	2位
6歳	5月14日	京都1200m	OP	栗東S	6番人気	1着	0.0秒差	1位
6歳	2月6日	京都芝1200m	GⅢ	シルクロードS	4番人気	1着	0.2秒差	1位
5歳	11月27日	東京芝1400m	GⅢ	富士S	1番人気	2着	0.5秒差	X位
5歳	10月30日	京都芝1400m	GⅡ	スワンS	2番人気	2着	0.3秒差	1位
5歳	4月10日	阪神芝1200m	GⅢ	阪急杯	1番人気	2着	0.2秒差	2位

※GⅢ根岸S1着による1kg加増。東京競馬場以外の1200m重賞1番人気完勝歴がありません。

◆1番人気が飛ぶとわかったらココへ

1番人気が「負ける」とわかったら、2番人気以下の馬から勝つ馬を見つけます。簡単です。僕が課すハードルを満たした馬しか勝ちませんので、【1着穴馬的中シート】を利用して見つけだしてください。

2番人気以下で勝てる馬を浮かび上がらせます

3歳ハードル❶
前走3勝クラス圧勝

4歳ハードル❷
オープンクラス1番人気完勝歴か、近2走で3勝クラス1着

5歳以上ハードル❸
重賞1着歴か、前走オープンクラス連対

注：ハードルはすべて3歳以上戦

2番人気以下で勝てる馬【1着穴馬的中シート】

条件	馬番 or 馬名
3歳 ハードル❶クリア	
4歳 ハードル❷クリア	
5歳以上 ハードル❸クリア	

過去15年、2番人気以下で優勝した馬の近2走成績と実績を紹介します。

まず3歳馬から。

2017年	4番人気	ディオスコリダー	牡3	55kg	660円			
前走	11月19日	京都1200m	1600万	西陣S	3番人気	1着	0.4秒差	1位
前々走	10月22日	新潟1200m	1600万	北陸S	1番人気	3着	0.3秒差	X位

次に4歳馬。

2019年　２番人気　コパノキッキング　せん４　58kg（＋２kg）340円

前走	11月４日	浦和1400m	ＧⅠ	ＪＢＣスプリント	２番人気	２着	0.1秒差	X位	3角先頭
前々走	10月２日	大井1200m	ＧⅡ	東京盃	１番人気	１着	0.8秒差	2位	逃げ
４歳	４月10日	大井1200m	ＧⅢ	東京スプリント	２番人気	２着	0.2秒差	１位	
４歳	１月27日	根岸1400m	ＧⅢ	根岸Ｓ	２番人気	１着	0.1秒差	１位	
３歳	12月９日	中山1200m	ＧⅢ	カペラＳ	１番人気	１着	0.1秒差	１位	
３歳	11月25日	京都1200m	ＯＰ	オータムリーフＳ	１番人気	１着	0.0秒差	３位	

※地方競馬ＧⅡ東京盃１着により２kg加増。ただし、中央競馬でもＧⅢ根岸ＳならびにＧⅢカペラＳ１着があるので１kgは加増される馬です。ＧⅢ２勝ですから２kg加増でも大丈夫と言えなくもないです。

2016年　３番人気　ノボバカラ　牡４　57kg（＋１kg）490円

前走	11月12日	東京1600m	ＧⅢ	武蔵野Ｓ	３番人気	９着	1.0秒差	Ｘ位
前々走	９月22日	大井1200m	ＧⅡ	東京盃	２番人気	９着	1.3秒差	Ｘ位
４歳	７月10日	中京1400m	ＧⅢ	プロキオンＳ	１番人気	１着	0.1秒差	Ｘ位
４歳	６月９日	門別1200m	ＧⅢ	北海道スプリントＣ	２番人気	２着	0.0秒差	２位
４歳	５月３日	名古屋1400m	ＧⅢ	かきつばた記念	２番人気	１着	0.4秒差	１位
４歳	４月２日	阪神1400m	ＯＰ	コーラルＳ	２番人気	１着	0.1秒差	Ｘ位
３歳	６月21日	東京1600m	ＧⅢ	ユニコーンＳ	９番人気	２着	0.4秒差	Ｘ位

2014年　12番人気　ダノンレジェンド　牡４　56kg　4680円

前走	11月30日	京都1400m	ＯＰ	オータムリーフＳ	３番人気	５着	1.0秒差	X位	逃げ
前々走	10月12日	東京1400m	1600万	テレビ静岡賞	１番人気	１着	0.6秒差	1位	逃げ

※このカペラＳのあと、地方重賞８勝を上げＧＩＪＢＣスプリントを制して引退しました。

2010年　３番人気　セイクリムズン　牡４　56kg　440円

前走	11月21日	東京1400m	ＯＰ	霜月Ｓ	３番人気	１着	0.8秒差	２位
前々走	10月23日	京都1200m	ＯＰ	室町Ｓ	１番人気	３着	0.1秒差	Ｘ位
４歳	５月16日	京都1400m	ＯＰ	栗東Ｓ	１番人気	１着	0.4秒差	２位

2008年　４番人気　ビクトリーテツニー　牡４　56kg　1070円

前走	11月９日	京都1400m	1600万	渡月橋Ｓ	３番人気	１着	0.0秒差	２位
前々走	10月26日	東京1400m	1600万	神無月Ｓ	１番人気	４着	0.5秒差	２位

続いて５歳馬。

2013年　６番人気　ノーザンリバー　牡５　56kg　1120円

前走	11月24日	京都1400m	ＯＰ	京都オータムリーフプレミアム	４番人気	１着	0.0秒差	Ｘ位
前々走	10月５日	東京1400m	ＯＰ	ペルセウスＳ	５番人気	４着	0.6秒差	３位
３歳	２月26日	阪神芝1600m	ＧⅢ	アーリントンＣ	４番人気	１着	0.1秒差	１位

2011年　２番人気　ケイアイガーベラ　牝５　54kg　390円

前走	９月19日	阪神1400m	ＯＰ	エニフＳ	１番人気	２着	0.2秒差	3位	逃げ
前々走	７月10日	京都1400m	ＧⅢ	プロキオンＳ	１番人気	３着	0.6秒差	X位	逃げ
４歳	12月19日	阪神1400m	ＧⅢ	ギャラクシーＳ	１番人気	１着	0.4秒差	１位	

4歳　9月20日　阪神1400m　OP　エニフS　1番人気　1着　0.9秒差　1位
4歳　7月11日　阪神1400m　GⅢ　プロキオンS　4番人気　1着　0.7秒差　1位
4歳　3月13日　阪神1400m　OP　ポラリスS　2番人気　1着　0.8秒差　2位

2009年　5番人気　ミリオンディスク　牡5　56kg　940円
前走　11月22日　東京1400m　OP　霜月S　5番人気　2着　0.3秒差　3位
前々走　5月30日　東京1400m　OP　欅S　3番人気　4着　0.7秒差　X位
5歳　5月17日　京都1200m　OP　栗東S　7番人気　1着　0.1秒差　2位
5歳　2月7日　京都1400m　OP　すばるS　4番人気　2着　0.4秒差　2位

最後に6歳以上馬。

2015年　3番人気　キクノストーム　牡6　56kg　760円
前走　11月22日　東京1400m　OP　霜月S　2番人気　5着　0.8秒差　3位
前々走　10月12日　東京1400m　OP　グリーンチャンネルC　7番人気　4着　0.4秒差　1位
6歳　6月20日　阪神1400m　OP　天保山S　5番人気　2着　0.3秒差　1位
6歳　1月17日　京都1400m　OP　大和S　9番人気　1着　0.0秒差　2位
◉1着候補として浮かび上がらせることはできませんでした。この年は低レベルで、1番人気は前走3勝クラスを勝ってオープン入りしたばかりの馬でした。

2012年　4番人気　シルクフォーチュン　牡6　57kg（+1kg）640円
前走　11月11日　東京1600m　GⅢ　武蔵野S　7番人気　11着　0.8秒差　X位
前々走　7月8日　中京1400m　GⅢ　プロキオンS　2番人気　5着　0.2秒差　1位
6歳　2月19日　東京1600m　GⅠ　フェブラリーS　4番人気　2着　0.3秒差　1位
6歳　1月29日　東京1400m　GⅢ　根岸S　4番人気　1着　0.2秒差　1位
5歳　7月10日　京都1400m　GⅢ　プロキオンS　9番人気　1着　0.4秒差　1位

2001年　6番人気　ビーマイナカヤマ　牡7　57kg（+1kg）1400円
前走　11月25日　東京2100m　GⅠ　ジャパンCダート　12番人気　6着　1.7秒差　X位
前々走　11月8日　新潟1700m　GⅢ　朱鷺大賞典　1番人気　1着　0.1秒差　X位
6歳　5月24日　船橋1600m　GⅢ　かしわ記念　1番人気　1着　0.3秒差　2位
6歳　5月5日　高崎1500m　GⅢ　群馬記念　2番人気　1着　0.8秒差　X位 4角先頭
6歳　3月21日　高知1400m　GⅢ　黒船賞　2番人気　1着　0.8秒差
6歳　1月9日　中山1200m　GⅢ　ガーネットS　7番人気　1着　0.0秒差　3位
5歳　6月10日　旭川1000m　GⅢ　北海道スプリントC　1番人気　1着　0.6秒差
5歳　5月5日　高崎1500m　GⅢ　群馬記念　1番人気　2着　0.3秒差　X位
5歳　3月13日　中山1800m　GⅢ　マーチS　4番人気　2着　0.2秒差　X位 4角先頭
5歳　2月6日　京都1400m　OP　すばるS　3番人気　1着　0.5秒差　2位
4歳　2月7日　京都1400m　OP　すばるS　4番人気　1着　0.5秒差　3位
4歳　1月10日　中山1200m　GⅢ　ガーネットS　8番人気　2着　0.3秒差　3位 4角先頭

2000年　7番人気　ビーマイナカヤマ　牡6　57kg（+1kg）2690円
前走　12月11日　阪神1400m　GⅢ　シリウスS　3番人気　7着　1.0秒差　X位
前々走　11月14日　東京1200m　GⅢ　根岸S　4番人気　4着　0.8秒差　X位
5歳　6月10日　旭川1000m　GⅢ　北海道スプリントC　1番人気　1着　0.6秒差

５歳	５月５日	高崎1500m	GⅢ	群馬記念	１番人気	２着	0.3秒差	X位
５歳	３月13日	中山1800m	GⅢ	マーチS	４番人気	２着	0.2秒差	X位 4角先頭
５歳	２月６日	京都1400m	OP	すばるS	３番人気	１着	0.5秒差	２位
４歳	２月７日	京都1400m	OP	すばるS	４番人気	１着	0.5秒差	３位
４歳	１月10日	中山1200m	GⅢ	ガーネットS	８番人気	２着	0.3秒差	3位 4角先頭

◆２着馬を見つけるのはココで

２着候補を２番人気以下から見つけだすのに便利なツールが僕の作った大前提とハードルです。こちらも【２着穴馬的中シート】を併用して見つけてください。なお、１番人気に応えられなくても２着に来ることはありますので、１番人気馬は無条件で２着候補です。

２番人気以下で２着に入れる馬を浮かび上がらせます

４歳ハードル❶
近３走で３勝クラス１～２番人気１着

５歳ハードル❷
オープンクラス１～２番人気１着歴

６歳以上ハードル❸
オープン特別１番人気１着歴か、重賞１着歴か、GⅠ連対歴

注：ハードルはすべて３歳以上戦

2番人気以下で2着に入れる馬【2着穴馬的中シート】

条件	馬番 or 馬名
4歳 ハードル❶クリア	
5歳 ハードル❷クリア	
6歳以上 ハードル❸クリア	

過去15年、2番人気以下で2着に入った馬の近2走成績と実績を紹介します。

まず4歳馬から。

2019年　3番人気　テーオージーニアス　牡4　56kg

前走	11月24日	京都1200m	OP	オータムリーフS	2番人気	2着	0.2秒差	2位
前々走	10月20日	新潟1200m	3勝クラス	北陸S	1番人気	1着	0.3秒差	2位

2010年　13番人気　ティアップワイルド　牡4　56kg

前走	11月14日	東京1600m	GⅢ	武蔵野S	15番人気	13着	1.4秒差	X位
前々走	7月11日	阪神1400m	GⅢ	プロキオンS	6番人気	5着	1.3秒差	X位
3走前	6月26日	阪神1400m	1600万	安芸S	2番人気	1着	0.0秒差	X位

続いて5歳馬。

2018年　11番人気　サイタスリーレッド　牡5　56kg

前走	8月19日	新潟1200m	OP	NST賞	6番人気	1着	0.3秒差	X位　逃げ
前々走	9月20日	浦和1400m	GⅢ	テレ玉杯オーバルスプリント	2番人気	1着	0.4秒差	2位　逃げ
4歳	5月14日	京都1400m	OP	栗東S	3番人気	1着	0.3秒差	1位

2016年　2番人気　ニシケンモノノフ　牡5　56kg

前走	9月15日	浦和1400m	GⅢ	テレ玉杯オーバルスプリント	2番人気	4着	0.6秒差	X位
前々走	7月10日	中京1400m	GⅢ	プロキオンS	3番人気	2着	0.1秒差	X位
5歳	4月30日	京都1200m	OP	天王山S	1番人気	1着	0.0秒差	1位
5歳	3月15日	高知1400m	GⅢ	黒船賞	2番人気	2着	0.2秒差	1位
5歳	2月14日	京都1400m	OP	すばるS	2番人気	1着	0.2秒差	3位
4歳	10月12日	東京1400m	OP	グリーンチャンネルC	3番人気	2着	0.2秒差	3位
4歳	4月4日	阪神1400m	OP	コーラルS	2番人気	2着	0.5秒差	X位
4歳	3月8日	阪神1400m	OP	ポラリスS	3番人気	1着	0.4秒差	3位
3歳	12月28日	阪神1400m	OP	2014ファイナルS	9番人気	2着	0.6秒差	3位

3歳　11月28日　園田1400m　GⅡ　兵庫ジュニアグランプリ　2番人気　1着　0.1秒差　2位

2013年　7番人気　スノードラゴン　牡5　56kg
前走　11月24日　京都1400m　OP　京都オータムリーフプレミアム　7番人気　6着　0.2秒差　X位
前々走　10月19日　京都1200m　OP　室町S　2番人気　6着　0.6秒差　X位
5歳　4月14日　中山1200m　OP　京葉S　2番人気　1着　0.0秒差　2位

2012年　3番人気　エーシンウェズン　牡5　56kg
前走　11月18日　東京1400m　OP　霜月S　2番人気　1着　0.4秒差　1位
前々走　4月29日　東京1600m　OP　オアシスS　4番人気　6着　1.0秒差　X位
3歳　4月3日　阪神芝1400m　OP　マーガレットS　2番人気　2着　0.1秒差　X位

2011年　3番人気　ティアップワイルド　牡5　56kg
前走　11月20日　東京1400m　OP　霜月S　7番人気　5着　0.4秒差　X位
前々走　4月20日　大井1200m　GⅢ　東京スプリント　1番人気　2着　0.1秒差　1位
5歳　2月26日　中山1200m　OP　千葉S　1番人気　1着　0.3秒差　2位
5歳　1月9日　中山1200m　OP　ジャニュアリーS　1番人気　1着　0.5秒差　2位
4歳　12月12日　中山1200m　GⅢ　カペラS　13番人気　2着　0.0秒差　X位

最後に6歳以上馬。

2017年　8番人気　スノードラゴン　牡9　58kg（+2kg）
前走　11月3日　大井1200m　GⅠ　JBCスプリント　7番人気　7着　0.5秒差　X位
前々走　10月1日　中山芝1200m　GⅠ　スプリンターズS　16番人気　4着　0.1秒差　2位
6歳　10月5日　新潟芝1200m　GⅠ　スプリンターズS　3番人気　1着　0.3秒差　1位
6歳　6月12日　門別1200m　GⅢ　北海道スプリントC　1番人気　2着　0.2秒差　1位
6歳　3月30日　中京芝1200m　GⅠ　高松宮記念　8番人気　2着　0.5秒差　2位
6歳　3月8日　中山芝1200m　GⅢ　オーシャンS　11番人気　2着　0.2秒差　1位
6歳　1月6日　中山1200m　OP　ジャニュアリーS　2番人気　1着　0.2秒差　2位
5歳　12月8日　中山1200m　GⅢ　カペラS　7番人気　2着　0.0秒差　3位
5歳　4月14日　中山1200m　OP　京葉S　2番人気　1着　0.0秒差　2位
※1年以上前のGⅠスプリンターズS1着による2kg加増。

2015年　4番人気　カジキ　牡6　56kg
前走　11月22日　東京1400m　OP　霜月S　4番人気　11着　1.8秒差　X位
前々走　10月24日　京都1200m　OP　室町S　4番人気　2着　0.1秒差　X位　逃げ
◉2着候補として浮かび上がらせることはできませんでした。2015年は前述のキクノストームが勝った低レベルの年です。

2014年　7番人気　サトノタイガー　牡6　56kg
前走　11月3日　盛岡1200m　GⅠ　JBCスプリント　6番人気　2着　0.0秒差
前々走　10月1日　大井1200m　GⅡ　東京盃　5番人気　6着　0.9秒差　X位　逃げ
6歳　8月27日　大井1200m　重賞　アフター5スター賞　3番人気　1着　0.0秒差　3位
6歳　5月21日　川崎1600m　重賞　川崎マイラーズ　4番人気　1着　0.6秒差　2位　逃げ
6歳　4月29日　浦和1400m　OP　プリムローズ賞　5番人気　2着　0.3秒差　X位　4角先頭

2008年　７番人気　スリーアベニュー　牡６　56kg

前走	11月８日	京都芝1200m	ＯＰ	京洛Ｓ	17番人気	17着	1.2秒差	３位
前々走	７月13日	阪神1400m	GⅢ	プロキオンＳ	10番人気	11着	2.1秒差	Ｘ位
６歳	１月13日	中山1200m	GⅢ	ガーネットＳ	１番人気	２着	0.3秒差	１位
５歳	１月７日	中山1200m	GⅢ	ガーネットＳ	３番人気	１着	0.1秒差	１位

2002年　２番人気　サウスヴィグラス　牡６　56kg

前走	12月８日	阪神1400m	ＯＰ	摩耶Ｓ	２番人気	４着	0.4秒差	Ｘ位
前々走	11月18日	東京1200m	ＯＰ	霜月Ｓ	１番人気	１着	0.2秒差	Ｘ位
５歳	６月14日	札幌1000m	GⅢ	北海道スプリントＣ	２番人気	２着	0.0秒差	
５歳	４月14日	中山1200m	ＯＰ	京葉Ｓ	１番人気	１着	0.6秒差	１位
４歳	４月１日	阪神1400m	ＯＰ	コーラルＳ	１番人気	２着	0.0秒差	１位
４歳	２月12日	京都1400m	ＯＰ	すばるＳ	１番人気	２着	0.1秒差	Ｘ位
３歳	２月６日	東京1600m	ＯＰ	ヒヤシンスＳ	５番人気	２着	0.1秒差	Ｘ位

GI

朝日杯FS

12月20日（日）

阪神競馬場　芝1600m（2013年までは中山競馬場　芝1600m）

2歳

馬齢	牡馬・せん馬55kg　牝馬54kg

1番人気で勝てる馬を浮かび上がらせます

大前提① 1400m未満未出走

大前提② デビュー以降すべて1～2番人気

大前提③ 初勝利は圧勝か、上がり1位

ハードル❶
2連勝中の牡馬

まず、今年も多くのファンを失望させることになるかもしれない1番人気馬を大前提とハードルに照らし合わせ、勝てるか負けるかを判定しましょう。2ページ後からの【1番人気的中シート】を利用してください。

朝日杯フューチュリティステークスの真相

2000年までは朝日杯３歳ステークスと呼ばれ、2016年までは２歳馬の頂点を決めるレースでしたが、2017年に芝2000mの２歳ＧⅠホープフルステークスが同じ12月に施行されることになり、少し重みが減りました。ただ、１着本賞金はともに7000万円で、牝馬限定競走のＧⅠ阪神ジュベナイルフィリーズよりも500万円高くなっています。

牡馬・せん馬の２歳重賞戦線は、夏のローカル２歳ステークス以降、

10月　ＧⅢサウジアラビアロイヤルカップ
11月　ＧⅡデイリー杯２歳ステークス
11月　ＧⅢ東スポ杯２歳ステークス
11月　ＧⅢ京都２歳ステークス

と続き、当レースかホープフルＳに至ります。東京1600m→京都1600m→東京1800m→京都2000m→そして阪神1600mか中山2000mという流れです。

2014年に阪神開催になって以降の６年、１番人気に推されて勝った関東馬は２頭、２番人気以下で勝った関東馬は１頭いますが、３頭ともに前走0.2秒差以上の１着です。一方、勝った関西馬３頭のうち１頭は前走0.1差以上の１着ですから、西下する関東馬のほうが厳しいハードルになるのは阪神ＪＦと同様です。それだけ関東馬のほうがレベルが低いとも言えます。２レースだけの少ないデータで総括するわけにはいきませんが、ＪＲＡのここ20年以上の趨勢として関西馬のほうが強いという事実は否定できません。これは常に頭に入れておきましょう。

1番人気で勝てる馬【1番人気的中シート】

大前提①……1400m未満未出走
大前提②……デビュー以降すべて1～2番人気
大前提③……初勝利は圧勝か、上がり1位
ハードル❶……2連勝中の牡馬

年度	朝日杯FSの1番人気馬	性別	大前提①	大前提②	大前提③	ハードル❶	判定
2020							
2020							
2019	サリオス	牡				○	◉
2018	グランアレグリア	牝				×	×
2017	ダノンプレミアム	牡				○	◉
2016	ミスエルテ	牝			×	×	×
2015	エアスピネル	牡			×	○	×
2014	ダノンプラチナ	牡				○	◉
2013	アトム	牡				×	×
2012	コディーノ	牡		×		○	×
2011	アルフレード	牡				○	◉
2010	サダムパテック	牡		×		○	×
2009	ローズキングダム	牡				○	◉
2008	ブレイクランアウト	牡		×		×	×
2007	スズジュピター	牡		×	×	×	×
2006	オースミダイドウ	牡	×			○	×
2005	ジャリスコライト	牡				○	◉
2004	ペールギュント	牡		×		×	×
2003	メイショウボーラー	牡	×			○	×
2002	サクラプレジデント	牡	×	×		○	×
2001	アドマイヤドン	牡				○	◉
2000	タガノテイオー	牡		×	×	×	×

1番人気的中シートの使い方

左のシートに今年の1番人気候補を記入し、過去の成績をもとに「勝てるか、勝てないか」を判定してください。「勝てない」とわかったら、2番人気以下で勝てる馬が浮かび上がる【1着穴馬的中シート】（後ろのページ）に進んでください。

着順	単勝配当	結果	2番人気以下で勝った馬	人気	単勝配当	結果
1着	¥200	大的中				
3着		→	アドマイヤマーズ	2	¥460	大的中
1着	¥230	大的中				
4着		→	サトノアレス	6	¥1,420	大的中
2着		→	リオンディーズ	2	¥590	大的中
1着	¥460	大的中				
5着		→	アジアエクスプレス	4	¥870	大的中
2着		→	ロゴタイプ	7	¥3,450	大的中
1着	¥310	大的中				
4着		→	グランプリボス	5	¥1,460	大的中
1着	¥230	大的中				
3着		→	セイウンワンダー	2	¥540	大的中
5着		→	ゴスホークケン	3	¥620	大的中
3着		→	ドリームジャーニー	2	¥670	大的中
3着		ハズレ	フサイチリシャール	2	¥320	—
3着		→	マイネルレコルト	2	¥530	大的中
2着		→	コスモサンビーム	4	¥1,130	大的中
2着		→	エイシンチャンプ	8	¥2,130	大的中
1着	¥210	大的中				
2着		→	メジロベイリー	10	¥4,050	大的中

過去20年、１番人気に応えて優勝した馬の初勝利以降の成績を紹介します。

2019年　サリオス　200円　関東馬
前走　10月５日　東京1600m　GⅢ　サウジアラビアRC　１番人気　１着　0.2秒差　１位
前々走　６月２日　東京1600m　新馬　２番人気　１着　0.3秒差　１位
※２戦２勝

2017年　ダノンプレミアム　230円
前走　10月７日　東京1600m　GⅢ　サウジアラビアRC　２番人気　１着　0.3秒差　X位
前々走　６月25日　阪神1800m　新馬　１番人気　１着　0.7秒差　2位 4角先頭
※２戦２勝

2014年　ダノンプラチナ　460円　関東馬
前走　11月30日　東京1600m　ベゴニア賞　１番人気　１着　0.5秒差　２位
前々走　10月13日　東京1600m　未勝利　１番人気　１着　0.7秒差　２位
３走前　９月６日　札幌1500m　新馬　１番人気　２着　0.2秒差　２位
※２連勝中

2011年　アルフレード　310円　関東馬
前走　10月29日　新潟1600m　きんもくせい特別　１番人気　１着　0.2秒差　１位
前々走　９月25日　中山1600m　新馬　１番人気　１着　0.1秒差　１位
※２戦２勝

2009年　ローズキングダム　230円
前走　11月21日　東京1800m　GⅢ　東スポ杯２歳S　１番人気　１着　0.0秒差　X位
前々走　10月25日　京都1800m　新馬　２番人気　１着　0.1秒差　１位
※２戦２勝

2001年　アドマイヤドン　210円
前走　12月９日　京都1800m　OP　京都２歳S　１番人気　１着　0.7秒差　１位
前々走　10月13日　京都D1400m　新馬　１番人気　１着　1.3秒差　１位
※２戦２勝

過去20年、１番人気に応えられず負けた馬の初勝利以降の成績を紹介します。

2018年　牝馬　グランアレグリア　３着　関東馬
前走　10月６日　東京1600m　GⅢ　サウジアラビアRC　１番人気　１着　0.6秒差　２位
前々走　６月３日　東京1600m　新馬　１番人気　１着　0.3秒差　１位
※牝馬NG。

2016年　牝馬　ミスエルテ　４着
前走　11月５日　京都1400m　GⅢ　ファンタジーS　１番人気　１着　0.2秒差　１位
前々走　９月24日　阪神1600m　新馬　１番人気　１着　0.3秒差　２位
※牝馬なうえ、初勝利が圧勝でも上がり１位でもありません。

2015年　エアスピネル　２着
前走　　11月14日　京都1600m　ＧⅡ　デイリー杯２歳Ｓ　２番人気　１着　0.6秒差　１位
前々走　９月12日　阪神1600m　新馬　１番人気　１着　0.3秒差　２位
※初勝利が圧勝でも上がり１位でもありません。

2013年　アトム　５着
前走　　10月５日　京都1600m　ＧⅡ　デイリー杯２歳Ｓ　１番人気　２着　0.0秒差　１位
前々走　９月７日　阪神1600m　新馬　１番人気　１着　0.1秒差　１位
※２戦２勝ではありません。

2012年　コディーノ　２着　関東馬
前走　　11月17日　東京1800m　ＧⅢ　東スポ杯２歳Ｓ　１番人気　１着　0.3秒差　３位
前々走　９月１日　札幌1800m　ＧⅢ　札幌２歳Ｓ　３番人気　１着　0.3秒差　２位
３走前　８月12日　札幌1800m　新馬　１番人気　１着　0.4秒差　１位
※２走前３番人気ＮＧ。

2010年　サダムパテック　４着
前走　　11月20日　東京1800m　ＧⅢ　東スポ杯２歳Ｓ　１番人気　１着　0.6秒差　１位
前々走　10月30日　京都1600m　未勝利　１番人気　１着　0.5秒差　１位
３走前　10月17日　京都1600m　新馬　５番人気　２着　0.2秒差　２位
※デビュー戦５番人気ＮＧ。

2008年　ブレイクランアウト　３着　関東馬
前走　　11月22日　東京1800m　ＧⅢ　東スポ杯２歳Ｓ　１番人気　２着　0.0秒差　１位
前々走　10月25日　東京1600m　ＯＰ　いちょうＳ　１番人気　４着　0.2秒差　Ｘ位
３走前　７月27日　新潟1600m　新馬　３番人気　１着　0.7秒差　１位
※デビュー戦３番人気ＮＧ。

2007年　スズジュピター　５着　関東馬
前走　　11月17日　東京1800m　ＧⅢ　東スポ杯２歳Ｓ　３番人気　２着　0.2秒差　３位
前々走　８月11日　新潟1400m　ＯＰ　ダリア賞　２番人気　１着　0.3秒差　１位
３走前　７月22日　新潟1400m　新馬　２番人気　１着　0.2秒差　３位
※初勝利が圧勝でも上がり１位でもありません。

2006年　オースミダイドウ　３着
前走　　10月14日　京都1600m　ＧⅡ　デイリー杯２歳Ｓ　１番人気　１着　0.1秒差　２位
前々走　９月17日　中京1800m　ＯＰ　野路菊Ｓ　１番人気　１着　0.3秒差　1位 逃げ
３走前　６月18日　京都1200m　新馬　１番人気　１着　0.8秒差　１位
※デビューが1200m戦ＮＧ。

2005年　ジャリスコライト　３着　関東馬
前走　　10月22日　東京1600m　ＯＰ　いちょうＳ　１番人気　１着　0.4秒差　１位
前々走　10月９日　東京1800m　新馬　２番人気　１着　0.2秒差　１位
※２戦２勝。

◉この年の２番人気フサイチリシャールは、３走前未勝利完勝、前々走オープン特別完勝、前

走ＧⅢ完勝と３連続完勝中でしたが、１番人気に支持されませんでした。代わりに１番人気に推されたのはフサイチリシャールよりも実績が劣るジャリスコライト。思うに、これは鞍上にアメリカ競馬殿堂入りのケント・デザーモを迎えたことによる“騎手人気”でしょう。馬の能力だけを考えれば単勝2.2倍の１番人気は過剰人気であり、やはりジャリスコライトの朝日杯ＦＳは0.3秒差の３着止まりでした（デザーモが直線で鞭を落として手で叩いたからという説もありますが……）。

2004年　ペールギュント　3着

前走	11月20日	東京1800m	ＧⅢ	東スポ杯２歳Ｓ	２番人気	２着	0.2秒差	Ｘ位
前々走	10月16日	京都1600m	ＧⅡ	デイリー杯２歳Ｓ	９番人気	１着	0.2秒差	１位
３走前	７月31日	小倉1800m	未勝利		１番人気	１着	0.3秒差	１位

※前々走９番人気ＮＧ。

2003年　メイショウボーラー　２着

前走	10月18日	京都1600m	ＧⅡ	デイリー杯２歳Ｓ	１番人気	１着	0.3秒差	3位 逃げ
前々走	９月７日	小倉1200m	ＧⅢ	小倉２歳Ｓ	１番人気	１着	0.9秒差	1位 逃げ
３走前	８月９日	小倉1200m	ＯＰ	フェニックス賞	１番人気	１着	0.4秒差	１位
４走前	７月20日	小倉1000m	新馬		１番人気	１着	0.4秒差	２位

※1200m戦出走歴ＮＧ。４戦４勝は危険です（デビュー５連勝は名馬の域）。

2002年　サクラプレジデント　２着　関東馬

前走	９月28日	札幌1800m	ＧⅢ	札幌２歳Ｓ	２番人気	１着	0.1秒差	１位
前々走	８月11日	札幌1200m	新馬		３番人気	１着	0.6秒差	３位

※デビュー戦３番人気、1200m戦出走歴ＮＧ。

2000年　タガノテイオー　２着

前走	11月18日	東京1800m	ＧⅢ	東スポ杯３歳Ｓ	３番人気	１着	0.2秒差	１位
前々走	９月23日	札幌1800m	ＧⅢ	札幌３歳Ｓ	４番人気	２着	0.2秒差	２位
３走前	９月16日	札幌1800m	新馬		１番人気	１着	0.3秒差	２位

※近２走の人気と、初勝利の内容がＮＧです。

◆１番人気が飛ぶとわかったらココへ

１番人気が「負ける」とわかったら、２番人気以下の馬から勝つ馬を見つけます。簡単です。僕が課すハードルを満たした馬しか勝ちませんので、【２着穴馬的中シート】を利用して見つけだしてください。

２番人気以下で勝てる馬を浮かび上がらせます

ハードル❶

前走1400m以上重賞「1番人気か、負けていても0.1秒」

ハードル❷

前走1400m以上1勝クラス以上完勝

ハードル❸

前走1400m以上新馬・未勝利1番人気上がり1位完勝

２番人気以下で勝てる馬【1着穴馬的中シート】

条件	馬番 or 馬名
ハードル❶クリア	
ハードル❷クリア	
ハードル❸クリア	

過去20年、２番人気以下で優勝した馬の初勝利以降の成績を紹介します。

2018年　２番人気　アドマイヤマーズ　460円
前走　　11月10日　京都1600m　GⅡ　デイリー杯２歳Ｓ　１番人気　１着　0.1秒差　２位
前々走　７月21日　中京1600m　ＯＰ　中京２歳Ｓ　１番人気　１着　0.5秒差　１位
３走前　６月30日　中京1600m　新馬　１番人気　１着　0.0秒差　３位
※３戦３勝

2016年　６番人気　サトノアレス　1420円　関東馬
前走　　11月27日　東京1600m　500万　ベゴニア賞　２番人気　１着　0.2秒差　１位
前々走　９月11日　中山1800m　未勝利　１番人気　１着　0.0秒差　３位
※２連勝中

2015年　２番人気　リオンディーズ　590円
前走　　11月22日　京都2000m　新馬　１番人気　１着　0.2秒差　１位
※新馬→ＧⅠの快挙。

2013年　4番人気　アジアエクスプレス　870円　関東馬
前走　11月23日　東京D1600m　500万　オキザリス賞　1番人気　1着　1.1秒差　1位
前々走　11月3日　東京D1400m　新馬　1番人気　1着　0.9秒差　2位
※2戦2勝

2012年　7番人気　ロゴタイプ　3450円　関東馬
前走　11月25日　東京1600m　500万　ベゴニア賞　4番人気　1着　0.2秒差　2位
前々走　9月1日　札幌1800m　GⅢ　札幌2歳S　8番人気　4着　0.7秒差　X位　逃げ
3走前　8月4日　札幌1500m　OP　クローバー賞　2番人気　3着　0.2秒差　3位
4走前　7月14日　函館1200m　GⅢ　函館2歳S　14番人気　4着　0.1秒差　2位
5走前　6月24日　函館1200m　新馬　1番人気　1着　0.0秒差　X位

2010年　5番人気　グランプリボス　1460円
前走　11月13日　東京1400m　GⅡ　京王杯2歳S　7番人気　1着　0.1秒差　3位
前々走　10月16日　京都1600m　GⅡ　デイリー杯2歳S　3番人気　7着　1.3秒差　X位
3走前　8月14日　札幌1500m　新馬　6番人気　1着　0.1秒差　2位

2008年　2番人気　セイウンワンダー　540円
前走　9月7日　新潟1600m　GⅢ　新潟2歳S　1番人気　1着　0.2秒差　1位
前々走　7月12日　阪神1600m　未勝利　1番人気　1着　1.0秒差　1位
※2連勝中

2007年　3番人気　ゴスホークケン　620円　関東馬
前走　11月17日　東京1800m　GⅢ　東スポ杯2歳S　1番人気　4着　0.5秒差　X位
前々走　10月14日　東京1600m　新馬　1番人気　1着　0.4秒差　1位

2006年　2番人気　ドリームジャーニー　670円
前走　11月18日　東京1800m　GⅢ　東スポ杯2歳S　2番人気　3着　0.1秒差　1位
前々走　9月30日　中山1600m　OP　芙蓉S　3番人気　1着　0.2秒差　1位
3走前　9月3日　新潟1400m　新馬　2番人気　1着　0.0秒差　1位

2005年　2番人気　フサイチリシャール　320円
前走　11月19日　東京1800m　GⅢ　東スポ杯2歳S　1番人気　1着　0.4秒差　X位　逃げ
前々走　10月29日　京都1800m　OP　萩S　5番人気　1着　0.5秒差　2位　逃げ
3走前　9月25日　阪神2000m　未勝利　2番人気　1着　0.1秒差　2位　逃げ
※3連勝中

2004年　2番人気　マイネルレコルト　530円　関東馬
前走　11月13日　東京1400m　GⅡ　京王杯2歳S　1番人気　5着　0.6秒差　3位
前々走　9月5日　新潟1600m　GⅢ　新潟2歳S　1番人気　1着　0.2秒差　1位
3走前　8月14日　新潟1400m　OP　ダリア賞　2番人気　1着　0.3秒差　1位
4走前　6月20日　福島1200m　新馬　1番人気　1着　0.4秒差　1位

2003年　4番人気　コスモサンビーム　1130円
前走　11月15日　東京1400m　GⅡ　京王杯2歳S　1番人気　1着　0.2秒差　1位

前々走　10月４日　阪神1400m　ＯＰ　ききょうＳ　　１番人気　１着　0.2秒差　３位
３走前　９月７日　小倉1200m　ＧⅢ　小倉２歳Ｓ　　３番人気　２着　0.9秒差　Ｘ位
４走前　７月27日　小倉1200m　未勝利　　１番人気　１着　0.5秒差　1位　逃げ

2002年　８番人気　エイシンチャンプ　2130円
前走　11月23日　京都2000m　ＯＰ　京都２歳Ｓ　　３番人気　１着　0.1秒差　２位
前々走　11月９日　京都1800m　500万　黄菊賞　　１番人気　２着　0.1秒差　２位
３走前　10月26日　京都1800m　ＯＰ　萩Ｓ　　６番人気　２着　0.3秒差　３位
４走前　10月12日　京都1600m　ＧⅡ　デイリー杯２歳Ｓ　10番人気　４着　1.0秒差　Ｘ位
５走前　９月28日　阪神1400m　ＯＰ　ききょうＳ　　４番人気　４着　0.6秒差　３位
６走前　９月８日　阪神Ｄ1400m　未勝利　　１番人気　１着　0.0秒差　3位　4角先頭

2000年　10番人気　メジロベイリー　4050円
前走　11月11日　京都1400m　未勝利　　１番人気　１着　0.1秒差　１位

◉2012年　７番人気ロゴタイプ　単勝3450円！
２番人気　ＯＫ
３番人気　前走500万１着0.0秒差
４番人気　前走ＧⅡ７番人気２着
５番人気　前走ＯＰ特別１着0.0秒差
６番人気　前走500万0.2秒差１着だけど1200m戦
７番人気　ＯＫ　ロゴタイプ
８番人気　前走ＧⅡ３番人気２着
９番人気　ＯＫ　前走ＧⅡ１番人気
10番人気　前走ＧⅡ４番人気５着
11番人気　前走ＧⅢ６番人気12着
12番人気　前走500万１着0.0秒差
13番人気　前走ＧⅡ３番人気12着
14番人気　前走ＧⅡ２番人気８着
15番人気　前走500万１着0.0秒差
16番人気　前走ＯＰ特別0.1秒差１着だけど1200m戦
※ハードルをクリアしているのは３頭。

◉2002年　８番人気エイシンチャンプ　単勝2130円！
２番人気　ＯＫ
３番人気　ＯＫ
４番人気　ＯＫ
５番人気　ＯＫ
６番人気　前走ＧⅢ３番人気２着
７番人気　前走ＯＰ特別１着0.0秒差
８番人気　ＯＫ　エイシンチャンプ
９番人気　前走500万１番人気２着
10番人気　前走ＯＰ特別１番人気３着
11番人気　前走ＧⅢ２番人気３着
12番人気　前走ＯＰ特別６番人気２着
13番人気　前走ダート500万１着0.1秒差（ＯＫ保留）
14番人気　前走ＧⅢ８番人気７着
15番人気　前走未勝利６番人気１着0.1秒差１位
※ハードルをクリアしているのは５頭。

◉2000年　10番人気メジロベイリー　単勝4050円！
２番人気　ＯＫ
３番人気　ＯＫ　前走ＧⅢ１番人気
４番人気　ＯＫ　前走ＧⅡ１番人気
５番人気　ＯＫ　前走ＧⅡ１着
６番人気　前走500万１着0.0秒差
７番人気　前走ダート500万１着0.5秒差（ＯＫ保留）
８番人気　前走500万1.0秒差１着だけど1200m戦
９番人気　前走ＯＰ特別0.1秒差１着だけど1200m戦
10番人気　ＯＫ　メジロベイリー
11番人気　前走未勝利２番人気１着0.5秒差１位
12番人気　前走500万１着0.0秒差
13番人気　前走ＧⅢ２番人気５着
14番人気　前走ダート新馬１番人気１着0.2秒差１位（ＯＫ保留）
15番人気　前走ＧⅡ７番人気７着
16番人気　前走ＯＰ特別２番人気10着
※ハードルをクリアしているのは、前走ダート戦を除くと５頭。

以上、３回分の例から明らかなように、１番人気が負けるとわかった年は、まず２番人気から順に下位人気馬の前走成績を見ていきます。そして、ハードルを明らかに超えた馬が５～６頭になった時点でそれ以降の探索をやめ、５頭あるいは＋αの単勝を買うと20倍以上の高配当が的中します。

◆２着馬を見つけるのはココで

２着候補を２番人気以下から見つけだすのに便利なツールが僕の作った大前提とハードルです。こちらも【２着穴馬的中シート】を併用して見つけてください。なお、１番人気に応えられなくても２着に来ることはありますので、１番人気馬は無条件で２着候補です。

２番人気以下で２着に入れる馬を浮かび上がらせます

ハードル❶
前走ＧⅡ連対（負けていても0.1秒）**か、**
近２走で１着か、近３走でオープンクラス１着

２番人気以下で２着に入れる馬【２着穴馬的中シート】

条件	馬番 or 馬名
ハードル❶ クリア	

過去20年、２番人気以下で２着に入った馬の初勝利以降の成績を紹介します。

2019年	２番人気	タイセイビジョン						
前走	11月２日	東京1400m	GⅡ	京王杯２歳Ｓ	１番人気	１着	0.3秒差	１位
前々走	７月21日	函館1200m	GⅢ	函館２歳Ｓ	２番人気	２着	0.3秒差	１位
３走前	６月２日	阪神1400m	新馬		１番人気	１着	0.4秒差	１位

2018年	９番人気	クリノガウディー						
前走	11月17日	東京1800m	GⅢ	東スポ杯２歳Ｓ	12番人気	７着	0.5秒差	Ｘ位
前々走	10月８日	京都1800m	新馬		６番人気	１着	0.2秒差	１位

2017年	３番人気	ステルヴィオ						
前走	10月７日	東京1600m	GⅢ	サウジアラビアＲＣ	１番人気	２着	0.3秒差	１位
前々走	８月12日	札幌1800m	ＯＰ	コスモス賞	１番人気	１着	0.0秒差	２位
３走前	６月４日	東京1600m	新馬		２番人気	１着	0.3秒差	１位

2016年	７番人気	モンドキャンノ						
前走	11月５日	東京1400m	GⅡ	京王杯２歳Ｓ	３番人気	１着	0.1秒差	１位
前々走	７月24日	函館1200m	GⅢ	函館２歳Ｓ	１番人気	２着	0.1秒差	２位
３走前	６月19日	函館1200m	新馬		１番人気	１着	0.2秒差	１位

2014年	14番人気	アルマワイオリ						
前走	11月15日	京都1600m	GⅡ	デイリー杯２歳Ｓ	３番人気	４着	0.5秒差	Ｘ位
前々走	10月19日	京都1400m	ＯＰ	もみじＳ	２番人気	１着	0.2秒差	２位
３走前	９月６日	札幌1800m	GⅢ	札幌２歳Ｓ	10番人気	６着	0.4秒差	Ｘ位
４走前	８月23日	札幌1500m	新馬		１番人気	１着	0.6秒差	1位 逃げ

2013年	６番人気	ショウナンアチーヴ	関東馬					
前走	11月17日	東京1400m	500万	からまつ賞	３番人気	１着	0.3秒差	１位
前々走	10月27日	東京1400m	500万	くるみ賞	２番人気	３着	0.2秒差	１位
３走前	９月28日	中山1200m	未勝利		１番人気	１着	0.2秒差	１位

2011年	４番人気	マイネルロブスト						
前走	11月19日	東京1800m	GⅢ	東スポ杯２歳Ｓ	５番人気	９着	1.1秒差	Ｘ位
前々走	10月１日	札幌1800m	GⅢ	札幌２歳Ｓ	５番人気	３着	0.1秒差	２位
３走前	８月28日	札幌1500m	ＯＰ	クローバー賞	２番人気	１着	0.0秒差	２位
４走前	６月26日	中山1800m	新馬		３番人気	１着	0.1秒差	２位

2010年	４番人気	リアルインパクト						
前走	11月13日	東京1400m	GⅡ	京王杯２歳Ｓ	２番人気	２着	0.1秒差	２位
前々走	10月24日	東京1400m	新馬		１番人気	１着	0.5秒差	１位

2009年	２番人気	エイシンアポロン						
前走	11月14日	東京1400m	GⅡ	京王杯２歳Ｓ	３番人気	１着	0.2秒差	２位
前々走	10月17日	京都1600m	GⅡ	デイリー杯２歳Ｓ	５番人気	２着	0.0秒差	２位

3走前	9月20日	阪神1800m	OP	野路菊S	2番人気	5着	1.1秒差	X位
4走前	8月22日	小倉1800m	未勝利		4番人気	1着	0.4秒差	1位 3角先頭

2008年　5番人気　フィフスペトル

前走	11月15日	東京1400m	GⅡ	京王杯2歳S	1番人気	2着	0.2秒差	2位
前々走	8月10日	函館1200m	GⅢ	函館2歳S	2番人気	1着	0.4秒差	1位
3走前	7月12日	函館1200m	新馬		1番人気	1着	0.4秒差	1位

2007年　10番人気　レッツゴーキリシマ　関東馬

前走	11月10日	東京1400m	GⅡ	京王杯2歳S	4番人気	3着	0.3秒差	X位
前々走	10月21日	京都1400m	500万	かえで賞	1番人気	1着	0.5秒差	3位
3走前	9月29日	阪神1400m	OP	ききょうS	3番人気	2着	0.1秒差	1位
4走前	9月2日	小倉1200m	GⅢ	小倉2歳S	7番人気	5着	0.5秒差	3位
5走前	8月12日	小倉1200m	新馬		2番人気	1着	0.1秒差	X位 逃げ

2006年　7番人気　ローレルゲレイロ

前走	10月14日	京都1600m	GⅡ	デイリー杯2歳S	2番人気	2着	0.1秒差	X位
前々走	8月6日	函館1200m	GⅢ	函館2歳S	5番人気	2着	0.2秒差	X位 4角先頭
3走前	7月22日	函館1200m	OP	ラベンダー賞	1番人気	3着	0.3秒差	X位
4走前	6月17日	函館1000m	新馬		1番人気	1着	0.6秒差	1位 逃げ

2005年　5番人気　スーパーホーネット

前走	10月30日	東京1400m	500万	くるみ賞	1番人気	1着	0.1秒差	1位
前々走	10月15日	函館1600m	GⅡ	デイリー杯2歳S	4番人気	3着	0.3秒差	2位
3走前	9月24日	札幌1500m	未勝利		4番人気	1着	0.0秒差	1位

2004年　3番人気　ストーミーカフェ

前走	10月2日	札幌1800m	GⅢ	札幌2歳S	5番人気	1着	0.1秒差	X位 逃げ
前々走	8月21日	札幌1500m	未勝利		1番人気	1着	0.4秒差	3位 逃げ

2001年　2番人気　ヤマノブリザード

前走	11月14日	門別D1800m	OP	グラスワンダー特別	1番人気	2着	0.0秒差	
前々走	9月22日	札幌1800m	GⅢ	札幌2歳S	1番人気	1着	0.0秒差	1位
3走前	8月18日	札幌1500m	OP	クローバー賞	8番人気	1着	0.1秒差	1位

(以下、地方3戦)

GⅡ

阪神C

12月26日（土）

阪神競馬場　芝1400m

３歳以上

定量	３歳56kg　４歳以上57kg（牝馬２kg減）

１番人気で勝てる馬を浮かび上がらせます

大前提①　**前走ＧⅠ勝ちではない日本馬**

３歳ハードル❶
（牝馬）**ＧⅠ完勝歴**

４歳以上ハードル❷
３歳以上「ＧⅠ連対歴（負けていても0.0秒）**か、**
牝馬ＧⅠ完勝歴」

まず、今年も多くのファンを失望させることになるかもしれない１番人気馬を大前提とハードルに照らし合わせ、勝てるか負けるかを判定しましょう。２ページ後からの【１番人気的中シート】を利用してください。

阪神カップの真相

2006年創設。古馬ＧⅡで定量戦は、ほかに札幌記念のみです。別定戦のなかでも定量戦というのは「イコールコンディション」で能力検定を行いたいというＪＲＡの意向が垣間見えるだけに、ＧⅠに非常に近いレースと言えます。1400mの古馬ＧⅡはもうひとつ京王杯スプリングＣ（定量ではなくグレード別定）がありますが１着本賞金が5900万円と、阪神カップの6700万円より800万円安くなっているのもその現れでしょう。

阪神カップは過去14回のデータしかありません。少なくともあと６回はデータを収集したいところですが、現時点で判明しているのは、１番人気で勝つにはＧⅠでの実績が必要ということです。また、ＧⅠ実績があっても、後述する2016年ミッキーアイルのようにナメてかかると、手痛いしっぺ返しを食らうということです。これは同じ定量戦のＧⅡ札幌記念において、ゴールドシップとモーリスという名馬が敗れ去っているのと同じ構図のように見えます。ちなみに札幌記念の１着本賞金は7000万円でＧⅡ最高額。スーパーＧⅡと呼ばれています。

阪神Ｃは、そんなレベルの高さにもかかわらず、2017年は前走で３勝クラスを勝ち上がってきたモズアスコットが１番人気に推されました。この時期の競馬ファンは翌日にある有馬記念で頭がいっぱいですので、こういった珍現象が起こるのかもしれません。もっとも、モズアスコットはのちにＧⅠを２勝しますので、皆さん「見る目がある」とも言えますが……。

１番人気で勝てる馬【１番人気的中シート】

大前提①……………………前走ＧⅠ勝ちではない日本馬
３歳ハードル❶…………（牝馬）ＧⅠ完勝歴
４歳以上ハードル❷……３歳以上「ＧⅠ連対歴（負けていても0.0秒）か、牝馬ＧⅠ完勝歴」

年度	阪神Ｃの１番人気馬	性齢	大前提①	ハードル❶	ハードル❷	判定	着順
2020							
2020							
2019	グランアレグリア	牝3		○		◉	1着
2018	ジュールポレール	牝5			×	×	5着
2017	モズアスコット	牡3		×		×	4着
2016	ミッキーアイル	牡5	×		○	×	6着
2015	ビッグアーサー	牡4			×	×	3着
2014	ミッキーアイル	牡3		×		×	7着
2013	ダイワマッジョーレ	牡4			×	×	7着
2012	アドマイヤセプター	牝4			×	×	7着
2011	リアルインパクト	牡3		×		×	10着
2010	ゴールスキー	牡3		×		×	5着
2009	キンシャサノキセキ	牡6			○	◉	1着
2008	ファリダット	牡3		×		×	2着
2007	スズカフェニックス	牡5			○	◉	1着
2006	コートマスターピー	牡6	×			×	9着

1番人気的中シートの使い方

左のシートに今年の1番人気候補を記入し、過去の成績をもとに「勝てるか、勝てないか」を判定してください。「勝てない」とわかったら、2番人気以下で勝てる馬が浮かび上がる【1着穴馬的中シート】（後ろのページ）に進んでください。

単勝配当	結果	2番人気以下で勝った馬	人気	単勝配当	結果
¥210	大的中				
	→	ダイアナヘイロー	11	¥3,830	大的中
	→	イスラボニータ	2	¥410	大的中
	→	シュウジ	7	¥1,600	大的中
	→	ロサギガンティア	3	¥820	大的中
	→	リアルインパクト	8	¥1,440	大的中
	→	リアルインパクト	8	¥1,540	大的中
	→	サンカルロ	3	¥790	大的中
	→	サンカルロ	4	¥980	大的中
	→	キンシャサノキセキ	2	¥390	大的中
¥470	大的中				
	→	マルカフェニックス	8	¥2,210	大的中
¥250	大的中				
	→	フサイチリシャール	8	¥1,010	大的中

過去14年、１番人気に応えて優勝した馬の近２走成績と実績を紹介します。
（実績は重賞連対歴を列記。以下同様）

2019年　グランアレグリア　牝３　210円

前走	５月５日	東京1600m	ＧⅠ	ＮＨＫマイルＣ	１番人気	５着	0.3秒差	Ｘ位
前々走	４月７日	阪神1600m	牝馬ＧⅠ	桜花賞	２番人気	１着	0.4秒差	Ｘ位 ４角先頭
２歳	10月６日	東京1600m	ＧⅢ	サウジアラビアＲＣ	１番人気	１着	0.6秒差	２位

※前走は４位入線。

2009年　キンシャサノキセキ　牡６　470円

前走	10月31日	京都1400m	ＧⅡ	スワンＳ	４番人気	１着	0.0秒差	Ｘ位
前々走	10月４日	中山1200m	ＧⅠ	スプリンターズＳ	４番人気	12着	0.2秒差	Ｘ位
５歳	10月５日	中山1200m	ＧⅠ	スプリンターズＳ	２番人気	２着	0.2秒差	Ｘ位
５歳	７月６日	函館1200m	ＧⅢ	函館ＳＳ	１番人気	１着	0.1秒差	Ｘ位
５歳	３月30日	中京1200m	ＧⅠ	高松宮記念	５番人気	２着	0.0秒差	Ｘ位

2007年　スズカフェニックス　牡５　250円

前走	11月18日	京都1600m	ＧⅠ	マイルＣＳ	５番人気	３着	0.1秒差	２位
前々走	９月30日	中山1200m	ＧⅠ	スプリンターズＳ	２番人気	９着	0.6秒差	３位
５歳	３月25日	中京1200m	ＧⅠ	高松宮記念	１番人気	１着	0.4秒差	２位
５歳	１月27日	東京1600m	ＧⅢ	東京新聞杯	１番人気	１着	0.1秒差	１位

過去14年、１番人気に応えられず負けた馬の近２走成績と実績を紹介します。

2018年　ジュールポレール　牝５　５着

前走	11月18日	京都1600m	ＧⅠ	マイルＣＳ	10番人気	６着	0.3秒差	Ｘ位
前々走	10月13日	東京1800m	牝馬ＧⅡ	府中牝馬Ｓ	４番人気	４着	0.3秒差	Ｘ位
５歳	５月13日	東京1600m	牝馬ＧⅠ	ヴィクトリアＭ	８番人気	１着	0.0秒差	２位

※３歳以上牝馬ＧⅠは完勝歴が必要です。

2017年　モズアスコット　牡３　４着

前走	11月26日	京都1400m	1600万	渡月橋Ｓ	１番人気	１着	0.3秒差	２位
前々走	11月11日	東京1400m	1000万	三鷹特別	１番人気	１着	0.2秒差	１位

2016年　ミッキーアイル　牡５　６着

前走	11月20日	京都1600m	ＧⅠ	マイルＣＳ	３番人気	１着	0.0秒差	Ｘ位 逃げ
前々走	10月２日	中山1200m	ＧⅠ	スプリンターズＳ	２番人気	２着	0.0秒差	Ｘ位 逃げ
５歳	３月27日	中京1200m	ＧⅠ	高松宮記念	２番人気	２着	0.1秒差	Ｘ位
５歳	２月28日	阪神1400m	ＧⅢ	阪急杯	１番人気	１着	0.1秒差	Ｘ位 逃げ
４歳	３月１日	阪神1400m	ＧⅢ	阪急杯	４番人気	２着	0.0秒差	３位
３歳	11月１日	京都1400m	ＧⅡ	スワンＳ	１番人気	１着	0.1秒差	Ｘ位 逃げ
３歳	５月11日	東京1600m	ＧⅠ	ＮＨＫマイルＣ	１番人気	１着	0.0秒差	Ｘ位 逃げ
３歳	３月１日	阪神1600m	ＧⅢ	アーリントンＣ	１番人気	１着	0.6秒差	３位 逃げ
３歳	１月12日	京都1600m	ＧⅢ	シンザン記念	１番人気	１着	0.1秒差	３位 逃げ

◉スプリンターズＳ連対→マイルＣＳ優勝とＧⅠを２戦したあとのＧⅡ阪神Ｃ参戦。翌年は

２月のＧⅢ阪急杯から３月のＧⅠ高松宮記念というローテーションが決まっているにもかかわらず、本番前のたたき台でもなんでもない12月のＧⅡに「理由無き出走」を敢行したことが敗因でしょうか。前走でＧⅠ勝ちの素晴らしい状態にもかかわらず、単勝が１倍台にはならず2.1倍にとどまったことが、なにかしらを暗示していました。

2015年　ビッグアーサー　牡４　３着

前走	11月29日	京都1200m	ＧⅢ	京阪杯	１番人気	２着	0.0秒差	１位
前々走	10月11日	京都1200m	ＯＰ	オパールＳ	１番人気	１着	0.5秒差	３位
４歳	８月23日	小倉1200m	ＧⅢ	北九州記念	１番人気	２着	0.2秒差	１位

※ＧⅠ未連対ＮＧ。

2014年　ミッキーアイル　牡３　７着

前走	11月23日	京都1600m	ＧⅠ	マイルＣＳ	１番人気	13着	1.3秒差	X位　4角先頭
前々走	11月１日	京都1400m	ＧⅡ	スワンＳ	１番人気	１着	0.1秒差	X位　逃げ
３歳	５月11日	東京1600m	ＧⅠ	ＮＨＫマイルＣ	１番人気	１着	0.0秒差	X位　逃げ
３歳	３月１日	阪神1600m	ＧⅢ	アーリントンＣ	１番人気	１着	0.6秒差	3位　逃げ
３歳	１月12日	京都1600m	ＧⅢ	シンザン記念	１番人気	１着	0.1秒差	3位　逃げ

※ＧⅠ完勝歴なし。

2013年　ダイワマッジョーレ　牡４　７着

前走	11月17日	京都1600m	ＧⅠ	マイルＣＳ	３番人気	２着	0.2秒差	Ｘ位
前々走	10月26日	京都1400m	ＧⅡ	スワンＳ	４番人気	２着	0.3秒差	３位
４歳	５月11日	東京1400m	ＧⅡ	京王杯ＳＣ	１番人気	１着	0.1秒差	Ｘ位
４歳	３月31日	中山1600m	ＧⅢ	ダービー卿ＣＴ	１番人気	２着	0.0秒差	３位
４歳	２月３日	東京1600m	ＧⅢ	東京新聞杯	５番人気	２着	0.1秒差	１位
３歳	12月１日	中京2000m	ＧⅡ	金鯱賞	８番人気	２着	0.1秒差	３位

※ＧⅠ連対歴（負けていても0.0秒）なし。

2012年　アドマイヤセプター　牝４　７着

前走	11月24日	京都1200m	ＧⅢ	京阪杯	１番人気	２着	0.0秒差	１位
前々走	10月27日	京都1400m	ＧⅡ	スワンＳ	７番人気	３着	0.2秒差	Ｘ位

※ＧⅠ連対歴（負けていても0.0秒）、牝馬ＧⅠ完勝歴なし。

2011年　リアルインパクト　牡３　10着

前走	11月20日	京都1600m	ＧⅠ	マイルＣＳ	１番人気	５着	0.4秒差	Ｘ位
前々走	10月９日	東京1800m	ＧⅡ	毎日王冠	２番人気	２着	0.0秒差	Ｘ位
３歳	６月５日	東京1600m	ＧⅠ	安田記念	９番人気	１着	0.0秒差	Ｘ位
２歳	12月19日	中山1600m	ＧⅠ	朝日杯ＦＳ	４番人気	２着	0.1秒差	３位
２歳	11月13日	東京1400m	ＧⅡ	京王杯２歳Ｓ	２番人気	２着	0.1秒差	２位

※ＧⅠ完勝歴なし。

2010年　ゴールスキー　牡３　５着

前走	11月21日	京都1600m	ＧⅠ	マイルＣＳ	６番人気	３着	0.0秒差	Ｘ位
前々走	10月17日	京都1600m	1600万	清水Ｓ	１番人気	１着	0.2秒差	１位

※ＧⅠ完勝歴なし。

2008年　ファリダット　牡3　2着

前走	11月29日	京都1200m	GⅢ	京阪杯	3番人気	2着	0.1秒差	1位
前々走	11月1日	京都1400m	GⅡ	スワンS	2番人気	8着	0.5秒差	X位

※GⅠ完勝歴なし。

2006年　コートマスターピース　牡6　9着

前走	11月20日	京都1600m	GⅠ	マイルCS	2番人気	7着	0.7秒差	3位
前々走	9月23日	英国1600m	GⅠ	クイーンエリザベスⅡ世S		3着		
6歳	8月2日	英国1600m	GⅠ	サセックスS	4番人気	1着	2馬身	
6歳	6月20日	英国1600m	GⅠ	クイーンアンS	3番人気	2着	1馬身1/2	
5歳	10月1日	仏国1400m	GⅠ	フォレ賞	4番人気	1着	0.0秒差	
5歳	7月26日	英国1400m	GⅡ	レノックスS	2番人気	1着	0.0秒差	
5歳	7月9日	英国ポリ1600m	GⅢ	シルヴァーTS	4番人気	2着	0.0秒差	
5歳	6月25日	英国1400m	GⅢ	クリテリオンS	6番人気	2着	0.0秒差	

◉欧州の大レースである3歳以上GⅠサセックスSを完勝しているだけに、日本のGⅡで1番人気に推されるのは理解できますが、欧州調教馬が日本に来て通用した時代はすでに過ぎ去り、この先も日本の芝レースでスピード負け&キレ負けするのは必定ではないでしょうか。

◆1番人気が飛ぶとわかったらココへ

1番人気が「負ける」とわかったら、2番人気以下の馬から勝つ馬を見つけます。簡単です。僕が課すハードルを満たした馬しか勝ちませんので、【1着穴馬的中シート】を利用して見つけだしてください。

2番人気以下で勝てる馬を浮かび上がらせます

3歳ハードル❶

GⅠ1着歴か、3歳以上重賞連対歴（負けていても0.0秒）

4歳ハードル❷

3歳以上「前走オープン特別完勝か、重賞上がり1位連対歴」

5歳以上ハードル❸

ＧⅠ連対歴と、3歳以上ＧⅢ・ＧⅡ1着歴の合計が、
5歳馬は2回以上、6歳馬は3回以上、
7歳馬は4回以上

2番人気以下で勝てる馬【1着穴馬的中シート】

条件	馬番 or 馬名
3歳 ハードル❶クリア	
4歳 ハードル❷クリア	
5歳以上 ハードル❸クリア	

過去14年、2番人気以下で優勝した馬の近2走成績と実績を紹介します。

まず3歳馬から。

2016年　7番人気　シュウジ　牡3　1600円

前走	10月2日	中山1200m	ＧⅠ	スプリンターズＳ	5番人気	4着	0.1秒差	Ｘ位	
前々走	8月28日	札幌1200m	ＧⅢ	キーンランドＣ	1番人気	2着	0.1秒差	Ｘ位	逃げ
3歳	6月19日	函館1200m	ＧⅢ	函館ＳＳ	2番人気	2着	0.0秒差	3位	
2歳	11月14日	京都1600m	ＧⅡ	デイリー杯2歳Ｓ	1番人気	2着	0.6秒差	2位	逃げ
2歳	9月6日	小倉1200m	ＧⅢ	小倉2歳Ｓ	1番人気	1着	0.4秒差	2位	

2006年　8番人気　フサイチリシャール　牡3　1010円

前走	11月25日	東京Ｄ2100m	ＧⅠ	ジャパンＣダート	4番人気	13着	1.7秒差	Ｘ位	
前々走	10月28日	東京Ｄ1600m	ＧⅢ	武蔵野Ｓ	1番人気	5着	0.4秒差	Ｘ位	
3歳	3月19日	中山1800m	ＧⅡ	スプリングＳ	1番人気	2着	0.0秒差	3位	
3歳	2月5日	東京1800m	ＧⅢ	共同通信杯	1番人気	2着	0.1秒差	3位	
2歳	12月11日	中山1600m	ＧⅠ	朝日杯ＦＳ	2番人気	1着	0.0秒差	Ｘ位	
2歳	11月19日	東京1800m	ＧⅢ	東スポ杯2歳	1番人気	1着	0.4秒差	Ｘ位	逃げ

次に４歳馬。

2015年　３番人気　ロサギガンティア　牡４　820円

前走	11月15日	東京1400m	ＯＰ	オーロＣ	２番人気	１着	0.2秒差	２位
前々走	８月30日	新潟1400m	ＯＰ	朱鷺Ｓ	３番人気	３着	0.3秒差	Ｘ位
３歳	３月23日	中山1800m	GⅡ	スプリングＳ	３番人気	１着	0.2秒差	Ｘ位

2008年　８番人気　マルカフェニックス　牡４　2210円

前走	11月29日	京都1200m	GⅢ	京阪杯	５番人気	５着	0.2秒差	２位
前々走	10月５日	阪神1600m	ＯＰ	ポートアイランドＳ	４番人気	３着	0.8秒差	Ｘ位
４歳	８月17日	小倉1200m	GⅢ	北九州記念	３番人気	２着	0.3秒差	１位

◉0.3秒差もつけられたGⅢ２着の価値に疑問符がつきますが、このときの１着は次走でGⅠスプリンターズＳを完勝するスリープレスナイト。２走後には半年の休み明けのGⅠ高松宮記念で２着に入る大物だけに、評価しましょう。マルカフェニックス自体３着馬には0.2秒というはっきりとした差つけています。

続いて５歳馬。

2018年　11番人気　ダイアナヘイロー　牝５　3830円

前走	11月25日	京都1200m	GⅢ	京阪杯	11番人気	３着	0.3秒差	Ｘ位
前々走	９月９日	阪神1200m	GⅡ	セントウルＳ	４番人気	11着	1.0秒差	Ｘ位
５歳	２月25日	阪神1400m	GⅢ	阪急杯	７番人気	１着	0.0秒差	Ｘ位　逃げ
４歳	８月20日	小倉1200m	GⅢ	北九州記念	３番人気	１着	0.1秒差	Ｘ位

2013年　８番人気　リアルインパクト　牡５　1540円

前走	11月17日	京都1600m	GⅠ	マイルＣＳ	13番人気	10着	0.8秒差	Ｘ位
前々走	10月19日	東京1600m	GⅢ	富士Ｓ	９番人気	２着	0.1秒差	Ｘ位
３歳	10月９日	東京1800m	GⅡ	毎日王冠	２番人気	２着	0.0秒差	Ｘ位
３歳	６月５日	東京1600m	GⅠ	安田記念	９番人気	１着	0.0秒差	Ｘ位
２歳	12月19日	中山1600m	GⅠ	朝日杯ＦＳ	４番人気	２着	0.1秒差	３位
２歳	11月13日	東京1400m	GⅡ	京王杯２歳Ｓ	２番人気	２着	0.1秒差	２位

2011年　４番人気　サンカルロ　牡５　980円

前走	10月29日	京都1400m	GⅡ	スワンＳ	５番人気	４着	0.6秒差	１位
前々走	10月２日	中山1200m	GⅠ	スプリンターズＳ	５番人気	７着	0.6秒差	３位
５歳	３月27日	阪神1200m	GⅠ	高松宮記念	４番人気	２着	0.2秒差	１位
５歳	２月27日	阪神1400m	GⅢ	阪急杯	４番人気	１着	0.2秒差	１位
３歳	12月20日	阪神1400m	GⅡ	阪神Ｃ	11番人気	２着	0.2秒差	２位
３歳	４月11日	中山1600m	GⅡ	ＮＺＴ	１番人気	１着	0.3秒差	１位

最後に６歳以上馬。

2017年　２番人気　イスラボニータ　牡６　410円

前走	11月19日	京都1600m	GⅠ	マイルＣＳ	１番人気	５着	0.3秒差	Ｘ位
前々走	10月21日	東京1600m	GⅢ	富士Ｓ	４番人気	２着	0.3秒差	２位

６歳	４月23日	京都1600m	ＧⅡ	マイラーズＣ	２番人気	１着	0.1秒差	２位
５歳	12月24日	阪神1400m	ＧⅡ	阪神Ｃ	２番人気	２着	0.0秒差	Ｘ位
５歳	11月20日	京都1600m	ＧⅠ	マイルＣＳ	２番人気	２着	0.0秒差	３位
５歳	10月22日	東京1600m	ＧⅢ	富士Ｓ	４番人気	２着	0.1秒差	３位
３歳	９月21日	新潟2200m	ＧⅡ	セントライト記念	１番人気	１着	0.2秒差	Ｘ位
３歳	６月１日	東京2400m	ＧⅠ	ダービー	１番人気	２着	0.1秒差	Ｘ位
３歳	４月20日	中山2000m	ＧⅠ	皐月賞	２番人気	１着	0.2秒差	３位
３歳	２月24日	東京1800m	ＧⅢ	共同通信杯	１番人気	１着	0.2秒差	２位
２歳	11月16日	東京1800m	ＧⅢ	東スポ杯２歳Ｓ	２番人気	１着	0.0秒差	Ｘ位
２歳	８月25日	新潟1600m	ＧⅢ	新潟２歳Ｓ	４番人気	２着	0.5秒差	３位

2014年　８番人気　リアルインパクト　牡６　1440円

前走	11月30日	東京1600m	ＯＰ	キャピタルＳ	４番人気	６着	0.2秒差	Ｘ位
前々走	６月８日	東京1600m	ＧⅠ	安田記念	14番人気	13着	1.6秒差	Ｘ位
５歳	12月23日	阪神1400m	ＧⅡ	阪神Ｃ	８番人気	１着	0.0秒差	X位　逃げ
５歳	10月19日	東京1600m	ＧⅢ	富士Ｓ	９番人気	２着	0.1秒差	Ｘ位
３歳	10月９日	東京1800m	ＧⅡ	毎日王冠	２番人気	２着	0.0秒差	Ｘ位
３歳	６月５日	東京1600m	ＧⅠ	安田記念	９番人気	１着	0.0秒差	Ｘ位
２歳	12月19日	中山1600m	ＧⅠ	朝日杯ＦＳ	４番人気	２着	0.1秒差	３位
２歳	11月13日	東京1400m	ＧⅡ	京王杯２歳Ｓ	２番人気	２着	0.1秒差	２位

2012年　３番人気　サンカルロ　牡６　790円

前走	11月17日	京都1600m	ＧⅠ	マイルＣＳ	17番人気	７着	0.5秒差	Ｘ位
前々走	10月27日	京都1400m	ＧⅡ	スワンＳ	４番人気	８着	0.4秒差	２位
６歳	３月25日	中京1200m	ＧⅠ	高松宮記念	３番人気	２着	0.0秒差	２位
５歳	12月17日	阪神1400m	ＧⅡ	阪神Ｃ	４番人気	１着	0.0秒差	２位
５歳	３月27日	阪神1200m	ＧⅠ	高松宮記念	４番人気	２着	0.2秒差	１位
５歳	２月27日	阪神1400m	ＧⅢ	阪急杯	４番人気	１着	0.2秒差	１位
３歳	12月20日	阪神1400m	ＧⅡ	阪神Ｃ	11番人気	２着	0.2秒差	２位
３歳	４月11日	中山1600m	ＧⅡ	ＮＺＴ	１番人気	１着	0.3秒差	１位

2010年　２番人気　キンシャサノキセキ　牡７　390円

前走	11月21日	京都1600m	ＧⅠ	マイルＣＳ	３番人気	13着	0.7秒差	Ｘ位
前々走	10月３日	中山1200m	ＧⅠ	スプリンターズＳ	３番人気	２着	0.2秒差	3位　3位入線
７歳	３月28日	中京1200m	ＧⅠ	高松宮記念	１番人気	１着	0.0秒差	Ｘ位
７歳	３月６日	中山1200m	ＧⅢ	オーシャンＳ	２番人気	１着	0.0秒差	Ｘ位
６歳	12月20日	阪神1400m	ＧⅡ	阪神Ｃ	１番人気	１着	0.2秒差	２位
６歳	10月31日	京都1400m	ＧⅡ	スワンＳ	４番人気	１着	0.0秒差	Ｘ位
５歳	10月５日	中山1200m	ＧⅠ	スプリンターズＳ	２番人気	２着	0.2秒差	Ｘ位
５歳	７月６日	函館1200m	ＧⅢ	函館ＳＳ	１番人気	１着	0.1秒差	Ｘ位
５歳	３月30日	中京1200m	ＧⅠ	高松宮記念	５番人気	２着	0.0秒差	Ｘ位

◆２着馬を見つけるのはココで

２着候補を２番人気以下から見つけだすのに便利なツールが僕の作ったハードルです。こちらも【２着穴馬的中シート】を併用して見つけてください。なお、１番人気に応えられなくても２着に来ることはありますので、１番人気馬は無条件で２着候補です。

２番人気以下で２着に入れる馬を浮かび上がらせます

３歳ハードル❶
前走３歳以上オープンクラス１番人気、かつ、重賞完勝歴

３歳ハードル❷
ＧＩ１着歴

どちらか一方で可。

４歳ハードル❸
３歳以上重賞連対歴

５歳以上ハードル❹
３歳以上「前走重賞連対か、（牝馬）重賞１着歴」

2番人気以下で2着に入れる馬【2着穴馬的中シート】

条件	馬番 or 馬名
3歳 ハードル❶クリア	
3歳 ハードル❷クリア	
4歳 ハードル❸クリア	
5歳以上 ハードル❹クリア	

過去14年、2番人気以下で2着に入った馬の近2走成績と実績を紹介します。

まず3歳馬から。

2018年　2番人気　ミスターメロディ　牡3

前走	11月11日	東京1400m	ＯＰ	オーロＣ	1番人気	5着	0.5秒差	Ｘ位
前々走	5月6日	東京1600m	ＧⅠ	ＮＨＫマイルＣ	7番人気	4着	0.2秒差	Ｘ位
3歳	3月17日	中京1400m	ＧⅢ	ファルコンＳ	3番人気	1着	0.2秒差	Ｘ位

2011年　5番人気　グランプリボス　牡3

前走	11月20日	京都1600m	ＧⅠ	マイルＣＳ	6番人気	13着	1.0秒差	Ｘ位
前々走	10月29日	京都1400m	ＧⅡ	スワンＳ	2番人気	8着	1.0秒差	Ｘ位
3歳	5月8日	東京1600m	ＧⅠ	ＮＨＫマイルＣ	1番人気	1着	0.2秒差	3位
2歳	12月19日	中山1600m	ＧⅠ	朝日杯ＦＳ	5番人気	1着	0.1秒差	1位
2歳	11月13日	東京1400m	ＧⅡ	京王杯2歳Ｓ	7番人気	1着	0.1秒差	3位

続いて4歳馬。

2014年　3番人気　コパノリチャード　牡4

前走	11月3日	盛岡D1200m	ＧⅠ	ＪＢＣスプリント	3番人気	16着	2.9秒差	
前々走	10月5日	新潟1200m	ＧⅠ	スプリンターズＳ	3番人気	12着	0.4秒差	Ｘ位
4歳	3月30日	中京1200m	ＧⅠ	高松宮記念	3番人気	1着	0.5秒差	Ｘ位
4歳	3月2日	阪神1400m	ＧⅢ	阪急杯	2番人気	1着	0.7秒差	Ｘ位 逃げ
3歳	10月26日	京都1400m	ＧⅡ	スワンＳ	8番人気	1着	0.3秒差	Ｘ位 逃げ
3歳	2月23日	阪神1600m	ＧⅢ	アーリントンＣ	1番人気	1着	0.2秒差	3位

2010年　５番人気　レッドスパーダ　牡４

前走	２月21日	東京D1600m	GⅠ	フェブラリーＳ	３番人気	12着	3.5秒差	Ｘ位
前々走	１月30日	東京1600m	GⅢ	東京新聞杯	２番人気	１着	0.2秒差	３位
３歳	５月10日	東京1600m	GⅠ	ＮＨＫマイルＣ	５番人気	２着	0.3秒差	２位
３歳	３月22日	中山1800m	GⅡ	スプリングＳ	８番人気	２着	0.1秒差	Ｘ位

次に５歳馬。

2019年　３番人気　フィアーノロマーノ　牡５

前走	11月17日	京都1600m	GⅠ	マイルＣＳ	14番人気	13着	1.1秒差	Ｘ位
前々走	６月２日	東京1600m	GⅠ	安田記念	９番人気	14着	1.2秒差	Ｘ位
５歳	３月30日	中山1600m	GⅢ	ダービー卿ＣＴ	２番人気	１着	0.0秒差	Ｘ位

2016年　２番人気　イスラボニータ　牡５

前走	11月20日	京都1600m	GⅠ	マイルＣＳ	２番人気	２着	0.0秒差	３位
前々走	10月22日	東京1600m	GⅢ	富士Ｓ	４番人気	２着	0.1秒差	３位
３歳	９月21日	新潟2200m	GⅡ	セントライト記念	１番人気	１着	0.2秒差	Ｘ位
３歳	６月１日	東京2400m	GⅠ	ダービー	１番人気	２着	0.1秒差	Ｘ位
３歳	４月20日	中山2000m	GⅠ	皐月賞	２番人気	１着	0.2秒差	３位
３歳	２月24日	東京1800m	GⅢ	共同通信杯	１番人気	１着	0.2秒差	２位
２歳	11月16日	東京1800m	GⅢ	東スポ杯２歳Ｓ	２番人気	１着	0.0秒差	Ｘ位
２歳	８月25日	新潟1600m	GⅢ	新潟２歳Ｓ	４番人気	２着	0.5秒差	３位

2015年　５番人気　ダンスディレクター　牡５

前走	７月５日	中京1200m	GⅢ	ＣＢＣ賞	１番人気	２着	0.1秒差	Ｘ位
前々走	５月16日	東京1400m	GⅡ	京王杯ＳＣ	４番人気	12着	0.3秒差	Ｘ位

2012年　14番人気　ガルボ　牡５

前走	11月18日	京都1600m	GⅠ	マイルＣＳ	12番人気	16着	1.3秒差	Ｘ位
前々走	10月20日	東京1600m	GⅢ	富士Ｓ	２番人気	６着	0.3秒差	Ｘ位
５歳	４月１日	中山1600m	GⅢ	ダービー卿ＣＴ	３番人気	１着	0.0秒差	Ｘ位
５歳	２月５日	東京1600m	GⅢ	東京新聞杯	８番人気	１着	0.0秒差	Ｘ位
４歳	２月27日	阪神1400m	GⅢ	阪急杯	１番人気	２着	0.2秒差	３位
４歳	１月５日	京都1600m	GⅢ	京都金杯	３番人気	２着	0.0秒差	Ｘ位
３歳	１月10日	京都1600m	GⅢ	シンザン記念	４番人気	１着	0.5秒差	２位

最後に６歳以上馬。

2013年　10番人気　ガルボ　牡６

前走	11月17日	京都1600m	GⅠ	マイルＣＳ	17番人気	14着	1.2秒差	Ｘ位
前々走	10月19日	東京1600m	GⅢ	富士Ｓ	４番人気	７着	0.3秒差	Ｘ位　逃げ
５歳	12月24日	阪神1400m	GⅡ	阪神Ｃ	14番人気	２着	0.2秒差	Ｘ位
５歳	４月１日	中山1600m	GⅢ	ダービー卿ＣＴ	３番人気	１着	0.0秒差	Ｘ位
５歳	２月５日	東京1600m	GⅢ	東京新聞杯	８番人気	１着	0.0秒差	Ｘ位
４歳	２月27日	阪神1400m	GⅢ	阪急杯	１番人気	２着	0.2秒差	３位

4歳	1月5日	京都1600m	GⅢ	京都金杯	3番人気	2着	0.0秒差	X位
3歳	1月10日	京都1600m	GⅢ	シンザン記念	4番人気	1着	0.5秒差	2位

2009年　7番人気　プレミアムボックス　牡6

前走	11月28日	京都1200m	GⅢ	京阪杯	7番人気	1着	0.0秒差	1位
前々走	10月31日	京都1400m	GⅡ	スワンS	13番人気	6着	0.5秒差	1位
6歳	6月14日	中京1200m	GⅢ	CBC賞	12番人気	1着	0.0秒差	1位
5歳	3月8日	中山1200m	GⅢ	オーシャンS	7番人気	1着	0.0秒差	2位

2007年　10番人気　ジョリーダンス　牝6

前走	11月18日	京都1600m	GⅠ	マイルCS	14番人気	10着	0.8秒差	X位
前々走	10月27日	京都1400m	GⅡ	スワンS	6番人気	11着	1.2秒差	X位
6歳	4月7日	阪神1400m	GⅡ	阪神牝馬S	5番人気	1着	0.2秒差	3位

2017年　7番人気　ダンスディレクター　牡7

前走	10月1日	中山1200m	GⅠ	スプリンターズS	9番人気	8着	0.3秒差	X位
前々走	9月10日	阪神1200m	GⅡ	セントウルS	4番人気	3着	0.2秒差	2位
7歳	1月29日	京都1200m	GⅢ	シルクロードS	3番人気	1着	0.0秒差	1位
6歳	1月31日	京都1200m	GⅢ	シルクロードS	2番人気	1着	0.2秒差	2位
5歳	12月26日	阪神1400m	GⅡ	阪神C	5番人気	2着	0.0秒差	1位
5歳	7月5日	中京1200m	GⅢ	CBC賞	1番人気	2着	0.1秒差	X位

2006年　6番人気　プリサイスマシーン　牡7

前走	11月19日	京都1600m	GⅠ	マイルCS	12番人気	6着	0.6秒差	X位
前々走	10月28日	京都1400m	GⅡ	スワンS	14番人気	1着	0.1秒差	X位
7歳	5月3日	名古屋D1400m	GⅢ	かきつばた記念	1番人気	2着	0.0秒差	2位
6歳	4月16日	阪神1600m	GⅡ	マイラーズC	7番人気	2着	0.0秒差	X位
5歳	12月11日	中京1800m	GⅢ	中日新聞杯	1番人気	1着	0.1秒差	1位
5歳	5月5日	高崎D1500m	GⅢ	群馬記念	1番人気	2着	0.5秒差	
5歳	3月28日	中山D1800m	GⅢ	マーチS	1番人気	2着	0.2秒差	2位
4歳	12月13日	中京1800m	GⅢ	中日新聞杯	4番人気	1着	0.1秒差	1位

GI

ホープフルS

12月26日（土）

中山競馬場　芝2000m

２歳牡馬・牝馬

馬齢	牡馬55kg　牝馬54kg

1番人気で勝てる馬を浮かび上がらせます

ハードル❶
前走1800m以上1番人気
「完勝か、重賞連対（負けていても0.0秒）」

ホープフルステークスの真相

JRAは、当レースの前身を毎年12月に阪神競馬場の芝2000mで行われていた『GⅢラジオNIKKEI杯2歳ステークス』としていますが、毎年12月に中山競馬場の芝2000mで行われていた『オープン特別ホープフルステークス』が前身と考えたほうが僕はしっくりきます。それを前提に言いますと、当レースは2013年まではオープン特別、2014～2016年はGⅡとして行われ、2017年にGⅠに昇格しました。最高峰のGⅠとなったいまは、オープン特別やGⅡ時代とは別のレースと言えますので、GⅠ昇格後の3年間のレース結果を分析するのが論理的です。

ここで2歳馬のクラス分けについて私見を書きます。2歳戦には次のようなレースがあります（リステッドはオープン特別に含めます）。

◉新馬・未勝利→1勝クラス→オープン特別→GⅢ→GⅡ→GⅠ

このうちGⅡは東の京王杯2歳S、西のデイリー杯2歳Sとふたつありますが、「GⅡ」らしいレベルには至っておらず、1つ下のGⅢを勝った馬の顔ぶれと差はありません。さらに言えば、そのGⅢのひとつ下のオープン特別を勝った馬ともあまり違いを感じません。そこで私は2歳馬のクラス分けを、

◉新馬・未勝利→1勝クラス→「オープン特別・GⅢ・GⅡ」→GⅠ

としています。

本項の最終ページには、2014～2016年のGⅡ時代の連対馬と負けた1番人気馬の成績を列記しますので、見て確かめてください。

牡馬GⅠの朝日杯フューチュリティステークスでは、過去20年で2頭しか見られない「前走新馬・未勝利1着」が、GⅡ時代の2014年、2015年に2年続けて勝っています。これが2歳GⅡの真相であり、2歳GⅡがオープン特別と大差ないと考える理由です。

なお、過去3年、2番人気以下で勝った馬はいないため、【1着穴馬的中シート】は作成していません。

1番人気で勝てる馬【1番人気的中シート】

年度	ホープフルＳの1番人気馬	ハードル❶	判定	着順	単勝配当	結果
ハードル❶……前走1800m以上１番人気「完勝か、重賞連対（負けていても0.0秒）」						
2020						
2020						
2019	コントレイル	○	◉	1着	¥200	大的中
2018	サートゥルナーリア	○	◉	1着	¥180	大的中
2017	タイムフライヤー	○	◉	1着	¥420	大的中

過去３年、１番人気に応えて優勝した馬の初勝利以降の成績を紹介します。

2019年　コントレイル　200円
前走　11月16日　東京1800m　GⅢ　東スポ杯２歳Ｓ　１番人気　１着　0.8秒差　１位
前々走　９月15日　阪神1800m　新馬　１番人気　１着　0.4秒差　１位

2018年　サートゥルナーリア　180円
前走　10月27日　京都1800m　ＯＰ　萩Ｓ　１番人気　１着　0.3秒差　２位
前々走　６月10日　阪神1600m　新馬　１番人気　１着　0.2秒差　２位

2017年　タイムフライヤー　420円
前走　11月25日　京都2000m　GⅢ　京都２歳Ｓ　１番人気　２着　0.0秒差　２位
前々走　10月28日　京都1800m　ＯＰ　萩Ｓ　１番人気　１着　0.7秒差　１位
３走前　９月16日　阪神1800m　未勝利　２番人気　１着　0.1秒差　１位

◆２着馬を見つけるのはココで

２着候補を２番人気以下から見つけだすのに便利なツールが僕の作ったハードルです。こちらも【２着穴馬的中シート】を併用して見つけてください。

２番人気以下で２着に入れる馬を浮かび上がらせます

ハードル❶
前走「重賞完勝か、1800m以上１番人気１着」

２番人気以下で２着に入れる馬【２着穴馬的中シート】

条件	馬番 or 馬名
ハードル❶クリア	

過去３年、２番人気以下で２着に入った馬の初勝利以降の成績を紹介します。

2019年	３番人気	ヴェルトライゼンデ					
前走	10月26日	京都1800m	ＯＰ　萩Ｓ	１番人気	１着	0.1秒差	１位
前々走	９月１日	小倉1800m	新馬	１番人気	１着	0.5秒差	1位 4角先頭
2018年	２番人気	アドマイヤジャスタ					
前走	10月14日	京都2000m	500万　紫菊賞	１番人気	１着	0.2秒差	２位
前々走	７月22日	中京1600m	未勝利	１番人気	１着	0.4秒差	１位
2017年	４番人気	ジャンダルム					
前走	11月11日	京都1600m	ＧⅡ　デイリー杯２歳Ｓ	５番人気	１着	0.2秒差	１位
前々走	９月９日	阪神1600m	新馬	２番人気	１着	0.2秒差	２位

GⅡ時代（2014～2016年）の連対馬と負けた１番人気馬。

勝った１番人気馬。

2016年　レイデオロ　150円
前走　12月３日　中山2000m　500万　葉牡丹賞　１番人気　１着　0.2秒差　１位
前々走　10月９日　東京2000m　新馬　１番人気　１着　0.2秒差　１位

２番人気以下で勝った馬。

2015年　３番人気　ハートレー　740円
前走　11月14日　東京2000m　新馬　１番人気　１着　0.2秒差　１位

2014年　２番人気　シャイニングレイ　450円
前走　11月９日　京都2000m　新馬　２番人気　１着　0.6秒差　１位

負けた１番人気馬。

2015年　ロードクエスト　２着
前走　８月30日　新潟1600m　GⅢ　新潟２歳Ｓ　１番人気　１着　0.7秒差　１位
前々走　６月７日　東京1600m　新馬　６番人気　１着　0.3秒差　１位

2014年　ダノンメジャー　９着
前走　11月29日　京都2000m　GⅢ　京都２歳Ｓ　２番人気　２着　0.0秒差　２位
前々走　９月20日　阪神1800m　ＯＰ　野路菊Ｓ　１番人気　１着　0.1秒差　１位
３走前　８月10日　小倉1800m　新馬　１番人気　１着　0.3秒差　１位

２番人気以下で２着だった馬。

2016年　８番人気　マイネルスフェーン
前走　11月27日　東京2000m　未勝利　１番人気　１着　0.1秒差　１位

2014年　８番人気　コメート
前走　11月２日　福島1800m　500万　きんもくせい特別　１番人気　１着　0.0秒差　３位
前々走　８月31日　新潟1600m　GⅢ　新潟２歳Ｓ　12番人気　４着　0.4秒差　Ｘ位
３走前　７月26日　福島1800m　未勝利　８番人気　１着　0.2秒差　１位

GI
有馬記念

12月27日（日）

中山競馬場　芝2500m

3歳以上

定量	3歳55kg　4歳以上57kg（牝馬2kg減）

１番人気で勝てる馬を浮かび上がらせます

大前提①　３～５歳馬で前走１～２番人気

３歳ハードル❶
前走菊花賞１番人気完勝、かつ、
１番人気で２連勝中以上

４～５歳ハードル❷
2000m以上３歳以上（牝馬）ＧＩ
「上がり１位か、逃げ」完勝歴

まず、今年も多くのファンを失望させることになるかもしれない１番人気馬を大前提とハードルに照らし合わせ、勝てるか負けるかを判定しましょう。２ページ後からの【１番人気的中シート】を利用してください。

有馬記念の真相

日本最高峰のレースで、世界で最も馬券が売れる平地競走です。日本最高１着本賞金３億円のもうひとつのレース、ジャパンカップもかなり高いハードルをクリアしなければ１番人気で勝てませんが、有馬記念はその上を行きます。

馬券のポイントは、４歳以上馬の57kgに対して55kgで出走できる３歳馬です。2000年までは５歳以上馬も56kgと、サラブレッドとして完成の域に達した４歳馬に対して１kg軽くしてもらっていましたが、2001年からいまの負担重量規程になり、言わば“ハンデ”をもらっているのは３歳馬だけになっています。

さて、その３歳馬。どうしてもダービー馬に目が行きますが、有馬記念を勝つのは菊花賞馬か菊花賞１番人気馬です。これだけで５頭います。そして、同じ中山競馬場の内回りで行われる皐月賞馬と、古馬ＧⅠである天皇賞・秋を制覇した馬がそれぞれ１頭で、計７頭の３歳馬の素性が出そろいます。こう見てくると、ダービーの東京2400ｍと有馬記念の中山2500ｍは、まったく違う要素が求められていることがわかります。

４歳馬で検証してみましょう。４歳で有馬記念を勝ったのは、３歳時に有馬記念連対が３頭、前走ジャパンＣ連対が３頭、近２走でＧⅡ１番人気１着が２頭で、計８頭です。この８頭のなかにダービー馬は１頭のみ。逆にダービー２着馬が３頭おり、東京2400ｍ惜敗のほうが有馬記念を勝てるとも言えます。ダメ押ししますと、４歳時に有馬記念で１番人気に推されたダービー馬は、勝ったディープインパクト以外に２頭おり、レイデオロ２着、メイショウサムソン８着と負けています。

有馬記念は内回り2500ｍという特殊なコース形態を念頭に、３歳馬の取捨選択と、ダービー馬の評価が的中への鍵です。

1番人気で勝てる馬【1番人気的中シート】

大前提①……………………3～5歳馬で前走1～2番人気
3歳ハードル❶…………前走菊花賞1番人気完勝、かつ、1番人気で2連勝中以上
4～5歳ハードル❷……2000m以上3歳以上（牝馬）GⅠ「上がり1位か、逃げ」完勝歴

年度	有馬記念の1番人気馬	性齢	大前提①	3歳ハードル❶	4～5歳ハードル❷	判定	着順
2020							
2020							
2019	アーモンドアイ	牝4			×	×	9着
2018	レイデオロ	牡4			×	×	2着
2017	キタサンブラック	牡5			○	◉	1着
2016	サトノダイヤモンド	牡3		○		◉	1着
2015	ゴールドシップ	牡6	×		○	×	8着
2014	ゴールドシップ	牡5	×		○	×	3着
2013	オルフェーヴル	牡5			○	◉	1着
2012	ゴールドシップ	牡3		○		◉	1着
2011	オルフェーヴル	牡3		○		◉	1着
2010	ブエナビスタ	牝4			×	×	2着
2009	ブエナビスタ	牝3		×		×	2着
2008	ダイワスカーレット	牝4			○	◉	1着
2007	メイショウサムソン	牡4			×	×	8着
2006	ディープインパクト	牡4			○	◉	1着
2005	ディープインパクト	牡3		○		◉	2着
2004	ゼンノロブロイ	牡4			○	◉	1着
2003	シンボリクリスエス	牡4			○	◉	1着
2002	ファインモーション	牝3		×		×	5着
2001	テイエムオペラオー	牡5			○	◉	5着
2000	テイエムオペラオー	牡4			○	◉	1着

1番人気的中シートの使い方

左のシートに今年の1番人気候補を記入し、過去の成績をもとに「勝てるか、勝てないか」を判定してください。「勝てない」とわかったら、2番人気以下で勝てる馬が浮かび上がる【1着穴馬的中シート】（後ろのページ）に進んでください。

単勝配当	結果	2番人気以下で勝った馬	人気	単勝配当	結果
	→	リスグラシュー	2	¥670	大的中
	→	ブラストワンピース	3	¥890	大的中
¥190	大的中				
¥260	大的中				
	→	ゴールドアクター	8	¥1,700	大的中
	→	ジェンティルドンナ	4	¥870	大的中
¥160	大的中				
¥270	大的中				
¥220	大的中				
	→	ヴィクトワールピサ	2	¥840	大的中
	→	ドリームジャーニー	2	¥400	大的中
¥260	大的中				
	→	マツリダゴッホ	9	¥5,230	大的中
¥120	大的中				
	ハズレ	ハーツクライ	4	¥1,710	—
¥200	大的中				
¥260	大的中				
	→	シンボリクリスエス	2	¥370	大的中
	ハズレ	マンハッタンカフェ	3	¥710	—
¥170	大的中				

過去20年、1番人気に応えて優勝した馬の近2走成績と実績を紹介します。
（実績はGⅡ1着以上を列記。以下同様）

まず3歳馬から。

2016年　サトノダイヤモンド　牡3　260円

前走	10月23日	京都3000m	GⅠ	菊花賞	1番人気	1着	0.4秒差	1位
前々走	9月25日	阪神2400m	GⅡ	神戸新聞杯	1番人気	1着	0.0秒差	2位
3歳	5月29日	東京2400m	GⅠ	ダービー	2番人気	2着	0.0秒差	3位

2012年　ゴールドシップ　牡3　270円

前走	10月21日	京都3000m	GⅠ	菊花賞	1番人気	1着	0.3秒差	1位
前々走	9月23日	阪神2400m	GⅡ	神戸新聞杯	1番人気	1着	0.4秒差	1位
3歳	4月15日	中山2000m	GⅠ	皐月賞	4番人気	1着	0.4秒差	1位

2011年　オルフェーヴル　牡3　220円

前走	10月23日	京都3000m	GⅠ	菊花賞	1番人気	1着	0.4秒差	2位
前々走	9月25日	阪神2400m	GⅡ	神戸新聞杯	1番人気	1着	0.4秒差	1位
3歳	5月29日	東京2400m	GⅠ	ダービー	1番人気	1着	0.3秒差	2位
3歳	4月24日	東京2000m	GⅠ	皐月賞	4番人気	1着	0.5秒差	1位
3歳	3月26日	阪神1800m	GⅡ	スプリングS	1番人気	1着	0.1秒差	1位

次に4歳馬。

2008年　ダイワスカーレット　牝4　260円

前走	11月2日	東京2000m	GⅠ	天皇賞・秋	2番人気	2着	0.0秒差	X位　逃げ
前々走	4月6日	阪神2000m	GⅡ	産経大阪杯	1番人気	1着	0.1秒差	3位　逃げ
3歳	12月23日	中山2500m	GⅠ	有馬記念	5番人気	2着	0.2秒差	X位　4角先頭
3歳	11月11日	京都2200m	牝馬GI	エリザベス女王杯	1番人気	1着	0.1秒差	3位　逃げ
3歳	10月14日	京都2000m	牝馬GI	秋華賞	2番人気	1着	0.2秒差	X位　4角先頭
3歳	9月16日	阪神1800m	牝馬GI	ローズS	1番人気	1着	0.1秒差	3位　逃げ
3歳	4月8日	阪神1600m	牝馬GI	桜花賞	3番人気	1着	0.2秒差	2位

2006年　ディープインパクト　牡4　120円

前走	11月26日	東京2400m	GⅠ	ジャパンC	1番人気	1着	0.3秒差	1位
前々走	10月1日	仏国2400m	GⅠ	凱旋門賞	1番人気	失格	(0.1秒差	3位入線)
4歳	6月25日	京都2200m	GⅠ	宝塚記念	1番人気	1着	0.7秒差	1位
4歳	4月30日	京都3200m	GⅠ	天皇賞・春	1番人気	1着	0.6秒差	1位
4歳	3月19日	阪神3000m	GⅡ	阪神大賞典	1番人気	1着	0.6秒差	1位
3歳	12月25日	中山2500m	GⅠ	有馬記念	1番人気	2着	0.1秒差	1位
3歳	10月23日	京都3000m	GⅠ	菊花賞	1番人気	1着	0.3秒差	1位
3歳	9月25日	阪神2000m	GⅡ	神戸新聞杯	1番人気	1着	0.4秒差	1位
3歳	5月29日	東京2400m	GⅠ	ダービー	1番人気	1着	0.8秒差	1位
3歳	4月17日	中山2000m	GⅠ	皐月賞	1番人気	1着	0.4秒差	1位
3歳	3月6日	中山2000m	GⅡ	弥生賞	1番人気	1着	0.0秒差	1位

2004年　ゼンノロブロイ　牡４　200円

前走	11月28日	東京2400m	GⅠ	ジャパンＣ	１番人気	１着	0.5秒差	１位
前々走	10月31日	東京2000m	GⅠ	天皇賞・秋	１番人気	１着	0.2秒差	１位
４歳	５月２日	京都3200m	GⅠ	天皇賞・春	４番人気	２着	1.1秒差	Ｘ位
３歳	９月28日	阪神2000m	GⅡ	神戸新聞杯	３番人気	１着	0.6秒差	１位
３歳	６月１日	東京2400m	GⅠ	ダービー	３番人気	２着	0.1秒差	２位
３歳	５月３日	東京2400m	GⅡ	青葉賞	１番人気	１着	0.2秒差	２位

2003年　シンボリクリスエス　牡４　260円

前走	11月30日	東京2400m	GⅠ	ジャパンＣ	１番人気	３着	1.6秒差	２位
前々走	11月２日	東京2000m	GⅠ	天皇賞・秋	１番人気	１着	0.2秒差	２位
３歳	12月22日	中山2500m	GⅠ	有馬記念	２番人気	１着	0.1秒差	１位
３歳	10月27日	東京2000m	GⅠ	天皇賞・秋	３番人気	１着	0.1秒差	Ｘ位
３歳	９月22日	阪神2000m	GⅡ	神戸新聞杯	１番人気	１着	0.4秒差	２位
３歳	５月26日	東京2400m	GⅠ	ダービー	３番人気	２着	0.2秒差	２位
３歳	４月27日	東京2400m	GⅡ	青葉賞	１番人気	１着	0.4秒差	１位

2000年　テイエムオペラオー　牡４　170円

前走	11月26日	東京2400m	GⅠ	ジャパンＣ	１番人気	１着	0.0秒差	２位
前々走	10月29日	東京2000m	GⅠ	天皇賞・秋	１番人気	１着	0.4秒差	１位
４歳	10月８日	京都2400m	GⅡ	京都大賞典	１番人気	１着	0.0秒差	２位
４歳	６月25日	阪神2200m	GⅠ	宝塚記念	１番人気	１着	0.0秒差	１位
４歳	４月30日	京都3200m	GⅠ	天皇賞・春	１番人気	１着	0.1秒差	２位
４歳	３月19日	阪神3000m	GⅡ	阪神大賞典	１番人気	１着	0.4秒差	１位
４歳	２月20日	京都2200m	GⅡ	京都記念	１番人気	１着	0.0秒差	１位
３歳	11月７日	京都3000m	GⅠ	菊花賞	２番人気	２着	0.1秒差	１位
３歳	４月18日	中山2000m	GⅠ	皐月賞	５番人気	１着	0.0秒差	１位

続いて５歳馬。

2017年　キタサンブラック　牡５　190円

前走	11月26日	東京2400m	GⅠ	ジャパンＣ	１番人気	３着	0.2秒差	X位　逃げ
前々走	10月29日	東京2000m	GⅠ	天皇賞・秋	１番人気	１着	0.0秒差	１位
５歳	４月30日	京都3200m	GⅠ	天皇賞・春	１番人気	１着	0.2秒差	3位　4角先頭
５歳	４月２日	阪神2000m	GⅠ	大阪杯	１番人気	１着	0.1秒差	Ｘ位
４歳	12月25日	中山2500m	GⅠ	有馬記念	２番人気	２着	0.0秒差	Ｘ位
４歳	11月27日	東京2400m	GⅠ	ジャパンＣ	１番人気	１着	0.4秒差	X位　逃げ
４歳	10月10日	京都2400m	GⅡ	京都大賞典	１番人気	１着	0.0秒差	Ｘ位
４歳	５月１日	京都3200m	GⅠ	天皇賞・春	２番人気	１着	0.0秒差	X位　逃げ
３歳	10月25日	京都3000m	GⅠ	菊花賞	５番人気	１着	0.0秒差	１位
３歳	９月21日	中山2200m	GⅡ	セントライト記念	６番人気	１着	0.1秒差	X位　4角先頭
３歳	３月22日	中山1800m	GⅡ	スプリングＳ	５番人気	１着	0.0秒差	X位　4角先頭

2013年　オルフェーヴル　牡５　160円

前走	10月６日	仏国2400m	GⅠ	凱旋門賞	１番人気	２着	５馬身

前々走	９月15日	仏国2400m	ＧⅡ	フォア賞	１番人気	１着	３馬身	
５歳	３月31日	阪神2000m	ＧⅡ	産経大阪杯	１番人気	１着	0.1秒差	２位
４歳	11月25日	東京2400m	ＧⅠ	ジャパンＣ	１番人気	２着	0.0秒差	３位
４歳	10月７日	仏国2400m	ＧⅠ	凱旋門賞	２番人気	２着	クビ	
４歳	９月16日	仏国2400m	ＧⅡ	フォワ賞	１番人気	１着	１馬身	
４歳	６月24日	阪神2200m	ＧⅠ	宝塚記念	１番人気	１着	0.3秒差	１位
３歳	12月25日	中山2500m	ＧⅠ	有馬記念	１番人気	１着	0.1秒差	２位
３歳	10月23日	京都3000m	ＧⅠ	菊花賞	１番人気	１着	0.4秒差	２位
３歳	９月25日	阪神2400m	ＧⅡ	神戸新聞杯	１番人気	１着	0.4秒差	１位
３歳	５月29日	東京2400m	ＧⅠ	ダービー	１番人気	１着	0.3秒差	２位
３歳	４月24日	東京2000m	ＧⅠ	皐月賞	４番人気	１着	0.5秒差	１位
３歳	３月26日	阪神1800m	ＧⅡ	スプリングＳ	１番人気	１着	0.1秒差	１位

過去20年、１番人気に応えられず負けた馬の近２走成績と実績を紹介します。

まず３歳馬から。

2009年　ブエナビスタ　牝３　２着

前走	11月15日	京都2200m	牝馬ＧⅠ	エリザベス女王杯	１番人気	３着	0.3秒差	１位
前々走	10月18日	京都2000m	牝馬ＧⅠ	秋華賞	１番人気	３着	0.0秒差	２位
３歳	５月24日	東京2400m	牝馬ＧⅠ	オークス	１番人気	１着	0.0秒差	１位
３歳	４月12日	阪神1600m	牝馬ＧⅠ	桜花賞	１番人気	１着	0.1秒差	１位
２歳	12月14日	阪神1600m	牝馬ＧⅠ	阪神ＪＦ	１番人気	１着	0.4秒差	１位

※秋華賞は0.0秒差（ハナ差）２位入線３着降着

2005年　ディープインパクト　牡３　２着

前走	10月23日	京都3000m	ＧⅠ	菊花賞	１番人気	１着	0.3秒差	１位
前々走	９月25日	阪神2000m	ＧⅡ	神戸新聞杯	１番人気	１着	0.4秒差	１位
３歳	５月29日	東京2400m	ＧⅠ	ダービー	１番人気	１着	0.8秒差	１位
３歳	４月17日	中山2000m	ＧⅠ	皐月賞	１番人気	１着	0.4秒差	１位
３歳	３月６日	中山2000m	ＧⅡ	弥生賞	１番人気	１着	0.0秒差	１位

◉大前提もハードルもクリアしていますが、１番人気で７戦無敗が……。
1976年のマルゼンスキーはデビュー８連勝目がダート戦でした。同馬はマル外で出走レースが制限され、クラシックを走れていないこともあり、同列に語ることはできません。
1984年のシンボリルドルフは同世代の芝レースでデビュー８連勝（ただし、２番人気が１度あります）を飾っています。９連勝目を狙った３歳以上ＧⅠジャパンＣで古馬２頭に敗れ３着にとどまりました。
1992年のミホノブルボンも同世代の芝レースでデビュー７連勝（ただし、２番人気が１度あります）、８連勝目を狙った３歳ＧⅠ菊花賞でライスシャワーの２着に敗れました。
ディープインパクトは、すべて１番人気でデビュー８連勝という偉業を、この３歳以上ＧⅠ有馬記念で成し遂げようとしたのですが、勝てばＪＲＡ史上初の「３歳以上ＧⅠを含む、芝コース全８戦１番人気無敗」。誰もが見たい大記録ですが、単勝130円に賭けるかどうかは、また別の話です。

2002年　ファインモーション　牝３　５着

前走	11月10日	京都2200m	牝馬ＧⅠ	エリザベス女王杯	１番人気	１着	0.4秒差	１位
前々走	10月13日	京都2000m	牝馬ＧⅠ	秋華賞	１番人気	１着	0.6秒差	１位
３歳	９月15日	阪神2000m	牝馬ＧⅡ	ローズＳ	１番人気	１着	0.5秒差	２位

続いて４歳馬。

2019年　アーモンドアイ　牝４　９着

前走	10月27日	東京2000m	ＧⅠ	天皇賞・秋	１番人気	１着	0.5秒差	２位
前々走	６月２日	東京1600m	ＧⅠ	安田記念	１番人気	３着	0.0秒差	１位
４歳	３月30日	UAE1800m	ＧⅠ	ドバイターフ	１番人気	１着	0.3秒差	
３歳	11月25日	東京2400m	ＧⅠ	ジャパンＣ	１番人気	１着	0.3秒差	２位
３歳	10月14日	京都2000m	牝馬ＧⅠ	秋華賞	１番人気	１着	0.2秒差	１位
３歳	５月20日	東京2400m	牝馬ＧⅠ	オークス	１番人気	１着	0.3秒差	１位
３歳	４月８日	阪神1600m	牝馬ＧⅠ	桜花賞	２番人気	１着	0.3秒差	１位

※2000m以上３歳以上ＧⅠ上がり１位完勝歴なし。

2018年　レイデオロ　牡４　２着

前走	10月28日	東京2000m	ＧⅠ	天皇賞・秋	２番人気	１着	0.2秒差	２位
前々走	９月23日	中山2200m	ＧⅡ	オールカマー	１番人気	１着	0.0秒差	１位
３歳	11月26日	東京2400m	ＧⅠ	ジャパンＣ	２番人気	２着	0.2秒差	１位
３歳	９月24日	阪神2400m	ＧⅡ	神戸新聞杯	１番人気	１着	0.3秒差	２位
３歳	５月28日	東京2400m	ＧⅠ	ダービー	２番人気	１着	0.1秒差	Ｘ位
２歳	12月25日	中山2000m	ＧⅡ	ホープフルＳ	１番人気	１着	0.2秒差	１位

※2000m以上３歳以上ＧⅠ上がり１位完勝歴なし。

2010年　ブエナビスタ　牝４　２着

前走	11月28日	東京2400m	ＧⅠ	ジャパンＣ	１番人気	２着	0.3秒差	1位（1位入線）
前々走	10月31日	東京2000m	ＧⅠ	天皇賞・秋	１番人気	１着	0.3秒差	２位
４歳	６月27日	阪神2200m	ＧⅠ	宝塚記念	１番人気	２着	0.1秒差	３位
４歳	５月16日	東京1600m	牝馬ＧⅠ	ヴィクトリアＭ	１番人気	１着	0.0秒差	２位
４歳	３月27日	UAE2410m	ＧⅠ	ドバイシーマクラシック		２着		
４歳	２月20日	京都2200m	ＧⅡ	京都記念	１番人気	１着	0.1秒差	２位
３歳	12月27日	中山2500m	ＧⅠ	有馬記念	１番人気	２着	0.1秒差	３位
３歳	10月18日	京都2000m	牝馬ＧⅠ	秋華賞	１番人気	３着	0.0秒差	２位
３歳	５月24日	東京2400m	牝馬ＧⅠ	オークス	１番人気	１着	0.0秒差	１位
３歳	４月12日	阪神1600m	牝馬ＧⅠ	桜花賞	１番人気	１着	0.1秒差	１位
２歳	12月14日	阪神1600m	牝馬ＧⅠ	阪神ＪＦ	１番人気	１着	0.4秒差	１位

※前走のＪＣは0.3秒差１位入線２着降着、秋華賞は0.0秒差（ハナ差）２位入線３着降着。
※2000m以上３歳以上ＧⅠ上がり１位完勝歴なし（前走で実質ハードルクリアですが、アヤがついたのか、ハナ差でヴィクトワールピサに負けました）。

2007年　メイショウサムソン　牡４　８着

前走	11月25日	東京2400m	ＧⅠ	ジャパンＣ	１番人気	３着	0.0秒差	２位
前々走	10月28日	東京2000m	ＧⅠ	天皇賞・秋	１番人気	１着	0.4秒差	３位

4歳	6月24日	阪神2200m	GⅠ	宝塚記念	2番人気	2着	0.1秒差	X位
4歳	4月29日	京都3200m	GⅠ	天皇賞・春	2番人気	1着	0.0秒差	X位
4歳	4月1日	阪神2000m	GⅡ	産経大阪杯	1番人気	1着	0.1秒差	2位
3歳	5月28日	東京2400m	GⅠ	ダービー	1番人気	1着	0.1秒差	2位
3歳	4月16日	中山2000m	GⅠ	皐月賞	6番人気	1着	0.1秒差	3位
3歳	3月19日	中山1800m	GⅡ	スプリングS	4番人気	1着	0.0秒差	X位

※2000m以上3歳以上GⅠ上がり1位完勝歴なし。

次に5歳馬。

2014年　ゴールドシップ　牡5　3着

前走	10月5日	仏国2400m	GⅠ	凱旋門賞	7番人気	14着	7馬身3/4	
前々走	8月24日	札幌2000m	GⅡ	札幌記念	1番人気	2着	0.1秒差	1位
5歳	6月29日	阪神2200m	GⅠ	宝塚記念	1番人気	1着	0.5秒差	1位
5歳	3月23日	阪神3000m	GⅡ	阪神大賞典	1番人気	1着	0.6秒差	1位
4歳	6月23日	阪神2200m	GⅠ	宝塚記念	2番人気	1着	0.6秒差	1位
4歳	3月17日	阪神3000m	GⅡ	阪神大賞典	1番人気	1着	0.3秒差	2位
3歳	12月23日	中山2500m	GⅠ	有馬記念	1番人気	1着	0.2秒差	1位
3歳	10月21日	京都3000m	GⅠ	菊花賞	1番人気	1着	0.3秒差	1位
3歳	9月23日	阪神2400m	GⅡ	神戸新聞杯	1番人気	1着	0.4秒差	1位
3歳	4月15日	中山2000m	GⅠ	皐月賞	4番人気	1着	0.4秒差	1位

※前走7番人気がNG。

2001年　テイエムオペラオー　牡5　5着

前走	11月25日	東京2400m	GⅠ	ジャパンC	1番人気	2着	0.0秒差	2位
前々走	10月28日	東京2000m	GⅠ	天皇賞・秋	1番人気	2着	0.2秒差	2位
5歳	10月7日	京都2400m	GⅡ	京都大賞典	1番人気	1着	0.8秒差	2位
5歳	6月24日	阪神2200m	GⅠ	宝塚記念	1番人気	2着	0.2秒差	1位
5歳	4月29日	京都3200m	GⅠ	天皇賞・春	1番人気	1着	0.1秒差	3位
4歳	12月24日	中山2500m	GⅠ	有馬記念	1番人気	1着	0.0秒差	2位
4歳	11月26日	東京2400m	GⅠ	ジャパンC	1番人気	1着	0.0秒差	2位
4歳	10月29日	東京2000m	GⅠ	天皇賞・秋	1番人気	1着	0.4秒差	1位
4歳	10月8日	京都2400m	GⅡ	京都大賞典	1番人気	1着	0.0秒差	2位
4歳	6月25日	阪神2200m	GⅠ	宝塚記念	1番人気	1着	0.0秒差	1位
4歳	4月30日	京都3200m	GⅠ	天皇賞・春	1番人気	1着	0.1秒差	2位
4歳	3月19日	阪神3000m	GⅡ	阪神大賞典	1番人気	1着	0.4秒差	1位
4歳	2月20日	京都2200m	GⅡ	京都記念	1番人気	1着	0.0秒差	1位
3歳	11月7日	京都3000m	GⅠ	菊花賞	2番人気	2着	0.1秒差	1位
3歳	4月18日	中山2000m	GⅠ	皐月賞	5番人気	1着	0.0秒差	1位

※GⅠ7勝がNG（JRA芝GⅠを8勝した馬は一頭もいません）。

◉前著でも指摘しましたように、同馬は4歳時に勝てた宝塚記念と天皇賞・秋で5歳時は2着。また、5歳時は上がり1位での勝利はありません。衰えが如実に表れており、大記録を達成するのは難しい状況でした。

最後に６歳馬。

2015年　ゴールドシップ　牡６　８着

前走	11月29日	東京2400m	ＧⅠ	ジャパンＣ	２番人気	10着	0.4秒差	Ｘ位
前々走	６月28日	阪神2200m	ＧⅠ	宝塚記念	１番人気	15着	1.2秒差	Ｘ位
６歳	５月３日	京都3200m	ＧⅠ	天皇賞・春	２番人気	１着	0.0秒差	？位
６歳	３月22日	阪神3000m	ＧⅡ	阪神大賞典	１番人気	１着	0.2秒差	１位
５歳	６月29日	阪神2200m	ＧⅠ	宝塚記念	１番人気	１着	0.5秒差	１位
５歳	３月23日	阪神3000m	ＧⅡ	阪神大賞典	１番人気	１着	0.6秒差	１位
４歳	６月23日	阪神2200m	ＧⅠ	宝塚記念	２番人気	１着	0.6秒差	１位
４歳	３月17日	阪神3000m	ＧⅡ	阪神大賞典	１番人気	１着	0.3秒差	２位
３歳	12月23日	中山2500m	ＧⅠ	有馬記念	１番人気	１着	0.2秒差	１位
３歳	10月21日	京都3000m	ＧⅠ	菊花賞	１番人気	１着	0.3秒差	１位
３歳	９月23日	阪神2400m	ＧⅡ	神戸新聞杯	１番人気	１着	0.4秒差	１位
３歳	４月15日	中山2000m	ＧⅠ	皐月賞	４番人気	１着	0.4秒差	１位

※６歳馬ＮＧ。

◆１番人気が飛ぶとわかったらココへ

１番人気が「負ける」とわかったら、２番人気以下の馬から勝つ馬を見つけます。簡単です。僕が課すハードルを満たした馬しか勝ちませんので、【２着穴馬的中シート】を利用して見つけだしてください。

２番人気以下で勝てる馬を浮かび上がらせます

次ページへ ☞

3歳ハードル❶

3歳三冠「1番人気歴か、完勝歴」、
あるいは3歳以上GⅠ完勝歴

4～5歳ハードル❷

近2走で2200m以上3歳以上「GⅡ1番人気
1着歴か、GⅠ連対歴（負けていても0.0秒）**」**

4～5歳ハードル❸

2200m以上3歳以上GⅠ完勝歴

どちらか一方で可。

2番人気以下で勝てる馬【1着穴馬的中シート】

条件	馬番 or 馬名
3歳 ハードル❶クリア	
4～5歳 ハードル❷クリア	
4～5歳 ハードル❸クリア	

過去20年、2番人気以下で優勝した馬の近2走成績と実績を紹介します。

まず3歳馬から。

2018年　3番人気　ブラストワンピース　牡3　890円
前走　10月21日　京都3000m　GⅠ　菊花賞　1番人気　4着　0.4秒差　2位
前々走　9月2日　新潟2000m　GⅢ　新潟記念　1番人気　1着　0.3秒差　1位

2010年　2番人気　ヴィクトワールピサ　牡3　840円
前走　11月28日　東京2400m　GⅠ　ジャパンC　8番人気　3着　0.0秒差　X位
前々走　10月3日　仏国2400m　GⅠ　凱旋門賞　12番人気　7着

３歳	４月18日	中山2000m	ＧⅠ	皐月賞	１番人気	１着	0.2秒差	３位
３歳	３月７日	中山2000m	ＧⅡ	弥生賞	１番人気	１着	0.1秒差	１位

2002年　２番人気　シンボリクリスエス　牡３　370円

前走	11月24日	東京2400m	ＧⅠ	ジャパンＣ	１番人気	３着	0.1秒差	３位
前々走	10月27日	東京2000m	ＧⅠ	天皇賞・秋	３番人気	１着	0.1秒差	Ｘ位
３歳	９月22日	阪神2000m	ＧⅡ	神戸新聞杯	１番人気	１着	0.4秒差	２位
３歳	５月26日	東京2400m	ＧⅠ	ダービー	３番人気	２着	0.2秒差	２位
３歳	４月27日	東京2400m	ＧⅡ	青葉賞	１番人気	１着	0.4秒差	１位

2001年　３番人気　マンハッタンカフェ　牡３　710円

前走	10月21日	京都3000m	ＧⅠ	菊花賞	６番人気	１着	0.1秒差	２位
前々走	９月16日	中山2200m	ＧⅡ	セントライト記念	３番人気	４着	0.7秒差	Ｘ位

続いて４歳馬。

2015年　８番人気　ゴールドアクター　牡４　1700円

前走	11月８日	東京2500m	ＧⅡ	アルゼンチン共和国杯	１番人気	１着	0.0秒差	２位
前々走	10月12日	東京2400m	1600万	オクトーバーＳ	１番人気	１着	0.3秒差	１位

2007年　９番人気　マツリダゴッホ　牡４　5230円

前走	10月28日	東京2000m	ＧⅠ	天皇賞・秋	８番人気	15着	1.7秒差	Ｘ位
前々走	９月22日	中山2200m	ＧⅡ	オールカマー	１番人気	１着	0.1秒差	３位
４歳	１月21日	中山2200m	ＧⅡ	アメリカＪＣＣ	２番人気	１着	0.8秒差	３位

2005年　４番人気　ハーツクライ　牡４　1710円

前走	11月27日	東京2400m	ＧⅠ	ジャパンＣ	２番人気	２着	0.0秒差	１位
前々走	10月30日	東京2000m	ＧⅠ	天皇賞・秋	２番人気	６着	0.3秒差	３位
４歳	６月26日	阪神2200m	ＧⅠ	宝塚記念	３番人気	２着	0.0秒差	１位
３歳	５月30日	東京2400m	ＧⅠ	ダービー	５番人気	２着	0.2秒差	１位
３歳	５月８日	京都2200m	ＧⅡ	京都新聞杯	２番人気	１着	0.1秒差	１位

次に５歳馬。

2019年　２番人気　リスグラシュー　牝５　670円

前走	10月26日	豪州2040m	ＧⅠ	コックスプレート	１番人気	１着		
前々走	６月23日	阪神2200m	ＧⅠ	宝塚記念	３番人気	１着	0.5秒差	１位
４歳	12月９日	香港2400m	ＧⅠ	香港ヴァーズ	２番人気	２着		
４歳	11月11日	京都2200m	牝馬GⅠ	エリザベス女王杯	３番人気	１着	0.0秒差	１位
４歳	５月13日	東京1600m	牝馬GⅠ	ヴィクトリアＭ	１番人気	２着	0.0秒差	１位
３歳	10月15日	京都2000m	牝馬GⅠ	秋華賞	４番人気	２着	0.2秒差	２位
３歳	４月９日	阪神1600m	牝馬GⅠ	桜花賞	３番人気	２着	0.1秒差	３位
２歳	12月11日	阪神1600m	牝馬GⅠ	阪神ＪＦ	２番人気	２着	0.2秒差	１位

2014年　４番人気　ジェンティルドンナ　牝５　870円

前走	11月30日	東京2400m	ＧⅠ	ジャパンＣ	１番人気	４着	0.9秒差	Ｘ位
前々走	11月２日	東京2000m	ＧⅠ	天皇賞・秋	２番人気	２着	0.1秒差	Ｘ位
５歳	３月29日	UAE2410m	ＧⅠ	ドバイシーマクラシック	２番人気	１着	0.3秒差	
４歳	11月24日	東京2400m	ＧⅠ	ジャパンＣ	１番人気	１着	0.0秒差	Ｘ位
４歳	10月27日	東京2000m	ＧⅠ	天皇賞・秋	１番人気	２着	0.7秒差	３位
４歳	３月30日	UAE2410m	ＧⅠ	ドバイシーマクラシック	１番人気	２着	0.4秒差	
３歳	11月25日	東京2400m	ＧⅠ	ジャパンＣ	３番人気	１着	0.0秒差	２位
３歳	10月14日	京都2000m	牝馬ＧⅠ	秋華賞	１番人気	１着	0.0秒差	３位
３歳	９月16日	阪神1800m	牝馬ＧⅡ	ローズＳ	１番人気	１着	0.2秒差	３位
３歳	５月20日	東京2400m	牝馬ＧⅠ	オークス	３番人気	１着	0.8秒差	１位
３歳	４月８日	阪神1600m	牝馬ＧⅠ	桜花賞	２番人気	１着	0.1秒差	１位

2009年　２番人気　ドリームジャーニー　牡５　400円

前走	11月１日	東京2000m	ＧⅠ	天皇賞・秋	４番人気	６着	0.8秒差	２位
前々走	９月27日	中山2200m	ＧⅡ	オールカマー	１番人気	２着	0.3秒差	Ｘ位
５歳	６月28日	阪神2200m	ＧⅠ	宝塚記念	２番人気	１着	0.3秒差	１位
５歳	４月５日	阪神2000m	ＧⅡ	産経大阪杯	３番人気	１着	0.0秒差	２位
３歳	９月23日	阪神2400m	ＧⅡ	神戸新聞杯	３番人気	１着	0.1秒差	１位
２歳	12月10日	中山1600m	ＧⅠ	朝日杯ＦＳ	２番人気	１着	0.1秒差	１位

◆２着馬を見つけるのはココで

２着候補を２番人気以下から見つけだすのに便利なツールが僕の作ったハードルです。こちらも【２着穴馬的中シート】を併用して見つけてください。なお、１番人気に応えられなくても２着に来ることはありますので、１番人気馬は無条件で２着候補です。

２番人気以下で２着に入れる馬を浮かび上がらせます

３歳ハードル❶

2000m以上３歳ＧⅠ連対歴

（牝馬は2200m以上３歳以上牝馬ＧⅠ完勝歴）

4～5歳ハードル❷
前走2000m以上3歳以上GⅡ・GⅠ完勝

4～5歳ハードル❸
2200m以上（牝馬）GⅠ連対歴「2回以上か、負けていても0.1秒」

どちらか一方で可。

6歳以上ハードル❹
当年2200m以上GⅡ・GⅠ完勝歴

2番人気以下で2着に入れる馬【2着穴馬的中シート】

条件	馬番 or 馬名
3歳 ハードル❶クリア	
4～5歳 ハードル❷クリア	
4～5歳 ハードル❸クリア	
6歳以上 ハードル❹クリア	

過去20年、2番人気以下で2着に入った馬の近2走成績と実績を紹介します。

まず3歳馬から。

2019年	3番人気	サートゥルナーリア	牡3					
前走	10月27日	東京2000m	GⅠ	天皇賞・秋	2番人気	6着	0.9秒差	X位
前々走	9月22日	阪神2400m	GⅡ	神戸新聞杯	1番人気	1着	0.5秒差	1位
3歳	4月14日	中山2000m	GⅠ	皐月賞	1番人気	1着	0.0秒差	1位
2歳	12月28日	中山2000m	GⅠ	ホープフルS	1番人気	1着	0.2秒差	1位

2014年　9番人気　トゥザワールド　牡3

前走	10月26日	京都3000m	GⅠ	菊花賞	2番人気	16着	4.2秒差	X位
前々走	9月21日	新潟2200m	GⅡ	セントライト記念	2番人気	2着	0.2秒差	X位
3歳	4月20日	中山2000m	GⅠ	皐月賞	1番人気	2着	0.2秒差	X位
3歳	3月9日	中山2000m	GⅡ	弥生賞	1番人気	1着	0.0秒差	2位

2007年　5番人気　ダイワスカーレット　牝3

前走	11月11日	京都2200m	牝馬GⅠ	エリザベス女王杯	1番人気	1着	0.1秒差	3位　逃げ
前々走	10月14日	京都2000m	牝馬GⅠ	秋華賞	2番人気	1着	0.2秒差	X位　4角先頭
3歳	9月16日	阪神1800m	牝馬GⅡ	ローズS	1番人気	1着	0.1秒差	3位　逃げ
3歳	4月8日	阪神1600m	牝馬GⅠ	桜花賞	3番人気	1着	0.2秒差	2位

2003年　4番人気　リンカーン　牡3

前走	10月26日	京都3000m	GⅠ	菊花賞	4番人気	2着	0.1秒差	1位
前々走	9月28日	阪神2000m	GⅡ	神戸新聞杯	5番人気	4着	0.7秒差	X位

次に4歳馬。

2016年　2番人気　キタサンブラック　牡4

前走	11月27日	東京2400m	GⅠ	ジャパンC	1番人気	1着	0.4秒差	X位　逃げ
前々走	10月10日	京都2400m	GⅡ	京都大賞典	1番人気	1着	0.0秒差	X位
4歳	5月1日	京都3200m	GⅠ	天皇賞・春	2番人気	1着	0.0秒差	X位　逃げ
3歳	10月25日	京都3000m	GⅠ	菊花賞	5番人気	1着	0.0秒差	1位
3歳	9月21日	中山2200m	GⅡ	セントライト記念	6番人気	1着	0.1秒差	X位　4角先頭
3歳	3月22日	中山1800m	GⅡ	スプリングS	5番人気	1着	0.0秒差	X位　4角先頭

2015年　5番人気　サウンズオブアース　牡4

前走	11月29日	東京2400m	GⅠ	ジャパンC	5番人気	5着	0.3秒差	X位
前々走	10月12日	京都2400m	GⅡ	京都大賞典	2番人気	2着	0.2秒差	3位
3歳	10月26日	京都3000m	GⅠ	菊花賞	4番人気	2着	0.1秒差	1位

2012年　10番人気　オーシャンブルー　牡4

前走	12月1日	中京2000m	GⅡ	金鯱賞	6番人気	1着	0.1秒差	2位
前々走	11月4日	東京2500m	GⅡ	アルゼンチン共和国杯	5番人気	5着	0.8秒差	1位

2011年　7番人気　エイシンフラッシュ　牡4

前走	11月27日	東京2400m	GⅠ	ジャパンC	5番人気	8着	0.7秒差	X位
前々走	10月30日	東京2000m	GⅠ	天皇賞・秋	3番人気	6着	0.7秒差	X位
4歳	5月1日	京都3200m	GⅠ	天皇賞・春	3番人気	2着	0.1秒差	2位
3歳	5月30日	東京2400m	GⅠ	ダービー	7番人気	1着	0.0秒差	1位

2000年　2番人気　メイショウドトウ　牡4

前走	11月26日	東京2400m	GⅠ	ジャパンC	5番人気	2着	0.0秒差	3位
前々走	10月29日	東京2000m	GⅠ	天皇賞・秋	2番人気	2着	0.4秒差	X位
4歳	9月24日	中山2200m	GⅡ	オールカマー	1番人気	1着	0.3秒差	1位

4歳	6月25日	阪神2200m	GⅠ	宝塚記念	6番人気	2着	0.0秒差	2位
4歳	5月27日	中京2000m	GⅡ	金鯱賞	3番人気	1着	0.2秒差	1位

続いて5歳馬。

2017年　8番人気　クイーンズリング　牝5

前走	11月12日	京都2200m	牝馬GⅠ	エリザベス女王杯	8番人気	7着	0.3秒差	3位
前々走	10月14日	東京1800m	牝馬GⅡ	府中牝馬S	3番人気	4着	0.3秒差	X位
4歳	11月13日	京都2200m	牝馬GⅠ	エリザベス女王杯	3番人気	1着	0.0秒差	1位
4歳	10月15日	東京1800m	牝馬GⅡ	府中牝馬S	3番人気	1着	0.2秒差	2位
3歳	10月18日	京都2000m	牝馬GⅠ	秋華賞	5番人気	2着	0.0秒差	1位
3歳	3月15日	阪神1400m	牝馬GⅡ	フィリーズレビュー	1番人気	1着	0.1秒差	1位

2013年　4番人気　ウインバリアシオン　牡5

前走	11月30日	中京2000m	GⅡ	金鯱賞	8番人気	3着	0.5秒差	2位
前々走	6月24日	阪神2200m	GⅠ	宝塚記念	3番人気	4着	0.8秒差	X位
3歳	10月23日	京都3000m	GⅠ	菊花賞	2番人気	2着	0.4秒差	1位
3歳	5月29日	東京2400m	GⅠ	ダービー	10番人気	2着	0.3秒差	1位
3歳	4月30日	東京2400m	GⅡ	青葉賞	6番人気	1着	0.1秒差	1位

2006年　6番人気　ポップロック　牡5

前走	11月7日	豪州3200m	GⅠ	メルボルンC		2着	0.0秒差	
前々走	10月21日	豪州2400m	GⅠ	コーフィールドC		7着		
5歳	5月28日	東京2500m	GⅡ	目黒記念	3番人気	1着	0.0秒差	2位

2002年　13番人気　タップダンスシチー　牡5

前走	11月23日	京都1800m	GⅢ	京阪杯	6番人気	5着	0.4秒差	X位
前々走	11月3日	東京2500m	GⅡ	アルゼンチン共和国杯	2番人気	3着	0.8秒差	X位

※5歳3月23日中山2500mGⅡ日経賞3番人気2着0.0秒差2位

※2着候補として浮かび上がらせることができませんでした。

最後に6歳以上馬。

2001年　13番人気　アメリカンボス　牡6

前走	11月25日	東京2400m	GⅠ	ジャパンC	14番人気	10着	1.8秒差	X位
前々走	10月31日	大井D2000m	GⅠ	JBCクラシック	5番人気	11着	2.1秒差	X位
6歳	2月25日	中山1800m	GⅡ	中山記念	2番人気	1着	0.2秒差	2位
6歳	1月21日	中山2200m	GⅡ	アメリカJCC	2番人気	1着	0.4秒差	1位

2008年　14番人気　アドマイヤモナーク　牡7

前走	11月30日	東京2400m	GⅠ	ジャパンC	16番人気	12着	0.8秒差	2位
前々走	11月2日	東京2000m	GⅠ	天皇賞・秋	13番人気	12着	1.0秒差	X位
7歳	1月20日	京都2400m	GⅡ	日経新春杯	3番人気	1着	0.2秒差	2位

2004年　３番人気　タップダンスシチー　牡７

前走	10月３日	仏国2400m	ＧⅠ	凱旋門賞		17着			
前々走	６月27日	阪神2200m	ＧⅠ	宝塚記念	１番人気	１着	0.3秒差	X位	3角先頭
７歳	５月29日	中京2000m	ＧⅡ	金鯱賞	１番人気	１着	0.0秒差	3位	4角先頭
６歳	11月30日	東京2400m	ＧⅠ	ジャパンＣ	４番人気	１着	1.5秒差	3位	逃げ
６歳	10月12日	京都2400m	ＧⅡ	京都大賞典	１番人気	１着	0.2秒差	1位	逃げ
６歳	５月31日	中京2000m	ＧⅡ	金鯱賞	４番人気	１着	0.1秒差	X位	3角先頭
５歳	12月22日	中山2500m	ＧⅠ	有馬記念	13番人気	２着	0.1秒差	X位	3角先頭

GⅢ

シンザン記念

1月10日(日)

中京競馬場　芝1600m

3歳

［賞金］

別定　馬齢　牡馬・せん馬56kg　牝馬54kg

収得賞金1800万円以上の馬1kg増

2002年までの基礎重量は牡馬・せん馬55kg　牝馬53kg

2005年までは1600万円毎1kg増

2006～2012年は2000万円以上、2013年からは1800万円以上の馬1kg増

１番人気で勝てる馬を浮かび上がらせます

大前提① **牝馬は、牡馬混合戦出走歴**

ハードル❶

前走中央開催1600m以上
「新馬・未勝利・１勝クラス特別圧勝か、
オープン特別完勝」

ハードル❷

前走ＧⅠ出走、かつ、
「オープン特別１番人気歴か、重賞連対歴」

どちらか一方で可。

まず、今年も多くのファンを失望させることになるかもしれない１番人気馬を大前提とハードルに照らし合わせ、勝てるか負けるかを判定しましょう。２ページ後からの【１番人気的中シート】を利用してください。

シンザン記念の真相

ＧⅠホープフルステークスの項で紹介したように、僕は２歳馬のクラス分けを、

新馬・未勝利→１勝クラス→オープン特別・ＧⅢ・ＧⅡ→ＧⅠ

としています。

年が明けてダービー終了までの３歳馬のクラス分けは、

新馬・未勝利→１勝クラス→オープン特別→
ＧⅠトライアルのオープン特別・ＧⅢ・ＧⅡ→ＧⅠ

としています。ＧⅠトライアルではない“ただのオープン特別”の地位が下がるわけです。すなわち、ＧⅢシンザン記念で好成績を挙げるには、ひとクラス下に位置する“ただのオープン特別”に出走歴があるのなら、１番人気に推されていたり、連対していなければならないのです（必ずではありません）。

もうひとつのポイントは加増です。「収得賞金1800万円以上の馬１kg増」というルールがあり、加増される馬が散見されますが、それをはね除けて勝つのは１番人気に推された馬だけです。２番人気以下で１着になった馬、２番人気以下で２着に入った馬で加増馬は皆無です。大前提やハードルには設定していませんが、これは覚えておいてください。

1番人気で勝てる馬【1番人気的中シート】

大前提①………牝馬は、牡馬混合戦出走歴
ハードル❶……前走中央開催1600m以上「新馬・未勝利・１勝クラス特別圧勝か、オープン特別
ハードル❷……前走ＧⅠ出走、かつ、「オープン特別１番人気歴か、重賞連対歴」 ハードルはどち

年度	シンザン記念の1番人気馬	性別	大前提①	ハードル❶	ハードル❷	判定	着順
2021							
2021							
2020	ルーツドール	牝	×	○		×	7着
2019	アントリューズ	牡		×		×	8着
2018	アーモンドアイ	牝		○		◉	1着
2017	ペルシアンナイト	牡		×		×	3着
2016	ピースマインド	牡		×		×	14着
2015	ダッシングブレイズ	牡		×		×	4着
2014	ミッキーアイル	牡		○		◉	1着
2013	エーシントップ	牡			○	◉	1着
2012	トウケイヘイロー	牡			×	×	4着
2011	ドナウブルー	牝	×			×	5着
2010	ピサノユリシーズ	牡		×		×	11着
2009	ミッキーパンプキン	牡			×	×	4着
2008	ドリームシグナル	牡			○	◉	1着
2007	ダイワスカーレット	牝			×	×	2着
2006	イースター	牡		×		×	4着
2005	ペールギュント	牡			○	◉	1着
2004	グレイトジャーニー	牡			○	◉	1着
2003	サイレントディール	牡			○	◉	1着
2002	タニノギムレット	牡		○		◉	1着
2001	フィールドサンデー	牝		×		×	3着

完勝」
らか一方で可。

1番人気的中シートの使い方

左のシートに今年の1番人気候補を記入し、過去の成績をもとに「勝てるか、勝てないか」を判定してください。「勝てない」とわかったら、2番人気以下で勝てる馬が浮かび上がる【1着穴馬的中シート】（後ろのページ）に進んでください。

単勝配当	結果	2番人気以下で勝った馬	人気	単勝配当	結果
	→	サンクテュエール	2	¥420	大的中
	→	ヴァルディゼール	4	¥680	大的中
¥290	大的中				
	→	キョウヘイ	8	¥2,740	大的中
	→	ロジクライ	8	¥2,250	大的中
	→	グァンチャーレ	2	¥500	大的中
¥160	大的中				
¥350	大的中				
	→	ジェンティルドンナ	2	¥400	大的中
	→	レッドデイヴィス	7	¥2,230	大的中
	→	ガルボ	4	¥720	大的中
	→	アントニオバローズ	2	¥330	大的中
¥290	大的中				
	→	アドマイヤオーラ	3	¥440	大的中
	→	ゴウゴウキリシマ	8	¥4,350	大的中
¥150	大的中				
¥210	大的中				
¥270	大的中				
¥220	大的中				
	→	ダービーレグノ	14	¥5,210	大的中

過去20年、１番人気に応えて優勝した馬の近２走あるいは初勝利以降を紹介します。

2018年　牝馬　アーモンドアイ　290円

前走	10月８日	東京1600m	牝馬未勝利		１番人気	１着	0.6秒差	１位
前々走	８月６日	新潟1400m	牡馬新馬		１番人気	２着	0.3秒差	１位

※デビュー戦は牡馬混合戦でしたので大前提を満たしています。1600m戦の圧勝とは0.5秒差以上のことです。

2014年　ミッキーアイル　160円

前走	12月14日	中山1600m	500万	ひいらぎ賞	１番人気	１着	0.6秒差	1位 逃げ
前々走	11月２日	京都1600m	未勝利		１番人気	１着	0.8秒差	1位 逃げ

※1600m戦の圧勝とは0.5秒差以上のことです。

2013年　エーシントップ（＋１kg）350円

前走	12月16日	中山1600m	ＧⅠ	朝日杯ＦＳ	２番人気	８着	0.7秒差	Ｘ位
前々走	11月10日	東京1400m	ＧⅡ	京王杯２歳Ｓ	５番人気	１着	0.1秒差	３位
３走前	７月22日	中京1400m	ＯＰ	中京２歳Ｓ	１番人気	１着	0.1秒差	3位 逃げ
４走前	６月17日	阪神1400m	新馬		１番人気	１着	0.4秒差	3位 逃げ

2008年　ドリームシグナル　290円

前走	12月９日	中山1600m	ＧⅠ	朝日杯ＦＳ	８番人気	４着	0.6秒差	３位
前々走	11月10日	東京1400m	ＧⅡ	京王杯２歳Ｓ	12番人気	２着	0.3秒差	２位
３走前	10月21日	京都1600m	未勝利		２番人気	１着	0.2秒差	３位

2005年　ペールギュント（＋１kg）150円

前走	12月12日	中山1600m	ＧⅠ	朝日杯ＦＳ	１番人気	３着	0.4秒差	２位
前々走	11月20日	東京1800m	ＧⅢ	東スポ杯２歳Ｓ	２番人気	２着	0.2秒差	Ｘ位
３走前	10月16日	京都1600m	ＧⅡ	デイリー杯２歳Ｓ	９番人気	１着	0.2秒差	１位
４走前	７月31日	小倉1800m	未勝利		１番人気	１着	0.3秒差	１位

2004年　グレイトジャーニー　210円

前走	12月14日	中山1600m	ＧⅠ	朝日杯ＦＳ	２番人気	７着	1.2秒差	Ｘ位
前々走	10月18日	京都1600m	ＧⅡ	デイリー杯２歳Ｓ	２番人気	２着	0.3秒差	２位
３走前	９月28日	阪神1400m	新馬		１番人気	１着	0.2秒差	１位

2003年　サイレントディール　270円

前走	12月８日	中山1600m	ＧⅠ	朝日杯ＦＳ	３番人気	８着	0.9秒差	X位 逃げ
前々走	11月９日	京都1800m	500万	黄菊賞	２番人気	１着	0.1秒差	Ｘ位
３走前	10月26日	京都1800m	ＯＰ	萩Ｓ	１番人気	５着	0.5秒差	Ｘ位
４走前	９月15日	阪神1600m	新馬		１番人気	１着	0.4秒差	2位 3角先頭

2002年　タニノギムレット　220円

前走	12月22日	阪神1600m	未勝利		３番人気	１着	1.2秒差	１位
前々走	８月５日	札幌Ｄ1000m	新馬		１番人気	２着	0.2秒差	１位

※1600m戦の圧勝とは0.5秒差以上のことです。

過去20年、１番人気に応えられず負けた馬の近２走あるいは初勝利以降を紹介します。
★２着に残れたのは１頭のみ!!

2020年　牝馬　ルーツドール　７着
前走　11月16日　東京1600m　牝馬新馬　２番人気　１着　0.8秒差　１位
※牡馬と走ったことがありません。

2019年　アントリューズ　８着
前走　11月25日　東京1600m　500万　ベゴニア賞　３番人気　１着　0.1秒差　１位
前々走　10月８日　東京1600m　未勝利　３番人気　１着　0.4秒差　１位
※前走圧勝ではありません。

2017年　ペルシアンナイト　３着
前走　12月11日　中京1600m　500万　こうやまき賞　１番人気　１着　0.2秒差　１位
前々走　10月22日　東京1800m　ＯＰ　アイビーＳ　１番人気　２着　0.3秒差　１位
３走前　８月21日　小倉1800m　新馬　１番人気　１着　0.5秒差　１位
※前走圧勝ではありません。

2016年　ピースマインド　14着
前走　12月13日　中京2000m　未勝利　１番人気　１着　1.0秒差　X位 逃げ
前々走　11月22日　京都2000m　新馬　４番人気　２着　0.2秒差　３位
※前走中央開催（主場開催、表開催）ではありません。

2015年　ダッシングブレイズ　４着
前走　12月14日　中京1600m　500万　こうやまき賞　１番人気　２着　0.0秒差　１位
前々走　11月８日　東京1600m　新馬　１番人気　１着　0.6秒差　１位
※前走負けています。

2012年　トウケイヘイロー　４着
前走　12月18日　中山1600m　ＧⅠ　朝日杯ＦＳ　９番人気　４着　0.4秒差　Ｘ位
前々走　10月30日　東京1400m　500万　くるみ賞　３番人気　１着　0.2秒差　１位
３走前　９月17日　中山1200m　ＯＰ　カンナＳ　７番人気　３着　0.2秒差　１位
４走前　９月４日　新潟1600m　ＧⅢ　新潟２歳Ｓ　17番人気　７着　1.6秒差　Ｘ位
５走前　７月31日　新潟1400m　新馬　４番人気　１着　0.3秒差　１位
※オープン特別１番人気歴か重賞連対歴がありません。

2011年　牝馬　ドナウブルー　５着
前走　11月28日　京都1600m　牝馬500万　白菊賞　１番人気　１着　0.2秒差　１位
前々走　10月23日　京都1600m　牝馬新馬　１番人気　１着　0.3秒差　Ｘ位
※牡馬と走ったことがありません。

2010年　ピサノユリシーズ　11着
前走　　12月27日　阪神1600m　500万　平場　　　　　３番人気　３着　0.2秒差　１位
前々走　11月22日　東京1400m　新馬　　　　　　　　１番人気　１着　0.1秒差　１位
※前走負けています。

2009年　ミッキーパンプキン　４着
前走　　12月21日　中山1600m　ＧⅠ　朝日杯ＦＳ　　３番人気　６着　0.6秒差　Ｘ位
前々走　11月１日　京都1800m　ＯＰ　萩Ｓ　　　　　３番人気　１着　0.2秒差　1位　逃げ
３走前　10月11日　京都1400m　新馬　　　　　　　　２番人気　１着　0.4秒差　1位　逃げ
※オープン特別１番人気歴がありません（１着歴はありますが)。

2007年　牝馬　ダイワスカーレット　２着
前走　　12月16日　中京1800m　ＯＰ　中京２歳Ｓ　　１番人気　１着　0.1秒差　２位
前々走　11月19日　京都2000m　新馬　　　　　　　　１番人気　１着　0.3秒差　2位　3角先頭
※前走中央開催（主場開催、表開催）ではありません。

2006年　イースター　４着
前走　　12月17日　阪神1400m　ＯＰ　さざんかＳ　　１番人気　１着　0.0秒差　１位
前々走　11月12日　東京1400m　ＧⅡ　京王杯２歳Ｓ　１番人気　２着　0.0秒差　１位
３走前　10月16日　京都1600m　新馬　　　　　　　　２番人気　１着　0.4秒差　１位
※前走1400mと0.0秒差がＮＧです。

2001年　フィールドサンデー　３着
前走　　12月９日　阪神1400m　新馬　　　　　　　　２番人気　１着　0.3秒差　2位　逃げ
※前走圧勝ではありません。1400m戦の圧勝とは0.4秒差以上のことです。

◆１番人気が飛ぶとわかったらココへ

１番人気が「負ける」とわかったら、２番人気以下の馬から勝つ馬を見つけます。簡単です。僕が課すハードルを満たした馬しか勝ちませんので、【１着穴馬的中シート】を利用して見つけだしてください。

２番人気以下で勝てる馬を浮かび上がらせます

ハードル❶
前走新馬・未勝利圧勝

ハードル❷
前走１勝クラス「完勝か、１番人気」

ハードル❸
前走「オープンクラス連対(負けていても0.1秒)**か、重賞出走」**

２番人気以下で勝てる馬【1着穴馬的中シート】

条件	馬番 or 馬名
ハードル❶クリア	
ハードル❷クリア	
ハードル❸クリア	

過去20年、２番人気以下で優勝した馬の近２走あるいは初勝利以降を紹介します。

2020年　２番人気　牝馬　サンクテュエール　420円
前走　10月26日　東京1600m　牝馬GⅢ　アルテミスＳ　２番人気　２着　0.1秒差　２位
前々走　８月11日　新潟1600m　新馬　１番人気　１着　0.2秒差　１位

2019年　４番人気　ヴァルディゼール　680円
前走　11月10日　京都1600m　新馬　１番人気　１着　0.5秒差　１位
※1600m戦の圧勝とは0.5秒差以上のことです。

2017年　８番人気　キョウヘイ　2740円
前走　12月23日　阪神1600m　500万　千両賞　12番人気　２着　0.2秒差　１位
前々走　12月３日　新潟1400m　500万　万両賞　４番人気　８着　0.5秒差　Ｘ位
３走前　９月４日　小倉1200m　ＧⅢ　小倉２歳Ｓ　５番人気　４着　1.1秒差　２位
４走前　７月30日　小倉1200m　未勝利　２番人気　１着　0.2秒差　１位
◉１着候補として浮かび上がらせることはできませんでした。過去30年のシンザン記念で最

も遅い勝ち時計１分37秒６の原因となった重馬場が、キョウヘイにぴったりだったようです。前年は良馬場で１分34秒差１。3.5秒も遅い馬場では、データが活かせません。ちなみにキョウヘイの前走２着も重馬場です。

2016年　８番人気　ロジクライ　2250円
前走　12月27日　阪神1600m　500万　千両賞　１番人気　４着　1.1秒差　X位
前々走　11月15日　京都1600m　未勝利　２番人気　１着　0.2秒差　１位

2015年　２番人気　グァンチャーレ　500円
前走　11月24日　東京1800m　GⅢ　東スポ杯２歳Ｓ　７番人気　７着　0.3秒差　X位
前々走　11月１日　京都1800m　ＯＰ　萩Ｓ　４番人気　３着　0.3秒差　X位　逃げ
３走前　10月11日　東京1600m　重賞　いちょうＳ　６番人気　６着　0.5秒差　１位
４走前　８月17日　小倉1800m　未勝利　２番人気　１着　0.0秒差　１位

2012年　２番人気　牝馬　ジェンティルドンナ　400円
前走　12月10日　阪神1600m　未勝利　１番人気　１着　0.6秒差　１位
※1600m戦の圧勝とは0.5秒差以上のことです。

2011年　７番人気　レッドデイヴィス　2230円
前走　12月26日　阪神1600m　500万　平場　２番人気（１位入線）10着　0.1秒差　X位
前々走　12月５日　阪神1600m　500万　千両賞　３番人気　９着　0.9秒差　X位
３走前　11月７日　京都1600m　未勝利　１番人気　１着　0.1秒差　X位
※前走は0.1秒差１位入線10着降着。勝ったことにします。

2010年　４番人気　ガルボ　720円
前走　12月20日　中山1600m　ＧⅠ　朝日杯ＦＳ　12番人気　４着　0.6秒差　X位
前々走　11月21日　東京1400m　未勝利　１番人気　１着　0.2秒差　１位

2009年　２番人気　アントニオバローズ　330円
前走　12月20日　阪神1400m　未勝利　１番人気　１着　0.4秒差　１位
※1400m戦の圧勝とは0.4秒差以上のことです。

2007年　３番人気　アドマイヤオーラ　440円
前走　12月16日　中京1800m　ＯＰ　中京２歳Ｓ　２番人気　２着　0.1秒差　１位
前々走　11月４日　京都1600m　新馬　１番人気　１着　0.1秒差　２位

2006年　８番人気　ゴウゴウキリシマ　4350円
前走　12月３日　阪神1400m　500万　千両賞　５番人気　１着　0.1秒差　X位　4角先頭
前々走　11月13日　京都1800m　500万　黄菊賞　３番人気　３着　0.4秒差　３位
３走前　10月15日　京都1600m　GⅡ　デイリー杯２歳Ｓ　５番人気　５着　0.5秒差　３位
４走前　９月４日　小倉1200m　GⅢ　小倉２歳Ｓ　13番人気　４着　0.3秒差　１位
５走前　８月７日　小倉1200m　未勝利　３番人気　１着　0.6秒差　１位

2001年　14番人気　ダービーレグノ　5210円
前走　12月16日　阪神1200m　未勝利　３番人気　１着　0.2秒差　３位

◉この年は低レベルで、ハードルをクリアしていたのは４番人気のフィールドスパート一頭のみ。それもＧＩ朝日杯ＦＳ９番人気15着という前走がハードル❸の「重賞出走」を満たしていただけです。ダービーレグノは前走0.3秒差なら「圧勝」となりハードルを満たすだけに、0.1秒足りない点に目をつむって単勝を購入してもよいかもしれません。

◆２着馬を見つけるのはココで

２着候補を２番人気以下から見つけだすのに便利なツールが僕の作ったハードルです。こちらも【２着穴馬的中シート】を併用して見つけてください。なお、１番人気に応えられなくても２着に来ることはありますので、１番人気馬は無条件で２着候補です。

２番人気以下で２着に入れる馬を浮かび上がらせます

ハードル❶
近２走で「完勝か、１番人気１着」

ハードル❷
前走「重賞１番人気か、ＧＩ上がり１位」

２番人気以下で２着に入れる馬【２着穴馬的中シート】

条件	馬番 or 馬名
ハードル❶クリア	
ハードル❷クリア	

過去20年、２番人気以下で２着に入った馬の近２走成績と実績を紹介します。

2020年　５番人気　プリンスリターン

前走	12月15日	阪神1600m	ＧⅠ	朝日杯ＦＳ	15番人気	５着	0.8秒差	Ｘ位
前々走	９月21日	阪神1400m	ＯＰ	ききょうＳ	４番人気	１着	0.1秒差	３位
３走前	９月１日	札幌1200m	ＯＰ	すずらん賞	３番人気	６着	0.5秒差	１位
４走前	７月21日	函館1200m	ＧⅢ	函館２歳Ｓ	11番人気	３着	0.5秒差	Ｘ位
５走前	７月６日	函館1200m	新馬		５番人気	１着	0.0秒差	２位

2019年　10番人気　マイネルフラップ

前走	12月23日	阪神1600m	500万	千両賞	11番人気	１着	0.2秒差	１位
前々走	12月１日	中京1600m	500万	こうやまき賞	８番人気	８着	0.7秒差	Ｘ位
３走前	11月10日	京都1600m	ＧⅡ	デイリー杯２歳Ｓ	９番人気	８着	1.3秒差	Ｘ位
４走前	７月21日	中京1600m	ＯＰ	中京２歳Ｓ	５番人気	５着	1.0秒差	Ｘ位
５走前	７月８日	中京1600m	未勝利		４番人気	１着	0.2秒差	１位

2018年　７番人気　ツヅミモン

前走	12月９日	中山1600m	新馬		１番人気	１着	0.0秒差	２位

2017年　４番人気　タイセイスターリー

前走	11月12日	京都1600m	ＧⅡ	デイリー杯２歳Ｓ	１番人気	８着	0.9秒差	Ｘ位
前々走	10月８日	京都1400m	新馬		１番人気	１着	0.2秒差	１位

2016年　２番人気　牝馬　ジュエラー

前走	11月29日	京都1800m	新馬		２番人気	１着	0.4秒差	１位

2015年　９番人気　ロードフェリーチェ

前走	12月28日	阪神1600m	500万	千両賞	６番人気	５着	0.4秒差	３位
前々走	11月29日	京都1600m	新馬		３番人気	１着	0.2秒差	１位

2014年　２番人気　ウインフルブルーム

前走	12月15日	中山1600m	ＧⅠ	朝日杯ＦＳ	５番人気	３着	0.2秒差	Ｘ位
前々走	11月30日	阪神1600m	500万	千両賞	２番人気	１着	0.5秒差	X位　逃げ
３走前	９月14日	阪神1800m	ＯＰ	野路菊Ｓ	１番人気	２着	0.0秒差	２位
４走前	８月18日	小倉1800m	新馬		１番人気	１着	0.6秒差	2位　X位　3角先頭

2013年　９番人気　ヘミングウェイ

前走	12月23日	阪神1600m	未勝利		１番人気	１着	0.0秒差	２位

2012年　９番人気　マイネルアトラクト

前走	12月４日	阪神1600m	500万	千両賞	８番人気	４着	0.4秒差	Ｘ位
前々走	11月20日	東京1600m	未勝利		２番人気	１着	0.2秒差	２位

2011年　３番人気　オルフェーヴル

前走	11月13日	東京1400m	ＧⅡ	京王杯２歳Ｓ	１番人気	10着	0.8秒差	Ｘ位

前々走　10月３日　中山1600m　ＯＰ　芙蓉Ｓ　１番人気　２着　0.0秒差　１位
３走前　８月14日　新潟1600m　新馬　２番人気　１着　0.2秒差　１位

2010年　９番人気　シャイン
前走　12月13日　中京1800m　ＯＰ　中京２歳Ｓ　８番人気　１着　0.2秒差　１位
前々走　10月３日　阪神1400m　ＯＰ　ききょうＳ　12番人気　９着　1.0秒差　Ｘ位
３走前　９月６日　小倉1200m　ＧⅢ　小倉２歳Ｓ　８番人気　14着　2.1秒差　Ｘ位
４走前　８月30日　小倉1200m　未勝利　１番人気　１着　0.6秒差　１位

2009年　12番人気　ダブルウェッジ
前走　12月20日　中京1200m　500万　つわぶき賞　２番人気　２着　0.2秒差　Ｘ位
前々走　11月24日　京都1200m　未勝利　１番人気　１着　0.1秒差　２位

2008年　５番人気　ドリームガードナー
前走　12月９日　中山1600m　ＧⅠ　朝日杯ＦＳ　11番人気　12着　1.6秒差　Ｘ位
前々走　11月24日　東京1600m　500万　ベゴニア賞　１番人気　１着　0.0秒差　１位
３走前　９月９日　阪神1200m　未勝利　１番人気　１着　0.1秒差　３位

2006年　６番人気　グロリアスウィーク
前走　12月24日　阪神2000m　ＧⅢ　ラジオたんぱ杯２歳Ｓ　７番人気　12着　1.5秒差　Ｘ位
前々走　11月13日　京都1800m　500万　黄菊賞　７番人気　１着　0.3秒差　1位　4角先頭
３走前　10月29日　京都1800m　ＯＰ　萩Ｓ　７番人気　７着　1.5秒差　Ｘ位
４走前　７月31日　小倉1800m　新馬　３番人気　１着　0.0秒差　１位

2005年　３番人気　マイネルハーティー
前走　12月12日　中山1600m　ＧⅠ　朝日杯ＦＳ　７番人気　４着　0.4秒差　１位
前々走　11月20日　東京1800m　ＧⅢ　東スポ杯２歳Ｓ　10番人気　５着　0.4秒差　３位
３走前　11月６日　京都1400m　500万　平場　２番人気　１着　0.1秒差　１位
４走前　８月８日　函館1200m　ＧⅢ　函館２歳Ｓ　13番人気　６着　0.6秒差　３位
５走前　７月25日　函館1200m　未勝利　３番人気　１着　0.3秒差　１位

2004年　２番人気　タマモホットプレイ
前走　12月６日　阪神1400m　500万　千両賞　１番人気　１着　0.3秒差　１位
前々走　11月15日　京都1400m　新馬　２番人気　１着　0.5秒差　１位

2003年　２番人気　マッキーマックス
前走　12月８日　中京1800m　新馬　２番人気　１着　1.2秒差　１位

2002年　４番人気　チアズシュタルク
前走　12月22日　阪神1600m　新馬　１番人気　１着　0.3秒差　１位
前々走　12月２日　阪神1600m　新馬　６番人気　２着　0.3秒差　３位
※２戦目の新馬戦勝ち。

2001年　７番人気　ビッグゴールド
前走　12月17日　阪神1400m　500万　さざんか賞　５番人気　２着　0.2秒差　２位

前々走	12月３日	阪神2000m	500万	エリカ賞	９番人気	５着	0.9秒差	Ｘ位
３走前	11月19日	京都1600m	500万	白菊賞	８番人気	４着	0.5秒差	１位
４走前	10月22日	京都1800m	500万	黄菊賞	４番人気	９着	3.2秒差	Ｘ位
５走前	10月７日	京都1200m	新馬		１番人気	１着	0.0秒差	３位

◉前述のようにこの年は低レベルで、全馬に連対チャンスがあるようなレースでした。

GⅢ

フェアリーS

1月11日　祝日（月）

中山競馬場　芝1600m

3歳牝馬

［賞金］

別定　馬齢　54kg

収得賞金1800万円以上の馬1kg増

2007年までは中山競馬場　芝1200m

1番人気で勝てる馬を浮かび上がらせます

大前提①　**2戦2勝ではない**

ハードル❶
前走1600m以上新馬1番人気圧勝

ハードル❷
前走GⅠ出走、かつ、近2走で
1勝クラス特別「1番人気1着か、完勝」

まず、今年も多くのファンを失望させることになるかもしれない1番人気馬を大前提とハードルに照らし合わせ、勝てるか負けるかを判定しましょう。2ページ後からの【1番人気的中シート】を利用してください。

フェアリーステークスの真相

2007年まで芝1200mで行われていた当レース。スプリント戦とマイル戦ではまったく違う素養が求められますので、本項は芝1600mになった2009年以降12回のレース結果をもとに解析しています（2008年は休止）。

中山競馬場の芝1600mはおむすび型の特殊なコース。以前ほど「外枠不利」ではなくなったようですが、ＧⅠ朝日杯フューチュリティステークスを阪神競馬場に変更せざるを得なかった一因とされるほど、能力検定コースとしては相応しくないようです。ほかの競馬場、とくに東京競馬場のような大きなコースとは別物と捉えてよく、そこで行われたレースで活躍した馬を鵜呑みにすると痛い目に遭います（大きなコースとは阪神競馬場や新潟競馬場。中京競馬場も含めましょう）。前項カペラステークスの項でも紹介しましたが、当レースも東京競馬場で見事な勝ちっぷりを披露して参戦してきた人気馬は、期待を裏切るのです。１番人気に推されて負けた９頭のうち、６頭の前走は東京競馬場でした。また、１頭は中山芝1600mという当レースと同じコースなのに負けていた馬でした。中山コース向きとは思えない馬たちが馬群に沈んでいるわけです。

従って、人気薄でも買いたいのは、2021年の場合は前年11月の福島開催や、12月の中山開催を使ってきた馬たちになります。ハードルには採用していませんが、このあたりは馬券購入時の勘どころですので、忘れないでください。

１番人気で勝てる馬【1番人気的中シート】

大前提①………２戦２勝ではない
ハードル❶……前走1600m以上新馬１番人気圧勝
ハードル❷……前走ＧⅠ出走、かつ、近２走で１勝クラス特別「１番人気１着か、完勝」

年度	フェアリーSの １番人気馬	大前提 ①	ハードル ❶	ハードル ❷	判定	着順	単勝 配当
2021							
2021							
2020	アヌラーダプラ	×		×	×	6着	
2019	アクアミラビリス		×		×	5着	
2018	テトラドラクマ		×		×	6着	
2017	アエロリット			×	×	2着	
2016	リセエンヌ			×	×	7着	
2015	カービングパス			×	×	8着	
2014	オメガハートロック		×		注	1着	¥440
2013	イリュミナンス		×		×	4着	
2012	オメガハートランド			×	×	4着	
2011	ダンスファンタジア			○	◉	1着	¥230
2010	テイラーバートン			×	×	3着	
2009	ジェルミナル			○	◉	1着	¥450

1番人気的中シートの使い方

左のシートに今年の1番人気候補を記入し、過去の成績をもとに「勝てるか、勝てないか」を判定してください。「勝てない」とわかったら、2番人気以下で勝てる馬が浮かび上がる【1着穴馬的中シート】（後ろのページ）に進んでください。

結果	2番人気以下で勝った馬	人気	単勝配当	結果
→	スマイルカナ	3	¥840	大的中
→	フィリアプーラ	3	¥760	大的中
→	プリモシーン	2	¥460	大的中
→	ライジングリーズン	10	¥3,600	大的中
→	ビービーバーレル	3	¥680	大的中
→	ノットフォーマル	11	¥3,490	大的中
大的中				
→	クラウンロゼ	10	¥8,330	大的中
→	トーセンベニザクラ	3	¥710	大的中
大的中				
→	コスモネモシン	11	¥6,720	大的中
大的中				

過去12年、1番人気に応えて優勝した馬の近2走あるいは初勝利以降を紹介します。

2014年　オメガハートロック　440円
前走　11月3日　東京1600m　新馬　1番人気　1着　0.1秒差　X位
◉注：この年は低レベルで、2番人気には前走で中山1600m牡馬GⅠ朝日杯FSに挑み12番人気9着0.7秒差というグリサージュが推されるほどでした。3番人気は前走で東京1400m牝馬未勝利1番人気1着0.2秒差というイントロダクションです。つまりオメガハートロックを脅かす馬が2番人気以下にいなかったため、「圧勝」というハードルをクリアしていませんが、1番人気に応えることができたのです。

2011年　ダンスファンタジア　230円
前走　12月12日　阪神1600m　GⅠ　阪神JF　2番人気　9着　0.8秒差　X位
前々走　11月14日　東京1600m　500万　赤松賞　1番人気　1着　0.4秒差　1位
3走前　10月31日　東京1400m　新馬　1番人気　1着　0.5秒差　1位

2009年　ジェルミナル　450円
前走　12月14日　阪神1600m　GⅠ　阪神JF　2番人気　6着　1.1秒差　X位
前々走　11月16日　京都1800m　牝馬500万　黄菊賞　1番人気　1着　0.0秒差　1位
3走前　10月18日　京都1800m　牝馬未勝利　1番人気　1着　0.3秒差　2位

過去12年、1番人気に応えられず負けた馬の近2走あるいは初勝利以降を紹介します。
★2着に残れたのは1頭のみ。

2020年　アヌラーダプラ　6着
前走　11月16日　東京1400m　牝馬1勝クラス　1番人気　1着　0.2秒差　1位
前々走　9月22日　中山1600m　牝馬新馬　1番人気　1着　0.2秒差　1位
※2戦2勝は大前提に引っかかります。

2019年　アクアミラビリス　5着
前走　11月17日　東京1600m　新馬　1番人気　1着　0.2秒差　1位
※圧勝ではありません。

2018年　テトラドラクマ　6着
前走　11月19日　東京1600m　牝馬未勝利　1番人気　1着　0.8秒差　1位
※前走未勝利戦はNG。

2017年　アエロリット　2着
前走　10月2日　中山1600m　500万　サフラン賞　1番人気　2着　0.0秒差　2位
前々走　6月19日　東京1400m　牝馬新馬　2番人気　1着　0.3秒差　1位
※前走1勝クラス特別で負けています。

2016年　リセエンヌ　7着
前走　10月10日　東京1600m　牝馬重賞　サウジアラビアRC　5番人気　4着　0.1秒差　X位

前々走　９月12日　阪神1800m　牡馬未勝利　　　　　２番人気　１着　0.0秒差　１位
※前走牡馬重賞挑戦も、厚い壁に阻まれました。

2015年　カービングパス　８着
前走　　11月23日　東京1600m　500万　赤松賞　　　　１番人気　３着　0.1秒差　１位
前々走　８月10日　札幌1500m　牝馬新馬　　　　　　１番人気　１着　0.0秒差　１位
※前走１勝クラス特別で負けています。

2013年　イリュミナンス　４着
前走　　12月22日　阪神1600m　新馬　　　　　　　　２番人気　１着　0.8秒差　１位
※圧勝ですが、１番人気ではありません。

2012年　オメガハートランド　４着
前走　　11月20日　東京1400m　牝馬500万　平場　　　１番人気　１着　0.0秒差　１位
前々走　10月30日　東京1400m　牝馬500万　くるみ賞　１番人気　３着　0.2秒差　１位
３走前　９月４日　新潟1800m　牝馬新馬　　　　　　１番人気　１着　0.0秒差　１位
※前走500万条件平場です。

2010年　テイラーバートン　３着
前走　　12月27日　阪神1600m　牝馬500万　平場　　　２番人気　１着　0.1秒差　Ｘ位
前々走　10月31日　京都1800m　牝馬ＯＰ　萩Ｓ　　　２番人気　２着　0.4秒差　X位　逃げ
３走前　10月10日　京都1800m　牝馬新馬　　　　　　３番人気　１着　0.8秒差　1位　逃げ
※前走500万条件平場です。

◆１番人気が飛ぶとわかったらココへ

１番人気が「負ける」とわかったら、２番人気以下の馬から勝つ馬を見つけます。簡単です。僕が課すハードルを満たした馬しか勝ちませんので、【１着穴馬的中シート】を利用して見つけだしてください。

２番人気以下で勝てる馬を浮かび上がらせます

ハードル❶
1600m以上未勝利１番人気１着歴

ハードル❷
近２走で1600m以上新馬完勝歴

ハードル❸
前走1600m以上１勝クラス特別１着

ハードル❹
牝馬オープンクラス連対歴（負けていても0.1秒）

どれか一つで可。

２番人気以下で勝てる馬【１着穴馬的中シート】

条件	馬番 or 馬名
ハードル❶クリア	
ハードル❷クリア	
ハードル❸クリア	
ハードル❹クリア	

過去12年、２番人気以下で優勝した馬の近２走あるいは初勝利以降を紹介します。

2020年　３番人気　スマイルカナ　840円
前走　12月14日　中山1600m　牝馬1勝クラス　ひいらぎ賞　６番人気　１着　0.0秒差　3位 3角先頭
前々走　11月17日　東京1600m　500万　赤松賞　８番人気　７着　0.4秒差　X位
３走前　７月27日　新潟1600m　新馬　２番人気　１着　0.0秒差　X位　逃げ

2019年　３番人気　フィリアプーラ　760円
前走　12月22日　中山1600m　牝馬未勝利　１番人気　１着　0.2秒差　１位

2018年　２番人気　プリモシーン　460円
前走　10月９日　東京1600m　牝馬未勝利　１番人気　１着　0.0秒差　１位

2017年　10番人気　ライジングリーズン　3600円
前走　10月29日　東京1600m　ＧⅢ　アルテミスＳ　12番人気　13着　1.6秒差　Ｘ位
前々走　９月24日　中山1600m　牝馬新馬　２番人気　１着　0.1秒差　３位

2016年　３番人気　ビービーバーレル　680円
前走　11月21日　東京1600m　500万　赤松賞　４番人気　３着　0.3秒差　Ｘ位
前々走　10月31日　東京1600m　ＧⅢ　アルテミスＳ　３番人気　13着　1.5秒差　Ｘ位
３走前　８月22日　新潟1600m　未勝利　１番人気　１着　0.7秒差　1位 逃げ

2015年　11番人気　ノットフォーマル　3490円
前走　11月23日　東京1600m　500万　赤松賞　６番人気　８着　0.7秒差　１位
前々走　10月16日　門別D1200m　ＧⅢ　エーデルワイス賞　２番人気　12着　1.9秒差　Ｘ位
３走前　９月13日　新潟1600m　牝馬500万　アスター賞　２番人気　４着　0.6秒差　Ｘ位
４走前　８月９日　札幌1500m　牝馬OP　クローバー賞　３番人気　２着　0.1秒差　２位
５走前　７月27日　札幌1200m　未勝利　４番人気　１着　0.8秒差　１位

2013年　10番人気　クラウンロゼ　8330円
前走　11月24日　東京1600m　牝馬新馬　10番人気　１着　0.2秒差　Ｘ位

2012年　３番人気　トーセンベニザクラ　710円
前走　12月11日　阪神1600m　ＧⅠ　阪神ＪＦ　９番人気　10着　0.7秒差　Ｘ位
前々走　11月13日　東京1600m　500万　赤松賞　８番人気　１着　0.0秒差　１位
３走前　９月24日　中山1600m　未勝利　１番人気　１着　0.2秒差　３位

2010年　11番人気　コスモネモシン　6720円
前走　12月12日　中山1800m　未勝利　１番人気　１着　0.2秒差　２位

◆２着馬を見つけるのはココで

２着候補を２番人気以下から見つけだすのに便利なツールが僕の作ったハードルです。こちらも【２着穴馬的中シート】を併用して見つけてください。なお、１番人気に応えられなくても２着に来ることはありますので、１番人気馬は無条件で２着候補です。

２番人気以下で２着に入れる馬を浮かび上がらせます

ハードル❶
新馬・未勝利「１番人気１着歴か、近２走で完勝歴」

ハードル❷
前走１勝クラス特別連対

2番人気以下で2着に入れる馬【2着穴馬的中シート】

条件	馬番 or 馬名
ハードル❶クリア	
ハードル❷クリア	

過去12年、２番人気以下で２着に入った馬の近２走あるいは初勝利以降を紹介します。

2020年　７番人気　チェーンオブラブ
前走　11月17日　東京1600m　1勝クラス　赤松賞　６番人気　４着　0.1秒差　１位
前々走　10月５日　東京1400m　牝馬未勝利　２番人気　１着　0.3秒差　３位

2019年　４番人気　ホウオウカトリーヌ
前走　12月９日　中山1200m　牝馬500万　黒松賞　１番人気　１着　0.1秒差　２位
前々走　11月17日　東京1400m　牝馬500万　平場　３番人気　２着　0.0秒差　１位
３走前　９月29日　中山1200m　牝馬ＯＰ　カンナＳ　１番人気　２着　0.4秒差　３位
４走前　９月16日　中山1200m　牝馬未勝利　２番人気　１着　0.7秒差　１位

2018年　６番人気　スカーレットカラー
前走　11月26日　京都1600m　500万　白菊賞　６番人気　２着　0.2秒差　１位
前々走　10月28日　東京1600m　ＧⅢ　アルテミスＳ　９番人気　５着　0.4秒差　Ｘ位
３走前　７月23日　中京1600m　牝馬未勝利　１番人気　１着　0.4秒差　２位

2016年　10番人気　ダイワドレッサー
前走　12月５日　中山2000m　牝馬500万　葉牡丹賞　12番人気　９着　0.5秒差　Ｘ位
前々走　11月14日　東京1800m　未勝利　４番人気　１着　0.1秒差　２位

2015年　８番人気　ローデッド
前走　12月13日　中京2000m　牝馬未勝利　４番人気　１着　0.1秒差　２位
前々走　11月30日　京都1800m　牝馬未勝利　４番人気　７着　0.7秒差　X位

2014年　10番人気　ニシノアカツキ
前走　11月24日　東京1600m　牝馬500万　ベゴニア賞　10番人気　11着　0.8秒差　X位
前々走　11月３日　東京1800m　牝馬500万　百日草特別　９番人気　８着　0.6秒差　X位
３走前　８月10日　新潟1600m　牝馬未勝利　１番人気　１着　0.0秒差　２位

2013年　５番人気　ウキヨノカゼ
前走　11月４日　東京1600m　新馬　10番人気　１着　0.4秒差　２位

2012年　14番人気　マイネエポナ
前走　12月４日　小倉1800m　未勝利　６番人気　１着　0.3秒差　１位
前々走　10月23日　東京1600m　牝馬未勝利　３番人気　６着　1.2秒差　X位

2011年　７番人気　スピードリッパー
前走　10月17日　東京1400m　500万　サフラン賞　３番人気　３着　0.2秒差　X位
前々走　９月26日　札幌1800m　未勝利　１番人気　１着　0.0秒差　３位

2010年　２番人気　アプリコットフィズ
前走　11月７日　東京1600m　新馬　１番人気　１着　0.7秒差　２位

2009年　４番人気　アイアムネオ
前走　12月13日　中山1600m　新馬　１番人気　１着　0.5秒差　１位

# GⅢ
# 京成杯
1月17日(日)

中山競馬場　芝2000m（2002年は東京競馬場　芝2000m）

3歳

［賞金］

別定　馬齢　牡馬・せん馬56kg　牝馬54kg

収得賞金1800万円以上の馬1kg増

2002年までの馬齢重量は牡馬・せん馬55kg　牝馬53kg

2005年までは1600万円毎1kg増
2006～2012年は2000万円以上の馬1kg増

1番人気で勝てる馬を浮かび上がらせます

大前提①　**初勝利はデビュー2戦以内**

大前提②　**2戦2勝ではない**

大前提③　**加増なし**

ハードル❶

前走2000m以上1勝クラス1着
「上がり1位か、逃げ」

ハードル❷

前走オープンクラス「完勝か、1番人気か、
上がり1位」

まず、今年も多くのファンを失望させることになるかもしれない1番人気馬を大前提とハードルに照らし合わせ、勝てるか負けるかを判定しましょう。2ページ後からの【1番人気的中シート】を利用してください。

京成杯の真相

中山競馬場の内回り芝2000mは、12月にＧⅠホープフルステークス、１月に当レース、３月にＧⅡ弥生賞、４月にＧⅠ皐月賞と、４回も世代間のレースが行われます。どれかひとつ、なかでもこの京成杯を外回り芝2200mにしてみてはどうかと思うのですが、それはさておき。

１番人気で勝った馬たちの前走を見てください。７頭のなかに東京競馬場で走った馬はいません。２番人気以下で勝った馬たちの前走も見てください。14頭のなかに府中コースから臨んだ馬は２頭しかいません。同じように２番人気以下で２着に入った13頭のなかにも２頭のみです。

開催スケジュールの関係でそういう臨戦過程になる馬が多いわけですが、そのおかげで競馬ファンは「信頼できる前走成績」をもとに馬券を買うため、結果として当レースは前項の牝馬ＧⅢフェアリーステークス（中山芝1600m）と違い、あまり高配当になりません。皆さん仕組みというか構図がだいぶわかってきたわけです。

大前提やハードルでは触れていませんが、こういう２歳秋〜３歳春までの流れは頭に入れておいてください。

1番人気で勝てる馬【1番人気的中シート】

大前提①……初勝利はデビュー２戦以内
大前提②……２戦２勝ではない
大前提③……加増なし

ハードル❶……前走2000m以上１勝クラス１着「上
ハードル❷……前走オープンクラス「完勝か、１番

年度	京成杯の１番人気馬	性別	大前提①	大前提②	大前提③	ハードル❶	ハードル❷
2021							
2021							
2020	スカイグルーヴ	牝				×	×
2019	シークレットラン	牡				×	
2018	ジェネラーレウーノ	牡				○	
2017	コマノインパルス	牡				×	
2016	ウムブルフ	牡	×			×	×
2015	ブラックバゴ	牡					×
2014	キングズオブザサン	牡				×	
2013	フラムドグロワール	牡					×
2012	アドマイヤブルー	牡					×
2011	スマートロビン	牡	×			○	
2010	エイシンフラッシュ	牡				○	
2009	ナカヤマフェスタ	牡			×		×
2008	マイネルチャールズ	牡					○
2007	メイショウレガーロ	牡				×	
2006	ジャリスコライト	牡					○
2005	アドマイヤジャパン	牡					○
2004	キングカメハメハ	牡		×		○	
2003	ブルーイレヴン	牡			×		○
2002	ローマンエンパイア	牡	×			×	
2001	プレジオ	牡	×			○	

がり１位か、逃げ」
人気か、上がり１位」

１番人気的中シートの使い方

左のシートに今年の1番人気候補を記入し、過去の成績をもとに「勝てるか、勝てないか」を判定してください。「勝てない」とわかったら、2番人気以下で勝てる馬が浮かび上がる【1着穴馬的中シート】（後ろのページ）に進んでください。

判定	着順	単勝配当	結果	２番人気以下で勝った馬	人気	単勝配当	結果
×	2着		→	クリスタルブラック	7	¥2,090	大的中
×	4着		→	ラストドラフト	4	¥510	大的中
◉	1着	¥350	大的中				
注	1着	¥380	大的中				
×	5着		→	プロフェット	5	¥1,130	大的中
×	2着		→	ベルーフ	3	¥530	大的中
×	2着		→	プレイアンドリアル	5	¥730	大的中
×	10着		→	フェイムゲーム	7	¥1,260	大的中
×	3着		→	ベストディール	2	¥450	大的中
×	12着		→	フェイトフルウォー	2	¥470	ハズレ
◉	1着	¥220	大的中				
×	2着		→	アーリーロブスト	2	¥560	大的中
◉	1着	¥420	大的中				
×	2着		→	サンツェッペリン	3	¥600	大的中
◉	1着	¥130	大的中				
◉	1着	¥260	大的中				
×	3着		→	フォーカルポイント	2	¥250	大的中
×	11着		→	スズカドリーム	4	¥1,170	大的中
注	1着	¥110	同着	ヤマニンセラフィム	2	¥120	大的中
×	4着		→	ボーンキング	3	¥490	大的中

過去20年、１番人気に応えて優勝した馬の近２走あるいは初勝利以降を紹介します。

2018年　ジェネラーレウーノ　350円

前走	12月２日	中山2000m	500万	葉牡丹賞	４番人気	１着	0.0秒差	X位	逃げ
前々走	10月28日	東京2000m	未勝利		２番人気	１着	0.3秒差	１位	逃げ

2017年　コマノインパルス　380円

前走	12月３日	中山2000m	500万	葉牡丹賞	９番人気	２着	0.2秒差	２位
前々走	10月22日	東京2000m	新馬		４番人気	１着	0.0秒差	２位

◉注：この年は低レベルで、２番人気は前走新馬勝ちのサーベラージュ。過去20年の京成杯で前走新馬勝ちの１戦１勝馬が優勝したことなどないのに、それでもファンはサーベラージュを単勝6.5倍２番人気に推さざるを得ないほど他馬が弱かったと言えます。コマノインパルスはそういう状況下で単勝3.8倍の抜けた１番人気。ハードルはクリアできていませんが、それは前走の上がり１位１着馬があのレイデオロであることが原因です。前走のコマノインパルスは３着馬には0.6秒もの差をつけているのです。

2010年　エイシンフラッシュ　220円　関西馬

前走	12月13日	阪神2000m	500万	エリカ賞	１番人気	１着	0.0秒差	１位
前々走	10月31日	京都1800m	ＯＰ	萩Ｓ	３番人気	３着	0.5秒差	２位
３走前	10月11日	京都2000m	未勝利		２番人気	１着	0.0秒差	１位

2008年　マイネルチャールズ　420円

前走	12月23日	中山2000m	ＯＰ	ホープフルＳ	２番人気	１着	0.1秒差	２位
前々走	12月１日	中山2000m	500万	葉牡丹賞	１番人気	２着	0.2秒差	２位
３走前	11月10日	東京1800m	未勝利		２番人気	１着	0.3秒差	１位

2006年　ジャリスコライト　130円

前走	12月11日	中山1600m	ＧⅠ	朝日杯ＦＳ	１番人気	３着	0.3秒差	X位
前々走	10月22日	東京1600m	ＯＰ	いちょうＳ	１番人気	１着	0.4秒差	１位
３走前	10月９日	東京1800m	新馬		２番人気	１着	0.2秒差	１位

2005年　アドマイヤジャパン　260円　関西馬

前走	12月25日	阪神2000m	GⅢ	ラジオたんぱ杯２歳S	３番人気	３着	0.3秒差	１位
前々走	12月５日	阪神2000m	新馬		１番人気	１着	0.3秒差	１位

2002年　ローマンエンパイア　単勝1.9倍、配当110円（同着）関西馬

前走	12月16日	阪神1400m	500万	さざんか賞	１番人気	１着	0.8秒差	１位
前々走	12月２日	阪神1600m	新馬		１番人気	１着	0.3秒差	１位

◉注：２戦２勝で、前走1400m。大前提もハードル❶も満たしていませんので１着には来られない１番人気です。同着をどう考えるか……圧倒的１番人気にもかかわらず同着は「ふがいない」＝「負けに等しい」ととらえれば、大前提もハードル❶も正しいことになります。

過去20年、１番人気に応えられず負けた馬の近２走あるいは初勝利以降を紹介します。

2020年　牝馬　スカイグルーヴ　２着
前走　　11月３日　東京2000m　新馬　　　　　　　　　　１番人気　１着　0.9秒差　1位 逃げ
※前走新馬・未勝利はＮＧ。

2019年　シークレットラン　４着
前走　　12月１日　中山2000m　500万　葉牡丹賞　　　　７番人気　１着　0.2秒差　２位
前々走　９月15日　中山1800m　未勝利　　　　　　　　　１番人気　１着　0.1秒差　１位
※前走上がり２位がＮＧ。

2016年　ウムブルフ　５着
前走　　12月５日　中山2000m　未勝利　　　　　　　　　１番人気　１着　0.7秒差　１位
前々走　11月14日　東京1600m　未勝利　　　　　　　　　１番人気　２着　0.2秒差　２位
※デビュー３戦目勝ち。デビュー戦も２戦目も牝馬に負けて連続２着。前走新馬・未勝利もＮＧ。

2015年　ブラックバゴ　２着
前走　　12月28日　中山2000m　ＧⅡ　ホープフルＳ　　９番人気　３着　0.2秒差　２位
前々走　11月30日　東京1800m　未勝利　　　　　　　　　２番人気　１着　0.1秒差　２位
※前走オープンクラス完勝でも１番人気でも上がり１位でもありません。

2014年　キングズオブザサン　２着　関西馬
前走　　11月30日　中山2000m　500万　葉牡丹賞　　　　３番人気　１着　0.4秒差　２位
前々走　11月９日　京都1800m　500万　黄菊賞　　　　　６番人気　４着　0.4秒差　Ｘ位
３走前　10月20日　新潟2000m　新馬　　　　　　　　　　１番人気　１着　0.1秒差　２位
※前走上がり２位がＮＧ。

2013年　フラムドグロワール　10着
前走　　12月16日　中山1600m　ＧⅠ　朝日杯ＦＳ　　　５番人気　４着　0.5秒差　Ｘ位
前々走　10月20日　東京1800m　ＯＰ　いちょうＳ　　　２番人気　１着　0.0秒差　Ｘ位
３走前　９月30日　中山1600m　ＯＰ　芙蓉Ｓ　　　　　２番人気　２着　0.2秒差　３位
４走前　６月９日　東京1400m　新馬　　　　　　　　　　１番人気　１着　0.1秒差　３位
※前走オープンクラス完勝でも１番人気でも上がり１位でもありません。

2012年　アドマイヤブルー　３着　関西馬
前走　　12月25日　中山2000m　ＯＰ　ホープフルＳ　　５番人気　１着　0.0秒差　２位
前々走　11月27日　京都2000m　新馬　　　　　　　　　　１番人気　１着　0.1秒差　１位
※前走オープンクラス完勝ではありません。

2011年　スマートロビン　12着　関西馬
前走　　12月12日　阪神2000m　500万　エリカ賞　　　　２番人気　１着　0.2秒差　2位 逃げ
前々走　11月21日　東京2000m　未勝利　　　　　　　　　１番人気　１着　0.0秒差　１位
※デビュー３戦目勝ち。

2009年　ナカヤマフェスタ　２着（＋１kg）
前走　　11月22日　東京1800m　GⅢ　東スポ杯２歳Ｓ　９番人気　１着　0.0秒差　３位
前々走　11月２日　東京1600m　新馬　３番人気　１着　0.0秒差　Ｘ位
※２戦２勝、加増１kgがＮＧ。

2007年　メイショウレガーロ　２着
前走　　11月25日　東京1600m　500万　ベゴニア賞　３番人気　１着　0.3秒差　１位
前々走　９月18日　札幌1800m　未勝利　１番人気　１着　0.1秒差　2位 逃げ
※前走2000m未満がＮＧ。

2004年　キングカメハメハ　３着　関西馬
前走　　12月13日　阪神2000m　500万　エリカ賞　１番人気　１着　0.1秒差　１位
前々走　11月16日　京都1800m　新馬　１番人気　１着　0.1秒差　２位
※２戦２勝がＮＧ。

2003年　ブルーイレヴン　11着（＋１kg）関西馬
前走　　12月21日　阪神2000m　GⅢ　ラジオたんぱ杯２歳Ｓ　１番人気　７着　2.0秒差　Ｘ位
前々走　11月16日　東京1800m　GⅢ　東スポ杯２歳Ｓ　１番人気　１着　0.0秒差　２位
３走前　10月12日　京都1600m　GⅡ　デイリー杯２歳Ｓ　２番人気　２着　0.4秒差　１位
４走前　９月８日　阪神2000m　新馬　２番人気　１着　0.6秒差　1位 逃げ
※加増１kgがＮＧ。

2001年　プレジオ　４着
前走　　12月２日　中山2000m　500万　葉牡丹賞　５番人気　１着　0.1秒差　１位
前々走　11月５日　東京1800m　未勝利　１番人気　１着　0.0秒差　３位
※デビュー３戦目勝ち。

◆１番人気が飛ぶとわかったらココへ

１番人気が「負ける」とわかったら、２番人気以下の馬から勝つ馬を見つけます。簡単です。僕が課すハードルを満たした馬しか勝ちませんので、【１着穴馬的中シート】を利用して見つけだしてください。

２番人気以下で勝てる馬を浮かび上がらせます

大前提①　加増なし

ハードル❶
近２走で1800m以上新馬・未勝利・１勝クラス「完勝か、１番人気１着」

ハードル❷
近２走で1800m以上オープンクラス「１番人気か、連対」

どちらか一方で可。

２番人気以下で勝てる馬【１着穴馬的中シート】

条件	馬番 or 馬名
大前提①クリア	
ハードル❶クリア	
ハードル❷クリア	

過去20年、２番人気以下で優勝した馬の近２走あるいは初勝利以降を紹介します。

2020年　７番人気　クリスタルブラック　2090円
前走　12月15日　中山1800m　新馬　３番人気　１着　0.2秒差　１位

2019年　４番人気　ラストドラフト　510円
前走　11月25日　東京1800m　新馬　１番人気　１着　0.0秒差　２位

2016年　５番人気　プロフェット　1130円
前走　10月31日　京都1800m　ＯＰ　萩Ｓ　２番人気　５着　0.3秒差　２位
前々走　９月５日　札幌1800m　ＧⅢ　札幌２歳Ｓ　１番人気　２着　0.0秒差　３位
３走前　８月２日　札幌1800m　新馬　１番人気　１着　0.3秒差　1位 逃げ

2015年　３番人気　ベルーフ　530円
前走　12月27日　阪神2000m　500万　エリカ賞　２番人気　１着　0.1秒差　１位
前々走　11月９日　東京2000m　500万　百日草特別　３番人気　２着　0.4秒差　３位
３走前　10月14日　京都2000m　新馬　２番人気　１着　0.0秒差　２位

2014年　５番人気　プレイアンドリアル　730円
前走　12月15日　中山1600m　ＧⅠ　朝日杯ＦＳ　２番人気　７着　0.5秒差　Ｘ位
前々走　11月16日　東京1800m　ＧⅢ　東スポ杯２歳Ｓ　４番人気　２着　0.0秒差　Ｘ位
３走前　９月22日　盛岡1600m　重賞　ジュニアグランプリ　１番人気　１着　0.9秒差　１位
４走前　８月15日　門別D1700m　新馬　１番人気　１着　1.0秒差　1位 3角先頭

2013年　７番人気　フェイムゲーム　1260円
前走　12月16日　中山2000m　未勝利　６番人気　１着　0.4秒差　１位

2012年　２番人気　ベストディール　450円
前走　11月５日　東京1800m　500万　百日草特別　１番人気　１着　0.3秒差　２位
前々走　10月１日　札幌1800m　ＧⅢ　札幌２歳Ｓ　３番人気　４着　0.4秒差　Ｘ位
３走前　８月14日　札幌1800m　新馬　２番人気　１着　0.2秒差　２位

2011年　２番人気　フェイトフルウォー　470円
前走　12月26日　中山2000m　ＯＰ　ホープフルＳ　３番人気　３着　0.5秒差　２位
前々走　11月20日　東京1800m　ＧⅢ　東スポ杯２歳Ｓ　７番人気　３着　0.6秒差　３位
３走前　10月10日　東京1800m　新馬　７番人気　１着　0.4秒差　１位

◉前々走の東スポ杯２歳Ｓは２着リフトザウイングス（武豊）と同タイム。そのクビ差ぶんだけハードルを越えていません。

2009年　２番人気　アーリーロブスト　560円
前走　12月14日　阪神2000m　500万　エリカ賞　４番人気　１着　0.5秒差　2位 逃げ
前々走　11月30日　京都1600m　未勝利　１番人気　１着　0.5秒差　２位

2007年　３番人気　サンツェッペリン　600円
前走　12月24日　中山2000m　ＯＰ　ホープフルＳ　10番人気　２着　0.2秒差　２位
前々走　12月９日　阪神2000m　500万　エリカ賞　５番人気　５着　0.4秒差　Ｘ位
３走前　11月４日　東京1800m　500万　百日草特別　５番人気　２着　0.1秒差　１位
４走前　10月22日　東京1800m　未勝利　６番人気　１着　0.2秒差　２位

2004年　２番人気　フォーカルポイント　250円
前走　12月14日　中山1600m　ＧⅠ　朝日杯ＦＳ　６番人気　４着　0.3秒差　１位
前々走　11月22日　東京1800m　ＧⅢ　東スポ杯２歳Ｓ　６番人気　２着　0.0秒差　１位
３走前　10月25日　東京1800m　新馬　８番人気　１着　0.1秒差　１位

2003年　４番人気　スズカドリーム　1170円
前走　12月15日　中京2000m　未勝利　１番人気　１着　0.1秒差　2位 3角先頭

2002年　２番人気　ヤマニンセラフィム　単勝2.9倍、配当120円（同着）
前走　12月２日　阪神2000m　500万　エリカ賞　２番人気　１着　0.0秒差　１位
前々走　11月11日　京都1800m　新馬　１番人気　１着　0.1秒差　１位

2001年　３番人気　ボーンキング　490円
前走　12月24日　阪神2000m　新馬　２番人気　１着　0.1秒差　１位

◆２着馬を見つけるのはココで

２着候補を２番人気以下から見つけだすのに便利なツールが僕の作ったハードルです。こちらも【2着穴馬的中シート】を併用して見つけてください。なお、１番人気に応えられなくても２着に来ることはありますので、１番人気馬は無条件で２着候補です。

2番人気以下で2着に入れる馬を浮かび上がらせます

ハードル❶
近２走で1800m以上新馬、未勝利「完勝か、１番人気１着」

ハードル❷
近2走で1800m以上1勝クラス「完勝か、1番人気」

ハードル❸
近３走でオープンクラス「上がり１位か、連対」

どれか一つで可。

2番人気以下で2着に入れる馬【2着穴馬的中シート】

条件	馬番 or 馬名
ハードル❶クリア	
ハードル❷クリア	
ハードル❸クリア	

過去20年、２番人気以下で２着に入った馬の近２走あるいは初勝利以降を紹介します。

2019年　２番人気　ランフォザローゼス

前走	12月１日	中山2000m	500万	葉牡丹賞	１番人気	２着	0.2秒差	Ｘ位
前々走	10月20日	東京2000m	新馬		２番人気	１着	0.0秒差	３位

2018年　２番人気　コズミックフォース

前走	11月４日	東京2000m	未勝利		１番人気	１着	0.2秒差	３位
前々走	10月８日	東京2000m	新馬		２番人気	３着	0.8秒差	１位

2017年　７番人気　ガンサリュート

前走	10月15日	京都1800m	未勝利		１番人気	１着	0.2秒差	２位
前々走	10月１日	阪神1800m	未勝利		２番人気	２着	0.1秒差	２位

2016年　７番人気　ケルフロイデ

前走	11月28日	京都2000m	ＧⅢ	京都２歳Ｓ	４番人気	５着	0.3秒差	Ｘ位
前々走	11月１日	福島1800m	500万	きんもくせい特別	４番人気	１着	0.2秒差	１位
３走前	８月22日	新潟2000m	新馬		１番人気	１着	0.1秒差	X位　2角先頭

2013年　５番人気　アクションスター

前走	12月22日	阪神2000m	ＧⅢ	ラジオNIKEEI杯	４番人気	４着	0.3秒差	２位
前々走	12月２日	阪神1800m	未勝利		１番人気	１着	0.2秒差	１位

2012年　５番人気　マイネルロブスト（＋１kg）

前走	12月18日	中山1600m	ＧⅠ	朝日杯ＦＳ	４番人気	２着	0.3秒差	３位
前々走	11月19日	東京1800m	ＧⅢ	東スポ杯２歳Ｓ	５番人気	９着	1.1秒差	Ｘ位
３走前	10月１日	札幌1800m	ＧⅢ	札幌２歳Ｓ	５番人気	３着	0.1秒差	２位
４走前	８月28日	札幌1800m	ＯＰ	クローバー賞	２番人気	１着	0.0秒差	２位
５走前	６月26日	中山1800m	新馬		３番人気	１着	0.1秒差	２位

2011年　８番人気　デボネア

前走	12月26日	小倉2000m	未勝利		３番人気	１着	0.2秒差	２位
前々走	12月５日	阪神2000m	未勝利		４番人気	８着	1.2秒差	Ｘ位

2010年　３番人気　アドマイヤテンクウ

前走	12月26日	阪神2000m	ＧⅢ	ラジオNIKEEI杯	10番人気	５着	0.2秒差	１位
前々走	12月５日	阪神2000m	未勝利		２番人気	１着	0.1秒差	１位

2008年　12番人気　ベンチャーナイン

前走	11月17日	東京1800m	ＧⅢ	東スポ杯２歳Ｓ	６番人気	６着	0.7秒差	１位
前々走	10月27日	京都1800m	ＯＰ	萩Ｓ	４番人気	６着	0.3秒差	Ｘ位
３走前	９月16日	阪神1800m	ＯＰ	野路菊Ｓ	２番人気	２着	0.1秒差	１位
４走前	８月25日	新潟1800m	新馬		12番人気	１着	0.0秒差	１位

2006年　５番人気　トウショウシロッコ

前走	12月25日	中山2000m	未勝利	２番人気	１着	0.1秒差	Ｘ位
前々走	12月11日	阪神2000m	未勝利	２番人気	２着	0.9秒差	３位

2005年　４番人気　シックスセンス

前走	12月25日	阪神2000m	ＧⅢ　ラジオたんぱ杯２歳Ｓ	４番人気	４着	0.5秒差	１位
前々走	11月27日	京都2000m	ＯＰ　京都２歳Ｓ	６番人気	３着	0.3秒差	１位
３走前	10月16日	京都1600m	ＧⅡ　デイリー杯２歳Ｓ	４番人気	８着	0.8秒差	Ｘ位
４走前	８月８日	函館1800m	未勝利	１番人気	１着	0.4秒差	１位

2004年　３番人気　マイネルマクロス

前走	12月28日	中山2000m	ＯＰ　ホープフルＳ	２番人気	３着	0.1秒差	Ｘ位
前々走	11月29日	京都2000m	ＯＰ　京都２歳Ｓ	１番人気	２着	0.1秒差	１位
３走前	11月１日	京都1800m	ＯＰ　萩Ｓ	２番人気	３着	0.1秒差	X位　逃げ
４走前	10月４日	中山1600m	ＯＰ　芙蓉Ｓ	２番人気	１着	0.7秒差	1位　3角先頭
５走前	９月13日	阪神1600m	未勝利	１番人気	１着	0.8秒差	2位　3角先頭

2003年　２番人気　テイエムリキサン（＋１kg）

前走	12月８日	中山1600m	ＧⅠ　朝日杯ＦＳ	５番人気	３着	0.1秒差	１位
前々走	10月26日	京都1800m	ＯＰ　萩Ｓ	３番人気	１着	0.3秒差	１位
３走前	９月28日	札幌1800m	ＧⅢ　札幌２歳Ｓ	３番人気	２着	0.1秒差	２位
４走前	９月14日	札幌1800m	未勝利	３番人気	１着	0.4秒差	3位　4角先頭

2001年　２番人気　マイネルエスケープ

前走	12月23日	阪神2000m	ＧⅢ　ラジオたんぱ杯３歳Ｓ	４番人気	５着	1.4秒差	X位　4角先頭
前々走	11月18日	京都2000m	未勝利	１番人気	１着	0.2秒差	２位

GⅡ
東海S

1月24日（日）

中京競馬場　ダート1800m

4歳以上

［グレード］

別定　4歳55kg　5歳以上56kg（牝馬2kg減）

ただし、過去1年間で　GⅠ競走（牝馬限定競走は除く）1着馬は2kg増
牝馬限定GⅠ競走およびGⅡ競走（牝馬限定競走は除く）1着馬は1kg増
過去1年以前の　GⅠ競走（牝馬限定競走は除く）1着馬は1kg増
(ただし、2歳時の成績を除く)。

１番人気で勝てる馬を浮かび上がらせます

大前提①　**地方競馬重賞勝ちによる加増がない牡馬**

４歳ハードル❶
近２走で３歳以上1800m以上重賞
１番人気連対（負けていても0.0秒）

５歳以上ハードル❷
５連勝中か、３歳以上1800m以上ＧⅠ
１番人気連対歴

まず、今年も多くのファンを失望させることになるかもしれない１番人気馬を大前提とハードルに照らし合わせ、勝てるか負けるかを判定しましょう。２ページ後からの【１番人気的中シート】を利用してください。

東海ステークスの真相

ＪＲＡでたったひとつのダートＧⅡです。ＪＲＡのダートグレード競走は地方競馬との兼ね合いがあって思いどおりに番組を提供できないのでしょうが、あとひとつかふたつほしいですね。

ダートＧⅡは稀少でデータ収集が難しいうえ、当レースは以下のような歴史です。

・2001〜2009年は５月に中京競馬場ダート2300m
（３歳51kg、４歳以上57kg）

・2010〜2012年は５月に京都競馬場ダート1900m
（３歳52kg、４歳以上57kg）

・2013〜2019年は１月に中京競馬場ダート1800m

・2020年は１月に京都競馬場ダート1800m

従って、ここでは１月開催になった2013年以降の８回のデータを解析します。

ただ１点、１番人気で勝つ馬の大前提にある「地方競馬重賞勝ちによる加増」は、2012年以前にも“被害馬”が生まれていますのでここで紹介しておきます。

※過去20年、地方競馬重賞勝ちにより加増された１番人気馬
2007年キクノアローは、ＧⅡダイオライト記念勝ちにより１kg増→９着
2006年ヴァーミリアンは、ＧⅡダイオライト記念勝ちにより１kg増→13着
2001年ファストフレンドは、ＧⅠ東京大賞典勝ちにより２kg増→５着

1番人気で勝てる馬【1番人気的中シート】

大前提①……………………地方競馬重賞勝ちによる加増がない牡馬
4歳ハードル❶…………近2走で3歳以上1800m以上重賞1番人気連対（負けていても0.0秒）
5歳以上ハードル❷……5連勝中か、3歳以上1800m以上GⅠ1番人気連対歴

年度	東海Sの1番人気馬	性齢	大前提①	4歳 ハードル❶	5歳以上 ハードル❷	判定	着順
2021							
2021							
2020	インティ	牡6			×	×	3着
2019	インティ	牡5			○	◉	1着
2018	テイエムジンソク	牡6			○	◉	1着
2017	グレンツェント	牡4		○		◉	1着
2016	ロワジャルダン	牡5			×	×	3着
2015	コパノリッキー	牡5			○	◉	1着
2014	ニホンピロアワーズ	牡7			○	◉	1着
2013	ホッコータルマエ	牡4		×		×	3着
2012	ワンダーアキュート	牡6			×	×	10着
2011	ゴルトブリッツ	牡4		×		×	5着
2010	トランセンド	牡4		×		×	2着
2009	ウォータクティクス	牡4		×		×	16着
2008	ワンダースピード	牡6			×	×	4着
2007	キクノアロー	牡4	×	×		×	9着
2006	ヴァーミリアン	牡4	×	○		×	13着
2005	タイムパラドックス	牡7			○	◉	3着
2004	ベラージオ	牡5			×	×	5着
2003	プリエミネンス	牝6	×		○	×	2着
2002	ハギノハイグレイド	牡6			×	×	1着
2001	ファストフレンド	牝7	×		○	×	5着

1番人気的中シートの使い方

左のシートに今年の1番人気候補を記入し、過去の成績をもとに「勝てるか、勝てないか」を判定してください。「勝てない」とわかったら、2番人気以下で勝てる馬が浮かび上がる【1着穴馬的中シート】（後ろのページ）に進んでください。

単勝配当	結果	2番人気以下で勝った馬	人気	単勝配当	結果
	→	エアアルマス	2	¥380	大的中
¥150	大的中				
¥130	大的中				
¥260	大的中				
	→	アスカノロマン	4	¥670	大的中
¥250	大的中				
¥160	大的中				
	→	グレープブランデー	4	¥660	大的中
	→	ソリタリーキング	4	¥690	
	→	ワンダーアキュート	2	¥480	
	→	シルクメビウス	3	¥390	
	→	ワンダースピード	2	¥420	
	→	ヤマトマリオン	13	¥10,220	
	→	メイショウトウコン	2	¥560	
	→	ハードクリスタル	5	¥1,500	
	→	サカラート	6	¥1,380	
	→	アンドゥオール	2	¥370	
	→	ゴールドプルーフ	9	¥5,250	
¥210					
	→	ハギノハイグレイド	5	¥1,200	

過去８年、１番人気に応えて優勝した馬の近２走成績と実績を紹介します。
（実績はオープン特別１着以上を列記。以下同様）

まず４歳馬から。

2017年　グレンツェント　牡４　55kg　260円

前走	12月24日	中山1800m	ＯＰ	師走Ｓ	１番人気	１着	0.1秒差	２位
前々走	11月６日	京都1800m	ＧⅢ	みやこＳ	１番人気	２着	0.0秒差	１位
３歳	８月７日	新潟1800m	ＧⅢ	レパードＳ	２番人気	１着	0.0秒差	２位
３歳	５月15日	東京1600m	ＯＰ	青竜Ｓ	２番人気	１着	0.0秒差	３位

続いて５歳馬。

2019年　インティ　牡５　56kg　150円

前走	11月10日	京都1800m	1600万	渡月橋Ｓ	１番人気	１着	0.8秒差	１位
前々走	10月14日	京都1800m	1000万	平場	１番人気	１着	1.6秒差	1位　逃げ

※５連勝中。

2015年　コパノリッキー　牡５　58kg（＋２kg）250円

前走	12月29日	大井2000m	ＧⅠ	東京大賞典	２番人気	２着	0.8秒差	３位
前々走	12月７日	中京1800m	ＧⅠ	チャンピオンズＣ	１番人気	12着	1.2秒差	Ｘ位
４歳	11月８日	盛岡2000m	ＧⅠ	ＪＢＣクラシック	３番人気	１着	0.5秒差	2位　逃げ
４歳	６月25日	大井2000m	ＧⅠ	帝王賞	１番人気	２着	0.4秒差	2位　3角先頭
４歳	５月５日	船橋1600m	ＧⅠ	かしわ記念	２番人気	１着	0.4秒差	１位
４歳	２月23日	東京1600m	ＧⅠ	フェブラリーＳ	16番人気	１着	0.1秒差	３位
３歳	５月２日	園田1870m	ＧⅡ	兵庫ＣＳ	１番人気	１着	1.0秒差	1位　逃げ
３歳	３月31日	中山1800m	ＯＰ	伏竜Ｓ	１番人気	１着	0.0秒差	２位

※ＧⅠフェブラリーＳ勝ちにより２kg加増。

最後に６歳以上馬。

2018年　テイエムジンソク　牡６　56kg　130円

前走	12月３日	中京1800m	ＧⅠ	チャンピオンズＣ	１番人気	２着	0.0秒差	Ｘ位
前々走	11月５日	京都1800m	ＧⅢ	みやこＳ	２番人気	１着	0.4秒差	2位　4角先頭
５歳	８月13日	札幌1700m	ＧⅢ	エルムＳ	１番人気	２着	0.1秒差	Ｘ位
５歳	７月９日	函館1700m	ＯＰ	マリーンＳ	１番人気	１着	0.8秒差	3位　逃げ
５歳	６月24日	函館1700m	ＯＰ	大沼Ｓ	１番人気	１着	0.7秒差	１位

2014年　ニホンピロアワーズ　牡７　57kg（＋１kg）160円

前走	12月29日	大井2000m	ＧⅠ	東京大賞典	３番人気	３着	0.8秒差	３位
前々走	12月１日	阪神1800m	ＧⅠ	ジャパンＣダート	５番人気	５着	0.8秒差	Ｘ位
６歳	６月26日	大井2000m	ＧⅠ	帝王賞	１番人気	２着	0.2秒差	２位
６歳	５月18日	京都1900m	ＧⅢ	平安Ｓ	１番人気	１着	0.1秒差	２位
６歳	４月13日	阪神1800m	ＧⅢ	アンタレスＳ	２番人気	２着	0.1秒差	Ｘ位
５歳	12月２日	阪神1800m	ＧⅠ	ジャパンＣダート	６番人気	１着	0.6秒差	１位

５歳	11月４日	京都1800m	GⅢ	みやこS	３番人気	２着	0.0秒差	X位
５歳	10月２日	金沢2100m	GⅢ	白山大賞典	１番人気	１着	0.9秒差	1位　3角先頭
５歳	５月19日	京都1900m	GⅡ	東海S	３番人気	２着	0.0秒差	X位
５歳	３月22日	名古屋1900m	GⅢ	名古屋大賞典	１番人気	１着	1.2秒差	１位
４歳	12月23日	名古屋2500m	GⅡ	名古屋グランプリ	１番人気	１着	0.4秒差	1位　4角先頭
４歳	10月４日	金沢2100m	GⅢ	白山大賞典	１番人気	２着	0.5秒差	2位　3角先頭
４歳	７月17日	京都1800m	OP	祇園S	１番人気	１着	0.0秒差	3位　4角先頭

※過去１年以前のGⅠジャパンCダート勝ちにより１kg加増。

過去８年、１番人気に応えられず負けた馬の近２走成績と実績を紹介します。

2020年　インティ　牡６　58kg（＋２kg）３着

前走	12月１日	中京1800m	GⅠ	チャンピオンズC	３番人気	３着	0.2秒差	X位　逃げ
前々走	11月３日	京都1800m	GⅢ	みやこS	１番人気	15着	3.7秒差	X位
５歳	５月６日	船橋1600m	GⅠ	かしわ記念	１番人気	２着	0.2秒差	3位　3角先頭
５歳	２月17日	東京1600m	GⅠ	フェブラリーS	１番人気	１着	0.0秒差	3位　逃げ
５歳	１月20日	中京1800m	GⅡ	東海S	１番人気	１着	0.3秒差	2位　逃げ

※GⅠフェブラリーS勝ちにより２kg加増。３歳以上1800m以上GⅠ１番人気連対歴なし。

2016年　ロワジャルダン　牡５　56kg　３着

前走	12月６日	中京1800m	GⅠ	チャンピオンズC	８番人気	４着	0.3秒差	３位
前々走	11月８日	京都1800m	GⅢ	みやこS	７番人気	１着	0.0秒差	２位

※３歳以上1800m以上GⅠ１番人気連対歴なし。

2013年　ホッコータルマエ　牡４　55kg　３着

前走	12月24日	中山1800m	OP	フェアウェルS	１番人気	２着	0.4秒差	３位
前々走	12月２日	阪神1800m	GⅠ	ジャパンCダート	９番人気	３着	0.7秒差	X位
３歳	８月５日	新潟1800m	GⅢ	レパードS	２番人気	１着	0.0秒差	３位

※GⅢレパードSは３歳限定戦。

◆１番人気が飛ぶとわかったらココへ

１番人気が「負ける」とわかったら、２番人気以下の馬から勝つ馬を見つけます。簡単です。僕が課すハードルを満たした馬しか勝ちませんので、【１着穴馬的中シート】を利用して見つけだしてください。

２番人気以下で勝てる馬を浮かび上がらせます

ハードル❶
近2走で1800m以上3歳以上オープンクラス連対

ハードル❷
1800m以上ＧⅠ1着歴

どちらか一方で可。

2番人気以下で勝てる馬【1着穴馬的中シート】

条件	馬番 or 馬名
ハードル❶クリア	
ハードル❷クリア	

過去8年、2番人気以下で優勝した馬の近2走成績と実績を紹介します。

2020年　2番人気　エアアルマス　牡5　56kg　380円
前走　11月9日　東京1600m　ＧⅢ　武蔵野Ｓ　1番人気　11着　1.6秒差　Ｘ位
前々走　10月12日　京都1800m　ＯＰ　太秦Ｓ　1番人気　1着　0.4秒差　Ｘ位
4歳　9月7日　阪神1400m　ＯＰ　エニフＳ　1番人気　1着　0.0秒差　1位

2016年　4番人気　アスカノロマン　牡5　56kg　670円
前走　12月20日　阪神2000m　ＯＰ　ベテルギウスＳ　3番人気　2着　0.3秒差　3位
前々走　11月8日　京都1800m　ＧⅢ　みやこＳ　8番人気　4着　0.5秒差　Ｘ位
4歳　2月14日　京都1900m　ＯＰ　アルデバランＳ　4番人気　1着　0.3秒差　3位

2013年　4番人気　グレープブランデー　牡5　57kg（＋1kg）660円
前走　12月2日　阪神1800m　ＧⅠ　ジャパンＣダート　11番人気　5着　1.1秒差　Ｘ位
前々走　11月4日　京都1800m　ＧⅢ　みやこＳ　4番人気　6着　0.4秒差　Ｘ位
4歳　8月12日　小倉1700m　ＯＰ　阿蘇Ｓ　2番人気　1着　0.3秒差　2位
3歳　7月13日　大井2000m　ＧⅠ　ジャパンＤＤ　1番人気　1着　0.0秒差　3位
3歳　6月4日　東京1600m　ＧⅢ　ユニコーンＳ　1番人気　2着　0.2秒差　1位
3歳　5月1日　京都1800m　ＯＰ　いぶき賞　1番人気　1着　0.0秒差　Ｘ位
※過去1年以前の地方ＧⅠジャパンダートダービー勝ちにより1kg加増。

◆２着馬を見つけるのはココで

２着候補を２番人気以下から見つけだすのに便利なツールが僕の作ったハードルです。こちらも【２着穴馬的中シート】を併用して見つけてください。なお、１番人気に応えられなくても２着に来ることはありますので、１番人気馬は無条件で２着候補です。

２番人気以下で２着に入れる馬を浮かび上がらせます

４～５歳ハードル❶
近２走で３勝クラス圧勝

４～５歳ハードル❷
オープンクラス「１番人気歴か、近２走で連対」

どちらか一方で可。

６歳以上ハードル❸
重賞１着歴か、前走ＧＩ４着以内

注：ハードルはすべて1800m以上３歳以上

2番人気以下で2着に入れる馬【2着穴馬的中シート】

条件	馬番 or 馬名
4～5歳 ハードル❶クリア	
4～5歳 ハードル❷クリア	
6歳以上 ハードル❸クリア	

過去８年、２番人気以下で２着に入った馬の近２走成績と実績を紹介します。

まず４歳馬から。

2019年　２番人気　チュウワウィザード　牡４　56kg（＋１kg）
前走　12月24日　名古屋2500m　GⅡ　名古屋グランプリ　２番人気　１着　0.1秒差　１位
前々走　12月８日　中山1800m　ＯＰ　師走Ｓ　２番人気　２着　0.4秒差　２位
※地方GⅡ名古屋グランプリ勝ちにより１kg加増。

続いて５歳馬。

2018年　13番人気　コスモカナディアン　牡５　56kg
前走　12月９日　中山1800m　ＯＰ　師走Ｓ　４番人気　12着　2.1秒差　Ｘ位
前々走　９月17日　中山1800m　ＯＰ　ラジオ日本賞　３番人気　４着　0.1秒差　Ｘ位
※４歳３月26日中山1800mGⅢマーチＳ１番人気12着0.9秒差Ｘ位
※ＧⅠ川崎記念３着歴（重賞３勝馬ケイティブレイブに先着）。

2017年　12番人気　モルトベーネ　牡５　56kg
前走　11月６日　京都1800m　GⅢ　みやこＳ　11番人気　６着　0.9秒差　Ｘ位
前々走　10月23日　東京2100m　ＯＰ　ブラジルＣ　８番人気　11着　1.7秒差　Ｘ位
※４歳７月17日中京1800mＯＰジュライＣ１番人気９着2.3秒差Ｘ位

2016年　２番人気　モンドクラッセ　牡５　56kg
前走　11月８日　京都1800m　GⅢ　みやこＳ　２番人気　７着　0.8秒差　Ｘ位　４角先頭
前々走　10月４日　中山1800m　1600万　内房Ｓ　３番人気　１着　0.8秒差　１位　逃げ

最後に６歳以上馬。

2020年　３番人気　ヴェンジェンス　牡７　56kg
前走　12月１日　中京1800m　ＧⅠ　チャンピオンズＣ　10番人気　７着　0.7秒差　Ｘ位
前々走　11月３日　京都1800m　GⅢ　みやこＳ　７番人気　１着　0.1秒差　２位
６歳　６月８日　阪神1400m　ＯＰ　天保山Ｓ　３番人気　１着　0.2秒差　１位
６歳　３月９日　阪神1400m　ＯＰ　ポラリスＳ　２番人気　１着　0.2秒差　２位

2014年　３番人気　グランドシチー　牡７　56kg
前走　12月１日　阪神1800m　ＧⅠ　ジャパンＣダート　15番人気　６着　0.8秒差　３位
前々走　11月３日　京都1800m　GⅢ　みやこＳ　６番人気　５着　0.5秒差　２位
６歳　３月24日　中山1800m　GⅢ　マーチＳ　２番人気　１着　0.0秒差　２位
５歳　12月24日　中山1800m　ＯＰ　フェアウェルＳ　２番人気　１着　0.4秒差　１位
５歳　９月16日　中山1800m　ＯＰ　ラジオ日本賞　２番人気　１着　0.1秒差　１位
５歳　７月16日　盛岡2000m　GⅢ　マーキュリーＣ　２番人気　２着　0.6秒差　２位

2013年　８番人気　ナムラタイタン　牡７　56kg
前走　12月29日　大井2000m　ＧⅠ　東京大賞典　７番人気　４着　1.6秒差　Ｘ位
前々走　12月２日　阪神1800m　ＧⅠ　ジャパンＣダート　13番人気　７着　1.4秒差　Ｘ位

6歳	4月29日	東京1600m	OP	オアシスS	3番人気	1着	0.6秒差	2位
5歳	11月13日	東京1600m	GⅢ	武蔵野S	4番人気	1着	0.1秒差	2位
5歳	6月11日	東京1600m	OP	オアシスS	4番人気	1着	0.1秒差	2位
4歳	5月29日	東京1400m	OP	欅S	1番人気	1着	0.2秒差	3位
4歳	4月3日	阪神1400m	OP	コーラルS	1番人気	1着	0.6秒差	1位

2015年　9番人気　グランドシチー　牡8　56kg

前走	12月27日	中山1800m	OP	師走S	4番人気	4着	0.9秒差	3位
前々走	11月19日	浦和2000m	GⅡ	浦和記念	4番人気	5着	0.7秒差	X位
7歳	1月26日	中京1800m	GⅡ	東海S	3番人気	2着	0.3秒差	1位
6歳	3月24日	中山1800m	GⅢ	マーチS	2番人気	1着	0.0秒差	2位
5歳	12月24日	中山1800m	OP	フェアウェルS	2番人気	1着	0.4秒差	1位
5歳	9月16日	中山1800m	OP	ラジオ日本賞	2番人気	1着	0.1秒差	1位
5歳	7月16日	盛岡2000m	GⅢ	マーキュリーC	2番人気	2着	0.6秒差	2位

中央・地方(国際)交流競走　ダートグレード競走一覧 (2020年10月19日現在)

1月	大井	Jpn Ⅲ	ＴＣＫ女王盃	1800 m	4歳以上牝馬	2200万円
1月	川崎	Jpn Ⅰ	川崎記念	2100 m	4歳以上	6000万円
2月	佐賀	Jpn Ⅲ	佐賀記念	2000 m	4歳以上	2300万円
3月	川崎	Jpn Ⅱ	エンプレス杯	2100 m	4歳以上牝馬	3500万円
3月	名古屋	Jpn Ⅲ	名古屋大賞典	1900 m	4歳以上	2100万円
3月	高知	Jpn Ⅲ	黒船賞	1400 m	4歳以上	2100万円
3月	船橋	Jpn Ⅱ	ダイオライト記念	2400 m	4歳以上	3200万円
4月	船橋	Jpn Ⅲ	マリーンＣ	1600 m	3歳以上牝馬	2500万円
4月	大井	Jpn Ⅲ	東京スプリント	1200 m	4歳以上	2700万円
5月	名古屋	Jpn Ⅲ	かきつばた記念	1400 m	4歳以上	2200万円
5月	船橋	Jpn Ⅰ	かしわ記念	1600 m	4歳以上	6000万円
5月	園田	Jpn Ⅱ	兵庫チャンピオンシップ	1870 m	3歳	3000万円
5月	浦和	Jpn Ⅱ	さきたま杯	1400 m	4歳以上	3100万円
6月	門別	Jpn Ⅲ	北海道スプリントＣ	1200 m	3歳以上	2200万円
6月	川崎	Jpn Ⅱ	関東オークス	2100 m	3歳牝馬	3200万円
6月	大井	Jpn Ⅰ	帝王賞	2000 m	4歳以上	6000万円
7月	大井	Jpn Ⅰ	ジャパンダートダービー	2000 m	3歳	4500万円
7月	川崎	Jpn Ⅲ	スパーキングレディＣ	1600 m	3歳以上牝馬	2500万円
7月	盛岡	Jpn Ⅲ	マーキュリーＣ	2000 m	3歳以上	2300万円
8月	盛岡	Jpn Ⅲ	クラスターＣ	1200 m	3歳以上	2300万円
8月	佐賀	Jpn Ⅲ	サマーチャンピオン	1400 m	3歳以上	2300万円
8月	門別	Jpn Ⅲ	ブリーダーズゴールドＣ	2000 m	3歳以上牝馬	3100万円
9月	浦和	Jpn Ⅲ	テレ玉杯オーバルスプリント	1400 m	3歳以上	2100万円
9月	金沢	Jpn Ⅲ	白山大賞典	2100 m	3歳以上	2100万円
9月	船橋	Jpn Ⅱ	日本テレビ盃	1800 m	3歳以上	3200万円
10月	大井	Jpn Ⅱ	東京盃	1200 m	3歳以上	3500万円
10月	大井	Jpn Ⅱ	レディスプレリュード	1800 m	3歳以上牝馬	3100万円
10月	盛岡	Jpn Ⅰ	マイルチャンピオンシップ南部杯	1600 m	3歳以上	5000万円
10月	門別	Jpn Ⅲ	エーデルワイス賞	1200 m	2歳牝馬	2000万円
11月	金沢	Jpn Ⅰ	ＪＢＣクラシック	2100 m	3歳以上	8000-万円
11月	金沢	Jpn Ⅰ	ＪＢＣスプリント	1400 m	3歳以上	6000万円
11月	金沢	Jpn Ⅰ	ＪＢＣレディスクラシック	1500 m	3歳以上牝馬	4100万円
11月	門別	Jpn Ⅲ	ＪＢＣ２歳優駿	1800 m	2歳	3000万円
11月	浦和	Jpn Ⅱ	浦和記念	2000 m	3歳以上	3500万円
12月	園田	Jpn Ⅱ	兵庫ジュニアグランプリ	1400 m	2歳	2500万円
12月	船橋	Jpn Ⅲ	クイーン賞	1800 m	3歳以上	2100万円
12月	名古屋	Jpn Ⅱ	名古屋グランプリ	2500 m	3歳以上	3200万円
12月	川崎	Jpn Ⅰ	全日本２歳優駿	1600 m	2歳	4200万円
12月	園田	Jpn Ⅲ	兵庫ゴールドトロフィー	1400 m	3歳以上	2500万円
12月	大井	Jpn Ⅰ	東京大賞典	2000 m	3歳以上	8000万円

※本文中の実績列記などでは、Jpn Ⅲ、Jpn Ⅱ、Jpn ⅠはＧⅢ、ＧⅡ、ＧⅠと表記しています。

GⅡ

アメリカJCC

1月24日(日)

中山競馬場　芝2200m（2002年は東京競馬場　芝2200m）

4歳以上

別定　4歳55kg　5歳以上56kg（牝馬2kg減）

ただし、過去1年間で　GⅠ競走（牝馬限定競走は除く）1着馬は2kg増
牝馬限定GⅠ競走およびGⅡ競走（牝馬限定競走は除く）1着馬は1kg増
過去1年以前の　GⅠ競走（牝馬限定競走は除く）1着馬は1kg増
（ただし、2歳時の成績を除く）。

2011年までの基礎重量は4歳56kg、5歳以上57kg（牝馬2kg減）

１番人気で勝てる馬を浮かび上がらせます

大前提①　**加増は１kgまで**

大前提②　**６歳以上はＧⅠ馬**（せん馬は除く）

大前提③　**2400m以上ＧⅡ・ＧⅠ３着以内歴**

ハードル❶
**1800m以上「ＧⅠ１着歴か、
ＧⅡ上がり１位あるいは逃げて完勝歴」**

ハードル❷
前走2000m以上ＧⅢ１番人気完勝

どちらか一方で可。

注：ハードルはどちらも３歳以上戦

まず、今年も多くのファンを失望させることになるかもしれない１番人気馬を大前提とハードルに照らし合わせ、勝てるか負けるかを判定しましょう。２ページ後からの【１番人気的中シート】を利用してください。

アメリカジョッキークラブカップの真相

当レースが現在のようなグレード別定になったのは2008年からです。それまでは賞金別定で、以下のような加増システムでした。

・2007年
3000万円超過馬は、超過額4000万円毎１kg増

・2006年まで
４歳3000万円、５歳4000万円、６歳以上5000万円超過馬は、超過額5000万円毎１kg増

しかし過去20年を解析した結果、2007年までの賞金別定時代と、その後のグレード別定時代とのあいだで、１着馬・２着馬が持つ素養に大きな差異は認められませんでした。従って過去20年のデータを解析して【爆勝的中シート】を作成しています。
当レースのポイントは距離適性です。前著にて、同じ中山競馬場芝2200mで行われる古馬ＧⅡオールカマーを紹介する際に書きましたが、2200mは長距離馬の舞台です。中距離馬が大手を振るう2000mからわずか200m延びただけで、ステイヤーたちのステージに変貌します。当レースで１番人気に推されて負けた15頭のなかに、2400m以上のＧⅡ・ＧⅠで３着以内歴のなかった馬が５頭いることがその証しでしょう。当レースと同じ距離2200mの実績だけでは通用しないわけです。
これはＧⅡだけではなく、ほかのクラスでも適用できるキーポイントだと思いますので、予想の際に必ずチェックしてください。

1番人気で勝てる馬【1番人気的中シート】

大前提①……加増は1kgまで
大前提②……6歳以上はＧⅠ馬（せん馬は除く）
大前提③……2400m以上ＧⅡ・ＧⅠ3着以内歴

ハードル❶……1800m以上「GI1着歴か、
ハードル❷……前走2000m以上ＧⅢ1
注：ハードルはどちらも3歳以上戦。ど

年度	アメリカＪＣＣの1番人気馬	性齢	大前提①	大前提②	大前提③	ハードル❶	ハードル❷
2021							
2021							
2020	ブラストワンピース	牡5				○	
2019	フィエールマン	牡4	×			○	
2018	ミッキースワロー	牡4			×	×	×
2017	ゼーヴィント	牡4			×	×	×
2016	サトノラーゼン	牡4				×	×
2015	ゴールドシップ	牡6	×			○	
2014	レッドレイヴン	牡4			×	×	×
2013	ルルーシュ	牡5				×	×
2012	ルーラーシップ	牡5				○	
2011	トーセンジョーダン	牡5				○	
2010	キャプテントゥーレ	牡5			×	×	×
2009	ドリームジャーニー	牡5				×	×
2008	ドリームパスポート	牡5				×	×
2007	インティライミ	牡5				×	×
2006	グラスボンバー	牡6		×		×	×
2005	クラフトワーク	牡5					○
2004	ワールドスケール	牡4			×	×	×
2003	マグナーテン	せん7				○	
2002	エアスマップ	牡7		×		×	×
2001	ダイワテキサス	牡8		×		○	

GⅡ上がり1位あるいは逃げて完勝歴」
番人気完勝
ちらか一方で可。

1番人気的中シートの使い方

左のシートに今年の1番人気候補を記入し、過去の成績をもとに「勝てるか、勝てないか」を判定してください。「勝てない」とわかったら、2番人気以下で勝てる馬が浮かび上がる【1着穴馬的中シート】（後ろのページ）に進んでください。

判定	着順	単勝配当	結果	2番人気以下で勝った馬	人気	単勝配当	結果
◉	1着	¥300	大的中				
×	2着		→	シャケトラ	7	¥3,850	大的中
×	2着		→	ダンビュライト	2	¥390	大的中
×	2着		→	タンタアレグリア	7	¥1,470	大的中
×	10着		→	ディサイファ	2	¥500	大的中
×	7着		→	クリールカイザー	4	¥1,380	大的中
×	4着		→	ヴェルデグリーン	2	¥570	大的中
×	7着		→	ダノンバラード	3	¥600	大的中
◉	1着	¥140	大的中				
◉	1着	¥190	大的中				
×	11着		→	ネヴァブション	5	¥900	大的中
×	8着		→	ネヴァブション	4	¥700	大的中
×	5着		→	エアシェイディ	2	¥610	大的中
×	4着		→	マツリダゴッホ	2	¥320	大的中
×	4着		→	シルクフェイマス	5	¥970	大的中
◉	1着	¥170	大的中				
×	7着		→	ダンツジャッジ	2	¥330	大的中
◉	1着	¥170	大的中				
×	9着		→	フサイチランハート	8	¥1,960	大的中
×	8着		→	アメリカンボス	2	¥460	大的中

過去20年、１番人気に応えて優勝した馬の近２走成績と実績を紹介します。
（実績は重賞連対歴を列記。以下同様）

まず５歳馬から。

2020年　ブラストワンピース　牡５　57kg（＋１kg）300円

前走	10月６日	仏国2400m	ＧⅠ	凱旋門賞	５番人気	11着	6.1秒差	
前々走	８月18日	札幌2000m	ＧⅡ	札幌記念	３番人気	１着	0.0秒差	１位
３歳	12月23日	中山2500m	ＧⅠ	有馬記念	３番人気	１着	0.0秒差	Ｘ位
３歳	９月２日	新潟2000m	ＧⅢ	新潟記念	１番人気	１着	0.3秒差	１位
３歳	３月24日	阪神1800m	ＧⅢ	毎日杯	１番人気	１着	0.3秒差	２位

2012年　ルーラーシップ　牡５　57kg（＋１kg）140円

前走	12月25日	中山2500m	ＧⅠ	有馬記念	11番人気	４着	0.2秒差	１位
前々走	６月26日	阪神2200m	ＧⅠ	宝塚記念	２番人気	５着	0.9秒差	Ｘ位
４歳	５月28日	京都2000m	ＧⅡ	金鯱賞	１番人気	１着	0.1秒差	１位
４歳	１月16日	京都2400m	ＧⅡ	日経新春杯	２番人気	１着	0.3秒差	２位
３歳	12月４日	阪神1800m	ＧⅢ	鳴尾記念	２番人気	１着	0.1秒差	３位

2011年　トーセンジョーダン　牡５　58kg（＋１kg）190円

前走	12月26日	中山2500m	ＧⅠ	有馬記念	７番人気	５着	0.3秒差	Ｘ位　逃げ
前々走	11月７日	東京2500m	ＧⅡ	アルゼンチン共和国杯	１番人気	１着	0.3秒差	１位
４歳	２月８日	東京1800m	ＧⅢ	共同通信杯	２番人気	２着	0.3秒差	Ｘ位

2005年　クラフトワーク　牡５　57kg　170円

前走	１月５日	中山2000m	ＧⅢ	中山金杯	１番人気	１着	0.2秒差	２位
前々走	７月25日	函館2000m	ＧⅢ	函館記念	２番人気	１着	0.1秒差	１位
４歳	２月１日	東京1600m	ＧⅢ	東京新聞杯	５番人気	２着	0.3秒差	１位

※東京2400mＧⅡ青葉賞３着。

続いて６歳以上馬。

2003年　マグナーテン　せん７　58kg（＋１kg）170円

前走	11月24日	東京2400m	ＧⅠ	ジャパンＣ	８番人気	４着	0.3秒差	Ｘ位　逃げ
６歳	10月６日	東京1800m	ＧⅡ	毎日王冠	２番人気	１着	0.3秒差	Ｘ位　逃げ
６歳	７月28日	新潟1600m	ＧⅢ	関屋記念	１番人気	１着	0.2秒差	２位
５歳	８月５日	新潟1600m	ＧⅢ	関屋記念	４番人気	１着	0.4秒差	Ｘ位

◉2400m以上ＧⅡ・ＧⅠ３着以内歴なし。ただし、前走東京2400mＧⅠジャパンＣで逃げて４着なら、距離適性についての不安は払拭できると考えます。大前提③クリアとします。また、７歳馬ではありますが、せん馬は年を重ねても競走能力が大きくは減退しないと言われます。年齢は関係ありません。

過去20年、１番人気に応えられず負けた馬の近２走成績と実績を紹介します。

まず４歳馬から。

2019年　フィエールマン　牡４　57kg（＋２kg）２着
前走　10月21日　京都3000m　ＧⅠ　菊花賞　７番人気　１着　0.0秒差　１位
前々走　７月１日　福島1800m　ＧⅢ　ラジオNIKEEI賞　１番人気　２着　0.1秒差　１位
※加増２kgＮＧ。

2018年　ミッキースワロー　牡４　56kg（＋１kg）２着
前走　10月22日　京都3000m　ＧⅠ　菊花賞　３番人気　６着　0.8秒差　Ｘ位
前々走　９月18日　中山2200m　ＧⅡ　セントライト記念　２番人気　１着　0.3秒差　１位
※2400m以上ＧⅡ・ＧⅠ３着以内歴なし。

2017年　ゼーヴィント　牡４　55kg　２着
前走　11月13日　福島2000m　ＧⅢ　福島記念　１番人気　２着　0.2秒差　３位
前々走　９月18日　中山2200m　ＧⅡ　セントライト記念　２番人気　２着　0.0秒差　３位
３歳　７月３日　福島1800m　ＧⅢ　ラジオNIKEEI賞　１番人気　１着　0.2秒差　Ｘ位
※2400m以上ＧⅡ・ＧⅠ３着以内歴なし。

2016年　サトノラーゼン　牡４　56kg（＋１kg）10着
前走　10月25日　京都3000m　ＧⅠ　菊花賞　３番人気　５着　0.5秒差　３位
前々走　９月21日　中山2200m　ＧⅡ　セントライト記念　１番人気　７着　0.3秒差　２位
３歳　５月31日　東京2400m　ＧⅠ　ダービー　５番人気　２着　0.3秒差　Ｘ位
３歳　５月９日　京都2200m　ＧⅡ　京都新聞杯　２番人気　１着　0.1秒差　Ｘ位
※３歳以上戦未勝利。

2014年　レッドレイヴン　牡４　55kg　４着
前走　12月８日　中山1800m　1600万　美浦Ｓ　１番人気　１着　0.3秒差　１位
前々走　10月20日　東京1800m　1600万　甲斐路Ｓ　２番人気　２着　0.2秒差　１位
２歳　11月17日　東京1800m　ＧⅢ　東スポ杯２歳Ｓ　３番人気　２着　0.3秒差　１位
※2400m以上ＧⅡ・ＧⅠ３着以内歴なし。

2004年　ワールドスケール　牡４　56kg　７着
前走　１月５日　中山2000m　ＧⅢ　中山金杯　５番人気　２着　0.6秒差　Ｘ位
前々走　11月30日　東京1600m　ＯＰ　キャピタルＳ　９番人気　９着　1.0秒差　Ｘ位
※2400m以上ＧⅡ・ＧⅠ３着以内歴なし。

続いて５歳馬。

2013年　ルルーシュ　牡５　57kg（＋１kg）７着
前走　12月23日　中山2500m　ＧⅠ　有馬記念　６番人気　８着　1.5秒差　Ｘ位
前々走　11月４日　東京2500m　ＧⅡ　アルゼンチン共和国杯　２番人気　１着　0.2秒差　３位
※上がり３位がＮＧ。

2010年　キャプテントゥーレ　牡５　58kg（＋１kg）11着
前走　11月22日　京都1600m　ＧⅠ　マイルＣＳ　３番人気　４着　0.2秒差　Ｘ位
前々走　11月１日　東京2000m　ＧⅠ　天皇賞・秋　６番人気　12着　1.3秒差　Ｘ位
４歳　９月12日　阪神2000m　ＧⅢ　朝日ＣＣ　１番人気　１着　0.0秒差　３位

３歳　４月20日　中山2000m　GⅠ　皐月賞　７番人気　１着　0.4秒差　X位　逃げ
※2400m以上GⅡ・GⅠ３着以内歴なし。

2009年　ドリームジャーニー　牡５　57kg　８着
前走　12月28日　中山2500m　GⅠ　有馬記念　７番人気　４着　0.4秒差　２位
前々走　11月２日　東京2000m　GⅠ　天皇賞・秋　４番人気　10着　0.8秒差　３位
４歳　９月15日　阪神2000m　GⅢ　朝日CC　１番人気　１着　0.1秒差　１位
４歳　８月３日　小倉2000m　GⅢ　小倉記念　２番人気　１着　0.5秒差　１位
３歳　９月23日　阪神2400m　GⅡ　神戸新聞杯　３番人気　１着　0.1秒差　１位
２歳　12月10日　中山1600m　GⅠ　朝日杯FS　２番人気　１着　0.1秒差　１位
※３歳以上GⅡ・G１未勝利。

2008年　ドリームパスポート　牡５　57kg　５着
前走　12月23日　中山2500m　GⅠ　有馬記念　７番人気　６着　1.2秒差　１位
前々走　11月25日　東京2400m　GⅠ　ジャパンC　６番人気　14着　1.5秒差　X位
４歳　３月18日　阪神3000m　GⅡ　阪神大賞典　１番人気　２着　0.0秒差　X位
３歳　11月26日　東京2400m　GⅠ　ジャパンC　５番人気　２着　0.3秒差　３位
３歳　10月22日　京都3000m　GⅠ　菊花賞　２番人気　２着　0.0秒差　２位
３歳　９月24日　中京2000m　GⅡ　神戸新聞杯　３番人気　１着　0.0秒差　３位
３歳　４月16日　中山2000m　GⅠ　皐月賞　10番人気　２着　0.1秒差　２位
３歳　２月12日　京都1800m　GⅢ　きさらぎ賞　２番人気　１着　0.1秒差　１位
※３歳以上GⅡ・G１未勝利。

2007年　インティライミ　牡５　57kg　４着
前走　12月３日　中京2000m　GⅢ　中日新聞杯　２番人気　２着　0.0秒差　２位
前々走　10月29日　東京2000m　GⅠ　天皇賞・秋　６番人気　15着　2.4秒差　X位　逃げ
３歳　５月29日　東京2400m　GⅠ　ダービー　２番人気　２着　0.8秒差　X位
３歳　５月７日　京都2200m　GⅡ　京都新聞杯　１番人気　１着　0.0秒差　２位
※３歳以上GⅡ・G１未勝利。

最後に６歳以上馬。

2015年　ゴールドシップ　牡６　58kg（＋２kg）７着
前走　12月28日　中山2500m　GⅠ　有馬記念　１番人気　３着　0.1秒差　X位
前々走　10月５日　仏国2400m　GⅠ　凱旋門賞　７番人気　14着
５歳　８月24日　札幌2000m　GⅡ　札幌記念　１番人気　２着　0.1秒差　１位
５歳　６月29日　阪神2200m　GⅠ　宝塚記念　１番人気　１着　0.5秒差　１位
５歳　３月23日　阪神3000m　GⅡ　阪神大賞典　１番人気　１着　0.6秒差　１位
４歳　６月23日　阪神2200m　GⅠ　宝塚記念　２番人気　１着　0.6秒差　１位
４歳　３月17日　阪神3000m　GⅡ　阪神大賞典　１番人気　１着　0.3秒差　２位
３歳　12月23日　中山2500m　GⅠ　有馬記念　１番人気　１着　0.2秒差　１位
３歳　10月21日　京都3000m　GⅠ　菊花賞　１番人気　１着　0.3秒差　１位
３歳　９月23日　阪神2400m　GⅡ　神戸新聞杯　１番人気　１着　0.4秒差　１位
３歳　４月15日　中山2000m　GⅠ　皐月賞　４番人気　１着　0.4秒差　１位
２歳　12月24日　阪神2000m　GⅢ　ラジオNIKEEI杯　３番人気　２着　0.2秒差　２位

２歳　10月１日　札幌1800m　GⅢ　札幌２歳Ｓ　２番人気　２着　0.1秒差　１位
※加増２kgＮＧ。

2006年　グラスボンバー　牡６　57kg　４着
前走　12月25日　中山2500m　ＧⅠ　有馬記念　11番人気　９着　1.0秒差　３位
前々走　11月13日　福島2000m　GⅢ　福島記念　３番人気　１着　0.2秒差　1位　4角先頭
５歳　９月25日　中山2200m　GⅡ　オールカマー　２番人気　２着　0.0秒差　１位
５歳　８月28日　新潟2000m　GⅢ　新潟記念　５番人気　２着　0.4秒差　２位
※３歳以上GⅡ・Ｇ１未勝利。

2002年　エアスマップ　牡７　57kg　９着
前走　１月５日　中山2000m　GⅢ　中山金杯　３番人気　４着　0.1秒差　Ｘ位
前々走　11月24日　京都1800m　GⅢ　京阪杯　４番人気　９着　0.6秒差　Ｘ位
６歳　９月23日　中山2200m　GⅡ　オールカマー　２番人気　１着　0.1秒差　２位
６歳　８月26日　新潟2000m　GⅢ　新潟記念　３番人気　２着　0.2秒差　２位
※ＧⅠ未勝利の７歳馬ＮＧ。

2001年　ダイワテキサス　牡８　59kg（＋２kg）８着
前走　12月24日　中山2500m　ＧⅠ　有馬記念　13番人気　３着　0.1秒差　Ｘ位
前々走　11月26日　東京2400m　ＧⅠ　ジャパンＣ　15番人気　５着　0.5秒差　Ｘ位
７歳　８月27日　新潟2000m　GⅢ　新潟記念　１番人気　１着　0.3秒差　１位
７歳　８月６日　福島1700m　GⅢ　関屋記念　３番人気　１着　0.1秒差　２位
７歳　６月11日　東京1800m　GⅢ　エプソムＣ　12番人気　２着　0.2秒差　２位
７歳　２月27日　中山1800m　GⅡ　中山記念　５番人気　１着　0.1秒差　１位
６歳　３月14日　中山1800m　GⅡ　中山記念　４番人気　２着　0.3秒差　１位
５歳　９月20日　中山2200m　GⅡ　オールカマー　１番人気　１着　0.2秒差　１位
５歳　８月９日　新潟1600m　GⅢ　関屋記念　１番人気　１着　0.0秒差　Ｘ位
※加増２kg、ＧⅠ未勝利の８歳馬ＮＧ。現在のグレード別定なら加増は１kgどまり。

◆１番人気が飛ぶとわかったらココへ

１番人気が「負ける」とわかったら、２番人気以下の馬から勝つ馬を見つけます。簡単です。僕が課す大前提とハードルを満たした馬しか勝ちませんので、【１着穴馬的中シート】を利用して見つけだしてください。

２番人気以下で勝てる馬を浮かび上がらせます

大前提①　４〜５歳馬は加増なし

４歳ハードル❶
前走３勝クラス以上１番人気完勝

５歳ハードル❷
近２走で「１番人気１着か、ＧⅡ・ＧⅠ上がり１位」

６歳以上ハードル❸
ＧⅡ「１着歴か、１番人気歴」、
あるいはＧⅢ１番人気１着歴

注：ハードルはいずれも1800m以上３歳以上戦

２番人気以下で勝てる馬【1着穴馬的中シート】

条件	馬番 or 馬名
大前提① クリア	
4歳 ハードル❶クリア	
5歳 ハードル❷クリア	
6歳以上 ハードル❸クリア	

過去20年、２番人気以下で優勝した馬の近２走成績と実績を紹介します。

まず４歳馬から。

2018年　２番人気　ダンビュライト　牡４　55kg　390円
前走　12月24日　阪神2000m　1600万　サンタクロースＳ　１番人気　１着　0.1秒差　2位　4角先頭
前々走　10月22日　京都3000m　ＧⅠ　菊花賞　４番人気　５着　0.8秒差　Ｘ位
２歳　10月８日　東京1600m　ＧⅢ　サウジアラビアＲＣ　２番人気　２着　0.2秒差　２位
※ＧⅠ皐月賞３着0.1秒差という実績もあります。

2007年　２番人気　マツリダゴッホ　牡４　56kg　320円
前走　12月23日　中山1800m　1600万　クリスマスＣ　１番人気　１着　0.1秒差　２位
前々走　12月10日　中山2000m　1600万　冬至Ｓ　１番人気　２着　0.0秒差　２位

続いて５歳馬。

2017年　７番人気　タンタアレグリア　牡５　56kg　1470円
前走　５月１日　京都3200m　ＧⅠ　天皇賞・春　10番人気　４着　0.3秒差　１位
前々走　３月20日　阪神3000m　ＧⅡ　阪神大賞典　４番人気　２着　0.4秒差　２位
３歳　５月２日　東京2400m　ＧⅡ　青葉賞　４番人気　２着　0.1秒差　Ｘ位

2013年　３番人気　ダノンバラード　牡５　56kg　600円
前走　12月１日　中京2000m　ＧⅡ　金鯱賞　２番人気　８着　0.6秒差　X位　逃げ
前々走　11月11日　京都2000m　ＯＰ　アンドロメダＳ　１番人気　１着　0.0秒差　１位
４歳　１月15日　京都2400m　ＧⅡ　日経新春杯　３番人気　２着　0.2秒差　３位
２歳　12月25日　阪神2000m　ＧⅢ　ラジオNIKEEI杯　４番人気　１着　0.0秒差　１位

2004年　２番人気　ダンツジャッジ　牡５　57kg　330円
前走　１月５日　中山2000m　ＧⅢ　中山金杯　３番人気　３着　0.7秒差　Ｘ位
前々走　12月20日　中山1800m　ＯＰ　ディセンバーＳ　１番人気　１着　0.0秒差　２位
４歳　11月29日　京都1800m　ＧⅢ　京阪杯　３番人気　２着　0.7秒差　３位
４歳　４月６日　中山1600m　ＧⅢ　ダービー卿ＣＴ　７番人気　１着　0.0秒差　２位

2002年　８番人気　フサイチランハート　牡５　57kg　1960円
前走　12月16日　中山2000m　1000万　平場　１番人気　１着　0.2秒差　１位
前々走　11月11日　京都1800m　1000万　平場　６番人気　４着　0.2秒差　３位
◉非常に低レベルの年。２勝クラスの平場を勝って古馬別定ＧⅡ制覇は奇跡です。

次に６歳馬。

2019年　７番人気　シャケトラ　牡６　56kg　3850円
前走　12月24日　中山2500m　ＧⅠ　有馬記念　７番人気　６着　0.5秒差　Ｘ位
前々走　11月26日　東京2400m　ＧⅠ　ジャパンＣ　７番人気　11着　1.5秒差　Ｘ位
４歳　３月25日　中山2500m　ＧⅡ　日経賞　４番人気　１着　0.1秒差　１位
４歳　１月17日　京都2400m　ＧⅡ　日経新春杯　２番人気　２着　0.0秒差　３位

※GⅡ勝ちがありますが、１年以上前の実績のため加増なしになっており、有利です。

2015年　４番人気　クリールカイザー　牡６　56kg　1380円
前走　12月６日　中山3600m　GⅡ　ステイヤーズS　１番人気　３着　0.4秒差　２位
前々走　11月９日　東京2500m　GⅡ　アルゼンチン共和国杯　４番人気　２着　0.4秒差　X位　4角先頭

2014年　２番人気　ヴェルデグリーン　牡６　57kg（＋１kg）570円
前走　12月22日　中山2500m　GⅠ　有馬記念　８番人気　10着　2.6秒差　X位
前々走　10月27日　東京2000m　GⅠ　天皇賞・秋　７番人気　８着　1.8秒差　X位
５歳　９月22日　中山2200m　GⅡ　オールカマー　９番人気　１着　0.0秒差　１位

2009年　４番人気　ネヴァブション　牡６　57kg　700円
前走　１月４日　中山2000m　GⅢ　中山金杯　３番人気　５着　0.2秒差　２位
前々走　11月30日　東京2400m　GⅠ　ジャパンC　15番人気　７着　0.5秒差　X位　逃げ
４歳　12月１日　中山3600m　GⅡ　ステイヤーズS　２番人気　２着　0.1秒差　３位
４歳　３月24日　中山2500m　GⅡ　日経賞　３番人気　１着　0.1秒差　１位
※GⅡ勝ちがありますが、１年以上前の実績のため加増なしになっており、有利です。

2001年　２番人気　アメリカンボス　牡６　57kg　460円
前走　12月24日　中山2500m　GⅠ　有馬記念　15番人気　６着　0.6秒差　X位
前々走　11月25日　京都1800m　GⅢ　京阪杯　４番人気　13着　0.9秒差　X位
５歳　６月11日　東京1800m　GⅢ　エプソムC　１番人気　１着　0.2秒差　２位
５歳　５月14日　福島2000m　GⅢ　新潟大賞典　１番人気　２着　0.2秒差　２位
５歳　２月27日　中山1800m　GⅡ　中山記念　４番人気　２着　0.1秒差　２位
４歳　６月５日　東京1800m　GⅢ　エプソムC　11番人気　１着　0.3秒差　２位

最後に７歳馬。

2016年　２番人気　ディサイファ　牡７　57kg（＋１kg）500円
前走　12月５日　中京2000m　GⅡ　金鯱賞　１番人気　２着　0.2秒差　X位
前々走　11月１日　東京2000m　GⅠ　天皇賞・秋　３番人気　８着　0.5秒差　X位
６歳　10月11日　東京1800m　GⅡ　毎日王冠　４番人気　２着　0.2秒差　X位
６歳　８月23日　札幌2000m　GⅡ　札幌記念　５番人気　１着　0.0秒差　X位
６歳　３月14日　中京2000m　GⅢ　中日新聞杯　５番人気　１着　0.2秒差　１位
５歳　６月15日　東京1800m　GⅢ　エプソムC　２番人気　１着　0.0秒差　１位

2010年　５番人気　ネヴァブション　牡７　58kg（＋１kg）900円
前走　12月27日　中山2500m　GⅠ　有馬記念　13番人気　12着　3.9秒差　X位
前々走　11月29日　東京2400m　GⅠ　ジャパンC　18番人気　10着　1.3秒差　X位
６歳　１月25日　中山2200m　GⅡ　アメリカJCC　４番人気　１着　0.4秒差　２位
４歳　12月１日　中山3600m　GⅡ　ステイヤーズS　２番人気　２着　0.1秒差　３位
４歳　３月24日　中山2500m　GⅡ　日経賞　３番人気　１着　0.1秒差　１位

2008年　２番人気　エアシェイディ　牡７　57kg　610円
前走　１月５日　中山2000m　GⅢ　中山金杯　２番人気　２着　0.3秒差　３位

前々走	11月23日	東京1600m	ＯＰ	キャピタルＳ	１番人気	２着	0.1秒差	１位
６歳	２月25日	中山1800m	ＧⅡ	中山記念	３番人気	２着	0.2秒差	２位
６歳	１月27日	東京1600m	ＧⅢ	東京新聞杯	２番人気	２着	0.1秒差	１位
５歳	10月21日	東京1600m	ＧⅢ	富士Ｓ	２番人気	２着	0.1秒差	１位
５歳	７月23日	函館2000m	ＧⅢ	函館記念	２番人気	２着	0.2秒差	Ｘ位
４歳	１月23日	中山2200m	ＧⅡ	アメリカＪＣＣ	３番人気	２着	0.2秒差	Ｘ位

※1800m以上ＧⅡオールカマー、中山記念１番人気歴あり

2006年　５番人気　シルクフェイマス　牡７　58kg（＋１kg）970円

前走	１月５日	京都1600m	ＧⅢ	京都金杯	７番人気	８着	0.7秒差	Ｘ位
前々走	６月26日	阪神2200m	ＧⅠ	宝塚記念	10番人気	15着	2.0秒差	Ｘ位
５歳	６月27日	阪神2200m	ＧⅠ	宝塚記念	６番人気	２着	0.3秒差	Ｘ位
５歳	２月21日	京都2200m	ＧⅡ	京都記念	１番人気	１着	0.1秒差	Ｘ位
５歳	１月18日	京都2400m	ＧⅡ	日経新春杯	１番人気	１着	1.0秒差	１位

※もしグレード別定だったとしても、同馬は１kg加増です。

◆２着馬を見つけるのはココで

２着候補を２番人気以下から見つけだすのに便利なツールが僕の作った大前提とハードルです。こちらも【２着穴馬的中シート】を併用して見つけてください。なお、１番人気に応えられなくても２着に来ることはありますので、１番人気馬は無条件で２着候補です。

２番人気以下で２着に入れる馬を浮かび上がらせます

次ページへ ☞

大前提①　**4～5歳馬は加増なし**

4～5歳ハードル❶
重賞連対歴か、近2走で3歳以上3勝クラス以上完勝

6歳以上ハードル❷
オープン特別1番人気連対歴

6歳以上ハードル❸
重賞「完勝歴か、1番人気1着歴」

どちらか一方で可。

注：ハードル❷❸は1800m以上3歳以上戦

2番人気以下で2着に入れる馬【2着穴馬的中シート】

条件	馬番 or 馬名
大前提①クリア	
4～5歳ハードル❶クリア	
6歳以上ハードル❷クリア	
6歳以上ハードル❸クリア	

過去20年、２番人気以下で２着に入った馬の近２走成績と実績を紹介します。

まず４歳馬から。

2012年　２番人気　ナカヤマナイト　牡４　55kg
前走　12月17日　中山1800m　ＯＰ　ディセンバーＳ　２番人気　１着　0.4秒差　１位
前々走　10月１日　仏国1950m　ＧⅡ　ドラール賞　10着
３歳　２月13日　東京1800m　ＧⅢ　共同通信杯　３番人気　１着　0.0秒差　２位

2007年　５番人気　インテレット　牡４　56kg
前走　10月22日　京都3000m　ＧⅠ　菊花賞　15番人気　６着　0.8秒差　２位
前々走　９月17日　中山2200m　ＧⅡ　セントライト記念　６番人気　９着　0.5秒差　Ｘ位
３歳　３月25日　阪神2000m　ＧⅢ　毎日杯　11番人気　２着　0.2秒差　２位

2006年　２番人気　フサイチアウステル　牡４　56kg
前走　10月23日　京都3000m　ＧⅠ　菊花賞　５番人気　５着　1.4秒差　Ｘ位
前々走　９月18日　中山2200m　ＧⅡ　セントライト記念　１番人気　２着　0.0秒差　Ｘ位

2005年　３番人気　エアシェイディ　牡４　56kg
前走　11月27日　京都1800m　ＧⅢ　京阪杯　３番人気　３着　0.4秒差　Ｘ位
前々走　10月24日　東京1800m　1600万　テレビ静岡賞　１番人気　１着　0.3秒差　１位

2004年　３番人気　ウインジェネラーレ　牡４　56kg
前走　12月21日　中山2500m　1600万　冬至Ｓ　２番人気　１着　0.1秒差　２位
前々走　11月15日　東京2400m　1000万　晩秋特別　５番人気　１着　0.0秒差　３位

次に５歳馬。

2020年　５番人気　ステイフーリッシュ　牡５　56kg
前走　11月30日　阪神2000m　ＧⅢ　チャレンジＣ　４番人気　10着　0.6秒差　Ｘ位
前々走　11月10日　福島2000m　ＧⅢ　福島記念　６番人気　２着　0.2秒差　Ｘ位
４歳　２月10日　京都2200m　ＧⅡ　京都記念　１番人気　２着　0.0秒差　Ｘ位
４歳　１月５日　京都2000m　ＧⅢ　中山金杯　７番人気　２着　0.1秒差　Ｘ位
３歳　５月５日　京都2200m　ＧⅡ　京都新聞杯　７番人気　１着　0.3秒差　Ｘ位

2003年　３番人気　グラスエイコウオー　牡５　57kg
前走　１月５日　中山2000m　ＧⅢ　中山金杯　９番人気　５着　0.4秒差　１位
前々走　12月７日　中山D1800m　ＯＰ　師走Ｓ　１番人気　２着　0.0秒差　１位
３歳　５月６日　東京1600m　ＧⅠ　ＮＨＫマイルＣ　13番人気　２着　0.1秒差　Ｘ位　逃げ

2002年　４番人気　スパークホーク　牡５　57kg
前走　12月16日　中山2500m　1600万　冬至Ｓ　１番人気　１着　0.1秒差　２位
前々走　12月２日　中山2500m　1000万　美浦特別　１番人気　１着　0.2秒差　１位

2001年　3番人気　ロードプラチナム　牡5　57kg
前走　12月2日　中山3600m　GⅡ　ステイヤーズS　3番人気　5着　0.9秒差　X位
前々走　11月5日　東京2500m　GⅡ　アルゼンチン共和国杯　2番人気　7着　0.5秒差　X位
4歳　4月2日　阪神2000m　GⅡ　産経大阪杯　3番人気　2着　0.1秒差　3位

続いて6歳馬。

2014年　11番人気　サクラアルディート　牡6　56kg
前走　1月5日　中山2000m　GⅢ　中山金杯　4番人気　9着　0.4秒差　3位
前々走　12月14日　中山1800m　OP　ディセンバーS　2番人気　5着　0.2秒差　X位
※5走前阪神1800mOP大阪城S1番人気2着0.2秒差3位

最後に7歳以上馬。

2016年　3番人気　スーパームーン　牡7　56kg
前走　12月20日　中山2000m　OP　ディセンバーS　1番人気　2着　0.0秒差　2位
前々走　11月8日　東京2500m　GⅡ　アルゼンチン共和国杯　8番人気　5着　0.7秒差　X位

2015年　7番人気　ミトラ　せん7　56kg
前走　11月16日　福島2000m　GⅢ　福島記念　6番人気　1着　0.2秒差　3位
前々走　10月25日　東京1600m　GⅢ　富士S　7番人気　6着　0.2秒差　X位

2013年　5番人気　トランスワープ　せん8　56kg
前走　10月28日　東京2000m　GⅠ　天皇賞・秋　9番人気　17着　2.4秒差　X位
前々走　9月2日　新潟2000m　GⅢ　新潟記念　7番人気　1着　0.0秒差　1位
7歳　7月15日　函館2000m　GⅢ　函館記念　4番人気　1着　0.2秒差　1位

2011年　6番人気　ミヤビランベリ　牡8　57kg
前走　12月11日　小倉2000m　GⅢ　中日新聞杯　8番人気　18着　2.2秒差　X位
前々走　12月27日　中山2500m　GⅠ　有馬記念　7番人気　11着　2.8秒差　X位
6歳　11月8日　東京2500m　GⅡ　アルゼンチン共和国杯　11番人気　1着　0.2秒差　X位 逃げ
6歳　7月12日　福島2000m　GⅢ　七夕賞　1番人気　1着　0.1秒差　X位
6歳　5月31日　東京2500m　GⅡ　目黒記念　8番人気　1着　0.8秒差　1位
5歳　7月13日　福島2000m　GⅢ　七夕賞　7番人気　1着　0.1秒差　X位 逃げ

2010年　9番人気　シャドウゲイト　牡8　58kg（＋1kg）
前走　12月27日　中山2500m　GⅠ　有馬記念　16番人気　9着　2.7秒差　X位
前々走　11月21日　福島2000m　GⅢ　福島記念　9番人気　10着　0.8秒差　X位
7歳　5月30日　中京2000m　GⅡ　金鯱賞　8番人気　2着　0.2秒差　X位
5歳　5月20日　星国2000m　GⅠ　シンガポール航空国際C　1番人気　1着　0.0秒差
5歳　4月1日　阪神2000m　GⅡ　産経大阪杯　2番人気　2着　0.1秒差　X位 逃げ
5歳　1月6日　中山2000m　GⅢ　中山金杯　3番人気　1着　1.2秒差　2位 3角先頭

2009年　2番人気　エアシェイディ　牡8　58kg（＋1kg）
前走　12月28日　中山2500m　GⅠ　有馬記念　10番人気　3着　0.4秒差　3位

前々走	11月2日	東京2000m	GⅠ	天皇賞・秋	8番人気	5着	0.1秒差	X位
7歳	1月27日	中山2200m	GⅡ	アメリカJCC	2番人気	1着	0.2秒差	1位
7歳	1月5日	中山2000m	GⅢ	中山金杯	2番人気	2着	0.3秒差	3位
6歳	2月25日	中山1800m	GⅡ	中山記念	3番人気	2着	0.2秒差	2位
6歳	1月27日	東京1600m	GⅢ	東京新聞杯	2番人気	2着	0.1秒差	1位
5歳	10月21日	東京1600m	GⅢ	富士S	2番人気	2着	0.1秒差	1位
5歳	7月23日	函館2000m	GⅢ	函館記念	2番人気	2着	0.2秒差	X位
4歳	1月23日	中山2200m	GⅡ	アメリカJCC	3番人気	2着	0.2秒差	X位

2008年　9番人気　トウショウナイト　牡7　57kg

前走	1月5日	中山2000m	GⅢ	中山金杯	10番人気	11着	0.7秒差	X位
前々走	12月15日	中山1800m	OP	ディセンバーS	7番人気	9着	1.2秒差	X位
6歳	3月24日	中山2500m	GⅡ	日経賞	2番人気	2着	0.1秒差	1位
5歳	11月5日	東京2500m	GⅡ	アルゼンチン共和国杯	1番人気	1着	0.0秒差	3位
4歳	3月26日	中山2500m	GⅡ	日経賞	3番人気	2着	0.0秒差	2位
4歳	2月19日	京都2200m	GⅡ	京都記念	6番人気	2着	0.2秒差	2位

GⅢ

根岸S

1月31日（日）

東京競馬場　ダート1400m（(2003年は中山競馬場　ダート1200m)

4歳以上

［グレード］

別定　4歳55kg　5歳以上56kg（牝馬2kg減）

ただし、過去1年間で　GⅠ競走（牝馬限定競走は除く）1着馬は3kg増
牝馬限定GⅠ競走およびGⅡ競走（牝馬限定競走は除く）1着馬は2kg増
牝馬限定GⅡ競走およびGⅢ競走（牝馬限定競走は除く）1着馬は1kg増
過去1年以前の　GⅠ競走（牝馬限定競走は除く）1着馬は2kg増
牝馬限定GⅠ競走およびGⅡ競走（牝馬限定競走は除く）1着馬は1kg増
（ただし、2歳時の成績を除く）。

2月開催の場合は4歳56kg

１番人気で勝てる馬を浮かび上がらせます

大前提①　**地方競馬重賞勝ちで加増されていない**

大前提②　**中央競馬重賞勝ちで加増されているなら、重賞１着歴とＧＩ連対歴の合計が３回以上**

ハードル❶
３歳以上重賞「前走１番人気か、１番人気完勝歴か、上がり１位歴」

まず、今年も多くのファンを失望させることになるかもしれない１番人気馬を大前提とハードルに照らし合わせ、勝てるか負けるかを判定しましょう。２ページ後からの【１番人気的中シート】を利用してください。

根岸ステークスの真相

加増システムについて考える必要があります。当レースはＧⅠを勝っていると3kg増というルールです。これによるとＪＲＡは、ＧⅢに出走してきたＧⅠ馬に対して「3kg重くしないと、楽に勝ってしまい競馬が成り立たない」と判断しているように思えます。つまり、ＧⅢとＧⅠのあいだには少なくとも負担重量に換算して3kg以上のクラス差があるのです。そういうふうに、あとはハンデ戦における負担重量の決め方などを見ていき、私はクラス差を以下のように捉えることにしました（ここでは距離不問）。

新馬・未勝利	**→**	**１勝クラス**	**＝**	**３kg差**
１勝クラス	**→**	**２勝クラス**	**＝**	**３kg差**
２勝クラス	**→**	**３勝クラス**	**＝**	**３kg差**
３勝クラス	**→**	**オープン特別**	**＝**	**３kg差**
オープン特別	**→**	**ＧⅢ**	**＝**	**１kg差**
ＧⅢ	**→**	**ＧⅡ**	**＝**	**２kg差**
ＧⅡ	**→**	**ＧⅠ**	**＝**	**３kg差**

※オープン特別はリステッドを含む

また、同じ条件クラスの平場戦と特別戦の差は0.5kg、同じクラスのローカル開催と中央開催は0.5kgと捉えています。根岸ステークスと直接関係はありませんが、これはＪＲＡのすべてのレースに適用すべき考え方ですので、ここはアンダーラインを引いて覚えてください。

なお、前項ＧⅢカペラステークスの実績紹介は「オープン特別連対以上」の列記でした。同じＧⅢですがこの根岸ステークスはカペラＳよりもレベルが高いため、「オープン特別勝ち以上」の実績を列記します。東海ステークスの項で「ダートＧⅡがほしい」と書きましたが、この根岸Ｓは候補ではないでしょうか。

1番人気で勝てる馬【1番人気的中シート】

大前提①………地方競馬重賞勝ちで加増されていない
大前提②………中央競馬重賞勝ちで加増されているなら、重賞１着歴とＧⅠ連対歴の合計が３回以上
ハードル❶……３歳以上重賞「前走１番人気か、１番人気完勝歴か、上がり１位歴」

年度	根岸Sの1番人気馬	性齢	大前提①	大前提②	ハードル❶	判定	着順
2021							
2021							
2020	コパノキッキング	せん5	×		○	×	2着
2019	サンライズノヴァ	牡5		×	○	×	8着
2018	サンライズノヴァ	牡4			×	×	2着
2017	カフジテイク	牡5			○	◉	1着
2016	モーニン	牡4			○	◉	1着
2015	エアハリファ	牡6			○	◉	1着
2014	ブライトライン	牡5		×	○	×	4着
2013	ガンジス	牡4			×	×	2着
2012	ダノンカモン	牡6			×	×	5着
2011	ケイアイガーベラ	牝5		×	○	×	8着
2010	サマーウインド	牡5			×	×	2着
2009	バンブーエール	牡6	×		×	×	5着
2008	ワイルドワンダー	牡6			○	◉	1着
2007	シーキングザベスト	牡6		×	○	×	2着
2006	サンライズバッカス	牡4		×	○	×	4着
2005	メイショウボーラー	牡4			○	◉	1着
2004	ブルーコンコルド	牡4			×	×	8着
2003	ニホンピロサート	牡5		×	×	×	2着
2002	アッミラーレ	牡5			×	×	4着
2001	ブロードアピール	牝7		×	○	×	3着

1番人気的中シートの使い方

左のシートに今年の1番人気候補を記入し、過去の成績をもとに「勝てるか、勝てないか」を判定してください。「勝てない」とわかったら、2番人気以下で勝てる馬が浮かび上がる【1着穴馬的中シート】（後ろのページ）に進んでください。

単勝配当	結果	2番人気以下で勝った馬	人気	単勝配当	結果
	→	モズアスコット	3	¥990	大的中
	→	コパノキッキング	2	¥430	大的中
	→	ノンコノユメ	6	¥1,050	大的中
¥300	大的中				
¥220	大的中				
¥340	大的中				
	→	ゴールスキー	4	¥750	大的中
	→	メイショウマシュウ	5	¥1,280	大的中
	→	シルクフォーチュン	4	¥950	大的中
	→	セイクリムズン	2	¥360	大的中
	→	グロリアスノア	11	¥4,590	大的中
	→	フェラーリピサ	4	¥700	大的中
¥250	大的中				
	→	ビッググラス	11	¥5,590	大的中
	→	リミットレスビッド	6	¥1,100	大的中
¥180	大的中				
	→	シャドウスケイプ	7	¥1,450	大的中
	→	サウスヴィグラス	2	¥560	大的中
	→	サウスヴィグラス	6	¥1,050	大的中
	→	ノボトゥルー	8	¥2,500	大的中

過去20年、１番人気に応えて優勝した馬の近２走成績と実績を紹介します。

（実績はオープン特別１着以上を列記。以下同様）

2017年　カフジテイク　牡５　56kg　300円

前走	12月４日	中京1800m	GⅠ	チャンピオンズC	11番人気	４着	0.2秒差	２位
前々走	11月12日	東京1600m	GⅢ	武蔵野Ｓ	６番人気	３着	0.4秒差	１位
４歳	10月10日	東京1400m	ＯＰ	グリーンチャンネルC	６番人気	１着	0.2秒差	１位

2016年　モーニン　牡４　55kg　220円

前走	11月14日	東京1600m	GⅢ	武蔵野Ｓ	１番人気	３着	0.3秒差	X位
前々走	10月24日	東京1600m	1600万	秋嶺Ｓ	１番人気	１着	0.4秒差	１位

※２走前の準オープンクラス秋嶺Ｓ１着までデビュー無傷の４連勝。

2015年　エアハリファ　牡６　56kg　340円

前走	11月15日	東京1600m	GⅢ	武蔵野Ｓ	１番人気	２着	0.1秒差	３位
前々走	６月14日	東京1600m	ＯＰ	アハルテケＳ	２番人気	１着	0.0秒差	１位
５歳	４月５日	阪神1400m	ＯＰ	コーラルＳ	１番人気	１着	0.2秒差	２位
４歳	４月28日	東京1600m	ＯＰ	オアシスＳ	３番人気	１着	0.3秒差	１位

2008年　ワイルドワンダー　牡６　57kg（＋１kg）250円

前走	11月24日	東京2100m	GⅠ	ジャパンCダート	８番人気	５着	1.0秒差	X位
前々走	10月27日	東京1600m	GⅢ	武蔵野Ｓ	１番人気	２着	0.1秒差	２位
５歳	10月８日	盛岡1600m	GⅠ	マイルＣＳ	１番人気	２着	0.1秒差	
５歳	７月８日	阪神1400m	GⅢ	プロキオンＳ	１番人気	１着	0.2秒差	１位
５歳	４月22日	京都1800m	GⅢ	アンタレスＳ	３番人気	１着	0.4秒差	１位
５歳	３月31日	阪神1400m	ＯＰ	コーラルＳ	１番人気	１着	0.2秒差	１位
４歳	５月７日	東京1600m	ＯＰ	サウジアラビアC	２番人気	１着	0.0秒差	３位

※GⅢプロキオンＳ勝ちにより１kg加増。重賞２勝＋GⅠ連対歴１回。

2005年　メイショウボーラー　牡４　56kg（＋１kg）180円

前走	１月９日	中山1200m	GⅢ	ガーネットＳ	３番人気	１着	0.5秒差	３位
前々走	12月19日	中京芝1200m	GⅡ	ＣＢＣ賞	１番人気	４着	0.1秒差	１位
３歳	３月７日	中山芝2000m	GⅡ	弥生賞	３番人気	２着	0.2秒差	X位　逃げ
２歳	12月14日	中山芝1600m	GⅠ	朝日杯ＦＳ	１番人気	２着	0.0秒差	X位　逃げ
２歳	10月18日	京都芝1600m	GⅡ	デイリー杯２歳Ｓ	１番人気	１着	0.3秒差	3位　逃げ
２歳	９月７日	小倉芝1200m	GⅢ	小倉２歳Ｓ	１番人気	１着	0.9秒差	3位　逃げ
２歳	８月９日	小倉芝1200m	ＯＰ	フェニックス賞	１番人気	１着	0.4秒差	１位

※GⅢガーネットＳ勝ちにより１kg加増。重賞３勝。

過去20年、１番人気に応えられず負けた馬の近２走成績と実績を紹介します。

2020年　コパノキッキング　せん５　58kg（＋２kg）２着

前走	12月８日	中山1200m	GⅢ	カペラＳ	２番人気	１着	0.4秒差	X位
前々走	11月４日	浦和1400m	GⅠ	ＪＢＣスプリント	２番人気	２着	0.1秒差	X位
４歳	10月２日	大井1200m	GⅡ	東京盃	１番人気	１着	0.8秒差	2位　逃げ

4歳　4月10日　大井1200m　GⅢ　東京スプリント　2番人気　2着　0.2秒差　1位
4歳　1月27日　東京1400m　GⅢ　根岸S　2番人気　1着　0.1秒差　1位
3歳　12月9日　中山1200m　GⅢ　カペラS　1番人気　1着　0.1秒差　1位
※地方競馬GⅡ東京盃勝ちにより2kg加増。中央競馬だけの成績ならGⅢカペラS勝ちによる1kg加増で済み、同馬は1kg不利と言えます。

2019年　サンライズノヴァ　牡5　57kg（+1kg）8着
前走　12月2日　中京1800m　GⅠ　チャンピオンズC　5番人気　6着　1.1秒差　X位
前々走　11月10日　東京1600m　GⅢ　武蔵野S　1番人気　1着　0.2秒差　1位
4歳　10月8日　東京1400m　OP　グリーンチャンネルC　1番人気　1着　0.1秒差　1位
4歳　6月9日　東京1600m　OP　アハルテケS　1番人気　1着　0.1秒差　1位
4歳　1月28日　東京1400m　GⅢ　根岸S　1番人気　2着　0.0秒差　3位
3歳　10月9日　東京1400m　OP　グリーンチャンネルC　2番人気　1着　0.2秒差　1位
3歳　6月18日　東京1600m　GⅢ　ユニコーンS　2番人気　1着　0.7秒差　1位
※GⅢ武蔵野S勝ちにより1kg加増。しかし重賞2勝でGⅠ連対なし。

2018年　サンライズノヴァ　牡4　56kg　2着
前走　12月9日　中山1800m　OP　師走S　2番人気　2着　0.7秒差　2位
前々走　11月11日　東京1600m　GⅢ　武蔵野S　1番人気　12着　1.3秒差　X位
3歳　10月9日　東京1400m　OP　グリーンチャンネルC　2番人気　1着　0.2秒差　1位
3歳　6月18日　東京1600m　GⅢ　ユニコーンS　2番人気　1着　0.7秒差　1位
※上がり1位歴のGⅢユニコーンSは3歳以上戦ではありません。

2014年　ブライトライン　牡5　57kg（+1kg）4着
前走　12月1日　阪神1800m　GⅠ　ジャパンCダート　7番人気　4着　0.6秒差　X位
前々走　11月3日　京都1800m　GⅢ　みやこS　2番人気　1着　0.0秒差　X位　4角先頭
4歳　7月7日　函館1700m　OP　マリーンS　1番人気　1着　0.7秒差　1位　3角先頭
3歳　3月17日　中京芝1400m　GⅢ　ファルコンS　4番人気　1着　0.1秒差　1位
※GⅢみやこS勝ちにより1kg加増。しかし重賞2勝でGⅠ連対なし。

2013年　ガンジス　牡4　55kg　2着
前走　12月23日　阪神1400m　OP　ギャラクシーS　1番人気　1着　0.0秒差　3位
前々走　11月11日　東京1600m　GⅢ　武蔵野S　4番人気　2着　0.1秒差　3位
3歳　10月8日　東京1400m　OP　ペルセウスS　2番人気　1着　0.4秒差　2位

2012年　ダノンカモン　牡6　56kg　5着
前走　12月2日　阪神1800m　GⅠ　ジャパンCダート　15番人気　14着　1.9秒差　X位
前々走　11月13日　東京1600m　GⅢ　武蔵野S　1番人気　2着　0.1秒差　X位
5歳　10月10日　東京1600m　GⅠ　マイルCS南部杯　3番人気　2着　0.0秒差　2位
5歳　9月19日　阪神1400m　OP　エニフS　2番人気　1着　0.2秒差　2位
5歳　7月10日　京都1400m　GⅢ　プロキオンS　3番人気　2着　0.4秒差　2位
5歳　1月30日　東京1400m　GⅢ　根岸S　3番人気　2着　0.2秒差　2位
5歳　1月15日　京都1400m　OP　大和S　1番人気　1着　0.1秒差　1位
4歳　11月14日　東京1600m　GⅢ　武蔵野S　4番人気　2着　0.1秒差　X位
4歳　10月9日　東京1400m　OP　ペルセウスS　1番人気　1着　0.2秒差　X位

２歳　10月25日　東京芝1600m　ＯＰ　いちょうＳ　4番人気　1着　0.1秒差　1位
※記載していませんが、重賞で唯一上がり1位を記録した東スポ杯2歳Ｓは3歳以上戦ではありません。

2011年　ケイアイガーベラ　牝5　55kg（＋1kg）8着
前走　12月19日　阪神1400m　ＯＰ　ギャラクシーＳ　1番人気　1着　0.4秒差　1位
前々走　11月14日　東京1600m　ＧⅢ　武蔵野Ｓ　1番人気　15着　1.6秒差　Ｘ位
４歳　9月20日　阪神1400m　ＯＰ　エニフＳ　1番人気　1着　0.9秒差　1位
４歳　7月11日　阪神1400m　ＧⅢ　プロキオンＳ　4番人気　1着　0.7秒差　1位　逃げ
４歳　3月13日　阪神1400m　ＯＰ　ポラリスＳ　2番人気　1着　0.8秒差　2位
※ＧⅢプロキオンＳ勝ちにより1kg加増。しかし重賞1勝でＧⅠ連対なし。

2010年　サマーウインド　牡5　56kg　2着
前走　1月5日　中山1200m　1600万　初日の出Ｓ　1番人気　1着　0.8秒差　1位
前々走　11月14日　京都1200m　1000万　円山特別　1番人気　1着　0.8秒差　3位

2009年　バンブーエール　牡6　59kg（＋3kg）5着
前走　11月3日　園田1400m　ＧⅠ　ＪＢＣスプリント　2番人気　1着　0.2秒差　2位　逃げ
前々走　10月11日　東京1400m　ＯＰ　ペルセウスＳ　2番人気　1着　0.4秒差　2位
５歳　9月6日　新潟1200m　ＯＰ　ＢＳＮ賞　1番人気　1着　0.0秒差　Ｘ位
５歳　8月3日　新潟1200m　ＯＰ　北陸Ｓ　2番人気　1着　0.2秒差　Ｘ位
５歳　5月13日　京都1200m　ＯＰ　栗東Ｓ　5番人気　1着　0.2秒差　3位
３歳　9月18日　盛岡2000m　ＧⅠ　ダービーグランプリ　3番人気　2着　0.0秒差　逃げ
３歳　7月12日　大井2000m　ＧⅠ　ジャパンＤＤ　6番人気　2着　0.2秒差　Ｘ位
３歳　5月20日　中京1700m　ＯＰ　昇竜Ｓ　6番人気　1着　0.3秒差　2位
※地方競馬ＧⅠＪＢＣスプリント勝ちにより3kg加増。中央競馬だけの成績なら加増なしで済み、同馬は非常に不利と言えます。ハードルも越えていませんし。

2007年　シーキングザベスト　牡6　57kg（＋1kg）2着
前走　12月10日　阪神1400m　ＯＰ　ギャラクシーＳ　1番人気　1着　0.0秒差　3位　4角先頭
前々走　10月28日　東京1600m　ＧⅢ　武蔵野Ｓ　2番人気　1着　0.1秒差　Ｘ位
５歳　10月4日　大井1200m　ＧⅡ　東京盃　2番人気　2着　0.1秒差　Ｘ位
５歳　7月9日　京都1400m　ＧⅢ　プロキオンＳ　1番人気　2着　0.4秒差　Ｘ位
５歳　6月15日　札幌1000m　ＧⅢ　北海道スプリントＣ　1番人気　2着　0.1秒差　1位
※ＧⅢ武蔵野Ｓ勝ちにより1kg加増。しかし重賞1勝でＧⅠ連対なし。

2006年　サンライズバッカス　牡4　56kg（＋1kg）360円　4着
前走　11月26日　東京2100m　ＧⅠ　ジャパンＣダート　5番人気　5着　0.2秒差　1位
前々走　10月29日　東京1600m　ＧⅢ　武蔵野Ｓ　2番人気　1着　0.3秒差　1位
３歳　9月19日　盛岡2000m　ＧⅠ　ダービーグランプリ　2番人気　2着　0.4秒差
３歳　8月27日　小倉1700m　ＯＰ　阿蘇Ｓ　1番人気　1着　0.0秒差　3位
※ＧⅢ武蔵野Ｓ勝ちにより1kg加増。しかし重賞1勝とＧⅠ連対歴1回。

2004年　ブルーコンコルド　牡4　55kg　8着
前走　1月11日　中山1200m　ＧⅢ　ガーネットＳ　2番人気　2着　0.6秒差　Ｘ位

前々走　12月13日　阪神1400m　GⅢ　ギャラクシーS　1番人気　8着　1.4秒差　X位
3歳　11月23日　東京1400m　OP　霜月S　6番人気　1着　0.4秒差　1位
2歳　11月9日　中山芝1200m　GⅡ　京王杯2歳S　2番人気　1着　0.1秒差　2位
2歳　9月1日　小倉芝1200m　GⅢ　小倉2歳S　5番人気　2着　0.0秒差　3位

2003年　ニホンピロサート　牡5　57kg（＋1kg）2着
前走　1月12日　中山1200m　GⅢ　ガーネットS　2番人気　1着　0.7秒差　2位
前々走　12月10日　宇都宮1400m　GⅢ　とちぎマロニエC　1番人気　3着　1.0秒差
4歳　11月17日　中山1200m　OP　霜月S　1番人気　1着　0.3秒差　1位
※GⅢガーネットS勝ちにより1kg加増。しかし重賞1勝でGⅠ連対なし。

2002年　アッミラーレ　牡5　56kg　4着
前走　1月5日　中山芝2000m　GⅢ　中山金杯　4番人気　11着　1.5秒差　X位
前々走　12月2日　中京2300m　OP　春待月S　1番人気　1着　0.2秒差　2位
4歳　5月26日　東京1400m　OP　欅S　1番人気　1着　0.3秒差　2位

2001年　ブロードアピール　牝7　55kg（＋1kg）3着
前走　1月7日　中山1200m　GⅢ　ガーネットS　1番人気　2着　0.1秒差　1位
前々走　11月12日　東京1200m　GⅢ　根岸S　1番人気　1着　0.2秒差　1位
6歳　5月14日　京都1200m　OP　栗東S　6番人気　1着　0.0秒差　1位
6歳　2月6日　京都芝1200m　GⅢ　シルクロードS　4番人気　1着　0.2秒差　1位
5歳　11月27日　東京芝1400m　GⅢ　富士S　1番人気　2着　0.5秒差　X位
5歳　10月30日　京都芝1400m　GⅡ　スワンS　2番人気　2着　0.3秒差　1位
5歳　4月10日　阪神芝1200m　GⅢ　阪急杯　1番人気　2着　0.2秒差　2位
※GⅢ根岸S勝ちにより1kg加増。しかし重賞2勝でGⅠ連対なし。

◆1番人気が飛ぶとわかったらココへ

1番人気が「負ける」とわかったら、2番人気以下の馬から勝つ馬を見つけます。簡単です。僕が課すハードルを満たした馬しか勝ちませんので、【1着穴馬的中シート】を利用して見つけだしてください。

2番人気以下で勝てる馬を浮かび上がらせます

ハードル❶
近２走で３勝クラス以上１着歴

ハードル❷
オープン特別１番人気１着歴

ハードル❸
GⅢ・GⅡ１着歴か、GⅠ連対歴

ハードル❹
重賞上がり１位歴

どれか一つで可。

注：ハードルはすべて３歳以上戦

２番人気以下で勝てる馬【1着穴馬的中シート】

条件	馬番 or 馬名
ハードル❶クリア	
ハードル❷クリア	
ハードル❸クリア	
ハードル❹クリア	

過去20年、２番人気以下で優勝した馬の近２走成績と実績を紹介します。

2020年　３番人気　モズアスコット　牡６　58kg（＋２kg）990円

前走	11月17日	京都芝1600m	GⅠ	マイルCS	７番人気	14着	1.2秒差	X位
前々走	10月26日	京都芝1400m	GⅡ	スワンS	２番人気	２着	0.0秒差	３位
４歳	10月27日	京都芝1400m	GⅡ	スワンS	１番人気	２着	0.0秒差	２位
４歳	６月３日	東京芝1600m	GⅠ	安田記念	９番人気	１着	0.0秒差	１位

４歳　４月22日　京都芝1600m　GⅡ　マイラーズC　２番人気　２着　0.2秒差　X位
４歳　２月25日　阪神芝1400m　GⅢ　阪急杯　１番人気　２着　0.0秒差　３位
※GⅠ安田記念勝ちによる加増ですが、１年以上前の実績のため＋３kgのところ＋２kgで済んでいるのは有利です。

2019年　２番人気　コパノキッキング　せん４　56kg（＋１kg）430円
前走　12月９日　中山1200m　GⅢ　カペラS　１番人気　１着　0.1秒差　１位
前々走　11月25日　京都1200m　OP　オータムリーフS　１番人気　１着　0.0秒差　３位
※中央競馬GⅢ勝ちによる加増です。

2018年　６番人気　ノンコノユメ　せん６　58kg（＋２kg）1050円
前走　12月３日　中京1800m　GⅠ　チャンピオンズC　６番人気　９着　0.6秒差　３位
前々走　11月11日　東京1600m　GⅢ　武蔵野S　７番人気　４着　0.4秒差　２位
４歳　６月29日　大井2000m　GⅠ　帝王賞　１番人気　２着　0.7秒差　２位
４歳　２月21日　東京1600m　GⅠ　フェブラリーS　１番人気　２着　0.2秒差　１位
３歳　12月６日　中京1800m　GⅠ　チャンピオンズC　３番人気　２着　0.2秒差　２位
３歳　11月14日　東京1600m　GⅢ　武蔵野S　２番人気　１着　0.0秒差　１位
３歳　７月８日　大井2000m　GⅠ　ジャパンDD　２番人気　１着　0.5秒差　１位
３歳　６月21日　東京1600m　GⅢ　ユニコーンS　２番人気　１着　0.4秒差　１位
３歳　５月17日　東京1600m　OP　青竜S　５番人気　１着　0.1秒差　１位
※地方競馬GⅠジャパンダートダービー勝ちによる加増ですが、１年以上前の実績のため＋３kgのところ＋２kgで済んでいるのは有利です。ただし、中央競馬の実績だけであれば加増なしです。

2014年　４番人気　ゴールスキー　牡７　56kg　750円
前走　11月10日　東京1600m　GⅢ　武蔵野S　２番人気　４着　0.3秒差　１位
前々走　10月５日　東京1400m　OP　ペルセウスS　３番人気　１着　0.3秒差　１位
６歳　８月11日　小倉1700m　OP　阿蘇S　１番人気　１着　0.0秒差　3位　4角先頭

2013年　５番人気　メイショウマシュウ　牡５　56kg　1280円
前走　12月23日　阪神1400m　OP　ギャラクシーS　２番人気　３着　0.1秒差　１位
前々走　12月９日　阪神1400m　1600万　御影S　３番人気　１着　0.7秒差　１位

2012年　４番人気　シルクフォーチュン　牡６　57kg（＋１kg）950円
前走　12月18日　阪神1400m　OP　ギャラクシーS　２番人気　３着　0.4秒差　２位
前々走　11月13日　東京1600m　GⅢ　武蔵野S　２番人気　９着　1.1秒差　３位
３走前　10月10日　東京1600m　GⅠ　マイルCS南部杯　７番人気　３着　0.1秒差　１位
５歳　７月10日　京都1400m　GⅢ　プロキオンS　９番人気　１着　0.4秒差　１位
※GⅢプロキオンS勝ちにより１kg加増。
※東京競馬場で行われた地方競馬GⅠマイルチャンピオンシップ南部杯において上がり１位を記録しており、これによるハードルクリアです。

2011年　２番人気　セイクリムズン　牡５　57kg（＋１kg）360円
前走　12月12日　中山1200m　GⅢ　カペラS　３番人気　１着　0.0秒差　X位
前々走　11月21日　東京1400m　OP　霜月S　３番人気　１着　0.8秒差　２位

4歳　5月16日　京都1400m　ＯＰ　栗東Ｓ　1番人気　1着　0.4秒差　2位
※ＧⅢカペラＳ勝ちにより1kg加増。

2010年　11番人気　グロリアスノア　牡4　55kg　4590円
前走　9月21日　阪神1400m　ＯＰ　エニフＳ　3番人気　1着　0.3秒差　2位
前々走　8月23日　新潟1800m　重賞　レパードＳ　5番人気　9着　4.1秒差　Ｘ位
3歳　6月6日　東京1600m　ＧⅢ　ユニコーンＳ　2番人気　2着　0.3秒差　Ｘ位

2009年　4番人気　フェラーリピサ　牡5　57kg（＋1kg）700円
前走　9月13日　札幌1700m　ＧⅢ　エルムＳ　3番人気　1着　0.2秒差　2位
前々走　8月18日　水沢1400m　ＧⅢ　クラスターＣ　1番人気　2着　0.2秒差
4歳　7月5日　函館1700m　ＯＰ　大沼Ｓ　1番人気　1着　0.2秒差　3位　3角先頭
4歳　5月31日　東京1400m　ＯＰ　欅Ｓ　1番人気　1着　0.0秒差　1位
3歳　6月2日　東京1600m　ＧⅢ　ユニコーンＳ　2番人気　2着　0.1秒差　2位
3歳　5月4日　園田1870m　ＧⅡ　兵庫ＣＳ　1番人気　1着　0.5秒差　3位　3角先頭
3歳　2月18日　東京1600m　ＯＰ　ヒヤシンスＳ　1番人気　1着　0.7秒差　1位
※ＧⅢエルムＳ勝ちにより1kg加増。

2007年　11番人気　ビッググラス　牡6　56kg　5590円
前走　1月6日　京都芝1600m　ＧⅢ　京都金杯　12番人気　14着　1.7秒差　Ｘ位
前々走　12月16日　阪神1400m　1600万　アクアルミナスＳ　4番人気　1着　0.0秒差　Ｘ位

2006年　6番人気　リミットレスビッド　牡7　57kg（＋1kg）1100円
前走　1月8日　中山1200m　ＧⅢ　ガーネットＳ　6番人気　1着　0.0秒差　1位
前々走　11月27日　京都芝1200m　ＯＰ　アンドロメダＳ　7番人気　4着　0.2秒差　3位
5歳　11月28日　京都芝1200m　ＯＰ　アンドロメダＳ　2番人気　1着　0.1秒差　1位
※ＧⅢガーネットＳ勝ちにより1kg加増。

2004年　7番人気　シャドウスケイプ　牡5　56kg　1450円
前走　1月11日　中山1200m　ＧⅢ　ガーネットＳ　6番人気　3着　1.2秒差　3位
前々走　11月23日　東京1400m　ＯＰ　霜月Ｓ　3番人気　2着　0.4秒差　1位
4歳　10月5日　阪神1400m　ＧⅢ　シリウスＳ　7番人気　5着　1.0秒差　1位
4歳　1月12日　中山1200m　ＧⅢ　ガーネットＳ　6番人気　2着　0.7秒差　3位
3歳　7月25日　旭川1600m　ＧⅢ　グランシャリオＣ　2番人気　2着　0.7秒差
3歳　6月12日　名古屋1900m　ＧⅢ　名古屋優駿　3番人気　2着　0.1秒差

◉この年は、ハードル❶❷❸のどれかを満たした馬が3頭しかいませんでした（3、6、13番人気）。13番人気馬は地方所属でＪＲＡ未勝利。実質「2番以下で勝てる馬」は2頭しかいないという低レベルの一戦。そこで、重賞連対歴3回のシャドウスケイプ（7番人気）を見つけ出し、「重賞上がり1位歴」をハードルに採用することにしました。

2003年　2番人気　サウスヴィグラス　牡7　57kg（＋1kg）560円
前走　8月16日　盛岡1200m　ＧⅢ　クラスターＣ　1番人気　1着　0.2秒差　4角先頭
前々走　6月13日　札幌1000m　ＧⅢ　北海道スプリントＣ　1番人気　1着　0.4秒差
6歳　5月6日　名古屋1400m　ＧⅢ　かきつばた記念　1番人気　1着　0.1秒差
6歳　3月18日　高知1400m　ＧⅢ　黒船賞　1番人気　1着　1.6秒差　1位

6歳	1月26日	東京1400m	GⅢ	根岸S	6番人気	1着	0.3秒差	3位
6歳	1月6日	東京1200m	GⅢ	ガーネットS	2番人気	2着	0.2秒差	X位　4角先頭
5歳	11月18日	東京1200m	OP	霜月S	1番人気	1着	0.2秒差	X位
5歳	6月14日	札幌1000m	GⅢ	北海道スプリントC	2番人気	2着	0.0秒差	
5歳	4月14日	中山1200m	OP	京葉S	1番人気	1着	0.6秒差	1位

※GⅢ根岸S勝ちによる加増です。

2002年　6番人気　サウスヴィグラス　牡6　56kg　1050円

前走	1月6日	東京1200m	GⅢ	ガーネットS	2番人気	2着	0.2秒差	X位　4角先頭
前々走	12月8日	阪神1400m	OP	摩耶S	2番人気	4着	0.4秒差	X位
5歳	11月18日	東京1200m	OP	霜月S	1番人気	1着	0.2秒差	X位
5歳	6月14日	札幌1000m	GⅢ	北海道スプリントC	2番人気	2着	0.0秒差	
5歳	4月14日	中山1200m	OP	京葉S	1番人気	1着	0.6秒差	1位

2001年　8番人気　ノボトゥルー　牡5　56kg　2500円

前走	1月14日	中山1200m	1600万	ジャニュアリーS	7番人気	1着	0.0秒差	3位
前々走	12月17日	中京芝1800m	1600万	尾張S	7番人気	8着	1.5秒差	X位

◆2着馬を見つけるのはココで

2着候補を2番人気以下から見つけだすのに便利なツールが僕の作った大前提とハードルです。こちらも【2着穴馬的中シート】を併用して見つけてください。なお、1番人気に応えられなくても2着に来ることはありますので、1番人気馬は無条件で2着候補です。

2番人気以下で2着に入れる馬を浮かび上がらせます

次ページへ ☞

ハードル❶
３勝クラス以上１番人気１着歴

ハードル❷
前走オープン特別１着

ハードル❸
重賞１着歴

どれか一つで可。

注：ハードルはすべて３歳以上戦（芝のレースは３歳戦可）

２番人気以下で２着に入れる馬【２着穴馬的中シート】

条件	馬番 or 馬名
ハードル❶クリア	
ハードル❷クリア	
ハードル❸クリア	

過去20年、２番人気以下で２着に入った馬の近２走成績と実績を紹介します。

2019年　３番人気　ユラノト　牡５　56kg

前走	12月23日	阪神1400m	ＯＰ	ギャラクシーＳ	１番人気	２着	0.0秒差	Ｘ位
前々走	11月10日	東京1600m	GⅢ	武蔵野Ｓ	５番人気	４着	0.5秒差	３位
４歳	７月８日	函館1700m	ＯＰ	マリーンＳ	１番人気	１着	0.2秒差	３位

2017年　３番人気　ベストウォーリア　牡７　58kg（＋２kg）

前走	11月３日	川崎1400m	GⅠ	ＪＢＣスプリント	１番人気	２着	0.6秒差	３位
前々走	10月10日	盛岡1600m	GⅠ	マイルＣＳ南部杯	２番人気	２着	0.3秒差	３位
６歳	６月１日	浦和1400m	GⅡ	さきたま杯	１番人気	２着	0.3秒差	３位
５歳	10月12日	盛岡1600m	GⅠ	マイルＣＳ南部杯	１番人気	１着	0.3秒差	3位　逃げ
５歳	７月12日	中京1400m	GⅢ	プロキオンＳ	４番人気	１着	0.3秒差	３位
５歳	５月５日	船橋1600m	GⅠ	かしわ記念	１番人気	２着	0.2秒差	2位　3角先頭

4歳　10月13日　盛岡1600m　ＧⅠ　マイルＣＳ南部杯　１番人気　１着　0.6秒差　１位
4歳　７月13日　中京1400m　ＧⅢ　プロキオンＳ　１番人気　１着　0.0秒差　３位
4歳　５月４日　東京1600m　ＯＰ　オアシスＳ　１番人気　１着　0.2秒差　２位
4歳　２月８日　京都1400m　ＯＰ　すばるＳ　１番人気　１着　0.2秒差　２位
3歳　６月16日　東京1600m　ＧⅢ　ユニコーンＳ　３番人気　１着　0.2秒差　２位
3歳　５月２日　園田1870m　ＧⅡ　兵庫ＣＳ　３番人気　２着　1.0秒差　２位
※地方競馬ＧⅠ勝ちによる加増。ただし、１年以上前のレースなので３kg増ではありません。

2016年　６番人気　タールタン　牡８　56kg
前走　12月27日　阪神1400m　ＯＰ　ファイナルＳ　７番人気　１着　0.0秒差　Ｘ位
前々走　11月29日　京都1400m　ＯＰ　オータムリーフＳ　２番人気　８着　0.9秒差　Ｘ位
6歳　５月31日　東京1400m　ＯＰ　欅Ｓ　１番人気　１着　0.1秒差　３位

2015年　２番人気　ワイドバッハ　牡６　57kg（＋１kg）
前走　12月７日　中京1800m　ＧⅠ　チャンピオンズＣ　10番人気　６着　0.5秒差　１位
前々走　11月15日　東京1600m　ＧⅢ　武蔵野Ｓ　７番人気　１着　0.1秒差　１位
5歳　10月13日　東京1400m　ＯＰ　エルコンドルパサーＭ　３番人気　１着　0.3秒差　１位
※中央競馬ＧⅢ勝ちによる加増です。

2014年　８番人気　ノーザンリバー　牡６　57kg（＋１kg）
前走　12月８日　中山1200m　ＧⅢ　カペラＳ　６番人気　１着　0.0秒差　Ｘ位
前々走　11月24日　京都1400m　ＯＰ　京都オータムリーフＰ　４番人気　１着　0.0秒差　Ｘ位
3歳　２月26日　阪神芝1600m　ＧⅢ　アーリントンＣ　４番人気　１着　0.1秒差　１位

2012年　９番人気　トウショウカズン　牡５　56kg
前走　１月14日　京都1400m　ＯＰ　大和Ｓ　７番人気　１着　0.1秒差　Ｘ位
前々走　11月13日　京都1400m　1600万　京都ロイヤルＰ　３番人気　１着　0.0秒差　２位

2011年　３番人気　ダノンカモン　牡５　56kg
前走　１月15日　京都1400m　ＯＰ　大和Ｓ　１番人気　１着　0.1秒差　１位
前々走　12月19日　阪神1400m　ＯＰ　ギャラクシーＳ　２番人気　２着　0.4秒差　２位
4歳　11月14日　東京1600m　ＧⅢ　武蔵野Ｓ　４番人気　２着　0.1秒差　Ｘ位
4歳　10月９日　東京1400m　ＯＰ　ペルセウスＳ　１番人気　１着　0.2秒差　Ｘ位

2009年　５番人気　ヒシカツリーダー　牡５　56kg
前走　１月17日　中山1200m　ＯＰ　ジャニュアリーＳ　５番人気　１着　0.5秒差　２位
前々走　12月28日　阪神1400m　ＯＰ　ギャラクシーＳ　３番人気　３着　0.4秒差　３位
3歳　５月19日　中京1700m　ＯＰ　昇竜Ｓ　６番人気　１着　0.0秒差　Ｘ位　逃げ

2008年　５番人気　タイセイアトム　牡５　57kg（＋１kg）
前走　１月13日　中山1200m　ＧⅢ　ガーネットＳ　３番人気　１着　0.3秒差　Ｘ位　逃げ
前々走　11月24日　京都1200m　1600万　貴船Ｓ　３番人気　１着　0.0秒差　Ｘ位　4角先頭
※中央競馬ＧⅢ勝ちによる加増です。

2006年　3番人気　タイキエニグマ　牡5　56kg

前走	12月10日	中山1800m	OP	師走S	1番人気	1着	0.0秒差	2位
前々走	11月5日	東京1400m	1600万	ブラジルC	1番人気	1着	0.2秒差	1位

2005年　9番人気　ハードクリスタル　牡5　56kg

前走	11月28日	東京2100m	GⅠ	ジャパンCダート	6番人気	8着	1.8秒差	X位
前々走	10月30日	東京2100m	1600万	赤富士S	1番人気	1着	0.0秒差	1位

2004年　10番人気　ヒューマ　牡4　55kg

前走	1月11日	中山1200m	GⅢ	ガーネットS	10番人気	6着	1.3秒差	X位
前々走	12月13日	阪神1400m	OP	ギャラクシーS	8番人気	5着	0.4秒差	X位
3歳	4月27日	京都芝1200m	OP	橘S	1番人気	1着	0.2秒差	2位

2002年　5番人気　ノボトゥルー　牡6　59kg（+3kg）

前走	12月29日	大井2000m	GⅠ	東京大賞典	4番人気	9着	1.6秒差	X位
前々走	11月24日	東京2100m	GⅠ	ジャパンCダート	5番人気	4着	1.3秒差	X位
5歳	5月30日	船橋1600m	GⅠ	かしわ記念	1番人気	2着	0.0秒差	1位
5歳	2月18日	東京1600m	GⅠ	フェブラリーS	5番人気	1着	0.2秒差	X位
5歳	1月29日	東京1400m	GⅢ	根岸S	8番人気	1着	0.1秒差	3位

※中央競馬GⅠ勝ちによる加増です。

2001年　3番人気　サンフォードシチー　牡6　57kg（+1kg）

前走	11月25日	東京2100m	GⅠ	ジャパンCダート	5番人気	2着	0.6秒差	1位
前々走	10月28日	東京1600m	GⅢ	武蔵野S	2番人気	1着	0.2秒差	1位
5歳	6月25日	東京1600m	OP	レインボーS	2番人気	1着	0.5秒差	1位

GⅢ

きさらぎ賞

2月7日（日）

中京競馬場　芝2000m

３歳

別定	馬齢　牡馬・せん馬56kg　牝馬54kg
	収得賞金1800万円以上の馬１kg増
	2002年までの基礎重量は牡馬・せん馬55kg　牝馬53kg

2005年までは1600万円毎１kg増
2006～2012年は2000万円以上、2013年からは1800万円以上の馬１kg増

1番人気で勝てる馬を浮かび上がらせます

大前提①　**キャリア２戦以上で加増なし**

大前提②　**関西馬は東上歴なし**

ハードル❶

前走1800m以上「１番人気か、１着」、かつ、「上がり１位か、逃げ」

ハードル❷

初勝利は１～２番人気で完勝

ハードル❶❷の両方クリアしていること

まず、今年も多くのファンを失望させることになるかもしれない１番人気馬を大前提とハードルに照らし合わせ、勝てるか負けるかを判定しましょう。２ページ後からの【１番人気的中シート】を利用してください。

きさらぎ賞の真相

関西馬が強いこともありますが、関東馬がわざわざ直前輸送で西下して京都競馬場や阪神競馬場のレースに出走することは、とくに２歳〜３歳春まではそれなりの理由がなければ起こり得ません。地元で走るのに比べ、長距離の移動や環境の変化など、さまざまなリスクがあるからです。

しかし、関西馬の東上は頻繁です。関東馬が弱くて賞金を稼ぎやすいこともありますが、関東エリアで行われるＧⅠ皐月賞、ＮＨＫマイルカップ、オークス、ダービーを見据えているからという面もあります。

この「関西馬の東上歴」が、馬券検討上の大事な要素になりうることは、あまり知られていないと思います。僕は、当レース以降に行われるＧⅢ共同通信杯、ＧⅢフラワーカップ、ＧⅡスプリングステークスという３歳重賞の【１番人気的中シート】においても、東上回数をチェック項目に採用しているほど馬券に効くのですが。

このきさらぎ賞で言えば、東上後に２カ月以上の休みをとってひと息ついているならまだしも、帰京というか帰阪というか栗東に戻ってすぐにまた出走している馬は、たとえ関東で好成績をあげていても、いや、頑張って好結果を残したからこそ疲労が蓄積し、１番人気で迎えた当レースで馬群に沈む姿が見られます。東上のリスクが表面化するのです。

そのあたりは明文化できていませんが、列記してある各馬の実績をよく見て、ニュアンスを感じ取ってください。

1番人気で勝てる馬【1番人気的中シート】

大前提①………キャリア2戦以上で加増なし
大前提②………関西馬は東上歴なし
ハードル❶……前走1800m以上「1番人気か、1着」、かつ、「上がり1位か、逃げ」
ハードル❷……初
ハードル❶❷の両

年度	きさらぎ賞の1番人気馬	加増	大前提①	大前提②	ハードル❶	ハードル❷	判定
2021							
2021							
2020	アルジャンナ		×		×	○	×
2019	ヴァンドギャルド		×		×	○	×
2018	ダノンマジェスティ	×					×
2017	サトノアーサー				○	×	×
2016	サトノダイヤモンド				○	○	◉
2015	ルージュバック　牝				○	○	◉
2014	バンドワゴン				○	×	×
2013	リグヴェーダ	×					×
2012	ワールドエース				○	○	◉
2011	ウインバリアシオン				×	○	×
2010	レーヴドリアン				○	×	×
2009	リーチザクラウン				○	○	◉
2008	ブラックシェル		×		○	○	×
2007	オーシャンエイプス	×					×
2006	メイショウサムソン	×			○	○	×
2005	アドマイヤフジ	×			×	○	×
2004	ブラックタイド				×	○	×
2003	マッキーマックス				×	○	×
2002	メガスターダム	×			×	○	◉
2001	アグネスゴールド				○		

勝利は1～2番人気で完勝方クリアしていること

1番人気的中シートの使い方

左のシートに今年の1番人気候補を記入し、過去の成績をもとに「勝てるか、勝てないか」を判定してください。「勝てない」とわかったら、2番人気以下で勝てる馬が浮かび上がる【1着穴馬的中シート】（後ろのページ）に進んでください。

着順	単勝配当	結果	2番人気以下で勝った馬	人気	単勝配当	結果
3着		→	コルテジア	7	¥2,980	大的中
4着		→	ダノンチェイサー	3	¥540	大的中
9着		→	サトノフェイバー	4	¥690	大的中
2着		→	アメリカズカップ	6	¥1,720	大的中
1着	¥120	大的中				
1着	¥170	大的中				
2着		→	トーセンスターダム	2	¥250	大的中
8着		→	タマモベストプレイ	6	¥830	大的中
1着	¥210	大的中				
4着		→	トーセンラー	3	¥510	大的中
2着		→	ネオヴァンドーム	5	¥1,380	大的中
1着	¥150	大的中				
7着		→	レインボーペガサス	8	¥2,120	大的中
4着		→	アサクサキングス	3	¥910	大的中
2着		→	ドリームパスポート	2	¥420	大的中
3着		→	コンゴウリキシオー	2	¥370	大的中
2着		→	マイネルブルック	3	¥680	大的中
3着		→	ネオユニヴァース	3	¥800	大的中
8着		→	メジロマイヤー	6	¥950	大的中
1着	¥190	大的中				

過去20年、１番人気に応えて優勝した馬の近２走成績と実績を紹介します。

（初勝利以降の成績を列記。以下同様）

2016年　サトノダイヤモンド　120円　関西馬

前走	12月26日	阪神2000m	500万	平場	1番人気	1着	0.6秒差	1位
前々走	11月8日	京都2000m	新馬		1番人気	1着	0.4秒差	1位

2015年　牝　ルージュバック　170円

前走	11月9日	東京2000m	500万	百日草特別	2番人気	1着	0.4秒差	1位
前々走	9月28日	新潟1800m	新馬		2番人気	1着	0.2秒差	1位

2012年　ワールドエース　210円　関西馬

前走	1月21日	京都2000m	ＯＰ	若駒Ｓ	1番人気	2着	0.4秒差	1位
前々走	12月17日	阪神1800m	新馬		1番人気	1着	0.1秒差	2位

2009年　リーチザクラウン　150円　関西馬

前走	12月27日	阪神2000m	ＧⅢ	ラジオNIKKEI杯	1番人気	2着	0.7秒差	X位	逃げ
前々走	12月7日	阪神1600m	500万	千両賞	1番人気	1着	0.5秒差	1位	逃げ
3走前	11月16日	京都1800m	未勝利		1番人気	1着	2.1秒差	1位	逃げ

2001年　アグネスゴールド　190円　関西馬

前走	1月22日	京都2000m	ＯＰ	若駒Ｓ	1番人気	1着	0.1秒差	1位
前々走	12月3日	阪神1600m	新馬		2番人気	1着	0.1秒差	1位

過去20年、１番人気に応えられず負けた馬の近２走成績と実績を紹介します。

2020年　アルジャンナ　3着　関西馬

前走	11月16日	東京1800m	ＧⅢ	東スポ杯2歳Ｓ	2番人気	2着	0.8秒差	2位
前々走	9月8日	阪神2000m	新馬		1番人気	1着	0.2秒差	1位

※前走東上の関西馬。

2019年　ヴァンドギャルド　4着　関西馬

前走	12月28日	中山2000m	ＧⅠ	ホープフルＳ	5番人気	6着	0.6秒差	2位
前々走	11月17日	東京1800m	ＧⅢ	東スポ杯2歳Ｓ	4番人気	3着	0.0秒差	2位
3走前	9月22日	阪神1600m	新馬		1番人気	1着	0.2秒差	1位

※前走東上の関西馬。

2018年　ダノンマジェスティ　9着　関西馬

前走	12月3日	阪神1800m	新馬		1番人気	1着	0.6秒差	1位

※キャリア1戦。

2017年　サトノアーサー　2着　関西馬

前走	12月4日	阪神1800m	500万	シクラメン賞	1番人気	1着	0.6秒差	1位
前々走	10月1日	阪神2000m	新馬		1番人気	1着	0.0秒差	1位

※初勝利が完勝ではありません。

2014年　バンドワゴン　２着　関西馬

前走	12月７日	阪神2000m	500万	エリカ賞	１番人気	１着	0.8秒差	1位 逃げ
前々走	９月２日	阪神1800m	新馬		４番人気	１着	1.0秒差	1位 逃げ

※初勝利が４番人気です。

2013年　リグヴェーダ　８着　関西馬

前走	12月24日	阪神1800m	新馬		１番人気	１着	0.2秒差	１位

※キャリア１戦。

2011年　ウインバリアシオン　４着　関西馬

前走	12月25日	阪神2000m	ＧⅢ	ラジオNIKKEI杯	３番人気	４着	0.1秒差	Ｘ位
前々走	９月19日	阪神1800m	ＯＰ	野路菊Ｓ	２番人気	１着	0.4秒差	１位
３走前	８月１日	小倉1800m	新馬		１番人気	１着	0.5秒差	１位

※前走がＮＧ。

2010年　レーヴドリアン　２着　関西馬

前走	１月９日	京都2000m	500万	福寿草特別	２番人気	１着	0.4秒差	１位
前々走	12月19日	阪神2000m	未勝利		１番人気	１着	0.0秒差	１位

※初勝利が完勝ではありません。

2008年　ブラックシェル　７着　関西馬

前走	１月６日	京都2000m	500万	福寿草特別	２番人気	１着	0.1秒差	１位
前々走	12月23日	中山2000m	ＯＰ	ホープフルＳ	１番人気	２着	0.1秒差	１位
３走前	12月２日	阪神2000m	未勝利		１番人気	１着	0.1秒差	１位

※２走前東上の関西馬。

2007年　オーシャンエイプス　４着　関西馬

前走	１月20日	京都1800m	新馬		１番人気	１着	1.3秒差	１位

※キャリア１戦。

2006年　メイショウサムソン（＋１kg）２着　関西馬

前走	12月17日	中京1800m	ＯＰ	中京２歳Ｓ	２番人気	１着	0.3秒差	１位
前々走	11月19日	東京1800m	ＧⅢ	東スポ杯２歳Ｓ	５番人気	２着	0.4秒差	２位
３走前	10月29日	京都1800m	ＯＰ	萩Ｓ	２番人気	４着	0.9秒差	Ｘ位
４走前	９月18日	阪神1600m	ＯＰ	野路菊Ｓ	１番人気	１着	0.1秒差	１位
５走前	９月４日	小倉1800m	未勝利		１番人気	１着	0.4秒差	１位

※加増１kgがＮＧ。２走前東上の関西馬。

2005年　アドマイヤフジ　３着　関西馬

前走	１月９日	中山2000m	500万	寒竹賞	１番人気	２着	0.0秒差	２位
前々走	12月26日	中山2000m	ＯＰ	ホープフルＳ	２番人気	３着	0.1秒差	２位
３走前	７月11日	阪神2000m	新馬		２番人気	１着	0.4秒差	１位

※近２走東上の関西馬。

2004年　ブラックタイド　2着　関西馬
前走　1月24日　京都2000m　ＯＰ　若駒Ｓ　1番人気　1着　0.1秒差　2位
前々走　12月27日　阪神2000m　GⅢ　ラジオたんぱ杯2歳S　1番人気　4着　0.6秒差　X位
3走前　12月7日　阪神2000m　新馬　1番人気　1着　0.6秒差　1位
※前走上がり2位がＮＧ。

2003年　マッキーマックス　3着　関西馬
前走　1月12日　京都1600m　GⅢ　シンザン記念　2番人気　2着　0.1秒差　1位
前々走　12月8日　中京1800m　新馬　2番人気　1着　1.2秒差　1位
※前走1600mがＮＧ。2番人気2着もハードルに引っかかります。

2002年　メガスターダム（＋1kg）8着　関西馬
前走　12月22日　阪神2000m　GⅢ　ラジオたんぱ杯2歳S　6番人気　1着　0.0秒差　X位　4角先頭
前々走　12月8日　阪神1600m　500万　平場　2番人気　2着　0.0秒差　2位　逃げ
3走前　11月18日　京都1400m　未勝利　1番人気　1着　1.2秒差　1位　逃げ
※加増1kgがＮＧ。

◆1番人気が飛ぶとわかったらココへ

1番人気が「負ける」とわかったら、2番人気以下の馬から勝つ馬を見つけます。簡単です。僕が課すハードルを満たした馬しか勝ちませんので、【1着穴馬的中シート】を利用して見つけだしてください。

2番人気以下で勝てる馬を浮かび上がらせます

ハードル❶
前走1800m以上新馬・未勝利1～2番人気完勝

ハードル❷
近2走で特別戦「1番人気か、完勝」、かつ、上がり1～2位

ハードル❸
重賞で逃げた経験

どれか一つで可。

２番人気以下で勝てる馬【1着穴馬的中シート】

条件	馬番 or 馬名
ハードル❶クリア	
ハードル❷クリア	
ハードル❸クリア	

過去20年、２番人気以下で優勝した馬の近２走成績と実績を紹介します。

2020年	７番人気	コルテジア	2980円						
前走	１月12日	京都1600m	GⅢ	シンザン記念	９番人気	３着	0.7秒差	X位	
前々走	11月９日	京都1600m	GⅡ	デイリー杯２歳S	９番人気	８着	1.0秒差	X位	逃げ
３走前	10月14日	京都1800m	未勝利		２番人気	１着	0.2秒差	3位	逃げ

2019年	３番人気	ダノンチェイサー	540円					
前走	12月１日	中京1600m	500万	こうやまき賞	１番人気	１着	0.0秒差	２位
前々走	11月４日	福島1800m	500万	きんもくせい特別	１番人気	２着	0.0秒差	X位
３走前	８月18日	小倉1800m	未勝利		３番人気	１着	0.2秒差	１位

2018年	４番人気	サトノフェイバー	690円						
前走	１月６日	京都2000m	新馬		２番人気	１着	0.5秒差	2位	逃げ

2017年	６番人気	アメリカズカップ	1720円					
前走	12月18日	阪神1600m	GⅠ	朝日杯FS	９番人気	９着	0.9秒差	X位
前々走	９月17日	阪神1800m	OP	野路菊S	３番人気	１着	0.1秒差	１位
３走前	７月16日	中京1600m	新馬		１番人気	１着	0.2秒差	３位

2014年	２番人気	トーセンスターダム	250円					
前走	11月23日	京都2000m	OP	京都２歳S	１番人気	１着	0.0秒差	１位
前々走	10月20日	京都1800m	新馬		１番人気	１着	0.0秒差	１位

2013年	６番人気	タマモベストプレイ	830円					
前走	１月６日	京都1600m	GⅢ	シンザン記念	３番人気	３着	0.2秒差	X位
前々走	11月３日	京都1400m	500万	秋明菊賞	２番人気	１着	0.1秒差	２位
３走前	10月20日	京都1400m	新馬		１番人気	１着	0.1秒差	１位

2011年　３番人気　トーセンラー　510円
前走　１月８日　京都2000m　500万　福寿草特別　１番人気　３着　0.0秒差　２位
前々走　12月12日　阪神2000m　500万　エリカ賞　３番人気　３着　0.3秒差　２位
３走前　11月７日　京都1800m　新馬　１番人気　１着　0.0秒差　２位

2010年　５番人気　ネオヴァンドーム　1380円
前走　１月５日　京都1800m　未勝利　１番人気　１着　0.2秒差　２位

2008年　８番人気　レインボーペガサス　2120円
前走　12月19日　川崎D1600m　ＧⅠ　全日本２歳優駿　１番人気　３着　0.2秒差　１位
前々走　11月17日　京都D1800m　500万　もちの木賞　１番人気　１着　0.4秒差　１位
３走前　10月27日　未勝利　１番人気　１着　0.3秒差　１位

2007年　３番人気　アサクサキングス　910円
前走　12月23日　阪神2000m　ＧⅢ　ラジオNIKKEI杯　４番人気　５着　0.4秒差　Ｘ位
前々走　11月４日　東京1800m　500万　百日草特別　１番人気　１着　0.1秒差　２位
３走前　10月15日　東京1600m　新馬　３番人気　１着　0.3秒差　２位

2006年　２番人気　ドリームパスポート　420円
前走　11月26日　京都2000m　ＯＰ　京都２歳Ｓ　２番人気　２着　0.1秒差　２位
前々走　10月29日　京都1800m　ＯＰ　萩Ｓ　１番人気　２着　0.5秒差　１位
３走前　10月15日　京都1600m　未勝利　１番人気　１着　0.7秒差　１位

2005年　２番人気　コンゴウリキシオー　370円
前走　１月30日　小倉1800m　500万　くすのき賞　１番人気　１着　0.8秒差　１位
前々走　１月８日　京都2000m　未勝利　２番人気　１着　0.4秒差　１位

2004年　３番人気　マイネルブルック　680円
前走　１月11日　中山2000m　500万　寒竹賞　１番人気　１着　0.2秒差　１位
前々走　12月28日　中山2000m　ＯＰ　ホープフルＳ　１番人気　４着　0.2秒差　Ｘ位
３走前　12月６日　中山2000m　500万　葉牡丹賞　２番人気　２着　0.3秒差　１位
４走前　10月４日　札幌1800m　ＧⅢ　札幌２歳Ｓ　３番人気　４着　0.5秒差　３位
５走前　９月６日　札幌1800m　未勝利　４番人気　１着　0.4秒差　１位

2003年　３番人気　ネオユニヴァース　800円
前走　１月18日　京都1600m　500万　白梅賞　１番人気　１着　0.1秒差　２位
前々走　12月14日　中京1800m　ＯＰ　中京２歳Ｓ　１番人気　３着　0.0秒差　２位
３走前　11月９日　京都1400m　新馬　１番人気　１着　0.2秒差　３位

2002年　６番人気　メジロマイヤー　55kg　950円
前走　１月20日　京都1600m　500万　白梅賞　３番人気　１着　0.1秒差　1位　逃げ
前々走　12月15日　阪神1600m　未勝利　１番人気　１着　0.7秒差　2位　逃げ

◆２着馬を見つけるのはココで

２着候補を２番人気以下から見つけだすのに便利なツールが僕の作ったハードルです。こちらも【２着穴馬的中シート】を併用して見つけてください。なお、１番人気に応えられなくても２着に来ることはありますので、１番人気馬は無条件で２着候補です。

２番人気以下で２着に入れる馬を浮かび上がらせます

ハードル❶
近２走で新馬・未勝利「上がり1～2位か、逃げ」完勝

ハードル❷
近２走で１勝クラス特別
上がり１位「１番人気か、１着」

ハードル❸
オープンクラス連対歴（負けていても0.1秒）

２番人気以下で２着に入れる馬【２着穴馬的中シート】

条件	馬番 or 馬名
ハードル① クリア	
ハードル② クリア	
ハードル③ クリア	

過去20年、２番人気以下で２着に入った馬の近２走成績と実績を紹介します。

2020年　４番人気　ストーンリッジ
前走　11月30日　阪神1600m　新馬　２番人気　１着　0.1秒差　１位

2019年　６番人気　タガノディアマンテ
前走　12月８日　阪神2000m　500万　エリカ賞　５番人気　３着　0.2秒差　２位
前々走　11月11日　東京1800m　未勝利　２番人気　１着　0.2秒差　２位

2018年　２番人気　グローリーヴェイズ
前走　12月10日　中京1600m　500万　こうやまき賞　２番人気　２着　0.0秒差　１位
前々走　10月１日　中山1800m　新馬　１番人気　１着　0.3秒差　2位　逃げ

2016年　４番人気　レプランシュ
前走　12月６日　阪神1800m　500万　シクラメン賞　３番人気　１着　0.0秒差　１位
前々走　10月24日　東京1800m　ＯＰ　アイビーＳ　２番人気　７着　0.3秒差　１位
３走前　８月15日　新潟1800m　新馬　４番人気　１着　0.0秒差　１位

2015年　２番人気　ポルトドートウィユ
前走　12月７日　阪神1800m　500万　シクラメン賞　２番人気　１着　0.2秒差　１位
前々走　11月１日　京都1800m　ＯＰ　萩Ｓ　１番人気　２着　0.0秒差　１位
３走前　８月31日　札幌1800m　未勝利　１番人気　１着　0.2秒差　１位

2013年　５番人気　マズルファイヤー
前走　１月20日　京都1800m　未勝利　１番人気　１着　0.7秒差　1位　4角先頭

2012年　４番人気　ヒストリカル
前走　１月９日　京都2000m　500万　福寿草特別　２番人気　４着　0.2秒差　１位
前々走　12月11日　阪神2000m　500万　エリカ賞　１番人気　５着　0.2秒差　１位
３走前　11月13日　京都2000m　新馬　２番人気　１着　0.0秒差　２位

2011年　８番人気　リキサンマックス
前走　１月５日　京都1800m　未勝利　９番人気　１着　0.1秒差　X位　逃げ

2009年　２番人気　リクエストソング
前走　１月５日　京都2000m　500万　福寿草特別　２番人気　１着　0.0秒差　２位
前々走　12月13日　阪神1800m　未勝利　１番人気　１着　0.1秒差　１位

2008年　５番人気　スマイルジャック
前走　１月26日　中山1800m　500万　若竹賞　１番人気　３着　0.3秒差　Ｘ位
前々走　11月17日　東京1800m　ＧⅢ　東スポ杯２歳Ｓ　５番人気　３着　0.2秒差　Ｘ位
３走前　10月20日　東京1600m　ＯＰ　いちょうＳ　１番人気　２着　0.0秒差　２位
４走前　９月29日　中山1600m　ＯＰ　芙蓉Ｓ　１番人気　２着　0.0秒差　１位
５走前　９月１日　新潟1600m　新馬　２番人気　１着　0.2秒差　２位

2007年　２番人気　ナムラマース（＋１kg）

前走	12月23日	阪神2000m	ＧⅢ	ラジオNIKKEI杯	２番人気	３着	0.2秒差	Ｘ位
前々走	９月30日	札幌1800m	ＧⅢ	札幌２歳Ｓ	１番人気	１着	0.1秒差	１位
３走前	９月９日	札幌1800m	ＯＰ	コスモス賞	３番人気	１着	0.6秒差	１位
４走前	８月19日	札幌1800m	未勝利		２番人気	１着	0.8秒差	1位　4角先頭

2005年　６番人気　マキハタサーメット（＋１kg）

前走	12月18日	阪神1400m	ＯＰ	さざんかＳ	４番人気	１着	0.2秒差	３位
前々走	11月13日	京都1200m	500万	平場	１番人気	１着	0.2秒差	３位
３走前	10月16日	京都1200m	未勝利		１番人気	１着	0.3秒差	3位　逃げ

2003年　２番人気　サイレントディール（＋１kg）

前走	１月12日	京都1600m	ＧⅢ	シンザン記念	１番人気	１着	0.1秒差	２位
前々走	12月８日	中山1600m	ＧⅠ	朝日杯ＦＳ	３番人気	８着	0.9秒差	X位　逃げ
３走前	11月９日	京都1800m	500万	黄菊賞	２番人気	１着	0.1秒差	Ｘ位
４走前	10月26日	京都1800m	ＯＰ	萩Ｓ	１番人気	５着	0.5秒差	Ｘ位
５走前	９月15日	阪神1600m	新馬		１番人気	１着	0.4秒差	2位　3角先頭

2002年　２番人気　アグネスソニック（＋１kg）56kg

前走	12月９日	中山1600m	ＧⅠ	朝日杯ＦＳ	５番人気	５着	0.3秒差	Ｘ位
前々走	11月10日	東京1400m	ＧⅡ	京王杯２歳Ｓ	１番人気	２着	0.2秒差	２位
３走前	10月７日	東京1400m	ＯＰ	アイビーＳ	１番人気	１着	0.3秒差	１位
４走前	８月18日	札幌1500m	ＯＰ	クローバー賞	１番人気	３着	0.3秒差	３位
５走前	７月14日	函館1200m	ＯＰ	ラベンダー賞	１番人気	１着	0.4秒差	１位
６走前	６月16日	函館1000m	新馬		１番人気	１着	0.4秒差	１位

2001年　３番人気　ダンツフレーム（＋１kg）56kg

前走	９月30日	阪神1600m	ＯＰ	野路菊Ｓ	１番人気	１着	0.1秒差	１位
前々走	９月16日	阪神1400m	ＯＰ	ききょうＳ	１番人気	１着	0.6秒差	１位
３走前	７月１日	函館Ｄ1000m	新馬		１番人気	１着	0.1秒差	１位

※２度目の新馬戦で初勝利。

GⅢ

東京新聞杯

2月7日（日）

東京競馬場　芝1600m（2003年は中山競馬場　芝1600m）

4歳以上

［賞金］

別定　56kg（牝馬2kg減）

収得賞金3000万円超過馬は超過額2000万円毎1kg増

1番人気で勝てる馬を浮かび上がらせます

大前提① **56kg以下**

ハードル❶
1600m以上3歳以上1番人気上がり1位「3勝クラス以上0.3秒以上1着歴か、重賞1着歴」

まず、今年も多くのファンを失望させることになるかもしれない1番人気馬を大前提とハードルに照らし合わせ、勝てるか負けるかを判定しましょう。2ページ後からの【1番人気的中シート】を利用してください。

東京新聞杯の真相

当レースが現在のような負担重量規程になったのは2007年からです。それまでは、２月開催の場合は次のような賞金別定でした。

４歳以上53kg（牝馬２kg減）
収得賞金４歳1100万円、５歳1400万円、６歳以上1700万円毎１kg増

なお、１月開催の場合は基礎重量は「４歳52kg、５歳以上53kg（牝馬２kg減）」です。

現在、２月開催の基礎重量は「４歳以上56kg（牝馬２kg減）」ですが、もし１月開催であれば「４歳55kg、５歳以上56kg（牝馬２kg減）」と、成長途上の４歳馬を１kg軽くしています。ここは2006年までと同じです。

このように、2006年以前はいまとはまったく違う賞金別定なため、当レースの【爆勝的中シート】は2007年以降14回のレース結果を分析して作成しています（2001～2006年の各馬のデータは掲載します）。

府中マイルの古馬ＧⅢは、ほかに富士ステークスがあります。しかし、当レースと富士Ｓのあいだに共通点はあまりありません。当レースは「直線での切れ味」、富士Ｓは「格」が要求されるイメージです。そういう素養が求められる富士Ｓが2020年にＧⅡ昇格となったわけです。

当レースと似ているのは、同じ左回りの新潟競馬場で行われる古馬マイルＧⅢ関屋記念です。関屋記念につきましては前著をご覧ください。

1番人気で勝てる馬【1番人気的中シート】

大前提①………56kg以下
ハードル❶……1600m以上3歳以上1番人気上がり1位
「3勝クラス以上0.3秒以上1着歴か、重賞1着歴」

年度	東京新聞杯の1番人気馬	性齢	負担重量	大前提①	ハードル❶	判定	着順
2021							
2021							
2020	レッドヴェイロン	牡5	56kg		×	×	9着
2019	インディチャンプ	牡4	56kg		○	◉	1着
2018	グレーターロンドン	牡6	56kg		×	×	9着
2017	エアスピネル	牡4	57kg	×	○	×	3着
2016	ダッシングブレイズ	牡4	56kg		×	×	中止
2015	フルーキー	牡5	56kg		×	×	3着
2014	コディーノ	牡4	56kg		×	×	4着
2013	ドナウブルー	牝5	54kg		×	×	10着
2012	ダノンシャーク	牡4	56kg		×	×	5着
2011	ダノンヨーヨー	牡5	57kg	×	○	×	7着
2010	トライアンフマーチ	牡4	55kg		×	×	2着
2009	タマモサポート	牡6	57kg	×	×	×	6着
2008	カンパニー	牡7	58kg	×	×	×	4着
2007	スズカフェニックス	牡5	56kg		○	◉	1着
2006	インセンティブガイ	牡5	55kg				3着
2005	ハットトリック	牡4	56kg				1着
2004	サイドワインダー	牡6	58kg				4着
2003	ローエングリン	牡4	57kg				2着
2002	ゴッドオブチャンス	牡4	54kg				8着
2001	シンコウエドワード	牡6	55kg				2着

1番人気的中シートの使い方

左のシートに今年の1番人気候補を記入し、過去の成績をもとに「勝てるか、勝てないか」を判定してください。「勝てない」とわかったら、2番人気以下で勝てる馬が浮かび上がる【1着穴馬的中シート】（後ろのページ）に進んでください。

単勝配当	結果	2番人気以下で勝った馬	人気	単勝配当	結果
	→	プリモシーン	4	¥780	大的中
¥270	大的中				
	→	リスグラシュー	3	¥550	大的中
	→	ブラックスピネル	3	¥640	大的中
	→	スマートレイアー	5	¥960	大的中
	→	ヴァンセンヌ	3	¥600	大的中
	→	ホエールキャプチャ	8	¥2,060	大的中
	→	クラレント	2	¥510	大的中
	→	ガルボ	8	¥1,680	大的中
	→	スマイルジャック	5	¥1,150	大的中
	→	レッドスパーダ	2	¥450	大的中
	→	アブソリュート	5	¥1,170	大的中
	→	ローレルゲレイロ	6	¥1,020	大的中
¥280	大的中				
	→	フジサイレンス	11	¥5,180	
¥160					
	→	ウインラディウス	7	¥1,370	
	→	ボールドブライアン	3	¥820	
	→	アドマイヤコジーン	10	¥4,480	
	→	チェックメイト	4	¥550	

過去14年、１番人気に応えて優勝した馬の近２走成績と実績を紹介します。
（実績は３勝クラス１着以上を列記。以下同様）

2019年　インディチャンプ　牡４　56kg　270円

前走	12月16日	阪神1600m	1600万	元町Ｓ	１番人気	１着	0.5秒差	１位
前々走	７月８日	中京1600m	1000万	有松特別	１番人気	１着	0.3秒差	１位

2007年　スズカフェニックス　牡５　56kg　280円

前走	１月６日	京都1600m	ＧⅢ	京都金杯	５番人気	５着	0.3秒差	２位
前々走	10月21日	東京1600m	ＧⅢ	富士Ｓ	１番人気	３着	0.1秒差	１位
４歳	10月７日	京都1800m	1600万	大原Ｓ	１番人気	１着	0.3秒差	１位

＊＊＊＊＊＊＊＊＊＊＊＊＊＊＊＊＊　旧賞金別定時代　＊＊＊＊＊＊＊＊＊＊＊＊＊＊＊＊＊

2005年　ハットトリック　牡４　56kg　（＋４kg）160円

前走	１月５日	京都1600m	ＧⅢ	京都金杯	１番人気	１着	0.0秒差	１位
前々走	11月13日	京都1600m	1600万	清水Ｓ	１番人気	１着	0.3秒差	１位

過去14年、１番人気に応えられず負けた馬の近２走成績と実績を紹介します。

2020年　レッドヴェイロン　牡５　56kg　９着

前走	11月23日	東京1600m	ＯＰ	キャピタルＳ	３番人気	２着	0.3秒差	２位
前々走	10月27日	東京1600m	３勝	紅葉Ｓ	２番人気	１着	0.0秒差	２位

2018年　グレーターロンドン　牡６　56kg　９着

前走	12月17日	中山1800m	ＯＰ	ディセンバーＳ	１番人気	３着	0.3秒差	１位
前々走	10月29日	東京2000m	ＧⅠ	天皇賞・秋	６番人気	９着	2.1秒差	X位　4角先頭
５歳	３月12日	中山1600m	ＯＰ	東風Ｓ	１番人気	１着	0.2秒差	１位
５歳	１月29日	東京1600m	1600万	節分Ｓ	１番人気	１着	0.2秒差	１位

2017年　エアスピネル　牡４　57kg（＋１kg）３着

前走	１月５日	京都1600m	ＧⅢ	京都金杯	１番人気	１着	0.0秒差	Ｘ位
前々走	10月23日	京都3000m	ＧⅠ	菊花賞	６番人気	３着	0.4秒差	Ｘ位
２歳	12月20日	阪神1600m	ＧⅠ	朝日杯ＦＳ	１番人気	２着	0.1秒差	２位
２歳	11月14日	京都1600m	ＧⅡ	デイリー杯２歳Ｓ	２番人気	１着	0.6秒差	１位

※57kgＮＧ。

2016年　ダッシングブレイズ　牡４　56kg　中止

前走	12月19日	阪神1600m	ＯＰ	リゲルＳ	１番人気	１着	0.1秒差	１位
前々走	11月１日	東京1600m	1600万	紅葉Ｓ	１番人気	１着	0.1秒差	１位

2015年　フルーキー　牡５　56kg　３着

前走	１月４日	京都1600m	ＧⅢ	京都金杯	２番人気	４着	0.2秒差	Ｘ位
前々走	12月13日	阪神1800m	ＧⅢ	チャレンジＣ	２番人気	２着	0.0秒差	３位
４歳	10月18日	京都1600m	1600万	清水Ｓ	１番人気	１着	0.2秒差	２位

2014年　コディーノ　牡４　56kg　４着

前走	10月27日	東京2000m	GⅠ	天皇賞・秋	４番人気	５着	1.3秒差	X位
前々走	10月26日	東京1800m	GⅡ	毎日王冠	２番人気	７着	0.5秒差	１位
２歳	12月16日	中山1600m	GⅠ	朝日杯ＦＳ	１番人気	２着	0.0秒差	３位
２歳	11月17日	東京1800m	GⅢ	東スポ杯２歳Ｓ	１番人気	１着	0.3秒差	３位
２歳	９月１日	札幌1800m	GⅢ	札幌２歳Ｓ	３番人気	１着	0.3秒差	２位

2013年　ドナウブルー　牝５　54kg　10着

前走	11月28日	京都1600m	GⅠ	マイルＣＳ	５番人気	３着	0.1秒差	２位
前々走	10月13日	東京1800m	牝馬GⅡ	府中牝馬Ｓ	１番人気	３着	0.2秒差	X位
４歳	８月12日	新潟1600m	GⅢ	関屋記念	１番人気	１着	0.0秒差	３位
４歳	５月13日	東京1600m	牝馬GⅠ	ヴィクトリアＭ	７番人気	２着	0.1秒差	X位
４歳	１月29日	京都1600m	牝馬GⅢ	京都牝馬Ｓ	２番人気	１着	0.2秒差	１位

※３走前は上がり１位ではありません。

2012年　ダノンシャーク　牡４　56kg　５着

前走	１月５日	京都1600m	GⅢ	京都金杯	２番人気	２着	0.2秒差	１位
前々走	12月18日	阪神1800m	1600万	逆瀬川Ｓ	１番人気	１着	0.1秒差	２位

2011年　ダノンヨーヨー　牡５　57kg（＋１kg）７着

前走	11月21日	京都1600m	GⅠ	マイルＣＳ	１番人気	２着	0.0秒差	１位
前々走	10月23日	東京1600m	GⅢ	富士Ｓ	２番人気	１着	0.2秒差	２位
４歳	10月３日	阪神1600m	ＯＰ	ポートアイランドＳ	１番人気	１着	0.4秒差	１位

※57kgＮＧ。

2010年　トライアンフマーチ　牡４　55kg　２着

前走	11月28日	東京1600m	ＯＰ	キャピタルＳ	１番人気	１着	0.1秒差	２位
前々走	10月25日	京都3000m	GⅠ	菊花賞	13番人気	９着	1.2秒差	X位
３歳	４月19日	中山2000m	GⅠ	皐月賞	８番人気	２着	0.2秒差	１位
３歳	３月21日	阪神2000m	ＯＰ	若草Ｓ	４番人気	２着	0.0秒差	２位

2009年　タマモサポート　牡６　57kg（＋１kg）６着

前走	１月５日	京都1600m	GⅢ	京都金杯	７番人気	１着	0.3秒差	X位
前々走	11月29日	東京1600m	ＯＰ	キャピタルＳ	８番人気	１着	0.4秒差	２位
４歳	８月12日	新潟2000m	1600万	天の川Ｓ	２番人気	１着	0.4秒差	X位
４歳	６月24日	福島1800m	ＯＰ	福島テレビＯＰ	４番人気	２着	0.0秒差	１位
３歳	７月２日	福島1800m	GⅢ	ラジオNIKKEI賞	５番人気	１着	0.3秒差	３位

※57kgＮＧ。

2008年　カンパニー　牡７　58kg（＋２kg）４着

前走	11月18日	京都1600m	GⅠ	マイルＣＳ	３番人気	５着	0.3秒差	１位
前々走	10月28日	東京2000m	GⅠ	天皇賞・秋	６番人気	３着	0.4秒差	３位
６歳	８月５日	新潟1600m	GⅢ	関屋記念	１番人気	１着	0.6秒差	１位
５歳	４月２日	阪神2000m	GⅡ	産経大阪杯	３番人気	１着	0.1秒差	１位
４歳	11月26日	京都1800m	GⅢ	京阪杯	１番人気	１着	0.6秒差	１位

４歳　２月27日　中山1800m　GⅡ　中山記念　２番人気　２着　0.1秒差　１位
３歳　11月27日　京都1800m　GⅢ　京阪杯　４番人気　２着　0.2秒差　１位
３歳　７月４日　福島1800m　GⅢ　ラジオたんぱ賞　３番人気　２着　0.0秒差　１位
３歳　４月18日　中山1800m　ＯＰ　ベンジャミンＳ　３番人気　１着　0.2秒差　２位
※58kgＮＧ。

＊＊＊＊＊＊＊＊＊＊＊＊＊＊＊＊　旧賞金別定時代　＊＊＊＊＊＊＊＊＊＊＊＊＊＊＊＊

2006年　インセンティブガイ　牡５　55kg　（＋２kg）３着
前走　１月９日　中山1600m　1600万　初富士Ｓ　２番人気　１着　0.4秒差　２位
前々走　11月27日　東京1600m　ＯＰ　キャピタルＳ　３番人気　10着　0.8秒差　Ｘ位
４歳　１月22日　京都1600m　1600万　石清水Ｓ　４番人気　１着　0.3秒差　３位

2004年　サイドワインダー　牡６　58kg　（＋５kg）４着
前走　１月５日　京都1600m　GⅢ　京都金杯　１番人気　２着　0.0秒差　１位
前々走　12月14日　阪神2000m　GⅢ　鳴尾記念　１番人気　３着　0.0秒差　２位
５歳　10月25日　東京1600m　GⅢ　富士Ｓ　４番人気　２着　0.4秒差　１位
５歳　１月５日　京都1600m　GⅢ　京都金杯　３番人気　１着　0.1秒差　１位
４歳　11月23日　京都1800m　GⅢ　京阪杯　５番人気　１着　0.1秒差　２位

2003年　ローエングリン　牡４　57kg　（＋４kg）２着
前走　12月14日　中山1800m　ＯＰ　ディセンバーＳ　１番人気　１着　0.3秒差　2位　逃げ
前々走　11月24日　中山1600m　ＯＰ　キャピタルＳ　２番人気　１着　0.2秒差　X位　逃げ
３歳　５月26日　東京2000m　ＯＰ　駒草賞　１番人気　１着　0.3秒差　３位
３歳　４月13日　阪神2200m　ＯＰ　若草Ｓ　１番人気　１着　0.4秒差　2位　逃げ

2002年　ゴッドオブチャンス　牡４　54kg　（＋２kg）８着
前走　１月５日　京都1600m　GⅢ　京都金杯　３番人気　２着　0.1秒差　１位
前々走　11月18日　京都1600m　GⅠ　マイルＣＳ　12番人気　13着　0.6秒差　Ｘ位
３歳　10月13日　東京1400m　1600万　アイルランドＴ　１番人気　１着　0.2秒差　X位　逃げ

2001年　シンコウエドワード　牡６　55kg　（＋２kg）２着
前走　１月13日　中山1600m　ＯＰ　ニューイヤーＳ　１番人気　２着　0.1秒差　１位
前々走　11月19日　東京1400m　ＯＰ　オーロＣ　２番人気　３着　0.6秒差　３位
５歳　４月２日　中山1600m　GⅢ　ダービー卿ＣＴ　８番人気　２着　0.0秒差　１位
５歳　１月６日　京都1400m　1600万　新春Ｓ　５番人気　１着　0.2秒差　１位
３歳　５月17日　東京1600m　GⅠ　ＮＨＫマイルＣ　６番人気　２着　0.3秒差　３位

◆１番人気が飛ぶとわかったらココへ

１番人気が「負ける」とわかったら、２番人気以下の馬から勝つ馬を見つけます。簡単です。僕が課すハードルを満たした馬しか勝ちませんので、【１着穴馬的中シート】を利用して見つけだしてください。

２番人気以下で勝てる馬を浮かび上がらせます

ハードル❶

前走「３勝クラス以上１着か、
重賞連対（負けていても0.1秒）」

ハードル❷

重賞完勝歴か、（牝馬）**ＧⅠ連対歴**

どちらか一方で可。

注：ハードルはともに1600m以上

２番人気以下で勝てる馬【1着穴馬的中シート】

条件	馬番 or 馬名
ハードル❶クリア	
ハードル❷クリア	

過去14年、２番人気以下で優勝した馬の近２走成績と実績を紹介します。

2020年　４番人気　プリモシーン　牝５　56kg（＋２kg）780円

前走	11月17日	京都1600m	ＧⅠ	マイルＣＳ	９番人気	11着	0.9秒差	Ｘ位
前々走	10月14日	東京1800m	牝馬GⅡ	府中牝馬Ｓ	１番人気	15着	1.5秒差	Ｘ位
４歳	５月12日	東京1600m	牝馬GⅠ	ヴィクトリアＭ	４番人気	２着	0.0秒差	１位
４歳	３月30日	中山1600m	ＧⅢ	ダービー卿ＣＴ	３番人気	２着	0.0秒差	Ｘ位
３歳	８月12日	新潟1600m	ＧⅢ	関屋記念	１番人気	１着	0.0秒差	２位
３歳	１月７日	中山1600m	牝馬GⅢ	フェアリーＳ	２番人気	１着	0.2秒差	３位

2018年　3番人気　リスグラシュー　牝4　55kg（+1kg）550円

前走	11月12日	京都2200m	牝馬GⅠ	エリザベス女王杯	7番人気	8着	0.4秒差	1位
前々走	10月15日	京都2000m	牝馬GⅠ	秋華賞	4番人気	2着	0.2秒差	2位
3歳	4月9日	阪神1600m	牝馬GⅠ	桜花賞	3番人気	2着	0.1秒差	3位
2歳	12月11日	阪神1600m	牝馬GⅠ	阪神JF	2番人気	2着	0.2秒差	1位
2歳	10月29日	東京1600m	牝馬GⅢ	アルテミスS	1番人気	1着	0.1秒差	2位

2017年　3番人気　ブラックスピネル　牡4　56kg　640円

前走	1月5日	京都1600m	GⅢ	京都金杯	6番人気	2着	0.0秒差	X位
前々走	12月10日	阪神1800m	GⅢ	チャレンジC	2番人気	5着	0.1秒差	X位
3歳	5月28日	京都1800m	OP	白百合S	3番人気	1着	0.0秒差	3位
3歳	2月28日	阪神2200m	OP	すみれS	1番人気	2着	0.2秒差	3位
2歳	10月31日	京都1800m	OP	萩S	3番人気	1着	0.1秒差	2位
2歳	9月19日	阪神1800m	OP	野路菊S	2番人気	2着	0.2秒差	2位

2016年　5番人気　スマートレイアー　牝6　55kg（+1kg）960円

前走	11月15日	京都2200m	牝馬GⅠ	エリザベス女王杯	8番人気	5着	0.1秒差	1位
前々走	10月17日	東京1800m	牝馬GⅡ	府中牝馬S	1番人気	2着	0.2秒差	X位
5歳	6月21日	阪神1600m	OP	米子S	1番人気	1着	0.2秒差	1位
4歳	10月18日	東京1800m	牝馬GⅡ	府中牝馬S	1番人気	2着	0.1秒差	2位
4歳	4月12日	阪神1400m	牝馬GⅡ	阪神牝馬S	1番人気	1着	0.0秒差	1位
4歳	3月9日	阪神1800m	OP	大阪城S	1番人気	1着	0.2秒差	1位
3歳	10月13日	京都2000m	牝馬GⅠ	秋華賞	2番人気	2着	0.2秒差	X位

2015年　3番人気　ヴァンセンヌ　牡6　56kg　600円

前走	12月21日	阪神1600m	1600万	元町S	2番人気	1着	0.0秒差	X位 4角先頭
前々走	11月29日	東京1600m	1000万	エクセレントジョッキーズT	1番人気	1着	0.3秒差	1位

2014年　8番人気　ホエールキャプチャ　牝6　57kg（+3kg）2060円

前走	11月10日	京都2200m	牝馬GⅠ	エリザベス女王杯	4番人気	6着	0.5秒差	X位
前々走	10月14日	東京1800m	牝馬GⅡ	府中牝馬S	4番人気	1着	0.1秒差	X位
5歳	5月12日	東京1600m	牝馬GⅠ	ヴィクトリアM	12番人気	2着	0.0秒差	3位
4歳	5月13日	東京1600m	牝馬GⅠ	ヴィクトリアM	4番人気	1着	0.1秒差	2位
3歳	9月18日	阪神1800m	牝馬GⅡ	ローズS	1番人気	1着	0.0秒差	X位
3歳	4月10日	阪神1600m	牝馬GⅠ	桜花賞	1番人気	2着	0.1秒差	2位
3歳	2月12日	東京1600m	牝馬GⅢ	クイーンC	2番人気	1着	0.1秒差	2位
2歳	12月12日	阪神1600m	牝馬GⅠ	阪神JF	4番人気	2着	0.1秒差	2位
2歳	10月3日	中山1600m	OP	芙蓉S	5番人気	1着	0.0秒差	2位 逃げ

2013年　2番人気　クラレント　牡4　56kg　510円

前走	12月24日	阪神1400m	GⅡ	阪神C	4番人気	5着	0.3秒差	X位
前々走	11月25日	東京1600m	OP	キャピタルS	2番人気	4着	0.2秒差	X位
3歳	10月20日	東京1600m	GⅢ	富士S	5番人気	1着	0.1秒差	2位
2歳	10月15日	京都1600m	GⅡ	デイリー杯2歳S	4番人気	1着	0.1秒差	2位

2012年　8番人気　ガルボ　牡5　56kg　1680円

前走	1月14日	中山1600m	OP	ニューイヤーS	3番人気	2着	0.5秒差	3位
前々走	11月26日	東京1600m	OP	キャピタルS	7番人気	2着	0.1秒差	3位
4歳	2月27日	阪神1400m	GⅢ	阪急杯	1番人気	2着	0.2秒差	3位
4歳	1月5日	京都1600m	GⅢ	京都金杯	3番人気	2着	0.0秒差	X位
3歳	1月10日	京都1600m	GⅢ	シンザン記念	4番人気	1着	0.5秒差	2位

2011年　5番人気　スマイルジャック　牡6　57kg（+1kg）1150円

前走	11月21日	京都1600m	GⅠ	マイルCS	5番人気	6着	0.3秒差	X位
前々走	10月31日	東京2000m	GⅠ	天皇賞・秋	13番人気	8着	1.2秒差	X位
5歳	3月21日	阪神1600m	OP	六甲S	2番人気	1着	0.3秒差	1位
4歳	8月9日	新潟1600m	GⅢ	関屋記念	2番人気	1着	0.2秒差	1位
3歳	6月1日	東京2400m	GⅠ	ダービー	12番人気	2着	0.2秒差	X位
3歳	3月23日	中山1800m	GⅡ	スプリングS	6番人気	1着	0.0秒差	X位
3歳	2月17日	京都1800m	GⅢ	きさらぎ賞	5番人気	2着	0.1秒差	X位
2歳	10月20日	東京1600m	OP	いちょうS	1番人気	2着	0.0秒差	2位
2歳	9月29日	中山1600m	OP	芙蓉S	1番人気	2着	0.0秒差	1位

2010年　2番人気　レッドスパーダ　牡4　55kg　450円

前走	1月16日	中山1600m	OP	ニューイヤーS	2番人気	1着	0.0秒差	X位（逃げ）
前々走	12月5日	阪神1800m	GⅢ	鳴尾記念	5番人気	5着	0.4秒差	X位　逃げ
3歳	5月10日	東京1600m	GⅠ	NHKマイルC	5番人気	2着	0.3秒差	2位
3歳	3月22日	中山1800m	GⅡ	スプリングS	8番人気	2着	0.1秒差	X位

2009年　5番人気　アブソリュート　牡5　56kg　1170円

前走	12月21日	中山1600m	1600万	クリスマスC	2番人気	1着	0.3秒差	2位
前々走	11月16日	東京1800m	1600万	ノベンバーS	2番人気	3着	0.1秒差	3位

2008年　6番人気　ローレルゲレイロ　牡4　57kg（+1kg）1020円

前走	12月16日	阪神1400m	GⅡ	阪神C	9番人気	4着	0.2秒差	X位　逃げ
前々走	10月20日	東京1600m	GⅢ	富士S	5番人気	10着	0.6秒差	X位
3歳	5月6日	東京1600m	GⅠ	NHKマイルC	1番人気	2着	0.1秒差	X位
3歳	2月24日	阪神1600m	GⅢ	アーリントンC	1番人気	2着	0.0秒差	3位
2歳	12月10日	中山1600m	GⅠ	朝日杯FS	7番人気	2着	0.1秒差	X位
2歳	10月14日	京都1600m	GⅡ	デイリー杯2歳S	2番人気	2着	0.1秒差	X位
2歳	8月6日	函館1200m	GⅢ	函館2歳S	5番人気	2着	0.2秒差	X位　4角先頭

＊＊＊＊＊＊＊＊＊＊＊＊＊＊＊＊＊　旧賞金別定時代　＊＊＊＊＊＊＊＊＊＊＊＊＊＊＊＊＊

2006年　11番人気　フジサイレンス　牡6　55kg　（+2kg）5180円

前走	1月14日	中山1600m	OP	ニューイヤーS	5番人気	3着	0.2秒差	X位
前々走	12月24日	中京1200m	GⅡ	CBC賞	13番人気	11着	0.6秒差	X位
5歳	5月1日	新潟1400m	OP	谷川岳S	3番人気	1着	0.0秒差	2位
5歳	3月20日	中山1600m	OP	岡部幸雄騎手引退記念	5番人気	2着	0.0秒差	3位
5歳	2月12日	東京1400m	1600万	バレンタインS	4番人気	1着	0.2秒差	3位

2004年　７番人気　ウインラディウス　牡６　54kg　(＋１kg) 1370円

前走	11月２日	東京1400m	1600万	白秋Ｓ	２番人気	１着	0.1秒差	３位
前々走	９月14日	中山1600m	ＧⅢ	京成杯ＡＨ	２番人気	７着	0.4秒差	３位
２歳	８月19日	札幌1500m	ＯＰ	クローバー賞	１番人気	１着	0.6秒差	１位

2003年　３番人気　ボールドブライアン　牡４　55kg　(＋２kg) 820円

前走	１月25日	京都1600m	1600万	石清水Ｓ	１番人気	１着	0.3秒差	１位
前々走	10月27日	京都1600m	1600万	渡月橋Ｓ	３番人気	４着	0.4秒差	Ｘ位

2002年　10番人気　アドマイヤコジーン　牡６　55kg　(＋２kg) 4480円

前走	７月１日	函館1200m	ＧⅢ	函館ＳＳ	９番人気	12着	2.5秒差	１位
前々走	６月10日	函館1200m	ＯＰ	ＵＨＢ杯	３番人気	７着	0.5秒差	Ｘ位
５歳	４月22日	福島1200m	ＯＰ	福島民報杯	２番人気	２着	0.0秒差	Ｘ位
２歳	12月13日	中山1600m	ＧⅠ	朝日杯３歳Ｓ	１番人気	１着	0.0秒差	１位
２歳	11月21日	東京1800m	ＧⅢ	東スポ杯３歳Ｓ	１番人気	１着	0.2秒差	１位

2001年　４番人気　チェックメイト　牡６　56kg　(＋３kg) 550円

前走	１月13日	中山1600m	ＯＰ	ニューイヤーＳ	２番人気	１着	0.1秒差	２位
前々走	10月28日	京都1400m	ＧⅡ	スワンＳ	７番人気	11着	1.1秒差	Ｘ位
５歳	６月24日	阪神1600m	ＯＰ	米子Ｓ	２番人気	１着	0.1秒差	１位
５歳	１月30日	東京1600m	ＧⅢ	東京新聞杯	６番人気	２着	0.0秒差	１位
４歳	11月７日	京都1600m	1600万	清水Ｓ	１番人気	１着	0.0秒差	３位
４歳	５月９日	京都1600m	ＯＰ	都大路Ｓ	３番人気	２着	0.3秒差	３位
４歳	３月13日	阪神1600m	1600万	武庫川Ｓ	３番人気	１着	0.1秒差	２位

◆２着馬を見つけるのはココで

２着候補を２番人気以下から見つけだすのに便利なツールが僕の作ったハードルです。こちらも【２着穴馬的中シート】を併用して見つけてください。なお、１番人気に応えられなくても２着に来ることはありますので、１番人気馬は無条件で２着候補です。

２番人気以下で２着に入れる馬を浮かび上がらせます

ハードル❶

近２走で３勝クラス以上１着

ハードル❷

３勝クラス以上１番人気完勝歴

ハードル❸

重賞「１番人気歴か、連対歴」

どれか一つで可。

注：ハードルはすべて1600m以上

２番人気以下で２着に入れる馬【２着穴馬的中シート】

条件	馬番 or 馬名
ハードル❶クリア	
ハードル❷クリア	
ハードル❸クリア	

過去14年、２番人気以下で２着に入った馬の近２走成績と実績を紹介します。

2020年　６番人気　シャドウディーヴァ　牝４　54kg
前走　12月８日　中山1800m　３勝クラス　常総Ｓ　２番人気　１着　0.0秒差　３位
前々走　11月10日　京都2200m　牝馬GⅠ　エリザベス女王杯　11番人気　15着　1.4秒差　Ｘ位
３歳　４月21日　東京2000m　牝馬GⅡ　フローラＳ　２番人気　２着　0.0秒差　２位

2019年　６番人気　レッドオルガ　牝５　54kg
前走　12月15日　中山1600m　牝馬GⅢ　ターコイズＳ　６番人気　６着　0.3秒差　２位
前々走　10月28日　東京1600m　1600万　紅葉Ｓ　２番人気　１着　0.0秒差　２位
４歳　５月６日　東京1600m　1600万　湘南Ｓ　２番人気　１着　0.2秒差　Ｘ位

2018年　５番人気　サトノアレス　牡４　57kg（＋１kg）
前走　11月25日　東京1600m　ＯＰ　キャピタルＳ　２番人気　２着　0.0秒差　１位

前々走　10月21日　東京1600m　GⅢ　富士S　6番人気　6着　0.9秒差　X位
3歳　7月2日　函館1800m　OP　巴賞　1番人気　1着　0.0秒差　3位
2歳　12月18日　阪神1600m　GⅠ　朝日杯FS　6番人気　1着　0.1秒差　2位

2017年　5番人気　プロディガルサン　牡4　56kg
前走　10月23日　京都3000m　GⅠ　菊花賞　11番人気　11着　1.3秒差　X位
前々走　9月18日　中山2200m　GⅡ　セントライト記念　3番人気　3着　0.2秒差　1位
2歳　11月23日　東京1800m　GⅢ　東スポ杯2歳S　2番人気　2着　0.2秒差　2位
2歳　9月27日　中山2000m　OP　芙蓉S　2番人気　1着　0.1秒差　1位

2016年　6番人気　エキストラエンド　牡7　57kg（+1kg）
前走　1月5日　京都1600m　GⅢ　京都金杯　4番人気　7着　0.5秒差　1位
前々走　9月13日　中山1600m　GⅢ　京成杯AH　11番人気　2着　0.0秒差　X位
6歳　1月4日　京都1600m　GⅢ　京都金杯　4番人気　2着　0.0秒差　2位
5歳　2月17日　東京1600m　GⅢ　東京新聞杯　3番人気　2着　0.2秒差　3位
5歳　1月5日　京都1600m　GⅢ　京都金杯　6番人気　1着　0.2秒差　1位
4歳　6月15日　東京2000m　1600万　ジューンS　2番人気　1着　0.1秒差　3位
4歳　5月26日　東京1800m　1600万　シンボリルドルフC　6番人気　1着　0.1秒差　1位

2015年　9番人気　アルフレード　牡6　56kg
前走　1月17日　中山1600m　OP　ニューイヤーS　2番人気　9着　0.6秒差　3位
前々走　11月16日　東京1400m　OP　オーロC　12番人気　4着　0.1秒差　2位
3歳　5月6日　東京1600m　GⅠ　NHKマイルC　3番人気　2着　0.6秒差　X位
2歳　12月18日　中山1600m　GⅠ　朝日杯FS　1番人気　1着　0.3秒差　2位

2014年　3番人気　エキストラエンド　牡5　56kg
前走　1月5日　京都1600m　GⅢ　京都金杯　6番人気　1着　0.2秒差　1位
前々走　10月6日　東京1800m　GⅡ　毎日王冠　9番人気　9着　0.7秒差　3位
4歳　6月15日　東京2000m　1600万　ジューンS　2番人気　1着　0.1秒差　3位
4歳　5月26日　東京1800m　1600万　シンボリルドルフC　6番人気　1着　0.1秒差　1位

2013年　5番人気　ダイワマッジョーレ　牡4　56kg
前走　1月5日　中山2000m　GⅢ　中山金杯　3番人気　5着　0.4秒差　X位
前々走　12月1日　中京2000m　GⅡ　金鯱賞　8番人気　2着　0.1秒差　3位
3歳　10月21日　東京1800m　1600万　甲斐路S　2番人気　1着　0.1秒差　1位

2012年　4番人気　コスモセンサー　牡5　56kg
前走　1月14日　中山1600m　OP　ニューイヤーS　1番人気　1着　0.5秒差　1位
前々走　12月25日　阪神1600m　OP　2011ファイナルS　3番人気　1着　0.2秒差　X位
4歳　1月15日　中山1600m　OP　ニューイヤーS　3番人気　1着　0.1秒差　X位
3歳　2月27日　阪神1600m　GⅢ　アーリントンC　5番人気　1着　0.2秒差　X位　逃げ
※1番人気に推されても勝てる実績の持ち主です（前走）。

2011年　7番人気　キングストリート　牡5　56kg
前走　1月15日　中山1600m　OP　ニューイヤーS　2番人気　5着　0.2秒差　X位

前々走　12月26日　阪神1600m　ＯＰ　2010ファイナルＳ　６番人気　３着　0.5秒差　１位
４歳　７月31日　新潟1600m　1600万　新潟日報賞　１番人気　１着　0.0秒差　２位
４歳　１月31日　東京1600m　1600万　節分Ｓ　１番人気　１着　0.5秒差　２位

2009年　15番人気　キャプテンベガ　牡６　56kg
前走　12月28日　阪神1600m　ＯＰ　2008ファイナルＳ　１番人気　６着　0.3秒差　Ｘ位
前々走　12月６日　阪神1800m　ＧⅢ　鳴尾記念　２番人気　６着　1.3秒差　Ｘ位
５歳　11月２日　京都1800m　ＯＰ　カシオペアＳ　２番人気　２着　0.0秒差　３位
５歳　６月７日　中京2000m　1600万　関ヶ原Ｓ　１番人気　１着　0.1秒差　２位
３歳　３月18日　阪神2000m　ＯＰ　若葉Ｓ　２番人気　２着　0.1秒差　２位

2008年　13番人気　リキッドノーツ　牡７　56kg
前走　１月５日　京都1600m　ＧⅢ　京都金杯　10番人気　12着　1.0秒差　Ｘ位
前々走　12月８日　中山1800m　1600万　冬至Ｓ　３番人気　１着　0.0秒差　３位

2007年　２番人気　エアシェイディ　牡６　57kg（＋１kg）
前走　11月26日　東京1600m　ＯＰ　キャピタルＳ　１番人気　１着　0.1秒差　１位
前々走　10月21日　東京1600m　ＧⅢ　富士Ｓ　２番人気　２着　0.1秒差　１位
５歳　７月23日　函館2000m　ＧⅢ　函館記念　２番人気　２着　0.2秒差　Ｘ位
５歳　６月25日　福島1800m　ＯＰ　福島テレビＯＰ　１番人気　１着　0.0秒差　１位
５歳　２月４日　東京2000m　ＯＰ　白富士Ｓ　４番人気　１着　0.0秒差　３位
４歳　１月23日　中山2200m　ＧⅡ　アメリカＪＣＣ　３番人気　２着　0.2秒差　Ｘ位
３歳　10月24日　東京1800m　1600万　テレビ静岡賞　１番人気　１着　0.3秒差　１位
２歳　12月28日　中山2000m　ＯＰ　ホープフルＳ　３番人気　１着　0.1秒差　３位

＊＊＊＊＊＊＊＊＊＊＊＊＊＊＊＊　旧賞金別定時代　＊＊＊＊＊＊＊＊＊＊＊＊＊＊＊＊

2006年　２番人気　オレハマッテルゼ　牡６　56kg　（＋３kg）
前走　１月５日　京都1600m　ＧⅢ　京都金杯　１番人気　９着　0.7秒差　Ｘ位
前々走　11月27日　東京1600m　ＯＰ　キャピタルＳ　２番人気　１着　0.0秒差　Ｘ位
５歳　５月15日　東京1400m　ＧⅡ　京王杯ＳＣ　５番人気　２着　0.4秒差　Ｘ位
５歳　３月６日　東京1600m　1600万　晩春Ｓ　１番人気　１着　0.1秒差　２位

2005年　７番人気　キネティクス　牡６　55kg　（＋２kg）
前走　１月５日　京都1600m　ＧⅢ　京都金杯　３番人気　４着　0.1秒差　Ｘ位
前々走　11月27日　東京1600m　ＯＰ　キャピタルＳ　８番人気　１着　0.1秒差　２位
５歳　10月31日　京都1600m　1600万　渡月橋Ｓ　２番人気　１着　0.0秒差　１位

2004年　５番人気　クラフトワーク　牡４　53kg　（＋１kg）
前走　10月26日　東京1800m　1600万　テレビ静岡賞　１番人気　１着　0.2秒差　１位
前々走　10月４日　中山2500m　1000万　九十九里特別　１番人気　３着　0.1秒差　３位
３歳　３月２日　阪神2200m　ＯＰ　すみれＳ　３番人気　２着　0.1秒差　２位

2002年　9番人気　ディヴァインライト　牡7　56kg　(＋3kg)

前走	11月17日	福島2000m	GⅢ	福島記念	9番人気	9着	1.2秒差	X位
前々走	10月28日	福島1200m	OP	福島民友C	3番人気	7着	0.8秒差	X位
6歳	8月5日	札幌1200m	OP	札幌日刊スポーツ杯	2番人気	2着	0.1秒差	X位
5歳	3月26日	中京1200m	GⅠ	高松宮記念	8番人気	2着	0.0秒差	X位
5歳	2月27日	阪神1200m	GⅢ	阪急杯	6番人気	2着	0.2秒差	2位
5歳	2月6日	東京1400m	1600万	テレビ山梨杯	2番人気	1着	0.1秒差	3位
3歳	3月29日	阪神2000m	GⅢ	毎日杯	3番人気	2着	0.0秒差	1位

GⅢ

クイーンC

2月13日（土）

東京競馬場　芝1600m（2002年は中山競馬場　芝1600m）

3歳牝馬

［賞金］

別定　馬齢　54kg

収得賞金1800万円以上の馬1kg増

2002年までの基礎重量は牝馬53kg

2005年までは1600万円毎1kg増
2006～2012年は2000万円以上の馬1kg増

１番人気で勝てる馬を浮かび上がらせます

大前提①　**加増馬は中央開催牡馬混合**
１勝クラス特別以上１着歴

ハードル❶
前走「オープンクラス連対か、ＧＩなら３着以内」。ただし、負けていても0.1秒、かつ、前々走完勝

ハードル❷
牡馬混合１勝クラス「１番人気か、0.3秒差以上」１着歴、あるいは中央開催牡馬混合重賞連対歴

どちらか一方で可。

まず、今年も多くのファンを失望させることになるかもしれない１番人気馬を大前提とハードルに照らし合わせ、勝てるか負けるかを判定しましょう。２ページ後からの【１番人気的中シート】を利用してください。

クイーンカップの真相

多くの動物の運動能力は、メスのほうが低いですよね。サラブレッドも牡馬・せん馬より牝馬のほうが弱いです。ただ、人間もそうですが、子どものころは女の子のほうが成長が早いぶん、駆けっこが速かったりします。そこで、ＪＲＡは男女の能力差を埋めるために、負担重量で加減しています。

・２歳９月まで　同斤量　（馬齢54kg）
・２歳10〜12月　牝馬が１kg軽い（馬齢55kg対54kg）
・３歳１月から　牝馬が２kg軽い（馬齢56kg対54kg）

極端に言えば、牡馬・せん馬は２歳の９月30日から、３歳の１月１日までの３カ月と数日間で、一気に２kgぶんも牝馬に対して強くなると計算されているわけです。

そんな競走能力が急上昇する牡馬・せん馬に混じってレースするのは、牝馬にとって得策ではありません。たとえば９月30日とか12月31日にわざわざ牡馬・せん馬と戦うことは、１日後にはアドバンテージがもらえるわけですから、非論理的です。それでもローテーションや適性、あるいは腕試しでそういうレースに出走する牝馬がいます。出走するだけでも凄いのに、そこで勝ったりしたらそれはもう、同じ１勝クラスでも牝馬限定競走を勝った馬より１枚上の評価が必要です。言い換えれば、当レースのような牝馬重賞で１番人気を背負って勝つ馬は、牡馬・せん馬とのレースに参戦して勝ち負けしていないとダメなのです。

この点を念頭に牝馬限定重賞を見ていくと多くの馬券的“気づき”が得られますので、当レースで訓練してください。

1番人気で勝てる馬【1番人気的中シート】

大前提①………加増馬は中央開催牝馬混合1勝クラス特別以上1着歴
ハードル❶……前走「オープンクラス連対か、GⅠなら3着以内」。ただし、負けていても0.1秒、かつ、前々走完勝
ハードル❷……牝馬混合1勝クラス「1番人気か、0.3秒差以上」1着歴、あるいは中央開催牝馬混合重賞連対歴
ハードルはどちらか一方で可。

年度	クイーンCの1番人気馬	大前提①	ハードル❶	ハードル❷	判定	着順	単勝配当
2021							
2021							
2020	ルナシオン		×	×	×	10着	
2019	クロノジェネシス		○		◉	1着	¥210
2018	マウレア		×	×	×	5着	
2017	アドマイヤミヤビ			○	◉	1着	¥290
2016	メジャーエンブレム		○		◉	1着	¥130
2015	ロカ		×	×	×	3着	
2014	フォーエバーモア		○		◉	1着	¥180
2013	コレクターアイテム	×	×	×	×	9着	
2012	イチオクノホシ		×	×	×	2着	
2011	ダンスファンタジア	×	○		×	6着	
2010	アプリコットフィズ		○		◉	1着	¥220
2009	ミクロコスモス		×	×	×	4着	
2008	リトルアマポーラ			○	◉	1着	¥290
2007	カタマチボタン		×	×	×	2着	
2006	コイウタ		○		◉	1着	¥320
2005	ライラプス			○	◉	1着	¥310
2004	ダイワエルシエーロ		○		◉	1着	¥230
2003	チューニー		×	×	×	1着	¥410
2002	マイネヴィータ		×	×	×	7着	
2001	タカラサイレンス		×	×	×	13着	

1番人気的中シートの使い方

左のシートに今年の1番人気候補を記入し、過去の成績をもとに「勝てるか、勝てないか」を判定してください。「勝てない」とわかったら、2番人気以下で勝てる馬が浮かび上がる【1着穴馬的中シート】（後ろのページ）に進んでください。

結果	2番人気以下で勝った馬	人気	単勝配当	結果
→	ミヤマザクラ	2	¥380	大的中
大的中				
→	テトラドラクマ	3	¥560	大的中
大的中				
大的中				
→	キャットコイン	2	¥440	大的中
大的中				
→	ウキヨノカゼ	4	¥830	大的中
→	ヴィルシーナ	2	¥470	大的中
→	ホエールキャプチャ	2	¥360	大的中
大的中				
→	ディアジーナ	4	¥1,340	大的中
大的中				
→	イクスキューズ	3	¥600	大的中
大的中				
大的中				
大的中				
注				
→	シャイニンルビー	2	¥510	大的中
→	サクセスストレイン	11	¥5,250	大的中

過去20年、１番人気に応えて優勝した馬の初勝利以降を紹介します。

2019年　クロノジェネシス（＋１kg）210円

前走	12月９日	阪神1600m	ＧⅠ　阪神ＪＦ	２番人気	２着	0.1秒差	１位
前々走	10月20日	東京1800m	牡馬OP　アイビーＳ	３番人気	１着	0.3秒差	１位
３走前	９月２日	小倉1800m	新馬	１番人気	１着	0.3秒差	１位

2017年　アドマイヤミヤビ　290円

前走	11月６日	東京2000m	牡馬500万　百日草特別	１番人気	１着	0.1秒差	２位
前々走	９月24日	阪神1600m	未勝利	１番人気	１着	0.3秒差	１位

2016年　メジャーエンブレム（＋１kg）130円

前走	12月13日	阪神1600m	ＧⅠ　阪神ＪＦ	１番人気	１着	0.3秒差	X位　4角先頭
前々走	10月31日	東京1600m	ＧⅢ　アルテミスＳ	１番人気	２着	0.0秒差	X位　逃げ
３走前	９月12日	中山1600m	牡馬500万　アスター賞	１番人気	１着	0.4秒差	１位
４走前	６月14日	東京1800m	牡馬新馬	１番人気	１着	0.2秒差	２位

2014年　フォーエバーモア　180円

前走	12月８日	阪神1600m	ＧⅠ　阪神ＪＦ	８番人気	３着	0.0秒差	X位
前々走	10月５日	東京1400m	500万　サフラン賞	４番人気	１着	0.2秒差	２位
３走前	８月11日	新潟1600m	新馬	２番人気	１着	0.3秒差	２位

2010年　アプリコットフィズ　220円

前走	１月11日	中山1600m	ＧⅢ　フェアリーＳ	２番人気	２着	0.0秒差	３位
前々走	11月７日	東京1600m	新馬	１番人気	１着	0.7秒差	２位

2008年　リトルアマポーラ　290円

前走	１月20日	中山2000m	牡馬GⅢ　京成杯	２番人気	４着	0.2秒差	X位
前々走	12月23日	阪神1600m	牡馬500万　平場	９番人気	１着	0.3秒差	１位
３走前	12月８日	新潟1600m	新馬	３番人気	１着	0.1秒差	２位

2006年　コイウタ（＋１kg）320円

前走	１月22日	中山1600m	ＯＰ　菜の花賞	５番人気	１着	0.2秒差	２位
前々走	12月４日	阪神1600m	ＧⅠ　阪神ＪＦ	３番人気	６着	0.6秒差	X位
３走前	11月12日	東京1400m	牡馬GⅡ　京王杯２歳Ｓ	５番人気	３着	0.0秒差	１位
４走前	９月17日	中山1200m	牡馬OP　カンナＳ	３番人気	１着	0.3秒差	１位
５走前	７月９日	福島1200m	牡馬未勝利	５番人気	１着	0.2秒差	３位

2005年　ライラプス　310円

前走	１月10日	京都1600m	牡馬GⅢ　シンザン記念	５番人気	５着	0.5秒差	X位
前々走	12月５日	阪神1600m	ＧⅠ　阪神ＪＦ	２番人気	７着	0.4秒差	２位
３走前	11月７日	京都1400m	ＧⅢ　ファンタジーＳ	１番人気	４着	1.0秒差	X位
４走前	10月16日	京都1600m	牡馬GⅡ　デイリー杯２歳Ｓ	３番人気	２着	0.2秒差	X位
５走前	９月25日	阪神1400m	牡馬新馬	１番人気	１着	0.5秒差	１位

2004年　ダイワエルシエーロ　230円
前走　1月18日　京都1400m　ＯＰ　紅梅Ｓ　3番人気　2着　0.1秒差　2位
前々走　12月28日　阪神1600m　新馬　1番人気　1着　0.2秒差　2位 逃げ

2003年　チューニー　410円
前走　11月10日　中山1600m　500万　赤松賞　2番人気　4着　0.4秒差　2位
前々走　8月17日　札幌1000m　新馬　5番人気　1着　0.2秒差　2位（逃げ）
◉注：この年は中山競馬場開催。東京競馬場の芝1600mとは大きく違うコース。

過去20年、1番人気に応えられず負けた馬の初勝利以降を紹介します。

2020年　ルナシオン　10着
前走　10月14日　東京1800m　牝馬新馬　1番人気　1着　0.1秒差　2位

2018年　マウレア　5着
前走　12月10日　阪神1600m　ＧⅠ　阪神ＪＦ　4番人気　3着　0.2秒差　2位
前々走　11月19日　東京1600m　500万　赤松賞　1番人気　1着　0.0秒差　2位
3走前　10月14日　東京1600m　牝馬新馬　2番人気　1着　0.2秒差　1位

2015年　ロカ　3着
前走　12月14日　阪神1600m　ＧⅠ　阪神ＪＦ　1番人気　8着　1.0秒差　Ｘ位
前々走　11月2日　京都1800m　牝馬新馬　1番人気　1着　0.5秒差　1位

2013年　コレクターアイテム（＋1kg）9着
前走　12月9日　阪神1600m　ＧⅠ　阪神ＪＦ　1番人気　4着　0.2秒差　3位
前々走　11月3日　東京1600m　ＧⅢ　アルテミスＳ　1番人気　1着　0.1秒差　2位
3走前　10月6日　京都1600m　牝馬ＧⅡ　デイリー杯2歳Ｓ　7番人気　4着　0.2秒差　1位
4走前　9月15日　阪神1600m　新馬　2番人気　1着　0.1秒差　2位

2012年　イチオクノホシ　2着
前走　12月11日　阪神1600m　ＧⅠ　阪神ＪＦ　5番人気　4着　0.5秒差　Ｘ位
前々走　10月16日　東京1400m　500万　サフラン賞　4番人気　1着　0.2秒差　1位
3走前　8月28日　新潟1200m　牝馬新馬　2番人気　1着　0.3秒差　1位

2011年　ダンスファンタジア（＋1kg）6着
前走　1月10日　中山1600m　ＧⅢ　フェアリーＳ　1番人気　1着　0.4秒差　2位
前々走　12月12日　阪神1600m　ＧⅠ　阪神ＪＦ　2番人気　9着　0.8秒差　Ｘ位
3走前　11月14日　東京1600m　500万　赤松賞　1番人気　1着　0.4秒差　1位
4走前　10月31日　東京1400m　新馬　1番人気　1着　0.5秒差　1位

2009年　ミクロコスモス　4着
前走　12月28日　阪神1600m　牝馬500万　平場　2番人気　1着　0.2秒差　1位
前々走　12月14日　阪神1600m　ＧⅠ　阪神ＪＦ　4番人気　3着　0.6秒差　2位
3走前　10月12日　東京1600m　新馬　1番人気　1着　0.0秒差　1位

2007年　カタマチボタン　２着

前走	12月16日	中山1600m	牝馬500万	ひいらぎ賞	２番人気	１着	0.2秒差	X位
前々走	11月12日	東京1600m	500万	赤松賞	５番人気	２着	0.0秒差	X位
３走前	10月28日	東京1600m	未勝利		１番人気	１着	0.0秒差	１位

2002年　マイネヴィータ　７着

前走	12月２日	阪神1600m	ＧⅠ	阪神ＪＦ	４番人気	５着	0.2秒差	X位
前々走	９月22日	札幌1800m	牝馬GⅢ	札幌２歳Ｓ	７番人気	２着	0.0秒差	X位
３走前	９月１日	札幌1800m	牝馬新馬		３番人気	１着	0.6秒差	1位 逃げ

2001年　タカラサイレンス　13着

前走	12月３日	阪神1600m	ＧⅠ	阪神３歳牝馬Ｓ	３番人気	５着	0.8秒差	２位
前々走	11月19日	東京1600m	500万	赤松賞	２番人気	１着	0.0秒差	１位
３走前	10月22日	福島1700m	牝馬500万	きんもくせい特別	２番人気	４着	0.4秒差	１位
４走前	７月30日	函館1200m	牝馬GⅢ	函館３歳Ｓ	２番人気	５着	1.1秒差	X位
５走前	７月８日	函館1000m	牝馬新馬		４番人気	１着	0.4秒差	１位

◆１番人気が飛ぶとわかったらココへ

１番人気が「負ける」とわかったら、２番人気以下の馬から勝つ馬を見つけます。簡単です。僕が課す大前提とハードルを満たした馬しか勝ちませんので、【１着穴馬的中シート】を利用して見つけだしてください。

２番人気以下で勝てる馬を浮かび上がらせます

大前提①　**加増馬は中央開催牡馬混合**
１勝クラス特別以上１着歴

ハードル❶
牡馬混合「１勝クラス１着歴か、重賞連対歴」

ハードル❷
前走１勝クラス特別１番人気圧勝か、
前走オープンクラス「１番人気か、連対（負けていても0.1秒）」

どちらか一方で可。

2番人気以下で勝てる馬【1着穴馬的中シート】

条件	馬番 or 馬名
大前提①クリア	
ハードル❶クリア	
ハードル❷クリア	

過去20年、2番人気以下で優勝した馬の初勝利以降を紹介します。

2020年	2番人気	ミヤマザクラ　380円						
前走	11月23日	京都2000m	牝馬GⅢ　京都2歳S	2番人気	2着	0.3秒差	2位
前々走	8月31日	札幌2000m	牝馬未勝利	2番人気	1着	0.8秒差	1位

2018年	3番人気	テトラドラクマ　560円					
前走	1月7日	中山1600m	GⅢ　フェアリーS	1番人気	6着	0.5秒差	X位
前々走	11月19日	東京1600m	牝馬未勝利	1番人気	1着	0.8秒差	1位

2015年	2番人気	キャットコイン　440円					
前走	12月21日	中山1600m	牝馬500万　ひいらぎ賞	8番人気	1着	0.2秒差	1位
前々走	10月11日	東京1600m	新馬	6番人気	1着	0.0秒差	2位

2013年	4番人気	ウキヨノカゼ　830円					
前走	1月12日	中山1600m	GⅢ　フェアリーS	5番人気	2着	0.0秒差	X位
前々走	11月4日	東京1600m	新馬	10番人気	1着	0.4秒差	2位

2012年	2番人気	ヴィルシーナ　470円					
前走	12月11日	阪神2000m	牝馬500万　エリカ賞	3番人気	1着	0.0秒差	3位
前々走	11月13日	京都1800m	牝馬500万　黄菊賞	1番人気	3着	0.1秒差	2位
3走前	8月28日	札幌1800m	牝馬新馬	1番人気	1着	0.2秒差	1位

2011年	2番人気	ホエールキャプチャ（+1kg）360円					
前走	12月12日	阪神1600m	GⅠ　阪神JF	4番人気	2着	0.1秒差	2位
前々走	11月6日	京都1400m	GⅢ　ファンタジーS	5番人気	3着	0.0秒差	1位
3走前	10月3日	中山1600m	牝馬OP　芙蓉S	5番人気	1着	0.0秒差	2位　逃げ
4走前	7月17日	函館1200m	未勝利	2番人気	1着	0.2秒差	1位

2009年　4番人気　ディアジーナ　1340円

前走	1月24日	中山1600m	500万	菜の花賞	1番人気	1着	0.5秒差	2位	
前々走	12月20日	中山1600m	牝馬500万	ひいらぎ賞	8番人気	2着	0.2秒差	X位	
3走前	11月16日	東京1600m	500万	赤松賞	6番人気	3着	0.2秒差	X位	
4走前	9月13日	札幌1800m	牝馬OP	コスモス賞	5番人気	10着	1.8秒差	X位	
5走前	8月16日	札幌1500m	牝馬未勝利		2番人気	1着	0.4秒差	2位	

2007年　3番人気　イクスキューズ　600円

前走	1月20日	中山1600m	OP	菜の花賞	1番人気	3着	0.1秒差	2位	
前々走	12月3日	阪神1600m	GⅠ	阪神JF	5番人気	5着	0.7秒差	X位	
3走前	9月30日	札幌1800m	牝馬GⅢ	札幌2歳S	2番人気	3着	0.1秒差	3位	逃げ
4走前	8月26日	札幌1500m	牝馬OP	クローバー賞	1番人気	1着	0.3秒差	3位	
5走前	7月2日	福島1800m	牝馬新馬		1番人気	1着	1.1秒差	1位	逃げ

2002年　2番人気　シャイニンルビー　510円

前走	1月20日	東京1400m	OP	菜の花賞	1番人気	5着	0.4秒差	1位
前々走	12月1日	中山1600m	牝馬新馬		1番人気	1着	0.0秒差	1位

2001年　11番人気　サクセスストレイン　5250円

前走	1月21日	中山1200m	OP	菜の花賞	3番人気	7着	0.9秒差	2位	
前々走	12月17日	中山1200m	GⅢ	フェアリーS	11番人気	2着	0.2秒差	2位	
3走前	11月4日	福島1200m	牝馬500万	平場	1番人気	1着	0.0秒差	2位	
4走前	10月14日	東京1400m	500万	サフラン賞	11番人気	10着	0.7秒差	X位	逃げ
5走前	10月1日	福島1200m	牝馬新馬		4番人気	1着	0.2秒差	X位	逃げ

◆2着馬を見つけるのはココで

2着候補を2番人気以下から見つけだすのに便利なツールが僕の作ったハードルです。こちらも【2着穴馬的中シート】を併用して見つけてください。なお、1番人気に応えられなくても2着に来ることはありますので、1番人気馬は無条件で2着候補です。

2番人気以下で2着に入れる馬を浮かび上がらせます

ハードル❶
近２走で新馬・未勝利0.2秒以上１着

ハードル❷
牡馬混合１勝クラス以上１着歴

ハードル❸
前走オープンクラス「１番人気か、連対（負けていても0.1秒）**」**

ハードル❹
前走ＧⅠ３着以内

どれか一つで可。

２番人気以下で２着に入れる馬【２着穴馬的中シート】

条件	馬番 or 馬名
ハードル❶クリア	
ハードル❷クリア	
ハードル❸クリア	
ハードル❹クリア	

過去20年、２番人気以下で２着に入った馬の初勝利以降を紹介します。

2020年　４番人気　マジックキャッスル

前走	11月２日	京都1400m	ＧⅢ	ファンタジーＳ	１番人気	２着	0.2秒差	１位
前々走	９月29日	中山1600m	１勝クラス	サフラン賞	２番人気	２着	0.0秒差	３位
３走前	７月13日	福島1200m	新馬		１番人気	１着	0.7秒差	１位

2019年　２番人気　ビーチサンバ

前走	12月９日	阪神1600m	ＧⅠ	阪神ＪＦ	４番人気	３着	0.2秒差	Ｘ位

前々走	10月27日	東京1600m	GⅢ	アルテミスＳ	５番人気	２着	0.1秒差	３位
３走前	９月15日	阪神1600m	新馬		１番人気	１着	0.3秒差	１位
2018年	５番人気	フィニフティ						
前走	11月12日	京都1600m	新馬		１番人気	１着	0.3秒差	３位
2017年	５番人気	アエロリット						
前走	１月８日	中山1600m	GⅢ	フェアリーＳ	１番人気	２着	0.1秒差	Ｘ位
前々走	10月２日	中山1600m	500万	サフラン賞	１番人気	２着	0.0秒差	２位
３走前	６月19日	東京1400m	新馬		２番人気	１着	0.3秒差	１位
2016年	７番人気	フロンテアクイーン						
前走	１月16日	中山1600m	500万	菜の花賞	７番人気	２着	0.1秒差	２位
前々走	12月６日	中山1800m	未勝利		４番人気	１着	0.2秒差	２位
2015年	３番人気	ミッキークイーン						
前走	12月21日	阪神1600m	牡馬未勝利		１番人気	１着	0.3秒差	１位
前々走	12月７日	阪神1400m	牝馬新馬		１番人気	２着	0.1秒差	１位
2014年	３番人気	マジックタイム						
前走	12月８日	阪神1600m	GⅠ	阪神ＪＦ	６番人気	６着	0.4秒差	３位
前々走	10月27日	新潟1600m	牡馬500万	きんもくせい特別	１番人気	１着	0.0秒差	１位
３走前	９月１日	新潟1600m	未勝利		４番人気	１着	0.1秒差	１位
2013年	３番人気	スイートサルサ						
前走	１月12日	中山1600m	GⅢ	フェアリーＳ	６番人気	５着	0.1秒差	１位
前々走	11月17日	東京1600m	未勝利		２番人気	１着	0.3秒差	１位
2011年	５番人気	マイネイサベル						
前走	12月12日	阪神1600m	GⅠ	阪神ＪＦ	６番人気	６着	0.4秒差	Ｘ位
前々走	11月６日	京都1400m	GⅢ	ファンタジーＳ	２番人気	９着	0.4秒差	Ｘ位
３走前	９月５日	新潟1600m	牡馬GⅢ	新潟２歳Ｓ	９番人気	１着	0.0秒差	２位
４走前	９月５日	新潟1400m	牡馬新馬		６番人気	１着	0.0秒差	Ｘ位
2010年	10番人気	プリンセスメモリー						
前走	12月６日	中山1200m	牡馬OP	クリスマスローズＳ	５番人気	３着	0.1秒差	１位
前々走	９月６日	新潟1600m	牡馬GⅢ	新潟２歳Ｓ	５番人気	11着	1.3秒差	Ｘ位
３走前	８月８日	新潟1400m	牡馬OP	ダリア賞	５番人気	１着	0.1秒差	２位
４走前	９月５日	新潟1000m	牡馬新馬		11番人気	１着	0.2秒差	１位
2009年	２番人気	ダノンベルベール						
前走	12月14日	阪神1600m	GⅠ	阪神ＪＦ	３番人気	２着	0.4秒差	３位
前々走	11月16日	東京1600m	500万	赤松賞	１番人気	１着	0.2秒差	１位
３走前	10月４日	中山1600m	牡馬OP	芙蓉Ｓ	３番人気	２着	0.0秒差	３位
４走前	７月５日	福島1200m	牡馬新馬		１番人気	１着	0.1秒差	１位

2008年　８番人気　ライムキャンディ
前走　　１月26日　京都1600m　新馬　　　　　　　　３番人気　１着　0.0秒差　３位
※２着候補として浮かび上がらせることができませんでした。

2006年　６番人気　アサヒライジング
前走　　１月22日　中山1600m　ＯＰ　菜の花賞　　　１番人気　９着　1.0秒差　Ｘ位
前々走　12月４日　阪神1600m　ＧⅠ　阪神ＪＦ　　　６番人気　５着　0.5秒差　X位　逃げ
３走前　10月16日　東京1400m　500万　サフラン賞　　１番人気　１着　0.1秒差　2位　逃げ
４走前　10月１日　中山1600m　未勝利　　　　　　　２番人気　１着　0.7秒差　2位　逃げ

2005年　６番人気　ジョウノビクトリア
前走　　１月16日　中山2000m　牡馬GⅢ　京成杯　　　10番人気　５着　0.5秒差　Ｘ位
前々走　12月25日　中京1800m　未勝利　　　　　　　３番人気　１着　0.0秒差　３位
※この年のクイーンＣは東京競馬場で開催されてから25年間で最も遅い勝ち時計１分38秒１という重馬場（前年は良馬場で１分34秒３）で、参考外と言えます。

2004年　３番人気　クリスタルヴィオレ
前走　　１月24日　中山1200m　ＯＰ　菜の花賞　　　２番人気　１着　0.0秒差　１位
前々走　１月10日　中山D1200m　500万　呉竹賞　　　１番人気　１着　0.3秒差　１位
３走前　12月７日　阪神1600m　ＧⅠ　阪神ＪＦ　　　18番人気　16着　0.8秒差　Ｘ位
４走前　11月16日　東京1600m　500万　赤松賞　　　２番人気　３着　0.4秒差　３位
５走前　10月11日　東京1400m　500万　サフラン賞　　１番人気　２着　0.0秒差　１位
６走前　９月７日　新潟1600m　牝馬GⅢ　新潟２歳Ｓ　７番人気　５着　0.6秒差　Ｘ位
７走前　８月17日　新潟1400m　未勝利　　　　　　　１番人気　１着　0.1秒差　３位

2003年　13番人気　ヘイセイピカイチ
前走　　２月８日　京都1600m　ＯＰ　エルフィンＳ　８番人気　11着　0.9秒差　Ｘ位
前々走　１月19日　京都1400m　ＯＰ　紅梅賞　　　14番人気　９着　0.9秒差　３位
３走前　11月14日　門別D1800m　ＧⅢ　北海道２歳優駿　10番人気　８着　3.0秒差
４走前　９月29日　札幌1200m　牝馬OP　すずらん賞　５番人気　５着　0.4秒差　Ｘ位
５走前　９月15日　札幌1200m　牝馬500万　平場　　５番人気　１着　0.1秒差　２位
８走前　７月20日　函館1200m　牝馬OP　ラベンダー賞　８番人気　５着　0.6秒差　１位
11走前　５月１日　札幌D1000m　フレッシュチャレンジ　１番人気　１着　0.3秒差
※地方馬。デビュー２戦目で初勝利（11走前）。掲載以外のレースは地方競馬。

2002年　10番人気　オースミバーディー
前走　　１月20日　東京1600m　牝馬新馬　　　　　５番人気　１着　0.3秒差　１位
前々走　１月５日　東京1600m　牝馬新馬　　　　　８番人気　５着　0.6秒差　Ｘ位
※２回目の新馬戦。

2001年　３番人気　ハッピーパス
前走　　１月13日　京都1400m　ＯＰ　紅梅Ｓ　　　３番人気　３着　0.3秒差　３位
前々走　12月24日　中山1600m　牝馬新馬　　　　　１番人気　１着　0.4秒差　３位
※２回目の新馬戦。

GⅡ
京都記念

2月14日(日)

阪神競馬場　芝2200m

4歳以上

［グレード］

別定　4歳55kg　5歳以上56kg（牝馬2kg減）

ただし、過去1年間で　ＧⅠ競走（牝馬限定競走は除く）1着馬は2kg増
牝馬限定ＧⅠ競走およびＧⅡ競走（牝馬限定競走は除く）1着馬は1kg増
過去1年以前の　ＧⅠ競走（牝馬限定競走は除く）1着馬は1kg増
（ただし、2歳時の成績を除く）。

2011年までは基礎重量が4歳56kg、5歳以上57kg（牝馬2kg減）

１番人気で勝てる馬を浮かび上がらせます

大前提① 加増は１kgまで

大前提② ４～５歳馬。６歳以上はＧⅠ馬

大前提③ 2400m以上ＧⅡ・ＧⅠ３着以内歴

ハードル❶
2000m以上３歳以上重賞
「１番人気上がり１位完勝歴」

ハードル❷
2000m以上牝馬ＧⅠ完勝歴

ハードル❸
2000m以上ＧⅠ「１番人気歴か、連対歴
（国内ＧⅠは負けていても0.1秒）」

どれか一つで可。

まず、今年も多くのファンを失望させることになるかもしれない１番人気馬を大前提とハードルに照らし合わせ、勝てるか負けるかを判定しましょう。２ページ後からの【１番人気的中シート】を利用してください。

京都記念の真相

　2007年までは賞金別定で、次のような加増システムでした。

2007年…………3000万円超過馬は、超過額4000万円毎１kg増

2006年まで……４歳3000万円、５歳4000万円、６歳以上5000万円超過馬は、超過額5000万円毎１kg増

　前々項の東京新聞杯で、現在とは違う賞金別定時代（2006年まで）の負担重量規程を紹介しました。ちょっとでも賞金を稼ぐと途端に加増されるルールで、３kg増も珍しくありませんでした。そのため、いまの東京新聞杯とは全く別物のレースと判断し、【爆勝的中シート】は2007年以降14回のレース結果を分析して作成したわけです。
　しかし、この京都記念は、現在はグレード別定、2007年までは賞金別定で別物のレースではありますが、東京新聞杯のようなエグい加増ルールではなかったため、過去20年のデータを解析して【爆勝的中シート】を作成しています。それで問題は起こりません。グレード別定に近い賞金別定だったことになります。
　当レースのポイントは距離適性です。同じ2200mの古馬ＧⅡであるアメリカジョッキークラブカップと同じ大前提「2400m以上ＧⅡ・ＧⅠ３着以内歴」が課されます。ＡＪＣＣと京都記念が瓜二つであることは忘れず、予想で迷ったときは両レースのデータをよく見ることです（賞金別定時代の加増ルールも同じです。201ページ参照）。加えて、同じ2200m古馬ＧⅡオールカマーまで参考にすれば、解答が見つかるでしょう。

1番人気で勝てる馬【1番人気的中シート】

大前提①……加増は1kgまで　大前提②……4～5歳馬。6歳以上はＧⅠ馬　大前提③……2400m以上ＧⅡ・
ハードル❶……2000m以上3歳以上重賞「1番人気上がり1位完勝歴」　ハードル❷……2000m以上牝馬ＧⅠ
ハードル❸……2000m以上ＧⅠ「1番人気歴か、連対歴（国内ＧⅠは負けていても0.1秒）」　ハードルはどれか一つで可。

年度	京都記念の1番人気馬	性齢	大前提①	大前提②	大前提③	ハードル❶	ハードル❷	ハードル❸
2021								
2021								
2020	クロノジェネシス	牝4					○	
2019	ステイフーリッシュ	牡4			×	×		×
2018	レイデオロ	牡4	×					○
2017	マカヒキ	牡4	×					○
2016	レーヴミストラル	牡4				×		×
2015	ハープスター	牝4				×	×	×
2014	ジェンティルドンナ	牝5	×				○	○
2013	ジャスタウェイ	牡4			×	×		×
2012	ダークシャドウ	牡5			×	×		○
2011	トゥザグローリー	牡4				○		
2010	ブエナビスタ	牝4						○
2009	サクラメガワンダー	牡6		×	×	×		×
2008	アドマイヤオーラ	牡4						○
2007	ポップロック	牡6		×				○
2006	シックスセンス	牡4						○
2005	シルクフェイマス	牡6		×		○		
2004	シルクフェイマス	牡5				○		
2003	ローマンエンパイア	牡4			×	×		×
2002	ボーンキング	牡4			×	×		×
2001	ナリタトップロード	牡5	×					○

GⅠ3着以内歴
完勝歴

1番人気的中シートの使い方

左のシートに今年の1番人気候補を記入し、過去の成績をもとに「勝てるか、勝てないか」を判定してください。「勝てない」とわかったら、2番人気以下で勝てる馬が浮かび上がる【1着穴馬的中シート】（後ろのページ）に進んでください。

判定	着順	単勝配当	結果	2番人気以下で勝った馬	人気	単勝配当	結果
◉	1着	¥270	大的中				
×	2着		→	ダンビュライト	6	¥850	大的中
×	3着		→	クリンチャー	4	¥1,050	大的中
×	3着		→	サトノクラウン	3	¥440	大的中
×	12着		→	サトノクラウン	6	¥920	大的中
×	5着		→	ラブリーデイ	3	¥850	大的中
×	6着		→	デスペラード	6	¥3,430	大的中
×	5着		→	トーセンラー	6	¥920	大的中
×	2着		→	トレイルブレイザー	5	¥1,450	大的中
◉	1着	¥240	大的中				
◉	1着	¥150	大的中				
×	2着		→	アサクサキングス	3	¥890	大的中
◉	1着	¥330	大的中				
×	2着		→	アドマイヤムーン	2	¥400	大的中
◉	1着	¥180	大的中				
×	10着		→	ナリタセンチュリー	2	¥570	大的中
◉	1着	¥170	大的中				
×	13着		→	マイソールサウンド	8	¥2,820	大的中
×	7着		→	ナリタトップロード	3	¥510	大的中
×	3着		→	マックロウ	11	¥5,690	ハズレ

過去20年、１番人気に応えて優勝した馬の近２走成績と実績を紹介します。
（実績は重賞連対歴を列記。以下同様）

2020年　クロノジェネシス　牝４　54kg（＋１kg）270円

前走	11月10日	京都2200m	牝馬GⅠ	エリザベス女王杯	２番人気	５着	0.3秒差	３位
前々走	10月13日	京都2000m	牝馬GⅠ	秋華賞	４番人気	１着	0.3秒差	２位
３歳	２月11日	東京1600m	牝馬GⅢ	クイーンＣ	１番人気	１着	0.0秒差	２位
２歳	12月９日	阪神1600m	牝馬GⅠ	阪神ＪＦ	２番人気	２着	0.1秒差	１位

※東京2400m牝馬ＧⅠオークス３着歴。

2011年　トゥザグローリー　牡４　56kg　240円

前走	12月26日	中山2500m	ＧⅠ	有馬記念	14番人気	３着	0.0秒差	Ｘ位
前々走	12月11日	小倉2000m	ＧⅢ	中日新聞杯	１番人気	１着	0.3秒差	１位
３歳	５月１日	東京2400m	ＧⅡ	青葉賞	２番人気	２着	0.7秒差	３位

2010年　ブエナビスタ　牝４　55kg（＋１kg）150円

前走	12月27日	中山2500m	ＧⅠ	有馬記念	１番人気	２着	0.1秒差	３位
前々走	11月15日	京都2200m	牝馬GⅠ	エリザベス女王杯	１番人気	３着	0.3秒差	１位
３歳	10月18日	京都2000m	牝馬GⅠ	秋華賞	１番人気	３着	0.0秒差	２位
３歳	８月23日	札幌2000m	ＧⅡ	札幌記念	１番人気	２着	0.0秒差	１位
３歳	５月24日	東京2400m	牝馬GⅠ	オークス	１番人気	１着	0.0秒差	１位
３歳	４月12日	阪神1600m	牝馬GⅠ	桜花賞	１番人気	１着	0.1秒差	１位
３歳	３月７日	阪神1600m	牝馬GⅢ	チューリップ賞	１番人気	１着	0.2秒差	１位
２歳	12月14日	阪神1600m	牝馬GⅠ	阪神ＪＦ	１番人気	１着	0.4秒差	１位

※秋華賞は0.0秒差（ハナ差）２位入線３着降着。

2008年　アドマイヤオーラ　牡４　57kg（＋１kg）330円

前走	１月５日	京都1600m	ＧⅢ	京都金杯	１番人気	２着	0.0秒差	１位
前々走	12月８日	阪神1800m	ＧⅢ	鳴尾記念	４番人気	３着	0.1秒差	２位
３歳	３月４日	中山2000m	ＧⅡ	弥生賞	１番人気	１着	0.0秒差	２位
３歳	１月８日	京都1600m	ＧⅢ	シンザン記念	３番人気	１着	0.2秒差	１位

※中山2000mＧⅠ皐月賞１番人気歴。
※東京2400mＧⅠダービー３着歴。

＊＊＊＊＊＊＊＊＊＊＊＊＊＊＊＊　賞金別定時代　＊＊＊＊＊＊＊＊＊＊＊＊＊＊＊＊＊

2006年　シックスセンス　牡４　56kg　180円

前走	12月11日	香港2400m	ＧⅠ	香港ヴァーズ	８番人気	２着	0.4秒差	
前々走	10月23日	京都3000m	ＧⅠ	菊花賞	２番人気	４着	1.1秒差	２位
３歳	９月25日	阪神2000m	ＧⅡ	神戸新聞杯	５番人気	２着	0.4秒差	２位
３歳	４月17日	中山2000m	ＧⅠ	皐月賞	12番人気	２着	0.4秒差	２位
３歳	１月16日	中山2000m	ＧⅢ	京成杯	４番人気	２着	0.2秒差	２位

2004年　シルクフェイマス　牡５　57kg　170円

前走	１月18日	京都2400m	ＧⅡ	日経新春杯	１番人気	１着	1.0秒差	１位

前々走　10月25日　京都2400m　1600万　比叡S　5番人気　1着　0.1秒差　2位
※グレード別定なら1kg加増だけに、加増ナシの57kgは有利と言えます。

過去20年、1番人気に応えられず負けた馬の近2走成績と実績を紹介します。

2019年　ステイフーリッシュ　牡4　56kg（+1kg）2着
前走　1月5日　中山2000m　GⅢ　中山金杯　7番人気　2着　0.1秒差　X位
前々走　12月1日　阪神2000m　GⅢ　チャレンジC　5番人気　3着　0.7秒差　X位
3歳　5月5日　京都2200m　GⅡ　京都新聞杯　7番人気　1着　0.3秒差　X位
※2400m以上GⅡ・GⅠ3着以内歴なし。

2018年　レイデオロ　牡4　57kg（+2kg）3着
前走　11月26日　東京2400m　GⅠ　ジャパンC　2番人気　2着　0.2秒差　1位
前々走　9月24日　阪神2400m　GⅡ　神戸新聞杯　1番人気　1着　0.3秒差　2位
3歳　5月28日　東京2400m　GⅠ　ダービー　2番人気　1着　0.1秒差　X位
2歳　12月25日　中山2000m　GⅡ　ホープフルS　1番人気　1着　0.2秒差　1位
※加増2kgがNG。

2017年　マカヒキ　牡4　57kg（+2kg）3着
前走　10月2日　仏国2400m　GⅠ　凱旋門賞　1番人気　14着
前々走　9月11日　仏国2400m　GⅡ　ニエル賞　1番人気　1着
3歳　5月29日　東京2400m　GⅠ　ダービー　3番人気　1着　0.0秒差　2位
3歳　4月17日　中山2000m　GⅠ　皐月賞　3番人気　2着　0.2秒差　1位
3歳　3月6日　中山2000m　GⅡ　弥生賞　2番人気　1着　0.0秒差　1位
※加増2kgがNG。

2016年　レーヴミストラル　牡4　56kg（+1kg）12着
前走　1月17日　京都2400m　GⅡ　日経新春杯　2番人気　1着　0.3秒差　1位
前々走　12月5日　中京2000m　GⅡ　金鯱賞　2番人気　8着　0.4秒差　1位
3歳　5月2日　東京2400m　GⅡ　青葉賞　1番人気　1着　0.1秒差　2位

2015年　ハープスター　牝4　54kg（+1kg）5着
前走　11月30日　東京2400m　GⅠ　ジャパンC　2番人気　5着　0.9秒差　2位
前々走　10月5日　仏国2400m　GⅠ　凱旋門賞　4番人気　6着
3歳　8月24日　札幌2000m　GⅡ　札幌記念　2番人気　1着　0.1秒差　2位
3歳　5月25日　東京2400m　牝馬GⅠ　オークス　1番人気　2着　0.0秒差　1位
3歳　4月13日　阪神1600m　牝馬GⅠ　桜花賞　1番人気　1着　0.0秒差　1位
3歳　3月8日　阪神1600m　牝馬GⅢ　チューリップ賞　1番人気　1着　0.4秒差　1位
2歳　12月8日　阪神1600m　牝馬GⅠ　阪神JF　1番人気　2着　0.0秒差　1位
2歳　8月25日　新潟1600m　GⅢ　新潟2歳S　1番人気　1着　0.5秒差　1位

2014年　ジェンティルドンナ　牝5　56kg（+2kg）6着
前走　11月24日　東京2400m　GⅠ　ジャパンC　1番人気　1着　0.0秒差　X位
前々走　10月27日　東京2000m　GⅠ　天皇賞・秋　1番人気　2着　0.7秒差　3位
4歳　3月30日　UAE2410m　GⅠ　ドバイシーマクラシック　1番人気　2着　0.4秒差

３歳　11月25日　東京2400m　ＧⅠ　ジャパンＣ　３番人気　１着　0.0秒差　２位
３歳　10月14日　京都2000m　牝馬GⅠ　秋華賞　１番人気　１着　0.0秒差　３位
３歳　９月16日　阪神1800m　牝馬GⅡ　ローズＳ　１番人気　１着　0.2秒差　３位
３歳　５月20日　東京2400m　牝馬GⅠ　オークス　３番人気　１着　0.8秒差　１位
３歳　４月８日　阪神1600m　牝馬GⅠ　桜花賞　２番人気　１着　0.1秒差　１位
３歳　１月８日　京都1600m　ＧⅢ　シンザン記念　２番人気　１着　0.2秒差　３位
※加増２kgがＮＧ。

2013年　ジャスタウェイ　牡４　55kg　５着
前走　１月５日　中山2000m　ＧⅢ　中山金杯　１番人気　３着　0.4秒差　Ｘ位
前々走　10月28日　東京2000m　ＧⅠ　天皇賞・秋　８番人気　６着　0.5秒差　Ｘ位
３歳　10月７日　東京1800m　ＧⅡ　毎日王冠　12番人気　２着　0.0秒差　１位
３歳　２月25日　阪神1600m　ＧⅢ　アーリントンＣ　２番人気　１着　0.1秒差　１位
２歳　９月４日　新潟1600m　ＧⅢ　新潟２歳Ｓ　１番人気　２着　0.1秒差　１位
※2400m以上ＧⅡ・ＧⅠ３着以内歴なし。

2012年　ダークシャドウ　牡５　57kg（＋１kg）２着
前走　10月30日　東京2000m　ＧⅠ　天皇賞・秋　２番人気　２着　0.1秒差　３位
前々走　10月９日　東京1800m　ＧⅡ　毎日王冠　１番人気　１着　0.0秒差　１位
４歳　６月12日　東京1800m　ＧⅢ　エプソムＣ　１番人気　１着　0.4秒差　３位
４歳　４月３日　阪神2000m　ＧⅡ　産経大阪杯　８番人気　２着　0.0秒差　２位
※2400m以上ＧⅡ・ＧⅠ３着以内歴なし。

2009年　サクラメガワンダー　牡６　57kg　２着
前走　12月６日　阪神1800m　ＧⅢ　鳴尾記念　１番人気　１着　0.5秒差　２位
前々走　11月２日　東京2000m　ＧⅠ　天皇賞・秋　７番人気　６着　0.3秒差　Ｘ位
３歳　12月９日　阪神1800m　ＧⅢ　鳴尾記念　１番人気　１着　0.1秒差　２位
２歳　12月24日　阪神2000m　ＧⅢ　ラジオたんぱ杯２歳Ｓ　２番人気　１着　0.0秒差　１位
※2400m以上ＧⅡ・ＧⅠ３着以内歴なし。

＊＊＊＊＊＊＊＊＊＊＊＊＊＊＊＊＊　賞金別定時代　＊＊＊＊＊＊＊＊＊＊＊＊＊＊＊＊＊

2007年　ポップロック　牡６　58kg（＋１kg）２着
前走　12月24日　中山2500m　ＧⅠ　有馬記念　６番人気　２着　0.5秒差　Ｘ位
前々走　11月７日　豪州3200m　ＧⅠ　メルボルンＣ　２着　0.0秒差
５歳　５月28日　東京2500m　ＧⅡ　目黒記念　３番人気　１着　0.0秒差　２位
※６歳馬ＮＧ。

2005年　シルクフェイマス　牡６　58kg（＋１kg）10着
前走　12月26日　中山2500m　ＧⅠ　有馬記念　９番人気　３着　0.3秒差　Ｘ位
前々走　10月31日　東京2000m　ＧⅠ　天皇賞・秋　５番人気　10着　1.7秒差　Ｘ位
５歳　６月27日　阪神2200m　ＧⅠ　宝塚記念　６番人気　２着　0.3秒差　Ｘ位
５歳　２月21日　京都2200m　ＧⅡ　京都記念　１番人気　１着　0.1秒差　Ｘ位
５歳　１月18日　京都2400m　ＧⅡ　日経新春杯　１番人気　１着　1.0秒差　１位
※６歳馬ＮＧ。ハードルをクリアしている同馬が負けるのは、６歳という年齢が原因としか

言えません。

2003年　ローマンエンパイア　牡４　56kg　13着

前走	１月18日	京都1200m	ＯＰ	淀短距離Ｓ	４番人気	２着	0.2秒差	１位
前々走	４月14日	中山2000m	ＧⅠ	皐月賞	２番人気	14着	1.7秒差	Ｘ位
３歳	３月３日	中山2000m	ＧⅡ	弥生賞	２番人気	２着	0.1秒差	１位
３歳	１月13日	東京2000m	ＧⅢ	京成杯	１番人気	１着	0.0秒差	１位

※2400m以上ＧⅡ・ＧⅠ３着以内歴なし。

2002年　ボーンキング　牡４　56kg　７着

前走	１月20日	東京2200m	ＧⅡ	アメリカＪＣＣ	６番人気	３着	0.1秒差	Ｘ位
前々走	５月27日	東京2400m	ＧⅠ	ダービー	６番人気	４着	0.7秒差	２位
３歳	３月４日	中山2000m	ＧⅡ	弥生賞	２番人気	２着	0.8秒差	Ｘ位
３歳	１月14日	中山2000m	ＧⅢ	京成杯	３番人気	１着	0.1秒差	３位

※2400m以上ＧⅡ・ＧⅠ３着以内歴なし。

2001年　ナリタトップロード　牡５　59kg（＋２kg）３着

前走	12月24日	中山2500m	ＧⅠ	有馬記念	３番人気	９着	1.0秒差	Ｘ位
前々走	12月２日	中山3600m	ＧⅡ	ステイヤーズＳ	１番人気	４着	0.3秒差	２位
４歳	10月８日	京都2400m	ＧⅡ	京都大賞典	２番人気	２着	0.0秒差	３位
４歳	２月20日	京都2200m	ＧⅡ	京都記念	２番人気	２着	0.0秒差	１位
３歳	11月７日	京都3000m	ＧⅠ	菊花賞	３番人気	１着	0.1秒差	３位
３歳	10月17日	京都2200m	ＧⅡ	京都新聞杯	１番人気	２着	0.0秒差	２位
３歳	６月６日	東京2400m	ＧⅠ	ダービー	１番人気	２着	0.1秒差	２位
３歳	３月７日	中山2000m	ＧⅡ	弥生賞	２番人気	１着	0.2秒差	２位
３歳	２月７日	京都1800m	ＧⅢ	きさらぎ賞	２番人気	１着	0.0秒差	１位

※加増２kgがＮＧ。

◆１番人気が飛ぶとわかったらココへ

１番人気が「負ける」とわかったら、２番人気以下の馬から勝つ馬を見つけます。簡単です。僕が課すハードルを満たした馬しか勝ちませんので、【１着穴馬的中シート】を利用して見つけだしてください。

２番人気以下で勝てる馬を浮かび上がらせます

ハードル❶
近2走で「GⅢ・GⅡ1着か、GⅠ連対
(負けていても0.0秒)」

ハードル❷
2200m以上GⅡ1着歴

ハードル❸
2400m以上GⅠ3着以内

どれか一つで可。

2番人気以下で勝てる馬【1着穴馬的中シート】

条件	馬番 or 馬名
ハードル❶クリア	
ハードル❷クリア	
ハードル❸クリア	

過去20年、2番人気以下で優勝した馬の近2走成績と実績を紹介します。

2019年　6番人気　ダンビュライト　牡5　56kg　850円
前走　1月20日　中山2200m　GⅡ　アメリカJCC　3番人気　6着　0.7秒差　X位
前々走　12月1日　阪神2000m　GⅢ　チャレンジC　3番人気　4着　0.7秒差　2位
4歳　1月21日　中山2200m　GⅡ　アメリカJCC　2番人気　1着　0.3秒差　X位
2歳　10月8日　東京1600m　GⅢ　サウジアラビアロイヤルC　2番人気　2着　0.2秒差　2位

2018年　4番人気　クリンチャー　牡4　55kg　1050円
前走　10月22日　京都3000m　GⅠ　菊花賞　10番人気　2着　0.3秒差　X位
前々走　9月18日　中山2200m　GⅡ　セントライト記念　4番人気　9着　1.1秒差　X位

2017年　3番人気　サトノクラウン　牡5　58kg（+2kg）440円
前走　12月11日　香港2400m　GⅠ　香港ヴァーズ　4番人気　1着　0.1秒差
前々走　10月30日　東京2000m　GⅠ　天皇賞・秋　8番人気　14着　1.5秒差　X位

4歳　2月14日　京都2200m　GⅡ　京都記念　6番人気　1着　0.5秒差　1位
3歳　3月8日　中山2000m　GⅡ　弥生賞　2番人気　1着　0.2秒差　2位
2歳　11月24日　東京1800m　GⅢ　東スポ杯2歳S　4番人気　1着　0.0秒差　1位
※皐月賞1番人気、ダービー3着

2016年　6番人気　サトノクラウン　牡4　56kg　920円
前走　11月1日　東京2000m　GⅠ　天皇賞・秋　7番人気　17着　1.5秒差　X位
前々走　5月31日　東京2400m　GⅠ　ダービー　3番人気　3着　0.3秒差　1位
3歳　3月8日　中山2000m　GⅡ　弥生賞　2番人気　1着　0.2秒差　2位
2歳　11月24日　東京1800m　GⅢ　東スポ杯2歳S　4番人気　1着　0.0秒差　1位

2015年　3番人気　ラブリーデイ　牡5　56kg　850円
前走　1月4日　中山2000m　GⅢ　中山金杯　4番人気　1着　0.2秒差　3位
前々走　12月6日　中京2000m　GⅡ　金鯱賞　6番人気　4着　0.5秒差　X位
3歳　11月30日　中京2000m　GⅡ　金鯱賞　6番人気　2着　0.4秒差　?位
3歳　8月4日　小倉2000m　GⅢ　小倉記念　5番人気　2着　0.2秒差　3位
2歳　11月10日　東京1400m　GⅡ　京王杯2歳S　7番人気　2着　0.1秒差　3位

2014年　6番人気　デスペラード　牡6　57kg（+1kg）3430円
前走　12月22日　中山2500m　GⅠ　有馬記念　7番人気　7着　2.0秒差　X位
前々走　11月30日　中山3600m　GⅡ　ステイヤーズS　1番人気　1着　0.6秒差　1位
5歳　3月17日　阪神3000m　GⅡ　阪神大賞典　3番人気　2着　0.3秒差　1位

2013年　6番人気　トーセンラー　牡5　56kg　920円
前走　9月2日　新潟2000m　GⅢ　新潟記念　1番人気　7着　0.2秒差　3位
前々走　8月5日　小倉2000m　GⅢ　小倉記念　1番人気　2着　0.4秒差　2位
4歳　7月8日　福島2000m　GⅢ　七夕賞　1番人気　2着　0.0秒差　1位
3歳　9月18日　中山2200m　GⅡ　セントライト記念　3番人気　2着　0.2秒差　2位
3歳　2月6日　京都1800m　GⅢ　きさらぎ賞　3番人気　1着　0.0秒差　3位
※京都3000mGⅠ菊花賞3番人気3着0.7秒差X位という実績があります。

2012年　5番人気　トレイルブレイザー　牡5　57kg（+1kg）1450円
前走　12月11日　香港2400m　GⅠ　香港ヴァーズ　5番人気　6着
前々走　11月27日　東京2400m　GⅠ　ジャパンC　11番人気　4着　0.4秒差　X位
4歳　11月6日　東京2500m　GⅡ　アルゼンチン共和国杯　3番人気　1着　0.2秒差　2位

2009年　3番人気　アサクサキングス　牡5　58kg（+1kg）890円
前走　12月28日　中山2500m　GⅠ　有馬記念　9番人気　14着　2.8秒差　X位
前々走　11月30日　東京2400m　GⅠ　ジャパンC　6番人気　8着　0.6秒差　X位
3歳　10月21日　京都3000m　GⅠ　菊花賞　4番人気　1着　0.0秒差　X位
3歳　9月23日　阪神2400m　GⅡ　神戸新聞杯　5番人気　2着　0.1秒差　2位
3歳　5月27日　東京2400m　GⅠ　ダービー　14番人気　2着　0.5秒差　X位　逃げ
3歳　2月11日　京都1800m　GⅢ　きさらぎ賞　3番人気　1着　0.3秒差　X位　逃げ

＊＊＊＊＊＊＊＊＊＊＊＊＊＊＊＊　賞金別定時代　＊＊＊＊＊＊＊＊＊＊＊＊＊＊＊＊＊

2007年　２番人気　アドマイヤムーン　牡４　59kg（＋３kg）400円

前走	12月10日	香港2000m	ＧⅠ	香港Ｃ	６番人気	２着	0.0秒差	
前々走	10月29日	東京2000m	ＧⅠ	天皇賞・秋	２番人気	３着	0.2秒差	１位
３歳	８月20日	札幌2000m	ＧⅡ	札幌記念	１番人気	１着	0.2秒差	１位
３歳	３月５日	中山2000m	ＧⅡ	弥生賞	１番人気	１着	0.1秒差	１位
３歳	２月５日	東京1800m	ＧⅢ	共同通信杯	２番人気	１着	0.1秒差	１位
２歳	12月24日	阪神2000m	ＧⅢ	ラジオたんぱ杯２歳Ｓ	１番人気	２着	0.0秒差	２位
２歳	10月１日	札幌1800m	ＧⅢ	札幌２歳Ｓ	１番人気	１着	0.2秒差	１位

2005年　２番人気　ナリタセンチュリー　牡６　57kg　570円

前走	１月16日	京都2400m	ＧⅡ	日経新春杯	１番人気	９着	0.5秒差	３位
前々走	11月28日	東京2400m	ＧⅠ	ジャパンＣ	４番人気	５着	0.7秒差	３位
５歳	10月10日	京都2400m	ＧⅡ	京都大賞典	５番人気	１着	0.0秒差	１位
５歳	３月７日	中京2000m	ＧⅢ	中京記念	３番人気	２着	0.2秒差	１位

2003年　８番人気　マイソールサウンド　牡４　56kg　2820円

前走	１月19日	京都2400m	ＧⅡ	日経新春杯	８番人気	９着	1.2秒差	Ｘ位
前々走	12月７日	中京1800m	ＧⅢ	中日新聞杯	２番人気	１着	0.0秒差	３位

2002年　３番人気　ナリタトップロード　牡６　60kg（＋３kg）510円

前走	12月23日	中山2500m	ＧⅠ	有馬記念	４番人気	10着	0.8秒差	Ｘ位
前々走	11月25日	東京2400m	ＧⅠ	ジャパンＣ	５番人気	３着	0.6秒差	３位
５歳	３月18日	阪神3000m	ＧⅡ	阪神大賞典	１番人気	１着	1.3秒差	１位
４歳	10月８日	京都2400m	ＧⅡ	京都大賞典	２番人気	２着	0.0秒差	３位
４歳	２月20日	京都2200m	ＧⅡ	京都記念	２番人気	２着	0.0秒差	１位
３歳	11月７日	京都3000m	ＧⅠ	菊花賞	３番人気	１着	0.1秒差	３位
３歳	10月17日	京都2200m	ＧⅡ	京都新聞杯	１番人気	２着	0.0秒差	２位
３歳	６月６日	東京2400m	ＧⅠ	ダービー	１番人気	２着	0.1秒差	２位
３歳	３月７日	中山2000m	ＧⅡ	弥生賞	２番人気	１着	0.2秒差	２位
３歳	２月７日	京都1800m	ＧⅢ	きさらぎ賞	２番人気	１着	0.0秒差	１位

2001年　11番人気　マックロウ　牡４　56kg　5690円

前走	１月28日	京都2400m	900万	琵琶湖特別	１番人気	２着	0.0秒差	２位
前々走	１月13日	京都2400m	900万	睦月賞	１番人気	２着	0.0秒差	３位

◉近２走、２勝クラスで負けているのに別定ＧⅡを勝った馬は、過去20年で一頭もいないと思います。それより以前にも存在するかどうか……というＪＲＡ史上稀に見る一発です。もっとも、同じ距離2200ｍのＧⅡであるアメリカジョッキークラブＣにおいて、２番人気以下で１着になる４歳馬は「前走３勝クラスの勝ち馬」であることから、この時期にグングン実力をつけていく４歳馬については、昇級馬の激走にくれぐれも注意が必要です。いきなりのＧⅡ挑戦に見えますが、陣営は勝負になると踏んでいるのでしょう。

◆２着馬を見つけるのはココで

２着候補を２番人気以下から見つけだすのに便利なツールが僕の作ったハードルです。こちらも【２着穴馬的中シート】を併用して見つけてください。なお、１番人気に応えられなくても２着に来ることはありますので、１番人気馬は無条件で２着候補です。

２番人気以下で２着に入れる馬を浮かび上がらせます

ハードル❶
近２走で３勝クラス以上１着

ハードル❷
（牝馬）**GⅡ・GⅠ「１着歴か、１番人気歴」**

ハードル❸
（牝馬）**GⅠ連対歴**

どれか一つで可。

２番人気以下で２着に入れる馬【２着穴馬的中シート】

条件	馬番 or 馬名
ハードル❶クリア	
ハードル❷クリア	
ハードル❸クリア	

過去20年、２番人気以下で２着に入った馬の近２走成績と実績を紹介します。

2020年　２番人気　カレンブーケドール　牝４　53kg
前走　11月24日　東京2400m　ＧⅠ　ジャパンＣ　５番人気　２着　0.1秒差　X位
前々走　10月13日　京都2000m　牝馬GⅠ　秋華賞　２番人気　２着　0.3秒差　３位

３歳　５月19日　東京2400m　ＧⅠ　オークス　12番人気　２着　0.0秒差　Ｘ位

2018年　３番人気　アルアイン　牡４　57kg（＋２kg）
前走　10月22日　京都3000m　ＧⅠ　菊花賞　２番人気　７着　0.8秒差　Ｘ位
前々走　９月18日　中山2200m　ＧⅡ　セントライト記念　１番人気　２着　0.3秒差　２位
３歳　４月16日　中山2000m　ＧⅠ　皐月賞　９番人気　１着　0.0秒差　Ｘ位
３歳　３月25日　阪神1800m　ＧⅢ　毎日杯　２番人気　１着　0.1秒差　Ｘ位

2017年　５番人気　スマートレイアー　牝７　54kg
前走　12月11日　香港2400m　ＧⅠ　香港ヴァーズ　６番人気　５着　1.3秒差
前々走　10月15日　東京1800m　牝馬GⅡ　府中牝馬Ｓ　１番人気　３着　0.3秒差　３位
６歳　４月９日　阪神1600m　牝馬GⅡ　阪神牝馬Ｓ　２番人気　１着　0.0秒差　X位　逃げ
６歳　２月７日　東京1600m　ＧⅢ　東京新聞杯　５番人気　１着　0.3秒差　X位　逃げ
５歳　10月17日　東京1800m　牝馬GⅡ　府中牝馬Ｓ　１番人気　２着　0.2秒差　Ｘ位
４歳　10月18日　東京1800m　牝馬GⅡ　府中牝馬Ｓ　１番人気　２着　0.1秒差　１位
４歳　４月12日　阪神1400m　牝馬GⅡ　阪神牝馬Ｓ　１番人気　１着　0.0秒差　１位
３歳　10月13日　京都2000m　牝馬GⅠ　秋華賞　２番人気　２着　0.2秒差　２位

2016年　３番人気　タッチングスピーチ　牝４　53kg
前走　11月15日　京都2200m　牝馬GⅠ　エリザベス女王杯　４番人気　３着　0.0秒差　３位
前々走　10月18日　京都2000m　牝馬GⅠ　秋華賞　２番人気　６着　0.3秒差　２位
３歳　９月20日　阪神1800m　牝馬GⅡ　ローズＳ　７番人気　１着　0.2秒差　３位

2015年　４番人気　スズカデヴィアス　牡４　55kg
前走　12月６日　中山3600m　ＧⅡ　ステイヤーズＳ　６番人気　４着　0.6秒差　３位
前々走　11月15日　京都2200m　1600万　比叡Ｓ　６番人気　１着　0.2秒差　2位　逃げ

◉長距離適性のある３歳馬が、自身にぴったりの距離のレースに出走したくてもいい番組がなくて勝ち上がれず、またステイヤーは仕上がりが遅い傾向にあるため成長途上の３歳時はなかなか出世できないのですが、４歳になって歯車が噛み合い一気に開花するのでしょう。このスズカデヴィアスも、2001年の勝ち馬マックロウと同じように、前々走で３勝クラス１着から一気にＧⅡ連対馬になりました。

2014年　２番人気　トーセンラー　牡６　58kg（＋２kg）
前走　11月17日　京都1600m　ＧⅠ　マイルＣＳ　２番人気　１着　0.2秒差　１位
前々走　10月６日　京都2400m　ＧⅡ　京都大賞典　２番人気　３着　0.3秒差　Ｘ位
５歳　４月28日　京都3200m　ＧⅠ　天皇賞・春　３番人気　２着　0.2秒差　１位
５歳　２月10日　京都2200m　ＧⅡ　京都記念　６番人気　１着　0.2秒差　１位
４歳　８月５日　小倉2000m　ＧⅢ　小倉記念　１番人気　２着　0.4秒差　２位
４歳　７月８日　福島2000m　ＧⅢ　七夕賞　１番人気　２着　0.0秒差　１位
３歳　９月18日　中山2200m　ＧⅡ　セントライト記念　３番人気　２着　0.2秒差　２位
３歳　２月６日　京都1800m　ＧⅢ　きさらぎ賞　３番人気　１着　0.0秒差　３位

2013年　３番人気　ベールドインパクト　牡４　55kg
前走　12月15日　中山1800m　ＯＰ　ディセンバーＳ　１番人気　１着　0.0秒差　２位
前々走　10月21日　京都3000m　ＧⅠ　菊花賞　10番人気　４着　0.6秒差　Ｘ位

3歳　5月5日　京都2200m　GⅡ　京都新聞杯　2番人気　2着　0.4秒差　2位

2011年　5番人気　メイショウベルーガ　牝6　56kg（＋1kg）
前走　12月26日　中山2500m　GⅠ　有馬記念　9番人気　12着　1.2秒差　X位
前々走　11月28日　東京2400m　GⅠ　ジャパンC　11番人気　6着　0.2秒差　X位
5歳　11月14日　京都2200m　牝馬GⅠ　エリザベス女王杯　2番人気　2着　0.7秒差　2位
5歳　10月10日　京都2400m　GⅡ　京都大賞典　2番人気　1着　0.1秒差　2位
5歳　1月17日　京都2400m　GⅡ　日経新春杯　2番人気　1着　0.5秒差　1位

2010年　3番人気　ジャガーメイル　牡6　57kg
前走　2月14日　東京3400m　GⅢ　ダイヤモンドS　出走取消
前々走　12月13日　香港2400m　GⅠ　香港ヴァーズ　7番人気　4着　0.1秒差
5歳　5月31日　東京2500m　GⅡ　目黒記念　1番人気　2着　0.8秒差　3位
4歳　11月9日　東京2500m　GⅡ　アルゼンチン共和国杯　2番人気　2着　0.2秒差　2位

2008年　4番人気　アドマイヤフジ　牡6　57kg
前走　1月5日　中山2000m　GⅢ　中山金杯　3番人気　1着　0.3秒差　3位
前々走　12月8日　阪神1800m　GⅢ　鳴尾記念　5番人気　3着　0.1秒差　2位
4歳　1月15日　京都2400m　GⅡ　日経新春杯　2番人気　1着　0.0秒差　2位

＊＊＊＊＊＊＊＊＊＊＊＊＊＊＊＊　賞金別定時代　＊＊＊＊＊＊＊＊＊＊＊＊＊＊＊＊＊

2006年　2番人気　サクラセンチュリー　牡6　58kg（＋1kg）
前走　12月3日　中山3600m　GⅡ　ステイヤーズS　2番人気　3着　0.2秒差　2位
前々走　11月6日　東京2500m　GⅡ　アルゼンチン共和国杯　3番人気　1着　0.0秒差　1位
5歳　1月16日　京都2400m　GⅡ　日経新春杯　2番人気　1着　0.0秒差　1位
4歳　12月12日　阪神2000m　GⅢ　鳴尾記念　3番人気　1着　0.2秒差　1位

2005年　6番人気　トウショウナイト　牡4　56kg
前走　1月16日　中山2500m　1600万　迎春S　3番人気　1着　0.1秒差　1位
前々走　12月26日　中山2500m　1000万　テンポイントM　5番人気　1着　0.6秒差　1位
◉2001年マックロウ、2015年スズカデヴィアスと同じ4歳馬の出世街道、成長曲線です。

2004年　3番人気　テンザンセイザ　牡6　57kg
前走　11月29日　京都1800m　GⅢ　京阪杯　1番人気　4着　0.8秒差　X位
前々走　11月2日　東京2000m　GⅠ　天皇賞・秋　10番人気　3着　0.4秒差　X位
3歳　11月24日　京都1800m　GⅢ　京阪杯　3番人気　1着　0.0秒差　2位
3歳　5月4日　京都2000m　GⅡ　京都新聞杯　8番人気　1着　0.4秒差　1位

2003年　7番人気　イブキガバメント　牡7　57kg
前走　1月5日　中山2000m　GⅢ　中山金杯　2番人気　4着　0.4秒差　X位
前々走　12月8日　阪神2000m　GⅢ　鳴尾記念　1番人気　1着　0.1秒差　X位
6歳　9月7日　阪神2000m　GⅢ　朝日CC　2番人気　2着　0.0秒差　1位
6歳　8月11日　小倉2000m　GⅢ　小倉記念　6番人気　2着　0.1秒差　1位
5歳　9月8日　阪神2000m　GⅢ　朝日CC　1番人気　1着　0.1秒差　1位

2002年　４番人気　マチカネキンノホシ　牡６　58kg（＋１kg）

前走	１月20日	東京2200m	GⅡ	アメリカＪＣＣ	２番人気	５着	0.3秒差	Ｘ位
前々走	６月３日	東京1600m	GⅠ	安田記念	８番人気	17着	3.1秒差	Ｘ位
５歳	３月24日	中山2500m	GⅡ	日経賞	２番人気	２着	0.1秒差	２位
４歳	11月５日	東京2500m	GⅡ	アルゼンチン共和国杯	３番人気	１着	0.1秒差	３位
４歳	５月20日	東京2500m	GⅡ	目黒記念	２番人気	２着	0.2秒差	Ｘ位
４歳	１月23日	中山2200m	GⅡ	アメリカＪＣＣ	３番人気	１着	0.4秒差	１位
２歳	12月26日	阪神2000m	GⅢ	ラジオたんぱ杯３歳Ｓ	２番人気	２着	0.1秒差	１位

2001年　２番人気　アグネスフライト　牡４　57kg（＋１kg）

前走	11月26日	東京2400m	GⅠ	ジャパンＣ	４番人気	13着	1.5秒差	Ｘ位
前々走	10月22日	京都3000m	GⅠ	菊花賞	１番人気	５着	0.9秒差	Ｘ位
３歳	９月24日	阪神2000m	GⅡ	神戸新聞杯	２番人気	２着	0.3秒差	１位
３歳	５月28日	東京2400m	GⅠ	ダービー	３番人気	１着	0.0秒差	１位
３歳	５月６日	京都2000m	GⅢ	京都新聞杯	２番人気	１着	0.5秒差	１位

GⅢ

共同通信杯

2月14日（日）

東京競馬場　芝1800m（2003年は中山競馬場　芝1800m）

3歳

［賞金］

別定　馬齢　牡馬・せん馬56kg　牝馬54kg

収得賞金1800万円以上の馬1kg増

2002年までの基礎重量は牡馬・せん馬55kg　牝馬53kg

2005年までは1600万円毎1kg増
2006～2012年は2000万円以上の馬1kg増

１番人気で勝てる馬を浮かび上がらせます

大前提① **加増馬は重賞２連対以上**

大前提② **関西馬は前走関西エリア**

大前提③ **４戦以上無敗ではない**

ハードル❶
前走重賞連対

ハードル❷
前走ＧⅠ１番人気

どちらか一方で可。

まず、今年も多くのファンを失望させることになるかもしれない１番人気馬を大前提とハードルに照らし合わせ、勝てるか負けるかを判定しましょう。２ページ後からの【１番人気的中シート】を利用してください。

共同通信杯の真相

３歳戦もここまで進んでくると、１月のＧⅢ京成杯までは散見された「前走１勝クラス勝ち」や「前走新馬・未勝利勝ち」の１番人気馬は、なかなか勝つことができません。そもそも、それでは１番人気に推されません。ＪＲＡはファンの支持が高い重賞ウイナーたちをこの共同通信杯から篩《ふる》いにかけ、皐月賞・ダービーという３歳クラシックに収斂《しゅうれん》させていくのでしょう。

東京競馬場の芝1800mは「府中の千八展開いらず」という格言があるように（いまは死語か？）、そういったＪＲＡに意向に応えられる公平な競馬が開催できるコースです。それもあってか過去20年の当レースの１番人気の勝率は30％あり（６頭）、２着にも５頭入っていますので、連対率は55％と比較的高くなっています。

東京芝1800mがそういうコースである証拠として、私は中山競馬場で行われた2003年の勝ち馬が「通常の東京競馬場開催だったら勝てない馬だった」ことを挙げたいと思います。上記の展開面だけではなく、多くの面で誤魔化しがきかないトラックであることを裏付けていると思います。

以下は過去20年当レース優勝馬の二冠での成績です。

皐月賞			ダービー		
2016年	ディーマジェスティ	１着	2019年	ダノンキングリー	２着
2015年	リアルスティール	２着	2014年	イスラボニータ	２着
2014年	イスラボニータ	１着	2017年	スワーヴリチャード	２着
2012年	ゴールドシップ	１着	2001年	ジャングルポケット	１着

このほか、当レース１番人気２着惜敗の2015年ドゥラメンテは皐月賞・ダービーの二冠馬、2012年ディープブリランテはダービー馬に輝いています。

1番人気で勝てる馬【1番人気的中シート】

大前提①……加増馬は重賞2連対以上
大前提②……関西馬は前走関西エリア
大前提③……4戦以上無敗ではない

ハードル❶……前走重賞連対
ハードル❷……前走GＩ1番人気
ハードルはどちらか一方で可。

年度	共同通信杯の 1番人気馬	大前提 ①	大前提 ②	大前提 ③	ハードル ❶	ハードル ❷	判定
2021							
2021							
2020	マイラプソディ	×			○		×
2019	アドマイヤマーズ			×	○		×
2018	グレイル	×			○		×
2017	ムーヴザワールド		×		×		×
2016	ハートレー	×			○		×
2015	ドゥラメンテ				×		×
2014	イスラボニータ				○		◉
2013	ラウンドワールド				×		×
2012	ディープブリランテ	×	×		○		×
2011	ダノンバラード	×			○		×
2010	アリゼオ				×		×
2009	ブレイクランアウト					○	◉
2008	サダムイダテン				○		◉
2007	フサイチホウオー				○		◉
2006	フサイチリシャール		×		○		×
2005	ストーミーカフェ				○		◉
2004	アポインテッドデイ				×		×
2003	タイガーモーション				×		×
2002	チアズシュタルク				○		◉
2001	ジャングルポケット				○		◉

1番人気的中シートの使い方

左のシートに今年の1番人気候補を記入し、過去の成績をもとに「勝てるか、勝てないか」を判定してください。「勝てない」とわかったら、2番人気以下で勝てる馬が浮かび上がる【1着穴馬的中シート】（後ろのページ）に進んでください。

着順	単勝配当	結果	2番人気以下で勝った馬	人気	単勝配当	結果
4着		→	ダーリントンホール	3	¥600	大的中
2着		→	ダノンキングリー	3	¥420	大的中
7着		→	オウケンムーン	6	¥1,360	大的中
3着		→	スワーヴリチャード	2	¥310	大的中
9着		→	ディーマジェスティ	6	¥2,260	大的中
2着		→	リアルスティール	3	¥610	大的中
1着	¥220	大的中				
4着		→	メイケイペガスター	4	¥560	大的中
2着		→	ゴールドシップ	2	¥410	大的中
9着		→	ナカヤマナイト	3	¥490	大的中
3着		→	ハンソデバンド	3	¥740	大的中
1着	¥280	大的中				
5着		ハズレ	ショウナンアルバ	6	¥2,140	—
1着	¥140	大的中				
2着		→	アドマイヤムーン	2	¥280	大的中
1着	¥220	大的中				
2着		→	マイネルデュプレ	4	¥620	大的中
5着		→	ラントゥザフリーズ	3	¥540	ハズレ
1着	¥220	大的中				
1着	¥140	大的中				

過去20年、1番人気に応えて優勝した馬の初勝利以降を紹介します。

2014年　イスラボニータ（＋1kg）220円

前走	11月16日	東京1800m	GⅢ	東スポ杯2歳S	2番人気	1着	0.0秒差	X位
前々走	10月19日	東京1800m	OP	いちょうS	3番人気	1着	0.2秒差	2位
3走前	8月25日	新潟1600m	GⅢ	新潟2歳S	4番人気	2着	0.5秒差	3位
4走前	6月2日	東京1600m	新馬		2番人気	1着	0.2秒差	2位

2009年　ブレイクランアウト　280円

前走	12月21日	中山1600m	GⅠ	朝日杯FS	1番人気	3着	0.1秒差	2位
前々走	11月22日	東京1800m	GⅢ	東スポ杯2歳S	1番人気	2着	0.0秒差	1位
3走前	10月25日	東京1600m	OP	いちょうS	1番人気	4着	0.2秒差	X位
4走前	7月27日	新潟1600m	新馬		3番人気	1着	0.7秒差	1位

2007年　フサイチホウオー（＋1kg）140円　関西馬

前走	12月23日	阪神2000m	GⅢ	ラジオNIKKEI杯2歳S	1番人気	1着	0.0秒差	1位
前々走	11月18日	東京1800m	GⅢ	東スポ杯2歳S	1番人気	1着	0.1秒差	3位
3走前	10月8日	東京1800m	新馬		1番人気	1着	0.6秒差	1位

2005年　ストーミーカフェ（＋2kg）220円

前走	12月12日	中山1600m	GⅠ	朝日杯FS	3番人気	2着	0.3秒差	X位	逃げ
前々走	10月2日	札幌1800m	GⅢ	札幌2歳S	5番人気	1着	0.1秒差	X位	逃げ
3走前	8月21日	札幌1500m	未勝利		1番人気	1着	0.4秒差	3位	逃げ

2002年　チアズシュタルク　220円　関西馬

前走	1月14日	京都1600m	GⅢ	シンザン記念	4番人気	2着	0.1秒差	1位
前々走	12月22日	阪神1600m	新馬		1番人気	1着	0.3秒差	1位

2001年　ジャングルポケット（＋1kg）140円　関西馬

前走	12月23日	阪神2000m	GⅢ	ラジオたんぱ杯3歳S	3番人気	2着	0.4秒差	2位
前々走	9月23日	札幌1800m	GⅢ	札幌3歳S	5番人気	1着	0.2秒差	1位
3走前	9月2日	札幌1800m	新馬		5番人気	1着	0.1秒差	2位

過去20年、1番人気に応えられず負けた馬の初勝利以降を紹介します。

2020年　マイラプソディ（＋1kg）4着　関西馬

前走	11月23日	阪神2000m	GⅢ	京都2歳S	1番人気	1着	0.3秒差	1位
前々走	9月14日	阪神1800m	OP	野路菊S	1番人気	1着	0.8秒差	1位
3走前	7月7日	中京2000m	新馬		1番人気	1着	0.1秒差	1位

※重賞連対1回の加増馬。

2019年　アドマイヤマーズ（＋1kg）2着　関西馬

前走	12月16日	阪神1600m	GⅠ	朝日杯FS	2番人気	1着	0.3秒差	2位
前々走	11月10日	京都1600m	GⅡ	デイリー杯2歳S	1番人気	1着	0.1秒差	2位
3走前	7月21日	中京1600m	OP	中京2歳S	1番人気	1着	0.5秒差	1位

４走前　６月30日　中京1600m　新馬　１番人気　１着　0.0秒差　３位
※４戦無敗はＮＧ。

◉デビュー５連勝は名馬の領域。1.7倍にベッドするのはハイリスクと考えます。

2018年　グレイル（＋１kg）７着　関西馬
前走　11月25日　京都2000m　ＧⅢ　京都２歳Ｓ　２番人気　１着　0.0秒差　１位
前々走　10月22日　京都2000m　新馬　１番人気　１着　0.0秒差　１位
※重賞連対１回の加増馬。

2017年　ムーヴザワールド　３着　関西馬
前走　11月19日　東京1800m　ＧⅢ　東スポ杯２歳Ｓ　１番人気　３着　0.0秒差　３位
前々走　９月25日　阪神1800m　新馬　２番人気　１着　0.0秒差　１位
※前走関東エリアの関西馬。

2016年　ハートレー（＋１kg）９着
前走　12月27日　中山2000m　ＧⅡ　ホープフルＳ　３番人気　１着　0.2秒差　２位
前々走　11月14日　東京2000m　新馬　１番人気　１着　0.2秒差　１位
※重賞連対１回の加増馬。

2015年　ドゥラメンテ　２着
前走　２月１日　東京1800m　500万　セントポーリア賞　１番人気　１着　0.9秒差　１位
前々走　11月８日　東京1800m　未勝利　１番人気　１着　1.0秒差　１位

2013年　ラウンドワールド　４着
前走　12月22日　阪神2000m　ＧⅢ　ラジオNIKKEI杯２歳Ｓ　３番人気　６着　1.0秒差　Ｘ位
前々走　９月１日　札幌1800m　ＧⅢ　札幌２歳Ｓ　１番人気　２着　0.3秒差　１位
３走前　８月11日　札幌1800m　ＯＰ　コスモス賞　１番人気　１着　0.1秒差　１位
４走前　６月24日　阪神1600m　未勝利　１番人気　１着　0.5秒差　１位

2012年　ディープブリランテ（＋１kg）２着　関西馬
前走　11月19日　東京1800m　ＧⅢ　東スポ杯２歳Ｓ　１番人気　１着　0.5秒差　１位
前々走　10月１日　阪神1800m　新馬　１番人気　１着　0.8秒差　１位
※重賞連対１回の加増馬。前走関東エリアの関西馬。

2011年　ダノンバラード（＋１kg）９着　関西馬
前走　12月25日　阪神2000m　ＧⅢ　ラジオNIKKEI杯２歳Ｓ　４番人気　１着　0.0秒差　１位
前々走　11月27日　京都2000m　ＯＰ　京都２歳Ｓ　１番人気　３着　0.1秒差　３位
３走前　10月24日　京都1800m　新馬　１番人気　１着　0.3秒差　２位
※重賞連対１回の加増馬。

2010年　アリゼオ　３着
前走　12月27日　中山2000m　ＯＰ　ホープフルＳ　１番人気　１着　0.3秒差　Ｘ位
前々走　11月14日　東京2000m　新馬　３番人気　１着　0.0秒差　１位

2008年　サダムイダテン　５着　関西馬

前走	12月22日	阪神2000m	GⅢ	ラジオNIKKEI杯２歳S	１番人気	２着	0.0秒差	１位
前々走	11月17日	京都1600m	新馬		１番人気	１着	0.5秒差	１位

◉同馬は前走GⅢラジオNIKKEI杯２歳Sで、３着馬とわずかハナ差で２着確保。勝ちタイム２分７秒０という同レース史上最も遅い重馬場が、道悪巧者の同馬に味方したかもしれません。同馬がその後に２勝クラスさえ勝てなかった姿を見ると、GⅢ２着はフロックと結論してよいでしょう。この重賞連対によりハードル❶クリアですが、重馬場・不良馬場の成績は良くても悪くても、鵜呑みにしてはなりません。

2006年　フサイチリシャール（＋１kg）２着　関西馬

前走	12月11日	中山1600m	GⅠ	朝日杯FS	２番人気	１着	0.0秒差	X位	
前々走	11月19日	東京1800m	GⅢ	東スポ杯２歳S	１番人気	１着	0.4秒差	X位	逃げ
３走前	10月29日	京都1800m	OP	萩S	５番人気	１着	0.5秒差	2位	逃げ
４走前	９月25日	阪神2000m	未勝利		２番人気	１着	0.1秒差	2位	逃げ

※前走関東エリアの関西馬。

2004年　アポインテッドデイ　２着

前走	12月14日	中山1600m	GⅠ	朝日杯FS	10番人気	３着	0.1秒差	X位	
前々走	11月15日	東京1400m	GⅡ	京王杯２歳S	５番人気	２着	0.2秒差	２位	
３走前	11月１日	東京1400m	500万	平場	１番人気	２着	0.2秒差	X位	逃げ
４走前	10月12日	東京1400m	新馬		１番人気	１着	1.0秒差	1位	逃げ

2003年　タイガーモーション　５着

前走	12月８日	中山1600m	GⅠ	朝日杯FS	６番人気	４着	0.3秒差	X位
前々走	11月16日	中山1800m	GⅢ	東スポ杯２歳S	３番人気	２着	0.0秒差	X位
３走前	10月20日	福島1700m	500万	きんもくせい特別	３番人気	１着	0.4秒差	１位
４走前	10月６日	中山D1200m	新馬		２番人気	１着	0.5秒差	１位

◆１番人気が飛ぶとわかったらココへ

１番人気が「負ける」とわかったら、２番人気以下の馬から勝つ馬を見つけます。簡単です。僕が課す大前提とハードルを満たした馬しか勝ちませんので、【１着穴馬的中シート】を利用して見つけだしてください。

２番人気以下で勝てる馬を浮かび上がらせます

大前提① **加増馬は重賞２連対以上**

ハードル❶
近２走で新馬・未勝利「１番人気上がり１位１着」

ハードル❷
前走１勝クラス「１番人気か、完勝」

ハードル❸
オープン特別「１番人気完勝歴か、前走連対（負けていても0.1秒）」

ハードル❹
重賞「１番人気歴か、連対歴（負けていても0.1秒）」

どれか一つで可。

２番人気以下で勝てる馬【1着穴馬的中シート】

条件	馬番 or 馬名
大前提① クリア	
ハードル❶ クリア	
ハードル❷ クリア	
ハードル❸ クリア	
ハードル❹ クリア	

過去20年、２番人気以下で優勝した馬の初勝利以降を紹介します。

2020年　３番人気　ダーリントンホール　600円
前走　11月30日　中山2000m　１勝クラス　葉牡丹賞　１番人気　３着　0.2秒差　１位
前々走　８月31日　札幌1800m　ＧⅢ　札幌２歳Ｓ　２番人気　３着　0.5秒差　Ｘ位
３走前　７月21日　函館1800m　新馬　１番人気　１着　0.2秒差　１位

2019年　３番人気　ダノンキングリー　420円
前走　12月15日　中山1600m　500万　ひいらぎ賞　２番人気　１着　0.6秒差　１位
前々走　10月８日　東京1600m　新馬　２番人気　１着　0.0秒差　３位

2018年　６番人気　オウケンムーン　1360円
前走　１月８日　中山2000m　500万　平場　１番人気　１着　0.2秒差　１位
前々走　９月２日　新潟2000m　未勝利　１番人気　１着　1.0秒差　１位

2017年　２番人気　スワーヴリチャード　310円　関西馬
前走　11月19日　東京1800m　ＧⅢ　東スポ杯２歳Ｓ　４番人気　２着　0.0秒差　１位
前々走　10月２日　阪神2000m　未勝利　１番人気　１着　0.2秒差　２位

2016年　６番人気　ディーマジェスティ　2260円
前走　12月27日　中山2000m　ＧⅡ　ホープフルＳ　出走取消
前々走　11月23日　東京2000m　未勝利　１番人気　１着　0.0秒差　１位

2015年　３番人気　リアルスティール　610円　関西馬
前走　12月27日　阪神1800m　新馬　１番人気　１着　0.6秒差　１位

2013年　４番人気　メイケイペガスター　560円　関西馬
前走　１月19日　京都2000m　ＯＰ　若駒Ｓ　４番人気　３着　0.2秒差　１位
前々走　10月６日　京都1600m　ＧⅡ　デイリー杯２歳Ｓ　１番人気　11着　0.7秒差　Ｘ位
３走前　９月９日　阪神1600m　新馬　１番人気　１着　0.3秒差　１位

2012年　２番人気　ゴールドシップ（＋１kg）410円　関西馬
前走　12月24日　阪神2000m　ＧⅢ　ラジオNIKKEI杯２歳Ｓ　３番人気　２着　0.2秒差　２位
前々走　10月１日　札幌1800m　ＧⅢ　札幌２歳Ｓ　２番人気　２着　0.1秒差　１位
３走前　９月10日　札幌1800m　ＯＰ　コスモス賞　１番人気　１着　0.1秒差　２位
４走前　７月９日　函館1800m　新馬　２番人気　１着　0.0秒差　１位

2011年　３番人気　ナカヤマナイト　490円
前走　12月26日　中山2000m　ＯＰ　ホープフルＳ　２番人気　２着　0.0秒差　１位
前々走　11月28日　東京1600m　500万　ベゴニア賞　２番人気　１着　0.3秒差　Ｘ位　逃げ
３走前　11月６日　東京1800m　500万　百日草特別　３番人気　２着　0.4秒差　１位
４走前　９月26日　中山1800m　未勝利　１番人気　１着　0.2秒差　１位

2010年　３番人気　ハンソデバンド　740円
前走　１月５日　中山1600m　ＯＰ　ジュニアＣ　１番人気　１着　0.1秒差　Ｘ位

前々走　11月21日　東京1600m　未勝利　　　　　　　　1番人気　1着　0.3秒差　X位

2008年　6番人気　ショウナンアルバ　2140円
前走　1月26日　中山1800m　500万　若竹賞　　　　　4番人気　1着　0.1秒差　X位　逃げ
前々走　7月28日　新潟1600m　未勝利　　　　　　　　1番人気　1着　0.4秒差　1位

2006年　2番人気　アドマイヤムーン（+1kg）280円　関西馬
前走　12月24日　阪神2000m　GⅢ　ラジオたんぱ杯2歳S　1番人気　2着　0.0秒差　2位
前々走　10月1日　札幌1800m　GⅢ　札幌2歳S　　　1番人気　1着　0.2秒差　1位
3走前　8月27日　札幌1500m　OP　クローバー賞　　1番人気　1着　0.0秒差　1位
4走前　7月10日　函館1800m　新馬　　　　　　　　　5番人気　1着　0.4秒差　1位

2004年　4番人気　マイネルデュプレ　620円
前走　12月20日　中山1600m　500万　ひいらぎ賞　　4番人気　1着　0.3秒差　2位
前々走　11月22日　東京1800m　GⅢ　東スポ杯2歳S　5番人気　7着　0.7秒差　X位
3走前　11月1日　東京1800m　未勝利　　　　　　　　1番人気　1着　0.5秒差　1位

2003年　3番人気　ラントゥザフリーズ　540円　関西馬
前走　1月25日　京都2000m　OP　若駒S　　　　　　3番人気　4着　0.3秒差　2位
前々走　1月5日　中山1600m　OP　ジュニアC　　　　3番人気　2着　0.2秒差　1位
3走前　12月24日　中京1800m　OP　中京2歳S　　　2番人気　4着　0.7秒差　X位　逃げ
4走前　11月30日　中京1200m　500万　つわぶき賞　　3番人気　1着　0.3秒差　1位
5走前　11月17日　京都1400m　OP　もみじS　　　　3番人気　6着　1.0秒差　X位
6走前　7月6日　函館1200m　新馬　　　　　　　　　1番人気　1着　0.0秒差　3位　4角先頭

◉この年は東京競馬場ではなく、中山競馬場の1800m。東京と中山はコース形態に大きな差があり、まったく違い適性が求められます。2走前で見せた中山適性が奏功したと思います。なお、同馬の初勝利は2回目の新馬戦です。

◆2着馬を見つけるのはココで

2着候補を2番人気以下から見つけだすのに便利なツールが僕の作った大前提とハードルです。こちらも【2着穴馬的中シート】を併用して見つけてください。なお、1番人気に応えられなくても2着に来ることはありますので、1番人気馬は無条件で2着候補です。

2番人気以下で2着に入れる馬を浮かび上がらせます

大前提①　**加増なし**

ハードル❶
近２走で新馬・未勝利「１～２番人気１着」

ハードル❷
１勝クラス「１着歴か、前走連対」

ハードル❸
オープン特別「１番人気完勝歴か、前走連対
（負けていても0.1秒）」

ハードル❹
重賞「１番人気歴か、連対歴（負けていても0.1秒）」

どれか一つで可。

2番人気以下で2着に入れる馬【2着穴馬的中シート】

条件	馬番 or 馬名
大前提① クリア	
ハードル❶ クリア	
ハードル❷ クリア	
ハードル❸ クリア	
ハードル❹ クリア	

過去20年、２番人気以下で２着に入った馬の初勝利以降を紹介します。

2020年　４番人気　ビターエンダー
前走　１月19日　中山2000m　GⅢ　京成杯　４番人気　４着　0.5秒差　３位
前々走　11月２日　東京2000m　未勝利　１番人気　１着　0.5秒差　２位

2019年　３番人気　サトノソルタス
前走　10月29日　東京1800m　新馬　１番人気　１着　0.0秒差　X位

2017年　６番人気　エトルディーニュ
前走　１月29日　東京1800m　500万　セントポーリア賞　７番人気　２着　0.3秒差　X位
前々走　12月17日　中山1600m　500万　ひいらぎ賞　３番人気　４着　0.4秒差　３位
３走前　11月27日　東京1600m　500万　ベゴニア賞　５番人気　２着　0.2秒差　X位
４走前　10月22日　東京1800m　ＯＰ　アイビーＳ　８番人気　３着　0.5秒差　X位
５走前　９月25日　中山2000m　ＯＰ　芙蓉Ｓ　４番人気　５着　0.4秒差　X位
６走前　９月３日　札幌1800m　GⅢ　札幌２歳Ｓ　９番人気　４着　0.5秒差　X位
７走前　８月13日　札幌1800m　未勝利　６番人気　１着　0.3秒差　X位 4角先頭

2016年　５番人気　イモータル　関西馬
前走　12月20日　阪神1600m　ＧⅠ　朝日杯ＦＳ　５番人気　９着　1.0秒差　X位
前々走　10月10日　東京1600m　重賞　サウジアラビアＲＣ　１番人気　２着　0.0秒差　X位
３走前　８月９日　新潟1800m　新馬　１番人気　１着　0.8秒差　１位

2014年　３番人気　ベルキャニオン
前走　12月22日　中山2000m　ＯＰ　ホープフルＳ　１番人気　２着　0.1秒差　２位
前々走　11月16日　東京2000m　未勝利　１番人気　１着　0.2秒差　２位

2013年　２番人気　ゴットフリート
前走　12月16日　中山1600m　ＧⅠ　朝日杯ＦＳ　３番人気　３着　0.4秒差　３位
前々走　10月27日　新潟1600m　500万　きんもくせい特別　５番人気　１着　0.0秒差　１位
３走前　９月29日　中山1800m　新馬　４番人気　１着　0.2秒差　１位

2011年　６番人気　ユニバーサルバンク　関西馬
前走　１月22日　京都2000m　ＯＰ　若駒Ｓ　３番人気　２着　0.0秒差　３位
前々走　12月25日　阪神2000m　GⅢ　ラジオNIKKEI杯２歳S　６番人気　14着　1.2秒差　X位
３走前　12月12日　阪神2000m　500万　エリカ賞　４番人気　２着　0.2秒差　３位
４走前　11月20日　京都2000m　未勝利　１番人気　１着　0.6秒差　２位

2010年　２番人気　ダノンシャンティ　関西馬
前走　12月26日　阪神2000m　GⅢ　ラジオNIKKEI杯２歳S　７番人気　３着　0.2秒差　X位
前々走　11月22日　京都1800m　新馬　２番人気　１着　0.1秒差　２位

2009年　２番人気　トーセンジョーダン　関西馬
前走　12月28日　中山2000m　ＯＰ　ホープフルＳ　１番人気　１着　0.4秒差　1位 4角先頭
前々走　12月６日　中山2000m　500万　葉牡丹賞　２番人気　１着　0.2秒差　2位 4角先頭

３走前　11月16日　福島2000m　未勝利　１番人気　１着　0.2秒差　２位

2008年　５番人気　タケミカヅチ
前走　１月13日　京都1600m　GⅢ　シンザン記念　３番人気　４着　0.4秒差　３位
前々走　11月17日　東京1800m　GⅢ　東スポ杯２歳Ｓ　４番人気　５着　0.7秒差　Ｘ位
３走前　10月13日　京都1600m　GⅡ　デイリー杯２歳Ｓ　６番人気　２着　0.3秒差　１位
４走前　９月２日　新潟1600m　GⅢ　新潟２歳Ｓ　１番人気　６着　0.5秒差　Ｘ位
５走前　７月29日　新潟1600m　新馬　３番人気　１着　0.1秒差　１位

2007年　５番人気　ダイレクトキャッチ　関西馬
前走　１月14日　中山2000m　GⅢ　京成杯　４番人気　５着　0.4秒差　２位
前々走　12月24日　中山2000m　ＯＰ　ホープフルＳ　８番人気　６着　0.8秒差　３位
３走前　10月29日　東京1600m　新馬　３番人気　１着　0.2秒差　１位
※２着候補として浮かび上がらせることができませんでした。

2005年　５番人気　ダイワアプセット
前走　１月23日　中山1600m　500万　若竹賞　１番人気　１着　0.2秒差　１位
前々走　12月26日　中山2000m　ＯＰ　ホープフルＳ　４番人気　５着　0.4秒差　Ｘ位
３走前　12月４日　中山2000m　500万　葉牡丹賞　２番人気　８着　1.0秒差　Ｘ位
４走前　11月13日　東京1400m　GⅡ　京王杯２歳Ｓ　10番人気　４着　0.5秒差　Ｘ位
５走前　10月23日　東京1400m　新馬　１番人気　１着　0.1秒差　１位

2003年　５番人気　タカラシャーディー　関西馬
前走　１月18日　小倉1800m　500万　くすのき賞　７番人気　１着　0.3秒差　１位
前々走　８月24日　札幌1500m　ＯＰ　クローバー賞　10番人気　５着　0.7秒差　X位　3角先頭
３走前　７月20日　函館1200m　ＯＰ　ラベンダー賞　11番人気　４着　0.6秒差　２位
※近３走より前は地方競馬

2002年　７番人気　サンヴァレー　関西馬
前走　１月７日　東京1600m　ＯＰ　ジュニアＣ　６番人気　１着　0.1秒差　X位　逃げ
前々走　12月16日　中京1800m　ＯＰ　中京２歳Ｓ　７番人気　14着　0.8秒差　Ｘ位
３走前　11月17日　東京1800m　GⅢ　東スポ杯２歳Ｓ　14番人気　11着　1.1秒差　Ｘ位
４走前　10月21日　東京1600m　ＯＰ　いちょうＳ　７番人気　１着　0.1秒差　3位　逃げ
５走前　９月22日　中山1600m　ＯＰ　芙蓉Ｓ　６番人気　６着　0.5秒差　Ｘ位
６走前　９月16日　阪神1400m　ＯＰ　ききょうＳ　６番人気　10着　1.2秒差　Ｘ位
７走前　７月29日　函館1200m　GⅢ　函館２歳Ｓ　９番人気　７着　0.8秒差　Ｘ位
８走前　７月14日　函館1200m　ＯＰ　ラベンダー賞　４番人気　６着　0.9秒差　Ｘ位
９走前　６月10日　函館1200m　新馬　６番人気　１着　0.1秒差　3位　逃げ

2001年　３番人気　プレジオ
前走　１月14日　中山2000m　GⅢ　京成杯　１番人気　４着　0.3秒差　２位
前々走　12月２日　中山2000m　500万　葉牡丹賞　５番人気　１着　0.1秒差　１位
３走前　11月５日　東京1800m　未勝利　１番人気　１着　0.0秒差　３位

GⅢ
京都牝馬S

2月20日(土)

阪神競馬場　芝1400m (2020年までは京都競馬場。2015年までは1600m)

4歳以上牝馬

[賞金]

別定　4歳以上53kg

収得賞金1600万円毎1kg増

1番人気で勝てる馬を浮かび上がらせます

大前提①　**4～5歳**

大前提②　**加増3kg以上はＧⅠ連対歴**
（負けていても0.1秒）

ハードル❶
近2走1600m以上3歳以上
牡馬混合オープンクラスか、牝馬重賞
「連対か、負けていても0.1秒」

まず、今年も多くのファンを失望させることになるかもしれない1番人気馬を大前提とハードルに照らし合わせ、勝てるか負けるかを判定しましょう。2ページ後からの【1番人気的中シート】を利用してください。

マメ知識　2020年10月19日現在

ＧⅢ					
1月	愛知杯	4歳以上	2000m	ハンデ	3600万円
2月	京都牝馬Ｓ	4歳以上	1400m	賞金別定	3600万円
3月	中山牝馬Ｓ	4歳以上	1800m	ハンデ	3600万円
4月	福島牝馬Ｓ	4歳以上	1800m	賞金別定	3800万円
6月	マーメイドＳ	3歳以上	2000m	ハンデ	3600万円
8月	クイーンＳ	3歳以上	1800m	賞金別定	3600万円
12月	ターコイズＳ	3歳以上	1600m	ハンデ	3600万円
ＧⅡ					
4月	阪神牝馬Ｓ	4歳以上	1600m	グレード別定	5500万円
10月	府中牝馬Ｓ	3歳以上	1800m	グレード別定	5500万円
ＧⅠ					
5月	ヴィクトリアＭ	4歳以上	1600m	定量	1億500万円
11月	エリザベス女王杯	3歳以上	2200m	定量	1億500万円

京都牝馬ステークスの真相

当レースと同じ古馬牝馬GⅢは、賞金別定が3レース、ハンデ戦が4レースの計7レースです。古馬牝馬GⅡは、グレード別定のみ2レースあります。そして古馬牝馬GⅠは、定量のヴィクトリアマイルとエリザベス女王杯です。後者のGⅠは3歳馬も出走できますので、牝馬No.1決定戦です。

当レースのポイントは、賞金別定のルールです。当レースだけが特異なルールを採用しており、残るふたつの古馬牝馬GⅢ(クイーンステークスと福島牝馬ステークス)に比べて加増が激しいのです。1kgや2kgは当たり前で、GⅠ馬でもないのに3kg増もあります。結果として実績のある馬=収得賞金が高い高齢馬に厳しく、1番人気に推されて負けた13頭のうち、5歳以上馬は10頭にのぼります(5歳馬7頭、6歳以上馬3頭)。逆に勝った7頭は4歳馬4頭、5歳馬3頭です。

なお、当レースの負担重量規程は下記のような変遷ですが、【爆勝的中シート】は過去20年のデータをもとに作成しています。

・2010~2015年は4歳52kg、5歳以上53kgで、収得賞金1600万円毎1kg増

・2007~2009年は4歳52kg、5歳以上53kgで、収得賞金1200万円毎1kg増
(2008年のように2月2日以降の開催時は4歳馬も53kgになります)

・2001~2006年は4歳51kg、5歳以上52kgで、収得賞金4歳1100万円、5歳1400万円、6歳以上1700万円毎1kg増
(2003年のように2月2日以降の開催時は4歳馬も52kgになります)

1番人気で勝てる馬【1番人気的中シート】

大前提①………4～5歳
大前提②………加増3kg以上はＧⅠ連対歴（負けていても0.1秒）
ハードル❶……近2走3歳以上1600m以上牡馬混合オープンクラスか、牝馬重賞「連対か、負けて

年度	京都牝馬Ｓの1番人気馬	馬齢	大前提①	大前提②	ハードル❶	判定	着順
2021							
2021							
2020	サウンドキアラ	5			○	◉	1着
2019	ミスパンテール	5		×	○	×	5着
2018	ミスパンテール	4			○	◉	1着
2017	レッツゴードンキ	5			○	◉	1着
2016	クイーンズリング	4			○	◉	1着
2015	ウリウリ	5			×	×	5着
2014	ドナウブルー	6	×		○	×	2着
2013	ハナズゴール	4			○	◉	1着
2012	ショウリュウムーン	5			×	×	2着
2011	ヒカルアマランサス	5			×	×	2着
2010	ヒカルアマランサス	4			○	◉	1着
2009	ザレマ	5			×	×	3着
2008	ブルーメンブラット	5			×	×	4着
2007	ディアデラノビア	5			○	◉	1着
2006	ディアデラノビア	4		×	○	×	5着
2005	エリモピクシー	7	×		○	×	3着
2004	ピースオブワールド	4			×	×	6着
2003	サクラヴィクトリア	4		×	×	×	6着
2002	エアトゥーレ	5	×		○	×	4着
2001	マルカコマチ	6	×		○	×	7着

いても0.1秒」

1番人気的中シートの使い方

左のシートに今年の1番人気候補を記入し、過去の成績をもとに「勝てるか、勝てないか」を判定してください。「勝てない」とわかったら、2番人気以下で勝てる馬が浮かび上がる【1着穴馬的中シート】（後ろのページ）に進んでください。

単勝配当	結果	2番人気以下で勝った馬	人気	単勝配当	結果
¥430	大的中				
	→	デアレガーロ	9	¥3,620	大的中
¥310	大的中				
¥300	大的中				
¥470	大的中				
	→	ケイアイエレガント	9	¥2,360	大的中
	→	ウリウリ	2	¥420	大的中
¥170	大的中				
	→	ドナウブルー	2	¥440	大的中
	→	ショウリュウムーン	5	¥1,070	大的中
¥330	大的中				
	→	チェレブリタ	6	¥1,210	大的中
	→	アドマイヤキッス	2	¥340	大的中
¥200	大的中				
	→	マイネサマンサ	4	¥680	大的中
	→	アズマサンダース	4	¥710	大的中
	→	チアズメッセージ	8	¥2,510	大的中
	→	ハッピーパス	2	¥370	大的中
	→	ビハインドザマスク	4	¥910	大的中
	→	グレイスナムラ	5	¥1,020	大的中

過去20年、１番人気に応えて優勝した馬の近２走成績と実績を紹介します。
（実績は３勝クラス１着以上を列記。以下同様）

まず４歳馬から。

2018年　ミスパンテール　55kg（＋２kg）310円
前走　12月16日　中山1600m　GⅢ　ターコイズＳ　５番人気　１着　0.0秒差　Ｘ位
前々走　10月14日　京都1600m　牝馬1600万　清水Ｓ　４番人気　１着　0.0秒差　３位
３歳　３月４日　阪神1600m　GⅢ　チューリップ賞　７番人気　２着　0.3秒差　１位

2016年　クイーンズリング　56kg（＋３kg）470円
前走　11月15日　京都2200m　GⅠ　エリザベス女王杯　５番人気　８着　0.3秒差　Ｘ位
前々走　10月18日　京都2000m　GⅠ　秋華賞　５番人気　２着　0.0秒差　１位
３歳　３月15日　阪神1400m　GⅡ　フィリーズレビュー　１番人気　１着　0.1秒差　１位

2013年　ハナズゴール　54kg（＋２kg）170円
前走　12月15日　阪神1600m　牝馬OP　リゲルＳ　２番人気　１着　0.2秒差　１位
前々走　11月24日　京都1200m　牝馬GⅢ　京阪杯　７番人気　５着　0.2秒差　２位
３歳　３月３日　阪神1600m　GⅢ　チューリップ賞　４番人気　１着　0.4秒差　１位

2010年　ヒカルアマランサス　52kg　330円
前走　12月19日　中京2000m　GⅢ　愛知杯　３番人気　４着　0.1秒差　１位
前々走　11月７日　東京1600m　1600万　ユートピアＳ　２番人気　２着　0.1秒差　３位
※加増なし。

続いて５歳馬。

2020年　サウンドキアラ　55kg（＋２kg）430円
前走　１月５日　京都1600m　牝馬GⅢ　京都金杯　３番人気　１着　0.2秒差　３位
前々走　12月７日　阪神1600m　牝馬OP　リゲルＳ　１番人気　３着　0.0秒差　３位
４歳　10月５日　京都1600m　牝馬３勝クラス　長岡京Ｓ　１番人気　１着　0.1秒差　Ｘ位

2017年　レッツゴードンキ　55kg（＋２kg）300円
前走　12月17日　中山1600m　重賞　ターコイズＳ　６番人気　２着　0.2秒差　１位
前々走　11月３日　川崎D1600m　GⅠ　ＪＢＣレディスクラシック　４番人気　２着　0.2秒差　２位
３歳　４月12日　阪神1600m　GⅠ　桜花賞　５番人気　１着　0.7秒差　3位 逃げ
２歳　12月14日　阪神1600m　GⅠ　阪神ＪＦ　２番人気　２着　0.1秒差　２位
２歳　11月１日　東京1600m　GⅢ　アルテミスＳ　１番人気　２着　0.0秒差　２位

2007年　ディアデラノビア　54kg（＋１kg）200円
前走　12月10日　香港2000m　牝馬GⅠ　香港Ｃ　９番人気　７着　0.8秒差
前々走　11月12日　京都2200m　GⅠ　エリザベス女王杯　４番人気　３着　0.1秒差　３位
４歳　３月12日　中山1800m　GⅢ　中山牝馬Ｓ　２番人気　２着　0.2秒差　１位
３歳　４月24日　東京2000m　GⅡ　フローラＳ　２番人気　１着　0.0秒差　１位

過去20年、１番人気に応えられず負けた馬の近２走成績と実績を紹介します。

まず４歳馬から。

2006年　ディアデラノビア　54kg（＋３kg）５着

前走	１月５日	京都1600m	牝馬GⅢ	京都金杯	２番人気	６着	0.4秒差	X位
前々走	５月22日	東京2400m	ＧⅠ	オークス	３番人気	３着	0.1秒差	２位
３歳	４月24日	東京2000m	ＧⅡ	フローラＳ	２番人気	１着	0.0秒差	１位

※３kg加増ですが、ＧⅠ連対歴がありません。

2004年　ピースオブワールド　55kg（＋４kg）６着

前走	12月21日	阪神1600m	ＧⅡ	阪神牝馬Ｓ	２番人気	３着	0.2秒差	２位
前々走	10月19日	京都2000m	ＧⅠ	秋華賞	３番人気	４着	0.2秒差	X位
２歳	12月１日	阪神1600m	ＧⅠ	阪神ＪＦ	１番人気	１着	0.2秒差	１位
２歳	11月３日	京都1400m	ＧⅢ	ファンタジーＳ	１番人気	１着	0.2秒差	３位

※近２走ＮＧ。

2003年　サクラヴィクトリア　56kg（＋４kg）６着

前走	10月13日	京都2000m	ＧⅠ	秋華賞	３番人気	２着	0.6秒差	２位
前々走	９月15日	阪神2000m	ＧⅡ	ローズＳ	３番人気	２着	0.5秒差	１位
３歳	５月22日	川崎D2100m	ＧⅢ	関東オークス	１番人気	１着	0.0秒差	１位

※ＧⅠ連対歴がありますが、0.6秒差ＮＧ。重賞連対ですが、３歳以上戦ではありません。

続いて５歳馬。

2019年　ミスパンテール　56kg（＋３kg）５着

前走	12月15日	中山1600m	ＧⅢ	ターコイズＳ	５番人気	１着	0.1秒差	X位
前々走	11月11日	京都2200m	ＧⅠ	エリザベス女王杯	10番人気	12着	0.9秒差	X位
４歳	４月７日	阪神1600m	ＧⅡ	阪神牝馬Ｓ	４番人気	１着	0.0秒差	X位　逃げ
４歳	２月17日	京都1400m	ＧⅢ	京都牝馬Ｓ	１番人気	１着	0.1秒差	２位
３歳	12月16日	中山1600m	ＧⅢ	ターコイズＳ	５番人気	１着	0.0秒差	X位
３歳	10月14日	京都1600m	牝馬1600万	清水Ｓ	４番人気	１着	0.0秒差	３位
３歳	３月４日	阪神1600m	ＧⅢ	チューリップ賞	７番人気	２着	0.3秒差	１位

※３kg加増ですが、ＧⅠ連対歴がありません。

2015年　ウリウリ　54kg（＋１kg）５着

前走	12月27日	阪神1400m	牝馬GⅡ	阪神Ｃ	６番人気	４着	0.2秒差	X位
前々走	10月18日	東京1800m	ＧⅡ	府中牝馬Ｓ	５番人気	８着	0.4秒差	X位
４歳	４月12日	阪神1400m	ＧⅡ	阪神牝馬Ｓ	３番人気	２着	0.0秒差	２位
４歳	１月25日	京都1600m	ＧⅢ	京都牝馬Ｓ	２番人気	１着	0.1秒差	１位

※近２走ＮＧ

2012年　ショウリュウムーン　54kg（＋１kg）２着

前走	１月５日	京都1600m	牝馬GⅢ	京都金杯	４番人気	４着	0.3秒差	X位
前々走	10月30日	京都1800m	牝馬OP	カシオペアＳ	３番人気	３着	0.3秒差	X位

４歳　10月２日　阪神1600m　牝馬OP　ポートアイランドＳ　２番人気　１着　0.0秒差　３位
４歳　１月30日　京都1600m　ＧⅢ　京都牝馬Ｓ　５番人気　１着　0.3秒差　２位
３歳　３月６日　阪神1600m　ＧⅢ　チューリップ賞　９番人気　１着　0.1秒差　３位
※近２走ＮＧ。

2011年　ヒカルアマランサス　54kg（＋１kg）２着
前走　12月19日　小倉2000m　ＧⅢ　愛知杯　２番人気　３着　0.2秒差　２位
前々走　11月14日　京都2200m　ＧⅠ　エリザベス女王杯　６番人気　５着　1.1秒差　３位
４歳　５月16日　東京1600m　ＧⅠ　ヴィクトリアＭ　８番人気　２着　0.0秒差　Ｘ位
４歳　１月31日　京都1600m　ＧⅢ　京都牝馬Ｓ　１番人気　１着　0.1秒差　１位
※近２走ＮＧ。

2009年　ザレマ　54kg（＋１kg）３着
前走　12月７日　中山1600m　ＯＰ　ターコイズＳ　６番人気　１着　0.0秒差　Ｘ位 逃げ
前々走　11月16日　京都Ｄ1800m　牝馬1600万　ドンカスターＳ　５番人気　11着　2.7秒差　Ｘ位
４歳　２月３日　京都1600m　ＧⅢ　京都牝馬Ｓ　９番人気　２着　0.1秒差　Ｘ位
３歳　４月８日　阪神2000m　ＯＰ　忘れな草賞　１番人気　１着　0.3秒差　２位
※前走牝馬重賞ではありません。

2008年　ブルーメンブラット　55kg（＋２kg）４着
前走　12月16日　阪神1400m　牝馬GⅡ　阪神Ｃ　５番人気　３着　0.1秒差　１位
前々走11月11日　東京1400m　牝馬OP　オーロＣ　１番人気　１着　0.1秒差　１位
４歳　10月21日　東京1400m　牝馬1600万　白秋Ｓ　２番人気　１着　0.4秒差　２位
４歳　２月18日　京都1400m　牝馬1600万　斑鳩Ｓ　１番人気　１着　0.0秒差　１位
※近２走1600m以上ではありません。

2002年　エアトゥーレ　55kg（＋３kg）４着
前走　12月16日　阪神1600m　ＧⅡ　阪神牝馬Ｓ　５番人気　１着　0.1秒差　Ｘ位
前々走　11月17日　東京1600m　1000万　平場　１番人気　１着　0.1秒差　Ｘ位 逃げ
※３kg加増ですが、ＧⅠ連対歴がありません。

最後に６歳以上馬。

2014年　ドナウブルー　56kg（＋３kg）２着
前走　11月17日　京都1600m　牝馬GⅠ　マイルＣＳ　10番人気　５着　0.6秒差　３位
前々走　10月14日　東京1800m　ＧⅡ　府中牝馬Ｓ　５番人気　２着　0.1秒差　Ｘ位
４歳　８月12日　新潟1600m　牝馬GⅢ　関屋記念　１番人気　１着　0.0秒差　３位
４歳　５月13日　東京1600m　ＧⅠ　ヴィクトリアＭ　７番人気　２着　0.1秒差　Ｘ位
４歳　１月29日　京都1600m　ＧⅢ　京都牝馬Ｓ　２番人気　１着　0.2秒差　１位
※６歳馬ＮＧ。

2005年　エリモピクシー　54kg（＋２kg）３着
前走　12月26日　阪神1600m　牝馬OP　2004ファイナルＳ　１番人気　１着　0.3秒差　１位
前々走　11月14日　京都2200m　ＧⅠ　エリザベス女王杯　８番人気　４着　0.3秒差　３位
５歳　３月22日　阪神1400m　牝馬1600万　陽春Ｓ　３番人気　１着　0.0秒差　２位

※７歳馬ＮＧ。

2001年　マルカコマチ　53kg（＋１kg）７着

前走	12月24日	阪神1600m	牝馬OP	カウントダウンＳ	１番人気	２着	0.0秒差	１位
前々走	12月10日	阪神2000m	牝馬GⅢ	鳴尾記念	５番人気	８着	0.9秒差	Ｘ位
４歳	１月30日	京都1600m	ＧⅢ	京都牝馬特別	４番人気	１着	0.2秒差	１位

※６歳馬ＮＧ。

◆１番人気が飛ぶとわかったらココへ

１番人気が「負ける」とわかったら、２番人気以下の馬から勝つ馬を見つけます。簡単です。僕が課すハードルを満たした馬しか勝ちませんので、【１着穴馬的中シート】を利用して見つけだしてください。

２番人気以下で勝てる馬を浮かび上がらせます

次ページへ ☞

ハードル❶
前走2勝クラス以上1番人気完勝

ハードル❷
近2走で牡馬混合3勝クラス以上か、牝馬オープンクラス「連対か、3着以下でも0.0秒差以内」

ハードル❸
牡馬混合3勝クラス以上「圧勝歴か、1番人気1着歴」

ハードル❹
重賞完勝歴

どれか一つで可。

注：ハードル❶❷は1600m以上3歳以上戦

2番人気以下で勝てる馬【1着穴馬的中シート】

条件	馬番 or 馬名
ハードル①クリア	
ハードル②クリア	
ハードル③クリア	
ハードル④クリア	

過去20年、2番人気以下で優勝した馬の近2走成績と実績を紹介します。

まず4歳馬から。

2014年　2番人気　ウリウリ　52kg　420円
前走　11月17日　京都1800m　1000万　衣笠特別　1番人気　1着　0.1秒差　1位

前々走　10月13日　京都2000m　GⅠ　秋華賞　7番人気　10着　0.4秒差　X位
3歳　5月25日　京都1800m　牡馬OP　白百合S　6番人気　2着　0.2秒差　2位

2012年　2番人気　ドナウブルー　52kg　440円
前走　11月19日　京都1800m　1000万　平場　1番人気　1着　0.5秒差　1位
前々走　10月15日　京都1800m　1000万　堀川特別　3番人気　3着　0.2秒差　3位

2011年　5番人気　ショウリュウムーン　53kg（＋1kg）1070円
前走　1月5日　京都1600m　牡馬GⅢ　京都金杯　6番人気　9着　1.3秒差　X位
前々走　12月4日　阪神1800m　牡馬GⅢ　鳴尾記念　7番人気　5着　0.7秒差　X位
3歳　3月6日　阪神1600m　GⅢ　チューリップ賞　9番人気　1着　0.1秒差　3位

2009年　6番人気　チェレブリタ　53kg（＋1kg）1210円
前走　12月20日　中京2000m　GⅢ　愛知杯　14番人気　2着　0.0秒差　1位
前々走　11月22日　福島1800m　1000万　三春駒特別　4番人気　1着　0.2秒差　1位

2005年　4番人気　アズマサンダース　54kg（＋3kg）710円
前走　1月5日　京都1600m　牡馬GⅢ　京都金杯　6番人気　3着　0.1秒差　X位
前々走　12月19日　阪神1600m　GⅡ　阪神牝馬S　7番人気　5着　0.4秒差　X位
3歳　4月11日　阪神1600m　GⅠ　桜花賞　7番人気　2着　0.3秒差　3位
3歳　3月6日　阪神1600m　GⅢ　チューリップ賞　3番人気　2着　0.1秒差　3位
2歳　10月4日　札幌1800m　牡馬GⅢ　札幌2歳S　8番人気　2着　0.1秒差　2位

2004年　8番人気　チアズメッセージ　53kg（＋2kg）2510円
前走　12月28日　阪神1600m　牡馬1600万　2003ファイナルS　3番人気　1着　0.0秒差　3位　4角先頭
前々走　12月7日　中山1800m　OP　ターコイズS　3番人気　5着　0.1秒差　3位
3歳　2月8日　京都1600m　OP　エルフィンS　4番人気　1着　0.2秒差　3位

続いて5歳馬。

2019年　9番人気　デアレガーロ　54kg（＋1kg）3620円
前走　10月27日　京都1400m　牡馬GⅡ　スワンS　5番人気　6着　0.7秒差　X位
前々走　8月26日　札幌1200m　牡馬GⅢ　キーンランドC　7番人気　8着　0.9秒差　X位
4歳　6月30日　函館1200m　牡馬1600万　TVh杯　1番人気　1着　0.2秒差　X位
4歳　2月17日　京都1400m　GⅢ　京都牝馬S　4番人気　2着　0.1秒差　1位
3歳　12月3日　中山1600m　牡馬1600万　市川S　5番人気　1着　0.1秒差　1位

2008年　2番人気　アドマイヤキッス　56kg（＋3kg）340円
前走　12月15日　中京2000m　GⅢ　愛知杯　1番人気　3着　0.1秒差　X位
前々走　11月11日　京都2200m　GⅠ　エリザベス女王杯　7番人気　5着　0.6秒差　2位
3歳　12月16日　中京2000m　GⅢ　愛知杯　1番人気　1着　0.2秒差　X位
3歳　9月17日　中京2000m　GⅡ　ローズS　1番人気　1着　0.1秒差　2位
3歳　4月9日　阪神1600m　GⅠ　桜花賞　1番人気　2着　0.1秒差　2位
3歳　3月4日　阪神1600m　GⅠ　チューリップ賞　2番人気　1着　0.0秒差　1位

2003年　２番人気　ハッピーパス　54kg（＋２kg）370円

前走	12月14日	阪神1600m	牝馬1600万	逆瀬川Ｓ	１番人気	１着	0.0秒差	Ｘ位
前々走	12月１日	中山1800m	ＯＰ	ターコイズＳ	１番人気	３着	0.0秒差	３位
４歳	11月９日	中山1800m	牝馬1600万	ノベンバーＳ	２番人気	１着	0.0秒差	２位
３歳	３月11日	阪神1400m	ＧⅡ	フィリーズレビュー	１番人気	２着	0.2秒差	２位
３歳	２月17日	東京1600m	ＧⅢ	クイーンＣ	３番人気	２着	0.0秒差	Ｘ位

2001年　５番人気　グレイスナムラ　54kg（＋２kg）1020円

前走	１月６日	京都1600m	牝馬1600万	新春Ｓ	１番人気	１着	0.1秒差	１位
前々走	12月17日	中京1800m	牝馬1600万	尾張Ｓ	１番人気	２着	0.1秒差	１位

最後に６歳以上馬。

2015年　９番人気　ケイアイエレガント　56kg（＋３kg）2360円

前走	１月４日	中山2000m	牝馬GⅢ	中山金杯	17番人気	13着	1.4秒差	１位
前々走	８月３日	札幌1800m	ＧⅢ	クイーンＳ	４番人気	７着	0.8秒差	Ｘ位
５歳	４月26日	福島1800m	ＧⅢ	福島牝馬Ｓ	５番人気	１着	0.0秒差	X位　逃げ
５歳	３月16日	中山1800m	ＧⅢ	中山牝馬Ｓ	10番人気	２着	0.2秒差	X位　4角先頭
５歳	２月２日	東京1600m	牝馬1600万	節分Ｓ	10番人気	１着	0.5秒差	３位

2006年　４番人気　マイネサマンサ　55kg（＋３kg）680円

前走	12月18日	阪神1600m	ＧⅡ	阪神牝馬Ｓ	４番人気	２着	0.1秒差	２位
前々走	11月13日	京都2200m	ＧⅠ	エリザベス女王杯	11番人気	14着	1.3秒差	Ｘ位
５歳	10月16日	東京1800m	ＧⅢ	府中牝馬Ｓ	７番人気	２着	0.2秒差	Ｘ位
５歳	７月10日	阪神2000m	ＧⅢ	マーメイドＳ	３番人気	２着	0.3秒差	２位
５歳	４月30日	京都1400m	牝馬1600万	洛陽Ｓ	２番人気	１着	0.1秒差	Ｘ位
３歳	４月13日	阪神2000m	ＯＰ	忘れな草賞	５番人気	１着	0.3秒差	１位

2002年　４番人気　ビハインドザマスク　58kg（＋６kg）910円

前走	12月16日	阪神1600m	ＧⅡ	阪神牝馬Ｓ	１番人気	５着	0.3秒差	３位
前々走	11月18日	京都1600m	牝馬GⅠ	マイルＣＳ	７番人気	４着	0.5秒差	Ｘ位
５歳	10月27日	京都1400m	牝馬GⅡ	スワンＳ	２番人気	１着	0.0秒差	１位
５歳	５月13日	京都1600m	牝馬OP	都大路Ｓ	６番人気	１着	0.0秒差	２位
４歳	９月10日	阪神1200m	牝馬GⅢ	セントウルＳ	２番人気	１着	0.0秒差	１位
４歳	８月20日	小倉1200m	牝馬OP	小倉日経ＯＰ	１番人気	１着	0.0秒差	１位
４歳	７月15日	小倉1200m	牝馬OP	北九州短距離Ｓ	１番人気	１着	0.1秒差	１位
４歳	６月19日	阪神1600m	牝馬1600万	ストークＳ	１番人気	１着	0.2秒差	１位

◆２着馬を見つけるのはココで

２着候補を２番人気以下から見つけだすのに便利なツールが僕の作ったハードルです。こちらも【２着穴馬的中シート】を併用して見つけてください。なお、１番人気に応えられなくても２着に来ることはありますので、１番人気馬は無条件で２着候補です。

2番人気以下で2着に入れる馬を浮かび上がらせます

ハードル❶

近2走で牡馬混合3勝クラス以上か、3歳以上牝馬オープンクラス「連対か、0.1秒差以内の負け」

ハードル❷

3勝クラス以上「完勝歴か、1番人気1着歴」

ハードル❸

GⅢ・GⅡ1着歴か、GⅠ連対歴

どれか一つで可。

2番人気以下で2着に入れる馬【2着穴馬的中シート】

条件	馬番 or 馬名
ハードル❶クリア	
ハードル❷クリア	
ハードル❸クリア	

過去20年、2番人気以下で2着に入った馬の近2走成績と実績を紹介します。

まず4歳馬から。

2020年　6番人気　プールヴィル　55kg（＋2kg）

前走	11月10日	東京1400m	牡馬OP　オーロC	3番人気	2着	0.0秒差	X位
前々走	10月6日	新潟1400m	牡馬OP　信越S	1番人気	2着	0.0秒差	X位
3歳	3月10日	阪神1400m	GⅡ　フィリーズレビュー	3番人気	1着	0.0秒差	2位

2018年　4番人気　デアレガーロ　54kg（＋1kg）

前走	12月3日	中山1600m	牡馬1600万　市川S	5番人気	1着	0.1秒差	1位

前々走　9月30日　中山1600m　牝馬1600万　秋風S　8番人気　4着　0.3秒差　X位

2017年　7番人気　ワンスインナムーン　54kg（＋1kg）
前走　1月8日　中山1200m　牝馬1600万　サンライズS　1番人気　1着　0.2秒差　X位　逃げ
前々走　12月11日　中山1200m　牝馬1000万　平場　2番人気　1着　0.1秒差　X位

2008年　9番人気　ザレマ　54kg（＋1kg）
前走　12月15日　中山1600m　1600万　仲冬S　2番人気　5着　0.3秒差　2位
前々走　12月2日　中山1600m　OP　ターコイズS　5番人気　2着　0.1秒差　3位
3歳　4月8日　阪神2000m　OP　忘れな草賞　1番人気　1着　0.3秒差　2位

2005年　3番人気　ウイングレット　53kg（＋2kg）
前走　12月5日　中山1600m　OP　ターコイズS　1番人気　1着　0.3秒差　1位
前々走　10月17日　京都2000m　GⅠ　秋華賞　10番人気　3着　0.9秒差　X位
3歳　5月2日　東京1800m　OP　スイートピーS　7番人気　1着　0.1秒差　X位
2歳　9月7日　新潟1600m　GⅢ　新潟2歳S　2番人気　2着　0.0秒差　X位

2002年　2番人気　ダイヤモンドビコー　55kg（＋4kg）
前走　12月16日　阪神1600m　GⅡ　阪神牝馬S　2番人気　6着　0.4秒差　X位
前々走　9月16日　阪神2000m　GⅡ　ローズS　3番人気　1着　0.1秒差　3位
3歳　8月12日　札幌1800m　GⅢ　クイーンS　4番人気　2着　0.5秒差　X位

次に5歳馬。

2019年　7番人気　リナーテ　54kg（＋1kg）
前走　12月15日　中山1600m　GⅢ　ターコイズS　9番人気　7着　0.3秒差　X位
前々走　10月13日　東京1400m　牝馬1600万　白秋S　6番人気　1着　0.2秒差　1位

2016年　6番人気　マジックタイム　54kg（＋1kg）
前走　1月31日　東京1600m　牝馬1600万　節分S　1番人気　1着　0.0秒差　2位
前々走　11月22日　東京1600m　1600万　ユートピアS　1番人気　2着　0.0秒差　1位
3歳　2月18日　東京1600m　GⅢ　クイーンC　3番人気　2着　0.0秒差　2位

2013年　2番人気　エーシンメンフィス　55kg（＋2kg）
前走　12月15日　中京2000m　GⅢ　愛知杯　7番人気　1着　0.2秒差　X位　逃げ
前々走　11月17日　京都1800m　1000万　衣笠特別　12番人気　1着　0.2秒差　2位　逃げ

2010年　7番人気　ベストロケーション　54kg（＋1kg）
前走　12月5日　中山1200m　牝馬1600万　市川S　3番人気　1着　0.2秒差　1位
前々走　11月15日　福島1200m　牝馬1000万　須賀川特別　1番人気　1着　0.1秒差　X位

2009年　7番人気　レインダンス　54kg（＋1kg）
前走　12月20日　中京2000m　GⅢ　愛知杯　2番人気　7着　0.4秒差　X位
前々走　11月16日　京都2200m　GⅠ　エリザベス女王杯　9番人気　5着　0.7秒差　X位
3歳　10月14日　京都2000m　GⅠ　秋華賞　7番人気　2着　0.2秒差　X位

2003年　10番人気　マイネアイル　53kg（＋１kg）
前走　１月12日　京都1400m　牝馬1600万　新春Ｓ　４番人気　３着　0.1秒差　Ｘ位
前々走　12月22日　中京1200m　牝馬1000万　中京日経賞　１番人気　１着　0.3秒差　Ｘ位

2001年　２番人気　タイキダイヤ　55kg（＋３kg）
前走　12月17日　阪神1600m　ＧⅡ　阪神牝馬特別　12番人気　２着　0.4秒差　Ｘ位
前々走　11月26日　京都1200m　牝馬OP　アンドロメダＳ　４番人気　３着　0.4秒差　２位
３歳　12月25日　阪神1200m　牝馬OP　摩耶Ｓ　１番人気　１着　0.4秒差　１位
３歳　４月４日　中山1200m　牝馬GⅢ　クリスタルＣ　２番人気　１着　0.0秒差　Ｘ位

最後に６歳以上馬。

2015年　15番人気　ゴールデンナンバー　54kg（＋１kg）
前走　９月14日　新潟1600m　ＧⅢ　京成杯ＡＨ　競走除外
前々走　６月29日　東京1400m　ＯＰ　パラダイスＳ　４番人気　５着　0.2秒差　１位
４歳　11月３日　東京1600m　1600万　ユートピアＳ　１番人気　１着　0.1秒差　１位
４歳　５月12日　京都1800m　1600万　パールＳ　１番人気　１着　0.0秒差　１位

2007年　８番人気　ウイングレット　55kg（＋２kg）
前走　12月３日　中山1600m　ＯＰ　ターコイズＳ　３番人気　２着　0.3秒差　Ｘ位
前々走　11月12日　京都2200m　ＧⅠ　エリザベス女王杯　13番人気　14着　2.4秒差　Ｘ位
４歳　３月12日　中山1800m　ＧⅢ　中山牝馬Ｓ　１番人気　１着　0.0秒差　Ｘ位
４歳　１月30日　京都1600m　ＧⅢ　京都牝馬Ｓ　３番人気　２着　0.1秒差　Ｘ位
３歳　12月５日　中山1600m　ＯＰ　ターコイズＳ　１番人気　１着　0.3秒差　１位
３歳　５月２日　東京1800m　ＯＰ　スイートピーＳ　７番人気　１着　0.1秒差　Ｘ位
２歳　９月７日　新潟1600m　ＧⅢ　新潟２歳Ｓ　２番人気　２着　0.0秒差　Ｘ位

2006年　５番人気　チアフルスマイル　54kg（＋２kg）
前走　１月５日　京都1600m　牝馬GⅢ　京都金杯　11番人気　７着　0.5秒差　Ｘ位
前々走　12月18日　阪神1600m　ＧⅡ　阪神牝馬Ｓ　６番人気　６着　1.0秒差　３位
５歳　６月５日　中京2000m　ＧⅢ　愛知杯　11番人気　２着　0.1秒差　１位
５歳　２月５日　京都1400m　牝馬1600万　山城Ｓ　２番人気　１着　0.2秒差　３位

2004年　５番人気　マイネアイル　55kg（＋３kg）
前走　１月17日　中山1600m　牝馬OP　ニューイヤーＳ　４番人気　１着　0.0秒差　X位　逃げ
前々走　12月21日　阪神1600m　ＧⅡ　阪神牝馬Ｓ　11番人気　５着　0.6秒差　Ｘ位
５歳　10月４日　阪神1600m　牝馬OP　ポートアイランドＳ　２番人気　２着　0.2秒差　Ｘ位
５歳　４月６日　中山1600m　牝馬GⅢ　ダービー卿ＣＴ　10番人気　２着　0.0秒差　３位
５歳　２月２日　京都1600m　ＧⅢ　京都牝馬Ｓ　10番人気　２着　0.1秒差　Ｘ位

GI
フェブラリーS

2月21日（日）

東京競馬場　ダート1600m（2003年は中山競馬場　ダート1800m）

4歳以上

定量	57kg（牝馬2kg減）

1番人気で勝てる馬を浮かび上がらせます

大前提①　**4〜6歳**

4〜5歳ハードル❶

前走重賞1番人気1着、かつ、
「前々走1着か、GⅠ馬」

4〜6歳ハードル❷

1600m以上GⅠ上がり1位1着歴
（ただし、芝該当馬はダート重賞1着歴）

どちらか一方で可。

注：ハードルは❶❷3歳以上戦

まず、今年も多くのファンを失望させることになるかもしれない1番人気馬を大前提とハードルに照らし合わせ、勝てるか負けるかを判定しましょう。2ページ後からの【1番人気的中シート】を利用してください。

フェブラリーステークスの真相

成長途上にある２月の４歳馬は、1600mを超えるオープンクラスのレースにおいて、５歳以上馬より１kg軽くしてもらえます。当レースが行われるのは、府中のダート1600mというタフなコース。1600mを超えてはいませんが、５歳以上馬に対して１kg軽くしてもらわないと、まだ互角に戦えないと言えるでしょう（それなのに同斤量）。

馬券を買うファンは、当然織り込み済みです。それでも１番人気に支持したとしたら、その４歳馬は相当な信頼度です。現に前走を１番人気で勝って当レースでも１番人気に支持された４歳馬は、必ず勝つのです。

もうひとつのポイントは、芝では牡馬ＧＩレースでも頑張る牝馬です。しかし、ダートではそうもいかないようで、過去20年で連対馬はゼロ。世界最高峰の芝ＧＩ凱旋門賞（仏国）で牝馬は過去10年で７勝もしていますが、世界最高峰のダートＧＩブリーダーズカップクラシック（米国）になると、過去36回で牝馬は１勝という事実があります。

なお、ＪＲＡのダートＧＩはもうひとつチャンピオンズカップがありますが、出来上がったハードルを見るかぎり、フェブラリーＳのほうが難易度が高くなっています。当レースの勝ち馬をダート日本一と見なしましょう。

1番人気で勝てる馬【1番人気的中シート】

大前提①……………………4～6歳
4～5歳ハードル❶……前走重賞1番人気1着、かつ、「前々走1着か、GⅠ馬」
4～6歳ハードル❷……1600m以上GⅠ上がり1位1着歴（ただし、芝該当馬はダート重賞1着歴）

年度	フェブラリーSの1番人気馬	性齢	大前提①	4～5歳ハードル❶	4～6歳ハードル❷	判定	着順
2021							
2021							
2020	モズアスコット	牡6			○	◉	1着
2019	インティ	牡5		○		◉	1着
2018	ゴールドドリーム	牡5		×	×	×	2着
2017	カフジテイク	牡5		×	×	×	3着
2016	ノンコノユメ	牡4		×	×	×	2着
2015	コパノリッキー	牡5		○	○	◉	1着
2014	ベルシャザール	牡6		×	×	×	3着
2013	カレンブラックヒル	牡4		×	×	×	15着
2012	トランセンド	牡6		○			7着
2011	トランセンド	牡5		○		◉	1着
2010	エスポワールシチー	牡5		○	○	◉	1着
2009	カネヒキリ	牡7	×	○	○	×	3着
2008	ヴァーミリアン	牡6			○	◉	1着
2007	シーキングザダイヤ	牡6		×	×	×	9着
2006	カネヒキリ	牡4		○	○	◉	1着
2005	メイショウボーラー	牡4		○		◉	1着
2004	アドマイヤドン	牡5			○	◉	1着
2003	ゴールドアリュール	牡4		○		◉	1着
2002	アグネスデジタル	牡5			○	◉	1着
2001	サンフォードシチー	牡6		×	×	×	4着

1番人気的中シートの使い方

左のシートに今年の1番人気候補を記入し、過去の成績をもとに「勝てるか、勝てないか」を判定してください。「勝てない」とわかったら、2番人気以下で勝てる馬が浮かび上がる【1着穴馬的中シート】（後ろのページ）に進んでください。

単勝配当	結果	2番人気以下で勝った馬	人気	単勝配当	結果
¥280	大的中				
¥260	大的中				
	→	ノンコノユメ	4	¥1,070	大的中
	→	ゴールドドリーム	2	¥500	大的中
	→	モーニン	2	¥510	大的中
¥210	大的中				
	→	コパノリッキー	16	¥27,210	大的中
	→	グレープブランデー	3	¥670	大的中
	→	テスタマッタ	7	¥2,430	大的中
¥350	大的中				
¥170	大的中				
	→	サクセスブロッケン	6	¥2,060	大的中
¥240	大的中				
	→	サンライズバッカス	3	¥590	ハズレ
¥270	大的中				
¥200	大的中				
¥130	大的中				
¥310	大的中				
¥350	大的中				
	→	ノボトゥルー	5	¥1,040	大的中

過去20年、１番人気に応えて優勝した馬の近２走成績と実績を紹介します。
（実績はＧⅢ１着以上を列記。以下同様）

2020年　モズアスコット　牡６　280円

前走	２月２日	東京1400m	ＧⅢ	根岸Ｓ	３番人気	１着	0.2秒差	２位
前々走	11月17日	京都芝1600m	ＧⅠ	マイルＣＳ	７番人気	14着	1.2秒差	Ｘ位
５歳	10月26日	京都芝1400m	ＧⅡ	スワンＳ	２番人気	２着	0.0秒差	３位
４歳	10月27日	京都芝1400m	ＧⅡ	スワンＳ	１番人気	２着	0.0秒差	２位
４歳	６月３日	東京芝1600m	ＧⅠ	安田記念	９番人気	１着	0.0秒差	１位
４歳	４月22日	京都芝1600m	ＧⅡ	マイラーズＣ	２番人気	２着	0.2秒差	Ｘ位

2019年　インティ　牡５　260円

前走	１月20日	中京1800m	ＧⅡ	東海Ｓ	１番人気	１着	0.3秒差	2位 逃げ
前々走	11月10日	京都1800m	1600万	観月橋Ｓ	１番人気	１着	0.8秒差	１位

2015年　コパノリッキー　牡５　210円

前走	１月25日	中京1800m	ＧⅡ	東海Ｓ	１番人気	１着	0.7秒差	2位 4角先頭
前々走	12月29日	大井2000m	ＧⅠ	東京大賞典	２番人気	２着	0.8秒差	3位 逃げ
４歳	11月３日	盛岡2000m	ＧⅠ	ＪＢＣクラシック	３番人気	１着	0.5秒差	2位 逃げ
４歳	６月25日	大井2000m	ＧⅠ	帝王賞	１番人気	２着	0.4秒差	2位 3角先頭
４歳	５月５日	船橋1600m	ＧⅠ	かしわ記念	２番人気	１着	0.4秒差	１位
４歳	２月23日	東京1600m	ＧⅠ	フェブラリーＳ	16番人気	１着	0.1秒差	３位
３歳	５月２日	兵庫1870m	ＧⅡ	兵庫ＣＳ	１番人気	１着	1.0秒差	1位 逃げ

2011年　トランセンド　牡５　350円

前走	12月５日	阪神1800m	ＧⅠ	ジャパンＣダート	１番人気	１着	0.0秒差	X位 逃げ
前々走	11月７日	京都1800m	ＧⅢ	みやこＳ	２番人気	１着	0.2秒差	3位 逃げ
４歳	９月23日	船橋1800m	ＧⅡ	日本テレビ盃	２番人気	２着	0.5秒差	3位 逃げ
４歳	５月23日	京都1900m	ＧⅡ	東海Ｓ	１番人気	２着	0.0秒差	3位 逃げ
３歳	８月23日	新潟1800m	重賞	レパードＳ	１番人気	１着	0.5秒差	１位

2010年　エスポワールシチー　牡５　170円

前走	12月６日	阪神1800m	ＧⅠ	ジャパンＣダート	１番人気	１着	0.6秒差	2位 逃げ
前々走	10月12日	盛岡1600m	ＧⅠ	マイルＣＳ南部杯	２番人気	１着	0.7秒差	X位 逃げ
４歳	５月５日	船橋1600m	ＧⅠ	かしわ記念	２番人気	１着	0.1秒差	１位
４歳	３月29日	中山1800m	ＧⅢ	マーチＳ	１番人気	１着	0.2秒差	Ｘ位

2008年　ヴァーミリアン　牡６　240円

前走	１月30日	阪神2100m	ＧⅠ	川崎記念	出走取消			
前々走	12月29日	大井2000m	ＧⅠ	東京大賞典	１番人気	１着	0.7秒差	１位
５歳	11月24日	東京2100m	ＧⅠ	ジャパンＣダート	１番人気	１着	0.2秒差	１位
５歳	10月31日	大井2000m	ＧⅠ	ＪＢＣクラシック	２番人気	１着	0.7秒差	１位
５歳	１月31日	川崎2100m	ＧⅠ	川崎記念	１番人気	１着	1.3秒差	1位 4角先頭
４歳	12月20日	名古屋2500m	ＧⅡ	名古屋グランプリ	１番人気	１着	1.3秒差	１位
４歳	３月15日	船橋2400m	ＧⅡ	ダイオライト記念	１番人気	１着	1.3秒差	1位 4角先頭

３歳	11月30日	浦和2000m	ＧⅡ	浦和記念	１番人気	１着	0.6秒差	１位
２歳	12月25日	阪神芝2000m	ＧⅢ	ラジオたんぱ杯２歳Ｓ	２番人気	１着	0.2秒差	２位

2006年　カネヒキリ　牡４　270円

前走	11月26日	東京2100m	ＧⅠ	ジャパンＣダート	１番人気	１着	0.0秒差	２位
前々走	10月29日	東京1600m	ＧⅢ	武蔵野Ｓ	１番人気	２着	0.3秒差	１位
３歳	９月19日	盛岡2000m	ＧⅠ	ダービーグランプリ	１番人気	１着	0.4秒差	４角先頭
３歳	７月13日	大井2000m	ＧⅠ	ジャパンＤＤ	１番人気	１着	0.8秒差	1位　4角先頭
３歳	６月４日	東京1600m	ＧⅢ	ユニコーンＳ	１番人気	１着	0.3秒差	３位

2005年　メイショウボーラー　牡４　200円

前走	１月29日	東京1400m	ＧⅢ	根岸Ｓ	１番人気	１着	1.1秒差	1位　逃げ
前々走	１月９日	中山1200m	ＧⅢ	ガーネットＳ	３番人気	１着	0.5秒差	３位
３歳	３月７日	中山芝2000m	ＧⅡ	弥生賞	３番人気	２着	0.2秒差	X位　逃げ
３歳	12月14日	中山芝1600m	ＧⅠ	朝日杯ＦＳ	１番人気	２着	0.0秒差	X位　逃げ
２歳	10月18日	京都芝1600m	ＧⅡ	デイリー杯２歳Ｓ	１番人気	１着	0.3秒差	3位　逃げ
２歳	９月７日	小倉芝1200m	ＧⅢ	小倉２歳Ｓ	１番人気	１着	0.9秒差	3位　逃げ

2004年　アドマイヤドン　牡５　130円

前走	11月29日	東京2100m	ＧⅠ	ジャパンＣダート	１番人気	２着	0.0秒差	１位
前々走	11月３日	大井2000m	ＧⅠ	ＪＢＣクラシック	１番人気	１着	0.6秒差	１位
４歳	10月13日	盛岡1600m	ＧⅠ	マイルＣＳ南部杯	１番人気	１着	0.6秒差	４角先頭
４歳	９月６日	札幌1700m	ＧⅢ	エルムＳ	１番人気	１着	1.5秒差	１位
３歳	11月４日	盛岡2000m	ＧⅠ	ＪＢＣクラシック	２番人気	１着	1.1秒差	４角先頭
２歳	12月９日	中山芝1600m	ＧⅠ	朝日杯ＦＳ	１番人気	１着	0.1秒差	Ｘ位

2003年　ゴールドアリュール　牡４　310円

前走	12月29日	大井2000m	ＧⅠ	東京大賞典	１番人気	１着	0.3秒差	3位　逃げ
前々走	11月23日	中山1800m	ＧⅠ	ジャパンＣダート	２番人気	５着	0.4秒差	X位　4角先頭
３歳	９月23日	盛岡2000m	ＧⅠ	ダービーグランプリ	１番人気	１着	1.6秒差	逃げ
３歳	７月４日	大井2000m	ＧⅠ	ジャパンＤＤ	１番人気	１着	1.3秒差	3位　逃げ

2002年　アグネスデジタル　牡５　350円

前走	12月16日	香港芝2000m	ＧⅠ	香港Ｃ	２番人気	１着	0.0秒差	
前々走	10月28日	東京芝2000m	ＧⅠ	天皇賞・秋	４番人気	１着	0.2秒差	１位
４歳	10月８日	盛岡1600m	ＧⅠ	マイルＣＳ南部杯	１番人気	１着	0.1秒差	４角先頭
４歳	９月19日	船橋1800m	ＧⅢ	日本テレビ盃	３番人気	１着	0.7秒差	1位　4角先頭
３歳	11月19日	京都芝1600m	ＧⅠ	マイルＣＳ	13番人気	１着	0.1秒差	１位
３歳	９月30日	中山1800m	ＧⅢ	ユニコーンＳ	４番人気	１着	0.4秒差	１位
３歳	６月14日	名古屋1900m	ＧⅢ	名古屋優駿	３番人気	１着	0.3秒差	
２歳	12月23日	川崎1600m	ＧⅡ	全日本３歳優駿	１番人気	１着	0.5秒差	１位

過去20年、１番人気に応えられず負けた馬の近２走成績と実績を紹介します。

2018年　ゴールドドリーム　牡５　２着

前走	12月３日	中京1800m	ＧⅠ	チャンピオンズＣ	８番人気	１着	0.0秒差	２位
前々走	10月９日	盛岡1600m	ＧⅠ	マイルＣＳ南部杯	２番人気	５着	0.9秒差	１位
４歳	２月19日	東京1600m	ＧⅠ	フェブラリーＳ	２番人気	１着	0.0秒差	３位
３歳	６月19日	東京1600m	ＧⅢ	ユニコーンＳ	２番人気	１着	0.0秒差	２位
３歳	５月４日	園田1870m	ＧⅡ	兵庫ＣＳ	１番人気	２着	1.2秒差	３位

※ＧⅠ上がり１位１着歴なし。

2017年　カフジテイク　牡５　３着

前走	１月29日	東京1400m	ＧⅢ	根岸Ｓ	１番人気	１着	0.2秒差	１位
前々走	12月４日	中京1800m	ＧⅠ	チャンピオンズＣ	11番人気	４着	0.2秒差	２位

2016年　ノンコノユメ　牡４　２着

前走	12月６日	中京1800m	ＧⅠ	チャンピオンズＣ	３番人気	２着	0.2秒差	２位
前々走	11月14日	東京1600m	ＧⅢ	武蔵野Ｓ	２番人気	１着	0.0秒差	１位
３歳	７月８日	大井2000m	ＧⅠ	ジャパンＤＤ	２番人気	１着	0.5秒差	１位
３歳	６月21日	東京1600m	ＧⅢ	ユニコーンＳ	２番人気	１着	0.4秒差	１位

※ＧⅠジャパンダートダービーは３歳戦。

2014年　ベルシャザール　牡６　３着

前走	12月１日	阪神1800m	ＧⅠ	ジャパンＣダート	３番人気	１着	0.0秒差	２位
前々走	11月10日	東京1600m	ＧⅢ	武蔵野Ｓ	１番人気	１着	0.1秒差	Ｘ位
３歳	３月26日	阪神芝1800m	ＧⅡ	スプリングＳ	４番人気	２着	0.1秒差	２位

※６歳馬でＧⅠ上がり１位１着歴なし。

2013年　カレンブラックヒル　牡４　15着

前走	10月28日	東京芝2000m	ＧⅠ	天皇賞・秋	３番人気	５着	0.4秒差	Ｘ位
前々走	10月７日	東京芝1800m	ＧⅡ	毎日王冠	１番人気	１着	0.0秒差	Ｘ位
３歳	５月６日	東京芝1600m	ＧⅠ	ＮＨＫマイルＣ	１番人気	１着	0.6秒差	Ｘ位　逃げ
３歳	４月７日	中山芝1600m	ＧⅡ	ＮＺＴ	１番人気	１着	0.4秒差	Ｘ位

2012年　トランセンド　牡６　７着

前走	12月４日	阪神1800m	ＧⅠ	ジャパンＣダート	１番人気	１着	0.3秒差	Ｘ位　逃げ
前々走	11月３日	大井2000m	ＧⅠ	ＪＢＣクラシック	２番人気	２着	0.2秒差	Ｘ位
５歳	10月10日	東京1600m	ＧⅠ	マイルＣＳ南部杯	１番人気	１着	0.0秒差	３位
５歳	３月26日	UAE2000m	ＧⅠ	ドバイワールドＣ		２着		
５歳	２月20日	東京1600m	ＧⅠ	フェブラリーＳ	１番人気	１着	0.2秒差	Ｘ位　逃げ
４歳	12月５日	阪神1800m	ＧⅠ	ジャパンＣダート	１番人気	１着	0.0秒差	Ｘ位　逃げ
４歳	11月７日	京都1800m	ＧⅢ	みやこＳ	２番人気	１着	0.2秒差	３位　逃げ
４歳	９月23日	船橋1800m	ＧⅡ	日本テレビ盃	２番人気	２着	0.5秒差	３位　逃げ
４歳	５月23日	京都1900m	ＧⅡ	東海Ｓ	１番人気	２着	0.0秒差	３位　逃げ
３歳	８月23日	新潟1800m	重賞	レパードＳ	１番人気	１着	0.5秒差	１位

※６歳馬でＧⅠ上がり１位１着歴なし。

2009年　カネヒキリ　牡７　３着

前走	１月28日	川崎2100m	ＧⅠ	川崎記念	１番人気	１着	0.1秒差	１位
前々走	12月29日	大井2000m	ＧⅠ	東京大賞典	２番人気	１着	0.0秒差	２位
６歳	12月７日	阪神1800m	ＧⅠ	ジャパンＣダート	４番人気	１着	0.0秒差	Ｘ位
４歳	６月28日	大井2000m	ＧⅠ	帝王賞	１番人気	２着	0.2秒差	１位
４歳	２月19日	東京1600m	ＧⅠ	フェブラリーＳ	１番人気	１着	0.5秒差	１位
４歳	11月26日	東京2100m	ＧⅠ	ジャパンＣダート	１番人気	１着	0.0秒差	２位
３歳	９月19日	盛岡2000m	ＧⅠ	ダービーグランプリ	１番人気	１着	0.4秒差	４角先頭
３歳	７月13日	大井2000m	ＧⅠ	ジャパンＤＤ	１番人気	１着	0.8秒差	1位　4角先頭
３歳	６月４日	東京1600m	ＧⅢ	ユニコーンＳ	１番人気	１着	0.3秒差	３位

※７歳馬ＮＧ。

2007年　シーキングザダイヤ　牡６　９着

前走	12月29日	大井2000m	ＧⅠ	東京大賞典	２番人気	３着	0.8秒差	X位　3角先頭
前々走	11月25日	東京2100m	ＧⅠ	ジャパンＣダート	１番人気	２着	0.2秒差	３位
５歳	11月３日	川崎2100m	ＧⅠ	ＪＢＣクラシック	１番人気	２着	0.2秒差	１位
５歳	９月20日	船橋1800m	ＧⅡ	日本テレビ盃	１番人気	１着	0.1秒差	2位　4角先頭
５歳	２月19日	東京1600m	ＧⅠ	フェブラリーＳ	２番人気	２着	0.5秒差	３位
５歳	１月25日	川崎2100m	ＧⅠ	川崎記念	１番人気	２着	0.1秒差	３位
４歳	12月29日	大井2000m	ＧⅠ	東京大賞典	２番人気	２着	0.3秒差	２位
４歳	11月26日	東京2100m	ＧⅠ	ジャパンＣダート	11番人気	２着	0.0秒差	Ｘ位
４歳	10月10日	盛岡1600m	ＧⅠ	マイルＣＳ南部杯	５番人気	２着	0.2秒差	
４歳	２月20日	東京1600m	ＧⅠ	フェブラリーＳ	５番人気	２着	0.2秒差	Ｘ位
４歳	１月26日	川崎2100m	ＧⅠ	川崎記念	３番人気	２着	0.0秒差	2位　逃げ
３歳	12月28日	園田1400m	ＧⅢ	兵庫ゴールドＴ	１番人気	１着	0.0秒差	
３歳	４月10日	中山芝1600m	ＧⅡ	ＮＺＴ	１番人気	１着	0.1秒差	Ｘ位
３歳	２月28日	阪神芝1600m	ＧⅢ	アーリントンＣ	１番人気	１着	0.1秒差	１位

※ＧⅠ未勝利。

2001年　サンフォードシチー　牡６　４着

前走	１月29日	東京1400m	ＧⅢ	根岸Ｓ	３番人気	２着	0.1秒差	２位
前々走	11月25日	東京2100m	ＧⅠ	ジャパンＣダート	５番人気	２着	0.6秒差	１位
５歳	10月28日	東京1600m	ＧⅢ	武蔵野Ｓ	２番人気	１着	0.2秒差	１位

※ＧⅠ未勝利。

◆１番人気が飛ぶとわかったらココへ

１番人気が「負ける」とわかったら、２番人気以下の馬から勝つ馬を見つけます。簡単です。僕が課す大前提とハードルを満たした馬しか勝ちませんので、【１着穴馬的中シート】を利用して見つけだしてください。

２番人気以下で勝てる馬を浮かび上がらせます

大前提①　**４～６歳**

大前提②　**４歳馬は３歳以上オープンクラス**
「連対歴か、１番人気歴」

ハードル❶
GⅢ・GⅡ「前走完勝か、１番人気完勝歴」

ハードル❷
GⅠ「１番人気歴か、１着歴」

どちらか一方で可。

２番人気以下で勝てる馬【１着穴馬的中シート】

条件	馬番 or 馬名
大前提①クリア	
大前提②クリア	
ハードル❶クリア	
ハードル❷クリア	

過去20年、２番人気以下で優勝した馬の近２走成績と実績を紹介します。

2018年　４番人気　ノンコノユメ　せん６　1070円

前走	１月28日	東京1400m	ＧⅢ	根岸Ｓ	６番人気	１着	0.0秒差	１位
前々走	12月３日	中京1800m	ＧⅠ	チャンピオンズＣ	６番人気	９着	0.6秒差	３位
４歳	６月29日	大井2000m	ＧⅠ	帝王賞	１番人気	２着	0.7秒差	２位
４歳	２月21日	東京1600m	ＧⅠ	フェブラリーＳ	１番人気	２着	0.2秒差	１位
３歳	12月６日	中京1800m	ＧⅠ	チャンピオンズＣ	３番人気	２着	0.2秒差	２位
３歳	11月14日	東京1600m	ＧⅢ	武蔵野Ｓ	２番人気	１着	0.0秒差	１位
３歳	７月８日	大井2000m	ＧⅠ	ジャパンＤＤ	２番人気	１着	0.5秒差	１位
３歳	６月21日	東京1600m	ＧⅢ	ユニコーンＳ	２番人気	１着	0.4秒差	１位

2017年　２番人気　ゴールドドリーム　牡４　500円

前走	12月４日	中京1800m	ＧⅠ	チャンピオンズＣ	２番人気	12着	1.3秒差	Ｘ位
前々走	11月12日	東京1600m	ＧⅢ	武蔵野Ｓ	２番人気	２着	0.2秒差	２位
３歳	６月19日	東京1600m	ＧⅢ	ユニコーンＳ	２番人気	１着	0.0秒差	２位
３歳	５月４日	園田1870m	ＧⅡ	兵庫ＣＳ	１番人気	２着	1.2秒差	３位

※３歳７月13日大井2000mＧⅠジャパンダートダービー１番人気（３着）。

2016年　２番人気　モーニン　牡４　510円

前走	１月31日	東京1400m	ＧⅢ	根岸Ｓ	１番人気	１着	0.1秒差	３位
前々走	11月14日	東京1600m	ＧⅢ	武蔵野Ｓ	１番人気	３着	0.3秒差	Ｘ位

2014年　16番人気　コパノリッキー　牡４　27210円

前走	12月23日	中山1800m	ＯＰ	フェアウェルＳ	３番人気	９着	1.4秒差	Ｘ位
前々走	11月17日	東京1400m	ＯＰ	霜月Ｓ	１番人気	10着	1.1秒差	Ｘ位
３歳	５月２日	兵庫1870m	ＧⅡ	兵庫ＣＳ	１番人気	１着	1.0秒差	1位　逃げ

2013年　３番人気　グレープブランデー　牡５　670円

前走	１月20日	中京1800m	ＧⅡ	東海Ｓ	４番人気	１着	0.5秒差	２位
前々走	12月２日	阪神1800m	ＧⅠ	ジャパンＣダート	11番人気	５着	1.1秒差	Ｘ位
３歳	７月13日	大井2000m	ＧⅠ	ジャパンＤＤ	１番人気	１着	0.0秒差	３位

2012年　７番人気　テスタマッタ　牡６　2430円

前走	１月29日	東京1400m	ＧⅢ	根岸Ｓ	５番人気	３着	0.2秒差	２位
前々走	12月29日	大井2000m	ＧⅠ	東京大賞典	４番人気	３着	0.4秒差	Ｘ位
５歳	４月10日	阪神1800m	ＧⅢ	マーチＳ	７番人気	１着	0.4秒差	１位
４歳	２月21日	東京1600m	ＧⅠ	フェブラリーＳ	５番人気	２着	0.4秒差	１位
３歳	７月８日	大井2000m	ＧⅠ	ジャパンＤＤ	４番人気	１着	0.3秒差	１位

2009年　６番人気　サクセスブロッケン　牡４　2060円

前走	１月28日	川崎2100m	ＧⅠ	川崎記念	２番人気	３着	0.7秒差	３位
前々走	12月29日	大井2000m	ＧⅠ	東京大賞典	３番人気	３着	0.5秒差	Ｘ位
３歳	11月３日	園田1870m	ＧⅠ	ＪＢＣクラシック	２番人気	２着	0.1秒差	X位　逃げ
３歳	７月９日	大井2000m	ＧⅠ	ジャパンＤＤ	１番人気	１着	0.6秒差	１位

2007年	3番人気	サンライズバッカス	牡5	590円				
前走	1月21日	京都1800m	GⅢ	平安S	3番人気	2着	0.0秒差	2位
前々走	11月25日	東京2100m	GⅠ	ジャパンCダート	3番人気	5着	0.6秒差	2位
3歳	10月29日	東京1600m	GⅢ	武蔵野S	2番人気	1着	0.3秒差	1位
3歳	9月19日	盛岡2000m	GⅠ	ダービーグランプリ	2番人気	2着	0.4秒差	

◉1着候補として浮かび上がらせることはできませんでした。
この年のフェブラリーSは低レベルで、大前提とハードルをクリアしたのは16頭中4頭。それも7番人気（14.3倍）、9番人気（20.0倍）、15番人気（144.1倍）、16番人気（165.2倍）という人気薄でした。そこで3番人気に推されたサンライズバッカスが、大前提とハードルをクリアしていないにもかかわらず勝てたのかもしれません。

2001年	5番人気	ノボトゥルー	牡5	1040円				
前走	1月29日	東京1400m	GⅢ	根岸S	8番人気	1着	0.1秒差	3位
前々走	1月14日	中山1200m	1600万	ジャニュアリーS	7番人気	1着	0.0秒差	1位

◆2着馬を見つけるのはココで

2着候補を2番人気以下から見つけだすのに便利なツールが僕の作った大前提とハードルです。こちらも【2着穴馬的中シート】を併用して見つけてください。なお、1番人気に応えられなくても2着に来ることはありますので、1番人気馬は無条件で2着候補です。

2番人気以下で2着に入れる馬を浮かび上がらせます

4～5歳ハードル❶
GⅡ・GⅢ1番人気完勝歴か、GⅠ連対歴

6歳以上大前提①
前走重賞連対か、過去1年にGⅡ・GⅠ完勝

6歳以上ハードル❷
前走重賞完勝か、GⅠ2勝以上（完勝を含む）

2番人気以下で2着に入れる馬【2着穴馬的中シート】

条件	馬番 or 馬名
4～5歳 ハードル❶クリア	
6歳以上 大前提①クリア	
6歳以上 ハードル❷クリア	

過去20年、2番人気以下で2着に入った馬の近2走成績と実績を紹介します。

2020年　16番人気　ケイティブレイブ　牡7

前走	1月29日	川崎2100m	GⅠ	川崎記念	2番人気	6着	1.8秒差	X位
前々走	12月29日	大井2000m	GⅠ	東京大賞典	3番人気	8着	3.2秒差	X位
6歳	11月28日	浦和2000m	GⅡ	浦和記念	2番人気	1着	0.6秒差	2位　3角先頭
6歳	1月30日	川崎2100m	GⅠ	川崎記念	1番人気	2着	0.5秒差	2位
5歳	11月4日	京都1900m	GⅠ	ＪＢＣクラシック	3番人気	1着	0.1秒差	X位
5歳	10月3日	船橋1800m	GⅡ	日本テレビ盃	1番人気	1着	0.4秒差	1位
5歳	6月27日	大井2000m	GⅠ	帝王賞	1番人気	2着	0.1秒差	X位
5歳	3月14日	船橋2400m	GⅡ	ダイオライト記念	1番人気	1着	0.3秒差	2位　逃げ
5歳	1月31日	川崎2100m	GⅠ	川崎記念	1番人気	1着	0.2秒差	2位　逃げ
4歳	11月3日	大井2000m	GⅠ	ＪＢＣクラシック	3番人気	2着	0.2秒差	2位
4歳	6月28日	大井2000m	GⅠ	帝王賞	6番人気	1着	0.3秒差	1位
4歳	3月30日	名古屋1900m	GⅢ	名古屋大賞典	3番人気	1着	0.3秒差	2位　逃げ
3歳	12月15日	名古屋2500m	GⅡ	名古屋グランプリ	1番人気	2着	0.7秒差	3位　逃げ
3歳	11月22日	浦和2000m	GⅡ	浦和記念	1番人気	1着	0.7秒差	1位　3角先頭
3歳	10月4日	金沢2100m	GⅢ	白山大賞典	1番人気	1着	0.2秒差	3位
3歳	7月13日	大井2000m	GⅠ	ジャパンＤＤ	3番人気	2着	0.9秒差	3位　逃げ
3歳	5月4日	園田1870m	GⅡ	兵庫ＣＳ	2番人気	1着	1.2秒差	1位　逃げ

2019年　2番人気　ゴールドドリーム　牡6

前走	12月29日	大井2000m	GⅠ	東京大賞典	1番人気	2着	0.1秒差	3位
前々走	10月8日	盛岡1600m	GⅠ	マイルＣＳ南部杯	1番人気	2着	0.2秒差	3位
5歳	6月27日	大井2000m	GⅠ	帝王賞	2番人気	1着	0.1秒差	3位
5歳	5月2日	船橋1600m	GⅠ	かしわ記念	2番人気	1着	0.2秒差	1位
5歳	2月18日	東京1600m	GⅠ	フェブラリーＳ	1番人気	2着	0.0秒差	2位
4歳	12月3日	中京1800m	GⅠ	チャンピオンズＣ	8番人気	1着	0.0秒差	2位
4歳	2月19日	東京1600m	GⅠ	フェブラリーＳ	2番人気	1着	0.0秒差	3位
3歳	6月19日	東京1600m	GⅢ	ユニコーンＳ	2番人気	1着	0.0秒差	2位

3歳	5月4日	園田1870m	GⅡ	兵庫ＣＳ	1番人気	2着	1.2秒差	3位

2017年　5番人気　ベストウォーリア　牡7

前走	1月29日	東京1400m	GⅢ	根岸Ｓ	3番人気	2着	0.2秒差	X位
前々走	11月3日	川崎1400m	GⅠ	ＪＢＣスプリント	1番人気	2着	0.6秒差	2位
6歳	10月10日	盛岡1600m	GⅠ	マイルＣＳ南部杯	2番人気	2着	0.3秒差	2位
6歳	6月1日	浦和1400m	GⅡ	さいたま杯	1番人気	2着	0.3秒差	2位
5歳	10月12日	盛岡1600m	GⅠ	マイルＣＳ南部杯	1番人気	1着	0.3秒差	3位　逃げ
5歳	7月12日	中京1400m	GⅢ	プロキオンＳ	4番人気	1着	0.3秒差	3位
5歳	5月5日	船橋1600m	GⅠ	かしわ記念	1番人気	2着	0.2秒差	2位
4歳	10月13日	盛岡1600m	GⅠ	マイルＣＳ南部杯	1番人気	1着	0.6秒差	1位
4歳	7月13日	中京1400m	GⅢ	プロキオンＳ	1番人気	1着	0.0秒差	3位

2015年　5番人気　インカンテーション　牡5

前走	1月25日	中京1800m	GⅡ	東海Ｓ	3番人気	3着	0.7秒差	1位
前々走	12月7日	中京1800m	GⅠ	チャンピオンズＣ	4番人気	10着	0.8秒差	X位
4歳	11月9日	京都1800m	GⅢ	みやこＳ	2番人気	1着	0.1秒差	1位
3歳	8月4日	新潟1800m	GⅢ	レパードＳ	1番人気	1着	0.4秒差	1位

2014年　2番人気　ホッコータルマエ　牡5

前走	1月29日	川崎2100m	GⅠ	川崎記念	1番人気	1着	0.1秒差	1位
前々走	12月29日	大井2000m	GⅠ	東京大賞典	1番人気	1着	0.3秒差	1位
4歳	11月4日	金沢2100m	GⅠ	ＪＢＣクラシック	1番人気	1着	0.4秒差	2位　逃げ
4歳	10月14日	盛岡1600m	GⅠ	マイルＣＳ南部杯	1番人気	2着	0.2秒差	1位
4歳	6月26日	大井2000m	GⅠ	帝王賞	3番人気	1着	0.2秒差	1位
4歳	5月6日	船橋1600m	GⅠ	かしわ記念	2番人気	1着	0.3秒差	1位
4歳	4月13日	阪神1800m	GⅢ	アンタレスＳ	1番人気	1着	0.1秒差	2位
4歳	3月20日	名古屋1900m	GⅢ	名古屋大賞典	1番人気	1着	0.7秒差	1位
4歳	2月11日	佐賀2000m	GⅢ	佐賀記念	1番人気	1着	0.6秒差	1位
3歳	8月5日	新潟1800m	GⅢ	レパードＳ	2番人気	1着	0.0秒差	3位

2013年　9番人気　エスポワールシチー　牡8

前走	12月29日	大井2000m	GⅠ	東京大賞典	4番人気	5着	1.7秒差	X位
前々走	12月2日	阪神1800m	GⅠ	ジャパンＣダート	2番人気	10着	1.6秒差	X位　逃げ
7歳	10月8日	盛岡1600m	GⅠ	マイルＣＳ南部杯	1番人気	1着	0.6秒差	1位　逃げ
7歳	6月27日	大井2000m	GⅠ	帝王賞	1番人気	2着	0.7秒差	X位
7歳	5月2日	船橋1600m	GⅠ	かしわ記念	3番人気	1着	0.5秒差	1位　4角先頭
6歳	11月6日	京都1800m	GⅢ	みやこＳ	1番人気	1着	0.6秒差	1位
6歳	6月29日	大井2000m	GⅠ	帝王賞	2番人気	2着	1.8秒差	X位
6歳	3月21日	名古屋1900m	GⅢ	名古屋大賞典	1番人気	1着	0.4秒差	1位　逃げ
5歳	10月11日	盛岡1600m	GⅠ	マイルＣＳ南部杯	1番人気	2着	0.5秒差	2位
5歳	5月5日	船橋1600m	GⅠ	かしわ記念	1番人気	1着	0.2秒差	1位
5歳	2月21日	東京1600m	GⅠ	フェブラリーＳ	1番人気	1着	0.4秒差	2位
4歳	12月6日	阪神1800m	GⅠ	ジャパンＣダート	1番人気	1着	0.6秒差	2位　逃げ
4歳	10月12日	盛岡1600m	GⅠ	マイルＣＳ南部杯	2番人気	1着	0.7秒差	X位　逃げ

４歳	５月５日	船橋1600m	GⅠ	かしわ記念	２番人気	１着	0.1秒差	１位
４歳	３月29日	中山1800m	GⅢ	マーチＳ	１番人気	１着	0.2秒差	Ｘ位

2012年　４番人気　シルクフォーチュン　牡６

前走	１月29日	東京1400m	GⅢ	根岸Ｓ	４番人気	１着	0.2秒差	１位
前々走	12月18日	阪神1400m	ＯＰ	ギャラクシーＳ	２番人気	３着	0.4秒差	２位
５歳	７月10日	京都1400m	GⅢ	プロキオンＳ	９番人気	１着	0.4秒差	１位

2011年　３番人気　フリオーソ　牡７

前走	１月26日	川崎2100m	GⅠ	川崎記念	１番人気	１着	1.1秒差	1位　逃げ
前々走	12月29日	大井2000m	GⅠ	東京大賞典	２番人気	２着	0.3秒差	２位
６歳	11月３日	船橋1800m	GⅠ	ＪＢＣクラシック	１番人気	２着	1.3秒差	Ｘ位
６歳	９月23日	船橋1800m	GⅡ	日本テレビ盃	１番人気	１着	0.5秒差	１位
６歳	６月30日	大井2000m	GⅠ	帝王賞	５番人気	１着	0.5秒差	１位
６歳	５月５日	船橋1600m	GⅠ	かしわ記念	５番人気	２着	0.2秒差	２位
６歳	１月27日	川崎2100m	GⅠ	川崎記念	３番人気	２着	1.1秒差	3位　逃げ
５歳	６月24日	大井2000m	GⅠ	帝王賞	２番人気	２着	0.5秒差	2位　3角先頭
５歳	３月11日	船橋2400m	GⅡ	ダイオライト記念	１番人気	１着	0.8秒差	1位　逃げ
５歳	１月28日	川崎2100m	GⅠ	川崎記念	３番人気	２着	0.1秒差	2位　逃げ
４歳	９月23日	船橋1800m	GⅡ	日本テレビ盃	１番人気	２着	0.1秒差	３位
４歳	６月25日	大井2000m	GⅠ	帝王賞	１番人気	１着	0.2秒差	X位　逃げ
４歳	３月５日	船橋2400m	GⅡ	ダイオライト記念	１番人気	１着	0.9秒差	2位　4角先頭
４歳	１月30日	川崎2100m	GⅠ	川崎記念	２番人気	２着	0.5秒差	2位　逃げ
３歳	12月29日	大井2000m	GⅠ	東京大賞典	２番人気	２着	0.7秒差	２位
３歳	10月31日	大井2000m	GⅠ	ＪＢＣクラシック	３番人気	２着	0.7秒差	Ｘ位
３歳	７月11日	大井2000m	GⅠ	ジャパンＤＤ	３番人気	１着	0.4秒差	１位
２歳	12月13日	川崎1600m	GⅠ	全日本２歳優駿	５番人気	１着	0.4秒差	２位

2010年　５番人気　テスタマッタ　牡４

前走	１月27日	川崎2100m	GⅠ	川崎記念	４番人気	３着	0.4秒差	２位
前々走	11月25日	浦和2000m	GⅡ	浦和記念	３番人気	３着	0.8秒差	３位
３歳	７月８日	大井2000m	GⅠ	ジャパンＤＤ	４番人気	１着	0.3秒差	１位

2009年　３番人気　カジノドライヴ　牡４

前走	１月24日	中山1800m	1600万	アレキサンドライトS	１番人気	１着	0.6秒差	１位
前々走	12月７日	阪神1800m	GⅠ	ジャパンＣダート	３番人気	６着	0.5秒差	Ｘ位
３歳	５月10日	米国1800m	GⅡ	ピーターパンＳ	１番人気	１着	1.0秒差	

2008年　７番人気　ブルーコンコルド　牡８

前走	12月29日	大井2000m	GⅠ	東京大賞典	３番人気	５着	1.8秒差	Ｘ位
前々走	11月24日	東京2100m	GⅠ	ジャパンＣダート	10番人気	７着	1.5秒差	Ｘ位
７歳	10月８日	盛岡1600m	GⅠ	マイルＣＳ南部杯	２番人気	１着	0.1秒差	
７歳	６月27日	大井2000m	GⅠ	帝王賞	１番人気	２着	0.2秒差	２位
７歳	５月２日	船橋1600m	GⅠ	かしわ記念	１番人気	１着	0.3秒差	１位
７歳	２月18日	東京1600m	GⅠ	フェブラリーＳ	２番人気	２着	0.2秒差	１位

６歳	12月29日	大井2000m	GⅠ	東京大賞典	３番人気	１着	0.7秒差	１位
６歳	11月２日	川崎1600m	GⅠ	ＪＢＣマイル	１番人気	１着	0.4秒差	１位
６歳	10月９日	盛岡1600m	GⅠ	マイルＣＳ南部杯	２番人気	１着	0.0秒差	
６歳	５月５日	船橋1600m	GⅠ	かしわ記念	２番人気	２着	0.3秒差	１位
６歳	３月20日	高知1400m	GⅢ	黒船賞	１番人気	１着	1.2秒差	2位　3角先頭
５歳	11月３日	名古屋1400m	GⅠ	ＪＢＣスプリント	１番人気	１着	1.0秒差	１位
５歳	10月２日	阪神1400m	GⅢ	シリウスＳ	１番人気	１着	0.1秒差	Ｘ位
５歳	６月19日	阪神1400m	GⅢ	プロキオンＳ	１番人気	１着	0.4秒差	１位
２歳	11月９日	中山芝1200m	GⅡ	京王杯２歳Ｓ	２番人気	１着	0.1秒差	２位

2007年　２番人気　ブルーコンコルド　牡７

前走	12月29日	大井2000m	GⅠ	東京大賞典	３番人気	１着	0.7秒差	１位
前々走	11月25日	東京2100m	GⅠ	ジャパンＣダート	２番人気	９着	1.0秒差	Ｘ位
６歳	11月２日	川崎1600m	GⅠ	ＪＢＣマイル	１番人気	１着	0.4秒差	１位
６歳	10月９日	盛岡1600m	GⅠ	マイルＣＳ南部杯	２番人気	１着	0.0秒差	
６歳	５月５日	船橋1600m	GⅠ	かしわ記念	２番人気	２着	0.3秒差	１位
６歳	３月20日	高知1400m	GⅢ	黒船賞	１番人気	１着	1.2秒差	2位　3角先頭
５歳	11月３日	名古屋1400m	GⅠ	ＪＢＣスプリント	１番人気	１着	1.0秒差	１位
５歳	10月２日	阪神1400m	GⅢ	シリウスＳ	１番人気	１着	0.1秒差	Ｘ位
５歳	６月19日	阪神1400m	GⅢ	プロキオンＳ	１番人気	１着	0.4秒差	１位
２歳	11月９日	中山芝1200m	GⅡ	京王杯２歳Ｓ	２番人気	１着	0.1秒差	２位

2006年　２番人気　シーキングザダイヤ　牡５

前走	１月25日	川崎2100m	GⅠ	川崎記念	１番人気	２着	0.1秒差	３位
前々走	12月29日	大井2000m	GⅠ	東京大賞典	２番人気	２着	0.3秒差	２位
４歳	11月26日	東京2100m	GⅠ	ジャパンＣダート	11番人気	２着	0.0秒差	Ｘ位
４歳	10月10日	盛岡1600m	GⅠ	マイルＣＳ南部杯	５番人気	２着	0.2秒差	
４歳	２月20日	東京1600m	GⅠ	フェブラリーＳ	５番人気	２着	0.2秒差	Ｘ位
４歳	１月26日	川崎2100m	GⅠ	川崎記念	３番人気	２着	0.0秒差	2位　逃げ
３歳	12月28日	園田1400m	GⅢ	兵庫ゴールドＴ	１番人気	１着	0.0秒差	
３歳	４月10日	中山芝1600m	GⅡ	ＮＺＴ	１番人気	１着	0.1秒差	Ｘ位
３歳	２月28日	阪神芝1600m	GⅢ	アーリントンＣ	１番人気	１着	0.1秒差	１位

2005年　５番人気　シーキングザダイヤ　牡４

前走	１月26日	川崎2100m	GⅠ	川崎記念	３番人気	２着	0.0秒差	2位　逃げ
前々走	12月28日	園田1400m	GⅢ	兵庫ゴールドＴ	１番人気	１着	0.0秒差	
３歳	４月10日	中山芝1600m	GⅡ	ＮＺＴ	１番人気	１着	0.1秒差	Ｘ位
３歳	２月28日	阪神芝1600m	GⅢ	アーリントンＣ	１番人気	１着	0.1秒差	１位

2004年　３番人気　サイレントディール　牡４

前走	12月29日	大井2000m	GⅠ	東京大賞典	１番人気	７着	2.2秒差	X位　3角先頭
前々走	11月29日	東京2100m	GⅠ	ジャパンＣダート	２番人気	７着	2.0秒差	Ｘ位
３歳	11月１日	東京1600m	GⅢ	武蔵野Ｓ	１番人気	１着	0.7秒差	３位
３歳	１月12日	京都芝1600m	GⅢ	シンザン記念	１番人気	１着	0.1秒差	２位

2003年　３番人気　ビワシンセイキ　牡５

前走	１月26日	京都1800m	GⅢ	平安Ｓ	１番人気	４着	1.0秒差	２位
前々走	12月29日	大井2000m	GⅠ	東京大賞典	３番人気	２着	0.3秒差	Ｘ位

2002年　４番人気　トーシンブリザード　牡４

前走	12月29日	大井2000m	GⅠ	東京大賞典	２番人気	３着	0.5秒差	Ｘ位
前々走	７月12日	大井2000m	GⅠ	ジャパンＤＤ	１番人気	１着	0.3秒差	1位 逃げ
２歳	12月13日	川崎1600m	GⅠ	全日本３歳優駿	７番人気	１着	0.0秒差	１位

2001年　２番人気　ウイングアロー　牡６

前走	11月25日	東京2100m	GⅠ	ジャパンＣダート	４番人気	１着	0.6秒差	２位
前々走	10月９日	盛岡1600m	GⅠ	マイルＣＳ南部杯	４番人気	２着	0.7秒差	
５歳	８月15日	旭川2300m	GⅡ	ブリーダーズＧＣ	１番人気	１着	0.4秒差	
５歳	２月20日	東京1600m	GⅠ	フェブラリーＳ	４番人気	１着	0.1秒差	１位
４歳	12月15日	浦和2000m	GⅡ	浦和記念	２番人気	２着	0.1秒差	
４歳	12月５日	小倉2400m	GⅡ	ウインターＳ	１番人気	２着	0.2秒差	１位
３歳	12月14日	水沢2000m	GⅠ	ダービーグランプリ	１番人気	２着	0.1秒差	
３歳	10月30日	大井2000m	GⅡ	スーパーダートダービー	１番人気	１着	0.5秒差	１位
３歳	10月３日	中山1800m	GⅢ	ユニコーンＳ	１番人気	１着	0.4秒差	１位
３歳	７月22日	旭川1600m	GⅢ	グランシャリオＣ	１番人気	１着	0.9秒差	１位
３歳	７月１日	名古屋1900m	GⅢ	名古屋優駿	２番人気	１着	0.3秒差	

GⅢ

阪急杯

2月28日（日）

阪神競馬場　芝1400m

４歳以上

［グレード］

別定　56kg（牝馬２kg減）

過去１年間で　　　　　　ＧⅠ競走（牝馬限定競走は除く）１着馬は２kg増
牝馬限定ＧⅠ競走およびＧⅡ競走（牝馬限定競走は除く）１着馬は１kg増
過去１年以前の　　　　　ＧⅠ競走（牝馬限定競走は除く）１着馬は１kg増
（ただし、２歳時の成績を除く）。

2006～2011年までの別定の文言は、以下の通りです。
過去１年間で　　　　　　ＧⅠ競走（牝馬限定競走は除く）１着馬は３kg増
牝馬限定ＧⅠ競走およびＧⅡ競走（牝馬限定競走は除く）１着馬は２kg増
牝馬限定ＧⅡ競走およびＧⅢ競走（牝馬限定競走は除く）１着馬は１kg増
過去１年以前の　　　　　ＧⅠ競走（牝馬限定競走は除く）１着馬は２kg増
牝馬限定ＧⅠ競走およびＧⅡ競走（牝馬限定競走は除く）１着馬は１kg増
（ただし、２歳時の成績を除く）。

2006年から牝馬限定競走に関する但し書きが入りました。
2004年から「過去１年間で～（意訳）」という但し書きが入りました。

1番人気で勝てる馬を浮かび上がらせます

大前提① **加増は2kgまで**

ハードル❶
GⅠ「1番人気1着歴か、圧勝歴か、2勝以上」

まず、今年も多くのファンを失望させることになるかもしれない1番人気馬を大前提とハードルに照らし合わせ、勝てるか負けるかを判定しましょう。2ページ後からの【1番人気的中シート】を利用してください。

阪急杯の真相

２ページ前の扉ページに掲載したように、当レースはＧⅢのグレード別定ですが、加増ルールは2012年からＧⅡのグレード別定のようになりました。ＧⅠ馬でも３kg増ではなく２kg増で出走でき、実績馬に有利になったと言えます。実質的にＧⅠ高松宮記念のトライアルＧⅡという位置づけで、これは関東のオーシャンステークスも同じです。

前項のフェブラリーステークスでも紹介しましたが、距離1600m以下のオープンクラスにおいては１月まで、４歳馬は５歳以上馬より１kg軽い基礎重量で出走できます。まだ弱いからです。しかし、この阪急杯は２月最終週か３月第１週に行われるため、４歳馬も年長馬と同じ基礎重量です。まだまだ１kg軽くしてほしい成長途上の４歳馬にとって厳しいレースであることを念頭に置きましょう。

【爆勝的中シート】は、距離が1200mから1400mに延長された2006年以降15回のデータをもとに作成するのが論理的です。そうしようと思ったのですが、1200m時代５回のデータを分析したところ、1400mになってからとさして違いはありませんでした。よって、過去20年の阪急杯のデータによる【爆勝的中シート】になっています。

1番人気で勝てる馬【1番人気的中シート】

大前提①………加増は２kgまで
ハードル❶……ＧＩ「１番人気１着歴か、圧勝歴か、２勝以上」

年度	阪急杯の１番人気馬	性齢	負担重量	大前提①	ハードル❶	判定	着順
2021							
2021							
2020	ダイアトニック	牡5	57kg		×	×	3着
2019	ミスターメロディ	牡4	56kg		×	×	7着
2018	モズアスコット	牡4	56kg		×	×	2着
2017	シュウジ	牡4	57kg		×	×	8着
2016	ミッキーアイル	牡5	57kg		○	◉	1着
2015	コパノリチャード	牡5	58kg		○	◉	6着
2014	ダノンシャーク	牡6	56kg		×	×	9着
2013	ロードカナロア	牡5	58kg		○	◉	1着
2012	サンカルロ	牡6	57kg		×	×	3着
2011	ガルボ	牡4	56kg		×	×	2着
2010	ビービーガルダン	牡6	57kg		×	×	7着
2009	ファリダット	牡4	56kg		×	×	7着
2008	スズカフェニックス	牡6	59kg	×	○	×	2着
2007	キンシャサノキセキ	牡4	55kg		×	×	4着
2006	オレハマッテルゼ	牡6	56kg		×	×	3着
2005	ギャラントアロー	牡5	57kg		×	×	7着
2004	ギャラントアロー	牡4	58kg		×	×	8着
2003	ショウナンカンプ	牡5	59kg		○	◉	1着
2002	テンシノキセキ	牝4	54kg		×	×	7着
2001	ブラックホーク	牡7	59kg		×	×	2着

1番人気的中シートの使い方

左のシートに今年の1番人気候補を記入し、過去の成績をもとに「勝てるか、勝てないか」を判定してください。「勝てない」とわかったら、2番人気以下で勝てる馬が浮かび上がる【1着穴馬的中シート】（後ろのページ）に進んでください。

単勝配当	結果	2番人気以下で勝った馬	人気	単勝配当	結果	
	→	ベストアクター	6	¥2,230	大的中	
	→	スマートオーディン	11	¥3,230	大的中	
	→	ダイアナヘイロー	7	¥1,680	大的中	
	→	トーキングドラム	7	¥2,570	大的中	
¥380	大的中					
	ハズレ	ダイワマッジョーレ	2	¥660	—	
	→	コパノリチャード	2	¥480	大的中	
¥160	大的中					
	→	マジンプロスパー	4	¥1,020	大的中	
	→	サンカルロ	4	¥840	大的中	
	→	エーシンフォワード	2	¥440	大的中	
	→	ビービーガルダン	7	¥1,110	大的中	
	→	ローレルゲレイロ	3	¥460	大的中	
	→	プリサイスマシーン エイシンドーバー	3 4	¥270 ¥450	大的中 大的中	同着
	→	ブルーショットガン	11	¥3,800	ハズレ	
	→	キーンランドスワン	7	¥1,740	大的中	
	→	サニングデール	3	¥640	大的中	
¥250	大的中					
	→	アドマイヤコジーン	2	¥570	大的中	
	→	ダイタクヤマト	2	¥360	大的中	

過去20年、１番人気に応えて優勝した馬の近２走成績と実績を紹介します。
（実績はオープン特別１着以上を列記。以下同様）

2016年　ミッキーアイル　牡５　57kg（＋１kg）380円
前走　12月13日　香港1200m　ＧⅠ　香港スプリント　５番人気　７着
前々走　10月４日　中山1200m　ＧⅠ　スプリンターズＳ　４番人気　４着　0.2秒差　Ｘ位
４歳　３月１日　阪神1400m　ＧⅢ　阪急杯　４番人気　２着　0.0秒差　３位
３歳　11月１日　京都1400m　ＧⅡ　スワンＳ　１番人気　１着　0.1秒差　Ｘ位　逃げ
３歳　５月11日　東京1600m　ＧⅠ　ＮＨＫマイルＣ　１番人気　１着　0.0秒差　Ｘ位　逃げ
３歳　３月１日　阪神1600m　ＧⅢ　アーリントンＣ　１番人気　１着　0.6秒差　３位　逃げ
３歳　１月12日　京都1600m　ＧⅢ　シンザン記念　１番人気　１着　0.1秒差　３位　逃げ

2013年　ロードカナロア　牡５　58kg（＋２kg）
前走　12月９日　香港1200m　ＧⅠ　香港スプリント　４番人気　１着
前々走　９月30日　中山1200m　ＧⅠ　スプリンターズＳ　２番人気　１着　0.1秒差　２位
４歳　９月９日　阪神1200m　ＧⅡ　セントウルＳ　１番人気　２着　0.0秒差　Ｘ位
４歳　６月17日　函館1200m　ＧⅢ　函館ＳＳ　１番人気　２着　0.1秒差　３位
４歳　１月28日　京都1200m　ＧⅢ　シルクロードＳ　１番人気　１着　0.4秒差　１位
３歳　11月26日　京都1200m　ＧⅢ　京阪杯　１番人気　１着　0.2秒差　２位
３歳　11月６日　京都1200m　ＯＰ　京洛Ｓ　１番人気　１着　0.2秒差　１位
３歳　５月14日　京都1200m　ＯＰ　葵Ｓ　１番人気　１着　0.2秒差　Ｘ位

※※※※※※※※※※※※※※※※※　1200m時代　※※※※※※※※※※※※※※※※※※

2003年　ショウナンカンプ　牡５　59kg（＋２kg）250円
前走　12月15日　香港1200m　ＧⅠ　香港スプリント　10着
前々走　10月26日　京都1400m　ＧⅡ　スワンＳ　２番人気　１着　0.5秒差　Ｘ位　逃げ
４歳　３月24日　中京1200m　ＧⅠ　高松宮記念　３番人気　１着　0.6秒差　Ｘ位　逃げ
４歳　３月２日　中山1200m　ＯＰ　オーシャンＳ　１番人気　１着　0.4秒差　Ｘ位　逃げ

過去20年、１番人気に応えられず負けた馬の近２走成績と実績を紹介します。

2020年　ダイアトニック　牡５　57kg（＋１kg）３着に降着（２位入線）
前走　１月５日　京都1600m　ＧⅢ　京都金杯　２番人気　２着　0.2秒差　１位
前々走　11月17日　京都1600m　ＧⅠ　マイルＣＳ　４番人気　10着　0.8秒差　Ｘ位
４歳　10月26日　京都1400m　ＧⅡ　スワンＳ　１番人気　１着　0.0秒差　１位
４歳　５月26日　京都1400m　ＯＰ　安土城Ｓ　１番人気　１着　0.0秒差　３位

2019年　ミスターメロディ　牡４　56kg　７着
前走　12月22日　阪神1400m　ＧⅡ　阪神Ｃ　２番人気　２着　0.1秒差　３位
前々走　11月11日　東京1400m　ＯＰ　オーロＣ　１番人気　５着　0.5秒差　Ｘ位
３歳　３月17日　中京1400m　ＧⅢ　ファルコンＳ　３番人気　１着　0.2秒差　Ｘ位

2018年　モズアスコット　牡４　56kg　２着
前走　12月23日　阪神1400m　ＧⅡ　阪神Ｃ　１番人気　４着　0.4秒差　Ｘ位

前々走　11月26日　京都1400m　1600万　渡月橋Ｓ　１番人気　１着　0.3秒差　２位

2017年　シュウジ　牡４　57kg（＋１kg）８着
前走　12月24日　阪神1400m　ＧⅡ　阪神Ｃ　７番人気　１着　0.0秒差　１位
前々走　10月２日　中山1200m　ＧⅠ　スプリンターズＳ　５番人気　４着　0.1秒差　Ｘ位
３歳　８月28日　札幌1200m　ＧⅢ　キーンランドＣ　１番人気　２着　0.1秒差　Ｘ位　逃げ
３歳　６月19日　函館1200m　ＧⅢ　函館ＳＳ　２番人気　２着　0.0秒差　３位
２歳　11月14日　京都1600m　ＧⅡ　デイリー杯２歳Ｓ　１番人気　２着　0.6秒差　２位　逃げ
２歳　９月６日　小倉1200m　ＧⅢ　小倉２歳Ｓ　１番人気　１着　0.4秒差　２位
２歳　７月25日　中京1600m　ＯＰ　中京２歳Ｓ　１番人気　１着　0.5秒差　２位

2015年　コパノリチャード　牡５　58kg（＋２kg）６着
前走　12月27日　阪神1400m　ＧⅡ　阪神Ｃ　３番人気　２着　0.0秒差　Ｘ位
前々走　11月３日　盛岡Ｄ1200m　ＧⅠ　ＪＢＣスプリント　３番人気　16着　2.9秒差　Ｘ位
４歳　３月30日　中京1200m　ＧⅠ　高松宮記念　３番人気　１着　0.5秒差　Ｘ位
４歳　３月２日　阪神1400m　ＧⅢ　阪急杯　２番人気　１着　0.7秒差　Ｘ位　逃げ
３歳　10月26日　京都1400m　ＧⅡ　スワンＳ　８番人気　１着　0.3秒差　Ｘ位　逃げ
３歳　２月23日　阪神1600m　ＧⅢ　アーリントンＣ　１番人気　１着　0.2秒差　３位
※コパノリチャードが勝ったＧⅠ高松宮記念は、不良馬場で勝ち時計１分12秒２。良馬場なら１分６秒台が出る中京芝1200mのＧⅠ高松宮記念です。それより５秒以上も遅い馬場では、求められる資質・適性が違ってきます。

2014年　ダノンシャーク　牡６　56kg　９着
前走　11月７日　京都1600m　ＧⅠ　マイルＣＳ　１番人気　３着　0.3秒差　Ｘ位
前々走　10月19日　東京1600m　ＧⅢ　富士Ｓ　１番人気　１着　0.1秒差　３位
５歳　９月８日　中山1600m　ＧⅢ　京成杯ＡＨ　２番人気　２着　0.2秒差　２位
５歳　１月５日　京都1600m　ＧⅢ　京都金杯　１番人気　１着　0.4秒差　１位
４歳　６月10日　東京1800m　ＧⅢ　エプソムＣ　２番人気　２着　0.0秒差　１位
４歳　４月22日　京都1600m　ＧⅡ　マイラーズＣ　６番人気　２着　0.2秒差　３位
４歳　１月５日　京都1600m　ＧⅢ　京都金杯　２番人気　２着　0.2秒差　１位

2012年　サンカルロ　牡６　57kg（＋１kg）３着
前走　12月17日　阪神1400m　ＧⅡ　阪神Ｃ　４番人気　１着　0.0秒差　２位
前々走　10月29日　京都1400m　ＧⅡ　スワンＳ　５番人気　４着　0.6秒差　１位
５歳　３月27日　阪神1200m　ＧⅠ　高松宮記念　４番人気　２着　0.2秒差　１位
５歳　２月27日　阪神1400m　ＧⅢ　阪急杯　４番人気　１着　0.2秒差　１位
３歳　12月20日　阪神1400m　ＧⅡ　阪神Ｃ　11番人気　２着　0.2秒差　２位
３歳　４月11日　中山1600m　ＧⅡ　ＮＺＴ　１番人気　１着　0.3秒差　１位
３歳　１月31日　東京1400m　ＯＰ　クロッカスＳ　１番人気　１着　0.2秒差　２位

＊＊＊＊＊＊＊＊＊＊＊＊＊＊＊　加増ルール変更前　＊＊＊＊＊＊＊＊＊＊＊＊＊＊＊

2011年　ガルボ　牡４　56kg　２着
前走　１月５日　京都1600m　ＧⅢ　京都金杯　３番人気　２着　0.0秒差　Ｘ位
前々走　12月18日　阪神1400m　ＧⅡ　阪神Ｃ　８番人気　４着　0.2秒差　Ｘ位

３歳　１月10日　京都1600m　GⅢ　シンザン記念　４番人気　１着　0.5秒差　２位

2010年　ビービーガルダン　牡６　57kg（＋１kg）７着
前走　11月３日　名古屋D1200m　GⅠ　ＪＢＣスプリント　２番人気　６着　2.0秒差　Ｘ位
前々走　10月４日　中山1200m　GⅠ　スプリンターズＳ　２番人気　２着　0.0秒差　Ｘ位
５歳　８月30日　札幌1200m　GⅢ　キーンランドＣ　２番人気　１着　0.4秒差　Ｘ位
５歳　３月１日　阪神1400m　GⅢ　阪急杯　７番人気　１着　0.2秒差　２位
４歳　８月31日　札幌1200m　GⅢ　キーンランドＣ　２番人気　２着　0.1秒差　Ｘ位　逃げ
※2011年までの別定ルールでは、GⅢを勝っていると１kg増。これが響いたのでしょう。

2009年　ファリダット　牡４　56kg　７着
前走　１月５日　京都1600m　GⅢ　京都金杯　２番人気　３着　0.4秒差　１位
前々走　12月21日　阪神1400m　GⅡ　阪神Ｃ　１番人気　２着　0.1秒差　１位
３歳　11月29日　京都1200m　GⅢ　京阪杯　３番人気　２着　0.1秒差　１位
３歳　４月６日　阪神1400m　ＯＰ　マーガレットＳ　１番人気　１着　0.7秒差　１位

2008年　スズカフェニックス　牡６　59kg（＋３kg）２着
前走　12月16日　阪神1400m　GⅡ　阪神Ｃ　１番人気　１着　0.1秒差　２位
前々走　11月18日　京都1600m　GⅠ　マイルＣＳ　３番人気　３着　0.1秒差　２位
５歳　３月25日　中京1200m　GⅠ　高松宮記念　１番人気　１着　0.4秒差　２位
５歳　１月27日　東京1600m　GⅢ　東京新聞杯　１番人気　１着　0.1秒差　１位
※2011年までの別定ルールでは、GⅠを勝っていると３kg増。これが響いたと判断します。スズカフェニックスは前年の阪急杯にも出走し、57kgを背負って２番人気で0.0秒差３着。充実の５歳時に３着では、６歳になって59kgを背負い１番人気に応えるのは困難とも言えるでしょう。

2007年　キンシャサノキセキ　牡４　55kg　４着
前走　１月６日　京都1600m　GⅢ　京都金杯　１番人気　６着　0.4秒差　Ｘ位
前々走　11月19日　京都1600m　GⅠ　マイルＣＳ　５番人気　５着　0.5秒差　Ｘ位
３歳　１月５日　中山1600m　ＯＰ　ジュニアＣ　５番人気　１着　0.0秒差　１位
※南半球産のため６月まで１kg減

2006年　オレハマッテルゼ　牡６　56kg　３着
前走　１月28日　東京1600m　GⅢ　東京新聞杯　２番人気　２着　0.0秒差　Ｘ位
前々走　１月５日　京都1600m　GⅢ　京都金杯　１番人気　９着　0.7秒差　Ｘ位
５歳　11月27日　東京1600m　ＯＰ　キャピタルＳ　２番人気　１着　0.0秒差　１位
５歳　５月15日　東京1400m　GⅡ　京王杯ＳＣ　５番人気　２着　0.4秒差　Ｘ位

※※※※※※※※※※※※※※※※※※※※　1200m時代　※※※※※※※※※※※※※※※※※※※※

2005年　ギャラントアロー　牡５　57kg（＋１kg）７着
前走　２月６日　京都1200m　GⅢ　シルクロードＳ　６番人気　２着　0.1秒差　３位
前々走　12月19日　中京1200m　GⅡ　ＣＢＣ賞　３番人気　６着　0.2秒差　Ｘ位　逃げ
４歳　１月17日　京都1200m　ＯＰ　淀短距離Ｓ　１番人気　１着　0.2秒差　Ｘ位　逃げ
３歳　11月１日　京都1400m　GⅡ　スワンＳ　11番人気　１着　0.4秒差　Ｘ位　逃げ

３歳	６月15日	中京1200m	ＧⅢ	ファルコンＳ	５番人気	１着	0.3秒差	X位	逃げ
３歳	４月12日	中山1600m	ＧⅡ	ＮＺＴ	８番人気	２着	0.0秒差	X位	逃げ
３歳	３月16日	中山1200m	ＧⅢ	クリスタルＣ	13番人気	２着	0.1秒差	X位	逃げ

2004年　ギャラントアロー　牡４　58kg（＋２kg）８着

前走	１月17日	京都1200m	ＯＰ	淀短距離Ｓ	１番人気	１着	0.2秒差	X位	逃げ
前々走	11月23日	京都1600m	ＧⅠ	マイルＣＳ	10番人気	３着	0.3秒差	X位	逃げ
３歳	11月１日	京都1400m	ＧⅡ	スワンＳ	11番人気	１着	0.4秒差	X位	逃げ
３歳	６月15日	中京1200m	ＧⅢ	ファルコンＳ	５番人気	１着	0.3秒差	X位	逃げ
３歳	４月12日	中山1600m	ＧⅡ	ＮＺＴ	８番人気	２着	0.0秒差	X位	逃げ
３歳	３月16日	中山1200m	ＧⅢ	クリスタルＣ	13番人気	２着	0.1秒差	X位	逃げ

2002年　テンシノキセキ　牝４　54kg　７着

前走	11月25日	京都1200m	ＯＰ	アンドロメダＳ	３番人気	１着	0.1秒差	X位
前々走	10月28日	福島1200m	ＯＰ	福島民友Ｃ	５番人気	６着	0.6秒差	X位
２歳	12月17日	中山1200m	牝馬ＧⅢ	フェアリーＳ	２番人気	１着	0.2秒差	X位
２歳	11月19日	福島1200m	ＯＰ	福島３歳Ｓ	５番人気	１着	0.1秒差	X位

2001年　ブラックホール　牡７　59kg（＋３kg）２着

前走	12月16日	中京1200m	ＧⅡ	ＣＢＣ賞	２番人気	２着	0.2秒差	３位
前々走	11月19日	京都1600m	ＧⅠ	マイルＣＳ	２番人気	８着	0.6秒差	X位
６歳	９月10日	阪神1200m	ＧⅢ	セントウルＳ	１番人気	２着	0.0秒差	２位
６歳	５月14日	東京1400m	ＧⅡ	京王杯ＳＣ	２番人気	２着	0.3秒差	X位
６歳	２月27日	阪神1200m	ＧⅢ	阪急杯	１番人気	１着	0.2秒差	１位
５歳	12月19日	中山1200m	ＧⅠ	スプリンターズＳ	２番人気	１着	0.0秒差	２位
５歳	10月30日	京都1400m	ＧⅡ	スワンＳ	１番人気	１着	0.3秒差	１位
５歳	８月８日	新潟1600m	ＧⅢ	関屋記念	３番人気	２着	0.4秒差	X位
４歳	４月11日	中山1600m	ＧⅢ	ダービー卿ＣＴ	２番人気	１着	0.3秒差	１位

◆１番人気が飛ぶとわかったらココへ

１番人気が「負ける」とわかったら、２番人気以下の馬から勝つ馬を見つけます。簡単です。僕が課すハードルを満たした馬しか勝ちませんので、【１着穴馬的中シート】を利用して見つけだしてください。

２番人気以下で勝てる馬を浮かび上がらせます

4歳ハードル❶
GⅡ完勝歴か、GⅠ連対歴（負けていても0.1秒）

5歳以上ハードル❷
近2走で3勝クラス1着か、
オープン特別1番人気連対（負けていても0.0秒）

5歳以上ハードル❸
重賞「1番人気歴か、完勝歴」

どちらか一方で可。

2番人気以下で勝てる馬【1着穴馬的中シート】

条件	馬番 or 馬名
4歳 ハードル❶クリア	
5歳以上 ハードル❷クリア	
5歳以上 ハードル❸クリア	

過去20年、2番人気以下で優勝した馬の近2走成績と実績を紹介します。

2020年	6番人気	ベストアクター	せん6	56kg	2230円			
前走	2月15日	東京1400m	3勝クラス　雲雀S	1番人気	1着	0.0秒差	1位
前々走	10月26日	東京1400m	2勝クラス　神奈川新聞杯	1番人気	1着	0.2秒差	2位

2019年	11番人気	スマートオーディン	牡6	56kg	3230円		
前走	1月5日	京都1600m	GⅢ　京都金杯	14番人気	10着	0.4秒差	1位
前々走	12月8日	阪神1600m	OP　リゲルS	6番人気	9着	1.6秒差	X位
3歳	5月7日	京都2200m	GⅡ　京都新聞杯	1番人気	1着	0.1秒差	1位
3歳	3月26日	阪神1800m	GⅢ　毎日杯	1番人気	1着	0.2秒差	1位
2歳	11月23日	東京1800m	GⅢ　東スポ杯2歳S	4番人気	1着	0.2秒差	1位

2018年　7番人気　ダイアナヘイロー　牝5　54kg　1680円

前走	1月28日	京都1200m	GⅢ	シルクロードS	1番人気	16着	1.4秒差	X位	
前々走	10月1日	中山1200m	GⅠ	スプリンターズS	4番人気	15着	0.7秒差	X位	
4歳	8月20日	小倉1200m	GⅢ	北九州記念	3番人気	1着	0.1秒差	X位	

2017年　7番人気　トーキングドラム　牡7　56kg　2570円

前走	2月11日	京都1600m	OP	洛陽S	5番人気	4着	0.4秒差	X位	
前々走	1月14日	京都1600m	1600万	新春S	8番人気	1着	0.0秒差	X位	

2015年　2番人気　ダイワマッジョーレ　牡6　56kg　660円

前走	12月27日	阪神1400m	GⅡ	阪神C	5番人気	3着	0.0秒差	X位	
前々走	12月13日	阪神1800m	GⅢ	チャレンジC	7番人気	5着	0.3秒差	X位	
4歳	11月17日	京都1600m	GⅠ	マイルCS	3番人気	2着	0.2秒差	X位	
4歳	10月26日	京都1400m	GⅡ	スワンS	4番人気	2着	0.3秒差	3位	
4歳	5月11日	東京1400m	GⅡ	京王杯SC	1番人気	1着	0.1秒差	X位	
4歳	3月31日	中山1600m	GⅢ	ダービー卿CT	1番人気	2着	0.0秒差	3位	
4歳	2月3日	東京1600m	GⅢ	東京新聞杯	5番人気	2着	0.1秒差	1位	
3歳	12月1日	中京2000m	GⅡ	金鯱賞	8番人気	2着	0.1秒差	3位	

2014年　2番人気　コパノリチャード　牡4　57kg（＋1kg）480円

前走	12月23日	阪神1400m	GⅡ	阪神C	2番人気	10着	0.6秒差	X位	
前々走	11月17日	京都1600m	GⅠ	マイルCS	6番人気	4着	0.6秒差	X位	逃げ
3歳	10月26日	京都1400m	GⅡ	スワンS	8番人気	1着	0.3秒差	X位	逃げ
3歳	2月23日	阪神1600m	GⅢ	アーリントンC	1番人気	1着	0.2秒差	3位	

2012年　4番人気　マジンプロスパー　牡5　56kg　1020円

前走	1月28日	京都1200m	GⅢ	シルクロードS	6番人気	8着	0.5秒差	X位	
前々走	11月26日	京都1200m	1600万	醍醐S	2番人気	1着	0.1秒差	3位	

＊＊＊＊＊＊＊＊＊＊＊＊＊＊＊　加増ルール変更前　＊＊＊＊＊＊＊＊＊＊＊＊＊＊＊

2011年　4番人気　サンカルロ　牡5　57kg（＋1kg）840円

前走	12月18日	阪神1400m	GⅡ	阪神C	7番人気	6着	0.4秒差	1位	
前々走	11月21日	東京D1400m	OP	霜月S	2番人気	11着	2.1秒差	X位	
3歳	12月20日	阪神1400m	GⅡ	阪神C	11番人気	2着	0.2秒差	2位	
3歳	4月11日	中山1600m	GⅡ	NZT	1番人気	1着	0.3秒差	1位	
3歳	1月31日	東京1400m	OP	クロッカスS	1番人気	1着	0.2秒差	2位	

※GⅡ勝ちですが、1年以上前のため1kg増で済んでいます。また、同馬は4歳馬には厳しい当レースにおいて58kgを背負い0.2秒差3着という実績があります。

2010年　2番人気　エーシンフォワード　牡5　56kg　440円

前走	1月30日	東京1600m	GⅢ	東京新聞杯	6番人気	3着	0.2秒差	2位	
前々走	1月16日	中山1600m	OP	ニューイヤーS	1番人気	2着	0.0秒差	1位	
3歳	12月27日	阪神1600m	OP	2009ファイナルS	3番人気	1着	0.2秒差	2位	
3歳	4月12日	中山1600m	GⅡ	NZT	5番人気	2着	0.1秒差	3位	

３歳　3月1日　阪神1600m　GⅢ　アーリントンC　9番人気　2着　0.3秒差　3位

2009年　7番人気　ビービーガルダン　牡5　56kg　1110円
前走　11月29日　京都1200m　GⅢ　京阪杯　1番人気　6着　0.3秒差　X位
前々走　10月5日　中山1200m　GⅠ　スプリンターズS　6番人気　3着　0.2秒差　X位
4歳　8月31日　札幌1200m　GⅢ　キーンランドC　2番人気　2着　0.1秒差　X位　逃げ

2008年　3番人気　ローレルゲレイロ　牡4　57kg（＋1kg）460円
前走　2月2日　東京1600m　GⅢ　東京新聞杯　6番人気　1着　0.0秒差　X位
前々走　12月16日　阪神1400m　GⅡ　阪神C　9番人気　4着　0.2秒差　X位　逃げ
3歳　5月6日　東京1600m　GⅠ　NHKマイルC　1番人気　2着　0.1秒差　X位
3歳　2月24日　阪神1600m　GⅢ　アーリントンC　1番人気　2着　0.0秒差　3位
2歳　12月10日　中山1600m　GⅠ　朝日杯FS　7番人気　2着　0.1秒差　X位
2歳　10月14日　京都1600m　GⅡ　デイリー杯2歳S　2番人気　2着　0.1秒差　X位
2歳　8月6日　函館1200m　GⅢ　函館2歳S　5番人気　2着　0.2秒差　X位

2007年　3番人気　プリサイスマシーン　牡8　58kg（＋2kg）【同着】270円
前走　12月17日　阪神1400m　GⅡ　阪神C　6番人気　2着　0.1秒差　3位
前々走　11月19日　京都1600m　GⅠ　マイルCS　12番人気　6着　0.6秒差　X位
7歳　10月28日　京都1400m　GⅡ　スワンS　14番人気　1着　0.1秒差　X位
7歳　5月3日　名古屋D1400m　GⅢ　かきつばた記念　1番人気　2着　0.0秒差　2位
6歳　4月16日　阪神1600m　GⅡ　マイラーズC　7番人気　2着　0.0秒差　X位
5歳　12月11日　中京1800m　GⅢ　中日新聞杯　1番人気　1着　0.1秒差　1位
5歳　5月5日　高崎D1500m　GⅢ　群馬記念　1番人気　2着　0.5秒差
5歳　3月28日　中山D1800m　GⅢ　マーチS　1番人気　2着　0.2秒差　2位　逃げ
4歳　12月13日　中京1800m　GⅢ　中日新聞杯　4番人気　1着　0.1秒差　1位
4歳　11月8日　京都1800m　OP　カシオペアS　4番人気　1着　0.3秒差　2位　逃げ

2007年　4番人気　エイシンドーバー　牡5　56kg【同着】450円
前走　2月3日　小倉1800m　GⅢ　小倉大賞典　2番人気　2着　0.2秒差　X位
前々走　1月6日　京都1600m　GⅢ　京都金杯　8番人気　2着　0.2秒差　3位
4歳　2月4日　小倉1800m　GⅢ　小倉大賞典　1番人気　2着　0.1秒差　1位

2006年　11番人気　ブルーショットガン　牡7　56kg　3800円
前走　2月5日　京都1200m　GⅢ　シルクロードS　11番人気　13着　0.6秒差　X位
前々走　1月14日　京都1200m　OP　淀短距離S　5番人気　8着　1.3秒差　1位
※この年の阪急杯は不良馬場で行われ、勝ち時計は1分22秒5。翌年は良馬場で1分20秒5、レースレコードは1分19秒9ですから、2秒以上は遅い馬場を味方につけての一発と言えるでしょう。1着候補として浮かび上がらせることはできませんでした。

※※※※※※※※※※※※※※※※※※※　1200m時代　※※※※※※※※※※※※※※※※※※※※

2005年　7番人気　キーンランドスワン　牡6　56kg　1740円
前走　2月6日　京都1200m　GⅢ　シルクロードS　7番人気　15着　1.2秒差　X位
前々走　1月15日　京都1200m　OP　淀短距離S　3番人気　9着　0.4秒差　X位

５歳	９月12日	阪神1200m	ＧⅢ	セントウルＳ	３番人気	２着	0.2秒差	２位
５歳	２月８日	京都1200m	ＧⅢ	シルクロードＳ	１番人気	１着	0.1秒差	１位
４歳	１月18日	京都1200m	ＯＰ	淀短距離Ｓ	２番人気	１着	0.2秒差	３位
３歳	11月24日	京都1200m	ＯＰ	アンドロメダＳ	２番人気	１着	0.1秒差	２位

2004年　３番人気　サニングデール　牡５　57kg　640円

前走	２月８日	京都1200m	ＧⅢ	シルクロードＳ	６番人気	３着	0.1秒差	３位
前々走	１月11日	中山Ｄ1200m	ＧⅢ	ガーネットＳ	９番人気	７着	1.4秒差	２位
４歳	３月30日	中京1200m	ＧⅠ	高松宮記念	２番人気	２着	0.2秒差	Ｘ位
４歳	３月２日	阪神1200m	ＧⅢ	阪急杯	３番人気	２着	0.4秒差	Ｘ位
３歳	12月15日	中京1200m	ＧⅡ	ＣＢＣ賞	１番人気	１着	0.1秒差	１位
３歳	６月30日	函館1200m	ＧⅢ	函館ＳＳ	３番人気	１着	0.3秒差	１位
３歳	６月９日	中京1200m	ＧⅢ	ファルコンＳ	２番人気	１着	0.2秒差	２位
３歳	４月21日	京都1200m	ＯＰ	橘Ｓ	３番人気	１着	0.4秒差	3位　逃げ

2002年　２番人気　アドマイヤコジーン　牡６　57kg（＋１kg）570円

前走	１月27日	東京1600m	ＧⅢ	東京新聞杯	10番人気	１着	0.1秒差	Ｘ位
前々走	７月１日	函館1200m	ＧⅢ	函館ＳＳ	９番人気	12着	2.5秒差	Ｘ位
２歳	12月13日	中山1600m	ＧⅠ	朝日杯３歳Ｓ	１番人気	１着	0.0秒差	１位
２歳	11月21日	東京1800m	ＧⅢ	東スポ杯３歳Ｓ	１番人気	１着	0.2秒差	１位

2001年　２番人気　ダイタクヤマト　牡７　58kg（＋２kg）360円

前走	11月19日	京都1600m	ＧⅠ	マイルＣＳ	６番人気	４着	0.4秒差	Ｘ位
前々走	10月28日	京都1400m	ＧⅡ	スワンＳ	８番人気	１着	0.1秒差	Ｘ位
６歳	10月１日	中山1200m	ＧⅠ	スプリンターズＳ	16番人気	１着	0.2秒差	X位　4角先頭
６歳	７月２日	函館1200m	ＧⅢ	函館ＳＳ	６番人気	２着	0.2秒差	X位　逃げ
６歳	４月23日	福島1200m	ＯＰ	やまびこＳ	２番人気	１着	0.3秒差	3位　逃げ

◆２着馬を見つけるのはココで

２着候補を２番人気以下から見つけだすのに便利なツールが僕の作ったハードルです。こちらも【２着穴馬的中シート】を併用して見つけてください。なお、１番人気に応えられなくても２着に来ることはありますので、１番人気馬は無条件で２着候補です。

２番人気以下で２着に入れる馬を浮かび上がらせます

ハードル❶

３勝クラス「前走完勝か、１番人気１着歴」

ハードル❷

1400m以上重賞１着歴（牝馬限定競走はＧⅡかＧⅠ）

※1200m時代は、1200m以上で可

どちらか一方で可。

2番人気以下で2着に入れる馬【2着穴馬的中シート】

条件	馬番 or 馬名
ハードル❶クリア	
ハードル❷クリア	

過去20年、２番人気以下で２着に入った馬の近２走成績と実績を紹介します。
（実績は３勝クラス１着歴も列記）

2020年	２番人気	フィアーノロマーノ	牡６	56kg	３位入線			
前走	12月21日	阪神1400m	ＧⅡ	阪神Ｃ	３番人気	２着	0.8秒差	Ｘ位
前々走	11月17日	京都1600m	ＧⅠ	マイルＣＳ	14番人気	13着	1.1秒差	Ｘ位
５歳	３月30日	中山1600m	ＧⅢ	ダービー卿ＣＴ	２番人気	１着	0.0秒差	Ｘ位

2019年	４番人気	レッツゴードンキ	牝７	54kg				
前走	11月４日	京都D1200m	ＧⅠ	ＪＢＣスプリント	２番人気	５着	0.6秒差	３位
前々走	９月30日	中山1200m	ＧⅠ	スプリンターズＳ	４番人気	５着	0.3秒差	１位
６歳	３月25日	中京1200m	ＧⅠ	高松宮記念	３番人気	２着	0.0秒差	Ｘ位
５歳	10月１日	中山1200m	ＧⅠ	スプリンターズＳ	５番人気	２着	0.0秒差	３位
５歳	３月26日	中京1200m	ＧⅠ	高松宮記念	２番人気	２着	0.2秒差	１位
５歳	２月18日	京都1400m	牝馬GⅢ	京都牝馬Ｓ	１番人気	１着	0.3秒差	２位
４歳	12月17日	中山1600m	牝馬重賞	ターコイズＳ	６番人気	２着	0.2秒差	１位
４歳	11月３日	川崎D1600m	牝馬GⅠ	ＪＢＣレディスクラシック	４番人気	２着	0.2秒差	2位 3角先頭
３歳	４月12日	阪神1600m	牝馬GⅠ	桜花賞	５番人気	１着	0.7秒差	3位 逃げ
２歳	12月14日	阪神1600m	牝馬GⅠ	阪神ＪＦ	２番人気	２着	0.1秒差	２位
２歳	11月１日	東京1600m	牝馬GⅢ	アルテミスＳ	１番人気	２着	0.0秒差	２位

2017年　４番人気　ヒルノデイバロー　牡６　56kg

前走	１月29日	京都1200m	ＧⅢ	シルクロードＳ	８番人気	４着	0.3秒差	２位
前々走	１月７日	京都1200m	ＯＰ	淀短距離Ｓ	６番人気	６着	0.7秒差	１位
５歳	１月10日	京都Ｄ1400m	1600万	羅生門Ｓ	１番人気	１着	0.0秒差	X位　逃げ

2016年　４番人気　オメガヴェンデッタ　せん５　56kg

前走	１月５日	京都1600m	ＧⅢ	京都金杯	２番人気	12着	0.8秒差	Ｘ位
前々走	10月31日	京都1400m	ＧⅡ	スワンＳ	４番人気	３着	0.3秒差	Ｘ位
４歳	７月25日	函館1200m	1600万	函館日刊スポーツ杯	１番人気	１着	0.1秒差	Ｘ位

2015年　４番人気　ミッキーアイル　牡４　58kg（＋２kg）

前走	12月27日	阪神1400m	ＧⅡ	阪神Ｃ	１番人気	７着	0.4秒差	Ｘ位
前々走	11月23日	京都1600m	ＧⅠ	マイルＣＳ	１番人気	13着	1.3秒差	X位　4角先頭
３歳	11月１日	京都1400m	ＧⅡ	スワンＳ	１番人気	１着	0.1秒差	X位　逃げ
３歳	５月11日	東京1600m	ＧⅠ	ＮＨＫマイルＣ	１番人気	１着	0.0秒差	X位　逃げ
３歳	３月１日	阪神1600m	ＧⅢ	アーリントンＣ	１番人気	１着	0.6秒差	3位　逃げ
３歳	１月12日	京都1600m	ＧⅢ	シンザン記念	１番人気	１着	0.1秒差	3位　逃げ

2014年　８番人気　サンカルロ　牡８　56kg

前走	12月23日	阪神1400m	ＧⅡ	阪神Ｃ	６番人気	４着	0.4秒差	１位
前々走	10月26日	京都1400m	ＧⅡ	スワンＳ	11番人気	８着	0.8秒差	Ｘ位
６歳	12月24日	阪神1400m	ＧⅡ	阪神Ｃ	３番人気	１着	0.2秒差	１位
６歳	３月25日	中京1200m	ＧⅠ	高松宮記念	３番人気	２着	0.0秒差	２位
５歳	12月17日	阪神1400m	ＧⅡ	阪神Ｃ	４番人気	１着	0.0秒差	２位
５歳	３月27日	阪神1200m	ＧⅠ	高松宮記念	４番人気	２着	0.2秒差	１位
５歳	２月27日	阪神1400m	ＧⅢ	阪急杯	４番人気	１着	0.2秒差	１位
３歳	12月17日	阪神1400m	ＧⅡ	阪神Ｃ	11番人気	２着	0.2秒差	２位
３歳	４月11日	中山1600m	ＧⅡ	ＮＺＴ	１番人気	１着	0.3秒差	１位
３歳	１月31日	東京1400m	ＯＰ	クロッカスＳ	１番人気	１着	0.2秒差	２位

※３年前の覇者。

2013年　２番人気　マジンプロスパー　牡６　56kg

前走	１月27日	京都1200m	ＧⅢ	シルクロードＳ	６番人気	４着	0.1秒差	Ｘ位
前々走	12月24日	阪神1400m	ＧⅡ	阪神Ｃ	８番人気	13着	0.7秒差	Ｘ位
５歳	７月１日	中京1200m	ＧⅢ	ＣＢＣ賞	２番人気	１着	0.1秒差	Ｘ位
５歳	２月26日	阪神1400m	ＧⅢ	阪急杯	４番人気	１着	0.2秒差	３位

※前年の覇者。

2012年　３番人気　スプリングサンダー　牝５　54kg

前走	１月29日	京都1600m	牝馬ＧⅢ	京都牝馬Ｓ	９番人気	13着	1.4秒差	Ｘ位
前々走	12月10日	阪神1400m	1600万	六甲アイランドＳ	１番人気	１着	0.1秒差	３位

＊＊＊＊＊＊＊＊＊＊＊＊＊＊＊　加増ルール変更前　＊＊＊＊＊＊＊＊＊＊＊＊＊＊＊

2010年　5番人気　ワンカラット　　　牝4　55kg（＋1kg）

前走	1月31日	京都1600m	牝馬GⅢ	京都牝馬S	5番人気	4着	0.1秒差	X位
前々走	12月20日	阪神1400m	GⅡ	阪神C	3番人気	16着	1.2秒差	X位
3歳	3月15日	阪神1400m	牝馬GⅡ	フィリーズレビュー	6番人気	1着	0.2秒差	2位
2歳	11月9日	京都1400m	牝馬GⅢ	ファンタジーS	5番人気	2着	0.0秒差	1位

2009年　3番人気　ローレルゲレイロ　　牡5　57kg（＋1kg）

前走	1月31日	東京1600m	GⅢ	東京新聞杯	2番人気	13着	1.8秒差	X位　逃げ
前々走	12月14日	香港1200m	GⅠ	香港スプリント	6番人気	8着		
4歳	11月1日	京都1400m	GⅡ	スワンS	3番人気	2着	0.1秒差	X位
4歳	3月2日	阪神1400m	GⅢ	阪急杯	3番人気	1着	0.0秒差	X位　逃げ
4歳	2月2日	東京1600m	GⅢ	東京新聞杯	6番人気	1着	0.0秒差	X位
3歳	5月6日	東京1600m	GⅠ	NHKマイルC	1番人気	2着	0.1秒差	X位
3歳	2月24日	阪神1600m	GⅢ	アーリントンC	1番人気	2着	0.0秒差	3位
2歳	12月10日	中山1600m	GⅠ	朝日杯FS	7番人気	2着	0.1秒差	X位
2歳	10月14日	京都1600m	GⅡ	デイリー杯2歳S	2番人気	2着	0.1秒差	X位
2歳	8月6日	函館1200m	GⅢ	函館2歳S	5番人気	2着	0.2秒差	X位

※前年の覇者。

2006年　3番人気　コスモシンドラー　　牝4　55kg

前走	2月4日	京都1400m	1600万	山城S	3番人気	1着	0.1秒差	1位
前々走	1月21日	小倉1200m	1000万	帆柱山特別	1番人気	1着	0.1秒差	2位

※南半球産のため6月まで1kg減。

※※※※※※※※※※※※※※※※※　1200m時代　※※※※※※※※※※※※※※※※※

2005年　3番人気　カルストンライトオ　牡7　59kg（＋3kg）

前走	12月12日	香港1000m	GⅠ	香港スプリント		14着	3.3秒差	
前々走	10月3日	中山1200m	GⅠ	スプリンターズS	5番人気	1着	0.7秒差	2位　逃げ
6歳	8月22日	新潟1000m	GⅢ	アイビスサマーダッシュ	1番人気	1着	0.5秒差	1位　逃げ
5歳	11月30日	京都1200m	OP	アンドロメダS	5番人気	1着	0.2秒差	3位　逃げ
4歳	8月18日	新潟1000m	GⅢ	アイビスサマーダッシュ	2番人気	1着	0.3秒差	3位　逃げ
3歳	7月22日	小倉1200m	OP	北九州短距離S	3番人気	1着	0.1秒差	X位　逃げ
3歳	5月12日	京都1200m	OP	葵S	1番人気	1着	0.1秒差	X位　逃げ

2004年　5番人気　シーイズトウショウ　牝4　56kg（＋2kg）

前走	2月29日	阪神1200m	GⅢ	阪急杯	5番人気	2着	0.0秒差	3位
前々走	2月1日	京都1600m	牝馬GⅢ	京都牝馬S	4番人気	4着	0.3秒差	X位
3歳	12月21日	中京1200m	GⅡ	CBC賞	3番人気	1着	0.1秒差	2位
3歳	4月13日	阪神1600m	牝馬GⅠ	桜花賞	13番人気	2着	0.2秒差	X位
2歳	11月3日	京都1400m	牝馬GⅢ	ファンタジーS	5番人気	2着	0.2秒差	2位

2003年　３番人気　サニングデール　牡４　58kg（＋２kg）

前走	２月９日	京都1200m	ＧⅢ	シルクロードＳ	１番人気	３着	0.3秒差	３位	
前々走	12月15日	中京1200m	ＧⅡ	ＣＢＣ賞	１番人気	１着	0.1秒差	１位	
３歳	６月30日	函館1200m	ＧⅢ	函館ＳＳ	３番人気	１着	0.3秒差	１位	
３歳	６月９日	中京1200m	ＧⅢ	ファルコンＳ	２番人気	１着	0.2秒差	２位	
３歳	４月21日	京都1200m	ＯＰ	橘Ｓ	３番人気	１着	0.4秒差	3位	逃げ

2002年　13番人気　ダンツキャスト　牡５　56kg

前走	２月17日	京都1200m	1600万	山城Ｓ	４番人気	６着	0.9秒差	Ｘ位
前々走	２月３日	京都Ｄ1200m	1600万	橿原Ｓ	11番人気	11着	1.7秒差	Ｘ位
４歳	１月13日	京都1200m	ＯＰ	淀短距離Ｓ	７番人気	１着	0.0秒差	Ｘ位
３歳	６月11日	中京1200m	ＧⅢ	中日スポーツ賞４歳Ｓ	２番人気	２着	0.5秒差	Ｘ位

※２着候補として浮かび上がらせることができませんでした。

GⅡ

中山記念

2月28日（日）

中山競馬場　芝1800m

4歳以上

［グレード］

別定　4歳55kg　5歳以上56kg（牝馬2kg減）

過去1年間で　　　　　　ＧⅠ競走（牝馬限定競走は除く）1着馬は2kg増
牝馬限定ＧⅠ競走およびＧⅡ競走（牝馬限定競走は除く）1着馬は1kg増
過去1年以前の　　　　　ＧⅠ競走（牝馬限定競走は除く）1着馬は1kg増
（ただし、2歳時の成績を除く）。

中山記念前日の土曜日が3月のときは、4歳以上56kgとなります。＝4歳馬に不利

１番人気で勝てる馬を浮かび上がらせます

大前提①　**２kg以上加増はＧⅠ馬**

ハードル❶
1600～2000m３歳以上ＧⅡ１番人気１着歴

ハードル❷
ＧⅠ１番人気連対歴（負けていても0.0秒）

どちらか一方で可。

まず、今年も多くのファンを失望させることになるかもしれない１番人気馬を大前提とハードルに照らし合わせ、勝てるか負けるかを判定しましょう。２ページ後からの【１番人気的中シート】を利用してください。

中山記念の真相

当レースは2007年まで賞金別定。負担重量規程はこうです。

４歳56kg　５歳以上57kg（牝馬２kg減）。
収得賞金４歳3000万円、５歳4000万円、６歳以上5000万円超過馬は、
超過額5000万円毎１kg増。

3月2日開催の2003年のみ「４歳以上57kg（牝馬２kg減）」。これは3月1日の土曜日開催から４歳馬の1kg減がなくなったためです。それにより次のような差ができます。

2003年	４歳	8000超～13000万円……１kg増の58kg
		13000超～18000万円……２kg増の59kg
それ以外	４歳	8000超～13000万円……１kg増の57kg
		13000超～18000万円……２kg増の58kg
		18000超～23000万円……３kg増の59kg

また、賞金別定時代８年間の1着馬の年齢を見ると、６歳以上馬が6頭も勝っています。これは当時の負担重量規程が、収得賞金が積み上がった高齢馬に有利だったから。たくさん稼いでも斤量の加増が緩やかなのです。

６歳以上	10000超～15000万円……１kg増の58kg
	15000超～20000万円……２kg増の59kg

しかし、グレード別定になった現在の中山記念は逆です。前述の1400mの阪急杯や1200mのオーシャンステークスと違い、1600m超のオープンレースである中山記念は、４歳馬は1kg軽くしてもらえます（2月まで）。その結果、４歳馬が好走しています。

なお、【爆勝的中シート】は、賞金別定時代も含めた過去20回のデータをもとに作成しました。論理的ではありませんが、賞金別定時代もグレード別定のいまも、なぜか違いはないからです。阪急杯がそうでしたが、「格」が求められるレースだからでしょう。

1番人気で勝てる馬【1番人気的中シート】

大前提①………２kg以上加増はＧⅠ馬
ハードル❶……1600～2000ｍ３歳以上ＧⅡ１番人気１着歴
ハードル❷……ＧⅠ１番人気連対歴（負けていても0.0秒）　ハードルはどちらか一方で可。

年度	中山記念の1番人気馬	性齢	大前提①	ハードル❶	ハードル❷	判定	着順
2021							
2021							
2020	ダノンキングリー	牡4		○		◉	1着
2019	ディアドラ	牝5		×	×	×	6着
2018	ペルシアンナイト	牡4		×	×	×	5着
2017	アンビシャス	牡5		×	×	×	4着
2016	ドゥラメンテ	牡4			○	◉	1着
2015	イスラボニータ	牡4		×	×	×	5着
2014	トウケイヘイロー	牡5		×	×	×	6着
2013	タッチミーノット	牡7		×	×	×	4着
2012	トゥザグローリー	牡5		×	×	×	10着
2011	ヴィクトワールピサ	牡4			○	◉	1着
2010	キングストリート	牡4		×	×	×	7着
2009	カンパニー	牡8		○		◉	1着
2008	エアシェイディ	牡7		×	×	×	3着
2007	シャドウゲイト	牡5		×	×	×	4着
2006	ダイワメジャー	牡5		×	×	×	2着
2005	エアシェイディ	牡4		×	×	×	4着
2004	サクラプレジデント	牡4			○	◉	1着
2003	ローエングリン	牡4				注	1着
2002	エイシンプレストン	牡5		×	×	×	5着
2001	ダイタクリーヴァ	牡4	×		○	×	3着

1番人気的中シートの使い方

左のシートに今年の1番人気候補を記入し、過去の成績をもとに「勝てるか、勝てないか」を判定してください。「勝てない」とわかったら、2番人気以下で勝てる馬が浮かび上がる【1着穴馬的中シート】（後ろのページ）に進んでください。

単勝配当	結果	2番人気以下で勝った馬	人気	単勝配当	結果
¥250	大的中				
	→	ウインブライト	5	¥700	大的中
	→	ウインブライト	2	¥530	大的中
	→	ネオリアリズム	3	¥710	大的中
¥210	大的中				
	→	ヌーヴォレコルト	3	¥470	大的中
	→	ジャスタウェイ	2	¥530	大的中
	→	ナカヤマナイト	2	¥450	大的中
	→	フェデラリスト	3	¥640	大的中
¥140	大的中				
	→	トーセンクラウン	13	¥3,640	ハズレ
¥360	大的中				
	→	カンパニー	2	¥520	大的中
	→	ローエングリン	6	¥1,700	大的中
	→	バランスオブゲーム	6	¥1,540	大的中
	→	バランスオブゲーム	4	¥760	大的中
¥210	大的中				
¥180					
	→	トウカイポイント	8	¥1,740	大的中
	→	アメリカンボス	2	¥580	大的中

過去20年、１番人気に応えて優勝した馬の近２走成績と実績を紹介します。
（実績は重賞連対歴を列記。以下同様）

2020年　ダノンキングリー　牡４　56kg　250円
前走　11月17日　京都1600m　ＧⅠ　マイルＣＳ　２番人気　５着　0.4秒差　Ｘ位
前々走　10月６日　東京1800m　ＧⅡ　毎日王冠　１番人気　１着　0.2秒差　１位
３歳　５月26日　東京2400m　ＧⅠ　ダービー　３番人気　２着　0.0秒差　Ｘ位
３歳　２月10日　東京1800m　ＧⅢ　共同通信杯　３番人気　１着　0.2秒差　１位

2016年　ドゥラメンテ　牡４　57kg（＋２kg）210円
前走　５月31日　東京2400m　ＧⅠ　ダービー　１番人気　１着　0.3秒差　２位
前々走　４月19日　中山2000m　ＧⅠ　皐月賞　３番人気　１着　0.2秒差　１位
３歳　２月15日　東京1800m　ＧⅢ　共同通信杯　１番人気　２着　0.1秒差　１位

2011年　ヴィクトワールピサ　牡４　58kg（＋２kg）140円
前走　12月26日　中山2500m　ＧⅠ　有馬記念　２番人気　１着　0.0秒差　Ｘ位
前々走　11月28日　東京2400m　ＧⅠ　ジャパンＣ　８番人気　３着　0.0秒差　Ｘ位
３歳　４月18日　中山2000m　ＧⅠ　皐月賞　１番人気　１着　0.2秒差　３位
３歳　３月７日　中山2000m　ＧⅡ　弥生賞　１番人気　１着　0.1秒差　１位
２歳　12月26日　阪神2000m　ＧⅢ　ラジオNIKKEI杯　１番人気　１着　0.0秒差　２位

2009年　カンパニー　牡８　58kg（＋１kg）１着　360円
前走　11月23日　京都1600m　ＧⅠ　マイルＣＳ　２番人気　４着　0.3秒差　３位
前々走　11月２日　東京2000m　ＧⅠ　天皇賞・秋　11番人気　４着　0.0秒差　１位
７歳　４月19日　阪神1600m　ＧⅡ　マイラーズＣ　１番人気　１着　0.0秒差　Ｘ位
７歳　３月２日　中山1800m　ＧⅡ　中山記念　２番人気　１着　0.3秒差　Ｘ位
６歳　８月５日　新潟1600m　ＧⅢ　関屋記念　１番人気　１着　0.6秒差　１位
５歳　４月２日　阪神2000m　ＧⅡ　産経大阪杯　３番人気　１着　0.1秒差　１位
４歳　11月26日　京都1800m　ＧⅢ　京阪杯　１番人気　１着　0.6秒差　１位
４歳　２月27日　中山1800m　ＧⅡ　中山記念　２番人気　２着　0.1秒差　１位
３歳　11月27日　京都1800m　ＧⅢ　京阪杯　４番人気　２着　0.2秒差　１位
３歳　７月４日　福島1800m　ＧⅢ　ラジオたんぱ賞　３番人気　２着　0.0秒差　１位

＊＊＊＊＊＊＊＊＊＊＊＊＊＊＊＊＊　賞金別定時代　＊＊＊＊＊＊＊＊＊＊＊＊＊＊＊＊＊

2004年　サクラプレジデント　牡４　57kg（＋１kg）210円
前走　11月30日　東京2400m　ＧⅠ　ジャパンＣ　10番人気　14着　2.7秒差　Ｘ位
前々走　10月26日　京都3000m　ＧⅠ　菊花賞　３番人気　９着　1.2秒差　Ｘ位
３歳　９月28日　阪神2000m　ＧⅡ　神戸新聞杯　１番人気　２着　0.6秒差　２位
３歳　８月24日　札幌2000m　ＧⅡ　札幌記念　２番人気　１着　0.0秒差　１位
３歳　４月20日　中山2000m　ＧⅠ　皐月賞　２番人気　２着　0.0秒差　１位
３歳　３月23日　中山1800m　ＧⅡ　スプリングＳ　１番人気　２着　0.2秒差　Ｘ位
２歳　12月８日　中山1600m　ＧⅠ　朝日杯ＦＳ　１番人気　２着　0.0秒差　３位
２歳　９月28日　札幌1800m　ＧⅢ　札幌２歳Ｓ　２番人気　１着　0.1秒差　１位
※この年の中山記念は２月29日開催。閏年ではないとすると３月１日です。開催日があと１

日遅ければ４歳馬の基礎重量は56kgではなく57kg。また、サクラプレジデントの収得賞金は１億1000万円。あと2000万円強多ければ２kg加増でした。ラッキーが重なった４歳馬です。

2003年　ローエングリン　牡４　57kg　180円
前走　　２月２日　東京1600m　ＧⅢ　東京新聞杯　　　１番人気　２着　0.0秒差　3位 3角先頭
前々走　12月14日　中山1800m　ＯＰ　ディセンバーＳ　１番人気　１着　0.3秒差　2位 逃げ
◉３歳時に３歳以上ＧⅠ宝塚記念「３番人気３着0.2秒差Ｘ位逃げ」という特筆すべき成績があります。３月開催のため57kgの４歳馬ですが、見事に勝ちました。
３歳以上ＧⅠ宝塚記念の３着がどれだけ凄いかを説明します。３歳馬が出走できた1960年の創設からの８回と、1987年から34回の計42回の“春のグランプリ”で、３歳馬の優勝はありません。それだけ４歳以上の古馬の壁は厚く高いのです。負担重量規程が３歳馬と古馬との溝を埋めてくれればいいのですが、「３歳53kg　４歳以上58kg（牝馬２kg減）」と５kg差しかありません。ＪＲＡの2200m以上のオープンクラス競走の規程がそうなっているからです。ちなみに1998年まではさらにひどく、「３歳54kg」と４kg差しかありませんでした。私の計算では６kg差がギリギリ許せる範囲で、７kg差なら３歳馬がどんどん出走するようになると思います。そんな宝塚記念で逃げて３着。ＧⅡ中山記念で逃げて勝てないはずがありません（0.3秒差の快勝でした）。

過去20年、１番人気に応えられず負けた馬の近２走成績と実績を紹介します。

2019年　ディアドラ　牝５　54kg　６着
前走　　12月９日　香港2000m　ＧⅠ　香港Ｃ　　　　１番人気　２着　0.2秒差
前々走　10月13日　東京1800m　牝馬GⅡ　府中牝馬Ｓ　１番人気　１着　0.0秒差　１位
４歳　　７月29日　札幌1800m　牝馬GⅢ　クイーンＳ　１番人気　１着　0.5秒差　１位
３歳　　10月15日　京都2000m　牝馬GⅠ　秋華賞　　　３番人気　１着　0.2秒差　１位
３歳　　９月９日　中山2000m　牝馬GⅢ　紫苑Ｓ　　　１番人気　１着　0.0秒差　２位
※牡馬と一緒に走るＧⅡは勝てていません。

2018年　ペルシアンナイト　牡４　57kg（＋２kg）５着
前走　　11月19日　京都1600m　ＧⅠ　マイルＣＳ　　４番人気　１着　0.0秒差　２位
前々走　10月21日　東京1600m　ＧⅢ　富士Ｓ　　　　２番人気　５着　0.8秒差　Ｘ位
３歳　　４月16日　中山2000m　ＧⅠ　皐月賞　　　　４番人気　２着　0.0秒差　３位
３歳　　２月25日　阪神1600m　ＧⅢ　アーリントンＣ　１番人気　１着　0.5秒差　１位
◉ハードルをクリアしていないため１番人気に応えられないのは仕方ありませんが、ＧⅠマイルＣＳ勝ちによる２kg増も、少々厳しい気がします。というのは、2011年の当レース１番人気１着ヴィクトワールピサは皐月賞と有馬記念を勝って２kg増、2016年の当レース１番人気１着ドゥラメンテも皐月賞とダービー勝って２kg増。その２頭に比べてペルシアンナイトはＧⅠをひとつ勝っただけで２kg加増だからです。これは2015年のイスラボニータにも言えます。

2017年　アンビシャス　牡５　57kg（＋１kg）４着
前走　　10月30日　東京2000m　ＧⅠ　天皇賞・秋　　４番人気　４着　0.6秒差　Ｘ位
前々走　10月９日　東京1800m　ＧⅡ　毎日王冠　　　３番人気　２着　0.0秒差　２位
４歳　　４月３日　阪神2000m　ＧⅡ　産経大阪杯　　２番人気　１着　0.0秒差　２位
４歳　　２月28日　中山1800m　ＧⅡ　中山記念　　　４番人気　２着　0.0秒差　１位

３歳　７月５日　福島1800m　GⅢ　ラジオNIKKEI賞　１番人気　１着　0.6秒差　１位

2015年　イスラボニータ　牡４　57kg（＋２kg）５着
前走　11月30日　東京2400m　GⅠ　ジャパンC　５番人気　９着　1.3秒差　X位
前々走　11月２日　東京2000m　GⅠ　天皇賞・秋　１番人気　３着　0.1秒差　X位
３歳　９月21日　新潟2200m　GⅡ　セントライト記念　１番人気　１着　0.2秒差　X位
３歳　６月１日　東京2400m　GⅠ　ダービー　１番人気　２着　0.1秒差　X位
３歳　４月20日　中山2000m　GⅠ　皐月賞　２番人気　１着　0.2秒差　３位
３歳　２月24日　東京1800m　GⅢ　共同通信杯　１番人気　１着　0.2秒差　２位
３歳　11月16日　東京1800m　GⅢ　東スポ杯２歳S　２番人気　１着　0.0秒差　X位
２歳　８月25日　新潟1600m　GⅢ　新潟２歳S　４番人気　２着　0.5秒差　３位
※GⅡ１番人気１着歴がありますが、３歳以上戦ではありません。2200mもNGです。

2014年　トウケイヘイロー　牡５　57kg（＋１kg）６着
前走　12月８日　香港2000m　GⅠ　香港C　５番人気　２着
前々走　10月27日　東京2000m　GⅠ　天皇賞・秋　２番人気　10着　2.2秒差　X位　逃げ
４歳　８月18日　函館2000m　GⅡ　札幌記念　２番人気　１着　1.0秒差　2位　逃げ
４歳　７月14日　函館2000m　GⅢ　函館記念　３番人気　１着　0.3秒差　3位　逃げ
４歳　６月１日　阪神2000m　GⅢ　鳴尾記念　６番人気　１着　0.2秒差　X位　3角先頭
４歳　３月31日　中山1600m　GⅢ　ダービー卿CT　５番人気　１着　0.0秒差　X位　逃げ

2013年　タッチミーノット　牡７　56kg　４着
前走　１月５日　中山2000m　GⅢ　中山金杯　２番人気　１着　0.3秒差　３位
前々走　10月７日　東京1800m　GⅡ　毎日王冠　９番人気　３着　0.1秒差　２位
６歳　９月２日　新潟2000m　GⅢ　新潟記念　９番人気　２着　0.0秒差　X位
５歳　７月10日　中山2000m　GⅢ　七夕賞　２番人気　２着　0.0秒差　１位

2012年　トゥザグローリー　牡５　57kg（＋１kg）10着
前走　１月15日　京都2400m　GⅡ　日経新春杯　１番人気　１着　0.2秒差　１位
前々走　12月25日　中山2500m　GⅠ　有馬記念　９番人気　３着　0.1秒差　２位
４歳　４月２日　阪神2400m　GⅡ　日経賞　１番人気　１着　0.4秒差　１位
４歳　２月13日　京都2200m　GⅡ　京都記念　１番人気　１着　0.1秒差　２位
３歳　12月11日　小倉2000m　GⅢ　中日新聞杯　１番人気　１着　0.3秒差　１位
３歳　５月１日　東京2400m　GⅡ　青葉賞　２番人気　２着　0.7秒差　３位
※GⅡ１番人気１着歴がありますが、1600～2000m未満のレースではありません。

2010年　キングストリート　牡４　56kg　７着
前走　１月31日　東京1600m　1600万　節分S　１番人気　１着　0.5秒差　２位
前々走　12月27日　中京2000m　1000万　名古屋日刊スポーツ杯　１番人気　１着　0.2秒差　１位

2008年　エアシェイディ　牡７　58kg（＋１kg）３着
前走　１月27日　中山2200m　GⅡ　アメリカJCC　２番人気　１着　0.2秒差　１位
前々走　１月５日　中山2000m　GⅢ　中山金杯　２番人気　２着　0.3秒差　３位
６歳　２月25日　中山1800m　GⅡ　中山記念　３番人気　２着　0.2秒差　２位
６歳　１月27日　東京1600m　GⅢ　東京新聞杯　２番人気　２着　0.1秒差　１位

5歳	10月21日	東京1600m	GⅢ	富士S	2番人気	2着	0.1秒差	1位
5歳	7月23日	函館2000m	GⅢ	函館記念	2番人気	2着	0.2秒差	X位
4歳	1月23日	中山2200m	GⅡ	アメリカJCC	3番人気	2着	0.2秒差	X位

＊＊＊＊＊＊＊＊＊＊＊＊＊＊＊＊　賞金別定時代　＊＊＊＊＊＊＊＊＊＊＊＊＊＊＊＊

2007年　シャドウゲイト　牡5　57kg　4着

前走	1月6日	中山2000m	GⅢ	中山金杯	3番人気	1着	1.2秒差	2位 3角先頭
前々走	12月17日	中山1800m	1000万	香取特別	2番人気	1着	1.1秒差	2位 逃げ

2006年　ダイワメジャー　牡5　58kg（+1kg）2着

前走	11月20日	京都1600m	GⅠ	マイルCS	4番人気	2着	0.0秒差	X位
前々走	10月9日	東京1800m	GⅡ	毎日王冠	1番人気	5着	0.5秒差	X位
4歳	7月31日	新潟1600m	GⅢ	関屋記念	1番人気	2着	0.1秒差	X位
4歳	4月3日	中山1600m	GⅢ	ダービー卿CT	3番人気	1着	0.3秒差	X位
3歳	4月18日	中山2000m	GⅠ	皐月賞	10番人気	1着	0.2秒差	2位

2005年　エアシェイディ　牡4　56kg　4着

前走	1月23日	中山2200m	GⅡ	アメリカJCC	3番人気	2着	0.2秒差	X位
前々走	11月27日	京都1800m	GⅢ	京阪杯	3番人気	3着	0.4秒差	X位

2002年　エイシンプレストン　牡5　60kg（+3kg）5着

前走	12月16日	香港1600m	GⅠ	香港マイル	6番人気	1着	0.0秒差	
前々走	11月18日	京都1600m	GⅠ	マイルCS	2番人気	2着	0.1秒差	2位
4歳	10月7日	東京1800m	GⅡ	毎日王冠	5番人気	1着	0.1秒差	X位
4歳	7月15日	小倉1800m	GⅢ	北九州記念	2番人気	1着	0.3秒差	2位
4歳	4月1日	中山1600m	GⅢ	ダービー卿CT	3番人気	2着	0.3秒差	2位
3歳	4月8日	中山1600m	GⅡ	NZT	1番人気	1着	0.0秒差	2位
3歳	2月26日	阪神1600m	GⅢ	アーリントンC	1番人気	1着	0.1秒差	1位
2歳	12月12日	中山1600m	GⅠ	朝日杯3歳S	4番人気	1着	0.1秒差	2位

※GⅡ1番人気1着歴がありますが、3歳以上戦ではありません。

2001年　ダイタクリーヴァ　牡4　58kg（+2kg）3着

前走	1月5日	京都1600m	GⅢ	京都金杯	1番人気	1着	0.4秒差	3位
前々走	12月10日	阪神2000m	GⅢ	鳴尾記念	1番人気	1着	0.1秒差	3位
3歳	11月19日	京都1600m	GⅠ	マイルCS	1番人気	2着	0.1秒差	2位
3歳	4月16日	中山2000m	GⅠ	皐月賞	1番人気	2着	0.0秒差	X位
3歳	3月19日	中山1800m	GⅡ	スプリングS	1番人気	1着	0.1秒差	2位
3歳	1月9日	京都1600m	GⅢ	シンザン記念	1番人気	1着	0.5秒差	1位

◉「GⅠ皐月賞1番人気2着0.0秒差」は、2004年の中山記念を制した同じ4歳馬サクラプレジデントが持つ実績「GⅠ朝日杯FS1番人気2着0.0秒差」と同等と言えます。違いは加増。ダイタクリーヴァは2kg増、サクラプレジデントは1kg増です。この1kgの重みが3着止まりの原因でしょう。

◆１番人気が飛ぶとわかったらココへ

１番人気が「負ける」とわかったら、２番人気以下の馬から勝つ馬を見つけます。簡単です。僕が課すハードルを満たした馬しか勝ちませんので、【１着穴馬的中シート】を利用して見つけだしてください。

２番人気以下で勝てる馬を浮かび上がらせます

ハードル❶

GⅢ「前走１着か、１番人気歴」

ハードル❷

GⅡ完勝歴

ハードル❸

（牝馬）**GⅠ連対歴**（負けていても0.0秒差）

どれか一つで可。

注：ハードルはすべて1800～2200m３歳以上戦
（ただし４歳馬は３歳戦で可）

２番人気以下で勝てる馬【1着穴馬的中シート】

条件	馬番 or 馬名
ハードル❶クリア	
ハードル❷クリア	
ハードル❸クリア	

過去20年、２番人気以下で優勝した馬の近２走成績と実績を紹介します。

2019年　５番人気　ウインブライト　牡５　57kg（＋１kg）700円

前走	１月５日	中山2000m	GⅢ	中山金杯	３番人気	１着	0.1秒差	２位
前々走	11月18日	京都1600m	GⅠ	マイルＣＳ	14番人気	９着	0.4秒差	Ｘ位
前走	１月５日	中山2000m	GⅢ	中山金杯	３番人気	１着	0.1秒差	２位
４歳	２月25日	中山1800m	GⅡ	中山記念	２番人気	１着	0.0秒差	Ｘ位
４歳	１月６日	中山2000m	GⅢ	中山金杯	２番人気	２着	0.0秒差	Ｘ位
３歳	11月12日	福島2000m	GⅢ	福島記念	２番人気	１着	0.0秒差	Ｘ位
３歳	３月19日	中山1800m	GⅡ	スプリングＳ	５番人気	１着	0.1秒差	１位

2018年　２番人気　ウインブライト　牡４　56kg（＋１kg）　530円

前走	１月６日	中山2000m	GⅢ	中山金杯	２番人気	２着	0.0秒差	Ｘ位
前々走	11月12日	福島2000m	GⅢ	福島記念	２番人気	１着	0.0秒差	Ｘ位
３歳	３月19日	中山1800m	GⅡ	スプリングＳ	５番人気	１着	0.1秒差	１位

2017年　３番人気　ネオリアリズム　牡６　57kg（＋１kg）710円

前走	12月11日	香港1600m	GⅠ	香港マイル	３番人気	９着		
前々走	11月20日	京都1600m	GⅠ	マイルＣＳ	７番人気	３着	0.1秒差	Ｘ位
５歳	８月21日	札幌2000m	GⅡ	札幌記念	５番人気	１着	0.3秒差	2位　逃げ

2015年　３番人気　ヌーヴォレコルト　牝４（＋１kg）54kg　470円

前走	11月16日	京都2200m	牝馬GⅠ	エリザベス女王杯	１番人気	２着	0.0秒差	Ｘ位
前々走	10月19日	京都2000m	牝馬GⅠ	秋華賞	１番人気	２着	0.0秒差	２位
３歳	５月25日	東京2400m	牝馬GⅠ	オークス	２番人気	１着	0.0秒差	３位
３歳	３月８日	阪神1600m	牝馬GⅢ	チューリップ賞	４番人気	２着	0.4秒差	３位

◉３歳以上牝馬限定ＧⅠは、３歳以上牡馬ＧⅡに匹敵するレベルだけに、エリザベス女王杯のタイム差なしの連対実績は、ここＧⅡ中山記念で胸を張れるものです。それよりなにより、この年の中山記念が３月１日に行われたことがラッキー。というのは、前日土曜日の開催が「２月28日」であることから、４歳馬の基礎重量は55kg（牝馬２kg減）で済むのです。従って、ヌーヴォレコルトは３歳牝馬限定ＧⅠオークスを勝ったことによる１kg加増の54kg止まり。中山記念が１日遅ければ55kgの負担重量ですから、クビ差２着のロゴタイプに負けていたというのが机上の計算です。

2014年　２番人気　ジャスタウェイ　牡５　58kg（＋２kg）530円

前走	10月27日	東京2000m	GⅠ	天皇賞・秋	５番人気	１着	0.7秒差	１位
前々走	10月６日	東京1800m	GⅡ	毎日王冠	６番人気	２着	0.1秒差	１位
４歳	８月11日	新潟1600m	GⅢ	関屋記念	１番人気	２着	0.2秒差	１位
４歳	６月９日	東京1800m	GⅢ	エプソムＣ	３番人気	２着	0.0秒差	１位
３歳	10月７日	東京1800m	GⅡ	毎日王冠	12番人気	２着	0.0秒差	１位
３歳	２月25日	阪神1600m	GⅢ	アーリントンＣ	２番人気	１着	0.1秒差	１位
２歳	９月４日	新潟1600m	GⅢ	新潟２歳Ｓ	１番人気	２着	0.1秒差	１位

※３月２日開催なので、負担重量的に４歳馬が厳しい年です。

2013年　２番人気　ナカヤマナイト　牡５　57kg（＋１kg）450円
前走　12月23日　中山2500m　ＧⅠ　有馬記念　５番人気　７着　1.1秒差　Ｘ位
前々走　10月28日　東京2000m　ＧⅠ　天皇賞・秋　６番人気　９着　0.8秒差　２位
４歳　９月23日　中山2200m　ＧⅡ　オールカマー　２番人気　１着　0.2秒差　１位
４歳　１月22日　中山2200m　ＧⅡ　アメリカＪＣＣ　２番人気　２着　0.5秒差　２位
３歳　２月13日　東京1800m　ＧⅢ　共同通信杯　３番人気　１着　0.0秒差　２位

2012年　３番人気　フェデラリスト　牡５　56kg　640円
前走　１月５日　中山2000m　ＧⅢ　中山金杯　２番人気　１着　0.0秒差　２位
前々走　11月27日　東京2000m　1600万　東京ウエルカムプレミアム　４番人気　１着　0.5秒差　２位

2010年　13番人気　トーセンクラウン　牡６　57kg　3640円
前走　２月６日　東京2000m　ＯＰ　白富士Ｓ　４番人気　８着　0.5秒差　Ｘ位
前々走　１月16日　中山1600m　ＯＰ　ニューイヤーＳ　８番人気　３着　0.3秒差　２位

◉１着候補として浮かび上がらせることはできませんでした。この年の中山記念は勝ちタイム１分51秒７という不良馬場。ダート1800mよりも時計のかかる芝のレースでした。２着はさらに0.8秒差も遅い１分52秒５で12番人気のテイエムアンコール。良馬場で行われた翌年の勝ちタイムは１分46秒０ですから、2010年は「ＧⅡ中山記念」とは言いづらいレベルで、馬券を買ってはいけない年でした。

2008年　２番人気　カンパニー　牡７　57kg　520円
前走　２月２日　東京1600m　ＧⅢ　東京新聞杯　１番人気　４着　0.2秒差　２位
前々走　11月18日　京都1600m　ＧⅠ　マイルＣＳ　３番人気　５着　0.3秒差　１位
６歳　８月５日　新潟1600m　ＧⅢ　関屋記念　１番人気　１着　0.6秒差　１位
５歳　４月２日　阪神2000m　ＧⅡ　産経大阪杯　３番人気　１着　0.1秒差　１位
４歳　11月26日　京都1800m　ＧⅢ　京阪杯　１番人気　１着　0.6秒差　１位
４歳　２月27日　中山1800m　ＧⅡ　中山記念　２番人気　２着　0.1秒差　１位
３歳　11月27日　京都1800m　ＧⅢ　京阪杯　４番人気　２着　0.2秒差　１位
３歳　７月４日　福島1800m　ＧⅢ　ラジオたんぱ賞　３番人気　２着　0.0秒差　１位

＊＊＊＊＊＊＊＊＊＊＊＊＊＊＊＊　賞金別定時代　＊＊＊＊＊＊＊＊＊＊＊＊＊＊＊＊

2007年　６番人気　ローエングリン　牡８　58kg（＋１kg）1700円
前走　12月９日　阪神1800m　ＧⅢ　鳴尾記念　６番人気　４着　0.7秒差　Ｘ位
前々走　10月29日　東京2000m　ＧⅠ　天皇賞・秋　11番人気　10着　1.2秒差　Ｘ位
６歳　４月16日　阪神1600m　ＧⅡ　マイラーズＣ　３番人気　１着　0.0秒差　X位　4角先頭
５歳　10月10日　東京1800m　ＧⅡ　毎日王冠　３番人気　２着　0.1秒差　X位　逃げ
５歳　４月17日　阪神1600m　ＧⅡ　マイラーズＣ　１番人気　２着　0.1秒差　３位
４歳　９月７日　仏国1600m　ＧⅠ　ムーラン・ド・ロンシャン賞　２着
４歳　４月19日　阪神1600m　ＧⅡ　マイラーズＣ　１番人気　１着　0.2秒差　Ｘ位
４歳　３月２日　中山1800m　ＧⅡ　中山記念　１番人気　１着　0.3秒差　X位　逃げ
４歳　２月２日　東京1600m　ＧⅢ　東京新聞杯　１番人気　２着　0.0秒差　3位　3角先頭

2006年　６番人気　バランスオブゲーム　牡７　59kg（＋２kg）1540円
前走　１月29日　東京D1400m　ＧⅢ　根岸Ｓ　８番人気　11着　0.9秒差　Ｘ位

前々走	11月20日	京都1600m	ＧⅠ	マイルＣＳ	13番人気	５着	0.3秒差	Ｘ位	
６歳	２月27日	中山1800m	ＧⅡ	中山記念	４番人気	１着	0.1秒差	Ｘ位	
５歳	８月22日	札幌2000m	ＧⅡ	札幌記念	２番人気	２着	0.1秒差	２位	
４歳	10月12日	東京1800m	ＧⅡ	毎日王冠	５番人気	１着	0.4秒差	２位	
４歳	３月29日	中山2500m	ＧⅡ	日経賞	１番人気	２着	0.2秒差	１位	
４歳	３月２日	中山1800m	ＧⅡ	日経賞	４番人気	２着	0.3秒差	１位	
３歳	９月15日	新潟2200m	ＧⅡ	セントライト記念	２番人気	１着	0.2秒差	２位	
３歳	３月３日	中山2000m	ＧⅡ	弥生賞	４番人気	１着	0.1秒差	Ｘ位	逃げ
２歳	９月２日	新潟1400m	ＧⅢ	新潟２歳Ｓ	５番人気	１着	0.8秒差	１位	

2005年　４番人気　バランスオブゲーム　牡６　58kg（＋１kg）760円

前走	11月21日	京都1600m	ＧⅠ	マイルＣＳ	８番人気	８着	1.0秒差	Ｘ位	
前々走	10月31日	東京2000m	ＧⅠ	天皇賞・秋	８番人気	９着	1.6秒差	Ｘ位	
５歳	８月22日	札幌2000m	ＧⅡ	札幌記念	２番人気	２着	0.1秒差	２位	
４歳	10月12日	東京1800m	ＧⅡ	毎日王冠	５番人気	１着	0.4秒差	２位	
４歳	３月29日	中山2500m	ＧⅡ	日経賞	１番人気	２着	0.2秒差	１位	
４歳	３月２日	中山1800m	ＧⅡ	日経賞	４番人気	２着	0.3秒差	１位	
３歳	９月15日	新潟2200m	ＧⅡ	セントライト記念	２番人気	１着	0.2秒差	２位	
３歳	３月３日	中山2000m	ＧⅡ	弥生賞	４番人気	１着	0.1秒差	Ｘ位	逃げ
２歳	９月２日	新潟1400m	ＧⅢ	新潟２歳Ｓ	５番人気	１着	0.8秒差	１位	

2002年　８番人気　トウカイポイント　せん６　57kg　1740円

前走	２月２日	東京2000m	ＯＰ	白富士Ｓ	２番人気	４着	0.3秒差	Ｘ位
前々走	１月５日	東京2000m	ＧⅢ	中山金杯	５番人気	８着	0.7秒差	Ｘ位
５歳	10月20日	新潟1800m	ＧⅢ	カブトヤマ記念	１番人気	２着	0.2秒差	１位

2001年　２番人気　アメリカンボス　牡６　58kg（＋１kg）580円

前走	１月21日	中山2200m	ＧⅡ	アメリカＪＣＣ	２番人気	１着	0.4秒差	１位
前々走	12月24日	中山2500m	ＧⅠ	有馬記念	15番人気	６着	0.6秒差	Ｘ位
５歳	６月11日	東京1800m	ＧⅢ	エプソムＣ	１番人気	１着	0.2秒差	２位
５歳	５月14日	福島2000m	ＧⅢ	新潟大賞典	１番人気	２着	0.2秒差	２位
５歳	２月27日	中山1800m	ＧⅡ	中山記念	４番人気	２着	0.1秒差	２位
４歳	６月５日	東京1800m	ＧⅢ	エプソムＣ	11番人気	１着	0.3秒差	２位

◆２着馬を見つけるのはココで

２着候補を２番人気以下から見つけだすのに便利なツールが僕の作ったハードルです。こちらも【２着穴馬的中シート】を併用して見つけてください。なお、１番人気に応えられなくても２着に来ることはありますので、１番人気馬は無条件で２着候補です。

２番人気以下で２着に入れる馬を浮かび上がらせます

ハードル❶
オープン特別「前走連対（負けていても0.0秒）**か、**
近２走で１番人気１着」

ハードル❷
（牝馬）**重賞「１番人気歴か、連対歴**（負けていても0.0秒）**」**

どちらか一方で可。

注：ハードルはすべて1600〜2000m３歳以上戦
（ただし４歳馬は３歳戦で可）

2番人気以下で2着に入れる馬【2着穴馬的中シート】

条件	馬番 or 馬名
ハードル❶クリア	
ハードル❷クリア	

過去20年、２番人気以下で２着に入った馬の近２走成績と実績を紹介します。

2019年　６番人気　ラッキーライラック　牝４　53kg

前走	10月14日	京都2000m	牝馬GⅠ	秋華賞	２番人気	９着	0.8秒差	X位
前々走	５月20日	東京2400m	牝馬GⅠ	オークス	２番人気	３着	0.6秒差	２位
３歳	３月３日	阪神1600m	牝馬GⅡ	チューリップ賞	１番人気	１着	0.3秒差	１位
２歳	12月10日	阪神1600m	牝馬GⅠ	阪神ＪＦ	２番人気	１着	0.1秒差	１位
２歳	10月28日	東京1600m	牝馬GⅢ	アルテミスＳ	２番人気	１着	0.1秒差	１位

2018年　５番人気　アエロリット　牝４　55kg（＋２kg）

前走	10月15日	京都2000m	牝馬GⅠ	秋華賞	１番人気	７着	1.2秒差	X位
前々走	７月30日	札幌1800m	牝馬GⅢ	クイーンＳ	２番人気	１着	0.4秒差	X位　逃げ
３歳	５月７日	東京1600m	ＧⅠ	ＮＨＫマイルＣ	２番人気	１着	0.2秒差	３位
３歳	２月11日	東京1600m	牝馬GⅢ	クイーンＣ	５番人気	２着	0.1秒差	２位
３歳	１月８日	中山1600m	牝馬GⅢ	フェアリーＳ	１番人気	２着	0.1秒差	X位

2017年　８番人気　サクラアンプルール　牡６　56kg

前走	１月28日	東京2000m	ＯＰ	白富士Ｓ	５番人気	２着	0.0秒差	２位
前々走	12月11日	中山1800m	1600万	美浦Ｓ	２番人気	１着	0.0秒差	２位

2016年　４番人気　アンビシャス　牡４　55kg

前走	11月１日	東京2000m	ＧⅠ	天皇賞・秋	４番人気	５着	0.2秒差	３位
前々走	10月11日	東京1800m	ＧⅡ	毎日王冠	２番人気	６着	0.5秒差	１位
３歳	７月５日	福島1800m	ＧⅢ	ラジオNIKKEI賞	１番人気	１着	0.6秒差	１位

2015年　２番人気　ロゴタイプ　牡５　57kg（＋１kg）

前走	２月１日	東京D1400m	ＧⅢ	根岸Ｓ	３番人気	８着	0.5秒差	Ｘ位
前々走	１月４日	中山2000m	ＧⅢ	中山金杯	１番人気	２着	0.2秒差	Ｘ位
３歳	４月14日	中山2000m	ＧⅠ	皐月賞	１番人気	１着	0.1秒差	３位
３歳	３月17日	中山1800m	ＧⅡ	スプリングＳ	１番人気	１着	0.2秒差	Ｘ位
２歳	12月16日	中山1600m	ＧⅠ	朝日杯ＦＳ	７番人気	１着	0.0秒差	Ｘ位

2014年　４番人気　アルキメデス　牡５　56kg

前走	12月７日	阪神1800m	ＧⅢ	朝日ＣＣ	１番人気	１着	0.2秒差	３位
前々走	10月26日	京都1800m	1600万	八坂Ｓ	１番人気	１着	0.2秒差	１位

※４連勝で重賞初制覇

2013年　３番人気　ダイワファルコン　牡６　56kg

前走	12月23日	中山2500m	ＧⅠ	有馬記念	12番人気	10着	1.6秒差	Ｘ位
前々走	11月18日	福島2000m	ＧⅢ	福島記念	１番人気	１着	0.3秒差	3位 4角先頭
５歳	９月23日	中山2200m	ＧⅡ	オールカマー	４番人気	２着	0.2秒差	3位 4角先頭
５歳	１月５日	中山2000m	ＧⅢ	中山金杯	４番人気	２着	0.0秒差	３位

2012年　７番人気　シルポート　牡７　57kg（＋１kg）

前走	１月５日	京都1600m	ＧⅢ	京都金杯	５番人気	16着	3.0秒差	X位 逃げ
前々走	12月17日	阪神1400m	ＧⅡ	阪神Ｃ	６番人気	５着	0.6秒差	Ｘ位
６歳	５月14日	東京1400m	ＧⅡ	京王杯ＳＣ	３番人気	２着	0.0秒差	X位 逃げ
６歳	４月17日	阪神1600m	ＧⅡ	マイラーズＣ	７番人気	１着	0.3秒差	X位 逃げ
６歳	１月５日	京都1600m	ＧⅢ	京都金杯	７番人気	１着	0.0秒差	X位 逃げ
５歳	６月13日	東京1800m	ＧⅢ	エプソムＣ	３番人気	２着	0.0秒差	X位 逃げ

2011年　４番人気　キャプテントゥーレ　牡６　58kg（＋１kg）

前走	10月31日	東京2000m	ＧⅠ	天皇賞・秋	９番人気	13着	1.9秒差	Ｘ位
前々走	９月11日	阪神2000m	ＧⅢ	朝日ＣＣ	２番人気	１着	0.3秒差	3位 逃げ
４歳	９月12日	阪神2000m	ＧⅢ	朝日ＣＣ	１番人気	１着	0.0秒差	３位
３歳	４月20日	中山2000m	ＧⅠ	皐月賞	７番人気	１着	0.4秒差	X位 逃げ
２歳	10月13日	京都1600m	ＧⅡ	デイリー杯２歳Ｓ	３番人気	１着	0.3秒差	Ｘ位

2010年　12番人気　テイエムアンコール　牡６　57kg

前走	２月６日	中京1800m	ＧⅢ	小倉大賞典	６番人気	７着	0.8秒差	３位
前々走	９月12日	阪神2000m	ＧⅢ	朝日ＣＣ	11番人気	４着	0.3秒差	２位

※馬券を買ってはいけない年です。

2009年　４番人気　ドリームジャーニー　牡５　57kg

前走	１月25日	中山2200m	ＧⅡ	アメリカＪＣＣ	１番人気	８着	1.3秒差	Ｘ位

前々走　12月28日　中山2500m　ＧⅠ　有馬記念　７番人気　４着　0.4秒差　２位
４歳　９月15日　阪神2000m　ＧⅢ　朝日ＣＣ　１番人気　１着　0.1秒差　１位
４歳　８月３日　小倉2000m　ＧⅢ　小倉記念　２番人気　１着　0.5秒差　１位
３歳　９月23日　阪神2400m　ＧⅡ　神戸新聞杯　３番人気　１着　0.1秒差　１位
２歳　12月10日　中山1600m　ＧⅠ　朝日杯ＦＳ　２番人気　１着　0.1秒差　１位

2008年　７番人気　エイシンドーバー　牡６　58kg（＋１kg）
前走　１月５日　京都1600m　ＧⅢ　京都金杯　６番人気　７着　0.6秒差　X位
前々走　12月16日　阪神1400m　ＧⅡ　阪神Ｃ　２番人気　４着　0.2秒差　X位
５歳　５月12日　東京1400m　ＧⅡ　京王杯ＳＣ　５番人気　１着　0.0秒差　１位
５歳　２月25日　阪神1400m　ＧⅢ　阪急杯　４番人気　１着　0.0秒差　X位
５歳　２月３日　小倉1800m　ＧⅢ　小倉大賞典　２番人気　２着　0.2秒差　X位
５歳　１月６日　京都1600m　ＧⅢ　京都金杯　８番人気　２着　0.2秒差　３位
４歳　２月４日　小倉1800m　ＧⅢ　小倉大賞典　１番人気　２着　0.1秒差　１位

＊＊＊＊＊＊＊＊＊＊＊＊＊＊＊＊＊　賞金別定時代　＊＊＊＊＊＊＊＊＊＊＊＊＊＊＊＊＊

2007年　３番人気　エアシェイディ　牡６　58kg（＋１kg）
前走　１月27日　東京1600m　ＧⅢ　東京新聞杯　２番人気　２着　0.1秒差　１位
前々走　11月26日　東京1600m　ＯＰ　キャピタルＳ　１番人気　１着　0.1秒差　１位
５歳　10月21日　東京1600m　ＧⅢ　富士Ｓ　２番人気　２着　0.1秒差　１位
５歳　７月23日　函館2000m　ＧⅢ　函館記念　２番人気　２着　0.2秒差　X位
４歳　１月23日　中山2200m　ＧⅡ　アメリカＪＣＣ　３番人気　２着　0.2秒差　X位

2005年　２番人気　カンパニー　牡４　56kg
前走　11月27日　京都1800m　ＧⅢ　京阪杯　４番人気　２着　0.2秒差　１位
前々走　10月24日　京都3000m　ＧⅠ　菊花賞　11番人気　９着　0.6秒差　３位
３歳　７月４日　福島1800m　ＧⅢ　ラジオたんぱ賞　３番人気　２着　0.0秒差　１位

2004年　３番人気　サイドワインダー　牡６　57kg
前走　２月１日　東京1600m　ＧⅢ　東京新聞杯　１番人気　４着　0.5秒差　２位
前々走　１月５日　京都1600m　ＧⅢ　京都金杯　１番人気　２着　0.0秒差　１位
５歳　10月25日　東京1600m　ＧⅢ　富士Ｓ　４番人気　２着　0.4秒差　１位
５歳　１月５日　京都1600m　ＧⅢ　京都金杯　３番人気　１着　0.1秒差　１位
４歳　11月23日　京都1800m　ＧⅢ　京阪杯　５番人気　１着　0.1秒差　２位

2003年　４番人気　バランスオブゲーム　牡４　57kg
前走　３月２日　中山1800m　ＧⅡ　中山記念　４番人気　２着　0.3秒差　１位
前々走　10月20日　京都3000m　ＧⅠ　菊花賞　６番人気　５着　0.6秒差　X位
３歳　９月15日　新潟2200m　ＧⅡ　セントライト記念　２番人気　１着　0.2秒差　２位
３歳　３月３日　中山2000m　ＧⅡ　弥生賞　４番人気　１着　0.1秒差　X位　逃げ
２歳　９月２日　新潟1400m　ＧⅢ　新潟２歳Ｓ　５番人気　１着　0.8秒差　１位

2002年　７番人気　トラストファイヤー　牡４　56kg
前走　１月27日　東京1600m　ＧⅢ　東京新聞杯　７番人気　５着　0.5秒差　X位

前々走	１月５日	東京2000m	ＧⅢ	中山金杯	８番人気	13着	1.8秒差	Ｘ位
３歳	７月１日	福島1800m	ＧⅢ	ラジオたんぱ賞	６番人気	１着	0.0秒差	１位

2001年　３番人気　ジョウテンブレーヴ　牡４　56kg

前走	11月25日	京都1800m	ＧⅢ	京阪杯	２番人気	１着	0.2秒差	Ｘ位
前々走	10月22日	京都3000m	ＧⅠ	菊花賞	５番人気	８着	1.1秒差	Ｘ位　４角先頭
２歳	11月20日	東京1800m	ＧⅢ	東スポ杯３歳Ｓ	４番人気	１着	0.4秒差	１位
２歳	９月25日	札幌1800m	ＧⅢ	札幌３歳Ｓ	12番人気	２着	0.0秒差	３位

GⅡ

チューリップ賞

3月6日（土）

阪神競馬場　芝1600m

3歳牝馬

馬齢	54kg

１番人気で勝てる馬を浮かび上がらせます

大前提①　**重賞出走歴**

ハードル❶
前走１番人気「完勝か、上がり１位」
前走２番人気「完勝、かつ、上がり１位」

まず、今年も多くのファンを失望させることになるかもしれない１番人気馬を大前提とハードルに照らし合わせ、勝てるか負けるかを判定しましょう。２ページ後からの【１番人気的中シート】を利用してください。

チューリップ賞の真相

前年暮れに当レースと同じ阪神競馬場芝1600mでＧⅠ阪神ジュベナイルフィリーズが行われ、２歳牝馬No.１がほぼ決まります。その３カ月後にまた同じコースで行われる当レース。マイル戦における勢力図はすでに広く知れわたっており、従って馬券は賢いファンによって極めて順当な結果に収まります。過去20年で１番人気に推されて期待に応えた９頭すべてが「単勝１倍台」という異例の堅さで、さらに言うと全馬が阪神ＪＦに出走しています（ちなみに本番のＧⅠ桜花賞も阪神芝1600m）。

ただし、１番人気で負けた11頭のなかにも、阪神ＪＦに出走していた馬が６頭もおり、その見極めがポイントです。

それを探るべく過去20年のデータを分析したところ（2017年まではＧⅢでしたが、実質ＧⅡの一戦だったため、ＧⅢ時代のデータも活かしています）、非常にシンプルな【１番人気的中シート】が出来上がりました。予想する際に手応えがなくてツマラナイほどです。当レースは１番人気が負けるとわかった際に２番人気以下で勝つ馬と、２着に来る穴馬を見つけるのが醍醐味でしょう。その【１着穴馬的中シート】【２着穴馬的中シート】もきっちり出来上がっていますので、ご活用ください。

僕は当レースを芝1800m、思い切って2000mで行ったらいいのではと思います。というのは関西馬は、2400mのオークスを目指そうとしても1600m超の３歳牝馬限定重賞が存在しないというハンデを抱えているからです。関東馬には1800mのＧⅢフラワーカップとトライアルのオープン特別スイートピーステークス、2000mのＧⅡフローラステークスがありますが、関西馬は2400mに臨む前に試走ができません。当レースは馬券が堅すぎるという面もありますので。

1番人気で勝てる馬【1番人気的中シート】

大前提①………重賞出走歴
ハードル❶……前走1番人気「完勝か、上がり1位」 前走2番人気「完勝、かつ、上がり1位」

年度	チューリップ賞の1番人気馬	大前提①	ハードル❶	判定	着順	単勝配当	結果
2021							
2021							
2020	レシステンシア		×	×	3着		→
2019	ダノンファンタジー		○	◉	1着	¥130	大的中
2018	ラッキーライラック		○	◉	1着	¥180	大的中
2017	ソウルスターリング		○	◉	1着	¥150	大的中
2016	ジュエラー		×	×	2着		→
2015	クルミナル	×	○	×	11着		→
2014	ハープスター		○	◉	1着	¥110	大的中
2013	レッドオーヴァル	×	○	×	7着		→
2012	ジョワドヴィーヴル		×	×	3着		→
2011	レーヴディソール		○	◉	1着	¥110	大的中
2010	アパパネ		×	×	2着		→
2009	ブエナビスタ		○	◉	1着	¥110	大的中
2008	トールポピー		×	×	2着		→
2007	ウオッカ		○	◉	1着	¥140	大的中
2006	テイエムプリキュア		×	×	4着		→
2005	ディアデラノビア	×	○	×	7着		→
2004	スイープトウショウ		○	◉	1着	¥180	大的中
2003	スティルインラブ	×	○	×	2着		→
2002	オースミコスモ		×	×	2着		→
2001	テイエムオーシャン		○	◉	1着	¥170	大的中

1番人気的中シートの使い方

左のシートに今年の1番人気候補を記入し、過去の成績をもとに「勝てるか、勝てないか」を判定してください。「勝てない」とわかったら、2番人気以下で勝てる馬が浮かび上がる【1着穴馬的中シート】（後ろのページ）に進んでください。

2番人気以下で勝った馬	人気	単勝配当	結果
マルターズディオサ	4	¥1,530	大的中
シンハライト	2	¥560	大的中
ココロノアイ	5	¥820	大的中
クロフネサプライズ	3	¥650	大的中
ハナズゴール	4	¥3,720	大的中
ショウリュウムーン	9	¥3,900	大的中
エアパスカル	5	¥1,380	
アドマイヤキッス	2	¥380	大的中
エイシンテンダー	3	¥1,360	大的中
オースミハルカ	4	¥940	大的中
ヘルスウォール	5	¥1,670	大的中

過去20年、１番人気に応えて優勝した馬の近２走成績と実績を紹介します。
（実績は１勝クラス以上連対歴を列記。以下同様）

2019年　ダノンファンタジー　130円

前走	12月９日	阪神1600m	ＧⅠ	阪神ＪＦ	１番人気	１着	0.1秒差	２位
前々走	11月３日	京都1400m	ＧⅢ	ファンタジーＳ	１番人気	１着	0.3秒差	１位

2018年　ラッキーライラック　180円

前走	12月10日	阪神1600m	ＧⅠ	阪神ＪＦ	２番人気	１着	0.1秒差	１位
前々走	10月28日	東京1600m	ＧⅢ	アルテミスＳ	２番人気	１着	0.1秒差	１位

2017年　ソウルスターリング　150円

前走	12月11日	阪神1600m	ＧⅠ	阪神ＪＦ	１番人気	１着	0.2秒差	２位
前々走	10月22日	東京1800m	牡馬OP	アイビーＳ	２番人気	１着	0.3秒差	１位

2014年　ハープスター　110円

前走	12月８日	阪神1600m	ＧⅠ	阪神ＪＦ	１番人気	２着	0.0秒差	１位
前々走	８月25日	新潟1600m	牡馬GⅢ	新潟２歳Ｓ	１番人気	１着	0.5秒差	１位

※前走ハナ差２着でデビュー３連勝を逃しました。

2011年　レーヴディソール　110円

前走	12月12日	阪神1600m	ＧⅠ	阪神ＪＦ	１番人気	１着	0.1秒差	１位
前々走	10月16日	京都1600m	牡馬GⅡ	デイリー杯２歳Ｓ	１番人気	１着	0.2秒差	１位

2009年　ブエナビスタ　110円

前走	12月14日	阪神1600m	ＧⅠ	阪神ＪＦ	１番人気	１着	0.4秒差	１位
前々走	11月15日	京都1600m	未勝利		１番人気	１着	0.5秒差	１位

2007年　ウオッカ　140円

前走	２月３日	京都1600m	ＯＰ	エルフィンＳ	１番人気	１着	0.5秒差	１位
前々走	12月３日	阪神1600m	ＧⅠ	阪神ＪＦ	４番人気	１着	0.0秒差	１位
２歳	11月12日	京都1800m	牡馬500万	黄菊賞	２番人気	２着	0.2秒差	１位

2004年　スイープトウショウ　180円

前走	１月18日	京都1400m	ＯＰ	紅梅Ｓ	１番人気	１着	0.1秒差	２位
前々走	12月７日	阪神1600m	ＧⅠ	阪神ＪＦ	１番人気	５着	0.2秒差	２位
２歳	11月９日	京都1400m	ＧⅢ	ファンタジーＳ	２番人気	１着	0.2秒差	１位

2001年　テイエムオーシャン　170円

前走	12月３日	阪神1600m	ＧⅠ	阪神３歳牝馬Ｓ	１番人気	１着	0.3秒差	Ｘ位
前々走	９月23日	札幌1800m	牡馬GⅢ	札幌３歳Ｓ	１番人気	３着	0.3秒差	X位　逃げ
２歳	８月26日	札幌1200m	牡馬500万	平場	１番人気	１着	1.0秒差	１位

過去20年、１番人気に応えられず負けた馬の近２走成績と実績を紹介します。

2020年　レシステンシア　３着
前走　　12月８日　阪神1600m　ＧⅠ　阪神ＪＦ　　　　　４番人気　１着　0.8秒差　1位 逃げ
前々走　11月２日　京都1400m　ＧⅢ　ファンタジーＳ　６番人気　１着　0.2秒差　３位
※前走４番人気ＮＧ。

2016年　ジュエラー　２着
前走　　１月10日　京都1600m　牝馬GⅢ　シンザン記念　　２番人気　２着　0.0秒差　１位
前々走　11月29日　京都1800m　牝馬新馬　　　　　　　　２番人気　１着　0.4秒差　１位
※前走２番人気負けＮＧ。

2015年　クルミナル　11着
前走　　２月７日　京都1600m　ＯＰ　エルフィンＳ　　１番人気　１着　0.3秒差　２位
前々走　１月25日　京都1800m　牝馬新馬　　　　　　　２番人気　１着　0.2秒差　１位
※重賞未経験ＮＧ。

2013年　レッドオーヴァル　７着
前走　　１月14日　京都1400m　ＯＰ　紅梅Ｓ　　　　　１番人気　１着　0.5秒差　１位
前々走　12月１日　中京1400m　牝馬未勝利　　　　　　１番人気　１着　0.5秒差　１位
※重賞未経験ＮＧ。

2012年　ジョワドヴィーヴル　３着
前走　　12月11日　阪神1600m　ＧⅠ　阪神ＪＦ　　　　４番人気　１着　0.4秒差　１位
前々走　11月12日　京都1600m　牝馬新馬　　　　　　　１番人気　１着　0.2秒差　２位
※前走４番人気ＮＧ。

2010年　アパパネ　２着
前走　　12月13日　阪神1600m　ＧⅠ　阪神ＪＦ　２番人気　１着　0.1秒差　２位
前々走　11月15日　東京1600m　500万　赤松賞　３番人気　１着　0.4秒差　１位
※前走２番人気上がり２位ＮＧ。

2008年　トールポピー　２着
前走　　12月２日　阪神1600m　ＧⅠ　阪神ＪＦ　　　　３番人気　１着　0.0秒差　３位
前々走　11月11日　京都1800m　牝馬500万　黄菊賞　　２番人気　２着　0.0秒差　２位
※前走３番人気ＮＧ。３番人気可としても、完勝ではなく、上がりの３位でＮＧ。

2006年　テイエムプリキュア　４着
前走　　12月４日　阪神1600m　ＧⅠ　阪神ＪＦ　　　　８番人気　１着　0.2秒差　１位
前々走　10月23日　京都1400m　牝馬500万　かえで賞　５番人気　１着　0.1秒差　Ｘ位
※前走８番人気ＮＧ。

2005年　ディアデラノビア　７着
前走　　１月15日　京都1600m　牝馬500万　白梅賞　　１番人気　１着　0.3秒差　１位
前々走　12月12日　阪神1600m　牝馬新馬　　　　　　２番人気　１着　0.3秒差　１位

※重賞未経験ＮＧ。

2003年　スティルインラブ　２着

前走	１月19日	京都1400m	ＯＰ	紅梅Ｓ	２番人気	１着	0.1秒差	１位
前々走	11月30日	阪神1400m	新馬		１番人気	１着	0.6秒差	３位

※重賞未経験ＮＧ。

2002年　オースミコスモ　２着

前走	12月２日	阪神1600m	ＧⅠ	阪神ＪＦ	２番人気	３着	0.1秒差	Ｘ位
前々走	11月11日	東京1600m	500万	赤松賞	１番人気	１着	0.4秒差	２位

◆１番人気が飛ぶとわかったらココへ

１番人気が「負ける」とわかったら、２番人気以下の馬から勝つ馬を見つけます。簡単です。僕が課すハードルを満たした馬しか勝ちませんので、【１着穴馬的中シート】を利用して見つけだしてください。

２番人気以下で勝てる馬を浮かび上がらせます

ハードル❶
前走新馬・未勝利上がり１位完勝

ハードル❷
近２走で１勝クラス完勝

ハードル❸
オープン特別、ＧⅢ、ＧⅡ「１番人気１着歴か、近２走で１着」

ハードル❹
前走ＧⅠ連対

どれか一つで可。

2番人気以下で勝てる馬【1着穴馬的中シート】

条件	馬番 or 馬名
ハードル❶クリア	
ハードル❷クリア	
ハードル❸クリア	
ハードル❹クリア	

過去20年、2番人気以下で優勝した馬の近2走成績と実績を紹介します。

2020年　4番人気　マルターズディオサ　1530円
前走　12月8日　阪神1600m　GⅠ　阪神JF　6番人気　2着　0.8秒差　X位
前々走　9月29日　中山1600m　1勝クラス　サフラン賞　4番人気　1着　0.0秒差　1位

2016年　2番人気　シンハライト　560円
前走　1月17日　京都1400m　OP　紅梅S　1番人気　1着　0.0秒差　2位
前々走　10月10日　京都1600m　新馬　1番人気　1着　0.2秒差　2位

2015年　5番人気　ココロノアイ　820円
前走　12月14日　阪神1600m　GⅠ　阪神JF　4番人気　3着　0.2秒差　3位
前々走　11月1日　東京1600m　GⅢ　アルテミスS　9番人気　1着　0.0秒差　X位

2013年　3番人気　クロフネサプライズ　650円
前走　12月9日　阪神1600m　GⅠ　阪神JF　15番人気　2着　0.0秒差　X位
前々走　10月13日　京都1400m　500万　りんどう賞　5番人気　1着　0.2秒差　X位　逃げ

2012年　4番人気　ハナズゴール　3720円
前走　2月11日　東京1400m　牝馬500万　平場　5番人気　1着　0.4秒差　1位
前々走　1月21日　中山1600m　500万　菜の花賞　6番人気　10着　1.0秒差　3位

2010年　9番人気　ショウリュウムーン　3900円
前走　2月14日　京都1600m　未勝利　4番人気　1着　0.3秒差　1位
※重馬場で道悪巧者の血が炸裂しました。

2008年　５番人気　エアパスカル　1380円
前走　２月24日　京都D1400m　牡馬500万　こぶし賞　３番人気　13着　4.5秒差　X位
前々走　１月20日　京都1400m　ＯＰ　紅梅Ｓ　３番人気　２着　0.1秒差　X位
◉前走の惨敗は、雪のために芝1600mからダート1400mに変更されたことが原因でしょう。従って同馬の評価は未確定です。

2006年　２番人気　アドマイヤキッス　380円
前走　９月４日　札幌1800m　牡馬未勝利　１番人気　１着　0.8秒差　１位

2005年　３番人気　エイシンテンダー　1360円
前走　１月22日　中山1200m　ＯＰ　菜の花賞　４番人気　１着　0.2秒差　１位
前々走　９月19日　阪神1200m　新馬　２番人気　１着　0.0秒差　3位 4角先頭

2003年　４番人気　オースミハルカ　940円
前走　12月１日　阪神1600m　ＧⅠ　阪神ＪＦ　３番人気　７着　0.5秒差　X位
前々走　10月13日　京都1400m　500万　りんどう賞　３番人気　１着　0.1秒差　X位

2002年　５番人気　ヘルスウォール　1670円
前走　12月25日　川崎D1600m　ＧⅡ　全日本２歳優駿　３番人気　９着　1.6秒差
前々走　12月２日　阪神1600m　ＧⅠ　阪神ＪＦ　５番人気　８着　0.5秒差　X位
２歳　８月19日　新潟1200m　牝馬OP　ダリア賞　１番人気　１着　0.3秒差　１位

◆２着馬を見つけるのはココで

２着候補を２番人気以下から見つけだすのに便利なツールが僕の作ったハードルです。こちらも【２着穴馬的中シート】を併用して見つけてください。なお、１番人気に応えられなくても２着に来ることはありますので、１番人気馬は無条件で２着候補です。

２番人気以下で２着に入れる馬を浮かび上がらせます

ハードル❶
前走新馬・未勝利上がり１位完勝

ハードル❷
近２走で１勝クラス「１番人気か、完勝」

ハードル❸
近２走でオープン特別、GⅢ、GⅡ
「連対か、0.1秒以内の負け」

ハードル❹
ＧⅠ３着以内歴

どれか一つで可。

２番人気以下で２着に入れる馬【２着穴馬的中シート】

条件	馬番 or 馬名
ハードル①クリア	
ハードル②クリア	
ハードル③クリア	
ハードル④クリア	

過去20年、２番人気以下で２着に入った馬の近２走成績と実績を紹介します。

2020年　２番人気　クラヴァシュドール
前走　12月８日　阪神1600m　ＧⅠ　阪神ＪＦ　３番人気　３着　0.8秒差　２位
前々走　10月５日　東京1600m　牡馬GⅢ　サウジアラビアＲＣ　２番人気　２着　0.2秒差　１位

2019年　４番人気　シゲルピンクダイヤ
前走　11月３日　京都1600m　未勝利　２番人気　１着　0.2秒差　１位

2018年　３番人気　マウレア
前走　２月12日　東京1600m　ＧⅢ　クイーンＣ　１番人気　５着　0.5秒差　Ｘ位
前々走　12月10日　阪神1600m　ＧⅠ　阪神ＪＦ　４番人気　３着　0.2秒差　２位
２歳　11月19日　東京1600m　500万　赤松賞　１番人気　１着　0.0秒差　２位

2017年　７番人気　ミスパンテール
前走　７月30日　札幌1500m　牡馬新馬　３番人気　１着　0.2秒差　１位

2015年　７番人気　アンドリエッテ
前走　２月14日　東京1600m　ＧⅢ　クイーンＣ　10番人気　４着　0.1秒差　３位
前々走　12月27日　阪神1600m　牡馬未勝利　４番人気　１着　0.3秒差　１位

2014年　４番人気　ヌーヴォレコルト
前走　12月８日　中京1600m　牡馬500万　こうやまき賞　２番人気　１着　0.1秒差　Ｘ位
前々走　11月９日　東京1600m　未勝利　１番人気　１着　0.4秒差　１位

2013年　７番人気　ウインプリメーラ
前走　２月２日　京都1600m　ＯＰ　エルフィンＳ　１番人気　２着　0.1秒差　Ｘ位
前々走　１月12日　中山1600m　ＧⅢ　フェアリーＳ　３番人気　８着　0.7秒差　Ｘ位

2012年　３番人気　エピセアローム
前走　12月11日　阪神1600m　ＧⅠ　阪神ＪＦ　２番人気　８着　0.6秒差　Ｘ位
前々走　９月４日　小倉1200m　牡馬GⅢ　小倉２歳Ｓ　２番人気　１着　0.2秒差　３位

2011年　２番人気　ライステラス
前走　12月12日　阪神1600m　ＧⅠ　阪神ＪＦ　８番人気　３着　0.3秒差　Ｘ位
前々走　11月13日　東京1400m　牡馬GⅡ　京王杯２歳Ｓ　４番人気　４着　0.5秒差　Ｘ位
２歳　10月17日　東京1400m　500万　サフラン賞　２番人気　１着　0.0秒差　３位

2009年　７番人気　サクラミモザ
前走　１月25日　京都Ｄ1400m　500万　平場　１番人気　１着　0.3秒差　2位 4角先頭
前々走　12月14日　中山Ｄ1200m　新馬　２番人気　１着　1.1秒差　Ｘ位

2007年　２番人気　ダイワスカーレット
前走　１月８日　京都1600m　牡馬GⅢ　シンザン記念　１番人気　２着　0.2秒差　２位
前々走　12月16日　中京1800m　牡馬OP　中京２歳Ｓ　１番人気　１着　0.1秒差　２位

2006年　６番人気　シェルズレイ
前走　２月４日　京都1600m　ＯＰ　エルフィンＳ　２番人気　４着　0.6秒差　Ｘ位
前々走　12月25日　阪神1600m　牡馬500万　平場　６番人気　１着　0.1秒差　3位 3角先頭

2005年　７番人気　アドマイヤメガミ
前走　２月５日　京都1600m　ＯＰ　エルフィンＳ　４番人気　４着　0.4秒差　１位
前々走　１月９日　京都2000m　牡馬500万　福寿草特別　１番人気　５着　0.3秒差　２位

2004年　３番人気　アズマサンダース

前走	12月７日	阪神1600m	ＧⅠ	阪神ＪＦ	５番人気	６着	0.3秒差	Ｘ位
前々走	10月４日	札幌1800m	牝馬GⅢ	札幌２歳Ｓ	８番人気	２着	0.1秒差	２位

2001年　３番人気　ポイントフラッグ

前走	２月３日	京都1600m	ＯＰ	エルフィンＳ	２番人気	２着	0.1秒差	２位
前々走	１月13日	京都1400m	ＯＰ	紅梅Ｓ	８番人気	２着	0.0秒差	１位

GⅢ

オーシャンS

3月6日（土）

中山競馬場　芝1200m

4歳以上

［グレード］

別定　56kg（牝馬２kg減）

過去１年間で　　　　　ＧⅠ競走（牝馬限定競走は除く）１着馬は２kg増
牝馬限定ＧⅠ競走およびＧⅡ競走（牝馬限定競走は除く）１着馬は１kg増
過去１年以前の　　　　ＧⅠ競走（牝馬限定競走は除く）１着馬は１kg増
（ただし、２歳時の成績を除く）。

1番人気で勝てる馬を浮かび上がらせます

大前提①　4～5歳馬で、加増は1kgまで

ハードル❶
1200m重賞1番人気歴、かつ、
オープンクラス1番人気完勝歴

まず、今年も多くのファンを失望させることになるかもしれない1番人気馬を大前提とハードルに照らし合わせ、勝てるか負けるかを判定しましょう。2ページ後からの【1番人気的中シート】を利用してください。

オーシャンステークスの真相

前々項のＧⅢ阪急杯と同じ負担重量規程ですから、実質ＧⅡと言いたいところですが……これについては後述します。

その阪急杯で言及したように、距離1600m以下のオープンクラスにおいては１月まで、４歳馬は５歳以上馬より１kg軽い基礎重量になっています。まだ弱いからです。

しかし、このオーシャンステークスは３月第１週に行われるため、４歳馬も年長馬と同じ基礎重量です。まだまだ１kg軽くしてほしい成長途上の４歳馬にとり厳しいレースではありますが、阪急杯に比べて１週分成長している点と、距離が200m短い1200mである点により、阪急杯よりは４歳馬に優しいと思います。

なお、当レースは2005年までは、いまと同じ中山芝1200mのオープン特別競走として行われていました（1999年は1600万条件＝現３勝クラス＝準オープンとも言う）。オープン特別と重賞では違うレースと言えますので、ＧⅢに昇格した2006年以降の15回を分析して【爆勝的中シート】を作成しています。

阪急杯に比べてハードルは低くくなっています。これはまだ歴史が浅いこと、距離が阪急杯よりも短いこと、関東エリアのレースであることが原因と思われます。そういう意味で言えば、実質ＧⅡにはほど遠く、紛れもないＧⅢではあります。事実、当レースは阪急杯が求めるＧⅠ実績は一切問われません。

1番人気で勝てる馬【1番人気的中シート】

大前提①　4～5歳馬で、加増は1kgまで
ハードル❶ 1200 m重賞1番人気歴、かつ、オープンクラス1番人気完勝歴

年度	オーシャンSの1番人気馬	性齢	大前提①	ハードル❶	判定	着順	単勝配当
2021							
2021							
2020	ダノンスマッシュ	牡5		○	◉	1着	¥200
2019	モズスーパーフレア	牝4		○	◉	1着	¥310
2018	ダイメイフジ	牡4		×	×	3着	
2017	メラグラーナ	牝5		○	◉	1着	¥230
2016	アルビアーノ	牝4		×	×	5着	
2015	ハクサンムーン	牡6	×	○	×	2着	
2014	ハクサンムーン	牡5		×	×	13着	
2013	ダッシャーゴーゴー	牡6	×	○	×	2着	
2012	カレンチャン	牝5	×	○	×	4着	
2011	レッドスパーダ	牡5		×	×	3着	
2010	ショウナンカザン	牡5		×	×	16着	
2009	キンシャサノキセキ	牡6	×	○	×	10着	
2008	サンアディユ	牝6	×	○	×	16着	
2007	アイルラヴァゲイン	牡5		○	◉	1着	¥350
2006	シンボリグラン	牡4	×	×	×	3着	

1番人気的中シートの使い方

左のシートに今年の1番人気候補を記入し、過去の成績をもとに「勝てるか、勝てないか」を判定してください。「勝てない」とわかったら、2番人気以下で勝てる馬が浮かび上がる【1着穴馬的中シート】（後ろのページ）に進んでください。

結果	2番人気以下で勝った馬	人気	単勝配当	結果
大的中				
大的中				
→	キングハート	10	¥3,130	ハズレ
大的中				
→	エイシンブルズアイ	5	¥1,100	大的中
→	サクラゴスペル	7	¥1,330	大的中
→	スマートオリオン	3	¥850	大的中
→	サクラゴスペル	2	¥430	大的中
→	ワンカラット	9	¥2,690	大的中
→	ダッシャーゴーゴー	3	¥700	大的中
→	キンシャサノキセキ	2	¥420	大的中
→	アーバニティ	3	¥620	大的中
→	プレミアムボックス	7	¥1,960	大的中
大的中				
→	ネイティヴハート	14	¥13,950	大的中

過去15年、１番人気に応えて優勝した馬の近２走成績と実績を紹介します。

（実績はオープン特別１着以上を列記。以下同様）

2020年　ダノンスマッシュ　牡５　56kg　200円
前走　12月８日　香港1200m　ＧⅠ　香港スプリント　３番人気　８着
前々走　９月29日　中山1200m　ＧⅠ　スプリンターズＳ　１番人気　３着　0.1秒差　Ｘ位
４歳　８月25日　札幌1200m　ＧⅢ　キーンランドＣ　１番人気　１着　0.1秒差　Ｘ位
４歳　１月27日　京都1200m　ＧⅢ　シルクロードＳ　１番人気　１着　0.2秒差　３位
３歳　11月25日　京都1200m　ＧⅢ　京阪杯　１番人気　１着　0.3秒差　３位
３歳　８月26日　札幌1200m　ＧⅢ　キーンランドＣ　４番人気　２着　0.4秒差　Ｘ位
２歳　10月15日　京都1400m　ＯＰ　もみじＳ　１番人気　１着　0.5秒差　１位

2019年　モズスーパーフレア　牝４　54kg　310円
前走　１月５日　中山1200m　ＯＰ　カーバンクルＳ　１番人気　１着　0.2秒差　Ｘ位 逃げ
前々走　12月２日　中山1200m　ＯＰ　ラピスラズリＳ　１番人気　２着　0.0秒差　Ｘ位 逃げ
※小倉1200mＧⅢ小倉２歳Ｓ１番人気。

2017年　メラグラーナ　牝５　54kg　230円
前走　12月10日　中山1200m　ＯＰ　ラピスラズリＳ　１番人気　１着　0.2秒差　２位
前々走　11月27日　京都1200m　ＧⅢ　京阪杯　１番人気　14着　2.3秒差　Ｘ位

2007年　アイルラヴァゲイン　牡５　56kg　350円
前走　２月10日　京都D1400m　ＯＰ　すばるＳ　１番人気　７着　0.8秒差　Ｘ位
前々走　１月20日　中山1200m　1600万　サンライズＳ　２番人気　１着　0.4秒差　２位
３歳　４月３日　阪神1400m　ＯＰ　マーガレットＳ　１番人気　１着　0.5秒差　１位
２歳　12月25日　中山1200m　ＯＰ　クリスマスローズＳ　３番人気　１着　0.4秒差　2位 4角先頭
※京都1200mＧⅢシルクロードＳ、中山1600mＧⅢ京成杯オータムＨ、中山1200mＧⅢクリスタルＣ１番人気。

過去15年、１番人気に応えられず負けた馬の近２走成績と実績を紹介します。

2018年　ダイメイフジ　牡４　56kg　３着
前走　２月18日　京都1400m　1600万　斑鳩Ｓ　３番人気　１着　0.5秒差　2位 4角先頭
前々走　２月４日　京都1200m　1600万　山城Ｓ　３番人気　２着　0.1秒差　３位
※オープンクラス未勝利。

2016年　アルビアーノ　牝４　55kg（＋１kg）５着
前走　11月22日　京都1600m　ＧⅠ　マイルＣＳ　５番人気　５着　0.3秒差　Ｘ位
前々走　10月31日　京都1400m　ＧⅡ　スワンＳ　２番人気　１着　0.2秒差　Ｘ位
３歳　５月10日　東京1600m　ＧⅠ　ＮＨＫマイルＣ　４番人気　２着　0.2秒差　Ｘ位
３歳　３月21日　中山1800m　牝馬GⅢ　フラワーＣ　１番人気　１着　0.2秒差　１位
※1200m重賞１番人気歴なし。

2015年　ハクサンムーン　牡６　56kg　２着
前走　12月27日　阪神1400m　ＧⅡ　阪神Ｃ　11番人気　18着　1.6秒差　Ｘ位 逃げ

前々走　10月５日　新潟1200m　ＧⅠ　スプリンターズＳ　１番人気　13着　0.4秒差　Ｘ位

５歳　９月14日　阪神1200m　ＧⅡ　セントウルＳ　１番人気　２着　0.2秒差　Ｘ位

４歳　９月29日　中山1200m　ＧⅠ　スプリンターズＳ　２番人気　２着　0.1秒差　Ｘ位　逃げ

４歳　９月８日　阪神1200m　ＧⅡ　セントウルＳ　２番人気　１着　0.0秒差　３位　逃げ

４歳　７月28日　新潟1000m　ＧⅢ　アイビスサマーダッシュ　１番人気　１着　0.1秒差　１位　逃げ

４歳　６月30日　中京1200m　ＧⅢ　ＣＢＣ賞　２番人気　２着　0.0秒差　Ｘ位　逃げ

３歳　11月24日　京都1200m　ＧⅢ　京阪杯　10番人気　１着　0.0秒差　Ｘ位　逃げ

※６歳馬ＮＧ。

2014年　ハクサンムーン　牡５　57kg（＋１kg）13着

前走　９月29日　中山1200m　ＧⅠ　スプリンターズＳ　２番人気　２着　0.1秒差　Ｘ位　逃げ

前々走　９月８日　阪神1200m　ＧⅡ　セントウルＳ　２番人気　１着　0.0秒差　３位　逃げ

４歳　７月28日　新潟1000m　ＧⅢ　アイビスサマーダッシュ　１番人気　１着　0.1秒差　１位　逃げ

４歳　６月30日　中京1200m　ＧⅢ　ＣＢＣ賞　２番人気　２着　0.0秒差　Ｘ位　逃げ

３歳　11月24日　京都1200m　ＧⅢ　京阪杯　10番人気　１着　0.0秒差　Ｘ位　逃げ

※1200m重賞１番人気歴なし。

2013年　ダッシャーゴーゴー　牡６　56kg　２着

前走　１月27日　京都1200m　ＧⅢ　シルクロードＳ　４番人気　２着　0.0秒差　Ｘ位

前々走　９月30日　中山1200m　ＧⅠ　スプリンターズＳ　６番人気　16着　1.4秒差　Ｘ位

５歳　８月26日　札幌1200m　ＧⅢ　キーンランドＣ　１番人気　２着　0.0秒差　３位

４歳　６月12日　阪神1200m　ＧⅢ　ＣＢＣ賞　１番人気　１着　0.1秒差　１位

４歳　３月５日　中山1200m　ＧⅢ　オーシャンＳ　３番人気　１着　0.1秒差　２位

３歳　９月12日　阪神1200m　ＧⅡ　セントウルＳ　４番人気　１着　0.0秒差　２位

３歳　６月13日　京都1200m　ＧⅢ　ＣＢＣ賞　７番人気　２着　0.1秒差　１位

２歳　10月３日　阪神1400m　ＯＰ　ききょうＳ　１番人気　１着　0.3秒差　２位

２歳　９月６日　小倉1200m　ＧⅢ　小倉２歳Ｓ　５番人気　２着　0.0秒差　１位

※６歳馬ＮＧ。

2012年　カレンチャン　牝５　56kg（＋２kg）４着

前走　12月11日　香港1200m　ＧⅠ　香港スプリント　５番人気　５着

前々走　10月２日　中山1200m　ＧⅠ　スプリンターズＳ　３番人気　１着　0.3秒差　２位

４歳　８月28日　札幌1200m　ＧⅢ　キーンランドＣ　１番人気　１着　0.0秒差　Ｘ位

４歳　７月３日　函館1200m　ＧⅢ　函館ＳＳ　１番人気　１着　0.0秒差　１位

４歳　４月９日　阪神1400m　牝馬GⅡ　阪神牝馬Ｓ　１番人気　１着　0.1秒差　Ｘ位

※加増２kgＮＧ。

2011年　レッドスパーダ　牡５　56kg　３着

前走　12月18日　阪神1400m　ＧⅡ　阪神Ｃ　５番人気　２着　0.0秒差　Ｘ位　逃げ

前々走　２月21日　東京Ｄ1600m　ＧⅠ　フェブラリーＳ　３番人気　12着　3.5秒差　Ｘ位

４歳　１月30日　東京1600m　ＧⅢ　東京新聞杯　２番人気　１着　0.2秒差　３位

４歳　１月16日　中山1600m　ＯＰ　ニューイヤーＳ　２番人気　１着　0.0秒差　Ｘ位

３歳　５月10日　東京1600m　ＧⅠ　ＮＨＫマイルＣ　５番人気　２着　0.3秒差　２位

３歳　３月22日　中山1800m　ＧⅡ　スプリングＳ　８番人気　２着　0.1秒差　Ｘ位

※1200m重賞１番人気歴、オープンクラス１番人気完勝歴なし。

2010年　ショウナンカザン　牡5　56kg　16着

前走	2月7日	京都1200m	GⅢ	シルクロードS	4番人気	2着	0.3秒差	X位 逃げ
前々走	12月20日	阪神1400m	GⅡ	阪神C	4番人気	5着	0.3秒差	X位

2009年　キンシャサノキセキ　牡6　57kg（＋1kg）10着

前走	10月5日	中山1200m	GⅠ	スプリンターズS	2番人気	2着	0.2秒差	X位
前々走	8月31日	札幌1200m	GⅢ	キーンランドC	1番人気	3着	0.2秒差	1位
5歳	7月6日	函館1200m	GⅢ	函館SS	1番人気	1着	0.1秒差	X位
5歳	3月30日	中京1200m	GⅠ	高松宮記念	5番人気	2着	0.0秒差	X位
4歳	11月23日	東京1600m	OP	キャピタルS	2番人気	1着	0.1秒差	X位
4歳	4月29日	新潟1400m	OP	谷川岳S	1番人気	1着	0.1秒差	X位
3歳	1月5日	中山1600m	OP	ジュニアC	5番人気	1着	0.0秒差	1位

※6歳馬NG。

2008年　サンアディユ　牝6　56kg（＋2kg）16着

前走	11月23日	京都1200m	GⅢ	京阪杯	1番人気	1着	0.1秒差	X位
前々走	9月30日	中山1200m	GⅠ	スプリンターズS	1番人気	2着	0.1秒差	X位
5歳	9月9日	阪神1200m	GⅡ	セントウルS	11番人気	1着	0.8秒差	3位
5歳	7月15日	新潟1000m	GⅢ	アイビスサマーダッシュ	13番人気	1着	0.1秒差	1位

※6歳馬NG、加増2kgNG。

2006年　シンボリグラン　牡4　58kg（＋2kg）3着

前走	12月24日	中京1200m	GⅡ	CBC賞	3番人気	1着	0.0秒差	3位
前々走	11月13日	東京1400m	OP	オーロC	2番人気	1着	0.2秒差	X位
3歳	5月15日	京都1400m	OP	葵S	2番人気	1着	0.1秒差	X位

※加増2kgNG。

◆1番人気が飛ぶとわかったらココへ

1番人気が「負ける」とわかったら、2番人気以下の馬から勝つ馬を見つけます。簡単です。僕が課すハードルを満たした馬しか勝ちませんので、【1着穴馬的中シート】を利用して見つけだしてください。

2番人気以下で勝てる馬を浮かび上がらせます

ハードル❶

近2走で3勝クラス以上「完勝か、1番人気1着」

ハードル❷

オープン特別1番人気1着歴か、GⅢ・GⅡ1着歴

どちらか一方で可。

注：ハードルはすべて1200m以上

2番人気以下で勝てる馬【1着穴馬的中シート】

条件	馬番 or 馬名
ハードル❶クリア	
ハードル❷クリア	

過去15年、2番人気以下で優勝した馬の近2走成績と実績を紹介します。

2018年　10番人気　キングハート　牡5　56kg　3130円

前走	1月28日	京都1200m	GⅢ	シルクロードS	11番人気	8着	0.7秒差	X位
前々走	10月8日	京都1200m	OP	オパールS	2番人気	8着	0.3秒差	X位
4歳	6月18日	函館1200m	GⅢ	函館SS	4番人気	2着	0.4秒差	X位
4歳	5月7日	京都1200m	OP	鞍馬S	3番人気	1着	0.0秒差	3位

※1着候補として浮かび上がらせることはできませんでした。ただし、負担重量50kgの3歳牝馬ジューヌエコールに対して56kgを背負って2着に敗れた函館スプリントSの評価次第では、浮上させることも可能と考えます。

2016年　5番人気　エイシンブルズアイ　牡5　56kg　1100円

前走	2月13日	京都1600m	OP	洛陽S	4番人気	2着	0.1秒差	1位
前々走	1月5日	京都1600m	GⅢ	京都金杯	6番人気	6着	0.5秒差	X位
4歳	1月12日	京都1200m	OP	淀短距離S	1番人気	1着	0.2秒差	X位
3歳	3月29日	阪神1800m	GⅢ	毎日杯	3番人気	2着	0.0秒差	3位

※京都1200mGⅢシルクロードS1番人気歴

2015年　7番人気　サクラゴスペル　牡7　56kg　1330円

前走	12月13日	中山1200m	OP	ラピスラズリS	8番人気	2着	0.0秒差	X位
前々走	11月16日	東京1400m	OP	オーロC	7番人気	8着	0.3秒差	X位 逃げ
5歳	3月2日	中山1200m	GⅢ	オーシャンS	2番人気	1着	0.1秒差	X位
4歳	12月22日	中山1200m	OP	ラピスラズリS	1番人気	1着	0.4秒差	X位

2014年　3番人気　スマートオリオン　牡4　56kg　850円

前走	3月1日	中山1200m	1600万	アクアマリンS	1番人気	1着	0.0秒差	X位
前々走	1月6日	中山1200m	1600万	サンライズS	2番人気	2着	0.2秒差	X位

2013年　2番人気　サクラゴスペル　牡5　56kg　430円

前走	12月22日	中山1200m	OP	ラピスラズリS	1番人気	1着	0.4秒差	X位
前々走	11月3日	東京1400m	1600万	奥多摩S	2番人気	1着	0.4秒差	X位 逃げ

2012年　9番人気　ワンカラット　牝6　54kg　2690円

前走	1月9日	京都1200m	ＯＰ	淀短距離Ｓ	3番人気	4着	1.2秒差	2位
前々走	12月17日	阪神1400m	GⅡ	阪神Ｃ	12番人気	12着	1.1秒差	X位
4歳	8月29日	札幌1200m	GⅢ	キーンランドＣ	2番人気	1着	0.1秒差	2位
4歳	7月4日	函館1200m	GⅢ	函館ＳＳ	2番人気	1着	0.3秒差	1位
4歳	2月28日	阪神1400m	GⅢ	阪急杯	5番人気	2着	0.2秒差	X位
3歳	3月15日	阪神1400m	牝馬GⅡ	フィリーズレビュー	6番人気	1着	0.2秒差	2位
2歳	11月9日	京都1400m	牝馬GⅢ	ファンタジーＳ	5番人気	2着	0.0秒差	1位

2011年　3番人気　ダッシャーゴーゴー　牡4　58kg（＋2kg）700円

前走	11月27日	京都1200m	GⅢ	京阪杯	1番人気	10着	0.5秒差	3位
前々走	10月3日	中山1200m	GⅠ	スプリンターズＳ	6番人気	4着	0.0秒差	1位
3歳	9月12日	阪神1200m	GⅡ	セントウルＳ	4番人気	1着	0.0秒差	2位
3歳	6月13日	京都1200m	GⅢ	ＣＢＣ賞	7番人気	2着	0.1秒差	1位
2歳	10月3日	阪神1400m	ＯＰ	ききょうＳ	1番人気	1着	0.3秒差	2位
2歳	9月6日	小倉1200m	GⅢ	小倉2歳Ｓ	5番人気	2着	0.0秒差	1位

※4着に降着となったスプリンターズＳはウルトラファンタジーのハナ差（0.0秒差）2位入線。

2010年　2番人気　キンシャサノキセキ　牡7　58kg（＋2kg）420円

前走	12月20日	阪神1400m	GⅡ	阪神Ｃ	1番人気	1着	0.2秒差	2位
前々走	10月31日	京都1400m	GⅡ	スワンＳ	4番人気	1着	0.0秒差	X位
5歳	10月5日	中山1200m	GⅠ	スプリンターズＳ	2番人気	2着	0.2秒差	X位
5歳	7月6日	函館1200m	GⅢ	函館ＳＳ	1番人気	1着	0.1秒差	X位
5歳	3月30日	中京1200m	GⅠ	高松宮記念	5番人気	2着	0.0秒差	X位
4歳	11月23日	東京1600m	ＯＰ	キャピタルＳ	2番人気	1着	0.1秒差	X位
4歳	4月29日	新潟1400m	ＯＰ	谷川岳Ｓ	1番人気	1着	0.1秒差	X位
3歳	1月5日	中山1600m	ＯＰ	ジュニアＣ	5番人気	1着	0.0秒差	1位

2009年　3番人気　アーバニティ　牡5　56kg　620円

前走	2月28日	中山1200m	1600万	韓国馬事会杯	2番人気	1着	0.3秒差	1位
前々走	2月15日	東京1400m	1600万	雲雀Ｓ	2番人気	6着	0.6秒差	X位

2008年　7番人気　プレミアムボックス　牡5　56kg　1960円

前走	2月11日	京都1200m	1600万	山城Ｓ	4番人気	1着	0.1秒差	3位
前々走	12月2日	中山1200m	1600万	市川Ｓ	9番人気	13着	1.4秒差	X位

2006年　14番人気　ネイティヴハート　牡8　56kg　13950円

前走	10月29日	京都1400m	GⅡ	スワンＳ	14番人気	16着	1.6秒差	X位
前々走	8月21日	新潟1000m	GⅢ	アイビスサマーダッシュ	10番人気	9着	1.2秒差	X位
5歳	3月8日	中山1200m	ＯＰ	オーシャンＳ	3番人気	1着	0.1秒差	X位
4歳	6月8日	中京1200m	ＯＰ	テレビ愛知ＯＰ	2番人気	1着	0.3秒差	1位
3歳	4月7日	中山1600m	GⅡ	ＮＺＴ	1番人気	2着	0.1秒差	3位
2歳	11月11日	東京1400m	GⅡ	京王杯3歳Ｓ	1番人気	2着	0.1秒差	1位
2歳	10月8日	東京1400m	ＯＰ	アイビーＳ	1番人気	1着	0.4秒差	1位

２歳　　８月20日　盛岡1600m　重賞　東北ジュニアグランプリ　１番人気　１着　1.0秒差　逃げ
※５歳時にオープン特別時代の当レースを勝ったあと、３年間負け続けた８歳馬の一発です。

◆２着馬を見つけるのはココで

２着候補を２番人気以下から見つけだすのに便利なツールが僕の作ったハードルです。こちらも【２着穴馬的中シート】を併用して見つけてください。なお、１番人気に応えられなくても２着に来ることはありますので、１番人気馬は無条件で２着候補です。

２番人気以下で２着に入れる馬を浮かび上がらせます

ハードル❶
近２走で３勝クラス以上完勝

ハードル❷
３勝クラス・オープン特別
「圧勝歴か、１番人気１着歴」

ハードル❸
GⅢ・GⅡ１着歴

どれか一つで可。

２番人気以下で２着に入れる馬【２着穴馬的中シート】

条件	馬番 or 馬名
ハードル❶クリア	
ハードル❷クリア	
ハードル❸クリア	

過去15年、２番人気以下で２着に入った馬の近２走成績と実績を紹介します。

2020年　３番人気　ナックビーナス　牝７　54kg

前走	12月14日	阪神1200m	ＯＰ	タンザナイトＳ	１番人気	２着	0.1秒差	X位 逃げ
前々走	12月１日	中山1200m	ＯＰ	ラピスラズリＳ	１番人気	１着	0.4秒差	X位 逃げ
６歳	３月２日	中山1200m	ＧⅢ	オーシャンＳ	２番人気	２着	0.2秒差	３位
５歳	８月26日	札幌1200m	ＧⅢ	キーンランドＣ	１番人気	１着	0.4秒差	X位 逃げ
５歳	３月３日	中山1200m	ＧⅢ	オーシャンＳ	２番人気	２着	0.0秒差	X位
５歳	１月８日	中山1200m	ＯＰ	カーバンクルＳ	１番人気	１着	0.1秒差	X位 逃げ
４歳	３月４日	中山1200m	ＧⅢ	オーシャンＳ	３番人気	２着	0.1秒差	X位
４歳	１月21日	中山1200m	ＯＰ	カーバンクルＳ	１番人気	１着	0.1秒差	２位
３歳	11月13日	東京1400m	ＯＰ	オーロＣ	７番人気	１着	0.0秒差	X位 逃げ
３歳	５月15日	京都1200m	ＯＰ	葵Ｓ	４番人気	１着	0.1秒差	１位

2019年　２番人気　ナックビーナス　牝６　54kg

前走	１月５日	中山1200m	ＯＰ	カーバンクルＳ	５番人気	２着	0.2秒差	３位
前々走	11月４日	京都D1200m	ＧⅠ	ＪＢＣスプリント	９番人気	15着	3.3秒差	X位
５歳	８月26日	札幌1200m	ＧⅢ	キーンランドＣ	１番人気	１着	0.4秒差	X位 逃げ
５歳	３月３日	中山1200m	ＧⅢ	オーシャンＳ	２番人気	２着	0.0秒差	X位
５歳	１月８日	中山1200m	ＯＰ	カーバンクルＳ	１番人気	１着	0.1秒差	X位 逃げ
４歳	３月４日	中山1200m	ＧⅢ	オーシャンＳ	３番人気	２着	0.1秒差	X位
４歳	１月21日	中山1200m	ＯＰ	カーバンクルＳ	１番人気	１着	0.1秒差	２位
３歳	11月13日	東京1400m	ＯＰ	オーロＣ	７番人気	１着	0.0秒差	X位 逃げ
３歳	５月15日	京都1200m	ＯＰ	葵Ｓ	４番人気	１着	0.1秒差	１位

2018年　２番人気　ナックビーナス　牝５　54kg

前走	１月28日	京都1200m	ＧⅢ	シルクロードＳ	６番人気	５着	0.4秒差	X位
前々走	１月８日	中山1200m	ＯＰ	カーバンクルＳ	１番人気	１着	0.1秒差	X位 逃げ
４歳	３月４日	中山1200m	ＧⅢ	オーシャンＳ	３番人気	２着	0.1秒差	X位
４歳	１月21日	中山1200m	ＯＰ	カーバンクルＳ	１番人気	１着	0.1秒差	２位
３歳	11月13日	東京1400m	ＯＰ	オーロＣ	７番人気	１着	0.0秒差	X位 逃げ
３歳	５月15日	京都1200m	ＯＰ	葵Ｓ	４番人気	１着	0.1秒差	１位

2017年　３番人気　ナックビーナス　牝４　54kg

前走	２月18日	京都1400m	牝馬ＧⅢ	京都牝馬Ｓ	４番人気	７着	0.6秒差	X位
前々走	１月21日	中山1200m	ＯＰ	カーバンクルＳ	１番人気	１着	0.1秒差	２位
３歳	11月13日	東京1400m	ＯＰ	オーロＣ	７番人気	１着	0.0秒差	X位 逃げ
３歳	５月15日	京都1200m	ＯＰ	葵Ｓ	４番人気	１着	0.1秒差	１位

2016年　４番人気　ハクサンムーン　牡７　56kg

前走	10月４日	中山1200m	ＧⅠ	スプリンターズＳ	５番人気	12着	0.7秒差	X位 逃げ
前々走	９月13日	阪神1200m	ＧⅡ	セントウルＳ	２番人気	８着	0.6秒差	X位
６歳	３月29日	中京1200m	ＧⅠ	高松宮記念	６番人気	２着	0.1秒差	X位
６歳	３月７日	中山1200m	ＧⅢ	オーシャンＳ	１番人気	２着	0.1秒差	X位 逃げ
５歳	９月14日	阪神1200m	ＧⅡ	セントウルＳ	１番人気	２着	0.2秒差	X位

4歳	9月29日	中山1200m	GⅠ	スプリンターズS	2番人気	2着	0.1秒差	X位	逃げ
4歳	9月8日	阪神1200m	GⅡ	セントウルS	2番人気	1着	0.0秒差	3位	逃げ
4歳	7月28日	新潟1000m	GⅢ	アイビスサマーダッシュ	1番人気	1着	0.1秒差	1位	逃げ
4歳	6月30日	中京1200m	GⅢ	CBC賞	2番人気	2着	0.0秒差	X位	逃げ
3歳	11月24日	京都1200m	GⅢ	京阪杯	10番人気	1着	0.0秒差	X位	逃げ

2014年　11番人気　スノードラゴン　牡6　56kg

前走	2月2日	東京D1400m	GⅢ	根岸S	7番人気	11着	0.7秒差	X位
前々走	1月6日	中山D1200m	OP	ジャニュアリーS	2番人気	1着	0.2秒差	2位
5歳	12月8日	中山D1200m	GⅢ	カペラS	7番人気	2着	0.0秒差	3位
5歳	4月14日	中山D1200m	OP	京葉S	2番人気	1着	0.0秒差	2位

2012年　5番人気　グランプリエンゼル　牝6　54kg

前走	1月28日	京都1200m	GⅢ	シルクロードS	5番人気	5着	0.4秒差	X位
前々走	12月10日	中山1200m	OP	ラピスラズリS	1番人気	2着	0.0秒差	X位
5歳	11月26日	京都1200m	GⅢ	京阪杯	3番人気	2着	0.2秒差	1位
4歳	10月9日	京都1200m	OP	オパールS	9番人気	1着	0.6秒差	1位
3歳	7月5日	札幌1200m	GⅢ	函館SS	1番人気	1着	0.2秒差	X位
3歳	4月26日	京都1200m	OP	橘S	11番人気	1着	0.1秒差	X位

2011年　2番人気　キンシャサノキセキ　牡8　59kg（+3kg）

前走	12月18日	阪神1400m	GⅡ	阪神C	2番人気	1着	0.0秒差	X位
前々走	11月21日	京都1600m	GⅠ	マイルCS	3番人気	13着	0.7秒差	X位
7歳	3月28日	中京1200m	GⅠ	高松宮記念	1番人気	1着	0.0秒差	X位
7歳	3月6日	中山1200m	GⅢ	オーシャンS	2番人気	1着	0.0秒差	X位
6歳	12月20日	阪神1400m	GⅡ	阪神C	1番人気	1着	0.2秒差	2位
6歳	10月31日	京都1400m	GⅡ	スワンS	4番人気	1着	0.0秒差	X位
5歳	10月5日	中山1200m	GⅠ	スプリンターズS	2番人気	2着	0.2秒差	X位
5歳	7月6日	函館1200m	GⅢ	函館SS	1番人気	1着	0.1秒差	X位
5歳	3月30日	中京1200m	GⅠ	高松宮記念	5番人気	2着	0.0秒差	X位
4歳	11月23日	東京1600m	OP	キャピタルS	2番人気	1着	0.1秒差	X位
4歳	4月29日	新潟1400m	OP	谷川岳S	1番人気	1着	0.1秒差	X位
3歳	1月5日	中山1600m	OP	ジュニアC	5番人気	1着	0.0秒差	1位

2010年　7番人気　エーシンエフダンズ　牡6　56kg

前走	2月7日	京都1200m	GⅢ	シルクロードS	16番人気	7着	0.8秒差	X位
前々走	8月30日	札幌1200m	GⅢ	キーンランドC	8番人気	11着	1.2秒差	X位

※5歳4月4日中山1200m1600万船橋S1番人気1着0.1秒差X位

2009年　6番人気　コスモベル　牝5　54kg

前走	2月8日	京都1200m	GⅢ	シルクロードS	5番人気	7着	0.5秒差	X位
前々走	1月17日	京都1200m	OP	淀短距離S	3番人気	2着	0.3秒差	X位

※4歳9月6日小倉1200m1600万佐世保S2番人気1着0.4秒差1位

2008年　12番人気　エムオーウイナー　牡7　56kg

前走	9月30日	中山1200m	GⅠ	スプリンターズS	14番人気	16着	3.8秒差	X位	
前々走	9月9日	阪神1200m	GⅡ	セントウルS	9番人気	14着	1.7秒差	X位	
6歳	2月4日	京都1200m	GⅢ	シルクロードS	7番人気	1着	0.2秒差	X位	

2007年　10番人気　サチノスイーティー　牝4　55kg（＋1kg）

前走	2月4日	京都1200m	GⅢ	シルクロードS	6番人気	5着	0.3秒差	X位	
前々走	1月7日	中山D1200m	GⅢ	ガーネットS	7番人気	5着	0.4秒差	X位	
3歳	7月16日	新潟1000m	GⅢ	アイビスサマーダッシュ	7番人気	1着	0.5秒差	1位	逃げ

2006年　6番人気　コパノフウジン　牡4　56kg

前走	2月5日	京都1200m	GⅢ	シルクロードS	2番人気	4着	0.1秒差	X位
前々走	1月8日	中山D1200m	GⅢ	ガーネットS	2番人気	3着	0.0秒差	X位
3歳	3月13日	中山1200m	GⅢ	クリスタルC	10番人気	2着	0.2秒差	X位

※2着候補として浮かび上がらせることはできませんでした。

◉ハードル❶は「近2走で3勝クラス完勝」です。コパノフウジンの前々走GⅢタイム差なしの3着のほうがそれよりも価値があると判断し、「ハードル❶を満たしている」と拡大解釈をすれば、2着候補にできます。

GⅡ

弥生賞

3月7日（日）

中山競馬場　芝2000m

３歳

馬齢	牡馬・せん馬56kg　牝馬54kg

（2001年までは牡馬・せん馬55kg　牝馬53kg）

１番人気で勝てる馬を浮かび上がらせます

大前提①　**前走「１着か、ＧⅠ１番人気」**

大前提②　**近２走とも３番人気以内**(全レース５番人気以内)

ハードル❶

２戦２勝馬は前走人気上昇

（デビュー戦１番人気馬は除く）

ハードル❷

３戦３勝馬は前走圧勝、
３連勝中は前走１番人気１着

ハードル❸

重賞上がり１位で「前走完勝か、１番人気１着歴」、あるいは前走１勝クラス上がり１位圧勝

どれか一つで可。

まず、今年も多くのファンを失望させることになるかもしれない１番人気馬を大前提とハードルに照らし合わせ、勝てるか負けるかを判定しましょう。２ページ後からの【１番人気的中シート】を利用してください。

弥生賞の真相

過去20年、１番人気に支持されて勝った馬は過半数の11頭。堅すぎてビックリしますが、その11頭すべてが関西馬というのも驚きです。関東馬は１番人気に推された瞬間、負けが決定。関東のファンの強い思い入れが、単勝を勝ってはいけない地元馬に資金を投入せしめ、１番人気に押し上げている構図が浮かびます。強い関西馬に対抗できる“東の１番手”を東京のマスコミはどうしても取り上げますので、情報に触れたファンがそういう行動をとるのは仕方ありません。

実は、関東馬は“東の２番手以下”を狙うのが面白いレースです。１勝クラスを勝ったばかりの馬が１着に来たり、デビュー戦を勝って２戦目の馬が２着に来たりします。こういった穴馬の単勝を買ったり、強い関西馬の２着につけるのが当レースの愉しみ方のひとつ。もちろん、１番人気の単勝にドカンと投資するのも結構ですが、11回のうち８回は単勝１倍台ですので、以下の文を読んで決断してください。

この単勝１倍台に賭ける行為を「リスクが高い」と言う方がいます。それは「当たったときの配当に比べて」モノを言っているわけです。単勝1.5倍に10,000円を投資する際、「わずか5,000円儲けたいために10,000円をなくすかもしれない」とリスクを感じるわけです。しかし、単勝3.0倍に１万円を投資する際は、「２倍の20,000円儲けたいために10,000円をなくすのは、ま、ありかもしれない」と考えます。でも、どちらもリスクは同じです。ハズれたら10,000円なくすだけです。逆に、単勝1.5倍は勝つ可能性が高く、単勝3.0倍はそれより勝率は低いのですから、後者のほうがハイリスクであることになります。当たったときにハイリターンなだけです。

1番人気で勝てる馬【1番人気的中シート】

大前提①………前走「1着か、GⅠ1番人気」
大前提②………近2走とも3番人気以内（全レース5番人気以内）
ハードル❶……2戦2勝馬は前走人気上昇（デビュー戦1番人気馬は除く）
ハードル❷……3戦3勝馬は前走圧勝、3連勝中は前走1番人気1着
ハードル❸……重賞上がり1位で「前走完勝か、1番人気1着歴」、あるいは前走1勝クラス上が

年度	弥生賞の1番人気馬	大前提①	大前提②	ハードル❶	ハードル❷	ハードル❸	判定
2021							
2021							
2020	ワーケア	×				×	×
2019	ニシノデイジー	×				×	×
2018	ダノンプレミアム				○		◉
2017	カデナ					○	◉
2016	リオンディーズ			×			×
2015	シャイニングレイ			×			×
2014	トゥザワールド				○		◉
2013	エピファネイア				×		×
2012	アダムスピーク			×			×
2011	サダムパテック					○	◉
2010	ヴィクトワールピサ				○		◉
2009	ロジユニヴァース				○		◉
2008	ブラックシェル	×				×	×
2007	アドマイヤオーラ					○	◉
2006	アドマイヤムーン					○	◉
2005	ディープインパクト			○			◉
2004	フォーカルポイント		×			○	×
2003	ザッツザプレンティ					○	◉
2002	ヤマノブリザード	×				×	×
2001	アグネスタキオン			○			◉

ハードルはどれか一つで可。

り１位圧勝

１番人気的中シートの使い方

左のシートに今年の1番人気候補を記入し、過去の成績をもとに「勝てるか、勝てないか」を判定してください。「勝てない」とわかったら、2番人気以下で勝てる馬が浮かび上がる【1着穴馬的中シート】（後ろのページ）に進んでください。

着順	単勝配当	結果	2番人気以下で勝った馬	人気	単勝配当	結果
2着		→	サトノフラッグ	2	¥280	大的中
4着		→	メイショウテンゲン	8	¥3,910	大的中
1着	¥180	大的中				
1着	¥330	大的中				
2着		→	マカヒキ	2	¥260	大的中
7着		→	サトノクラウン	2	¥630	大的中
1着	¥160	大的中				
4着		→	カミノタサハラ	6	¥1,980	大的中
8着		→	コスモオオゾラ	9	¥2,910	ハズレ
1着	¥270	大的中				
1着	¥170	大的中				
1着	¥130	大的中				
2着		→	マイネルチャールズ	2	¥470	大的中
1着	¥170	大的中				
1着	¥160	大的中				
1着	¥120	大的中				
5着		→	コスモバルク	2	¥390	大的中
6着		ハズレ	エイシンチャンプ	2	¥440	—
5着		→	バランスオブゲーム	4	¥1,340	大的中
1着	¥120	大的中				

過去20年、１番人気に応えて優勝した馬の近２走成績と実績を紹介します。
（実績は１勝クラス以上１着歴を列記。以下同様）

2018年　ダノンプレミアム　180円　関西馬
前走　12月17日　阪神1600m　GⅠ　朝日杯ＦＳ　１番人気　１着　0.6秒差　１位
前々走　10月７日　東京1600m　GⅢ　サウジアラビアＲＣ　２番人気　１着　0.3秒差　X位
※３戦３勝馬。1600m戦の圧勝は0.5秒差以上。

2017年　カデナ　330円　関西馬
前走　11月26日　京都2000m　GⅢ　京都２歳Ｓ　３番人気　１着　0.2秒差　１位
前々走　11月６日　東京2000m　500万　百日草特別　３番人気　２着　0.1秒差　１位

2014年　トゥザワールド　160円　関西馬
前走　１月25日　京都2000m　ＯＰ　若駒Ｓ　１番人気　１着　0.2秒差　２位
前々走　11月９日　京都1800m　500万　黄菊賞　２番人気　１着　0.3秒差　X位
※３連勝中。

2011年　サダムパテック　270円　関西馬
前走　12月19日　中山1600m　GⅠ　朝日杯ＦＳ　１番人気　４着　0.2秒差　X位
前々走　11月20日　東京1800m　GⅢ　東スポ杯２歳Ｓ　１番人気　１着　0.6秒差　１位

2010年　ヴィクトワールピサ　170円　関西馬
前走　12月26日　阪神2000m　GⅢ　ラジオNIKKEI杯２歳Ｓ　１番人気　１着　0.0秒差　２位
前々走　11月28日　京都2000m　ＯＰ　京都２歳Ｓ　１番人気　１着　0.2秒差　２位
※３連勝中。

2009年　ロジユニヴァース　130円　関西馬
前走　12月27日　阪神2000m　GⅢ　ラジオNIKKEI杯２歳Ｓ　２番人気　１着　0.7秒差　２位
前々走　10月４日　札幌1800m　GⅢ　札幌２歳Ｓ　１番人気　１着　0.2秒差　１位
※３戦３勝馬。2000m戦の圧勝は0.7秒差以上。

2007年　アドマイヤオーラ　170円　関西馬
前走　１月８日　京都1600m　GⅢ　シンザン記念　３番人気　１着　0.2秒差　１位
前々走　12月16日　中京1800m　ＯＰ　中京２歳Ｓ　２番人気　２着　0.1秒差　１位

2006年　アドマイヤムーン　160円　関西馬
前走　２月５日　東京1800m　GⅢ　共同通信杯　２番人気　１着　0.1秒差　１位
前々走　12月24日　阪神2000m　GⅢ　ラジオたんぱ杯２歳Ｓ　１番人気　２着　0.0秒差　２位
２歳　10月１日　札幌1800m　GⅢ　札幌２歳Ｓ　１番人気　１着　0.2秒差　１位
２歳　８月27日　札幌1500m　ＯＰ　クローバー賞　１番人気　１着　0.0秒差　１位

2005年　ディープインパクト　120円　関西馬
前走　１月22日　京都2000m　ＯＰ　若駒Ｓ　１番人気　１着　0.9秒差　１位
前々走　12月29日　阪神2000m　新馬　１番人気　１着　0.7秒差　１位
※人気が下がっていない２戦２勝馬。

2001年　アグネスタキオン　120円　関西馬
前走　12月23日　阪神2000m　GⅢ　ラジオたんぱ杯3歳S　2番人気　1着　0.4秒差　1位
前々走　12月２日　阪神2000m　新馬　3番人気　1着　0.6秒差　1位
※人気上昇の２戦２勝馬。

過去20年、１番人気に応えられず負けた馬の近２走成績と実績を紹介します。

2020年　ワーケア　２着　関東馬
前走　12月28日　中山2000m　ＧⅠ　ホープフルＳ　2番人気　3着　0.5秒差　2位
前々走　10月19日　東京1800m　ＯＰ　アイビーＳ　1番人気　1着　0.5秒差　1位
※前走１着でもＧⅠ１番人気でもありません。

2019年　ニシノデイジー　４着　関東馬
前走　12月28日　中山2000m　ＧⅠ　ホープフルＳ　3番人気　3着　0.3秒差　1位
前々走　11月17日　東京1800m　ＧⅢ　東スポ杯２歳Ｓ　8番人気　1着　0.0秒差　2位
２歳　９月１日　札幌1800m　ＧⅢ　札幌２歳Ｓ　6番人気　1着　0.0秒差　2位
※前走１着でもＧⅠ１番人気でもありません。

2016年　リオンディーズ　２着　関西馬
前走　12月20日　阪神1600m　ＧⅠ　朝日杯ＦＳ　2番人気　1着　0.1秒差　1位
前々走　11月22日　京都2000m　新馬　1番人気　1着　0.2秒差　1位
※前走人気が落ちた２戦２勝馬。

2015年　シャイニングレイ　７着　関西馬
前走　12月28日　中山2000m　ＧⅡ　ホープフルＳ　2番人気　1着　0.2秒差　X位
前々走　11月９日　京都2000m　新馬　2番人気　1着　0.6秒差　1位
※前走人気が上昇していない２戦２勝馬。

2013年　エピファネイア　４着　関西馬
前走　12月22日　阪神2000m　ＧⅢ　ラジオNIKKEI杯２歳S　1番人気　1着　0.1秒差　1位
前々走　11月24日　京都2000m　ＯＰ　京都２歳Ｓ　1番人気　1着　0.3秒差　1位
※３戦３勝ですが前走圧勝ではありません。

2012年　アダムスピーク　８着　関西馬
前走　12月24日　阪神2000m　ＧⅢ　ラジオNIKKEI杯２歳S　4番人気　1着　0.2秒差　1位
前々走　12月４日　阪神2000m　新馬　2番人気　1着　0.4秒差　1位
※前走人気が落ちた２戦２勝馬。

2008年　ブラックシェル　２着　関西馬
前走　２月17日　京都1800m　ＧⅢ　きさらぎ賞　1番人気　7着　0.3秒差　1位
前々走　１月６日　京都2000m　500万　福寿草特別　2番人気　1着　0.1秒差　1位
２歳　12月23日　中山2000m　ＯＰ　ホープフルＳ　1番人気　2着　0.1秒差　1位
※前走１着でもＧⅠ１番人気でもありません。

2004年　フォーカルポイント　５着　関東馬

前走	１月18日	中山2000m	GⅢ	京成杯	２番人気	１着	0.2秒差	１位
前々走	12月14日	中山1600m	GⅠ	朝日杯ＦＳ	６番人気	４着	0.3秒差	１位
２歳	11月22日	東京1800m	GⅢ	東スポ杯２歳Ｓ	６番人気	２着	0.0秒差	１位

※２走前６番人気ＮＧ。

2003年　ザッツザプレンティ　６着　関西馬

前走	12月21日	阪神2000m	GⅢ	ラジオたんぱ杯2歳S	２番人気	１着	0.7秒差	１位
前々走	11月23日	京都2000m	ＯＰ	京都２歳Ｓ	１番人気	２着	0.1秒差	３位

◉大前提とハードルを満たし単勝1.5倍の断然人気でしたが、レース中の落鉄により６着敗退。アクシデントです。

2002年　ヤマノブリザード　５着　関東馬

前走	12月９日	中山1600m	GⅠ	朝日杯ＦＳ	２番人気	２着	0.1秒差	１位
前々走	11月14日	門別D1800m	ＯＰ	グラスワンダー特別	１番人気	２着	0.0秒差	
２歳	９月22日	札幌1800m	GⅢ	札幌２歳Ｓ	１番人気	１着	0.0秒差	１位
２歳	８月18日	札幌1500m	ＯＰ	クローバー賞	８番人気	１着	0.1秒差	１位

※前走１着でもＧⅠ１番人気でもありません。

◆１番人気が飛ぶとわかったらココへ

１番人気が「負ける」とわかったら、２番人気以下の馬から勝つ馬を見つけます。簡単です。僕が課すハードルを満たした馬しか勝ちませんので、【２着穴馬的中シート】を利用して見つけだしてください。

２番人気以下で勝てる馬を浮かび上がらせます

ハードル❶

近２走で１番人気上がり１位
「１勝クラス以上完勝か、初勝利0.3秒差以上」

ハードル❷

重賞「前走１着か、近２走で圧勝」

どちらか一方で可。

２番人気以下で勝てる馬【1着穴馬的中シート】

条件	馬番 or 馬名
ハードル❶クリア	
ハードル❷クリア	

過去20年、２番人気以下で優勝した馬の近２走成績と実績を紹介します。

2020年　２番人気　サトノフラッグ　280円　関東馬
前走　１月５日　中山2000m　1勝クラス　平場　１番人気　１着　0.5秒差　１位
前々走　11月16日　東京2000m　未勝利　１番人気　１着　0.5秒差　１位

2019年　８番人気　メイショウテンゲン　3910円　関西馬
前走　２月３日　京都1800m　GⅢ　きさらぎ賞　５番人気　５着　0.8秒差　X位
前々走　12月28日　阪神1800m　未勝利　１番人気　１着　0.3秒差　１位
※２分３秒３の重馬場

2016年　２番人気　マカヒキ　260円　関西馬
前走　１月23日　京都2000m　ＯＰ　若駒Ｓ　１番人気　１着　0.2秒差　１位
前々走　10月18日　京都1800m　新馬　１番人気　１着　0.4秒差　１位
◉この年の１番人気リオンディーズは前走人気下降の２戦２勝馬。それに対してマカヒキは人気が下がっていない２戦２勝馬。１番人気に推されても勝てた馬です。

2015年　２番人気　サトノクラウン　630円　関東馬
前走　11月24日　東京1800m　GⅢ　東スポ杯２歳Ｓ　４番人気　１着　0.0秒差　１位
前々走　10月25日　東京1800m　新馬　２番人気　１着　0.2秒差　２位

2013年　６番人気　カミノタサハラ　1980円　関東馬
前走　１月27日　東京1800m　500万　平場　１番人気　１着　0.1秒差　１位
前々走　12月23日　中山2000m　ＯＰ　ホープフルＳ　２番人気　３着　0.2秒差　１位

2012年　９番人気　コスモオオゾラ　2910円　関東馬
前走　２月12日　東京1800m　GⅢ　共同通信杯　７番人気　５着　0.6秒差　X位
前々走　12月３日　中山2000m　500万　葉牡丹賞　６番人気　１着　0.1秒差　１位
◉１着候補として浮かび上がらせることはできませんでした。この年の弥生賞は稍重馬場で２分３秒９。過去30年で見ても2001年不良馬場の２分５秒７、2010年重馬場の２分６秒１に次いで３番目に遅い勝ちタイム。２走前に不良馬場で行われた同距離・同コースの葉牡丹賞を上がり１位で完勝し、道悪巧者ぶりを示していたコスモオオゾラが一発を決めました。稍重馬場とはいえ、ひどく時計のかかる芝のレースでは、このようなケースがよく起こります。

馬券購入を見送る勇気も必要かと思います。

2008年　２番人気　マイネルチャールズ　470円　関東馬

前走	１月20日	中山2000m	GⅢ	京成杯	１番人気	１着	0.0秒差	３位	
前々走	12月23日	中山2000m	ＯＰ	ホープフルＳ	２番人気	１着	0.1秒差	２位	

2004年　２番人気　コスモバルク　390円　地方馬

前走	12月27日	阪神2000m	GⅢ	ラジオたんぱ杯２歳Ｓ	４番人気	１着	0.2秒差	3位	逃げ
前々走	11月８日	東京1800m	500万	百日草特別	９番人気	１着	0.3秒差	2位	3角先頭
２歳	10月14日	門別D1800m	ＯＰ	アグネスタキオン賞	２番人気	２着	0.2秒差		

2003年　２番人気　エイシンチャンプ　440円　関西馬

前走	12月８日	中山1600m	GⅠ	朝日杯ＦＳ	８番人気	１着	0.0秒差	Ｘ位	
前々走	11月23日	京都2000m	ＯＰ	京都２歳Ｓ	３番人気	１着	0.1秒差	２位	
２歳	10月26日	京都1800m	ＯＰ	萩Ｓ	６番人気	２着	0.3秒差	３位	

2002年　４番人気　バランスオブゲーム　1340円　関東馬

前走	12月９日	中山1600m	GⅠ	朝日杯ＦＳ	４番人気	４着	0.3秒差	Ｘ位	
前々走	９月２日	新潟1400m	GⅢ	新潟２歳Ｓ	５番人気	１着	0.8秒差	１位	

◆２着馬を見つけるのはココで

２着候補を２番人気以下から見つけだすのに便利なツールが僕の作ったハードルです。こちらも【２着穴馬的中シート】を併用して見つけてください。なお、１番人気に応えられなくても２着に来ることはありますので、１番人気馬は無条件で２着候補です。

２番人気以下で２着に入れる馬を浮かび上がらせます

ハードル❶

近２走で新馬・未勝利・１勝クラス完勝

ハードル❷

オープン特別連対歴（負けていても0.0秒）

ハードル❸

重賞「１番人気歴か、連対歴（負けていても0.1秒）**」**

どれか一つで可。

2番人気以下で2着に入れる馬【2着穴馬的中シート】

条件	馬番 or 馬名
ハードル❶クリア	
ハードル❷クリア	
ハードル❸クリア	

過去20年、2番人気以下で2着に入った馬の近2走成績と実績を紹介します。

2019年　6番人気　シュヴァルツリーゼ　関東馬
前走　12月9日　東京1800m　新馬　2番人気　1着　0.4秒差　1位

2018年　2番人気　ワグネリアン　関西馬
前走　11月18日　東京1800m　GⅢ　東スポ杯2歳S　1番人気　1着　0.5秒差　1位
前々走　9月16日　阪神1800m　OP　野路菊S　1番人気　1着　0.4秒差　2位
※3戦3勝馬ですが、前走圧勝ではないので（1800m戦の圧勝は0.6秒差以上）、1番人気に推されると勝てません。

2017年　8番人気　マイスタイル　関西馬
前走　2月12日　京都1600m　500万　こぶし賞　2番人気　1着　0.1秒差　2位
前々走　1月8日　京都1600m　GⅢ　シンザン記念　5番人気　5着　0.4秒差　X位

2015年　4番人気　ブライトエンブレム　関東馬
前走　12月21日　阪神1600m　GⅠ　朝日杯FS　2番人気　7着　0.5秒差　X位
前々走　9月6日　札幌1800m　GⅢ　札幌2歳S　5番人気　1着　0.2秒差　1位

2014年　4番人気　ワンアンドオンリー　関西馬
前走　12月21日　阪神2000m　GⅢ　ラジオNIKKEI杯2歳S　7番人気　1着　0.2秒差　3位
前々走　11月16日　東京1800m　GⅢ　東スポ杯2歳S　8番人気　6着　0.4秒差　3位
2歳　10月26日　京都1800m　OP　萩S　6番人気　2着　0.0秒差　3位

2013年　10番人気　ミヤジタイガ　関西馬
前走　1月19日　京都2000m　OP　若駒S　3番人気　4着　0.5秒差　3位
前々走　12月23日　中山2000m　OP　オープフルS　3番人気　4着　0.4秒差　X位
2歳　11月17日　東京1800m　GⅢ　東スポ杯2歳S　8番人気　7着　0.7秒差　X位
2歳　9月8日　中山1800m　500万　アスター賞　4番人気　1着　0.0秒差　2位
◉単勝119.5倍の超人気薄。2着候補に浮かび上がらせることはできませんでした。ちなみに

同馬にハナ差3着はコディーノ。クビ差4着はエピファネイア、ハナ差5着はキズナという豪華メンバーですから大したものですが、ミヤジタイガがこのあと重賞で連対することはありませんでした。

2012年　3番人気　トリップ　関西馬

前走	12月24日	阪神2000m	GⅢ	ラジオNIKKEI杯2歳S	1番人気	4着	0.5秒差	X位
前々走	11月26日	京都2000m	OP	京都2歳S	1番人気	1着	0.1秒差	2位

2011年　7番人気　プレイ　関東馬

前走	2月12日	京都1800m	500万	つばき賞	2番人気	2着	0.2秒差	2位 4角先頭
前々走	1月16日	中山2000m	GⅢ	京成杯	7番人気	3着	0.4秒差	X位
2歳	11月27日	京都2000m	OP	京都2歳S	5番人気	2着	0.0秒差	X位

2010年　2番人気　エイシンアポロン　関西馬

前走	12月20日	中山1600m	GⅠ	朝日杯FS	2番人気	2着	0.2秒差	X位
前々走	11月14日	東京1400m	GⅡ	京王杯2歳S	3番人気	1着	0.2秒差	2位
2歳	10月17日	京都1600m	GⅡ	デイリー杯2歳S	5番人気	2着	0.0秒差	2位

2009年　5番人気　ミッキーペトラ　関西馬

前走	9月6日	小倉1800m	未勝利		1番人気	1着	0.2秒差	2位

2007年　6番人気　ココナッツパンチ　関東馬

前走	2月11日	東京1600m	新馬		1番人気	1着	0.3秒差	1位

2006年　6番人気　グロリアスウィーク　関西馬

前走	2月12日	京都1800m	GⅢ	きさらぎ賞	6番人気	4着	0.3秒差	X位
前々走	1月9日	京都1600m	GⅢ	シンザン記念	6番人気	2着	0.1秒差	1位
2歳	11月13日	京都1800m	500万	黄菊賞	7番人気	1着	0.3秒差	1位 4角先頭

2005年　3番人気　アドマイヤジャパン　関西馬

前走	1月16日	中山2000m	GⅢ	京成杯	1番人気	1着	0.2秒差	1位
前走	12月25日	阪神2000m	GⅢ	ラジオたんぱ杯2歳S	3番人気	3着	0.3秒差	1位

2004年　3番人気　メイショウボーラー　関西馬

前走	12月14日	中山1600m	GⅠ	朝日杯FS	1番人気	2着	0.0秒差	X位 逃げ
前々走	10月18日	京都1600m	GⅡ	デイリー杯2歳S	1番人気	1着	0.3秒差	3位 逃げ
2歳	9月7日	小倉1200m	GⅢ	小倉2歳S	1番人気	1着	0.9秒差	3位 逃げ
2歳	8月9日	小倉1200m	OP	フェニックス賞	1番人気	1着	0.4秒差	1位

2003年　4番人気　スズノマーチ　関東馬

前走	2月1日	京都1600m	500万	こぶし賞	3番人気	1着	0.0秒差	3位
前々走	12月22日	中山1600m	新馬		1番人気	1着	0.1秒差	1位

※2回目の新馬戦

2002年　２番人気　ローマンエンパイア　関西馬
前走　　１月13日　東京2000m　GⅢ　京成杯　　　　　１番人気　１着　0.0秒差　１位
前々走　12月16日　阪神1400m　500万　さざんか賞　　１番人気　１着　0.8秒差　１位
※３戦３勝馬ですが、前走圧勝ではないので（2000m戦の圧勝は0.7秒差以上）、１番人気に推されると勝てません。

2001年　２番人気　ボーンキング　関西馬
前走　　１月14日　中山2000m　GⅢ　京成杯　　　　　３番人気　１着　0.1秒差　３位
前々走　12月24日　阪神2000m　新馬　　　　　　　　２番人気　１着　0.1秒差　１位

2000年　４番人気　エアシャカール　関西馬
前走　　12月26日　中山2000m　ＯＰ　ホープフルＳ　１番人気　１着　0.0秒差　１位
前々走　12月11日　阪神1600m　500万　平場　　　　　１番人気　２着　0.1秒差　３位

GⅡ
フィリーズレビュー

3月14日（日）

阪神競馬場　芝1400m

3歳牝馬

馬齢	54kg

１番人気で勝てる馬を浮かび上がらせます

ハードル❶

２戦以上無敗

ハードル❷

近２走で1400m以上重賞圧勝

（1400mの圧勝は0.4秒差以上、1600mは0.5秒差以上）

ハードル❸

前走ＧⅠ連対

どれか一つで可。

まず、今年も多くのファンを失望させることになるかもしれない１番人気馬をハードルに照らし合わせ、勝てるか負けるかを判定しましょう。２ページ後からの【１番人気的中シート】を利用してください。

フィリーズレビューの真相

ＧⅠ桜花賞トライアルのＧⅡだけあって、１番人気で勝つにはかなり高い実績が求められます。暮れの阪神ジュベナイルフィリーズに出走しているなら、そこで「連対しているか、１番人気に支持されている」必要があります。2002年に阪神ＪＦ１番人気だったキタサンヒボタンが３着に敗れているため私のハードルにはなっていませんが、これは覚えておいてください。

フィリーズレビューは人気薄の１着を当てるのが楽しいレースです。１番人気で勝つ馬に比べて、２番人気以下で勝つ穴馬の実績は色とりどりで、前走１勝クラスでふた桁着順の大敗馬でも平気で来ます。当然ハードルは低くなり該当馬は増えますが、ひとつポイントがあるとすれば、当レースは1400ｍではありますが、初勝利を1600ｍ以上であげている馬が来ることです。

なお、フィリーズレビューを勝って本場の桜花賞も勝った馬は、過去20年で2005年のラインクラフトただ１頭。同馬は当レース１番人気でした（桜花賞で２着になったフィリーズレビューの勝ち馬はいません）。すなわち、当レースを２番人気以下で勝った馬を本番で買ってはダメということ。単勝高配当を獲らせてくれたからといって、追いかけるのは愚の骨頂。ひとレースがぎりの女子なのです。また、過去20年のオークスにおいても、当レースの勝ち馬で１着になったのはメイショウマンボ（2013年）だけ。２着もローズバド（2001年）１頭です。フィリーズレビューは「ここで１発！」という馬を見つけましょう。

1番人気で勝てる馬【1番人気的中シート】

ハードル❶……2戦以上無敗
ハードル❷……近2走で1400m以上重賞圧勝（1400mの圧勝は0.4秒差以上、1600mは0.5秒差以上）
ハードル❸……前走ＧＩ連対　ハードルはどれか一つで可。

年度	フィリーズレビューの1番人気馬	ハードル❶	ハードル❷	ハードル❸	判定	着順	単勝配当
2021							
2021							
2020	カリオストロ	×	×	×	×	4着	
2019	アウィルアウェイ	×	×	×	×	7着	
2018	モルトアレグロ	×	×	×	×	10着	
2017	レーヌミノル	×	×	×	×	2着	
2016	アットザシーサイド	×	×	×	×	2着	
2015	クイーンズリング	○			◉	1着	¥360
2014	ホウライアキコ	×	×	×	×	5着	
2013	サンブルエミューズ	×	×	×	×	11着	
2012	アイムユアーズ			○	◉	1着	¥350
2011	ドナウブルー	×	×	×	×	4着	
2010	ラナンキュラス	×	×	×	×	2着	
2009	ミクロコスモス	×	×	×	×	4着	
2008	エイムアットビップ	×	×	×	×	10着	
2007	アストンマーチャン		○	○	◉	1着	¥110
2006	サンヴィクトワール	×	×	×	×	12着	
2005	ラインクラフト		○		◉	1着	¥180
2004	マルターズヒート	×	×	×	×	2着	
2003	ヤマカツリリー			○	◉	1着	¥330
2002	キタサンヒボタン	×	×	×	×	3着	
2001	ハッピーパス	×	×	×	×	2着	

1番人気的中シートの使い方

左のシートに今年の1番人気候補を記入し、過去の成績をもとに「勝てるか、勝てないか」を判定してください。「勝てない」とわかったら、2番人気以下で勝てる馬が浮かび上がる【1着穴馬的中シート】（後ろのページ）に進んでください。

結果	2番人気以下で勝った馬	人気	単勝配当	結果
→	エーポス	5	¥1,380	大的中
→	ノーワン	12	¥2,060	大的中
→	リバティハイツ	8	¥2,230	大的中
→	カラクレナイ	2	¥380	大的中
→	ソルヴェイグ	8	¥2,720	大的中
大的中				
→	ベルカント	2	¥560	大的中
→	メイショウマンボ	3	¥440	大的中
大的中				
→	フレンチカクタス	3	¥770	大的中
→	サウンドバリアー	9	¥2,620	大的中
→	ワンカラット	6	¥1,850	大的中
→	マイネレーツェル	11	¥5,310	大的中
大的中				
→	ダイワパッション	3	¥780	大的中
大的中				
→	ムーヴオブサンデー	2	¥250	大的中
大的中				
→	サクセスビューティ	7	¥1,640	大的中
→	ローズバド	6	¥1,550	大的中

過去20年、１番人気に応えて優勝した馬の近２走成績と実績を紹介します。
（実績は１勝クラス以上連対歴を列記。以下同様）

2015年　クイーンズリング　360円
前走　１月17日　中山1600m　500万　菜の花賞　２番人気　１着　0.3秒差　１位
前々走　12月21日　中山1800m　牝馬新馬　３番人気　１着　0.4秒差　2位　4角先頭
※２戦２勝。

2012年　アイムユアーズ　350円
前走　12月11日　阪神1600m　ＧⅠ　阪神ＪＦ　８番人気　２着　0.4秒差　Ｘ位
前々走　11月５日　京都1400m　ＧⅢ　ファンタジーＳ　８番人気　１着　0.2秒差　２位
２歳　８月７日　函館1200m　ＧⅢ　函館２歳Ｓ　５番人気　２着　0.2秒差　１位

2007年　アストンマーチャン　110円
前走　12月３日　阪神1600m　ＧⅠ　阪神ＪＦ　１番人気　２着　0.0秒差　３位
前々走　11月５日　京都1400m　ＧⅢ　ファンタジーＳ　３番人気　１着　0.8秒差　２位
２歳　９月３日　小倉1200m　ＧⅢ　小倉２歳Ｓ　３番人気　１着　0.4秒差　2位　4角先頭

2005年　ラインクラフト　460円
前走　12月５日　阪神1600m　ＧⅠ　阪神ＪＦ　１番人気　３着　0.0秒差　Ｘ位
前々走　11月７日　京都1400m　ＧⅢ　ファンタジーＳ　２番人気　１着　0.7秒差　２位

2003年　ヤマカツリリー　330円
前走　12月１日　阪神1600m　ＧⅠ　阪神ＪＦ　11番人気　２着　0.2秒差　Ｘ位
前々走　11月10日　京都1400m　牝馬500万　平場　３番人気　３着　0.4秒差　３位

過去20年、１番人気に応えられず負けた馬の近２走成績と実績を紹介します。

2020年　カリオストロ　４着
前走　12月１日　阪神1400m　1勝クラス　万両賞　２番人気　１着　0.8秒差　2位　逃げ
前々走　10月５日　京都1400m　1勝クラス　りんどう賞　２番人気　７着　0.7秒差　Ｘ位

2019年　アウィルアウェイ　７着
前走　11月３日　東京1400m　牝馬GⅡ　京王杯２歳Ｓ　１番人気　２着　0.0秒差　１位
前々走　８月４日　新潟1400m　牝馬OP　ダリア賞　１番人気　１着　0.3秒差　１位

2018年　モルトアレグロ　10着
前走　１月14日　京都1400m　ＯＰ　紅梅Ｓ　２番人気　１着　0.2秒差　２位
前々走　12月10日　阪神1600m　ＧⅠ　阪神ＪＦ　10番人気　５着　0.7秒差　３位
２歳　９月３日　札幌1200m　ＯＰ　すずらん賞　４番人気　２着　0.3秒差　１位

2017年　レーヌミノル　２着
前走　２月11日　東京1600m　ＧⅢ　クイーンＣ　３番人気　４着　0.5秒差　1位　逃げ
前々走　12月11日　阪神1600m　ＧⅠ　阪神ＪＦ　３番人気　３着　0.5秒差　Ｘ位
２歳　11月５日　東京1400m　牝馬GⅡ　京王杯２歳Ｓ　１番人気　２着　0.1秒差　３位

2歳　9月4日　小倉1200m　GⅢ　小倉2歳S　1番人気　1着　1.0秒差　1位 4角先頭

2016年　アットザシーサイド　2着
前走　12月13日　阪神1600m　GⅠ　阪神JF　4番人気　5着　0.6秒差　2位
前々走　11月23日　京都1400m　牝馬500万　秋明菊賞　1番人気　1着　0.3秒差　1位

2014年　ホウライアキコ　5着
前走　12月8日　阪神1600m　GⅠ　阪神JF　2番人気　7着　0.4秒差　X位
前々走　10月5日　京都1600m　牝馬GⅡ　デイリー杯2歳S　2番人気　1着　0.0秒差　2位
2歳　9月1日　小倉1200m　GⅢ　小倉2歳S　2番人気　1着　0.2秒差　3位

2013年　サンブルエミューズ　11着
前走　1月12日　中山1600m　GⅢ　フェアリーS　2番人気　3着　0.0秒差　X位
前々走　12月9日　阪神1600m　GⅠ　阪神JF　2番人気　8着　0.8秒差　X位
2歳　9月30日　中山1600m　牝馬OP　芙蓉S　1番人気　1着　0.2秒差　1位

2011年　ドナウブルー　4着
前走　1月9日　京都1600m　牝馬GⅢ　シンザン記念　1番人気　5着　0.8秒差　X位
前々走　11月28日　京都1600m　500万　白菊賞　1番人気　1着　0.2秒差　1位

2010年　ラナンキュラス　2着
前走　12月13日　阪神1600m　GⅠ　阪神JF　4番人気　4着　0.3秒差　X位
前々走　11月8日　京都1400m　GⅢ　ファンタジーS　1番人気　4着　0.4秒差　X位
2歳　10月10日　京都1400m　500万　りんどう賞　1番人気　1着　0.2秒差　1位

2009年　ミクロコスモス　4着
前走　2月21日　東京1600m　GⅢ　クイーンC　1番人気　4着　0.2秒差　X位
前々走　12月28日　阪神1600m　牝馬500万　平場　2番人気　1着　0.2秒差　1位
2歳　12月14日　阪神1600m　GⅠ　阪神JF　4番人気　3着　0.6秒差　2位

2008年　エイムアットビップ　10着
前走　12月2日　阪神1600m　GⅠ　阪神JF　2番人気　3着　0.1秒差　X位
前々走　11月4日　京都1400m　GⅢ　ファンタジーS　1番人気　2着　0.2秒差　X位 逃げ
2歳　10月6日　京都1400m　500万　りんどう賞　1番人気　1着　0.3秒差　2位 逃げ

2006年　サンヴィクトワール　12着
前走　2月4日　京都1600m　OP　エルフィンS　3番人気　1着　0.4秒差　1位
前々走　1月8日　京都2000m　牝馬500万　福寿草特別　2番人気　5着　0.5秒差　2位

2005年　マルターズヒート　2着
前走　2月7日　京都1600m　OP　エルフィンS　1番人気　1着　0.2秒差　X位 逃げ
前々走　12月21日　中山1200m　GⅢ　フェアリーS　1番人気　1着　0.5秒差　1位
2歳　12月7日　阪神1600m　GⅠ　阪神JF　7番人気　10着　0.5秒差　1位

2002年　キタサンヒボタン　3着

前走	12月2日	阪神1600m	GⅠ	阪神JF	1番人気	4着	0.2秒差	X位
前々走	11月4日	京都1400m	GⅢ	ファンタジーS	1番人気	1着	0.2秒差	3位
2歳	9月23日	札幌1200m	OP	すずらん賞	2番人気	1着	0.0秒差	3位
2歳	9月8日	札幌1200m	牝馬500万	平場	3番人気	1着	0.5秒差	3位

2001年　ハッピーパス　2着

前走	2月17日	東京1600m	GⅢ	クイーンC	3番人気	2着	0.0秒差	X位
前々走	1月13日	京都1400m	OP	紅梅S	3番人気	3着	0.3秒差	3位

◆1番人気が飛ぶとわかったらココへ

1番人気が「負ける」とわかったら、2番人気以下の馬から勝つ馬を見つけます。簡単です。僕が課すハードルを満たした馬しか勝ちませんので、【1着穴馬的中シート】を利用して見つけだしてください。

2番人気以下で勝てる馬を浮かび上がらせます

ハードル❶

1600m以上新馬・未勝利・1勝クラス
「1番人気1着歴か、近2走で上がり1位完勝歴」

ハードル❷

オープンクラス・牡馬混合1勝クラス
「1番人気歴か、連対歴（負けていても0.0秒）」

2番人気以下で勝てる馬【1着穴馬的中シート】

条件	馬番 or 馬名
ハードル❶クリア	
ハードル❷クリア	

過去20年、２番人気以下で優勝した馬の近２走成績と実績を紹介します。

2020年　５番人気　エーポス　1380円
前走　２月８日　京都1600m　ＯＰ　エルフィンＳ　８番人気　４着　1.2秒差　Ｘ位
前々走　１月19日　京都1600m　１勝クラス　白梅賞　５番人気　５着　0.8秒差　３位
２歳　12月14日　中山1600m　牝馬新馬　１番人気　１着　0.3秒差　２位

2019年　12番人気　ノーワン　2060円
前走　２月３日　京都1600m　未勝利　４番人気　１着　0.2秒差　１位
前々走　１月20日　京都1600m　未勝利　１番人気　３着　0.6秒差　Ｘ位

2019年　３番人気　プールヴィル　350円
前走　１月14日　京都1400m　ＯＰ　紅梅Ｓ　１番人気　２着　0.0秒差　１位
前々走　12月９日　阪神1600m　ＧⅠ　阪神ＪＦ　14番人気　５着　0.4秒差　Ｘ位
２歳　10月７日　京都1400m　500万　りんどう賞　４番人気　１着　0.2秒差　３位

2018年　８番人気　リバティハイツ　2230円
前走　２月17日　京都1400m　500万　平場　１番人気　２着　0.1秒差　１位
前々走　１月14日　中京1600m　牝馬未勝利　１番人気　１着　0.1秒差　１位

2017年　２番人気　カラクレナイ　380円
前走　12月３日　阪神1400m　牝馬500万　万両賞　１番人気　１着　0.2秒差　２位
前々走　11月13日　京都1400m　牝馬未勝利　３番人気　１着　0.2秒差　１位

2016年　８番人気　ソルヴェイグ　2720円
前走　２月20日　京都1400m　500万　平場　１番人気　５着　0.3秒差　Ｘ位
前々走　１月31日　京都1400m　牝馬500万　平場　１番人気　３着　0.0秒差　Ｘ位

2014年　２番人気　ベルカント　560円
前走　12月15日　中山1600m　牝馬GⅠ　朝日杯ＦＳ　３番人気　10着　0.7秒差　X位　逃げ
前々走　11月９日　京都1400m　ＧⅢ　ファンタジーＳ　４番人気　１着　0.2秒差　X位　逃げ
２歳　９月１日　小倉1200m　牝馬GⅢ　小倉２歳Ｓ　１番人気　２着　0.2秒差　X位　逃げ

2013年　３番人気　メイショウマンボ　440円
前走　２月16日　京都1600m　牝馬500万　こぶし賞　２番人気　１着　0.2秒差　１位
前々走　１月14日　京都1400m　紅梅Ｓ　７番人気　２着　0.5秒差　Ｘ位

2011年　３番人気　フレンチカクタス　770円
前走　２月12日　東京1600m　ＧⅢ　クイーンＣ　３番人気　４着　0.3秒差　Ｘ位
前々走　12月11日　中山1600m　牝馬500万　ひいらぎ賞　１番人気　１着　0.2秒差　３位
２歳　11月14日　東京1600m　500万　赤松賞　６番人気　２着　0.4秒差　X位　逃げ

2010年　９番人気　サウンドバリアー　2620円
前走　２月６日　京都1600m　ＯＰ　エルフィンＳ　３番人気　９着　0.5秒差　２位
前々走　１月９日　京都1600m　未勝利　６番人気　１着　0.2秒差　１位

2009年　６番人気　ワンカラット　1850円
前走　12月14日　阪神1600m　ＧⅠ　阪神ＪＦ　５番人気　12着　1.5秒差　１位
前々走　11月９日　京都1400m　ＧⅢ　ファンタジーＳ　５番人気　２着　0.0秒差　１位

2008年　11番人気　マイネレーツェル　5310円
前走　２月11日　京都1600m　ＯＰ　エルフィンＳ　５番人気　４着　0.6秒差　Ｘ位
前々走　１月20日　京都1400m　ＯＰ　紅梅Ｓ　６番人気　６着　0.3秒差　Ｘ位
２歳　11月24日　京都1200m　牡馬500万　白菊賞　１番人気　１着　0.1秒差　１位
２歳　８月４日　京都1200m　牡馬OP　フェニックス賞　４番人気　２着　0.0秒差　１位

2006年　３番人気　ダイワパッション　780円
前走　12月18日　中山1200m　ＧⅢ　フェアリーＳ　６番人気　１着　0.0秒差　３位
前々走　12月10日　中山1200m　牡馬500万　黒松賞　６番人気　１着　0.1秒差　X位　逃げ
※３連勝中

2004年　２番人気　ムーヴオブサンデー　250円
前走　２月７日　小倉1200m　牡馬500万　萌黄賞　１番人気　１着　0.2秒差　Ｘ位
前々走　１月24日　小倉1200m　新馬　１番人気　１着　1.4秒差　１位
※２戦２勝

2002年　７番人気　サクセスビューティ　1640円
前走　２月16日　東京1600m　ＧⅢ　クイーンＣ　５番人気　13着　1.3秒差　Ｘ位
前々走　１月20日　東京1400m　ＯＰ　菜の花賞　２番人気　１着　0.1秒差　X位　逃げ

2001年　６番人気　ローズバド　1550円
前走　２月24日　阪神1200m　牡馬500万　平場　１番人気　10着　1.0秒差　Ｘ位
前々走　12月17日　阪神1600m　牡馬未勝利　１番人気　１着　0.2秒差　１位

◆２着馬を見つけるのはココで

２着候補を２番人気以下から見つけだすのに便利なツールが僕の作ったハードルです。こちらも【２着穴馬的中シート】を併用して見つけてください。なお、１番人気に応えられなくても２着に来ることはありますので、１番人気馬は無条件で２着候補です。

２番人気以下で２着に入れる馬を浮かび上がらせます

ハードル❶
1勝クラス1着歴

ハードル❷
オープンクラス「1番人気歴か、連対歴か、0.1秒差以内3着歴」

どちらか一方で可。

2番人気以下で2着に入れる馬【2着穴馬的中シート】

条件	馬番 or 馬名
ハードル❶クリア	
ハードル❷クリア	

過去20年、2番人気以下で2着に入った馬の近2走成績と実績を紹介します。

2020年　2番人気　ヤマカツマーメイド

前走	12月8日	阪神1600m	GⅠ	阪神JF	7番人気	5着	1.2秒差	X位
前々走	11月2日	京都1400m	GⅢ	ファンタジーS	3番人気	4着	0.5秒差	X位
2歳	10月5日	京都1400m	500万	りんどう賞	5番人気	1着	0.0秒差	X位

2018年　2番人気　アンコールプリュ

前走	12月16日	中京1400m	500万	つわぶき賞	3番人気	1着	0.2秒差	1位
前々走	12月3日	阪神1600m	牝馬新馬		1番人気	1着	0.1秒差	3位

2015年　7番人気　ペルフィカ

前走	2月14日	京都1600m	牝馬500万	こぶし賞	2番人気	1着	0.1秒差	1位
前々走	11月30日	京都1600m	500万	白菊賞	7番人気	2着	0.0秒差	2位

2014年　13番人気　ニホンピロアンバー

前走	12月8日	阪神1600m	GⅠ	阪神JF	14番人気	17着	3.2秒差	X位 逃げ
前々走	11月17日	京都1200m	牝馬500万	秋明菊賞	7番人気	1着	0.0秒差	X位 逃げ

2013年　4番人気　ナンシーシャイン

前走	2月3日	東京1400m	500万	春菜賞	5番人気	1着	0.4秒差	X位 逃げ
前々走	1月19日	中山1600m	500万	菜の花賞	5番人気	4着	0.3秒差	2位

2012年　８番人気　ビウイッチアス

前走	１月28日	東京1400m	牝馬OP	クロッカスＳ	４番人気	５着	0.3秒差	X位	
前々走	12月24日	中山1200m	牝馬OP	クリスマスローズS	３番人気	３着	0.1秒差	１位	
２歳	11月19日	新潟1200m	牝馬OP	福島２歳Ｓ	３番人気	２着	0.6秒差	X位	
２歳	９月17日	中山1200m	牝馬OP	カンナＳ	４番人気	１着	0.1秒差	２位	

2011年　６番人気　スピードリッパー

前走	１月10日	中山1600m	GⅢ	フェアリーＳ	７番人気	２着	0.4秒差	X位	
前々走	10月17日	東京1400m	500万	サフラン賞	３番人気	３着	0.2秒差	X位	

2009年　３番人気　アイアムカミノマゴ

前走	２月７日	京都1600m	ＯＰ	エルフィンＳ	４番人気	４着	0.2秒差	X位	逃げ
前々走	１月18日	京都1400m	ＯＰ	紅梅Ｓ	５番人気	４着	0.4秒差	３位	
２歳	12月27日	中山D1200m	牝馬500万	平場	２番人気	１着	0.1秒差	２位	

2008年　７番人気　ベストオブミー

前走	１月27日	京都D1400m	500万	若菜賞	２番人気	１着	0.9秒差	１位	
前々走	12月22日	中京D1700m	500万	樅の木賞	６番人気	３着	0.3秒差	２位	

2007年　10番人気　アマノチェリーラン

前走	１月21日	京都D1400m	500万	若菜賞	４番人気	１着	0.1秒差	３位	
前々走	12月24日	阪神1600m	500万	平場	５番人気	６着	1.0秒差	X位	逃げ

2006年　６番人気　ユメノオーラ

前走	３月５日	阪神1400m	牝馬500万	雪割草特別	３番人気	１着	0.0秒差	１位	
前々走	２月４日	京都1600m	ＯＰ	エルフィンＳ	13番人気	２着	0.4秒差	２位	

2005年　７番人気　デアリングハート

前走	２月５日	京都1600m	ＯＰ	エルフィンＳ	３番人気	６着	0.5秒差	X位	
前々走	１月16日	京都1400m	ＯＰ	紅梅Ｓ	２番人気	３着	0.1秒差	３位	
※２歳10月30日		京都1600m	未勝利		１番人気	１着	0.4秒差	３位	

2003年　３番人気　モンパルナス

前走	１月19日	京都1400m	ＯＰ	紅梅Ｓ	５番人気	２着	0.1秒差	X位	逃げ
前々走	９月29日	札幌1200m	ＯＰ	すずらん賞	１番人気	７着	0.9秒差	３位	
２歳	９月８日	札幌1200m	牝馬500万	平場	４番人気	１着	1.5秒差	2位	逃げ
２歳	８月17日	札幌D1000m	牝馬500万	平場	５番人気	２着	0.0秒差	X位	逃げ

2002年　５番人気　キョウワノコイビト

前走	２月２日	京都1600m	ＯＰ	エルフィンＳ	１番人気	４着	0.3秒差	X位	
前々走	１月６日	京都1400m	ＯＰ	紅梅Ｓ	６番人気	３着	0.1秒差	3位	3位

GⅡ

金鯱賞

3月14日（日）

中京競馬場　芝2000m（2010〜2011年は京都競馬場　芝2000m）

4歳以上

［グレード］

別定　56kg（牝馬2kg減）

過去1年間で　　　　　　ＧⅠ競走（牝馬限定競走は除く）1着馬は2kg増
牝馬限定ＧⅠ競走およびＧⅡ競走（牝馬限定競走は除く）1着馬は1kg増
過去1年以前の　　　　　ＧⅠ競走（牝馬限定競走は除く）1着馬は1kg増
（ただし、2歳時の成績を除く）。

2006年から（牝馬限定競走は除く）という一文が入る
2004年から「過去1年間で〜」「過去1年以前の〜」という一文が入る

1番人気で勝てる馬を浮かび上がらせます

大前提①　**３歳ＧⅠ連対歴**（負けていても0.1秒）**か、**
３歳以上重賞２連対以上

ハードル❶
近２走で３歳以上
「ＧⅢ完勝か、ＧⅡ１着か、ＧⅠ連対」

まず、今年も多くのファンを失望させることになるかもしれない１番人気馬を大前提とハードルに照らし合わせ、勝てるか負けるかを判定しましょう。２ページ後からの【１番人気的中シート】を利用してください。

金鯱賞の真相

現在のように３月開催になったのは2017年からで、それまでは以下のとおりです。

・2001～2011年は５月開催で３歳以上「３歳52kg　４歳以上57kg（牝馬２kg減）」

・2012～2016年は12月開催で３歳以上「３歳55kg　４歳以上56kg（牝馬２kg減）」
注：11月開催の2013年は３歳54kg

負担重量規程をよく見てください。

３月開催のため「４歳以上戦」になっている現在の当レースに３歳馬の出走はありませんが、５月開催時代の11年間も、３歳馬の出走はゼロでした。１頭も顔を見せていません。これは、５月の３歳馬は「４歳以上馬より５kg軽く」してもらっても歯が立たないことを示唆しています。６kg軽くしてもらって互角になるかならないかでしょう。翌６月に行われる３歳以上ＧⅠ宝塚記念にも３歳馬は５kg軽い斤量で出走できますが、ほぼエントリーしません。勝負にならないからです。つまり、５月に「３歳限定」ＧⅠダービーを勝って世代の頂点に立っても、６月の「３歳以上」ＧⅠ宝塚記念に出て年長馬と戦うには、５kgのハンデをもらっても「？」という計算です。

また、12月開催時の５年間に３歳馬は７頭参戦していますが、２頭が２着に入っただけで、１着馬はいません。これは、12月の３歳馬は「４歳以上馬より１kg軽く」してもらっても厳しいレースを強いられる証しです（11月開催で３歳馬が54kgと古馬より２kg軽い斤量で出られた2013年にラブリーデイが２着に入っている事実が、その仮説を後押ししています）。

現在の金鯱賞と直接関係のない話ですが、過去の当レースの結果から推測できる「馬券術」として紹介しました。

１番人気で勝てる馬【1番人気的中シート】

大前提①………３歳ＧⅠ連対歴（負けていても 0.1 秒）か、３歳以上重賞２連対以上
ハードル❶……近２走で３歳以上「ＧⅢ完勝か、ＧⅡ１着か、ＧⅠ連対」

年度	金鯱賞の１番人気馬	性齢	大前提①	ハードル❶	判定	着順	単勝配当
2021							
2021							
2020	サートゥルナーリア	牡4		〇	◉	1着	¥130
2019	エアウィンザー	牡5	×	〇	×	3着	
2018	スワーヴリチャード	牡4		〇	◉	1着	¥160
2017	ヤマカツエース	牡5		〇	◉	1着	¥360
2016	ヴォルシェーブ	牡5	×	×	×	9着	
2015	ディサイファ	牡6		×	×	2着	
2014	ラストインパクト	牡4		〇	◉	1着	¥380
2013	メイショウナルト	せん5		×	×	14着	
2012	サトノギャラント	牡3		×	×	6着	
2011	ルーラーシップ	牡4		〇	◉	1着	¥280
2010	アーネストリー	牡5		〇	◉	1着	¥290
2009	サクラメガワンダー	牡6		〇	◉	1着	¥210
2008	アドマイヤオーラ	牡4		〇	◉	6着	
2007	ローゼンクロイツ	牡5		〇	◉	1着	¥330
2006	ローゼンクロイツ	牡4	×	×	×	2着	
2005	タップダンスシチー	牡8		〇	◉	1着	¥140
2004	タップダンスシチー	牡7		〇	◉	1着	¥230
2003	ツルマルボーイ	牡5		×	×	2着	
2002	エアシャカール	牡5		×	×	2着	
2001	イブキガバメント	牡5	×	×	×	5着	

1番人気的中シートの使い方

左のシートに今年の1番人気候補を記入し、過去の成績をもとに「勝てるか、勝てないか」を判定してください。「勝てない」とわかったら、2番人気以下で勝てる馬が浮かび上がる【1着穴馬的中シート】（後ろのページ）に進んでください。

結果	2番人気以下で勝った馬	人気	単勝配当	結果
大的中				
→	ダノンプレミアム	2	¥350	大的中
大的中				
大的中				
→	ヤマカツエース	4	¥990	大的中
→	ミトラ	5	¥900	大的中
大的中				
→	カレンミロティック	3	¥660	大的中
→	オーシャンブルー	6	¥730	大的中
大的中				
大的中				
大的中				
ハズレ	エイシンデピュティ	2	¥460	—
大的中				
→	コンゴウリキシオー	3	¥600	ハズレ
大的中				
大的中				
→	タップダンスシチー	4	¥580	大的中
→	ツルマルボーイ	2	¥370	大的中
→	ミッキーダンス	3	¥680	大的中

過去20年、1番人気に応えて優勝した馬の近2走成績と実績を紹介します。
（実績は重賞連対歴を列記。以下同様）

＊＊＊＊＊＊＊＊＊＊＊＊＊＊＊＊＊＊　3月開催　＊＊＊＊＊＊＊＊＊＊＊＊＊＊＊＊＊＊

2020年　サートゥルナーリア　牡4　58kg（+2kg）130円

前走	12月22日	中山2500m	GⅠ	有馬記念	3番人気	2着	0.8秒差	3位	
前々走	10月27日	東京2000m	GⅠ	天皇賞・秋	2番人気	6着	0.9秒差	X位	
3歳	9月22日	阪神2400m	GⅡ	神戸新聞杯	1番人気	1着	0.5秒差	1位	4角先頭
3歳	4月14日	中山2000m	GⅠ	皐月賞	1番人気	1着	0.0秒差	1位	
2歳	12月28日	中山2000m	GⅠ	ホープフルS	1番人気	1着	0.2秒差	1位	

2018年　スワーヴリチャード　牡4　57kg（+1kg）160円

前走	12月24日	中山2500m	GⅠ	有馬記念	2番人気	4着	0.2秒差	2位
前々走	11月5日	東京2500m	GⅡ	アルゼンチン共和国杯	1番人気	1着	0.4秒差	1位
3歳	5月28日	東京2400m	GⅠ	ダービー	3番人気	2着	0.1秒差	3位
3歳	2月12日	東京1800m	GⅢ	共同通信杯	2番人気	1着	0.4秒差	1位
2歳	11月19日	東京1800m	GⅢ	東スポ杯2歳S	4番人気	2着	0.0秒差	1位

2017年　ヤマカツエース　牡5　57kg（+1kg）360円

前走	12月25日	中山2500m	GⅠ	有馬記念	8番人気	4着	0.3秒差	1位
前々走	12月3日	中京2000m	GⅡ	金鯱賞	4番人気	1着	0.0秒差	3位
4歳	1月5日	中山2000m	GⅢ	中山金杯	3番人気	1着	0.1秒差	X位
3歳	11月15日	福島2000m	GⅢ	福島記念	2番人気	1着	0.2秒差	1位
3歳	4月11日	中山1600m	GⅡ	NZT	7番人気	1着	0.1秒差	X位

＊＊＊＊＊＊＊＊＊＊＊＊＊＊＊＊＊＊　12月開催　＊＊＊＊＊＊＊＊＊＊＊＊＊＊＊＊＊＊

2014年　ラストインパクト　牡4　57kg（+1kg）380円

前走	10月14日	京都2400m	GⅡ	京都大賞典	3番人気	1着	0.0秒差	3位
前々走	9月7日	新潟2000m	GⅢ	新潟記念	3番人気	3着	0.0秒差	1位
4歳	2月23日	小倉1800m	GⅢ	小倉大賞典	1番人気	1着	0.4秒差	X位

＊＊＊＊＊＊＊＊＊＊＊＊＊＊＊＊＊＊　5月開催　＊＊＊＊＊＊＊＊＊＊＊＊＊＊＊＊＊＊

2011年　ルーラーシップ　牡4　58kg（+1kg）280円

前走	3月26日	UAE2410m	GⅠ	ドバイシーマクラシック		6着		
前々走	1月16日	京都2400m	GⅡ	日経新春杯	2番人気	1着	0.3秒差	2位
3歳	12月4日	阪神1800m	GⅢ	鳴尾記念	2番人気	1着	0.1秒差	3位

2010年　アーネストリー　牡5　57kg　290円

前走	12月12日	中京2000m	GⅢ	中日新聞杯	1番人気	1着	0.1秒差	2位
前々走	11月8日	東京2500m	GⅡ	アルゼンチン共和国杯	4番人気	2着	0.2秒差	X位

2009年　サクラメガワンダー　牡６　57kg　210円

前走	２月21日	京都2200m	ＧⅡ	京都記念	１番人気	２着	0.0秒差	２位
前々走	12月６日	阪神1800m	ＧⅢ	鳴尾記念	１番人気	１着	0.5秒差	２位
３歳	12月９日	阪神1800m	ＧⅢ	鳴尾記念	１番人気	１着	0.1秒差	２位
２歳	12月24日	阪神2000m	ＧⅢ	ラジオたんぱ杯２歳Ｓ	２番人気	１着	0.0秒差	１位

2007年　ローゼンクロイツ　牡５　57kg　330円

前走	３月４日	中京2000m	ＧⅢ	中京記念	４番人気	１着	0.3秒差	２位
前々走	２月17日	京都2200m	ＧⅡ	京都記念	９番人気	13着	1.6秒差	Ｘ位
４歳	５月27日	中京2000m	ＧⅡ	金鯱賞	１番人気	２着	0.5秒差	１位
４歳	３月５日	中京2000m	ＧⅢ	中京記念	４番人気	２着	0.1秒差	２位
３歳	３月26日	阪神2000m	ＧⅢ	毎日杯	２番人気	１着	0.2秒差	２位
２歳	12月25日	阪神2000m	ＧⅢ	ラジオたんぱ杯２歳Ｓ	１番人気	２着	0.2秒差	２位

2005年　タップダンスシチー　牡８　59kg（＋２kg）140円

前走	12月24日	中山2500m	ＧⅠ	有馬記念	３番人気	２着	0.1秒差	X位　逃げ
前々走	10月３日	仏国2400m	ＧⅠ	凱旋門賞		17着		
７歳	６月27日	阪神2200m	ＧⅠ	宝塚記念	１番人気	１着	0.3秒差	X位　3角先頭
７歳	５月29日	中京2000m	ＧⅡ	金鯱賞	１番人気	１着	0.0秒差	3位　4角先頭
６歳	11月30日	東京2400m	ＧⅠ	ジャパンＣ	４番人気	１着	1.5秒差	3位　逃げ
６歳	10月12日	京都2400m	ＧⅡ	京都大賞典	１番人気	１着	0.2秒差	1位　逃げ
６歳	５月31日	中京2000m	ＧⅡ	金鯱賞	４番人気	１着	0.1秒差	X位　3角先頭
５歳	12月22日	中山2500m	ＧⅠ	有馬記念	13番人気	２着	0.1秒差	X位　3角先頭
５歳	９月７日	阪神2000m	ＧⅢ	朝日ＣＣ	５番人気	１着	0.0秒差	３位
５歳	３月23日	中山2500m	ＧⅡ	日経賞	３番人気	２着	0.0秒差	２位

2004年　タップダンスシチー　牡７　59kg（＋２kg）230円

前走	12月28日	中山2500m	ＧⅠ	有馬記念	２番人気	８着	2.3秒差	Ｘ位
前々走	11月30日	東京2400m	ＧⅠ	ジャパンＣ	４番人気	１着	1.5秒差	3位　逃げ
６歳	10月12日	京都2400m	ＧⅡ	京都大賞典	１番人気	１着	0.2秒差	1位　逃げ
６歳	５月31日	中京2000m	ＧⅡ	金鯱賞	４番人気	１着	0.1秒差	X位　3角先頭
５歳	12月22日	中山2500m	ＧⅠ	有馬記念	13番人気	２着	0.1秒差	X位　3角先頭
５歳	９月７日	阪神2000m	ＧⅢ	朝日ＣＣ	５番人気	１着	0.0秒差	３位
５歳	３月23日	中山2500m	ＧⅡ	日経賞	３番人気	２着	0.0秒差	２位

過去20年、１番人気に応えられず負けた馬の近２走成績と実績を紹介します。

＊＊＊＊＊＊＊＊＊＊＊＊＊＊＊＊＊＊　３月開催　＊＊＊＊＊＊＊＊＊＊＊＊＊＊＊＊＊＊

2019年　エアウィンザー　牡５　56kg　３着

前走	12月１日	阪神2000m	ＧⅢ	チャレンジＣ	２番人気	１着	0.5秒差	１位
前々走	10月28日	京都1800m	ＯＰ	カシオペアＳ	１番人気	１着	0.3秒差	１位

※３歳以上重賞連対歴１回ＮＧ。

＊＊＊＊＊＊＊＊＊＊＊＊＊＊＊　12月開催　＊＊＊＊＊＊＊＊＊＊＊＊＊＊＊＊＊＊＊＊

2016年　ヴォルシェーブ　牡５　56kg　９着
前走　11月６日　東京2500m　ＧⅡ　アルゼンチン共和国杯　３番人気　３着　0.1秒差　１位
前々走　８月20日　新潟2200m　1600万　日本海Ｓ　１番人気　１着　0.0秒差　１位

2015年　ディサイファ　牡６　57kg（＋１kg）２着
前走　11月１日　東京2000m　ＧⅠ　天皇賞・秋　３番人気　８着　0.5秒差　Ｘ位
前々走　10月11日　東京1800m　ＧⅡ　毎日王冠　４番人気　２着　0.2秒差　Ｘ位
６歳　８月23日　札幌2000m　ＧⅡ　札幌記念　５番人気　１着　0.0秒差　Ｘ位
６歳　３月14日　中京2000m　ＧⅢ　中日新聞杯　５番人気　１着　0.2秒差　１位
５歳　６月15日　東京1800m　ＧⅢ　エプソムＣ　２番人気　１着　0.0秒差　１位
※近２走実績ＮＧ。

2013年　メイショウナルト　せん５　56kg　14着
前走　11月３日　東京2500m　ＧⅡ　アルゼンチン共和国杯　１番人気　14着　1.7秒差　Ｘ位
前々走　９月22日　中山2200m　ＧⅡ　オールカマー　２番人気　２着　0.0秒差　Ｘ位
５歳　８月４日　小倉2000m　ＧⅢ　小倉記念　３番人気　１着　0.2秒差　2位　4角先頭
※近２走実績ＮＧ。

2012年　サトノギャラント　牡３　55kg　６着
前走　11月11日　東京1800m　1600万　ノベンバーＳ　１番人気　１着　0.3秒差　１位
前々走　10月７日　東京1600m　1000万　六社特別　１番人気　１着　0.1秒差　１位

＊＊＊＊＊＊＊＊＊＊＊＊＊＊＊＊＊　５月開催　＊＊＊＊＊＊＊＊＊＊＊＊＊＊＊＊＊

2008年　アドマイヤオーラ　牡４　58kg（＋１kg）６着
前走　３月29日　UAE1777m　ＧⅠ　ドバイＤＦ　９着
前々走　２月23日　京都2200m　ＧⅡ　京都記念　１番人気　１着　0.2秒差　２位
４歳　１月５日　京都1600m　ＧⅢ　京都金杯　１番人気　２着　0.0秒差　１位
３歳　３月４日　中山2000m　ＧⅡ　弥生賞　１番人気　１着　0.0秒差　２位
３歳　１月８日　京都1600m　ＧⅢ　シンザン記念　３番人気　１着　0.2秒差　１位
◉ハードルをクリアしており勝てる１番人気でした。原因はドバイ遠征の疲れでしょう。

2006年　ローゼンクロイツ　牡４　57kg　２着
前走　４月30日　京都3200m　ＧⅠ　天皇賞・春　６番人気　８着　1.8秒差　Ｘ位
前々走　４月２日　阪神2000m　ＧⅡ　産経大阪杯　１番人気　５着　0.5秒差　３位
４歳　３月５日　中京2000m　ＧⅢ　中京記念　４番人気　２着　0.1秒差　２位
３歳　３月26日　阪神2000m　ＧⅢ　毎日杯　２番人気　１着　0.2秒差　２位
２歳　12月25日　阪神2000m　ＧⅢ　ラジオたんぱ杯２歳Ｓ　１番人気　２着　0.2秒差　２位
※３歳以上重賞１連対です。近２走実績もＮＧ。

2003年　ツルマルボーイ　牡５　58kg（＋１kg）２着

前走	５月４日	京都3200m	ＧⅠ	天皇賞・春	２番人気	４着	0.3秒差	３位
前々走	４月６日	阪神2000m	ＧⅡ	産経大阪杯	２番人気	３着	0.2秒差	１位
４歳	10月６日	京都2400m	ＧⅡ	京都大賞典	２番人気	２着	0.4秒差	２位
４歳	６月23日	阪神2200m	ＧⅠ	宝塚記念	４番人気	２着	0.0秒差	１位
４歳	５月25日	中京2000m	ＧⅡ	金鯱賞	２番人気	１着	0.2秒差	１位
４歳	３月３日	中京2000m	ＧⅢ	中京記念	３番人気	１着	0.8秒差	１位

※近２走実績ＮＧ。

2002年　エアシャカール　牡５　59kg（＋２kg）２着

前走	３月31日	阪神2000m	ＧⅡ	産経大阪杯	３番人気	２着	0.4秒差	Ｘ位
前々走	６月24日	阪神2200m	ＧⅠ	宝塚記念	３番人気	５着	0.6秒差	３位
４歳	４月１日	阪神2000m	ＧⅡ	産経大阪杯	４番人気	２着	0.1秒差	２位
３歳	10月22日	京都3000m	ＧⅠ	菊花賞	２番人気	１着	0.0秒差	１位
３歳	５月28日	東京2400m	ＧⅠ	ダービー	１番人気	２着	0.0秒差	２位
３歳	４月16日	中山2000m	ＧⅠ	皐月賞	２番人気	１着	0.0秒差	１位
３歳	３月５日	中山2000m	ＧⅡ	弥生賞	４番人気	２着	0.2秒差	１位

◉近２走実績ＮＧ。2002年当時は別定に「過去１年以前の～（意訳）」という文言が入っていないため、同馬は菊花賞、皐月賞というＧⅠ勝ちにより２kg加増でした。いまなら１kgで済みます。

2001年　イブキガバメント　牡５　57kg　５着

前走	４月29日	京都3200m	ＧⅠ	天皇賞・春	12番人気	７着	1.2秒差	Ｘ位
前々走	４月14日	阪神2000m	1600万	難波Ｓ	１番人気	１着	0.5秒差	１位

◆１番人気が飛ぶとわかったらココへ

１番人気が「負ける」とわかったら、２番人気以下の馬から勝つ馬を見つけます。簡単です。僕が課す大前提とハードルを満たした馬しか勝ちませんので、【１着穴馬的中シート】を利用して見つけだしてください。

２番人気以下で勝てる馬を浮かび上がらせます

大前提①　加増なし

ハードル❶
3勝クラス以上「1番人気1着歴か、近2走で完勝」

ハードル❷
前走オープンクラス1番人気

ハードル❸
GⅡ・GⅠ「完勝歴か、近2走で連対(負けていても0.1秒)」

どれか一つで可。

2番人気以下で勝てる馬【1着穴馬的中シート】

条件	馬番 or 馬名
大前提①クリア	
ハードル❶クリア	
ハードル❷クリア	
ハードル❸クリア	

過去20年、2番人気以下で優勝した馬の近2走成績と実績を紹介します。

＊＊＊＊＊＊＊＊＊＊＊＊＊＊＊＊＊＊　3月開催　＊＊＊＊＊＊＊＊＊＊＊＊＊＊＊＊＊＊

2019年	2番人気	ダノンプレミアム	牡4	56kg	350円			
前走	5月27日	東京2400m	GⅠ　ダービー	1番人気	6着	0.2秒差	X位	
前々走	3月4日	阪神1600m	GⅠ　朝日杯FS	1番人気	1着	0.6秒差	1位	
3歳	10月7日	東京1600m	GⅢ　サウジアラビアRC	2番人気	1着	0.3秒差	X位	

＊＊＊＊＊＊＊＊＊＊＊＊＊＊＊＊＊＊＊ 12月開催 ＊＊＊＊＊＊＊＊＊＊＊＊＊＊＊＊＊＊＊

2016年 4番人気 ヤマカツエース 牡4 56kg 990円

前走	10月30日	東京2000m	GⅠ	天皇賞・秋	13番人気	15着	1.5秒差	X位
前々走	8月21日	札幌2000m	GⅡ	札幌記念	3番人気	5着	0.7秒差	X位
4歳	1月5日	中山2000m	GⅢ	中山金杯	3番人気	1着	0.1秒差	X位
3歳	11月15日	福島2000m	GⅢ	福島記念	2番人気	1着	0.2秒差	1位
3歳	4月11日	中山1600m	GⅡ	NZT	7番人気	1着	0.1秒差	X位

2015年 5番人気 ミトラ せん7 56kg 900円

前走	11月15日	福島2000m	GⅢ	福島記念	1番人気	2着	0.2秒差	X位
前々走	9月27日	中山2200m	GⅡ	オールカマー	7番人気	3着	0.5秒差	X位
7歳	1月25日	中山2200m	GⅡ	アメリカJCC	7番人気	2着	0.2秒差	X位
6歳	11月16日	福島2000m	GⅢ	福島記念	6番人気	1着	0.2秒差	3位

2013年 3番人気 カレンミロティック せん5 56kg

前走	8月4日	函館2600m	OP	札幌日経OP	1番人気	8着	1.6秒差	X位
前々走	6月2日	阪神1800m	1600万	垂水S	2番人気	1着	0.8秒差	1位

2012年 6番人気 オーシャンブルー 牡4 56kg 730円

前走	11月4日	東京2500m	GⅡ	アルゼンチン共和国杯	5番人気	5着	0.8秒差	1位
前々走	10月7日	京都2000m	1600万	大原S	1番人気	1着	0.0秒差	1位

＊＊＊＊＊＊＊＊＊＊＊＊＊＊＊＊＊＊＊ 5月開催 ＊＊＊＊＊＊＊＊＊＊＊＊＊＊＊＊＊＊＊

2008年 2番人気 エイシンデピュティ 牡6 57kg 460円

前走	4月6日	阪神2000m	GⅡ	産経大阪杯	7番人気	2着	0.1秒差	2位
前々走	2月2日	東京1600m	GⅢ	東京新聞杯	2番人気	7着	0.3秒差	X位
6歳	1月5日	京都1600m	GⅢ	京都金杯	3番人気	1着	0.0秒差	X位
5歳	12月8日	阪神1800m	GⅢ	鳴尾記念	3番人気	2着	0.0秒差	X位 逃げ

2006年 3番人気 コンゴウリキシオー 牡4 57kg 600円

前走	5月6日	新潟2000m	GⅢ	新潟大賞典	7番人気	6着	0.6秒差	X位 逃げ
前々走	4月9日	中山2000m	OP	エイプリルS	5番人気	2着	0.3秒差	X位 逃げ
3歳	2月13日	京都1800m	GⅢ	きさらぎ賞	2番人気	1着	0.0秒差	X位

※1着候補として浮かび上がらせることはできませんでした。逃げ馬の一発です。

2003年 4番人気 タップダンスシチー 牡6 57kg 580円

前走	4月26日	東京2400m	OP	東京競馬場リニューアル記念	7番人気	1着	0.3秒差	2位
前々走	12月22日	中山2500m	GⅠ	有馬記念	13番人気	2着	0.1秒差	X位 3角先頭
5歳	9月7日	阪神2000m	GⅢ	朝日CC	5番人気	1着	0.0秒差	3位
5歳	3月23日	中山2500m	GⅡ	日経賞	3番人気	2着	0.0秒差	2位

2002年	２番人気	ツルマルボーイ	牡４	57kg	370円			
前走	４月21日	東京2300m	ＯＰ	メトロポリタンＳ	４番人気	１着	0.2秒差	１位
前々走	３月31日	阪神2000m	GⅡ	産経大阪杯	５番人気	５着	0.9秒差	２位
４歳	３月３日	中京2000m	GⅢ	中京記念	３番人気	１着	0.8秒差	１位

2001年	３番人気	ミッキーダンス	牡５	57kg	680円			
前走	５月13日	京都1600m	ＯＰ	都大路Ｓ	10番人気	７着	0.6秒差	Ｘ位
前々走	４月１日	阪神2000m	GⅡ	産経大阪杯	７番人気	13着	1.7秒差	Ｘ位
４歳	９月９日	阪神2000m	GⅢ	朝日ＣＣ	１番人気	１着	0.1秒差	２位
４歳	８月13日	小倉2000m	GⅢ	小倉記念	３番人気	１着	0.3秒差	２位

◆２着馬を見つけるのはココで

２着候補を２番人気以下から見つけだすのに便利なツールが僕の作ったハードルです。こちらも【２着穴馬的中シート】を併用して見つけてください。なお、１番人気に応えられなくても２着に来ることはありますので、１番人気馬は無条件で２着候補です。

２番人気以下で２着に入れる馬を浮かび上がらせます

ハードル❶
３勝クラス以上「１番人気１着歴か、近２走で１着」

ハードル❷
GⅡ・（牝馬）GⅠ「連対歴（負けていても0.1秒）」

どちらか一方で可。

２番人気以下で２着に入れる馬【２着穴馬的中シート】

条件	馬番 or 馬名
ハードル❶クリア	
ハードル❷クリア	

過去20年、２番人気以下で２着に入った馬の近２走成績と実績を紹介します。

＊＊＊＊＊＊＊＊＊＊＊＊＊＊＊＊＊＊　3月開催　＊＊＊＊＊＊＊＊＊＊＊＊＊＊＊＊＊＊

2020年　８番人気　サトノソルタス　牡５　56kg
前走　12月７日　中京2000m　GⅢ　中日新聞杯　５番人気　５着　0.4秒差　X位
前々走　11月２日　東京2000m　3勝クラス　ノベンバーS　３番人気　１着　0.0秒差　３位
３歳　２月11日　東京1800m　GⅢ　共同通信杯　３番人気　２着　0.1秒差　２位

2019年　５番人気　リスグラシュー　牝５　55kg（＋１kg）
前走　12月９日　香港2400m　GⅠ　香港ヴァーズ　２番人気　２着
前々走　11月11日　京都2200m　牝馬GⅠ　エリザベス女王杯　３番人気　１着　0.0秒差　１位
４歳　10月13日　東京1800m　牝馬GⅡ　府中牝馬S　２番人気　２着　0.0秒差　２位
４歳　５月13日　東京1600m　牝馬GⅠ　ヴィクトリアM　１番人気　２着　0.0秒差　１位
４歳　２月４日　東京1600m　GⅢ　東京新聞杯　３番人気　１着　0.2秒差　X位
３歳　10月15日　京都2000m　牝馬GⅠ　秋華賞　４番人気　２着　0.2秒差　２位
３歳　４月９日　阪神1600m　牝馬GⅠ　桜花賞　３番人気　２着　0.1秒差　３位
２歳　12月11日　阪神1600m　牝馬GⅠ　阪神JF　２番人気　２着　0.2秒差　１位
２歳　10月29日　東京1600m　牝馬GⅢ　アルテミスS　１番人気　１着　0.1秒差　２位

2018年　８番人気　サトノノブレス　牡８　56kg
前走　10月１日　仏国2400m　GⅠ　凱旋門賞　11番人気　16着
前々走　９月10日　仏国2400m　GⅡ　フォア賞　６番人気　６着
６歳　９月25日　中山2200m　GⅡ　オールカマー　３番人気　２着　0.0秒差　X位
６歳　６月４日　阪神2000m　GⅢ　鳴尾記念　３番人気　１着　0.0秒差　X位
６歳　３月12日　中京2000m　GⅢ　中日新聞杯　１番人気　１着　0.1秒差　X位
４歳　12月６日　中京2000m　GⅡ　金鯱賞　４番人気　２着　0.2秒差　３位
４歳　８月10日　小倉2000m　GⅢ　小倉記念　３番人気　１着　0.3秒差　１位
４歳　１月19日　京都2400m　GⅡ　日経新春杯　２番人気　１着　0.0秒差　X位　2角先頭
３歳　10月20日　京都3000m　GⅠ　菊花賞　５番人気　２着　0.8秒差　X位

2017年　７番人気　ロードヴァンドール　牡４　56kg
前走　２月19日　小倉1800m　GⅢ　小倉大賞典　11番人気　４着　0.4秒差　X位
前々走　１月８日　京都2000m　3勝クラス　寿S　２番人気　１着　0.0秒差　3位　逃げ

＊＊＊＊＊＊＊＊＊＊＊＊＊＊＊＊＊＊　12月開催　＊＊＊＊＊＊＊＊＊＊＊＊＊＊＊＊＊＊

2016年　９番人気　パドルウィール　牡５　55kg
前走　10月29日　京都1800m　1600万　八坂S　４番人気　４着　0.2秒差　１位
前々走　10月10日　京都2000m　1600万　ジェンティルドンナM　４番人気　５着　0.3秒差　３位

◉２着候補として浮かび上がらせることはできませんでした。同馬は３走前に1000万条件特別で下記のような圧勝があり、ひとクラス上の1600万条件を勝てる能力は示していました。３歳時に「GⅢ毎日杯0.2秒差上がり１位」の実績もあります（６着ですが）。

※３走前５歳７月17日中京2000m1000万シンガポールターフクラブ賞３番人気１着0.7秒差３位

2014年　４番人気　サトノノブレス　牡４　57kg（＋１kg）
前走　11月２日　東京2000m　ＧⅠ　天皇賞・秋　11番人気　８着　0.3秒差　Ｘ位
前々走　９月28日　新潟2200m　ＧⅡ　オールカマー　１番人気　16着　0.9秒差　Ｘ位
４歳　８月10日　小倉2000m　ＧⅢ　小倉記念　３番人気　１着　0.3秒差　１位
４歳　１月19日　京都2400m　ＧⅡ　日経新春杯　２番人気　１着　0.0秒差　X位　2角先頭
３歳　10月20日　京都3000m　ＧⅠ　菊花賞　５番人気　２着　0.8秒差　Ｘ位

2013年　６番人気　ラブリーデイ　牡３　54kg
前走　８月４日　小倉2000m　ＧⅢ　小倉記念　５番人気　２着　0.2秒差　３位
前々走　５月26日　東京2400m　ＧⅠ　ダービー　17番人気　７着　0.4秒差　３位
２歳　11月10日　東京1400m　ＧⅡ　京王杯２歳Ｓ　７番人気　２着　0.1秒差　３位

2012年　８番人気　ダイワマッジョーレ　牡３　55kg
前走　10月21日　東京1800m　1600万　甲斐路Ｓ　２番人気　１着　0.1秒差　１位
前々走　９月29日　中山1600m　1600万　秋風Ｓ　２番人気　３着　0.2秒差　Ｘ位

＊＊＊＊＊＊＊＊＊＊＊＊＊＊＊＊＊＊　５月開催　＊＊＊＊＊＊＊＊＊＊＊＊＊＊＊＊＊＊

2011年　２番人気　キャプテントゥーレ　牡６　58kg（＋１kg）
前走　４月３日　阪神2000m　ＧⅡ　産経大阪杯　２番人気　５着　0.1秒差　X位　逃げ
前々走　２月27日　中山1800m　ＧⅡ　中山記念　４番人気　２着　0.4秒差　X位　逃げ
５歳　９月11日　阪神2000m　ＧⅢ　朝日ＣＣ　２番人気　１着　0.3秒差　3位　逃げ
４歳　９月12日　阪神2000m　ＧⅢ　朝日ＣＣ　１番人気　１着　0.0秒差　３位
３歳　４月20日　中山2000m　ＧⅠ　皐月賞　７番人気　１着　0.4秒差　X位　逃げ
２歳　10月13日　京都1600m　ＧⅡ　デイリー杯２歳Ｓ　３番人気　１着　0.3秒差　Ｘ位

2010年　６番人気　ドリームサンデー　牡６　57kg
前走　４月25日　京都Ｄ1800m　ＧⅢ　アンタレスＳ　11番人気　９着　0.8秒差　X位　3角先頭
前々走　４月11日　福島2000m　ＯＰ　福島民報杯　２番人気　10着　1.0秒差　Ｘ位
５歳　12月12日　中京2000m　ＧⅢ　中日新聞杯　５番人気　２着　0.1秒差　3位　逃げ
※逃げ馬の一発です。２着候補として浮かび上がらせることはできませんでした。重賞でたびたび逃げたり４角先頭で見せ場を作っていました。

2009年　８番人気　シャドウゲイト　牡７　58kg（＋１kg）
前走　４月５日　阪神2000m　ＧⅡ　産経大阪杯　10番人気　６着　0.7秒差　Ｘ位
前々走　１月４日　中山2000m　ＧⅢ　中山金杯　９番人気　15着　1.3秒差　Ｘ位
５歳　５月20日　星国2000m　ＧⅠ　シンガポール航空国際Ｃ　１着
５歳　４月１日　阪神2000m　ＧⅡ　産経大阪杯　２番人気　２着　0.1秒差　X位　逃げ
５歳　１月６日　中山2000m　ＧⅢ　中山金杯　３番人気　１着　1.2秒差　2位　3角先頭

2008年　11番人気　マンハッタンスカイ　牡４　57kg
前走　５月10日　新潟2000m　ＧⅢ　新潟大賞典　６番人気　２着　0.4秒差　Ｘ位
前々走　４月26日　京都2000m　1600万　メルボルンＴ　４番人気　１着　0.1秒差　Ｘ位

2007年　3番人気　スウィフトカレント　牡6　57kg

前走	2月17日	京都2200m	GⅡ	京都記念	5番人気	5着	0.4秒差	X位
前々走	12月24日	中山2500m	GⅠ	有馬記念	11番人気	12着	1.4秒差	2位
5歳	10月29日	東京2000m	GⅠ	天皇賞・秋	7番人気	2着	0.1秒差	3位
5歳	7月30日	小倉2000m	GⅢ	小倉記念	4番人気	1着	0.2秒差	1位
5歳	1月15日	京都2400m	GⅡ	日経新春杯	6番人気	2着	0.0秒差	1位

2005年　6番人気　ヴィータローザ　牡5　57kg

前走	12月12日	阪神2000m	GⅢ	鳴尾記念	2番人気	6着	0.6秒差	X位
前々走	10月31日	東京2000m	GⅠ	天皇賞・秋	16番人気	7着	1.3秒差	3位
4歳	9月11日	阪神2000m	GⅢ	朝日ＣＣ	5番人気	2着	0.0秒差	3位
3歳	9月21日	中山2200m	GⅡ	セントライト記念	3番人気	1着	0.1秒差	3位
3歳	7月6日	福島1800m	GⅢ	ラジオたんぱ賞	2番人気	1着	0.2秒差	1位

2004年　6番人気　ブルーイレヴン　牡4　57kg

前走	5月16日	新潟2000m	GⅢ	新潟大賞典	4番人気	7着	0.3秒差	X位
前々走	4月24日	京都1800m	ＯＰ	オーストラリアＴ	3番人気	4着	0.2秒差	2位
2歳	11月16日	東京1800m	GⅢ	東スポ杯2歳Ｓ	1番人気	1着	0.0秒差	2位
2歳	10月12日	京都1600m	GⅡ	デイリー杯2歳Ｓ	2番人気	2着	0.4秒差	1位

2001年　2番人気　ダイワテキサス　牡8　58kg（＋1kg）

前走	2月25日	中山1800m	GⅡ	中山記念	5番人気	8着	1.7秒差	3位
前々走	1月21日	中山2200m	GⅡ	アメリカＪＣＣ	1番人気	8着	1.5秒差	X位
7歳	8月27日	中山2000m	GⅢ	新潟記念	1番人気	1着	0.3秒差	1位
7歳	8月6日	福島1700m	GⅢ	関屋記念	3番人気	1着	0.1秒差	2位
7歳	6月11日	東京1800m	GⅢ	エプソムＣ	12番人気	2着	0.2秒差	2位
7歳	2月27日	中山1800m	GⅡ	中山記念	5番人気	1着	0.1秒差	1位
6歳	3月14日	中山1800m	GⅡ	中山記念	4番人気	2着	0.3秒差	1位
5歳	9月20日	中山2200m	GⅡ	オールカマー	1番人気	1着	0.2秒差	1位
5歳	8月9日	新潟1600m	GⅢ	関屋記念	1番人気	1着	0.0秒差	X位

GⅢ

フラワーC

3月20日（土）

中山競馬場　芝1800m（2011年は阪神競馬場）

3歳牝馬

［賞金］

別定　馬齢　54kg

収得賞金1800万円以上の馬1kg増

2002年までの基礎重量は53kg

2012年までは「収得賞金2000万円以上の馬1kg増」
2005年までは「収得賞金1600万円毎1kg増」

1番人気で勝てる馬を浮かび上がらせます

大前提① **2戦2勝馬は中央開催デビュー**

大前提② **前走中山1800mではなく、**
2カ月半以内（2011年は前走阪神1800mではないこと）

大前提③ **東上は2回目まで**

大前提④ **加増ではない**

ハードル❶
前走中央開催1400～2000m 1着

まず、今年も多くのファンを失望させることになるかもしれない1番人気馬を大前提とハードルに照らし合わせ、勝てるか負けるかを判定しましょう。2ページ後からの【1番人気的中シート】を利用してください。

フラワーカップの真相

牝馬限定重賞としては、2～3歳のここまでで最長距離のレースです。かと言って、長距離指向の馬が活躍するのかと言えば、そうではありません。私はステイヤーの領域を2200m以上としていますが、そういうレースに出走経験のある馬は来ないのです。3歳牝馬が2200m以上戦を選択するのは、ただ単に「スピード能力が不足」しているためで、それでは1800mの重賞ウイナーにはなれません。

もうひとつのポイントは関東馬の活躍です。過去20年、1番人気で勝った8頭のうち関東馬は5頭。そのうち4頭に中山芝コースでの1着歴があります（残る1頭は中山ダートでクビ差2着歴）。また、1番人気に推されて馬券圏内の2～3着に入った関東馬4頭は、全馬が中山芝コース1着歴の持ち主です。コーナーが4回あるフォーターンの中山競馬場内回り芝1800mだけに、中山芝コース経験歴のある関東馬が有利になるのでしょう。このあたり私のハードルには加味されていませんが、ぜひ覚えておいてください。ほかの中山芝重賞でも役に立つと思います。

なお、2006年は珍しく「1番人気で勝つ馬」をハズしていますが、原因は本文を読んでもらうとして、そのときに勝ったキストゥヘヴンは続く本番の桜花賞でも1着。そのほか、フラワーカップ勝ち馬の牝馬二冠の連対歴は以下のとおりです。

2010年	**オウケンサクラ**	**桜花賞2着**	
2006年	**キストゥヘヴン**	**桜花賞1着**	
2005年	**シーザリオ**	**桜花賞2着**	**オークス1着**
2004年	**ダンスインザムード**	**桜花賞1着**	
2002年	**スマイルトゥモロー**		**オークス1着**

1番人気で勝てる馬【1番人気的中シート】

大前提①……２戦２勝馬は中央開催デビュー
大前提②……前走中山1800mではなく、２カ月半以内（2011年は阪神1800mではないこと）
大前提③……東上は２回目まで　大前提④……加増ではない

年度	フラワーCの１番人気馬	大前提①	大前提②	大前提③	大前提④	ハードル❶	判定
2021							
2021							
2020	シーズンズギフト	×	×			○	×
2019	エールヴォア		×			○	×
2018	ロックディスタウン		×			×	×
2017	ファンディーナ					○	◉
2016	エンジェルフェイス					○	◉
2015	アルビアーノ					○	◉
2014	ショウナンパンドラ					×	×
2013	カラフルブラッサム					×	×
2012	メイショウスザンナ			×		○	×
2011	ハブルバブル					×	×
2010	サンテミリオン		×			○	×
2009	ディアジーナ				×	○	×
2008	ブラックエンブレム					○	◉
2007	ショウナンタレント					○	◉
2006	フサイチパンドラ					○	◉
2005	シーザリオ					○	◉
2004	ダンスインザムード					○	◉
2003	セイレーンズソング					×	×
2002	ブリガドーン					×	×
2001	タイムフェアレディ					○	◉

ハードル❶……前走中央開催 1400 ～ 2000m 1着

1番人気的中シートの使い方

左のシートに今年の1番人気候補を記入し、過去の成績をもとに「勝てるか、勝てないか」を判定してください。「勝てない」とわかったら、2番人気以下で勝てる馬が浮かび上がる【1着穴馬的中シート】（後ろのページ）に進んでください。

着順	単勝配当	結果	2番人気以下で勝った馬	人気	単勝配当	結果
3着		→	アブレイズ	12	¥7,930	大的中
2着		→	コントラチェック	2	¥280	大的中
13着		→	カンタービレ	2	¥340	大的中
1着	¥130	大的中				
1着	¥290	大的中				
1着	¥320	大的中				
5着		→	バウンスシャッセ	3	¥680	大的中
7着		→	サクラプレジール	2	¥360	大的中
2着		→	オメガハートランド	6	¥1,020	大的中
2着		→	トレンドハンター	5	¥860	大的中
3着		→	オウケンサクラ	3	¥790	大的中
2着		→	ヴィーヴァヴォドカ	11	¥4,360	大的中
1着	¥200	大的中				
1着	¥240	大的中				
2着		ハズレ	キストゥヘヴン	6	¥2,070	—
1着	¥140	大的中				
1着	¥120	大的中				
3着		→	マイネヌーヴェル	2	¥440	大的中
8着		→	スマイルトゥモロー	3	¥610	大的中
1着	¥430	大的中				

過去20年、１番人気に応えて優勝した馬の近２走成績と実績を紹介します。
（実績は１勝クラス以上連対歴を列記。以下同様）

2017年　ファンディーナ　130円　関西馬
前走　　２月19日　京都1800m　牝馬500万　つばき賞　　１番人気　１着　0.3秒差　１位
前々走　１月22日　京都1800m　牝馬新馬　　　　　　　１番人気　１着　1.5秒差　1位 逃げ
※２戦２勝。初東上。

2016年　エンジェルフェイス　290円　関西馬
前走　　２月27日　阪神1800m　未勝利　　　　　　　　１番人気　１着　0.2秒差　2位 逃げ
前々走　２月６日　京都1800m　未勝利　　　　　　　　１番人気　２着　0.1秒差　Ｘ位
※初東上。

2015年　アルビアーノ　320円　関東馬
前走　　２月15日　東京1400m　牝馬500万　平場　　　２番人気　１着　0.3秒差　2位 逃げ
前々走　１月５日　中山1600m　新馬　　　　　　　　　２番人気　１着　0.6秒差　2位 3角先頭
※２戦２勝。

2008年　ブラックエンブレム　200円　関東馬
前走　　３月１日　中山1600m　500万　きんせんか賞　１番人気　１着　0.7秒差　２位
前々走　12月１日　中山2000m　牝馬500万　葉牡丹賞　６番人気　３着　0.3秒差　１位

2007年　ショウナンタレント　240円　関東馬
前走　　２月24日　中山1600m　500万　きんせんか賞　１番人気　１着　0.1秒差　X位 逃げ
前々走　２月３日　東京1400m　500万　春菜賞　　　　１番人気　６着　0.3秒差　２位
３歳　　１月20日　中山1600m　ＯＰ　菜の花賞　　　　４番人気　２着　0.1秒差　X位 3角先頭

2005年　シーザリオ　140円　関西馬
前走　　１月９日　中山2000m　牝馬500万　寒竹賞　　４番人気　１着　0.0秒差　Ｘ位
前々走　12月25日　阪神1600m　牝馬新馬　　　　　　２番人気　１着　0.2秒差　１位
※２戦２勝。東上２回目。

2004年　ダンスインザムード　120円　関東馬
前走　　１月25日　中山1600m　牝馬500万　若竹賞　　１番人気　１着　0.1秒差　１位
前々走　12月20日　中山1600m　新馬　　　　　　　　　１番人気　１着　1.0秒差　X位 逃げ
※２戦２勝。

2001年　タイムフェアレディ　430円　関東馬
前走　　２月３日　東京1600m　牝馬500万　うぐいす賞　７番人気　１着　0.1秒差　Ｘ位
前々走　１月８日　中山D1800m　500万　呉竹賞　　　　４番人気　２着　0.0秒差　１位

過去20年、１番人気に応えられず負けた馬の近２走成績と実績を紹介します。

2020年　シーズンズギフト　３着　関東馬
前走　　１月26日　中山1800m　牝馬500万　若竹賞　　１番人気　１着　0.2秒差　１位

前々走　11月９日　福島2000m　新馬　1番人気　1着　0.2秒差　1位
※２戦２勝で福島デビューＮＧ。

2019年　エールヴォア　２着　関西馬
前走　12月８日　阪神2000m　牝馬500万　エリカ賞　1番人気　1着　0.2秒差　2位 逃げ
前々走　10月27日　東京1600m　ＧⅢ　アルテミスＳ　2番人気　3着　0.3秒差　X位
※前走から３カ月半ＮＧ。

2018年　ロックディスタウン　13着　関東馬
前走　12月10日　阪神1600m　ＧⅠ　阪神ＪＦ　1番人気　9着　1.1秒差　X位
前々走　９月２日　札幌1800m　ＧⅢ　札幌２歳Ｓ　1番人気　1着　0.0秒差　3位
※前走から３カ月半ＮＧ。

2014年　ショウナンパンドラ　５着　関西馬
前走　２月８日　京都1600m　ＯＰ　エルフィンＳ　1番人気　2着　0.3秒差　1位
前々走　１月５日　京都2000m　牝馬未勝利　1番人気　1着　0.2秒差　3位

2013年　カラフルブラッサム　７着　関西馬
前走　２月２日　中京2000m　牝馬500万　ビオラ賞　1番人気　2着　0.2秒差　2位
前々走　12月９日　阪神1600m　ＧⅠ　阪神ＪＦ　7番人気　5着　0.3秒差　1位

2012年　メイショウスザンナ　２着　関西馬
前走　２月19日　東京1800m　牝馬500万　セントポーリア賞　6番人気　1着　0.0秒差　X位 逃げ
前々走　１月21日　中山1600m　500万　菜の花賞　9番人気　2着　0.2秒差　1位
※東上３回目ＮＧ。

2011年　ハブルバブル　２着　関西馬
前走　３月20日　阪神1400m　牝馬500万　平場　1番人気　4着　0.5秒差　X位
前々走　２月27日　阪神1800m　新馬　2番人気　1着　0.8秒差　1位

2010年　サンテミリオン　３着　関東馬
前走　１月24日　中山1800m　牝馬500万　若竹賞　3番人気　1着　0.4秒差　1位
前々走　１月５日　中山2000m　牝馬新馬　1番人気　1着　0.2秒差　X位
※２戦２勝。しかし前走中山芝1800mＮＧ。

2009年　ディアジーナ　２着（＋１kg）関東馬
前走　２月21日　東京1600m　ＧⅢ　クイーンＣ　4番人気　1着　0.0秒差　X位
前々走　１月24日　中山1600m　500万　菜の花賞　1番人気　1着　0.5秒差　2位
※加増１kgＮＧ。

2006年　フサイチパンドラ　２着　関西馬
前走　２月25日　中山1600m　500万　きんせんか賞　1番人気　1着　0.5秒差　2位 4角先頭
前々走　２月４日　京都1600m　ＯＰ　エルフィンＳ　1番人気　6着　1.3秒差　X位
◉１着になっていい馬ですが、負けてしまいました。11月のデビュー以降５戦、一度も休まずに走りつづけたことが、６戦目のここでの敗因のひとつと考えます。

2003年　セイレーンズソング　３着　関東馬
前走　　３月１日　中山2200m　牝馬500万　水仙賞　　　２番人気　１着　0.1秒差　１位
前々走　１月19日　中山1800m　牝馬新馬　　　　　　　１番人気　１着　0.4秒差　１位
※前走2200mＮＧ。

2002年　ブリガドーン　８着　関東馬
前走　　２月23日　中山2200m　牝馬500万　水仙賞　　　１番人気　６着　0.7秒差　Ｘ位
前々走　１月13日　東京2000m　京成杯　　　　　　　　８番人気　３着　0.2秒差　２位

◆１番人気が飛ぶとわかったらココへ

１番人気が「負ける」とわかったら、２番人気以下の馬から勝つ馬を見つけます。簡単です。僕が課すハードルを満たした馬しか勝ちませんので、【１着穴馬的中シート】を利用して見つけだしてください。

２番人気以下で勝てる馬を浮かび上がらせます

ハードル❶
近２走で新馬・未勝利以上完勝

ハードル❷
１勝クラス以上１番人気１着歴

どちらか一方で可。

注：ハードルは中央開催1400〜2000m

２番人気以下で勝てる馬【１着穴馬的中シート】

条件	馬番 or 馬名
ハードル①クリア	
ハードル②クリア	

過去20年、２番人気以下で優勝した馬の近２走成績と実績を紹介します。

2020年　12番人気　アブレイズ　関西馬　7930円
前走　２月２日　京都2000m　牡馬新馬　６番人気　１着　0.1秒差　X位

2019年　２番人気　コントラチェック　関東馬　280円
前走　１月20日　中山1600m　500万　菜の花賞　１番人気　１着　0.5秒差　2位　逃げ
前々走　９月30日　中山1600m　500万　サフラン賞　１番人気　２着　0.0秒差　１位

2018年　２番人気　カンタービレ　関西馬　340円
前走　１月27日　京都1800m　未勝利　１番人気　１着　0.5秒差　１位
前々走　１月７日　京都1600m　牝馬未勝利　１番人気　２着　0.0秒差　２位

2014年　３番人気　バウンスシャッセ　関東馬　680円
前走　１月６日　中山2000m　寒竹賞　８番人気　１着　0.2秒差　１位
前々走　11月２日　東京1600m　重賞　アルテミスＳ　10番人気　10着　0.9秒差　X位

2013年　２番人気　サクラプレジール　関東馬　360円
前走　２月10日　東京1600m　牝馬新馬　２番人気　１着　0.2秒差　３位

2012年　６番人気　オメガハートランド　関東馬　1020円
前走　２月11日　東京1600m　GⅢ　クイーンC　３番人気　９着　0.7秒差　X位
前々走　１月９日　中山1600m　GⅢ　フェアリーＳ　１番人気　４着　0.0秒差　３位
２歳　11月20日　東京1400m　牝馬500万　平場　１番人気　１着　0.0秒差　１位

2011年　５番人気　トレンドハンター　関西馬　860円
前走　１月10日　京都D1800m　牝馬500万　平場　２番人気　１着　0.2秒差　１位
前々走　12月25日　阪神D1800m　牝馬未勝利　１番人気　１着　0.2秒差　３位

2010年　３番人気　オウケンサクラ　関西馬　790円
前走　３月６日　阪神1600m　GⅢ　チューリップ賞　２番人気　４着　0.4秒差　２位
前々走　２月20日　京都1600m　牝馬500万　こぶし賞　１番人気　１着　0.0秒差　２位
※前走桜花賞トライアル２番人気（重馬場に泣かされ４着）からの参戦は特筆。そして、フラワーCを勝って桜花賞出走権を得て本番で２着。

2009年　11番人気　ヴィーヴァヴォドカ　関東馬　4360円
前走　３月７日　中山1600m　牝馬500万　黄梅賞　６番人気　13着　2.1秒差　X位
前々走　９月27日　中山1600m　牝馬未勝利　２番人気　１着　0.1秒差　X位　3角先頭

2006年　６番人気　キストゥヘヴン　関東馬　2070円
前走　３月５日　中山1600m　牝馬未勝利　２番人気　１着　0.3秒差　２位
前々走　２月19日　東京D1400m　未勝利　１番人気　２着　0.1秒差　１位

2003年　２番人気　マイネヌーヴェル　関東馬　440円
前走　12月22日　中山2000m　牡馬OP　ホープフルＳ　６番人気　１着　0.2秒差　１位
前々走　11月23日　中山2000m　牡馬新馬　１番人気　１着　0.2秒差　１位

2002年　３番人気　スマイルトゥモロー　関東馬　610円
前走　３月２日　中山1600m　牡馬500万　黄梅賞　９番人気　１着　0.4秒差　１位
前々走　12月16日　中山1200m　GⅢ　フェアリーＳ　６番人気　11着　1.3秒差　Ｘ位

◆２着馬を見つけるのはココで

２着候補を２番人気以下から見つけだすのに便利なツールが僕の作ったハードルです。こちらも【２着穴馬的中シート】を併用して見つけてください。なお、１番人気に応えられなくても２着に来ることはありますので、１番人気馬は無条件で２着候補です。

２番人気以下で２着に入れる馬を浮かび上がらせます

ハードル❶
前走2000m以上牡馬混合１勝クラス以上に出走

ハードル❷
前走１着

ハードル❸
１勝クラス以上１番人気１着歴

ハードル❹
重賞「１番人気歴か、連対歴（負けていても0.1秒）」

どれか一つで可。

注：ハードル❷❸❹は1600～2000m

2番人気以下で2着に入れる馬【2着穴馬的中シート】

条件	馬番 or 馬名
ハードル❶クリア	
ハードル❷クリア	
ハードル❸クリア	
ハードル❹クリア	

過去20年、2番人気以下で2着に入った馬の近2走成績と実績を紹介します。

2020年　4番人気　レッドルレーヴ　関東馬
前走　1月13日　中山2000m　牡馬未勝利　1番人気　1着　0.1秒差　2位
前々走　10月19日　東京2000m　牡馬新馬　2番人気　2着　0.1秒差　1位

2018年　3番人気　トーセンブレス　関東馬
前走　12月10日　阪神1600m　ＧⅠ　阪神ＪＦ　7番人気　4着　0.6秒差　1位
前々走　10月28日　東京1600m　ＧⅢ　アルテミスＳ　1番人気　6着　0.5秒差　3位

2017年　8番人気　シーズララバイ　関東馬
前走　2月18日　東京2000m　牡馬500万　フリージア賞　9番人気　6着　0.4秒差　2位
前々走　1月21日　中山1800m　牡馬500万　若竹賞　8番人気　4着　0.7秒差　X位

2016年　2番人気　ゲッカコウ　関東馬
前走　2月27日　中山1800m　500万　平場　5番人気　1着　0.2秒差　X位　3角先頭
前々走　1月23日　中山1800m　牡馬500万　若竹賞　9番人気　3着　0.2秒差　X位　4角先頭

2015年　12番人気　アースライズ　関西馬
前走　12月6日　阪神1800m　牡馬未勝利　6番人気　1着　0.0秒差　X位
前々走　11月16日　京都1600m　未勝利　5番人気　14着　1.6秒差　X位
※初東上

2014年　4番人気　マイネグレヴィル　関東馬
前走　1月19日　中山2000m　牡馬GⅢ　京成杯　13番人気　5着　0.5秒差　X位
前々走　12月22日　中山2000m　牡馬OP　ホープフルＳ　6番人気　9着　0.7秒差　X位
2歳　8月31日　函館1800m　牡馬GⅢ　札幌2歳Ｓ　4番人気　2着　0.0秒差　2位　2角先頭

2013年　３番人気　エバーブロッサム　関東馬
前走　　１月12日　中山2000m　牝馬未勝利　12番人気　１着　0.0秒差　X位
前々走　10月８日　東京1600m　新馬　１番人気　６着　0.4秒差　X位

2010年　４番人気　コスモネモシン　関東馬（＋１kg）
前走　　１月11日　中山1600m　GⅢ　フェアリーS　11番人気　１着　0.0秒差　３位
前々走　12月12日　中山1800m　未勝利　１番人気　１着　0.2秒差　２位

2008年　８番人気　レッドアゲート　関東馬
前走　　２月２日　東京2400m　牝馬500万　平場　９番人気　４着　0.7秒差　３位
前々走　１月13日　中山2000m　牝馬未勝利　３番人気　１着　0.2秒差　１位

2007年　６番人気　ホクレレ　関東馬
前走　　２月11日　東京D1600m　未勝利　１番人気　１着　0.0秒差　2位 4角先頭
前々走　１月20日　中山2000m　牝馬未勝利　１番人気　２着　0.0秒差　３位

2005年　５番人気　スルーレート　関東馬
前走　　２月20日　東京D1600m　牝馬OP　ヒヤシンスS　９番人気　12着　1.9秒差　X位
前々走　１月29日　東京D1600m　500万　平場　１番人気　１着　0.7秒差　1位 逃げ

2004年　３番人気　ヤマニンアラバスタ　関東馬
前走　　12月28日　中山2000m　牝馬OP　ホープフルS　５番人気　２着　0.1秒差　１位
前々走　12月７日　阪神1600m　GⅠ　阪神JF　８番人気　７着　0.4秒差　X位
２歳　　11月16日　東京1600m　500万　赤松賞　４番人気　１着　0.3秒差　１位

◉前走の牝馬オープン特別２着は、牝馬GⅢ２着と同等以上の価値があります。

2003年　７番人気　トーセンリリー　関東馬
前走　　12月25日　川崎D1600m　牝馬GⅠ　全日本２歳優駿　５番人気　10着　3.8秒差　X位
前々走　12月１日　阪神1600m　GⅠ　阪神JF　13番人気　13着　1.2秒差　X位
２歳　　10月３日　門別D1800m　GⅢ　エーデルワイス賞　６番人気　１着　0.4秒差

2002年　２番人気　マイネヴィータ　関東馬
前走　　２月16日　東京1600m　GⅢ　クイーンC　１番人気　７着　0.6秒差　X位
前々走　12月２日　阪神1600m　GⅠ　阪神JF　４番人気　５着　0.2秒差　X位
２歳　　９月22日　札幌1800m　牝馬GⅢ　札幌２歳S　７番人気　２着　0.0秒差　X位

2001年　３番人気　オイワケヒカリ
前走　　２月24日　中山2200m　牝馬500万　水仙賞　８番人気　４着　0.4秒差　X位
前々走　１月21日　中山D1800m　牝馬新馬　２番人気　１着　0.1秒差　２位
※２回目の新馬戦。

GⅢ

ファルコンS

3月20日(土)

中京競馬場　芝1400m

(2001〜2011年は距離1200m。2011年は阪神競馬場)

(2005年までは5月開催)

3歳

［賞金］

別定　馬齢　牡馬・せん馬56kg　牝馬54kg

収得賞金1800万円以上の馬1kg増

(2002年までの基礎重量は牡馬・せん馬55kg　牝馬53kg)

2012年までは「収得賞金2000万円以上の馬1kg増」

2005年までは「収得賞金1200万円毎1kg増」

1番人気で勝てる馬を浮かび上がらせます

大前提①　**加増なし**

大前提②　**前走から2カ月半以内**

ハードル❶
デビュー戦からすべて1番人気

ハードル❷
前走当レース距離以上の重賞連対

どちらか一方で可。

まず、今年も多くのファンを失望させることになるかもしれない1番人気馬を大前提とハードルに照らし合わせ、勝てるか負けるかを判定しましょう。2ページ後からの【1番人気的中シート】を利用してください。

ファルコンステークスの真相

過去20年、いろいろな条件変更があったレースです。開催時期、負担重量規程、競馬場、距離。それぞれ違うレースと言えなくもありません。

ところが、過去20年のレース結果を分析していくと、一定の実績を持っている馬が連対していることがわかります。当レースは、とくに牡馬にとってはれっきとした「３歳春の短距離重賞」なのです。

牝馬は1400mのＧⅡフィリーズレビューがありますので短距離指向はそちらへ回りますが、牡馬は当レースに一球入魂せざるを得ません。それはＪＲＡの番組編成に起因します。短距離を得意とする牡馬は、なんと前年11月初旬の1400mＧⅡ京王杯２歳ステークス以後４カ月間、重賞といえば1600m以上しかなく、晴れ舞台がないのです。

そのため、1600m以上の不得意な距離で辛酸をなめてきたスプリンターが一変して勝ったり、短距離レースで好走しているにもかかわらず格下と見なされ軽視されている短距離馬が鼻を明かします。過去20年で１番人気がわずか２勝しかできていないのは、それだけ２番人気以下の「爪を隠していた能ある鷹」が、ここぞとばかりに自身の能力をフルに発揮しているからです。

予想するのがとても楽しいファルコンステークス。単勝40倍、50倍、70倍も出ていますので、大勝利を目指して注力しましょう。

1番人気で勝てる馬【1番人気的中シート】

大前提①………加増なし
大前提②………前走から2カ月半以内
ハードル❶……デビュー戦からすべて1番人気
ハードル❷……前走当レース距離以上の重賞連対
ハードルはどちらか一方で可。

年度	ファルコンSの1番人気馬	大前提①	大前提②	ハードル❶	ハードル❷	判定	着順
2021							
2021							
2020	ラウダシオン	×		×	×	×	2着
2019	ヴァッシュモン			×	×	×	6着
2018	ダノンスマッシュ		×	×	×	×	7着
2017	ナイトバナレット			×	×	×	11着
2016	シュウジ	×	×	×	×	×	12着
2015	フミノムーン			×	×	×	4着
2014	タガノグランパ				○	◉	1着
2013	ティーハーフ			×	×	×	7着
2012	レオアクティブ	×	×	×	×	×	4着
2011	アフォード			×	×	×	10着
2010	エーシンダックマン			×	×	×	15着
2009	エイシンクエスト			×	×	×	10着
2008	ダノンゴーゴー			○		◉	1着
2007	ダノンムロー			×	×	×	4着
2006	レッドスプレンダー			×	×	×	3着
2005	シンボリグラン	×		×	×	×	3着
2004	タイキバカラ	×		×	×	×	13着
2003	ゴールデンキャスト	×		×	×	×	4着
2002	タイキリオン	×		×	×	×	15着
2001	カルストンライトオ	×		×	×	×	3着

1番人気的中シートの使い方

左のシートに今年の1番人気候補を記入し、過去の成績をもとに「勝てるか、勝てないか」を判定してください。「勝てない」とわかったら、2番人気以下で勝てる馬が浮かび上がる【1着穴馬的中シート】（後ろのページ）に進んでください。

単勝配当	結果	2番人気以下で勝った馬	人気	単勝配当	結果
	→	シャインガーネット　牝	6	¥1,050	大的中
	→	ハッピーアワー	4	¥630	大的中
	→	ミスターメロディ	3	¥820	大的中
	→	コウソクストレート	3	¥530	大的中
	→	トウショウドラフタ	2	¥300	大的中
	→	タガノアザガル	14	¥7,830	大的中
¥370	大的中				
	→	インパルスヒーロー	2	¥490	大的中
	→	ブライトライン	4	¥1,270	大的中
	→	ヘニーハウンド	9	¥2,510	大的中
	→	エーシンホワイティ	4	¥790	大的中
	→	ジョーカプチーノ	4	¥940	大的中
¥290	大的中				
	→	アドマイヤホクト	2	¥310	大的中
	→	タガノバスティーユ	2	¥430	大的中
	→	カズサライン	13	¥4,310	大的中
	→	キョウワハピネス　牝	10	¥5,980	大的中
	→	ギャラントアロー	5	¥860	大的中
	→	サニングデール	2	¥530	大的中
	→	ルスナイクリスティ　牝	6	¥1,300	大的中

過去20年、１番人気に応えて優勝した馬の近２走成績と実績を紹介します。
（実績は１勝クラス以上１着歴を列記。以下同様）

2014年　タガノグランパ　牡　56kg　370円
前走　３月１日　阪神1600m　ＧⅢ　アーリントンＣ　３番人気　２着　0.6秒差　２位
前々走　１月25日　中京1400m　500万　なずな賞　１番人気　１着　0.2秒差　１位

＊＊＊＊＊＊＊＊＊＊＊＊＊＊＊　2011年までは1200m　＊＊＊＊＊＊＊＊＊＊＊＊＊＊＊

2008年　ダノンゴーゴー　牡　56kg　290円
前走　２月16日　京都1200m　500万　平場　１番人気　１着　0.1秒差　１位
前々走　１月19日　京都1600m　500万　平場　１番人気　３着　0.3秒差　１位
※デビュー５戦すべて１番人気。

過去20年、１番人気に応えられず負けた馬の近２走成績と実績を紹介します。

2020年　ラウダシオン　牡　57kg（＋１kg）２着
前走　２月１日　東京1400m　ＯＰ　クロッカスＳ　３番人気　１着　0.3秒差　Ｘ位
前々走　12月15日　阪神1600m　ＧⅠ　朝日杯ＦＳ　６番人気　８着　1.0秒差　Ｘ位
２歳　10月12日　京都1400m　ＯＰ　もみじＳ　１番人気　１着　0.2秒差　１位
※加増がＮＧ。

2019年　ヴァッシュモン　牡　56kg　６着
前走　１月６日　中山1600m　ＯＰ　ジュニアＣ　３番人気　１着　0.0秒差　２位
前々走　10月14日　東京1400m　未勝利　１番人気　１着　0.4秒差　１位
※前走オープン特別ＮＧ。

2018年　ダノンスマッシュ　牡　56kg　７着
前走　12月17日　阪神1600m　ＧⅠ　朝日杯ＦＳ　４番人気　５着　0.7秒差　２位
前々走　10月15日　京都1400m　ＯＰ　もみじＳ　１番人気　１着　0.5秒差　１位
※３カ月の休み明けがＮＧ。

2017年　ナイトバナレット　牡　56kg　11着
前走　１月５日　中山1600m　ＯＰ　ジュニアＣ　３番人気　１着　0.0秒差　１位
前々走　12月17日　中山1600m　500万　５番人気　３着　0.4秒差　２位
※前走オープン特別ＮＧ。

2016年　シュウジ　牡　57kg（＋１kg）12着
前走　12月20日　阪神1600m　ＧⅠ　朝日杯ＦＳ　３番人気　５着　0.8秒差　Ｘ位
前々走　11月14日　京都1600m　ＧⅡ　デイリー杯２歳Ｓ　１番人気　２着　0.6秒差　2位 逃げ
２歳　９月６日　小倉1200m　ＧⅢ　小倉２歳Ｓ　１番人気　１着　0.4秒差　２位
２歳　７月25日　中京1600m　ＧⅢ　中京２歳Ｓ　１番人気　１着　0.5秒差　2位 逃げ
※加増と３カ月の休み明けがＮＧ。

2015年　フミノムーン　牡　56kg　４着
前走　　１月24日　中京1400m　500万　なずな賞　　　　　１番人気　１着　0.4秒差　１位
前々走　12月28日　阪神1600m　500万　千両賞　　　　　　２番人気　６着　0.5秒差　X位
※前走500万条件特別ＮＧ。

2013年　ティーハーフ　牡　56kg　７着
前走　　１月26日　東京1400m　ＯＰ　クロッカスＳ　　　１番人気　３着　0.4秒差　２位
前々走　12月16日　中山1600m　ＧⅠ　朝日杯ＦＳ　　　　６番人気　５着　0.5秒差　１位
２歳　　11月18日　京都1200m　500万　平場　　　　　　　１番人気　１着　0.2秒差　１位
※前走オープン特別（３着）ＮＧ。

2012年　レオアクティブ　牡　57kg（＋１kg）４着
前走　　12月18日　中山1600m　ＧⅠ　朝日杯ＦＳ　　　　８番人気　３着　0.4秒差　１位
前々走　11月12日　東京1400m　ＧⅡ　京王杯２歳Ｓ　　　５番人気　１着　0.2秒差　１位
２歳　　８月６日　新潟1400m　ＯＰ　ダリア賞　　　　　４番人気　２着　0.0秒差　１位
※加増と３カ月の休み明けがＮＧ。

＊＊＊＊＊＊＊＊＊＊＊＊＊＊＊　2011年までは1200m　＊＊＊＊＊＊＊＊＊＊＊＊＊＊＊

2011年　アフォード　牡　56kg　10着
前走　　２月14日　小倉1200m　500万　萌黄賞　　　　　　１番人気　１着　0.4秒差　X位
前々走　10月23日　福島1200m　新馬　　　　　　　　　　２番人気　１着　0.6秒差　2位　4角先頭

2010年　エーシンダックマン　牡　56kg　15着
前走　　３月７日　中京1200m　500万　あざみ賞　　　　　１番人気　１着　0.7秒差　2位　逃げ
前々走　12月19日　中京1200m　500万　つわぶき賞　　　　１番人気　２着　0.1秒差　X位　逃げ
※３走前は３番人気。

2009年　エイシンクエスト　牡　56kg　10着
前走　　２月21日　京都Ｄ1200m　500万　平場　　　　　　１番人気　１着　1.0秒差　3位　逃げ
前々走　１月24日　京都Ｄ1200m　500万　平場　　　　　　４番人気　２着　0.2秒差　２位

2007年　ダノンムロー　牡　56kg　４着
前走　　２月10日　京都1200m　500万　寒桜賞　　　　　　１番人気　１着　0.2秒差　１位
前々走　１月14日　中山1200m　500万　平場　　　　　　　１番人気　２着　0.2秒差　１位
※３走前は10番人気。

2006年　レッドスプレンダー　牡　56kg　３着
前走　　１月14日　中山1200m　500万　平場　　　　　　　１番人気　１着　0.2秒差　１位
前々走　11月20日　東京1400m　500万　平場　　　　　　　２番人気　３着　0.6秒差　X位

＊＊＊＊＊＊＊＊＊＊＊＊＊＊　2005年までは６月開催　＊＊＊＊＊＊＊＊＊＊＊＊＊＊

2005年　シンボリグラン　牡　57kg（＋１kg）３着
前走　５月15日　京都1400m　ＯＰ　葵Ｓ　２番人気　１着　0.1秒差　X位
前々走　４月16日　中山1200m　500万　桜草特別　５番人気　１着　0.0秒差　１位
※加増がＮＧ。

2004年　タイキバカラ　牡　58kg（＋２kg）13着
前走　５月９日　東京1600m　ＧⅠ　ＮＨＫマイルＣ　５番人気　11着　1.9秒差　X位　逃げ
前々走　３月14日　中山1200m　ＧⅢ　クリスタルＣ　１番人気　１着　0.1秒差　X位　逃げ
２歳　11月29日　東京D1400m　500万　平場　２番人気　１着　0.4秒差　1位　逃げ
※加増がＮＧ。

2003年　ゴールデンキャスト　牡　57kg（＋１kg）４着
前走　５月11日　東京1600m　ＧⅠ　ＮＨＫマイルＣ　１番人気　11着　0.8秒差　１位
前々走　４月12日　中山1600m　ＧⅡ　ＮＺＴ　１番人気　５着　0.4秒差　１位
２歳　９月28日　阪神1400m　ＯＰ　ききょうＳ　１番人気　１着　0.4秒差　１位
※加増がＮＧ。デビュー戦３番人気、デビュー２戦目２番人気。

2002年　タイキリオン　牡　57kg（＋２kg）15着
前走　５月４日　東京1600m　ＧⅠ　ＮＨＫマイルＣ　２番人気　14着　2.1秒差　X位
前々走　４月６日　中山1600m　ＧⅡ　ＮＺＴ　11番人気　１着　0.0秒差　３位
３歳　３月９日　中京1200m　500万　はなのき賞　６番人気　１着　0.1秒差　２位
※加増がＮＧ。

2001年　カルストンライトオ　牡　56kg（＋１kg）３着
前走　５月12日　京都1200m　ＯＰ　葵Ｓ　１番人気　１着　0.1秒差　X位　逃げ
前々走　４月１日　阪神1400m　ＯＰ　マーガレットＳ　５番人気　２着　0.1秒差　3位　逃げ
２歳　11月25日　京都1200m　500万　かえで賞　２番人気　１着　1.0秒差　2位　逃げ
※加増がＮＧ。

◆１番人気が飛ぶとわかったらココへ

１番人気が「負ける」とわかったら、２番人気以下の馬から勝つ馬を見つけます。簡単です。僕が課すハードルを満たした馬しか勝ちませんので、【１着穴馬的中シート】を利用して見つけだしてください。

２番人気以下で勝てる馬を浮かび上がらせます

ハードル❶

前走新馬１番人気圧勝

ハードル❷

１勝クラス１着歴

ハードル❸

オープン特別１着歴

どれか一つで可。

注：ハードル❶と❷は秋競馬（10月）以降の実績で、当レース以上の距離

２番人気以下で勝てる馬【１着穴馬的中シート】

条件	馬番 or 馬名
ハードル❶クリア	
ハードル❷クリア	
ハードル❸クリア	

過去20年、２番人気以下で優勝した馬の近２走成績と実績を紹介します。

2020年	６番人気	シャインガーネット	牝	54kg	1050円				
前走	１月13日	中山1600m	牝馬GⅢ	フェアリーＳ	２番人気	４着	0.6秒差	X位	
前々走	11月17日	東京1600m	牝馬500万	赤松賞	３番人気	１着	0.1秒差	３位	

2019年	４番人気	ハッピーアワー	牡	56kg	630円			
前走	１月６日	京都1600m	GⅢ	シンザン記念	３番人気	５着	0.4秒差	３位
前々走	11月10日	京都1600m	GⅡ	デイリー杯２歳Ｓ	５番人気	３着	0.5秒差	１位
２歳	９月２日	札幌1200m	ＯＰ	すずらん賞	２番人気	１着	0.1秒差	２位

2018年	３番人気	ミスターメロディ	牡	56kg	820円			
前走	２月３日	東京D1400m	500万	平場	１番人気	１着	0.4秒差	２位
前々走	12月28日	中山D1200m	500万	エスペランサ賞	１番人気	２着	0.1秒差	３位

2017年　3番人気　コウソクストレート　牡　56kg　530円
前走　1月8日　京都1600m　GⅢ　シンザン記念　6番人気　14着　3.1秒差　X位
前々走　11月5日　東京1400m　GⅡ　京王杯2歳S　2番人気　4着　0.6秒差　2位
2歳　10月23日　東京1400m　500万　くるみ賞　2番人気　1着　0.2秒差　1位

2016年　2番人気　トウショウドラフタ　牡　57kg（＋1kg）300円
前走　1月30日　東京1400m　OP　クロッカスS　3番人気　1着　0.5秒差　1位
前々走　11月22日　東京1400m　500万　からまつ賞　2番人気　1着　0.2秒差　1位

2015年　14番人気　タガノアザガル　牡　56kg　7830円
前走　1月31日　東京1400m　OP　クロッカスS　6番人気　9着　1.6秒差　X位
前々走　12月21日　阪神1600m　GⅠ　朝日杯FS　18番人気　10着　1.0秒差　X位
2歳　12月6日　阪神1400m　500万　万両賞　2番人気　1着　0.0秒差　X位

2013年　2番人気　インパルスヒーロー　牡　56kg　490円
前走　2月10日　東京1400m　500万　平場　1番人気　1着　0.2秒差　3位
前々走　11月24日　東京1400m　未勝利　2番人気　1着　0.0秒差　2位

2012年　4番人気　ブライトライン　牡　56kg　1270円
前走　2月25日　阪神1600m　GⅢ　アーリントンC　5番人気　7着　0.4秒差　3位
前々走　1月15日　中山2000m　GⅢ　京成杯　6番人気　10着　1.1秒差　X位
2歳　11月13日　京都1800m　500万　黄菊賞　2番人気　1着　0.0秒差　X位

＊＊＊＊＊＊＊＊＊＊＊＊＊＊＊　2011年までは1200m　＊＊＊＊＊＊＊＊＊＊＊＊＊＊＊

2011年　9番人気　ヘニーハウンド　牡　56kg　2510円
前走　11月27日　東京1400m　新馬　1番人気　1着　0.5秒差　3位　逃げ

2010年　4番人気　エーシンホワイティ　牡　56kg　790円
前走　1月10日　京都1600m　GⅢ　シンザン記念　5番人気　7着　0.9秒差　X位
前々走　12月20日　中山1600m　GⅠ　朝日杯FS　11番人気　9着　0.9秒差　1位
2歳　11月7日　京都1200m　500万　平場　1番人気　1着　0.1秒差　2位
2歳　8月15日　小倉1200m　OP　フェニックス賞　1番人気　2着　0.3秒差　2位

2009年　4番人気　ジョーカプチーノ　牡　56kg　940円
前走　2月28日　小倉1200m　500万　萌黄賞　4番人気　1着　0.2秒差　3位　逃げ
前々走　1月31日　東京1400m　OP　クロッカスS　7番人気　7着　1.1秒差　X位

2007年　2番人気　アドマイヤホクト　牡　56kg　310円
前走　12月23日　中山1200m　OP　クリスマスローズS　1番人気　1着　0.1秒差　3位
前々走　12月10日　中山1600m　GⅠ　朝日杯FS　9番人気　15着　1.0秒差　X位
2歳　11月19日　東京1400m　500万　平場　1番人気　1着　0.2秒差　X位

2006年　２番人気　タガノバスティーユ　牡　56kg　430円
前走　２月５日　小倉1200m　500万　萌黄賞　２番人気　１着　0.2秒差　１位
前々走　１月21日　京都D1400m　500万　平場　５番人気　４着　0.9秒差　X位

＊＊＊＊＊＊＊＊＊＊＊＊＊＊　2005年までは６月開催　＊＊＊＊＊＊＊＊＊＊＊＊＊＊

2005年　13番人気　カズサライン　牡　57kg（＋１kg）4310円
前走　５月15日　京都1400m　ＯＰ　葵Ｓ　６番人気　８着　1.1秒差　X位
前々走　４月24日　京都1200m　ＯＰ　橘Ｓ　10番人気　３着　0.2秒差　X位
２歳　７月24日　新潟1200m　ＯＰ　マリーゴールド賞　１番人気　１着　0.0秒差　１位

2004年　10番人気　キョウワハピネス　牝　54kg　5980円
前走　５月15日　京都1400m　ＯＰ　葵Ｓ　９番人気　７着　0.6秒差　３位
前々走　４月25日　京都1200m　ＯＰ　橘Ｓ　８番人気　４着　0.7秒差　２位
２歳　４月３日　福島1200m　500万　雪うさぎ賞　２番人気　１着　0.3秒差　１位

2003年　５番人気　ギャラントアロー　牡　58kg（＋２kg）860円
前走　５月11日　東京1600m　ＧⅠ　ＮＨＫマイルＣ　10番人気　17着　1.7秒差　X位
前々走　４月12日　中山1600m　ＧⅡ　ＮＺＴ　８番人気　２着　0.0秒差　X位 逃げ
２歳　３月16日　中山1200m　ＧⅢ　クリスタルＣ　13番人気　２着　0.1秒差　X位 逃げ
２歳　２月９日　京都D1200m　500万　平場　５番人気　１着　0.7秒差　１位

2002年　２番人気　サニングデール　牡　56kg（＋１kg）530円
前走　５月11日　京都1400m　ＯＰ　葵Ｓ　２番人気　６着　0.6秒差　X位 逃げ
前々走　４月21日　京都1200m　ＯＰ　橘Ｓ　３番人気　１着　0.4秒差　3位 逃げ

2001年　６番人気　ルスナイクリスティ　牝　53kg　1300円
前走　５月12日　京都1200m　ＯＰ　葵Ｓ　15番人気　３着　0.3秒差　３位
前々走　12月17日　中山1200m　牝馬GⅢ　フェアリーＳ　10番人気　８着　0.8秒差　X位
２歳　10月14日　東京1400m　牝馬500万　サフラン賞　10番人気　１着　0.1秒差　X位

◆２着馬を見つけるのはココで

２着候補を２番人気以下から見つけだすのに便利なツールが僕の作ったハードルです。こちらも【２着穴馬的中シート】を併用して見つけてください。なお、１番人気に応えられなくても２着に来ることはありますので、１番人気馬は無条件で２着候補です。

２番人気以下で２着に入れる馬を浮かび上がらせます

ハードル❶
１勝クラス１着歴

ハードル❷
オープン特別完勝歴か、重賞連対歴

注：ハードル❶は秋競馬（10月）以降の実績で、当レース以上の距離

２番人気以下で２着に入れる馬【２着穴馬的中シート】

条件	馬番 or 馬名
ハードル❶クリア	
ハードル❷クリア	

過去20年、２番人気以下で２着に入った馬の近２走成績と実績を紹介します。

2019年　３番人気　グルーヴィット　牡　56kg
前走　２月17日　東京D1400m　500万　平場　１番人気　１着　0.2秒差　２位
前々走　10月20日　京都D1400m　新馬　１番人気　１着　0.9秒差　１位

2018年　７番人気　アサクサゲンキ　牡　57kg（＋１kg）
前走　12月17日　阪神1600m　ＧⅠ　朝日杯ＦＳ　８番人気　10着　1.5秒差　Ｘ位
前々走　11月４日　東京1400m　ＧⅡ　京王杯２歳Ｓ　４番人気　３着　0.4秒差　Ｘ位
２歳　９月３日　小倉1200m　ＧⅢ　小倉２歳Ｓ　３番人気　１着　0.2秒差　Ｘ位

2017年　２番人気　ボンセルヴィーソ　牡　56kg
前走　12月18日　阪神1600m　ＧⅠ　朝日杯ＦＳ　12番人気　３着　0.4秒差　Ｘ位　逃げ
前々走　11月12日　京都1600m　ＧⅡ　デイリー杯２歳Ｓ　８番人気　２着　0.0秒差　Ｘ位　逃げ

2016年　３番人気　ブレイブスマッシュ　牡　57kg（＋１kg）
前走　１月17日　中山2000m　ＧⅢ　京成杯　９番人気　12着　1.3秒差　Ｘ位
前々走　12月27日　中山2000m　ＧⅡ　ホープフルＳ　７番人気　７着　0.9秒差　３位
２歳　10月10日　東京1600m　重賞　サウジアラビアＲＣ　４番人気　１着　0.0秒差　Ｘ位

2015年　４番人気　アクティブミノル　牡　57kg（＋１kg）
前走　12月21日　阪神1600m　ＧⅠ　朝日杯ＦＳ　９番人気　５着　0.4秒差　X位 逃げ
前々走　11月８日　東京1400m　ＧⅡ　京王杯２歳Ｓ　３番人気　６着　0.6秒差　X位
２歳　７月19日　函館1200m　ＧⅢ　函館２歳Ｓ　４番人気　１着　0.2秒差　X位 逃げ

2014年　３番人気　サトノルパン　牡　56kg
前走　２月24日　東京1400m　500万　平場　１番人気　１着　0.3秒差　１位
前々走　２月９日　京都1800m　ＧⅢ　きさらぎ賞　３番人気　６着　0.8秒差　２位

2013年　11番人気　カシノピカチュウ　牡　56kg
前走　２月24日　阪神1400m　500万　平場　４番人気　４着　0.1秒差　１位
前々走　２月10日　東京1400m　500万　平場　３番人気　３着　0.3秒差　X位
※２着候補として浮かび上がらせることはできませんでした。

2012年　12番人気　レオンビスティー　牡　56kg
前走　１月８日　京都1600m　ＧⅢ　シンザン記念　10番人気　８着　0.9秒差　X位
前々走　12月24日　中山1200m　ＯＰ　クリスマスローズＳ　４番人気　１着　0.1秒差　２位

＊＊＊＊＊＊＊＊＊＊＊＊＊＊＊　2011年までは1200m　＊＊＊＊＊＊＊＊＊＊＊＊＊＊＊

2011年　４番人気　スギノエンデバー　牡　56kg
前走　１月29日　東京1400m　ＯＰ　クロッカスＳ　５番人気　８着　1.0秒差　X位
前々走　12月18日　小倉1200m　500万　つわぶき賞　１番人気　１着　0.0秒差　X位 逃げ
２歳　10月３日　札幌1200m　ＯＰ　すずらん賞　２番人気　２着　0.2秒差　３位

2010年　10番人気　トシギャングスター　牡　56kg
前走　２月14日　東京Ｄ1600m　ＯＰ　ヒヤシンスＳ　６番人気　８着　0.9秒差　X位
前々走　１月31日　東京1400m　ＯＰ　クロッカスＳ　３番人気　７着　0.3秒差　２位
２歳　12月５日　阪神Ｄ1400m　500万　ポインセチア賞　３番人気　１着　0.0秒差　３位

2009年　12番人気　カツヨトワイニング　牝　54kg
前走　２月21日　東京1600m　牝馬ＧⅢ　クイーンＣ　６番人気　９着　0.8秒差　X位
前々走　１月11日　中山1600m　牝馬ＧⅢ　フェアリーＳ　８番人気　４着　0.5秒差　３位
２歳　10月19日　東京1400m　牝馬500万　サフラン賞　12番人気　１着　0.0秒差　X位

2008年　２番人気　マルブツイースター　牡　57kg（＋１kg）
前走　２月２日　東京1400m　ＯＰ　クロッカスＳ　６番人気　１着　0.4秒差　３位
前々走　11月４日　福島1200m　ＯＰ　福島２歳Ｓ　２番人気　５着　0.5秒差　X位
２歳　９月２日　小倉1200m　ＧⅢ　小倉２歳Ｓ　５番人気　１着　0.3秒差　２位

2007年　５番人気　カノヤザクラ　牝　54kg
前走　12月17日　中山1200m　牝馬ＧⅢ　フェアリーＳ　３番人気　５着　0.3秒差　X位
前々走　11月５日　京都1400m　牝馬ＧⅢ　ファンタジーＳ　４番人気　６着　1.1秒差　X位
２歳　10月22日　京都1400m　500万　かえで賞　１番人気　１着　0.0秒差　X位

2006年　６番人気　アイアムエンジェル　牝　54kg
前走　10月20日　門別Ｄ1200m　牝馬GⅢ　フェアリーＳ　３番人気　５着　0.3秒差　Ｘ位
前々走　11月５日　京都1400m　牝馬GⅢ　エーデルワイス賞　１番人気　２着　0.3秒差　2位 逃げ
２歳　９月３日　札幌Ｄ1000m　500万　平場　２番人気　１着　0.7秒差　1位 逃げ

＊＊＊＊＊＊＊＊＊＊＊＊＊＊　2005年までは６月開催　＊＊＊＊＊＊＊＊＊＊＊＊＊＊

2005年　６番人気　フェリシア　牝　55kg（＋１kg）
前走　４月10日　阪神1600m　牝馬GⅠ　桜花賞　13番人気　18着　2.8秒差　Ｘ位
前々走　12月19日　中山1200m　牝馬GⅢ　フェアリーＳ　３番人気　１着　0.1秒差　１位

2004年　３番人気　シルヴァーゼット　牡　57kg（＋１kg）
前走　４月25日　京都1200m　ＯＰ　橘Ｓ　２番人気　１着　0.4秒差　Ｘ位
前々走　４月４日　阪神1400m　ＯＰ　マーガレットＳ　２番人気　２着　0.1秒差　Ｘ位
２歳　12月28日　阪神1600m　500万　平場　１番人気　１着　0.1秒差　２位

2003年　２番人気　ホーマンアピール　牡　57kg（＋１kg）
前走　５月11日　東京1600m　ＧⅠ　ＮＨＫマイルＣ　14番人気　７着　0.6秒差　Ｘ位
前々走　４月６日　阪神1400m　ＯＰ　マーガレットＳ　11番人気　１着　0.0秒差　Ｘ位
３歳　２月８日　阪神1200m　500万　萌黄賞　１番人気　１着　0.1秒差　Ｘ位
２歳　８月３日　小倉1200m　ＯＰ　フェニックス賞　１番人気　２着　0.0秒差　１位

2002年　４番人気　サダムブルースカイ　牡　56kg（＋１kg）
前走　５月11日　京都1400m　ＯＰ　葵Ｓ　10番人気　２着　0.2秒差　３位
前々走　４月21日　京都1200m　ＯＰ　橘Ｓ　６番人気　５着　0.7秒差　Ｘ位
２歳　７月29日　函館1200m　ＧⅢ　函館２歳Ｓ　３番人気　１着　0.2秒差　１位

2001年　５番人気　ロッキーアピール　牡　55kg
前走　５月20日　中京Ｄ1700m　ＯＰ　昇竜Ｓ　１番人気　７着　1.2秒差　Ｘ位
前々走　５月６日　東京Ｄ1200m　500万　平場　１番人気　１着　0.4秒差　2位 4角先頭

GⅡ

阪神大賞典

3月21日（日）

阪神競馬場　芝3000m

4歳以上

［グレード］

別定　4歳55kg　5歳以上56kg（牝馬2kg減）

過去1年間で　　　　　GⅠ競走（牝馬限定競走は除く）1着馬は2kg増
牝馬限定GⅠ競走およびGⅡ競走（牝馬限定競走は除く）1着馬は1kg増
過去1年以前の　　　　GⅠ競走（牝馬限定競走は除く）1着馬は1kg増
（ただし、2歳時の成績を除く）。

2011年までの基礎重量は4歳56kg　5歳以上57kg（牝馬2kg減）

2005年までは「牝馬限定競走を除く」という文章がありません。
2003年までは「（意訳）過去1年以前の～」という文章がありません。

１番人気で勝てる馬を浮かび上がらせます

４歳ハードル❶
前走2400m以上ＧⅡ・ＧⅠ「１番人気か、連対」

５歳ハードル❷
2200m以上「ＧⅢ・ＧⅡ前走１番人気か、ＧⅠ完勝歴」

６歳以上ハードル❸
2200m以上「ＧⅡ・ＧⅠ前走1番人気か、1着」、かつ、2500m以上ＧⅡ・ＧⅠ完勝歴

注：ハードルはすべて３歳以上

まず、今年も多くのファンを失望させることになるかもしれない１番人気馬をハードルに照らし合わせ、勝てるか負けるかを判定しましょう。２ページ後からの【１番人気的中シート】を利用してください。

阪神大賞典の真相

ＪＲＡに3000ｍを超える平地重賞は５つあります。

3600ｍ　ＧⅡ　ステイヤーズＳ
3400ｍ　ＧⅢ　ダイヤモンドＳ
3200ｍ　ＧⅠ　天皇賞・春
3000ｍ　ＧⅡ　阪神大賞典
3000ｍ　ＧⅠ　菊花賞（３歳限定）

どのレースでも、私がステイヤーの領域と捉えている2200ｍ以上戦で好成績をあげてきた馬が活躍します。そういう長距離指向のオープン馬は稀少な存在で、各世代に重賞ウイナーが何頭もいるわけではありません。結果として、過去20年で１番人気馬が11勝もあげているように、力関係がハッキリ見えているため堅く収まります。勝ち馬は６番人気が最低人気、２着馬は７番人気が最低人気です。

また、６歳以上の高齢馬でも、“自分の庭”に侵入してくる若駒に伍して戦えます。全年齢層ともに層が薄いためです。ゴールドシップは３年連続優勝、ナリタトップリードは２年連続勝利、シュヴァルグラン、アイポッパー、トウカイトリックも複数回連対です。

大穴狙いをせず、論理的に攻めて中穴をＧＥＴすべきレースです。

1番人気で勝てる馬【1番人気的中シート】

4歳ハードル❶…………前走2400m以上GⅡ・GⅠ「1番人気か、連対」
5歳ハードル❷…………2200m以上「GⅢ・GⅡ前走1番人気か、GⅠ完勝歴」
6歳以上ハードル❸……2200m以上「GⅡ・GⅠ前走1番人気か、1着」、かつ、2500m以上GⅡ

年度	阪神大賞典の1番人気馬	性齢	4歳ハードル①	4歳ハードル②	6歳以上ハードル③	判定	着順
2021							
2021							
2020	キセキ	牡6			×	×	7着
2019	シャケトラ	牡6			○	◉	1着
2018	クリンチャー	牡4	×			×	3着
2017	サトノダイヤモンド	牡4	○			◉	1着
2016	シュヴァルグラン	牡4	○			◉	1着
2015	ゴールドシップ	牡6			○	◉	1着
2014	ゴールドシップ	牡5		○		◉	1着
2013	ゴールドシップ	牡4	○			◉	1着
2012	オルフェーヴル	牡4	○			◉	2着
2011	コスモメドウ	牡4	×			×	2着
2010	メイショウベルーガ	牝5		×		×	3着
2009	オウケンブルースリ	牡4	×			×	7着
2008	ポップロック	牡7			×	×	3着
2007	ドリームパスポート	牡4	×			×	2着
2006	ディープインパクト	牡4	○			◉	1着
2005	アイポッパー	牡5		×		×	2着
2004	リンカーン	牡4	○			◉	1着
2003	ダイタクバートラム	牡5		○		◉	1着
2002	ナリタトップロード	牡6			○	◉	1着
2001	ナリタトップロード	牡5		○		◉	1着

・ＧＩ完勝歴

1番人気的中シートの使い方

左のシートに今年の1番人気候補を記入し、過去の成績をもとに「勝てるか、勝てないか」を判定してください。「勝てない」とわかったら、2番人気以下で勝てる馬が浮かび上がる【1着穴馬的中シート】（後ろのページ）に進んでください。

単勝配当	結果	2番人気以下で勝った馬	人気	単勝配当	結果
	→	ユーキャンスマイル	2	¥590	大的中
¥220	大的中				
	→	レインボーライン	3	¥560	大的中
¥110	大的中				
¥300	大的中				
¥160	大的中				
¥170	大的中				
¥110	大的中				
	ハズレ	ギュスターヴクライ	3	¥1,340	—
	→	ナムラクレセント	3	¥540	大的中
	→	トウカイトリック	5	¥700	大的中
	→	アサクサキングス	2	¥370	大的中
	→	アドマイヤジュピタ	4	¥750	大的中
	→	アイポッパー	2	¥450	大的中
¥110	大的中				
	→	マイソールサウンド	6	¥4,200	大的中
¥140	大的中				
¥220	大的中				
¥190	大的中				
¥250	大的中				

過去20年、1番人気に応えて優勝した馬の近2走成績と実績を紹介します。
（実績は重賞連対歴を列記。以下同様）

まず4歳馬から。

2017年　サトノダイヤモンド　牡4　57kg（+2kg）110円

前走	12月25日	中山2500m	GⅠ	有馬記念	1番人気	1着	0.0秒差	3位
前々走	10月23日	京都3000m	GⅠ	菊花賞	1番人気	1着	0.4秒差	1位
3歳	9月25日	阪神2400m	GⅡ	神戸新聞杯	1番人気	1着	0.0秒差	2位
3歳	5月29日	東京2400m	GⅠ	ダービー	2番人気	2着	0.0秒差	3位
3歳	2月7日	京都1800m	GⅢ	きさらぎ賞	1番人気	1着	0.6秒差	1位

2016年　シュヴァルグラン　牡4　55kg　300円

前走	1月17日	京都2400m	GⅡ	日経新春杯	1番人気	2着	0.3秒差	2位
前々走	12月13日	阪神2400m	1600万	オリオンS	1番人気	1着	0.5秒差	1位

2013年　ゴールドシップ　牡4　57kg（+2kg）110円

前走	12月23日	中山2500m	GⅠ	有馬記念	1番人気	1着	0.2秒差	1位
前々走	10月21日	京都3000m	GⅠ	菊花賞	1番人気	1着	0.3秒差	1位
3歳	9月23日	阪神2400m	GⅡ	神戸新聞杯	1番人気	1着	0.4秒差	1位
3歳	4月15日	中山2000m	GⅠ	皐月賞	4番人気	1着	0.4秒差	1位
3歳	2月12日	東京1800m	GⅢ	共同通信杯	2番人気	1着	0.3秒差	1位
2歳	12月24日	阪神2000m	GⅢ	ラジオNIKKEI杯	3番人気	2着	0.2秒差	2位
2歳	10月1日	札幌1800m	GⅢ	札幌2歳S	2番人気	2着	0.1秒差	1位

2006年　ディープインパクト　牡4　58kg（+2kg）110円

前走	12月25日	中山2500m	GⅠ	有馬記念	1番人気	2着	0.1秒差	1位
前々走	10月23日	京都3000m	GⅠ	菊花賞	1番人気	1着	0.3秒差	1位
3歳	9月25日	阪神2000m	GⅡ	神戸新聞杯	1番人気	1着	0.4秒差	1位
3歳	5月29日	東京2400m	GⅠ	ダービー	1番人気	1着	0.8秒差	1位
3歳	4月17日	中山2000m	GⅠ	皐月賞	1番人気	1着	0.4秒差	1位
3歳	3月6日	中山2000m	GⅡ	弥生賞	1番人気	1着	0.0秒差	1位

2004年　リンカーン　牡4　56kg　140円

前走	12月28日	中山2500m	GⅠ	有馬記念	4番人気	2着	1.5秒差	X位
前々走	10月26日	京都3000m	GⅠ	菊花賞	4番人気	2着	0.1秒差	1位

次に5歳馬。

2014年　ゴールドシップ　牡5　58kg（+2kg）170円

前走	12月22日	中山2500m	GⅠ	有馬記念	2番人気	3着	1.5秒差	X位
前々走	11月24日	東京2400m	GⅠ	ジャパンC	2番人気	15着	1.4秒差	X位
4歳	6月23日	阪神2200m	GⅠ	宝塚記念	2番人気	1着	0.6秒差	1位
4歳	3月17日	阪神3000m	GⅡ	阪神大賞典	1番人気	1着	0.3秒差	2位
3歳	12月23日	中山2500m	GⅠ	有馬記念	1番人気	1着	0.2秒差	1位

3歳　10月21日　京都3000m　GⅠ　菊花賞　1番人気　1着　0.3秒差　1位
3歳　9月23日　阪神2400m　GⅡ　神戸新聞杯　1番人気　1着　0.4秒差　1位
3歳　4月15日　中山2000m　GⅠ　皐月賞　4番人気　1着　0.4秒差　1位
3歳　2月12日　東京1800m　GⅢ　共同通信杯　2番人気　1着　0.3秒差　1位
2歳　12月24日　阪神2000m　GⅢ　ラジオNIKKEI杯　3番人気　2着　0.2秒差　2位
2歳　10月1日　札幌1800m　GⅢ　札幌2歳S　2番人気　2着　0.1秒差　1位

2003年　ダイタクバートラム　牡5　57kg　220円
前走　2月16日　中山3200m　GⅢ　ダイヤモンドS　1番人気　3着　0.3秒差　1位
前々走　1月11日　京都3000m　OP　万葉S　1番人気　1着　0.2秒差　1位
4歳　11月30日　中山3600m　GⅡ　ステイヤーズS　4番人気　2着　0.0秒差　1位

2001年　ナリタトップロード　牡5　59kg（+2kg）250円
前走　2月17日　京都2200m　GⅡ　京都記念　1番人気　3着　0.2秒差　2位
前々走　12月24日　中山2500m　GⅠ　有馬記念　3番人気　9着　1.0秒差　X位
4歳　10月8日　京都2400m　GⅡ　京都大賞典　2番人気　2着　0.0秒差　3位
4歳　2月20日　京都2200m　GⅡ　京都記念　2番人気　2着　0.0秒差　1位
3歳　11月7日　京都3000m　GⅠ　菊花賞　3番人気　1着　0.1秒差　3位
3歳　10月17日　京都2200m　GⅡ　京都新聞杯　1番人気　2着　0.0秒差　2位
3歳　6月6日　東京2400m　GⅠ　ダービー　1番人気　2着　0.1秒差　2位
3歳　3月7日　中山2000m　GⅡ　弥生賞　2番人気　1着　0.2秒差　2位
3歳　2月7日　京都1800m　GⅢ　きさらぎ賞　2番人気　1着　0.0秒差　1位

最後に6歳以上馬。

2019年　シャケトラ　牡6　57kg（+1kg）220円
前走　1月20日　中山2200m　GⅡ　アメリカJCC　7番人気　1着　0.0秒差　3位
前々走　12月24日　中山2500m　GⅠ　有馬記念　7番人気　6着　0.5秒差　X位
4歳　3月25日　中山2500m　GⅡ　日経賞　4番人気　1着　0.1秒差　1位
4歳　1月17日　京都2400m　GⅡ　日経新春杯　2番人気　2着　0.0秒差　3位

2015年　ゴールドシップ　牡6　58kg（+2kg）160円
前走　1月25日　中山2200m　GⅡ　アメリカJCC　1番人気　7着　0.5秒差　X位
前々走　12月28日　中山2500m　GⅠ　有馬記念　1番人気　3着　0.1秒差　X位
5歳　8月24日　札幌2000m　GⅡ　札幌記念　1番人気　2着　0.1秒差　1位
5歳　6月29日　阪神2200m　GⅠ　宝塚記念　1番人気　1着　0.5秒差　1位
5歳　3月23日　阪神3000m　GⅡ　阪神大賞典　1番人気　1着　0.6秒差　1位
4歳　6月23日　阪神2200m　GⅠ　宝塚記念　2番人気　1着　0.6秒差　1位
4歳　3月17日　阪神3000m　GⅡ　阪神大賞典　1番人気　1着　0.3秒差　2位
3歳　12月23日　中山2500m　GⅠ　有馬記念　1番人気　1着　0.2秒差　1位
3歳　10月21日　京都3000m　GⅠ　菊花賞　1番人気　1着　0.3秒差　1位
3歳　9月23日　阪神2400m　GⅡ　神戸新聞杯　1番人気　1着　0.4秒差　1位
3歳　4月15日　中山2000m　GⅠ　皐月賞　4番人気　1着　0.4秒差　1位
3歳　2月12日　東京1800m　GⅢ　共同通信杯　2番人気　1着　0.3秒差　1位
2歳　12月24日　阪神2000m　GⅢ　ラジオNIKKEI杯　3番人気　2着　0.2秒差　2位

２歳	10月１日	札幌1800m	GⅢ	札幌２歳S	２番人気	２着	0.1秒差	１位

2002年　ナリタトップロード　牡６　59kg（＋２kg）190円

前走	２月16日	京都2200m	GⅡ	京都記念	３番人気	１着	0.0秒差	３位
前々走	12月23日	中山2500m	GⅠ	有馬記念	４番人気	10着	0.8秒差	X位
５歳	３月18日	阪神3000m	GⅡ	阪神大賞典	１番人気	１着	1.3秒差	１位
４歳	10月８日	京都2400m	GⅡ	京都大賞典	２番人気	２着	0.0秒差	３位
４歳	２月20日	京都2200m	GⅡ	京都記念	２番人気	２着	0.0秒差	１位
３歳	11月７日	京都3000m	GⅠ	菊花賞	３番人気	１着	0.1秒差	３位
３歳	10月17日	京都2200m	GⅡ	京都新聞杯	１番人気	２着	0.0秒差	２位
３歳	６月６日	東京2400m	GⅠ	ダービー	１番人気	２着	0.1秒差	２位
３歳	３月７日	中山2000m	GⅡ	弥生賞	２番人気	１着	0.2秒差	２位
３歳	２月７日	京都1800m	GⅢ	きさらぎ賞	２番人気	１着	0.0秒差	１位

過去20年、１番人気に応えられず負けた馬の近２走成績と実績を紹介します。

まず４歳馬から。

2018年　クリンチャー　牡４　56kg（＋１kg）３着

前走	２月11日	京都2200m	GⅡ	京都記念	４番人気	１着	0.2秒差	２位
前々走	10月22日	京都3000m	GⅠ	菊花賞	10番人気	２着	0.3秒差	X位

2012年　オルフェーヴル　牡４　57kg（＋２kg）２着

前走	12月25日	中山2500m	GⅠ	有馬記念	１番人気	１着	0.1秒差	２位
前々走	10月23日	京都3000m	GⅠ	菊花賞	１番人気	１着	0.4秒差	２位
３歳	９月25日	阪神2400m	GⅡ	神戸新聞杯	１番人気	１着	0.4秒差	１位
３歳	５月29日	東京2400m	GⅠ	ダービー	１番人気	１着	0.3秒差	２位
３歳	４月24日	東京2000m	GⅠ	皐月賞	４番人気	１着	0.5秒差	１位
３歳	３月26日	阪神1800m	GⅡ	スプリングS	１番人気	１着	0.1秒差	１位
３歳	１月９日	京都1600m	GⅢ	シンザン記念	３番人気	２着	0.2秒差	１位

◉ＪＲＡのGⅠ・GⅡ６連勝中。ディープインパクトもGⅠ・GⅡ５連勝中（デビュー７連勝中）で臨んだGⅠ有馬記念で２着に敗れました。過去20年でGⅡ・GⅠ連勝は８連勝のテイエムオペラオーが最長です（GⅢまで含めるとタイキシャトルも８連勝）。

2011年　コスモメドウ　牡４　56kg　２着

前走	２月19日	東京3400m	GⅢ	ダイヤモンドS	２番人気	１着	0.3秒差	１位
前々走	１月５日	京都3000m	OP	万葉S	５番人気	１着	0.3秒差	２位

2009年　オウケンブルースリ　牡４　58kg（＋１kg）７着

前走	11月30日	東京2400m	GⅠ	ジャパンC	４番人気	５着	0.3秒差	３位
前々走	10月26日	京都3000m	GⅠ	菊花賞	１番人気	１着	0.2秒差	２位

※菊花賞は３歳GⅠ。

2007年　ドリームパスポート　牡４（＋１kg）２着

前走	12月24日	中山2500m	GⅠ	有馬記念	２番人気	４着	0.6秒差	X位

前々走　11月26日　東京2400m　GⅠ　ジャパンC　５番人気　２着　0.3秒差　３位
３歳　10月22日　京都3000m　GⅠ　菊花賞　２番人気　２着　0.0秒差　２位
３歳　９月24日　阪神2000m　GⅡ　神戸新聞杯　３番人気　１着　0.0秒差　３位
３歳　４月16日　中山2000m　GⅠ　皐月賞　10番人気　２着　0.1秒差　２位
３歳　２月12日　京都1800m　GⅢ　きさらぎ賞　２番人気　１着　0.1秒差　１位

次に５歳馬。

2010年　メイショウベルーガ　牝５　56kg（＋１kg）３着
前走　１月17日　京都2400m　GⅡ　日経新春杯　２番人気　１着　0.5秒差　１位
前々走　12月19日　中京2000m　牝馬GⅢ　愛知杯　１番人気　３着　0.1秒差　１位

2005年　アイポッパー　牡５　57kg　２着
前走　１月８日　京都3000m　ＯＰ　万葉Ｓ　１番人気　１着　0.3秒差　１位
前々走　11月21日　京都2200m　1600万　古都Ｓ　１番人気　１着　0.1秒差　２位

最後に６歳以上馬。

2020年　キセキ　牡６　57kg（＋１kg）７着
前走　12月22日　中山2500m　GⅠ　有馬記念　７番人気　５着　1.1秒差　X位
前々走　10月６日　仏国2400m　GⅠ　凱旋門賞　７番人気　７着
５歳　６月23日　阪神2200m　GⅠ　宝塚記念　１番人気　２着　0.5秒差　3位　逃げ
５歳　３月31日　阪神2000m　GⅠ　大阪杯　２番人気　２着　0.0秒差　X位
４歳　11月25日　東京2400m　GⅠ　ジャパンC　４番人気　２着　0.3秒差　X位　逃げ
３歳　10月22日　京都3000m　GⅠ　菊花賞　１番人気　１着　0.3秒差　１位
３歳　９月24日　阪神2400m　GⅡ　神戸新聞杯　２番人気　２着　0.3秒差　１位
※３歳菊花賞以降未勝利です。

2008年　ポップロック　牡７　58kg（＋１kg）３着
前走　12月23日　中山2500m　GⅠ　有馬記念　２番人気　５着　0.9秒差　X位
前々走　11月25日　東京2400m　GⅠ　ジャパンC　４番人気　２着　0.0秒差　２位
６歳　10月７日　京都2400m　GⅡ　京都大賞典　１番人気　２着　0.0秒差　３位
６歳　５月27日　東京2500m　GⅡ　目黒記念　１番人気　１着　0.0秒差　２位
６歳　２月17日　京都2200m　GⅡ　京都記念　１番人気　２着　0.0秒差　１位
５歳　12月24日　中山2500m　GⅠ　有馬記念　６番人気　２着　0.5秒差　X位
５歳　11月７日　豪州3200m　GⅠ　メルボルンC　２着
５歳　５月28日　東京2500m　GⅡ　目黒記念　３番人気　１着　0.0秒差　２位

◆１番人気が飛ぶとわかったらココへ

１番人気が「負ける」とわかったら、２番人気以下の馬から勝つ馬を見つけます。簡単です。僕が課すハードルを満たした馬しか勝ちませんので、【１着穴馬的中シート】を利用して見つけだしてください。

2番人気以下で勝てる馬を浮かび上がらせます

ハードル❶
ＧＩ菊花賞またはＧＩ天皇賞・春に出走していれば、３着以内歴

ハードル❷
上記２レース未出走馬は、３歳以上
「ＧⅡ完勝歴か、前走2400m以上重賞１番人気」

2番人気以下で勝てる馬【1着穴馬的中シート】

条件	馬番 or 馬名
ハードル❶クリア	
ハードル❷クリア	

過去20年、２番人気以下で優勝した馬の近２走成績と実績を紹介します。

2020年　２番人気　ユーキャンスマイル　牡５　56kg　590円
前走　11月24日　東京2400m　ＧＩ　ジャパンＣ　４番人気　５着　0.7秒差　Ｘ位
前々走　10月27日　東京2000m　ＧＩ　天皇賞・秋　７番人気　４着　0.6秒差　１位
４歳　９月１日　新潟2000m　ＧⅢ　新潟記念　２番人気　１着　0.0秒差　１位
４歳　２月16日　東京3400m　ＧⅢ　ダイヤモンドＳ　１番人気　１着　0.4秒差　１位
※ＧＩ菊花賞３着。

2018年　３番人気　レインボーライン　牡５　56kg　560円
前走　12月24日　中山2500m　ＧＩ　有馬記念　９番人気　８着　0.7秒差　Ｘ位
前々走　11月26日　東京2400m　ＧＩ　ジャパンＣ　８番人気　６着　1.0秒差　１位
３歳　10月23日　京都3000m　ＧＩ　菊花賞　９番人気　２着　0.4秒差　２位
３歳　２月27日　阪神1600m　ＧⅢ　アーリントンＣ　４番人気　１着　0.0秒差　Ｘ位

2012年　３番人気　ギュスターヴクライ　牡４　55kg　1340円
前走　２月18日　東京3400m　ＧⅢ　ダイヤモンドＳ　１番人気　２着　0.1秒差　１位

前々走　2月5日　東京2400m　1600万　早春S　1番人気　1着　0.1秒差　3位
※GⅠ菊花賞、GⅠ天皇賞・春未出走。

2011年　3番人気　ナムラクレセント　牡6　57kg　540円
前走　1月16日　京都2400m　GⅡ　日経新春杯　7番人気　4着　0.5秒差　3位
前々走　12月11日　小倉2000m　GⅢ　中日新聞杯　2番人気　6着　1.0秒差　X位
※GⅠ菊花賞3着。

2010年　5番人気　トウカイトリック　牡8　57kg　700円
前走　2月14日　東京3400m　GⅢ　ダイヤモンドS　4番人気　5着　0.4秒差　2位
前々走　1月5日　京都3000m　OP　万葉S　2番人気　1着　0.0秒差　2位
5歳　2月11日　東京3400m　GⅢ　ダイヤモンドS　1番人気　1着　0.0秒差　1位
4歳　12月2日　中山3600m　GⅡ　ステイヤーズS　2番人気　2着　0.5秒差　2位
4歳　3月19日　阪神3000m　GⅡ　阪神大賞典　5番人気　2着　0.6秒差　2位　逃げ
3歳　11月13日　福島2000m　GⅢ　福島記念　7番人気　2着　0.2秒差　2位
※5歳時GⅠ天皇賞・春3着。

2009年　2番人気　アサクサキングス　牡5　58kg（+1kg）370円
前走　2月21日　京都2200m　GⅡ　京都記念　3番人気　1着　0.0秒差　3位
前々走　12月28日　中山2500m　GⅠ　有馬記念　9番人気　14着　2.8秒差　X位
3歳　10月21日　京都3000m　GⅠ　菊花賞　4番人気　1着　0.0秒差　X位
3歳　9月23日　阪神2400m　GⅡ　神戸新聞杯　5番人気　2着　0.1秒差　2位
3歳　5月27日　東京2400m　GⅠ　ダービー　14番人気　2着　0.5秒差　X位　逃げ
3歳　2月11日　京都1800m　GⅢ　きさらぎ賞　3番人気　1着　0.3秒差　X位　逃げ
※4歳時GⅠ天皇賞・春3着。

2008年　4番人気　アドマイヤジュピタ　牡5　58kg（+1kg）750円
前走　1月20日　京都2400m　GⅡ　日経新春杯　1番人気　4着　0.4秒差　X位
前々走　11月4日　東京2500m　GⅡ　アルゼンチン共和国杯　2番人気　1着　0.1秒差　X位
※GⅠ菊花賞、GⅠ天皇賞・春未出走。

2007年　2番人気　アイポッパー　牡7　58kg（+1kg）450円
前走　12月2日　中山3600m　GⅡ　ステイヤーズS　1番人気　1着　0.5秒差　1位
前々走　11月5日　東京2500m　GⅡ　アルゼンチン共和国杯　2番人気　2着　0.0秒差　1位
6歳　5月28日　東京2500m　GⅡ　目黒記念　2番人気　2着　0.0秒差　1位
5歳　10月15日　豪州2400m　GⅠ　コーフィールドC　2着　0.0秒差
5歳　3月20日　阪神3000m　GⅡ　阪神大賞典　1番人気　2着　0.1秒差　2位
※5歳時GⅠ天皇賞・春3着。

2005年　6番人気　マイソールサウンド　牡6　58kg（+1kg）4200円
前走　2月19日　京都2200m　GⅡ　京都記念　8番人気　4着　0.5秒差　3位
前々走　1月16日　京都2400m　GⅡ　日経新春杯　5番人気　7着　0.4秒差　X位
5歳　4月17日　阪神1600m　GⅡ　読売マイラーズC　3番人気　1着　0.1秒差　2位
5歳　1月5日　京都1600m　GⅢ　京都金杯　9番人気　1着　0.0秒差　X位
※GⅠ菊花賞、GⅠ天皇賞・春未出走。

◆２着馬を見つけるのはココで

２着候補を２番人気以下から見つけだすのに便利なツールが僕の作ったハードルです。こちらも【２着穴馬的中シート】を併用して見つけてください。なお、１番人気に応えられなくても２着に来ることはありますので、１番人気馬は無条件で２着候補です。

２番人気以下で２着に入れる馬を浮かび上がらせます

ハードル❶
前走2400m以上「３勝クラス以上１番人気１着か、重賞１番人気」

ハードル❷
GⅢ・GⅡ１番人気１着歴か、GⅠ連対歴

どちらか一方で可。

注：ハードルは３歳以上戦

２番人気以下で２着に入れる馬【２着穴馬的中シート】

条件	馬番 or 馬名
ハードル❶ クリア	
ハードル❷ クリア	

過去20年、２番人気以下で２着に入った馬の近２走成績と実績を紹介します。

2020年	５番人気	トーセンカンビーナ　牡４　55kg						
前走	２月15日	京都2400m	３勝クラス	松籟Ｓ	１番人気	１着	0.1秒差	１位
前々走	12月８日	阪神2400m	３勝クラス	オリオンＳ	２番人気	５着	0.4秒差	１位
2019年	６番人気	カフジプリンス　牡６　56kg						
前走	２月23日	阪神2200m	３勝クラス	尼崎Ｓ	４番人気	３着	0.9秒差	３位
前々走	２月10日	京都2200m	GⅡ	京都記念	10番人気	10着	0.6秒差	Ｘ位

◉2着候補として浮かび上がらせることができませんでした。菊花賞3番人気の実績がありますので、【1着穴馬的中シート】のハードル❶「GⅠ菊花賞またはGⅠ天皇賞・春に出走していれば、3着以内歴」という文章を「3番人気以内歴」として【2着穴馬的中シート】のハードルに加えるのもアリかもしれません。

2018年	4番人気	サトノクロニクル	牡4	55kg				
前走	12月24日	中山2500m	GⅠ	有馬記念	11番人気	9着	0.7秒差	X位
前々走	12月2日	阪神2000m	GⅢ	チャレンジC	1番人気	1着	0.0秒差	3位
3歳	5月6日	京都2200m	GⅡ	京都新聞杯	1番人気	2着	0.0秒差	X位

2017年	2番人気	シュヴァルグラン	牡5	57kg（+1kg）				
前走	12月25日	中山2500m	GⅠ	有馬記念	5番人気	6着	0.5秒差	X位
前々走	11月27日	東京2400m	GⅠ	ジャパンC	6番人気	3着	0.5秒差	2位
4歳	11月6日	東京2500m	GⅡ	アルゼンチン共和国杯	2番人気	1着	0.1秒差	3位
4歳	3月20日	阪神3000m	GⅡ	阪神大賞典	1番人気	1着	0.4秒差	1位
4歳	1月17日	京都2400m	GⅡ	日経新春杯	1番人気	2着	0.3秒差	2位

※4歳時天皇賞・春3着。

2016年	4番人気	タンタアレグリア	牡4	55kg				
前走	2月20日	東京3400m	GⅢ	ダイヤモンドS	1番人気	4着	1.7秒差	X位
前々走	10月25日	京都3000m	GⅠ	菊花賞	6番人気	4着	0.3秒差	3位
3歳	5月2日	東京2400m	GⅡ	青葉賞	4番人気	2着	0.1秒差	X位

2015年	7番人気	デニムアンドルビー	牝5	54kg				
前走	12月28日	中山2500m	GⅠ	有馬記念	16番人気	9着	0.4秒差	X位
前々走	11月30日	東京2400m	GⅠ	ジャパンC	7番人気	11着	1.7秒差	X位
3歳	11月24日	東京2400m	GⅠ	ジャパンC	7番人気	2着	0.0秒差	1位
3歳	9月15日	阪神1800m	牝馬GⅡ	ローズS	1番人気	1着	0.1秒差	2位
3歳	4月21日	東京2000m	牝馬GⅡ	フローラS	1番人気	1着	0.1秒差	2位

2014年	5番人気	アドマイヤラクティ	牡6	56kg				
前走	12月22日	中山2500m	GⅠ	有馬記念	3番人気	11着	3.0秒差	X位
前々走	11月24日	東京2400m	GⅠ	ジャパンC	4番人気	4着	0.1秒差	2位
5歳	11月3日	東京2500m	GⅡ	アルゼンチン共和国杯	4番人気	2着	0.2秒差	2位
5歳	2月16日	東京3400m	GⅢ	ダイヤモンドS	1番人気	1着	0.4秒差	2位

2013年	3番人気	デスペラード	牡5	56kg				
前走	1月6日	京都3000m	OP	万葉S	1番人気	1着	0.0秒差	1位
前々走	12月1日	中山3600m	GⅡ	ステイヤーズS	2番人気	3着	0.2秒差	2位

2010年	4番人気	ジャミール	牡4	56kg				
前走	1月11日	中山2500m	1600万	迎春S	1番人気	1着	0.1秒差	1位
前々走	12月13日	阪神2400m	1600万	オリオンS	3番人気	3着	0.2秒差	3位

2009年　6番人気　ヒカルカザブエ　牡4　56kg

前走	1月18日	京都2400m	GⅡ	日経新春杯	1番人気	7着	0.9秒差	X位
前々走	12月13日	阪神2000m	1600万	元町S	5番人気	1着	0.1秒差	1位

2008年　5番人気　アイポッパー　牡8　58kg（+1kg）

前走	2月23日	京都2200m	GⅡ	京都記念	7番人気	16着	1.9秒差	X位
前々走	4月29日	京都3200m	GⅠ	天皇賞・春	1番人気	4着	0.1秒差	1位
7歳	3月18日	阪神3000m	GⅡ	阪神大賞典	2番人気	1着	0.0秒差	3位
6歳	12月2日	中山3600m	GⅡ	ステイヤーズS	1番人気	1着	0.5秒差	1位
6歳	11月5日	東京2500m	GⅡ	アルゼンチン共和国杯	2番人気	2着	0.0秒差	1位
6歳	5月28日	東京2500m	GⅡ	目黒記念	2番人気	2着	0.0秒差	1位
5歳	10月15日	豪州2400m	GⅠ	コーフィールドC		2着	0.0秒差	
5歳	3月20日	阪神3000m	GⅡ	阪神大賞典	1番人気	2着	0.1秒差	2位

※5歳時GⅠ天皇賞・春3着。

2006年　5番人気　トウカイトリック　牡4　56kg

前走	2月12日	東京3400m	GⅢ	ダイヤモンドS	9番人気	3着	0.5秒差	1位
前々走	1月15日	京都2400m	GⅡ	日経新春杯	4番人気	6着	0.6秒差	X位
3歳	11月13日	福島2000m	GⅢ	福島記念	7番人気	2着	0.2秒差	2位

※2着候補として浮かび上がらせることはできませんでした。逃げ馬の一発です。

2004年　2番人気　ザッツザプレンティ　牡4　58kg（+2kg）

前走	12月28日	中山2500m	GⅠ	有馬記念	5番人気	11着	3.7秒差	X位 逃げ
前々走	11月30日	東京2400m	GⅠ	ジャパンC	5番人気	2着	1.5秒差	X位
3歳	10月26日	京都3000m	GⅠ	菊花賞	5番人気	1着	0.1秒差	3位
2歳	12月21日	阪神2000m	GⅢ	ラジオたんぱ杯2歳S	2番人気	1着	0.7秒差	1位

2003年　2番人気　コイントス　牡5　57kg

前走	1月19日	京都2400m	GⅡ	日経新春杯	1番人気	2着	0.1秒差	2位
前々走	12月22日	中山2500m	GⅠ	有馬記念	8番人気	3着	0.4秒差	2位
4歳	11月3日	東京2500m	GⅡ	アルゼンチン共和国杯	1番人気	2着	0.5秒差	2位
3歳	3月24日	阪神2000m	GⅢ	毎日杯	3番人気	2着	0.9秒差	2位

2002年　2番人気　ジャングルポケット　牡4　58kg（+1kg）

前走	11月25日	東京2400m	GⅠ	ジャパンC	2番人気	1着	0.0秒差	1位
3歳	10月21日	京都3000m	GⅠ	菊花賞	1番人気	4着	0.4秒差	3位
3歳	5月27日	東京2400m	GⅠ	ダービー	1番人気	1着	0.2秒差	1位
3歳	2月4日	東京1800m	GⅢ	共同通信杯	1番人気	1着	0.3秒差	1位
2歳	12月23日	阪神2000m	GⅢ	ラジオたんぱ杯3歳S	3番人気	2着	0.4秒差	2位
2歳	9月23日	札幌1800m	GⅢ	札幌3歳S	5番人気	1着	0.2秒差	1位

GⅡ

スプリングS

3月21日(日)

中山競馬場　芝1800m（2011年は阪神競馬場　芝1800m）

3歳　牡馬・牝馬

馬齢	牡馬56kg　牝馬54kg

１番人気で勝てる馬を浮かび上がらせます

大前提①	前走ＧⅠを含む３連勝中ではない
大前提②	関西馬は初東上
大前提③	２カ月半以上の休み明けは前走ＧⅠ

ハードル❶

1600m以上１勝クラス以上１番人気完勝歴

ハードル❷

中央開催1600m以上「ＧⅢ・ＧⅢ上がり１位連対歴か、ＧⅠ１着歴」

どちらか一方で可。

まず、今年も多くのファンを失望させることになるかもしれない１番人気馬を大前提とハードルに照らし合わせ、勝てるか負けるかを判定しましょう。２ページ後からの【１番人気的中シート】を利用してください。

スプリングステークスの真相

当レースは中山競馬場の内回り1800mで行われます。直線は308mしかありません。もうひとつの皐月賞トライアルＧⅡ弥生賞も、中山競馬場の内回り2000mで行われます。両レースともにゴールまであと600m地点とは、３コーナーの途中になります。

先行して押し切る馬に利があるコースに思えます。しかし実際は、これまでに出走した重賞において「上がり３ハロン（ゴールまでの600m）１位歴」を持つ馬がよく１番人気に応えるのです。

以下は、上記２レースの勝ち馬の皐月賞、ダービーでの成績です。

★スプリングＳの勝ち馬（皐月賞連対馬５頭、ダービー連対馬４頭）

2013年	ロゴタイプ	皐月賞１着	
2011年	オルフェーブル	二冠	
2009年	アンライバルド	皐月賞１着	
2008年	スマイルジャック		ダービー２着
2006年	メイショウサムソン	二冠	
2003年	ネオユニヴァース	二冠	
2002年	タニノギムレット		ダービー１着

★弥生賞の勝ち馬（皐月賞連対馬７頭、ダービー連対馬３頭）

2016年	マカヒキ	皐月賞２着、	ダービー１着
2014年	トゥザワールド	皐月賞２着	
2011年	サダムパテック	皐月賞２着	
2010年	ヴィクトワールピサ	皐月賞１着	
2009年	ロジユニヴァース		ダービー１着
2005年	ディープインパクト	二冠	
2004年	コスモバルク	皐月賞２着	
2001年	アグネスタキオン	皐月賞１着	

弥生賞のほうがハイレベルに思えますが、スプリングステークス組も立派な成績です。

1番人気で勝てる馬【1番人気的中シート】

大前提①……前走ＧⅠを含む３連勝中ではない
大前提②……関西馬は初東上
大前提③……２カ月半以上の休み明けは前走ＧⅠ
ハードル❶……1600m以上１勝クラス以上１番人気完勝歴
ハードル❷……中央開催1600m以上「ＧⅢ・ＧⅢ上がり１位連対歴か、ＧⅠ１着歴」

年度	スプリングSの １番人気馬	大前提 ①	大前提 ②	大前提 ③	ハードル ❶	ハードル ❷	判定
2021							
2021							
2020	ヴェルトライゼンデ		×		○		×
2019	ファンタジスト		×		×	×	×
2018	ステルヴィオ					○	◉
2017	サトノアレス	×				○	×
2016	ロードクエスト			×	○		×
2015	リアルスティール		×		×	×	×
2014	アジアエクスプレス	×			○	○	×
2013	ロゴタイプ					○	◉
2012	ディープブリランテ		×		○	○	×
2011	オルフェーヴル					○	◉
2010	ローズキングダム	×	×		○	○	×
2009	アンライバルド				○		◉
2008	ショウナンアルバ				×	×	×
2007	フライングアップル				○		◉
2006	フサイチリシャール		×		○	○	×
2005	ペールギュント		×			○	×
2004	コスモサンビーム	×	×			○	×
2003	サクラプレジデント				×	×	×
2002	タニノギムレット					○	◉
2001	アグネスゴールド				○	○	◉

ハードルはどちらか一方で可。

1番人気的中シートの使い方

左のシートに今年の1番人気候補を記入し、過去の成績をもとに「勝てるか、勝てないか」を判定してください。「勝てない」とわかったら、2番人気以下で勝てる馬が浮かび上がる【1着穴馬的中シート】（後ろのページ）に進んでください。

着順	単勝配当	結果	2番人気以下で勝った馬	人気	単勝配当	結果
2着		→	ガロアクリーク	6	¥1,660	大的中
2着		→	エメラルファイト	10	¥2,710	大的中
1着	¥230	大的中				
4着		→	ウインブライト	5	¥810	大的中
3着		→	マウントロブソン	4	¥800	大的中
2着		→	キタサンブラック	5	¥1,230	大的中
2着		→	ロサギガンティア	3	¥560	大的中
1着	¥340	大的中				
2着		→	グランデッツァ	3	¥600	大的中
1着	¥470	大的中				
3着		→	アリゼオ	2	¥600	大的中
1着	¥230	大的中				
3着		→	スマイルジャック	6	¥1,410	大的中
1着	¥230	大的中				
2着		→	メイショウサムソン	4	¥1,450	大的中
6着		→	ダンスインザモア	5	¥1,020	大的中
5着		→	ブラックタイド	2	¥320	大的中
2着		→	ネオユニヴァース	2	¥280	大的中
1着	¥130	大的中				
1着	¥140	大的中				

過去20年、１番人気に応えて優勝した馬の近２走成績と実績を紹介します。
（実績は１勝クラス以上１着歴を列記。以下同様）

2018年　ステルヴィオ　230円　関東馬

前走	12月17日	阪神1600m	GⅠ	朝日杯ＦＳ	３番人気	２着	0.6秒差	２位
前々走	10月７日	東京1600m	GⅢ	サウジアラビアRC	１番人気	２着	0.3秒差	１位
２歳	８月12日	札幌1800m	ＯＰ	コスモス賞	１番人気	１着	0.0秒差	２位

2013年　ロゴタイプ　340円　関東馬

前走	12月16日	中山1600m	GⅠ	朝日杯ＦＳ	７番人気	１着	0.0秒差	Ｘ位
前々走	11月25日	東京1600m	500万	ベゴニア賞	４番人気	１着	0.2秒差	２位

2011年　オルフェーヴル　470円　関西馬

前走	２月６日	京都1800m	GⅢ	きさらぎ賞	２番人気	３着	0.2秒差	１位
前々走	１月９日	京都1600m	GⅢ	シンザン記念	３番人気	２着	0.2秒差	１位
２歳	10月３日	中山1600m	ＯＰ	芙蓉Ｓ	１番人気	２着	0.0秒差	１位

※この年は阪神競馬場。３走前にＧⅡ京王杯２歳Ｓ１番人気歴。

2009年　アンライバルド　230円　関西馬

前走	１月24日	京都2000m	ＯＰ	若駒Ｓ	１番人気	１着	0.6秒差	１位
前々走	11月29日	京都2000m	ＯＰ	京都２歳Ｓ	１番人気	３着	0.2秒差	２位

※初東上。

2007年　フライングアップル　230円　関東馬

前走	２月４日	東京1800m	GⅢ	共同通信杯	３番人気	３着	0.1秒差	Ｘ位
前々走	12月10日	中山1600m	GⅠ	朝日杯ＦＳ	３番人気	４着	0.3秒差	Ｘ位
２歳	11月18日	東京1800m	GⅢ	東スポ杯２歳Ｓ	４番人気	２着	0.1秒差	２位
２歳	10月29日	福島1700m	500万	きんもくせい特別	１番人気	１着	0.2秒差	２位

◉この年は低レベルで、２番人気には前走ダートのオープン特別ヒヤシンスＳを勝った重賞初挑戦馬が支持されていました。フライングアップルの実績では本来１番人気で勝てないのですが、他馬が弱すぎたと言えるでしょう。

2002年　タニノギムレット　130円　関西馬

前走	２月23日	阪神1600m	GⅢ	アーリントンＣ	１番人気	１着	0.6秒差	１位
前々走	１月14日	京都1600m	GⅢ	シンザン記念	１番人気	１着	0.1秒差	１位

※３連勝中。初東上。

2001年　アグネスゴールド　140円　関西馬

前走	２月11日	京都1800m	GⅢ	きさらぎ賞	１番人気	１着	0.1秒差	１位
前々走	１月22日	京都2000m	ＯＰ	若駒Ｓ	１番人気	１着	0.1秒差	１位

※３戦３勝。初東上。

過去20年、１番人気に応えられず負けた馬の近２走成績と実績を紹介します。

2019年　ヴェルトライゼンデ　２着　関西馬
前走　12月28日　中山2000m　ＧⅠ　ホープフルＳ　３番人気　２着　0.2秒差　１位
前々走　10月26日　京都1800m　ＯＰ　萩Ｓ　１番人気　１着　0.1秒差　１位
※東上２回目ＮＧ。

2019年　ファンタジスト　２着　関西馬
前走　12月16日　阪神1600m　ＧⅠ　朝日杯ＦＳ　３番人気　４着　0.6秒差　２位
前々走　11月３日　東京1400m　ＧⅡ　京王杯２歳Ｓ　２番人気　１着　0.0秒差　２位
２歳　９月２日　小倉1200m　ＧⅢ　小倉２歳Ｓ　３番人気　１着　0.3秒差　２位
※東上２回目ＮＧ。

2017年　サトノアレス　４着　関東馬
前走　12月18日　阪神1600m　ＧⅠ　朝日杯ＦＳ　６番人気　１着　0.1秒差　２位
前々走　11月27日　東京1600m　500万　ベゴニア賞　２番人気　１着　0.2秒差　１位
※前走ＧⅠ朝日杯ＦＳで３連勝ＮＧ。

2016年　ロードクエスト　３着　関東馬
前走　12月27日　中山2000m　ＧⅡ　ホープフルＳ　１番人気　２着　0.2秒差　１位
前々走　８月30日　新潟1600m　ＧⅢ　新潟２歳Ｓ　１番人気　１着　0.7秒差　１位
※前走ＧⅡから２カ月半以上の休み明けＮＧ。

2015年　リアルスティール　２着　関西馬
前走　２月15日　東京1800m　ＧⅢ　共同通信杯　３番人気　１着　0.1秒差　３位
前々走　12月27日　阪神1800m　新馬　１番人気　１着　0.6秒差　１位
※東上２回目ＮＧ。

2014年　アジアエクスプレス　２着　関東馬
前走　12月15日　中山1600m　ＧⅠ　朝日杯ＦＳ　４番人気　１着　0.2秒差　１位
前々走　11月23日　東京D1600m　500万　オキザリス賞　１番人気　１着　1.1秒差　１位
※ＧⅠ朝日杯ＦＳで３戦３勝ＮＧ。

2013年　ディープブリランテ　２着　関西馬
前走　２月12日　東京1800m　ＧⅢ　共同通信杯　１番人気　２着　0.3秒差　X位　逃げ
前々走　10月１日　東京1800m　ＧⅢ　東スポ杯２歳Ｓ　１番人気　１着　0.5秒差　１位
※東上３回目ＮＧ。

2010年　ローズキングダム　３着　関西馬
前走　12月20日　中山1600m　ＧⅠ　朝日杯ＦＳ　１番人気　１着　0.2秒差　２位
前々走　11月21日　東京1800m　ＧⅢ　東スポ杯２歳Ｓ　１番人気　１着　0.0秒差　Ｘ位
※ＧⅠ朝日杯で３戦３勝、かつ、東上３回目ＮＧ。

2008年　ショウナンアルバ　３着　関東馬
前走　２月11日　東京1800m　ＧⅢ　共同通信杯　６番人気　１着　0.1秒差　Ｘ位

前々走　１月26日　中山1800m　500万　若竹賞　４番人気　１着　0.1秒差　X位　逃げ

2006年　フサイチリシャール　２着　関西馬
前走　２月５日　東京1800m　GⅢ　共同通信杯　１番人気　２着　0.1秒差　３位
前々走　12月11日　中山1600m　GⅠ　朝日杯ＦＳ　２番人気　１着　0.0秒差　X位
２歳　11月19日　東京1800m　GⅢ　東スポ杯２歳Ｓ　１番人気　１着　0.4秒差　X位　逃げ
２歳　10月29日　京都1800m　ＯＰ　萩Ｓ　５番人気　１着　0.5秒差　2位　逃げ
※東上４回目ＮＧ。

2005年　ペールギュント　６着　関西馬
前走　１月10日　京都1600m　GⅢ　シンザン記念　１番人気　１着　0.0秒差　１位
前々走　12月12日　中山1600m　GⅠ　朝日杯ＦＳ　１番人気　３着　0.4秒差　２位
２歳　11月20日　東京1800m　GⅢ　東スポ杯２歳Ｓ　２番人気　２着　0.2秒差　X位
２歳　10月16日　京都1600m　GⅡ　デイリー杯２歳Ｓ　９番人気　１着　0.2秒差　２位
※東上３回目ＮＧ。

2004年　コスモサンビーム　５着　関西馬
前走　12月14日　中山1600m　GⅠ　朝日杯ＦＳ　４番人気　１着　0.0秒差　２位
前々走　11月15日　東京1400m　GⅡ　京王杯２歳Ｓ　１番人気　１着　0.2秒差　１位
２歳　10月４日　阪神1400m　ＯＰ　ききょうＳ　１番人気　１着　0.2秒差　３位
２歳　９月７日　小倉1200m　GⅢ　小倉２歳Ｓ　３番人気　２着　0.9秒差　X位
※ＧⅠ朝日杯ＦＳで３連勝、かつ、東上３回目ＮＧ。

2003年　サクラプレジデント　２着　関東馬
前走　12月８日　中山1600m　GⅠ　朝日杯ＦＳ　１番人気　２着　0.0秒差　３位
前々走　９月28日　札幌1800m　GⅢ　札幌２歳Ｓ　２番人気　１着　0.1秒差　１位

◆１番人気が飛ぶとわかったらココへ

１番人気が「負ける」とわかったら、２番人気以下の馬から勝つ馬を見つけます。簡単です。僕が課すハードルを満たした馬しか勝ちませんので、【１着穴馬的中シート】を利用して見つけだしてください。

２番人気以下で勝てる馬を浮かび上がらせます

ハードル❶
前走１勝クラス完勝

ハードル❷
前走重賞「１番人気か、連対（負けていても0.1秒）」

ハードル❸
重賞１着歴か、ＧＩ出走歴

どれか一つで可。

注：ハードルはすべて1600m以上

２番人気以下で勝てる馬【1着穴馬的中シート】

条件	馬番 or 馬名
ハードル❶クリア	
ハードル❷クリア	
ハードル❸クリア	

過去20年、２番人気以下で優勝した馬の近２走成績と実績を紹介します。

2020年　６番人気　ガロアクリーク　1660円　関東馬
前走　３月１日　中山2200m　1勝クラス　水仙賞　６番人気　４着　0.3秒差　３位
前々走　12月28日　中山2000m　ＧＩ　ホープフルＳ　９番人気　11着　2.6秒差　Ｘ位
※２歳　11月17日　東京2000m　新馬　６番人気　１着　0.2秒差　１位

2019年　10番人気　エメラルファイト　2710円　関東馬
前走　１月12日　京都1600m　500万　白梅賞　３番人気　１着　0.0秒差　３位
前々走　12月16日　阪神1600m　ＧＩ　朝日杯ＦＳ　７番人気　６着　1.2秒差　１位

2017年　５番人気　ウインブライト　810円　関東馬
前走　１月21日　中山1800m　500万　若竹賞　１番人気　１着　0.3秒差　１位
前々走　12月17日　中山1600m　500万　ひいらぎ賞　４番人気　２着　0.2秒差　２位

2016年　４番人気　マウントロブソン　800円　関東馬
前走　　２月13日　小倉2000m　500万　あすなろ賞　　　　２番人気　１着　0.2秒差　２位
前々走　12月19日　中山2000m　未勝利　　　　　　　　　１番人気　１着　0.2秒差　１位

2015年　５番人気　キタサンブラック　1230円　関西馬
前走　　２月22日　東京2000m　500万　平場　　　　　　　９番人気　１着　0.5秒差　Ｘ位
前々走　１月31日　東京1800m　新馬　　　　　　　　　　３番人気　１着　0.2秒差　２位

2014年　３番人気　ロサギガンティア　560円　関東馬
前走　　２月２日　東京1800m　500万　平場　　　　　　　２番人気　１着　0.2秒差　２位
前々走　11月24日　東京1600m　500万　ベゴニア賞　　　　３番人気　２着　0.1秒差　３位

2012年　３番人気　グランデッツァ　600円　関西馬
前走　12月24日　阪神2000m　ＧⅢ　ラジオNIKKEI杯　２番人気　３着　0.2秒差　Ｘ位
前々走10月１日　札幌1800m　ＧⅢ　札幌２歳Ｓ　　　　１番人気　１着　0.1秒差　３位

2010年　２番人気　アリゼオ　600円　関東馬
前走　　２月７日　東京1800m　ＧⅢ　共同通信杯　　　　１番人気　３着　0.0秒差　２位
前々走　12月27日　中山2000m　ＯＰ　ホープフルＳ　　　１番人気　１着　0.3秒差　Ｘ位

2008年　６番人気　スマイルジャック　1410円　関東馬
前走　　２月17日　京都1800m　ＧⅢ　きさらぎ賞　　　　５番人気　２着　0.1秒差　Ｘ位
前々走　１月26日　中山1800m　500万　若竹賞　　　　　　１番人気　３着　0.3秒差　Ｘ位
２歳　　10月20日　東京1600m　ＯＰ　いちょうＳ　　　　１番人気　２着　0.0秒差　２位
２歳　　９月29日　中山1600m　ＯＰ　芙蓉Ｓ　　　　　　１番人気　２着　0.0秒差　１位

2006年　４番人気　メイショウサムソン　1450円　関西馬
前走　　２月12日　京都1800m　ＧⅢ　きさらぎ賞　　　　１番人気　２着　0.1秒差　Ｘ位
前々走　12月17日　中京1800m　ＯＰ　中京２歳Ｓ　　　　２番人気　１着　0.3秒差　１位
２歳　　11月19日　東京1800m　ＧⅢ　東スポ杯２歳Ｓ　５番人気　２着　0.4秒差　２位
２歳　　９月18日　阪神1600m　ＯＰ　野路菊Ｓ　　　　　１番人気　１着　0.1秒差　１位

2005年　５番人気　ダンスインザモア　1020円　関東馬
前走　　２月20日　東京1600m　500万　平場　　　　　　　１番人気　１着　0.2秒差　１位
前々走　１月９日　中山2000m　500万　寒竹賞　　　　　　３番人気　４着　0.2秒差　Ｘ位

2004年　２番人気　ブラックタイド　320円　関西馬
前走　　２月15日　京都1800m　ＧⅢ　きさらぎ賞　　　　１番人気　２着　0.0秒差　２位
前々走　１月24日　京都2000m　ＯＰ　若駒Ｓ　　　　　　１番人気　１着　0.1秒差　２位

2003年　２番人気　ネオユニヴァース　280円　関西馬
前走　　２月16日　京都1800m　ＧⅢ　きさらぎ賞　　　　３番人気　１着　0.1秒差　Ｘ位
前々走　１月18日　京都1600m　500万　白梅賞　　　　　　１番人気　１着　0.1秒差　２位

◆２着馬を見つけるのはココで

２着候補を２番人気以下から見つけだすのに便利なツールが僕の作ったハードルです。こちらも【２着穴馬的中シート】を併用して見つけてください。なお、１番人気に応えられなくても２着に来ることはありますので、１番人気馬は無条件で２着候補です。

２番人気以下で２着に入れる馬を浮かび上がらせます

ハードル❶
当年新馬１番人気完勝

ハードル❷
近２走で「１勝クラス１着か、重賞３着以内
（負けていても0.1秒）」

ハードル❸
オープン特別１着歴

どれか一つで可。

注：ハードルはすべて1600m以上

2番人気以下で2着に入れる馬【2着穴馬的中シート】

条件	馬番 or 馬名
ハードル❶ クリア	
ハードル❷ クリア	
ハードル❸ クリア	

過去20年、２番人気以下で２着に入った馬の近２走成績と実績を紹介します。

2018年　３番人気　エポカドーロ　関西馬
前走　２月10日　小倉2000m　500万　あすなろ賞　１番人気　１着　0.6秒差　3位　逃げ
前々走　１月21日　京都1600m　未勝利　４番人気　１着　0.4秒差　2位　逃げ

2017年　２番人気　アウトライアーズ　関東馬
前走　12月17日　中山1600m　500万　ひいらぎ賞　１番人気　１着　0.2秒差　１位
前々走　11月16日　東京2000m　500万　百日草特別　２番人気　３着　0.1秒差　２位

2016年　５番人気　マイネルハニー　関東馬
前走　２月20日　東京2000m　500万　フリージア賞　３番人気　１着　0.7秒差　1位　逃げ
前々走　１月23日　中山1800m　500万　若竹賞　１番人気　６着　0.3秒差　２位

2013年　３番人気　タマモベストプレイ　関西馬
前走　２月３日　京都1800m　ＧⅢ　きさらぎ賞　６番人気　１着　0.0秒差　３位
前々走　１月６日　京都1600m　ＧⅢ　シンザン記念　３番人気　３着　0.2秒差　Ｘ位
２歳　11月３日　京都1400m　500万　秋明菊賞　２番人気　１着　0.1秒差　２位

2011年　４番人気　ベルシャザール　関西馬
前走　２月13日　東京1800m　ＧⅢ　共同通信杯　２番人気　４着　0.3秒差　Ｘ位
前々走　12月26日　中山2000m　ＯＰ　ホープフルＳ　４番人気　１着　0.0秒差　３位

2010年　10番人気　ゲシュタルト　関西馬
前走　２月20日　京都1600m　500万　こぶし賞　３番人気　５着　0.2秒差　１位
前々走　１月30日　京都1800m　500万　つばき賞　１番人気　２着　0.2秒差　X位　逃げ
３歳　１月10日　京都1600m　新馬　１番人気　１着　0.1秒差　Ｘ位

2009年　８番人気　レッドスパーダ　関東馬
前走　２月14日　東京1600m　500万　平場　３番人気　１着　0.0秒差　３位
前々走　12月20日　中山1600m　500万　ひいらぎ賞　５番人気　５着　0.9秒差　１位

2008年　11番人気　フローテーション　関西馬
前走　３月２日　阪神2200m　ＯＰ　すみれＳ　５番人気　７着　0.9秒差　Ｘ位
前々走　12月22日　阪神2000m　ＧⅢ　ラジオNIKKEI杯　３番人気　８着　0.4秒差　Ｘ位
２歳　10月27日　京都1800m　ＯＰ　萩Ｓ　３番人気　１着　0.0秒差　３位

2007年　３番人気　マイネルシーガル　関東馬
前走　１月７日　中山1600m　ＯＰ　ジュニアＣ　１番人気　１着　0.0秒差　１位
前々走　12月10日　中山1600m　ＧⅠ　朝日杯ＦＳ　５番人気　６着　0.4秒差　Ｘ位
２歳　10月21日　東京1600m　ＯＰ　いちょうＳ　２番人気　１着　0.1秒差　１位

2005年　８番人気　ウインクルセイド　関東馬
前走　１月16日　中山2000m　ＧⅢ　京成杯　３番人気　８着　1.1秒差　Ｘ位
前々走　12月４日　中山2000m　500万　葉牡丹賞　６番人気　１着　0.2秒差　Ｘ位

2004年	６番人気	キョウワスプレンダ	関西馬					
前走	12月14日	中山1600m	ＧⅠ	朝日杯ＦＳ	５番人気	９着	1.4秒差	３位
前々走	11月22日	東京1800m	ＧⅢ	東スポ杯２歳Ｓ	２番人気	３着	0.1秒差	３位
２歳	10月４日	札幌1800m	ＧⅢ	札幌２歳Ｓ	１番人気	６着	0.6秒差	２位
２歳	８月30日	札幌1500m	ＯＰ	クローバー賞	１番人気	１着	0.4秒差	１位

2002年	８番人気	テレグノシス	関東馬					
前走	２月３日	東京1600m	500万	うぐいす賞	１番人気	１着	0.1秒差	１位
前々走	１月19日	東京1600m	500万	若竹賞	３番人気	２着	0.1秒差	１位

2001年	５番人気	シンコウカリド	関東馬					
前走	２月11日	東京D1600m	500万	平場	２番人気	１着	0.2秒差	２位
前々走	11月18日	東京1800m	ＧⅢ	東スポ杯３歳Ｓ	４番人気	９着	1.1秒差	X位

GⅢ

毎日杯

3月27日（土）

阪神競馬場　芝1800m（2006年までは芝2000m）

3歳

［賞金］

別定　馬齢　牡馬・せん馬56kg（牝馬2kg減）

収得賞金1800万円以上の馬1kg増

2002年までの基礎重量は牡馬・せん馬55kg　牝馬53kg

2012年までは「収得賞金2000万円以上の馬1kg増」
2005年までは「収得賞金1600万円毎1kg増」

１番人気で勝てる馬を浮かび上がらせます

大前提①　東上しているならそこで「GⅢ１着か、
GⅡ・GⅠ0.1秒差以内」

ハードル❶
**近２走で新馬・未勝利
１番人気上がり１位圧勝**

ハードル❷
**近２走で2000m以上１勝クラス以上
0.6秒差以上１着**

ハードル❸
**1800m以上「GⅡ0.1秒差以内歴か、
GⅢ１番人気１着歴か、
GⅢ近２走で上がり１位連対」**

どれか一つで可。

まず、今年も多くのファンを失望させることになるかもしれない１番人気馬を大前提とハードルに照らし合わせ、勝てるか負けるかを判定しましょう。２ページ後からの【１番人気的中シート】を利用してください。

毎日杯の真相

2000ｍの皐月賞や2400ｍのダービーを目標としている関西馬は、３歳クラシック本番までに「東上」してリハーサルすることがよくあります。東上して“結果”が得られたホンモノのエリートがこの毎日杯で１番人気に支持されると、ちゃんと勝ちます。東上していない１番人気馬は、

・2000ｍ以上の１勝クラスを１番人気で勝っている。
・重賞を完勝している。
・前走重賞で上がり１位。

このうちひとつ以上の実績を持っていれば勝ちます。

2007年に距離2000ｍから1800ｍに短縮されましたので上記「2000ｍ以上の１勝クラス～」は「1800ｍ以上の１勝クラス～」に変更かと思いましたが、さにあらず。やはりクラシック向け2000ｍ、2400ｍでの実績が必要になっています。非根幹距離（400ｍで割って自然数にならない距離）である1800ｍの１勝クラスで立派な成績をあげていても、それは無視することです。

以下は、当レースの勝ち馬の３歳春ＧⅠ連対歴です。

2017年	**アルアイン**	**皐月賞１着**
2013年	**キズナ**	**ダービー１着**
2008年	**ディープスカイ**	**ＮＨＫマイルＣ、ダービー１着**
2006年	**アドマイヤメイン**	**ダービー２着**
2004年	**キングカメハメハ**	**ＮＨＫマイルＣ、ダービー１着**
2001年	**クロフネ**	**ＮＨＫマイルＣ１着**

1番人気で勝てる馬【1番人気的中シート】

大前提①………東上しているならそこで「GⅢ1着か、GⅡ・GⅠ0.1秒差以内」
ハードル❶……近2走で新馬・未勝利1番人気上がり1位圧勝
ハードル❷……近2走で2000m以上1勝クラス以上0.6秒差以上1着
ハードル❸……1800m以上「GⅡ0.1秒差以内歴か、GⅢ1番人気1着歴か、GⅢ近2走で上がり1位連対」

年度	毎日杯の1番人気馬	大前提①	ハードル❶	ハードル❷	ハードル❸	判定	着順
2021							
2021							
2020	アルジャンナ	×	×	×	×	×	2着
2019	ヴァンドギャルド	×	×	×	×	×	3着
2018	ブラストワンピース			○		◉	1着
2017	サトノアーサー		×	×	×	×	2着
2016	スマートオーディン				○	◉	1着
2015	アンビシャス	×	×	×	×	×	3着
2014	ラングレー	×	×	×	×	×	4着
2013	キズナ				○	◉	1着
2012	ヒストリカル				○	◉	1着
2011	トーセンレーヴ		×	×	×	×	3着
2010	ルーラーシップ		×	×	×	×	5着
2009	アイアンルック		○			◉	1着
2008	アドマイヤコマンド		×	×	×	×	2着
2007	ナムラマース				○	◉	1着
2006	アドマイヤメイン			○		◉	1着
2005	コンゴウリキシオー		×	×	×	×	3着
2004	シェルゲーム		×	×	×	×	2着
2003	マッキーマックス		×	×	×	×	4着
2002	チアズシュタルク				○	◉	1着
2001	クロフネ			○		◉	1着

ハードルはどれか一つで可。

1番人気的中シートの使い方

左のシートに今年の1番人気候補を記入し、過去の成績をもとに「勝てるか、勝てないか」を判定してください。「勝てない」とわかったら、2番人気以下で勝てる馬が浮かび上がる【1着穴馬的中シート】（後ろのページ）に進んでください。

単勝配当	結果	2番人気以下で勝った馬	人気	単勝配当	結果
	→	サトノインプレッサ	2	¥290	大的中
	→	ランスオブプラーナ	3	¥510	大的中
¥250	大的中				
	→	アルアイン	2	¥770	大的中
¥170	大的中				
	→	ミュゼエイリアン	7	¥1,400	大的中
	→	マイネルフロスト	5	¥800	大的中
¥150	大的中				
¥280	大的中				
	→	レッドデイヴィス	2	¥380	大的中
	→	ダノンシャンティ	3	¥370	大的中
¥270	大的中				
	→	ディープスカイ	6	¥870	大的中
¥200	大的中				
¥230	大的中				
	→	ローゼンクロイツ	2	¥230	大的中
	→	キングカメハメハ	2	¥270	大的中
	→	タカラシャーディー	9	¥2,280	大的中
¥150	大的中				
¥130	大的中				

過去20年、１番人気に応えて優勝した馬の近２走成績と実績を紹介します。

（実績は１勝クラス以上１着歴を列記。以下同様）

2018年　ブラストワンピース　250円　関東馬

前走	２月４日	東京2400m	500万	ゆりかもめ賞	２番人気	１着	0.7秒差	１位
前々走	11月19日	東京1800m	新馬		５番人気	１着	0.2秒差	３位

2016年　スマートオーディン（＋１kg）170円　関西馬

前走	２月14日	東京1800m	GⅢ	共同通信杯	２番人気	６着	1.3秒差	X位
前々走	11月23日	東京1800m	GⅢ	東スポ杯２歳Ｓ	４番人気	１着	0.2秒差	１位
２歳	10月31日	京都1800m	ＯＰ	萩Ｓ	１番人気	２着	0.1秒差	２位

2013年　キズナ　150円　関西馬

前走	３月３日	中山2000m	GⅡ	弥生賞	３番人気	５着	0.1秒差	２位
前々走	12月22日	阪神2000m	GⅢ	ラジオNIKKEI杯２歳Ｓ	２番人気	３着	0.1秒差	２位
２歳	11月11日	京都1800m	500万	黄菊賞	１番人気	１着	0.4秒差	１位

2012年　ヒストリカル　280円　関西馬

前走	２月５日	京都1800m	GⅢ	きさらぎ賞	４番人気	２着	0.2秒差	１位
前々走	１月９日	京都2000m	500万	福寿草特別	２番人気	４着	0.2秒差	１位

※未東上。

2009年　アイアンルック　270円　関西馬

前走	２月28日	阪神1600m	GⅢ	アーリントンＣ	１番人気	４着	0.2秒差	１位
前々走	２月15日	小倉1200m	新馬		１番人気	１着	1.1秒差	１位

※未東上。

2007年　ナムラマース（＋１kg）200円　関西馬

前走	２月11日	京都1800m	GⅢ	きさらぎ賞	２番人気	２着	0.3秒差	２位
前々走	12月23日	阪神2000m	GⅢ	ラジオNIKKEI杯２歳Ｓ	２番人気	３着	0.2秒差	X位
２歳	９月30日	札幌1800m	GⅢ	札幌２歳Ｓ	１番人気	１着	0.1秒差	１位
２歳	９月９日	札幌1800m	ＯＰ	コスモス賞	３番人気	１着	0.6秒差	１位

※未東上。

2006年　アドマイヤメイン　230円　関西馬

前走	３月４日	阪神2000m	500万	平場	１番人気	１着	1.5秒差	１位 逃げ
前々走	２月12日	京都1800m	GⅢ	きさらぎ賞	４番人気	５着	0.4秒差	X位

※未東上。

2002年　チアズシュタルク（＋２kg）150円　関西馬

前走	２月３日	東京1800m	GⅢ	共同通信杯	１番人気	１着	0.0秒差	２位
前々走	１月14日	京都1600m	GⅢ	シンザン記念	４番人気	２着	0.1秒差	１位

2001年　クロフネ　130円　関西馬

前走	12月23日	阪神2000m	GⅢ	ラジオたんぱ杯３歳Ｓ	１番人気	３着	0.6秒差	３位

前々走　12月３日　阪神2000m　500万　エリカ賞　　　　１番人気　１着　0.6秒差　２位
※未東上。

過去20年、１番人気に応えられず負けた馬の近２走成績と実績を紹介します。

2020年　アルジャンナ　２着　関西馬
前走　　２月９日　京都1800m　GⅢ　きさらぎ賞　　　１番人気　３着　0.1秒差　１位
前々走　11月16日　東京1800m　GⅢ　東スポ杯２歳Ｓ　２番人気　２着　0.8秒差　２位
※東上してGⅢ0.8秒差ＮＧ。２戦２勝の２番人気に負けました。

2019年　ヴァンドギャルド　３着　関西馬
前走　　２月３日　京都1800m　GⅢ　きさらぎ賞　　　１番人気　４着　0.4秒差　３位
前々走　12月28日　中山2000m　GⅠ　ホープフルＳ　　５番人気　６着　0.6秒差　１位
※東上してGⅠ0.6秒差ＮＧ。

2017年　サトノアーサー　２着　関西馬
前走　　２月５日　京都1800m　GⅢ　きさらぎ賞　　　１番人気　２着　0.3秒差　２位
前々走　12月４日　阪神1800m　500万　シクラメン賞　１番人気　１着　0.6秒差　１位
※未東上。前々走2000m未満ＮＧ。

2015年　アンビシャス　３着　関西馬
前走　　２月15日　東京1800m　GⅢ　共同通信杯　　　４番人気　３着　0.3秒差　X位
前々走　12月28日　阪神1600m　500万　千両賞　　　　１番人気　１着　0.1秒差　１位
※東上してGⅢ0.3秒差ＮＧ。

2014年　ラングレー　４着　関西馬
前走　　２月10日　東京2400m　500万　ゆりかもめ賞　１番人気　１着　0.2秒差　１位
前々走　１月19日　中山2000m　GⅢ　京成杯　　　　　３番人気　10着　0.8秒差　X位
※東上してGⅢ0.8秒差ＮＧ。

2011年　トーセンレーヴ　３着　関西馬
前走　　３月６日　阪神1800m　500万　アルメリア賞　１番人気　１着　0.2秒差　１位
前々走　２月12日　京都1800m　新馬　　　　　　　　１番人気　１着　0.0秒差　２位
※未東上。前走2000m未満0.2秒差ＮＧ。

2010年　ルーラーシップ　５着　関西馬
前走　　３月７日　阪神1800m　500万　アルメリア賞　１番人気　１着　0.4秒差　２位
前々走　１月23日　京都2000m　ＯＰ　若駒Ｓ　　　　１番人気　２着　0.2秒差　２位
※未東上。前走2000m未満0.4秒差ＮＧ。東上してGⅢタイム差なし（ハナ差）２着の“結果”を引っさげて凱旋した２番人気に負けました。

2008年　アドマイヤコマンド　２着　関西馬
前走　　３月16日　阪神1800m　新馬　　　　　　　　３番人気　１着　1.2秒差　１位
※前走３番人気ＮＧ。

2005年　コンゴウリキシオー（＋１kg）３着　関西馬
前走　　２月13日　京都1800m　GⅢ　きさらぎ賞　　　２番人気　１着　0.0秒差　X位
前々走　１月30日　小倉1800m　500万　くすのき賞　　　１番人気　１着　0.8秒差　1位　逃げ
※未東上。前走ＮＧ。

2004年　シェルゲーム　２着　関東馬
前走　　12月６日　中山2000m　500万　葉牡丹賞　　　１番人気　１着　0.3秒差　X位　逃げ
前々走　11月９日　東京2000m　新馬　　　１番人気　１着　0.1秒差　１位
※前走0.3秒差ＮＧ。

2003年　マッキーマックス　４着　関西馬
前走　　２月16日　京都1800m　GⅢ　きさらぎ賞　　　１番人気　３着　0.1秒差　３位
前々走　１月12日　京都1600m　GⅢ　シンザン記念　　　２番人気　２着　0.1秒差　１位
※未東上。東上してGⅢタイム差なし（クビ差）２着の“結果”を引っさげて凱旋した７番人気に負けました。

◆１番人気が飛ぶとわかったらココへ

１番人気が「負ける」とわかったら、２番人気以下の馬から勝つ馬を見つけます。簡単です。僕が課すハードルを満たした馬しか勝ちませんので、【１着穴馬的中シート】を利用して見つけだしてください。

２番人気以下で勝てる馬を浮かび上がらせます

ハードル❶
１勝クラス以上
「１番人気歴か、近２走で連対（負けていても0.0秒）**」**

２番人気以下で勝てる馬【1着穴馬的中シート】

条件	馬番 or 馬名
ハードル❶ クリア	

過去20年、２番人気以下で優勝した馬の近２走成績と実績を紹介します。

2020年　２番人気　サトノインプレッサ　290円　関西馬
前走　２月16日　京都1600m　500万　こぶし賞　２番人気　１着　0.0秒差　１位
前々走　10月26日　京都1600m　新馬　３番人気　１着　0.1秒差　１位
※２戦２勝

2019年　３番人気　ランスオブプラーナ　510円　関西馬
前走　３月13日　阪神1800m　500万　アルメリア賞　２番人気　１着　0.2秒差　3位　逃げ
前々走　２月３日　京都1800m　GⅢ　きさらぎ賞　７番人気　３着　0.4秒差　X位　逃げ

2017年　２番人気　アルアイン　770円　関西馬
前走　１月８日　京都1600m　GⅢ　シンザン記念　２番人気　６着　0.8秒差　X位
前々走　12月23日　阪神1600m　500万　千両賞　１番人気　１着　0.2秒差　２位

2015年　７番人気　ミュゼエイリアン　1400円　関東馬
前走　２月15日　東京1800m　GⅢ　共同通信杯　８番人気　４着　0.5秒差　X位
前々走　12月６日　中山2000m　500万　葉牡丹賞　２番人気　６着　0.4秒差　X位
※３走前11月19日東京2000m500万百日草特別１番人気３着0.5秒差２位

2014年　５番人気　マイネルフロスト　800円　関東馬
前走　２月24日　東京1800m　GⅢ　共同通信杯　７番人気　４着　0.5秒差　３位
前々走　12月21日　阪神2000m　GⅢ　ラジオNIKKEI杯２歳S　９番人気　７着　0.4秒差　X位
２歳　８月31日　函館1800m　GⅢ　札幌２歳S　１番人気　５着　3.4秒差　X位
２歳　８月10日　函館1800m　OP　コスモス賞　２番人気　１着　0.0秒差　３位

2011年　２番人気　レッドデイヴィス（＋１kg）380円　関西馬
前走　１月９日　京都1600m　GⅢ　シンザン記念　７番人気　１着　0.2秒差　X位
前々走　12月26日　阪神1600m　500万　平場　２番人気　10着　0.1秒差　X位（1位入線）

2010年　３番人気　ダノンシャンティ　370円　関西馬
前走　２月７日　東京1800m　GⅢ　共同通信杯　２番人気　２着　0.0秒差　１位
前々走　12月26日　阪神2000m　GⅢ　ラジオNIKKEI杯２歳S　７番人気　３着　0.2秒差　X位

2008年　６番人気　ディープスカイ　870円　関西馬
前走　３月１日　阪神1600m　GⅢ　アーリントンC　10番人気　３着　0.3秒差　２位
前々走　２月17日　東京1600m　500万　平場　３番人気　２着　0.0秒差　１位

2005年　２番人気　ローゼンクロイツ（＋１kg）230円　関西馬
前走　12月25日　阪神2000m　GⅢ　ラジオたんぱ杯２歳S　１番人気　２着　0.2秒差　２位
前々走　11月27日　京都2000m　OP　京都２歳S　２番人気　１着　0.2秒差　１位

2004年　２番人気　キングカメハメハ（＋１kg）270円　関西馬
前走　２月29日　阪神2200m　OP　すみれS　１番人気　１着　0.4秒差　１位
前々走　１月18日　中山2000m　GⅢ　京成杯　１番人気　３着　0.8秒差　３位

２歳　12月13日　阪神2000m　500万　エリカ賞　１番人気　１着　0.1秒差　１位

2003年　９番人気　タカラシャーディー　2280円　関西馬
前走　２月９日　中山1800m　GⅢ　共同通信杯　５番人気　２着　0.0秒差　２位
前々走　１月18日　小倉1800m　500万　くすのき賞　７番人気　１着　0.3秒差　１位

◆２着馬を見つけるのはココで

２着候補を２番人気以下から見つけだすのに便利なツールが僕の作ったハードルです。こちらも【２着穴馬的中シート】を併用して見つけてください。なお、１番人気に応えられなくても２着に来ることはありますので、１番人気馬は無条件で２着候補です。

２番人気以下で２着に入れる馬を浮かび上がらせます

ハードル❶
前走新馬・未勝利級１番人気１着

ハードル❷
１勝クラス以上
「１番人気歴か、近２走で連対（負けていても0.1秒）**」**

どちらか一方で可。

２番人気以下で２着に入れる馬【２着穴馬的中シート】

条件	馬番 or 馬名
ハードル❶クリア	
ハードル❷クリア	

過去20年、２番人気以下で２着に入った馬の近２走成績と実績を紹介します。

2019年　２番人気　ウーリリ　関西馬
前走　11月25日　京都1800m　新馬　１番人気　１着　0.0秒差　２位

2018年　２番人気　ギベオン　関西馬
前走　２月17日　東京2000m　500万　フリージア賞　１番人気　１着　0.1秒差　１位
前々走　12月27日　阪神1800m　新馬　１番人気　１着　0.1秒差　２位

2016年　４番人気　アーバンキッド　関東馬
前走　２月27日　阪神1600m　ＧⅢ　アーリントンＣ　１番人気　５着　0.0秒差　Ｘ位
前々走　１月５日　中山1600m　ＯＰ　ジュニアＣ　１番人気　２着　0.0秒差　１位

2015年　３番人気　ダノンリバティ　関西馬
前走　２月21日　京都1800m　500万　つばき賞　２番人気　２着　0.1秒差　２位
前々走　１月18日　中山2000m　ＧⅢ　京成杯　11番人気　５着　0.2秒差　Ｘ位

2014年　３番人気　エイシンブルズアイ　関西馬
前走　３月１日　阪神1600m　ＧⅢ　アーリントンＣ　２番人気　７着　1.4秒差　Ｘ位
前々走　１月18日　京都1600m　500万　白梅賞　１番人気　１着　0.4秒差　3位 逃げ

2013年　６番人気　ガイヤースヴェルト　関東馬
前走　２月９日　東京D1600m　500万　平場　１番人気　２着　0.0秒差　２位
前々走　１月14日　中山D1800m　新馬　１番人気　１着　1.2秒差　１位

2012年　３番人気　マウントシャスタ　関西馬
前走　３月４日　阪神1800m　500万　アルメリア賞　１番人気　１着　0.0秒差　３位
前々走　２月12日　京都1800m　新馬　１番人気　１着　0.2秒差　２位

2011年　４番人気　コティリオン　関東馬
前走　２月６日　京都1800m　ＧⅢ　きさらぎ賞　４番人気　６着　0.7秒差　２位
前々走　１月16日　京都1600m　500万　平場　１番人気　３着　0.2秒差　３位
※３走前ＧⅢ0.1秒差３着

2010年　５番人気　ミッキードリーム　関西馬
前走　１月30日　京都1800m　500万　つばき賞　２番人気　１着　0.2秒差　１位
前々走　１月９日　京都2000m　500万　福寿草特別　１番人気　３着　0.4秒差　３位

2009年　12番人気　ゴールデンチケット　関東馬
前走　３月12日　船橋D1600m　ベストホイップ特別　１番人気　１着　1.0秒差　３位
前々走　12月７日　阪神1800m　未勝利　２番人気　７着　0.4秒差　Ｘ位
※同馬の前走レベルは、賞金から推定するにＪＲＡの未勝利クラス以下。それでも西下して重賞に挑むのは、厩舎サイドが「勝負になる」と判断しているからと考えられます。

2007年　6番人気　ヒラボクロイヤル　関西馬
前走　3月10日　阪神2200m　500万　ゆきやなぎ賞　1番人気　1着　0.0秒差　1位
前々走　2月17日　京都2000m　500万　つばき賞　3番人気　2着　0.1秒差　2位

2006年　11番人気　インテレット　関東馬
前走　2月26日　中山D1800m　500万　平場　2番人気　1着　0.0秒差　1位
前々走　12月11日　中山D1800m　未勝利　1番人気　1着　0.7秒差　2位

2005年　5番人気　コスモオースティン　関東馬
前走　2月27日　中山2200m　500万　水仙賞　3番人気　1着　0.2秒差　X位　逃げ
前々走　2月12日　東京2400m　500万　ゆりかもめ賞　3番人気　2着　0.2秒差　X位

2003年　5番人気　ユートピア（＋1kg）関西馬
前走　12月25日　川崎D1600m　GⅠ　全日本2歳優駿　1番人気　1着　0.9秒差　1位　逃げ
前々走　12月8日　阪神D1400m　OP　シクラメンS　1番人気　1着　1.0秒差　1位　逃げ

2002年　13番人気　ダイタクフラッグ　関西馬
前走　2月17日　東京D1600m　OP　ヒヤシンスS　4番人気　7着　1.3秒差　1位
前々走　1月14日　京都D1800m　500万　平場　1番人気　1着　0.4秒差　2位

2001年　2番人気　コイントス　関東馬
前走　2月17日　京都2000m　500万　つばき賞　2番人気　1着　0.4秒差　1位
前々走　1月14日　中山D1800m　未勝利　2番人気　1着　0.5秒差　1位　逃げ

ＧⅡ

日経賞

3月27日（土）

中山競馬場　芝2500m（2011年は阪神競馬場　芝2400m）

４歳以上

［グレード］

別定　４歳55kg　５歳以上56kg（牝馬２kg減）

過去１年間で　　　　　　ＧⅠ競走（牝馬限定競走は除く）１着馬は２kg増
牝馬限定ＧⅠ競走およびＧⅡ競走（牝馬限定競走は除く）１着馬は１kg増
過去１年以前の　　　　　ＧⅠ競走（牝馬限定競走は除く）１着馬は１kg増
（ただし、２歳時の成績を除く）。

2011年は４月２日開催のため４歳馬も57kgになり、「４歳以上57kg」
2010年までは４歳56kg、５歳以上57kg（牝馬２kg減）
2005年までは「牝馬限定競走を除く」という文章がありません。
2003年までは「（意訳）過去１年以前の～」という文章がありません。

１番人気で勝てる馬を浮かび上がらせます

４歳大前提①　**加増は１kgまで**

４歳ハードル❶
３歳以上ＧⅠ0.1秒差以内３着以内歴

５歳ハードル❷
2200m以上３歳以上「ＧⅠ連対歴
（負けていても0.0秒）、かつ、ＧⅡ１着歴」

６歳以上ハードル❸
３歳時2200m以上
「ＧⅡ完勝か、ＧⅠ連対（負けていても0.1秒）」

まず、今年も多くのファンを失望させることになるかもしれない１番人気馬を大前提とハードルに照らし合わせ、勝てるか負けるかを判定しましょう。２ページ後からの【１番人気的中シート】を利用してください。

日経賞の真相

過去20年、１番人気に推された４歳馬は11頭います。そのうち９頭が負けています。勝った２頭と、負けた９頭とのあいだには、歴然とした差があるので紹介します。

競馬ファンは３歳クラシックで好成績を残した明け４歳馬に対してかなりの期待を抱きますが、いくら「３歳ＧⅠ」で活躍しても古馬とのレースになると、たとえ当レースのようなＧⅡでも一筋縄ではいきません。菊花賞やダービーの勲章のみでは通用せず、「３歳以上ＧⅠ」の実績も求められます。いや、それさえあればいいのです。必要なのは古馬ＧⅠで0.1秒差以内に踏みとどまった経験です。

阪神大賞典の項で紹介したように、長距離戦は６歳以上のベテランでも通用する特殊なレース。3600mステイヤーズステークス、3400mダイヤモンドステークス、3200m天皇賞・春、3000m阪神大賞典に次いで５番目に長い距離2500mの古馬重賞（ほかに有馬記念とアルゼンチン共和国杯が同距離）は、お坊ちゃまにはまだ厳しいのでしょう。

一方、古馬になって距離が延びて台頭してきた馬が、３勝クラスやオープン特別から突っ込んでくるのが当レースの特徴でもあります。もがくエリートを尻目にたたき上げのノンキャリアが栄光を掴む。そんな馬を探し当てるのが醍醐味です。

なお、過去20年で牝馬は１頭も連対していません。

1番人気で勝てる馬【1番人気的中シート】

4歳大前提①……………加増は1kgまで
4歳ハードル❶…………3歳以上GⅠ0.1秒差以内3着以内歴
5歳ハードル❷…………2200m以上3歳以上「GⅠ連対歴（負けていても0.0秒）、かつ、GⅡ1着歴」
6歳以上ハードル❸……3歳時2200m以上「GⅡ完勝か、GⅠ連対（負けていても0.1秒）」

年度	日経賞の1番人気馬	馬齢	4歳 大前提①	4歳 ハードル❶	5歳 ハードル❷	6歳以上 ハードル❸	判定
2021							
2021							
2020	ミッキースワロー	6				○	◉
2019	エタリオウ	4		×			×
2018	キセキ	4	×	×			×
2017	ゴールドアクター	6				×	×
2016	サウンズオブアース	5			×		×
2015	サウンズオブアース	4		×			×
2014	ウインバリアシオン	6				○	◉
2013	フェノーメノ	4		○			◉
2012	ルーラーシップ	5			×		×
2011	トゥザグローリー	4		○			◉
2010	ロジユニヴァース	4	×	×			×
2009	ネヴァブション	6				×	×
2008	マツリダゴッホ	5			○		◉
2007	マツリダゴッホ	4		×			×
2006	リンカーン	6				○	◉
2005	コスモバルク	4		×			×
2004	ゼンノロブロイ	4		×			×
2003	バランスオブゲーム	4		×			×
2002	マンハッタンカフェ	4	×	×			×
2001	メイショウドトウ	5			○		◉

1番人気的中シートの使い方

左のシートに今年の1番人気候補を記入し、過去の成績をもとに「勝てるか、勝てないか」を判定してください。「勝てない」とわかったら、2番人気以下で勝てる馬が浮かび上がる【1着穴馬的中シート】（後ろのページ）に進んでください。

着順	単勝配当	結果	2番人気以下で勝った馬	人気	単勝配当	結果
1着	¥340	大的中				
2着		→	メイショウテッコン	3	¥490	大的中
9着		→	ガンコ	3	¥540	大的中
5着		→	シャケトラ	4	¥730	大的中
2着		→	ゴールドアクター	2	¥330	大的中
4着		→	アドマイヤデウス	4	¥540	大的中
1着	¥200	大的中				
1着	¥200	大的中				
3着		→	ネコパンチ	12	¥16,710	ハズレ
1着	¥200	大的中				
6着		→	マイネルキッツ	6	¥1,100	大的中
7着		→	アルナスライン	4	¥670	大的中
1着	¥230	大的中				
3着		→	ネヴァブション	3	¥510	大的中
1着	¥180	大的中				
6着		→	ユキノサンロイヤル	5	¥3,280	ハズレ
2着		→	ウインジェネラーレ	2	¥1,000	大的中
2着		→	イングランディーレ	5	¥1,680	大的中
6着		→	アクティブバイオ	5	¥2,610	大的中
1着	¥110	大的中				

過去20年、１番人気に応えて優勝した馬の近２走成績と実績を紹介します。
（実績は重賞連対歴を列記。以下同様）

まず４歳馬から。

2013年　フェノーメノ　牡４　56kg（＋１kg）200円

前走	11月25日	東京2400m	GⅠ	ジャパンC	４番人気	５着	0.8秒差	X位
前々走	10月28日	東京2000m	GⅠ	天皇賞・秋	１番人気	２着	0.1秒差	X位
３歳	９月17日	中山2200m	GⅡ	セントライト記念	１番人気	１着	0.2秒差	３位
３歳	５月27日	東京2400m	GⅠ	ダービー	５番人気	２着	0.0秒差	２位
３歳	４月28日	東京2400m	GⅡ	青葉賞	１番人気	１着	0.4秒差	１位

2011年　トゥザグローリー　牡４　58kg（＋１kg）200円

前走	２月13日	京都2200m	GⅡ	京都記念	１番人気	１着	0.1秒差	２位
前々走	12月26日	中山2500m	GⅠ	有馬記念	14番人気	３着	0.0秒差	X位
３歳	12月11日	小倉2000m	GⅢ	中日新聞杯	１番人気	１着	0.3秒差	１位
３歳	５月１日	東京2400m	GⅡ	青葉賞	２番人気	２着	0.7秒差	３位

続いて５歳馬。

2008年　マツリダゴッホ　牡５　59kg（＋２kg）230円

前走	12月23日	中山2500m	GⅠ	有馬記念	９番人気	１着	0.2秒差	１位
前々走	10月28日	東京2000m	GⅠ	天皇賞・秋	８番人気	15着	1.7秒差	X位
４歳	９月23日	中山2200m	GⅡ	オールカマー	１番人気	１着	0.1秒差	３位
４歳	１月21日	中山2200m	GⅡ	アメリカＪＣＣ	２番人気	１着	0.8秒差	３位

2001年　メイショウドトウ　牡５　58kg（＋１kg）110円

前走	12月24日	中山2500m	GⅠ	有馬記念	２番人気	２着	0.0秒差	３位
前々走	11月26日	東京2400m	GⅠ	ジャパンC	５番人気	２着	0.0秒差	３位
４歳	10月29日	東京2000m	GⅠ	天皇賞・秋	２番人気	２着	0.4秒差	X位
４歳	９月24日	中山2200m	GⅡ	オールカマー	１番人気	１着	0.3秒差	１位
４歳	６月25日	阪神2200m	GⅠ	宝塚記念	６番人気	２着	0.0秒差	２位
４歳	５月27日	中京2000m	GⅡ	金鯱賞	３番人気	１着	0.2秒差	１位
４歳	３月５日	中京2000m	GⅢ	中京記念	３番人気	１着	0.5秒差	２位
４歳	１月16日	京都2400m	GⅡ	日経新春杯	８番人気	２着	0.1秒差	X位

最後に６歳以上馬。

2020年　ミッキースワロー　牡６　56kg　340円

前走	１月26日	中山2200m	GⅡ	アメリカＪＣＣ	２番人気	４着	0.6秒差	３位
前々走	11月10日	福島2000m	GⅢ	福島記念	２番人気	３着	0.2秒差	２位
５歳	９月22日	中山2200m	GⅡ	オールカマー	３番人気	２着	0.3秒差	１位
５歳	７月７日	福島2000m	GⅢ	七夕賞	３番人気	１着	0.1秒差	２位
５歳	４月29日	新潟2000m	GⅢ	新潟大賞典	３番人気	２着	0.1秒差	２位
４歳	１月21日	中山2200m	GⅡ	アメリカＪＣＣ	１番人気	２着	0.3秒差	１位

3歳	9月18日	中山2200m	GⅡ	セントライト記念	2番人気	1着	0.3秒差	1位

2014年　ウインバリアシオン　牡6　56kg　200円

前走	12月22日	中山2500m	GⅠ	有馬記念	4番人気	2着	1.3秒差	2位
前々走	11月30日	中京2000m	GⅢ	金鯱賞	8番人気	3着	0.5秒差	2位
4歳	3月24日	中山2500m	GⅡ	日経賞	2番人気	2着	0.6秒差	1位
3歳	10月23日	京都3000m	GⅠ	菊花賞	2番人気	2着	0.4秒差	1位
3歳	9月25日	阪神2400m	GⅡ	神戸新聞杯	2番人気	2着	0.4秒差	2位
3歳	5月29日	東京2400m	GⅠ	ダービー	10番人気	2着	0.3秒差	1位
3歳	4月30日	東京2400m	GⅡ	青葉賞	6番人気	1着	0.1秒差	1位

2006年　リンカーン　牡6　58kg（＋1kg）180円

前走	12月25日	中山2500m	GⅠ	有馬記念	6番人気	3着	0.3秒差	3位
前々走	11月27日	東京2400m	GⅠ	ジャパンC	9番人気	4着	0.3秒差	X位
5歳	10月9日	京都2400m	GⅡ	京都大賞典	1番人気	1着	0.1秒差	1位
4歳	3月21日	阪神3000m	GⅡ	阪神大賞典	1番人気	1着	0.2秒差	1位
3歳	12月28日	中山2500m	GⅠ	有馬記念	4番人気	2着	1.5秒差	X位
3歳	10月26日	京都3000m	GⅠ	菊花賞	4番人気	2着	0.1秒差	1位

過去20年、1番人気に応えられず負けた馬の近2走成績と実績を紹介します。

まず4歳馬から。

2019年　エタリオウ　牡4　55kg　2着

前走	10月21日	京都3000m	GⅠ	菊花賞	2番人気	2着	0.0秒差	1位
前々走	9月23日	阪神2400m	GⅡ	神戸新聞杯	3番人気	2着	0.1秒差	1位
3歳	4月28日	東京2400m	GⅡ	青葉賞	3番人気	2着	0.1秒差	1位

※菊花賞は3歳GⅠ。

2018年　キセキ　牡4　57kg（＋2kg）9着

前走	12月10日	香港2400m	GⅠ	香港ヴァーズ	2番人気	9着		
前々走	10月22日	京都3000m	GⅠ	菊花賞	1番人気	1着	0.3秒差	1位
3歳	9月24日	阪神2400m	GⅡ	神戸新聞杯	2番人気	2着	0.3秒差	1位

※加増2kgNG。

2015年　サウンズオブアース　牡4　55kg　4着

前走	10月26日	京都3000m	GⅠ	菊花賞	4番人気	2着	0.1秒差	1位
前々走	9月28日	阪神2400m	GⅡ	神戸新聞杯	8番人気	2着	0.0秒差	2位
3歳	5月10日	京都2200m	GⅡ	京都新聞杯	8番人気	2着	0.2秒差	X位

※菊花賞は3歳GⅠ。

2010年　ロジユニヴァース　牡4　58kg（＋2kg）6着

前走	5月31日	東京2400m	GⅠ	ダービー	2番人気	1着	0.7秒差	2位
前々走	4月19日	中山2000m	GⅠ	皐月賞	1番人気	14着	1.9秒差	X位
3歳	3月8日	中山2000m	GⅡ	弥生賞	1番人気	1着	0.4秒差	3位　逃げ

２歳　12月27日　阪神2000m　ＧⅢ　ラジオNIKKEI杯２歳Ｓ　２番人気　１着　0.7秒差　２位
２歳　10月４日　札幌1800m　ＧⅢ　札幌２歳Ｓ　１番人気　１着　0.2秒差　１位
※加増２kgＮＧ。ダービーは３歳ＧⅠ。

2007年　マツリダゴッホ　牡４　57kg（＋１kg）３着
前走　１月21日　中山2200m　ＧⅡ　アメリカＪＣＣ　２番人気　１着　0.8秒差　３位
前々走　12月23日　中山1800m　1600万　クリスマスＣ　１番人気　１着　0.1秒差　２位

2005年　コスモバルク　牡４　57kg（＋１kg）６着
前走　12月26日　中山2500m　ＧⅠ　有馬記念　２番人気　11着　1.0秒差　Ｘ位
前々走　11月28日　東京2400m　ＧⅠ　ジャパンＣ　２番人気　２着　0.5秒差　Ｘ位
３歳　９月19日　中山2200m　ＧⅡ　セントライト記念　１番人気　１着　0.0秒差　3位　2角先頭
３歳　９月２日　旭川Ｄ2100m　重賞　北海優駿　１番人気　１着　0.1秒差
３歳　４月18日　中山2000m　ＧⅠ　皐月賞　１番人気　２着　0.2秒差　１位
３歳　３月７日　中山2000m　ＧⅡ　弥生賞　２番人気　１着　0.2秒差　１位
２歳　12月27日　阪神2000m　ＧⅢ　ラジオたんぱ杯２歳Ｓ　４番人気　１着　0.2秒差　3位　逃げ
※前々走２着ですが、0.5秒差ＮＧ。

2004年　ゼンノロブロイ　牡４　57kg（＋１kg）２着
前走　12月28日　中山2500m　ＧⅠ　有馬記念　３番人気　３着　1.6秒差　Ｘ位
前々走　10月26日　京都3000m　ＧⅠ　菊花賞　２番人気　４着　0.5秒差　２位
３歳　９月28日　阪神2000m　ＧⅡ　神戸新聞杯　３番人気　１着　0.6秒差　１位
３歳　６月１日　東京2400m　ＧⅠ　ダービー　３番人気　２着　0.1秒差　２位
３歳　５月３日　東京2400m　ＧⅡ　青葉賞　１番人気　１着　0.2秒差　２位
※前走３着ですが、1.6秒差ＮＧ。ダービーは３歳ＧⅠ。

2003年　バランスオブゲーム　牡４　57kg（＋１kg）２着
前走　３月２日　中山1800m　ＧⅡ　中山記念　４番人気　２着　0.3秒差　１位
前々走　10月20日　京都3000m　ＧⅠ　菊花賞　６番人気　５着　0.6秒差　Ｘ位
３歳　９月15日　新潟2200m　ＧⅡ　セントライト記念　２番人気　１着　0.2秒差　２位
３歳　３月３日　中山2000m　ＧⅡ　弥生賞　４番人気　１着　0.1秒差　X位　逃げ
２歳　９月２日　新潟1400m　ＧⅢ　新潟２歳Ｓ　５番人気　１着　0.8秒差　１位

2002年　マンハッタンカフェ　牡４　58kg（＋２kg）６着
前走　12月23日　中山2500m　ＧⅠ　有馬記念　３番人気　１着　0.2秒差　１位
前々走　10月21日　京都3000m　ＧⅠ　菊花賞　６番人気　１着　0.1秒差　２位
※加増２kgＮＧ。

続いて５歳馬。

2016年　サウンズオブアース　牡５　56kg　２着
前走　12月27日　中山2500m　ＧⅠ　有馬記念　５番人気　２着　0.0秒差　２位
前々走　11月29日　東京2400m　ＧⅠ　ジャパンＣ　５番人気　５着　0.3秒差　Ｘ位
４歳　10月12日　京都2400m　ＧⅡ　京都大賞典　２番人気　２着　0.2秒差　３位
３歳　10月26日　京都3000m　ＧⅠ　菊花賞　４番人気　２着　0.1秒差　１位

３歳	９月28日	阪神2400m	GⅡ	神戸新聞杯	８番人気	２着	0.0秒差	２位
３歳	５月10日	京都2200m	GⅡ	京都新聞杯	８番人気	２着	0.2秒差	X位

※３歳以上重賞１着歴なしＮＧ。

2012年　ルーラーシップ　牡５　57kg（＋１kg）３着

前走	１月22日	中山2200m	GⅡ	アメリカＪＣＣ	１番人気	１着	0.5秒差	１位
前々走	12月25日	中山2500m	GⅠ	有馬記念	11番人気	４着	0.2秒差	１位
４歳	５月28日	京都2000m	GⅡ	金鯱賞	１番人気	１着	0.1秒差	１位
４歳	１月16日	京都2400m	GⅡ	日経新春杯	２番人気	１着	0.3秒差	２位
３歳	12月４日	阪神1800m	GⅢ	鳴尾記念	２番人気	１着	0.1秒差	３位

※３歳以上ＧⅠ連対なしＮＧ。

最後に６歳以上馬。

2017年　ゴールドアクター　牡６　57kg（＋１kg）５着

前走	12月25日	中山2500m	GⅠ	有馬記念	３番人気	３着	0.1秒差	X位
前々走	11月27日	東京2400m	GⅠ	ジャパンＣ	３番人気	４着	0.6秒差	X位
５歳	９月25日	中山2200m	GⅡ	オールカマー	１番人気	１着	0.0秒差	２位
５歳	３月26日	中山2500m	GⅡ	日経賞	２番人気	１着	0.1秒差	１位
４歳	12月27日	中山2500m	GⅠ	有馬記念	８番人気	１着	0.0秒差	３位
４歳	11月８日	東京2500m	GⅡ	アルゼンチン共和国杯	１番人気	１着	0.0秒差	２位

※３歳時の実績なし。

2009年　ネヴァブション　牡６　58kg（＋１kg）７着

前走	１月25日	中山2200m	GⅡ	アメリカＪＣＣ	４番人気	１着	0.4秒差	２位
前々走	１月４日	中山2000m	GⅢ	中山金杯	３番人気	５着	0.2秒差	２位
４歳	12月１日	中山3600m	GⅡ	ステイヤーズＳ	２番人気	２着	0.1秒差	３位
４歳	３月24日	中山2500m	GⅡ	日経賞	３番人気	１着	0.1秒差	１位

※３歳時の実績なし。

◆１番人気が飛ぶとわかったらココへ

１番人気が「負ける」とわかったら、２番人気以下の馬から勝つ馬を見つけます。簡単です。僕が課すハードルを満たした馬しか勝ちませんので、【１着穴馬的中シート】を利用して見つけだしてください。

２番人気以下で勝てる馬を浮かび上がらせます

4歳ハードル❶
重賞完勝歴

4歳ハードル❷
前走3歳以上「オープン特別1番人気完勝か、重賞連対（負けていても0.0秒）」

どちらか一方で可。

5歳以上ハードル❸
前走3勝クラス上がり1位完勝

5歳以上ハードル❹
近2走でオープン特別上がり1位連対
（負けていても0.0秒）

5歳以上ハードル❺
GⅡ・GⅠ連対歴（負けていても0.1秒）

どれか一つで可。

注：ハードル❸❹❺は2400m以上3歳以上戦

2番人気以下で勝てる馬【1着穴馬的中シート】

条件	馬番 or 馬名
4歳 ハードル❶クリア	
4歳 ハードル❷クリア	
5歳以上 ハードル❸クリア	
5歳以上 ハードル❹クリア	
5歳以上 ハードル❺クリア	

過去20年、２番人気以下で優勝した馬の近２走成績と実績を紹介します。

まず４歳馬から。

2019年　３番人気　メイショウテッコン　牡４　55kg　490円

前走	１月13日	京都2400m	GⅡ	日経新春杯	６番人気	９着	0.9秒差	Ｘ位	3角先頭
前々走	10月21日	京都3000m	GⅠ	菊花賞	５番人気	14着	1.9秒差	Ｘ位	
３歳	７月１日	福島1800m	GⅢ	ラジオNIKKEI賞	２番人気	１着	0.1秒差	３位	

2017年　４番人気　シャケトラ　牡４　55kg　730円

前走	１月17日	京都2400m	GⅡ	日経新春杯	２番人気	２着	0.0秒差	３位
前々走	12月11日	阪神2200m	1000万	境港特別	１番人気	１着	0.1秒差	１位

2015年　４番人気　アドマイヤデウス　牡４　56kg（＋１kg）540円

前走	１月18日	京都2400m	GⅡ	日経新春杯	６番人気	１着	0.1秒差	１位
前々走	６月１日	東京2400m	GⅠ	ダービー	10番人気	７着	0.5秒差	１位

2007年　３番人気　ネヴァブション　牡４　56kg　510円

前走	２月３日	東京2000m	ＯＰ	白富士Ｓ	１番人気	１着	0.1秒差	２位
前々走	１月13日	中山2500m	1600万	迎春Ｓ	３番人気	１着	0.9秒差	１位

2004年　２番人気　ウインジェネラーレ　牡４　56kg　1000円

前走	１月25日	中山2200m	GⅡ	アメリカＪＣＣ	３番人気	２着	0.0秒差	Ｘ位
前々走	12月21日	中山2500m	1600万	冬至Ｓ	２番人気	１着	0.1秒差	２位

2003年　５番人気　イングランディーレ　牡４　56kg　1680円

前走	２月16日	中山3200m	GⅢ	ダイヤモンドＳ	８番人気	１着	0.2秒差	Ｘ位	逃げ
前々走	１月25日	中山Ｄ1800m	1600万	アレキサンドライトＳ	８番人気	６着	1.0秒差	Ｘ位	

続いて５歳馬。

2018年　３番人気　ガンコ　牡５　56kg　540円

前走	２月11日	京都2400m	1600万	松籟Ｓ	２番人気	１着	0.6秒差	１位
前々走	１月14日	京都2400m	GⅡ	日経新春杯	７番人気	３着	0.2秒差	３位

2016年　２番人気　ゴールドアクター　牡５　58kg（＋２kg）330円

前走	12月27日	中山2500m	GⅠ	有馬記念	８番人気	１着	0.0秒差	３位
前々走	11月８日	東京2500m	GⅡ	アルゼンチン共和国杯	１番人気	１着	0.0秒差	２位

2009年　４番人気　アルナスライン　牡５　57kg　670円

前走	１月25日	中山2200m	GⅡ	アメリカＪＣＣ	３番人気	６着	0.6秒差	Ｘ位
前々走	12月28日	中山2500m	GⅠ	有馬記念	５番人気	６着	0.7秒差	３位
４歳	６月１日	東京2500m	GⅡ	目黒記念	１番人気	２着	0.1秒差	２位
３歳	10月21日	京都3000m	GⅠ	菊花賞	６番人気	２着	0.0秒差	２位

2002年　５番人気　アクティブバイオ　牡５　57kg　2610円
前走　３月２日　阪神2200m　1600万　御堂筋Ｓ　５番人気　２着　0.6秒差　１位
前々走　９月９日　札幌2600m　ＯＰ　札幌日経ＯＰ　４番人気　２着　0.0秒差　１位

最後に６歳以上馬。

2012年　12番人気　ネコパンチ　牡６　56kg　16710円
前走　２月18日　東京3400m　ＧⅢ　ダイヤモンドＳ　14番人気　15着　2.1秒差　Ｘ位
前々走　１月５日　京都3000m　ＯＰ　万葉Ｓ　８番人気　11着　5.1秒差　Ｘ位
◉逃げ馬の一発としか言いようがありません。過去20年の当レースで最も遅い勝ち時計２分37秒４というひどい重馬場のお陰であり、例外です。ネコパンチは当レース前は４戦連続ふた桁着順。当レース後は９戦連続ふた桁着順で引退しました。

2010年　６番人気　マイネルキッツ　牡７　59kg（＋２kg）1100円
前走　１月24日　中山2200m　ＧⅡ　アメリカＪＣＣ　４番人気　４着　0.7秒差　２位
前々走　12月27日　中山2500m　ＧⅠ　有馬記念　12番人気　５着　1.2秒差　Ｘ位
６歳　５月３日　京都3000m　ＧⅠ　天皇賞・春　12番人気　１着　0.0秒差　Ｘ位
６歳　３月28日　中山2500m　ＧⅡ　日経賞　７番人気　２着　0.1秒差　２位
５歳　11月24日　福島2000m　ＧⅢ　福島記念　３番人気　２着　0.0秒差　１位
５歳　８月31日　新潟2000m　ＧⅢ　新潟記念　２番人気　２着　0.3秒差　Ｘ位

2005年　５番人気　ユキノサンロイヤル　牡８　57kg　3280円
前走　２月５日　東京2000m　ＯＰ　白富士Ｓ　４番人気　３着　0.2秒差　２位
前々走　１月23日　中山2200m　ＧⅡ　アメリカＪＣＣ　５番人気　３着　0.2秒差　２位
※１着候補として浮かび上がらせることはできませんでした。ハナ差２着に入ったトウショウナイトが勝つべきでした。ユキノサンロイヤルはこのあと12戦未勝利（最高着順は翌年の日経賞の５着）で障害入りしました。

◆２着馬を見つけるのはココで

２着候補を２番人気以下から見つけだすのに便利なツールが僕の作ったハードルです。こちらも【２着穴馬的中シート】を併用して見つけてください。なお、１番人気に応えられなくても２着に来ることはありますので、１番人気馬は無条件で２着候補です。

２番人気以下で２着に入れる馬を浮かび上がらせます

4歳ハードル❶
近2走で3勝クラス以上完勝

4歳ハードル❷
GⅡ完勝歴か、GⅠ連対歴

どちらか一方で可。

注：ハードルは2200m以上

5歳以上ハードル❸
近3走で3勝クラス以上「1番人気か、1着か、負けていても0.0秒」

5歳以上ハードル❹
3歳以上重賞連対歴（負けていても0.0秒）

どちらか一方で可。

注：ハードルは3歳以上戦

2番人気以下で2着に入れる馬【2着穴馬的中シート】

条件	馬番 or 馬名
4歳 ハードル❶クリア	
4歳 ハードル❷クリア	
5歳以上 ハードル❸クリア	
5歳以上 ハードル❹クリア	

過去20年、２番人気以下で２着に入った馬の近２走成績と実績を紹介します。

まず４歳馬から。

2020年　２番人気　モズベッロ　牡４　56kg（＋１kg）
前走　１月19日　京都2400m　GⅡ　日経新春杯　２番人気　１着　0.4秒差　１位
前々走　12月21日　中山2500m　３勝クラス　グレイトフルＳ　４番人気　４着　0.1秒差　１位

2018年　７番人気　チェスナットコート　牡４　55kg
前走　１月28日　東京2400m　1600万　早春Ｓ　３番人気　１着　0.1秒差　２位
前々走　１月８日　京都2200m　1000万　許波多特別　３番人気　１着　0.4秒差　２位

2017年　７番人気　ミライヘノツバサ　牡４　55kg
前走　１月22日　中山2200m　GⅡ　アメリカＪＣＣ　３番人気　３着　0.3秒差　Ｘ位
前々走　１月７日　中山2200m　1600万　迎春Ｓ　２番人気　１着　0.3秒差　Ｘ位
※ＧⅠ菊花賞逃げ

2013年　９番人気　カポーティスター　牡４　56kg（＋１kg）
前走　２月10日　京都2200m　GⅡ　京都記念　４番人気　６着　1.1秒差　Ｘ位
前々走　１月13日　京都2400m　GⅡ　日経新春杯　10番人気　１着　0.1秒差　Ｘ位

2012年　２番人気　ウインバリアシオン　牡４　56kg（＋１kg）
前走　２月12日　京都2200m　GⅡ　京都記念　２番人気　６着　1.0秒差　Ｘ位
前々走　11月27日　東京2400m　GⅠ　ジャパンＣ　７番人気　５着　0.5秒差　Ｘ位
３歳　10月23日　京都3000m　GⅠ　菊花賞　２番人気　２着　0.4秒差　１位
３歳　９月25日　阪神2400m　GⅡ　神戸新聞杯　２番人気　２着　0.4秒差　２位
３歳　５月29日　東京2400m　GⅠ　ダービー　10番人気　２着　0.3秒差　１位
３歳　４月30日　東京2400m　GⅡ　青葉賞　６番人気　１着　0.1秒差　１位

2011年　２番人気　ペルーサ　牡４　58kg（＋１kg）
前走　12月26日　中山2500m　GⅠ　有馬記念　３番人気　４着　0.1秒差　Ｘ位
前々走　11月28日　東京2400m　GⅠ　ジャパンＣ　３番人気　５着　0.1秒差　１位
３歳　10月31日　東京2000m　GⅠ　天皇賞・秋　４番人気　２着　0.3秒差　１位
３歳　５月１日　東京2400m　GⅡ　青葉賞　１番人気　１着　0.7秒差　１位

2005年　３番人気　トウショウナイト　牡４　56kg
前走　２月19日　京都2200m　GⅡ　京都記念　６番人気　２着　0.2秒差　２位
前々走　１月16日　中山2500m　1600万　迎春Ｓ　３番人気　１着　0.1秒差　１位

次に５歳馬。

2006年　６番人気　ストラタジェム　牡５　57kg
前走　２月25日　阪神2500m　1600万　御堂筋Ｓ　１番人気　２着　0.1秒差　３位
前々走　１月29日　京都2400m　1600万　松籟Ｓ　４番人気　３着　0.0秒差　３位

2002年　３番人気　タップダンスシチー　牡５　57kg

前走	３月２日	阪神2200m	1600万	御堂筋Ｓ	１番人気	１着	0.6秒差	３位
前々走	２月９日	京都1800m	1000万	春日特別	１番人気	１着	0.2秒差	Ｘ位

※ＧⅡ日経新春杯、ＧⅡ京都新聞杯３着歴。

2001年　２番人気　マチカネキンノホシ　牡５　58kg（＋１kg）

前走	12月24日	中山2500m	ＧⅠ	有馬記念	７番人気	12着	1.9秒差	Ｘ位
前々走	11月26日	東京2400m	ＧⅠ	ジャパンＣ	８番人気	６着	0.5秒差	Ｘ位
４歳	11月５日	東京2500m	ＧⅡ	アルゼンチン共和国杯	３番人気	１着	0.1秒差	３位
４歳	５月20日	東京2500m	ＧⅡ	目黒記念	２番人気	２着	0.2秒差	Ｘ位
４歳	１月23日	中山2200m	ＧⅡ	アメリカＪＣＣ	３番人気	１着	0.4秒差	１位
２歳	12月26日	阪神2000m	ＧⅢ	ラジオたんぱ杯３歳Ｓ	２番人気	２着	0.1秒差	１位

続いて６歳以上馬。

2015年　５番人気　ウインバリアシオン　牡７　57kg（＋１kg）

前走	12月28日	中山2500m	ＧⅠ	有馬記念	10番人気	12着	0.6秒差	Ｘ位
前々走	12月６日	中京2000m	ＧⅢ	金鯱賞	３番人気	15着	2.1秒差	Ｘ位
６歳	５月４日	京都3200m	ＧⅠ	天皇賞・春	３番人気	２着	0.0秒差	２位
６歳	３月29日	中山2500m	ＧⅡ	日経賞	１番人気	１着	0.3秒差	１位
５歳	12月22日	中山2500m	ＧⅠ	有馬記念	４番人気	２着	1.3秒差	２位
４歳	３月24日	中山2500m	ＧⅡ	日経賞	２番人気	２着	0.6秒差	１位
３歳	10月23日	京都3000m	ＧⅠ	菊花賞	２番人気	２着	0.4秒差	１位
３歳	９月25日	阪神2400m	ＧⅡ	神戸新聞杯	２番人気	２着	0.4秒差	２位
３歳	５月29日	東京2400m	ＧⅠ	ダービー	10番人気	２着	0.3秒差	１位
３歳	４月30日	東京2400m	ＧⅡ	青葉賞	６番人気	１着	0.1秒差	１位

2014年　10番人気　ホッコーブレーヴ　牡６　56kg

前走	11月24日	東京2400m	ＧⅠ	ジャパンＣ	16番人気	12着	0.6秒差	Ｘ位
前々走	11月３日	東京2500m	ＧⅡ	アルゼンチン共和国杯	６番人気	５着	0.5秒差	２位

※３走前10月５日東京2400m1600万オクトーバーＳ３番人気１着0.0秒差１位

2010年　４番人気　エアシェイディ　牡９　57kg

前走	12月27日	中山2500m	ＧⅠ	有馬記念	11番人気	３着	0.8秒差	２位
前々走	11月29日	東京2400m	ＧⅠ	ジャパンＣ	11番人気	５着	0.6秒差	Ｘ位
８歳	１月25日	中山2200m	ＧⅡ	アメリカＪＣＣ	２番人気	２着	0.4秒差	３位
７歳	１月27日	中山2200m	ＧⅡ	アメリカＪＣＣ	２番人気	１着	0.2秒差	１位
７歳	１月５日	中山2000m	ＧⅢ	中山金杯	２番人気	２着	0.3秒差	３位
６歳	２月25日	中山1800m	ＧⅡ	中山記念	３番人気	２着	0.2秒差	２位
６歳	１月27日	東京1600m	ＧⅢ	東京新聞杯	２番人気	２着	0.1秒差	１位
５歳	10月21日	東京1600m	ＧⅢ	富士Ｓ	２番人気	２着	0.1秒差	１位
５歳	７月23日	函館2000m	ＧⅢ	函館記念	２番人気	２着	0.2秒差	Ｘ位
４歳	１月23日	中山2200m	ＧⅡ	アメリカＪＣＣ	３番人気	２着	0.2秒差	Ｘ位

2009年　７番人気　マイネルキッツ　牡６　57kg

前走	１月25日	中山2200m	ＧⅡ	アメリカＪＣＣ	９番人気	４着	0.5秒差	２位
前々走	１月４日	中山2000m	ＧⅢ	中山金杯	７番人気	４着	0.2秒差	１位
５歳	11月24日	福島2000m	ＧⅢ	福島記念	３番人気	２着	0.0秒差	１位
５歳	８月31日	新潟2000m	ＧⅢ	新潟記念	２番人気	２着	0.3秒差	Ｘ位

2008年　３番人気　トウショウナイト　牡７　57kg

前走	２月23日	京都2200m	ＧⅡ	京都記念	６番人気	５着	0.2秒差	１位
前々走	１月27日	中山2200m	ＧⅡ	アメリカＪＣＣ	９番人気	２着	0.2秒差	Ｘ位
６歳	３月24日	中山2500m	ＧⅡ	日経賞	２番人気	２着	0.1秒差	１位
５歳	11月５日	東京2500m	ＧⅡ	アルゼンチン共和国杯	１番人気	１着	0.0秒差	３位
４歳	３月26日	中山2500m	ＧⅡ	日経賞	３番人気	２着	0.0秒差	２位
４歳	２月19日	京都2200m	ＧⅡ	京都記念	６番人気	２着	0.2秒差	２位

2007年　２番人気　トウショウナイト　牡６　58kg（＋１kg）

前走	２月17日	京都2200m	ＧⅡ	京都記念	３番人気	３着	0.2秒差	Ｘ位
前々走	12月24日	中山2500m	ＧⅠ	有馬記念	10番人気	７着	0.9秒差	Ｘ位
５歳	11月５日	東京2500m	ＧⅡ	アルゼンチン共和国杯	１番人気	１着	0.0秒差	３位
４歳	３月26日	中山2500m	ＧⅡ	日経賞	３番人気	２着	0.0秒差	２位
４歳	２月19日	京都2200m	ＧⅡ	京都記念	６番人気	２着	0.2秒差	２位

GⅠ

高松宮記念

3月28日（日）

中京競馬場　芝1200m（2011年は阪神競馬場　芝1200m）

4歳以上

定量	57kg（牝馬2kg減）

１番人気で勝てる馬を浮かび上がらせます

大前提①　５歳以上

大前提②　前走はシルクロードＳ、阪急杯、オーシャンＳで、６歳以上馬は１着

ハードル❶
10戦連続１番人気中

ハードル❷
オープンクラス３連勝中

ハードル❸
前走負けていても0.0秒、かつ、「スプリンターズＳ完勝歴か、1600m以上3歳以上重賞1番人気完勝歴」

どれか一つで可。

まず、今年も多くのファンを失望させることになるかもしれない１番人気馬を大前提とハードルに照らし合わせ、勝てるか負けるかを判定しましょう。２ページ後からの【１番人気的中シート】を利用してください。

高松宮記念の真相

定量戦のＧⅠ高松宮記念は、春先の４歳馬には負担重量の点で厳しいレースです。

そもそも、前年秋のＧⅠスプリンターズステークスで、３歳馬（現４歳馬）の優勝はアストンマーチャン１頭のみ。２着もラブカンプー１頭のみです（ほかに２位入線→４着降着のダッシャーゴーゴー）。この３頭ともに３番人気、11番人気、６番人気の伏兵で、プレッシャーの薄いなかでの連対です。

当レースはそのスプリンターズＳから半年近く経ちますが、冬を挟んでいるためか４歳馬の成長度は低く、逆に５歳馬の衰えは少ないようです。結果として１番人気に応えられた４歳馬は過去20年で皆無、５歳馬の天下になっています。

この先、１番人気に推された４歳馬で１着になれるのはどういう馬でしょうか。2020年のハナ差２着馬グランアレグリア（４歳牝馬）の戦歴から判断して、「1400ｍ以上３歳以上重賞１番人気圧勝」がハードルになるかもしれません。これは過去20年、当レースで１番人気に支持されて馬群に沈んだ３頭の４歳馬にはない実績です。

他方、６歳以上で勝った５頭に共通しているのは、前走重賞で１～２番人気に推されていること。これは衰えがないことを示していますので、ハードルには加味していませんが、覚えておいてください。

1番人気で勝てる馬【1番人気的中シート】

大前提①………５歳以上
大前提②………前走はシルクロードＳ、阪急杯、オーシャンＳで、６歳以上馬は１着
ハードル❶……10戦連続１番人気中
ハードル❷……オープンクラス３連勝中
ハードル❸……前走負けていても0.0秒、かつ、「スプリンターズＳ完勝歴か、1600m以上３歳以上
ハードルはどれか一つで可。

年度	高松宮記念の1番人気馬	性齢	大前提①	大前提②	ハードル❶	ハードル❷	ハードル❸
2021							
2021							
2020	タワーオブロンドン	牡5			×	×	×
2019	ダノンスマッシュ	牡4	×		×	×	×
2018	レッドファルクス	牡7		×	×	×	×
2017	レッドファルクス	牡6		×	×	×	×
2016	ビッグアーサー	牡5			○		
2015	ストレイトガール	牝6		×	×	×	×
2014	ストレイトガール	牝5			×	×	×
2013	ロードカナロア	牡5				○	
2012	ロードカナロア	牡4	×			○	
2011	ジョーカプチーノ	牡5			×	×	×
2010	キンシャサノキセキ	牡7				○	
2009	スリープレスナイト	牝5		×		○	○
2008	スズカフェニックス	牡6		×			○
2007	スズカフェニックス	牡5					○
2006	シンボリグラン	牡4	×		×	×	×
2005	プレシャスカフェ	牡6			×	×	×
2004	デュランダル	牡5		×	×	×	×
2003	ショウナンカンプ	牡5			×	×	×
2002	トロットスター	牡6		×	×	×	×
2001	トロットスター	牡5				○	

重賞１番人気完勝歴」

1番人気的中シートの使い方

左のシートに今年の1番人気候補を記入し、過去の成績をもとに「勝てるか、勝てないか」を判定してください。「勝てない」とわかったら、2番人気以下で勝てる馬が浮かび上がる【1着穴馬的中シート】（後ろのページ）に進んでください。

判定	着順	単勝配当	結果	2番人気以下で勝った馬	人気	単勝配当	結果
×	12着		→	モズスーパーフレア	9	¥3,230	大的中
×	4着		→	ミスターメロディ	3	¥780	大的中
×	8着		→	ファインニードル	2	¥550	大的中
×	3着		→	セイウンコウセイ	5	¥870	大的中
◉	1着	¥390	大的中				
×	13着		→	エアロヴェロシティ	4	¥650	大的中
×	3着		→	コパノリチャード	3	¥770	大的中
◉	1着	¥130	大的中				
×	3着		→	カレンチャン	2	¥390	大的中
×	10着		→	キンシャサノキセキ	3	¥450	大的中
◉	1着	¥370	大的中				
×	2着		→	ローレルゲレイロ	3	¥760	大的中
×	3着		→	ファイングレイン	4	¥710	大的中
◉	1着	¥450	大的中				
×	6着		→	オレハマッテルゼ	4	¥930	大的中
×	3着		→	アドマイヤマックス	4	¥1,180	大的中
×	2着		→	サニングデール	2	¥430	大的中
×	7着		→	ビリーヴ	3	¥1,010	大的中
×	5着		→	ショウナンカンプ	3	¥660	大的中
◉	1着	¥290	大的中				

過去20年、1番人気に応えて優勝した馬の近2走成績と実績を紹介します。
（実績は重賞連対を列記。以下同様）

2016年　ビッグアーサー　牡5　390円

前走	1月31日	京都1200m	GⅢ	シルクロードS	1番人気	5着	0.6秒差	3位
前々走	12月26日	阪神1400m	GⅡ	阪神C	1番人気	3着	0.2秒差	X位
4歳	11月29日	京都1200m	GⅢ	京阪杯	1番人気	2着	0.0秒差	1位
4歳	8月23日	小倉1200m	GⅢ	北九州記念	1番人気	2着	0.2秒差	2位

※デビュー2戦目から10戦連続1番人気中。

2013年　ロードカナロア　牡5　130円

前走	2月24日	阪神1400m	GⅢ	阪急杯	1番人気	1着	0.1秒差	X位
前々走	12月9日	香港1200m	GⅠ	香港スプリント	4番人気	1着		
4歳	9月30日	中山1200m	GⅠ	スプリンターズS	2番人気	1着	0.1秒差	2位
4歳	9月9日	阪神1200m	GⅡ	セントウルS	1番人気	2着	0.0秒差	X位
4歳	6月17日	函館1200m	GⅢ	函館SS	1番人気	2着	0.1秒差	3位
4歳	1月28日	京都1200m	GⅢ	シルクロードS	1番人気	1着	0.4秒差	1位
3歳	11月26日	京都1200m	GⅢ	京阪杯	1番人気	1着	0.2秒差	2位

2010年　キンシャサノキセキ　牡7　370円

前走	3月6日	中山1200m	GⅢ	オーシャンS	2番人気	1着	0.0秒差	X位
前々走	12月20日	阪神1400m	GⅡ	阪神C	1番人気	1着	0.2秒差	2位
6歳	10月31日	京都1400m	GⅡ	スワンS	4番人気	1着	0.0秒差	X位
5歳	10月5日	中山1200m	GⅠ	スプリンターズS	2番人気	2着	0.2秒差	X位
5歳	7月6日	函館1200m	GⅢ	函館SS	1番人気	1着	0.1秒差	X位

※6歳秋に覚醒。スワンS、阪神C、オーシャンSと重賞3連勝中。

2007年　スズカフェニックス　牡5　450円

前走	2月25日	阪神1400m	GⅢ	阪急杯	2番人気	3着	0.0秒差	1位
前々走	1月27日	東京1600m	GⅢ	東京新聞杯	1番人気	1着	0.1秒差	1位

2001年　トロットスター　牡5　290円

前走	2月4日	京都1200m	GⅢ	シルクロードS	1番人気	1着	0.0秒差	2位
前々走	12月16日	中京1200m	GⅡ	CBC賞	1番人気	1着	0.2秒差	1位
4歳	10月21日	東京1600m	GⅢ	富士S	7番人気	2着	0.1秒差	1位
4歳	9月10日	中山1600m	GⅢ	京王杯AH	3番人気	2着	0.1秒差	X位
4歳	2月6日	京都1200m	GⅢ	シルクロードS	6番人気	2着	0.2秒差	3位
3歳	6月12日	中京1200m	GⅢ	中日スポーツ賞4歳S	9番人気	2着	0.0秒差	X位

※重賞2連勝中。3走前11月19日東京1400mOPオーロC1番人気1着0.4秒差2位があり、オープンクラス3連勝中。

過去20年、1番人気に応えられず負けた馬の近2走成績と実績を紹介します。

まず4歳馬から。
2019年　ダノンスマッシュ　牡4　4着

前走　１月27日　京都1200m　ＧⅢ　シルクロードＳ　１番人気　１着　0.2秒差　３位
前々走　11月25日　京都1200m　ＧⅢ　京阪杯　１番人気　１着　0.3秒差　３位
３歳　８月26日　札幌1200m　ＧⅢ　キーンランドＣ　４番人気　２着　0.4秒差　Ｘ位
※４歳馬ＮＧ。

2012年　ロードカナロア　牡４　３着
前走　１月28日　京都1200m　ＧⅢ　シルクロードＳ　１番人気　１着　0.4秒差　１位
前々走　11月26日　京都1200m　ＧⅢ　京阪杯　１番人気　１着　0.2秒差　２位
※オープンクラス４連勝中ですが、４歳馬ＮＧ。

2006年　シンボリグラン　牡４　６着
前走　３月４日　中山1200m　ＧⅢ　オーシャンＳ　１番人気　３着　0.2秒差　１位
前々走　12月24日　中京1200m　ＧⅡ　ＣＢＣ賞　３番人気　１着　0.0秒差　３位
※４歳馬ＮＧ。

次に５歳馬。

2020年　タワーオブロンドン　牡５　12着
前走　３月７日　中山1200m　ＧⅢ　オーシャンＳ　２番人気　３着　0.7秒差　３位
前々走　９月29日　中山1200m　ＧⅠ　スプリンターズＳ　２番人気　１着　0.1秒差　３位
４歳　９月８日　阪神1200m　ＧⅡ　セントウルＳ　１番人気　１着　0.5秒差　１位
４歳　８月25日　札幌1200m　ＧⅢ　キーンランドＣ　２番人気　２着　0.1秒差　１位
４歳　５月11日　東京1400m　ＧⅡ　京王杯ＳＣ　１番人気　１着　0.1秒差　３位
３歳　４月14日　阪神1600m　ＧⅢ　アーリントンＣ　１番人気　１着　0.1秒差　２位
２歳　11月４日　東京1400m　ＧⅡ　京王杯２歳Ｓ　１番人気　１着　0.3秒差　１位
※前走ＮＧ。

2014年　ストレイトガール　牝５　３着
前走　２月２日　京都1200m　ＧⅢ　シルクロードＳ　２番人気　１着　0.4秒差　１位
前々走　12月８日　中京1200m　ＯＰ　尾張Ｓ　１番人気　１着　0.2秒差　３位
４歳　８月25日　函館1200m　ＧⅢ　キーンランドＣ　１番人気　２着　0.0秒差　２位

2011年　ジョーカプチーノ　牡５　10着
前走　１月29日　京都1200m　ＧⅢ　シルクロードＳ　１番人気　１着　0.1秒差　１位
前々走　12月11日　中山1200m　ＯＰ　ラピスラズリＳ　１番人気　１着　0.2秒差　Ｘ位　逃げ
３歳　５月10日　東京1600m　ＧⅠ　ＮＨＫマイル　10番人気　１着　0.3秒差　Ｘ位
３歳　３月21日　中京1200m　ＧⅢ　ファルコンＳ　４番人気　１着　0.0秒差　Ｘ位

2009年　スリープレスナイト　牝５　２着
前走　10月５日　中山1200m　ＧⅠ　スプリンターズＳ　１番人気　１着　0.2秒差　３位
前々走　８月17日　小倉1200m　ＧⅢ　北九州記念　１番人気　１着　0.3秒差　３位
４歳　６月15日　中京1200m　ＧⅢ　ＣＢＣ賞　４番人気　１着　0.2秒差　３位
※前走スプリンターズＳはＮＧ。重賞３連勝中ですが……。

2004年　デュランダル　牡５　２着
前走　11月23日　京都1600m　ＧⅠ　マイルＣＳ　５番人気　１着　0.1秒差　１位
前々走　10月５日　中山1200m　ＧⅠ　スプリンターズＳ　５番人気　１着　0.0秒差　１位
※前走マイルＣＳはＮＧ。

2003年　ショウナンカンプ　牡５　７着
前走　３月２日　阪神1200m　ＧⅢ　阪急杯　１番人気　１着　0.4秒差　Ｘ位　逃げ
前々走　12月15日　香港1000m　ＧⅠ　香港スプリント　10着　1.0秒差
４歳　10月26日　京都1400m　ＧⅡ　スワンＳ　２番人気　１着　0.5秒差　Ｘ位　逃げ
４歳　３月24日　中京1200m　ＧⅠ　高松宮記念　３番人気　１着　0.6秒差　Ｘ位　逃げ

最後に６歳以上馬。

2018年　レッドファルクス　牡７　８着
前走　２月25日　阪神1400m　ＧⅢ　阪急杯　２番人気　３着　0.0秒差　１位
前々走　11月19日　京都1600m　ＧⅠ　マイルＣＳ　３番人気　８着　0.4秒差　Ｘ位
６歳　10月１日　中山1200m　ＧⅠ　スプリンターズＳ　１番人気　１着　0.0秒差　２位
６歳　５月13日　東京1400m　ＧⅡ　京王杯ＳＣ　２番人気　１着　0.1秒差　１位
５歳　10月２日　中山1200m　ＧⅠ　スプリンターズＳ　３番人気　１着　0.0秒差　Ｘ位
５歳　７月３日　中京1200m　ＧⅢ　ＣＢＣ賞　３番人気　１着　0.0秒差　１位
※前走１着ではありません。

2017年　レッドファルクス　牡６　３着
前走　12月11日　香港1200m　ＧⅠ　香港スプリント　３番人気　12着
前々走　10月２日　中山1200m　ＧⅠ　スプリンターズＳ　３番人気　１着　0.0秒差　Ｘ位
５歳　７月３日　中京1200m　ＧⅢ　ＣＢＣ賞　３番人気　１着　0.0秒差　１位
※前走１着ではありません。

2015年　ストレイトガール　牝６　13着
前走　12月14日　香港1200m　ＧⅠ　香港スプリント　７番人気　３着
前々走　10月５日　新潟1200m　ＧⅠ　スプリンターズＳ　２番人気　２着　0.1秒差　Ｘ位
５歳　２月２日　京都1200m　ＧⅢ　シルクロードＳ　２番人気　１着　0.4秒差　１位
４歳　８月25日　函館1200m　ＧⅢ　キーンランドＣ　１番人気　２着　0.0秒差　２位
※前走１着ではありません。

2008年　スズカフェニックス　牡６　３着
前走　３月２日　阪神1400m　ＧⅢ　阪急杯　１番人気　２着　0.0秒差　２位
前々走　12月16日　阪神1400m　ＧⅡ　阪神Ｃ　１番人気　１着　0.1秒差　２位
５歳　３月25日　中京1200m　ＧⅠ　高松宮記念　１番人気　１着　0.4秒差　２位
５歳　１月27日　東京1600m　ＧⅢ　東京新聞杯　１番人気　１着　0.1秒差　１位
※前走１着ではありません。

2005年　プレシャスカフェ　牡６　３着
前走　２月６日　京都1200m　ＧⅢ　シルクロードＳ　１番人気　１着　0.1秒差　１位
前々走　12月19日　中京1200m　ＧⅡ　ＣＢＣ賞　４番人気　１着　0.0秒差　１位

2002年　トロットスター　牡６　５着

前走	２月３日	京都1200m	GⅢ	シルクロードＳ	１番人気	６着	0.3秒差	１位
前々走	11月18日	京都1600m	GⅠ	マイルＣＳ	３番人気	12着	0.6秒差	Ｘ位
５歳	９月30日	中山1200m	GⅠ	スプリンターズＳ	４番人気	１着	0.0秒差	３位
５歳	３月25日	中京1200m	GⅠ	高松宮記念	１番人気	１着	0.1秒差	１位
５歳	２月４日	京都1200m	GⅢ	シルクロードＳ	１番人気	１着	0.0秒差	２位
４歳	12月16日	中京1200m	GⅡ	ＣＢＣ賞	１番人気	１着	0.2秒差	１位
４歳	10月21日	東京1600m	GⅢ	富士Ｓ	７番人気	２着	0.1秒差	１位
４歳	９月10日	中山1600m	GⅢ	京王杯ＡＨ	３番人気	２着	0.1秒差	Ｘ位
４歳	２月６日	京都1200m	GⅢ	シルクロードＳ	６番人気	２着	0.2秒差	３位
３歳	６月12日	中京1200m	GⅢ	中日スポーツ賞４歳Ｓ	９番人気	２着	0.0秒差	Ｘ位

※前走１着ではありません。

◆１番人気が飛ぶとわかったらココへ

１番人気が「負ける」とわかったら、２番人気以下の馬から勝つ馬を見つけます。簡単です。僕が課すハードルを満たした馬しか勝ちませんので、【１着穴馬的中シート】を利用して見つけだしてください。

２番人気以下で勝てる馬を浮かび上がらせます

次ページへ ☞

4歳ハードル❶
近２走で３歳以上オープンクラス完勝

4歳以上ハードル❷
GⅢ・GⅡ「前走１番人気か、１番人気１着歴」

5歳以上ハードル❸
GⅠ「１番人気歴か、連対歴（負けていても0.0秒）」

２番人気以下で勝てる馬【1着穴馬的中シート】

条件	馬番 or 馬名
4歳 ハードル❶クリア	
4歳以上 ハードル❷クリア	
5歳以上 ハードル❸クリア	

過去20年、２番人気以下で優勝した馬の近２走成績と実績を紹介します。

まず４歳馬から。

2019年	3番人気	ミスターメロディ	牡4	780円				
前走	2月24日	阪神1400m	GⅢ	阪急杯	1番人気	7着	0.5秒差	X位
前々走	12月22日	阪神1400m	GⅡ	阪神C	2番人気	2着	0.1秒差	3位
3歳	3月17日	中京1400m	GⅢ	ファルコンS	3番人気	1着	0.2秒差	X位

2017年	5番人気	セイウンコウセイ	牡4	870円				
前走	1月29日	京都1200m	GⅢ	シルクロードS	4番人気	2着	0.0秒差	X位
前々走	1月7日	京都1200m	OP	淀短距離S	5番人気	1着	0.2秒差	3位

2014年	3番人気	コパノリチャード	牡4	770円				
前走	3月2日	阪神1400m	GⅢ	阪急杯	2番人気	1着	0.7秒差	X位　逃げ
前々走	12月23日	阪神1400m	GⅡ	阪神C	2番人気	10着	0.6秒差	X位

３歳　10月26日　京都1400m　GⅡ　スワンＳ　８番人気　１着　0.3秒差　X位　逃げ
３歳　２月23日　阪神1600m　GⅢ　アーリントンＣ　１番人気　１着　0.2秒差　３位

2002年　３番人気　ショウナンカンプ　牡４　660円　逃げ
前走　３月２日　中山1200m　ＯＰ　オーシャンＳ　１番人気　１着　0.4秒差　X位　逃げ
前々走　２月17日　京都1200m　1600万　山城Ｓ　５番人気　１着　0.4秒差　1位　逃げ

続いて５歳馬。

2020年　９番人気　モズスーパーフレア　牝５　3230円
前走　２月２日　京都1200m　GⅢ　シルクロードＳ　２番人気　４着　0.2秒差　X位　逃げ
前々走　11月24日　京都1200m　GⅢ　京阪杯　１番人気　８着　0.8秒差　X位　逃げ
４歳　９月29日　中山1200m　GⅠ　スプリンターズＳ　３番人気　２着　0.1秒差　X位　逃げ
４歳　３月２日　中山1200m　GⅢ　オーシャンＳ　１番人気　１着　0.2秒差　X位　逃げ

2018年　２番人気　ファインニードル　牡５　550円
前走　１月28日　京都1200m　GⅢ　シルクロードＳ　４番人気　１着　0.3秒差　３位
前々走　10月１日　中山1200m　GⅠ　スプリンターズＳ　６番人気　12着　0.7秒差　X位
４歳　９月10日　阪神1200m　GⅡ　セントウルＳ　１番人気　１着　0.2秒差　X位

2012年　２番人気　カレンチャン　牝５　390円
前走　３月３日　中山1200m　GⅢ　オーシャンＳ　１番人気　４着　0.2秒差　X位
前々走　12月11日　香港1200m　GⅠ　香港スプリント　５番人気　５着
４歳　10月２日　中山1200m　GⅠ　スプリンターズＳ　３番人気　１着　0.3秒差　２位
４歳　８月28日　札幌1200m　GⅢ　キーンランドＣ　１番人気　１着　0.0秒差　X位
４歳　７月３日　函館1200m　GⅢ　函館ＳＳ　１番人気　１着　0.0秒差　１位
４歳　４月９日　阪神1400m　牝馬GⅡ　阪神牝馬Ｓ　１番人気　１着　0.1秒差　X位

2009年　３番人気　ローレルゲレイロ　牡５　760円　逃げ
前走　３月１日　阪神1400m　GⅢ　阪急杯　３番人気　２着　0.2秒差　X位　逃げ
前々走　１月31日　東京1600m　GⅢ　東京新聞杯　２番人気　13着　1.8秒差　X位　逃げ
４歳　11月１日　京都1400m　GⅡ　スワンＳ　３番人気　２着　0.1秒差　X位
４歳　３月２日　阪神1400m　GⅢ　阪急杯　３番人気　１着　0.0秒差　X位　逃げ
４歳　２月２日　東京1600m　GⅢ　東京新聞杯　６番人気　１着　0.0秒差　X位
３歳　５月６日　東京1600m　GⅠ　ＮＨＫマイルＣ　１番人気　２着　0.1秒差　X位
３歳　２月24日　阪神1600m　GⅢ　アーリントンＣ　１番人気　２着　0.0秒差　３位
２歳　12月10日　中山1600m　GⅠ　朝日杯ＦＳ　７番人気　２着　0.1秒差　X位
２歳　10月14日　京都1600m　GⅡ　デイリー杯２歳Ｓ　２番人気　２着　0.1秒差　X位
２歳　８月６日　函館1200m　GⅢ　函館２歳Ｓ　５番人気　２着　0.2秒差　X位　4角先頭

2008年　４番人気　ファイングレイン　牡５　710円
前走　２月10日　京都1200m　GⅢ　シルクロードＳ　３番人気　１着　0.2秒差　１位
前々走　１月19日　京都1200m　ＯＰ　淀短距離Ｓ　４番人気　１着　0.1秒差　１位
３歳　５月７日　東京1600m　GⅠ　ＮＨＫマイルＣ　９番人気　２着　0.0秒差　X位
３歳　４月８日　中山1600m　GⅡ　ＮＺＴ　７番人気　２着　0.1秒差　2位　逃げ

2004年　２番人気　サニングデール　牡５　430円

前走	２月29日	阪神1200m	GⅢ	阪急杯	３番人気	１着	0.0秒差	１位
前々走	２月８日	京都1200m	GⅢ	シルクロードＳ	６番人気	３着	0.1秒差	３位
４歳	３月30日	中京1200m	GⅠ	高松宮記念	２番人気	２着	0.2秒差	Ｘ位
４歳	３月２日	阪神1200m	GⅢ	阪急杯	３番人気	２着	0.4秒差	Ｘ位
３歳	12月15日	中京1200m	GⅡ	ＣＢＣ賞	１番人気	１着	0.1秒差	１位
３歳	６月30日	函館1200m	GⅢ	函館ＳＳ	３番人気	１着	0.3秒差	１位
３歳	６月９日	中京1200m	GⅢ	ファルコンＳ	２番人気	１着	0.2秒差	２位

2003年　３番人気　ビリーヴ　牝５　1010円

前走	３月２日	阪神1200m	GⅢ	阪急杯	２番人気	９着	1.1秒差	Ｘ位
前々走	12月15日	香港1200m	GⅠ	香港スプリント		12着	1.7秒差	
４歳	９月29日	新潟1200m	GⅠ	スプリンターズＳ	１番人気	１着	0.1秒差	２位
４歳	９月８日	阪神1200m	GⅡ	セントウルＳ	１番人気	１着	0.7秒差	１位

2000年　４番人気　キングヘイロー　牡５　1270円

前走	２月20日	東京D1600m	GⅠ	フェブラリーＳ	１番人気	13着	1.6秒差	Ｘ位
前々走	12月19日	中山1200m	GⅠ	スプリンターズＳ	４番人気	３着	0.2秒差	１位
４歳	11月21日	京都1600m	GⅠ	マイルＣＳ	４番人気	２着	0.2秒差	１位
４歳	３月14日	中山1800m	GⅡ	中山記念	１番人気	１着	0.3秒差	２位
４歳	２月７日	東京1600m	GⅢ	東京新聞杯	１番人気	１着	0.5秒差	１位
３歳	10月18日	京都2200m	GⅡ	京都新聞杯	２番人気	２着	0.1秒差	３位
３歳	４月19日	中山2000m	GⅠ	皐月賞	３番人気	２着	0.1秒差	３位
２歳	12月20日	阪神2000m	GⅢ	ラジオたんぱ杯３歳Ｓ	１番人気	２着	0.2秒差	３位
２歳	11月15日	東京1800m	GⅢ	東京スポーツ３歳Ｓ	１番人気	１着	0.4秒差	１位

最後に６歳以上馬。

2015年　４番人気　エアロヴェロシティ　せん７　650円

前走	２月15日	香港1200m	GⅠ	チェアマンズスプリントプライズ	１番人気	２着
前々走	12月14日	香港1200m	GⅠ	香港スプリント	２番人気	１着
６歳	10月26日	香港1200m	GⅡ	プレミアボウル	１番人気	１着
６歳	６月８日	香港1400m	GⅢ	プリンスジュエリー&ウォッチプレミアC	１番人気	２着
６歳	５月25日	香港1200m	GⅢ	シャティンヴァーズ	３番人気	１着

2011年　３番人気　キンシャサノキセキ　牡８　450円

前走	３月５日	中山1200m	GⅢ	オーシャンＳ	２番人気	２着	0.1秒差	１位
前々走	12月18日	阪神1400m	GⅡ	阪神Ｃ	２番人気	１着	0.0秒差	Ｘ位
７歳	10月３日	中山1200m	GⅠ	スプリンターズＳ	３番人気	２着	0.2秒差	３位
７歳	３月28日	中京1200m	GⅠ	高松宮記念	１番人気	１着	0.0秒差	Ｘ位
７歳	３月６日	中山1200m	GⅢ	オーシャンＳ	２番人気	１着	0.0秒差	Ｘ位
６歳	12月20日	阪神1400m	GⅡ	阪神Ｃ	１番人気	１着	0.2秒差	２位
６歳	10月31日	京都1400m	GⅡ	スワンＳ	４番人気	１着	0.0秒差	Ｘ位
５歳	10月５日	中山1200m	GⅠ	スプリンターズＳ	２番人気	２着	0.2秒差	Ｘ位
５歳	７月６日	函館1200m	GⅢ	函館ＳＳ	１番人気	１着	0.1秒差	Ｘ位

2006年　４番人気　オレハマッテルゼ　牡６　930円

前走	２月26日	阪神1400m	GⅢ	阪急杯	１番人気	３着	0.2秒差	Ｘ位
前々走	１月28日	東京1600m	GⅢ	東京新聞杯	２番人気	２着	0.0秒差	Ｘ位
５歳	５月15日	東京1400m	GⅡ	京王杯ＳＣ	５番人気	２着	0.4秒差	Ｘ位

2005年　４番人気　アドマイヤマックス　牡６　1180円

前走	２月27日	阪神1200m	GⅢ	阪急杯	２番人気	４着	0.1秒差	１位
前々走	１月29日	東京D1400m	GⅢ	根岸Ｓ	２番人気	14着	2.4秒差	Ｘ位
５歳	10月23日	東京1600m	GⅢ	富士Ｓ	１番人気	１着	0.2秒差	１位
４歳	６月８日	東京1600m	GⅠ	安田記念	６番人気	２着	0.0秒差	Ｘ位
３歳	９月15日	新潟2200m	GⅡ	セントライト記念	１番人気	２着	0.2秒差	２位
２歳	11月17日	東京1800m	GⅢ	東スポ杯２歳Ｓ	２番人気	１着	0.4秒差	２位

◆２着馬を見つけるのはココで

２着候補を２番人気以下から見つけだすのに便利なツールが僕の作ったハードルです。こちらも【２着穴馬的中シート】を併用して見つけてください。なお、１番人気に応えられなくても２着に来ることはありますので、１番人気馬は無条件で２着候補です。

２番人気以下で２着に入れる馬を浮かび上がらせます

次ページへ ☞

４歳ハードル❶

近２走で３歳以上重賞１番人気

５歳ハードル❷

GⅢ・GⅡ１番人気１着歴か、GⅠ３着以内歴

６歳以上ハードル❸

前走GⅢ・GⅡ連対か、GⅠ連対歴

２番人気以下で２着に入れる馬【２着穴馬的中シート】

条件	馬番 or 馬名
４歳 ハードル❶クリア	
５歳 ハードル❷クリア	
６歳以上 ハードル❸クリア	

過去20年、２番人気以下で２着に入った馬の近２走成績と実績を紹介します。

まず４歳馬から。

2006年	２番人気	ラインクラフト	牝４						
前走	12月18日	阪神1600m	牝馬GⅡ	阪神牝馬Ｓ	１番人気	４着	0.6秒差	X位	逃げ
前々走	11月20日	京都1600m	GⅠ	マイルCS	２番人気	３着	0.2秒差	X位	
３歳	10月16日	京都2000m	牝馬GⅠ	秋華賞	１番人気	２着	0.0秒差	３位	
３歳	９月18日	阪神2000m	牝馬GⅡ	ローズＳ	１番人気	２着	0.1秒差	２位	
３歳	５月８日	東京1600m	GⅠ	NHKマイルC	２番人気	１着	0.3秒差	１位	
３歳	４月10日	阪神1600m	牝馬GⅠ	桜花賞	２番人気	１着	0.0秒差	３位	
３歳	３月13日	阪神1400m	牝馬GⅡ	フィリーズレビュー	１番人気	１着	0.0秒差	２位	

２歳　11月７日　京都1400m　牝馬GⅢ　ファンタジーＳ　２番人気　１着　0.7秒差　２位

2003年　２番人気　サニングデール　牡４
前走　３月２日　阪神1200m　GⅢ　阪急杯　３番人気　２着　0.4秒差　Ｘ位
前々走　２月９日　京都1200m　GⅢ　シルクロードＳ　１番人気　３着　0.3秒差　３位
３歳　12月15日　中京1200m　GⅡ　ＣＢＣ賞　１番人気　１着　0.1秒差　１位
３歳　６月30日　函館1200m　GⅢ　函館ＳＳ　３番人気　１着　0.3秒差　１位
３歳　６月９日　中京1200m　GⅢ　ファルコンＳ　２番人気　１着　0.2秒差　２位
３歳　４月21日　京都1200m　ＯＰ　橘Ｓ　３番人気　１着　0.4秒差　3位　逃げ

次に５歳馬。

2020年　２番人気　グランアレグリア　牝５
前走　12月21日　阪神1400m　GⅡ　阪神Ｃ　１番人気　１着　0.8秒差　１位
前々走　５月５日　東京1600m　GⅠ　ＮＨＫマイルＣ　１番人気　５着　0.3秒差　X位（4位入線）
３歳　４月７日　阪神1600m　牝馬GⅠ　桜花賞　２番人気　１着　0.4秒差　X位　4角先頭
２歳　10月６日　東京1600m　GⅢ　サウジアラビアＲＣ　１番人気　１着　0.6秒差　２位

2017年　２番人気　レッツゴードンキ　牝５
前走　２月18日　京都1400m　牝馬GⅢ　京都牝馬Ｓ　１番人気　１着　0.3秒差　２位
前々走　12月17日　中山1600m　牝馬重賞　ターコイズＳ　６番人気　２着　0.2秒差　１位
４歳　11月３日　川崎Ｄ1600m　牝馬GⅠ　ＪＢＣレディスクラシック　４番人気　２着　0.2秒差　2位　3角先頭
３歳　４月12日　阪神1600m　牝馬GⅠ　桜花賞　５番人気　１着　0.7秒差　3位　逃げ
２歳　12月14日　阪神1600m　牝馬GⅠ　阪神ＪＦ　２番人気　２着　0.1秒差　２位
２歳　11月１日　東京1600m　牝馬GⅢ　アルテミスＳ　１番人気　２着　0.0秒差　２位

2016年　２番人気　ミッキーアイル　牡５
前走　２月28日　阪神1400m　GⅢ　阪急杯　１番人気　１着　0.1秒差　X位　逃げ
前々走　12月13日　香港1200m　GⅠ　香港スプリント　５番人気　７着
４歳　３月１日　阪神1400m　GⅢ　阪急杯　４番人気　２着　0.0秒差　３位
３歳　11月１日　京都1400m　GⅡ　スワンＳ　１番人気　１着　0.1秒差　X位　逃げ
３歳　５月11日　東京1600m　GⅠ　ＮＨＫマイルＣ　１番人気　１着　0.0秒差　X位　逃げ
３歳　３月１日　阪神1600m　GⅢ　アーリントンＣ　１番人気　１着　0.6秒差　3位　逃げ
３歳　１月12日　京都1600m　GⅢ　シンザン記念　１番人気　１着　0.1秒差　3位　逃げ

2011年　４番人気　サンカルロ　牡５
前走　２月27日　阪神1400m　GⅢ　阪急杯　４番人気　１着　0.2秒差　１位
前々走　12月18日　阪神1400m　GⅡ　阪神Ｃ　７番人気　６着　0.4秒差　１位
３歳　12月17日　阪神1400m　GⅡ　阪神Ｃ　11番人気　２着　0.2秒差　２位
３歳　４月11日　中山1600m　GⅡ　ＮＺＴ　１番人気　１着　0.3秒差　１位
３歳　１月31日　東京1400m　ＯＰ　クロッカスＳ　１番人気　１着　0.2秒差　２位

2008年　５番人気　キンシャサノキセキ　牡５
前走　３月２日　阪神1400m　GⅢ　阪急杯　２番人気　５着　0.6秒差　Ｘ位
前々走　１月５日　京都1600m　GⅢ　京都金杯　２番人気　10着　0.7秒差　Ｘ位

※３歳５月７日東京1600mＧⅠＮＨＫマイルＣ６番人気３着0.2秒差２位

2007年　13番人気　ペールギュント　牡５

前走	２月25日	中山1800m	ＧⅡ	中山記念	12番人気	13着	1.4秒差	X位
前々走	２月３日	小倉1800m	ＧⅢ	小倉大賞典	出走取消			
３歳	１月10日	京都1600m	ＧⅢ	シンザン記念	１番人気	１着	0.0秒差	１位
２歳	11月20日	東京1800m	ＧⅢ	東スポ杯２歳Ｓ	２番人気	２着	0.2秒差	X位
２歳	10月16日	京都1600m	ＧⅡ	デイリー杯２歳Ｓ	９番人気	１着	0.2秒差	１位

最後に６歳以上馬。

2019年　12番人気　セイウンコウセイ　牡６

前走	１月27日	京都1200m	ＧⅢ	シルクロードＳ	５番人気	15着	1.3秒差	X位　逃げ
前々走	11月４日	京都Ｄ1200m	ＧⅠ	ＪＢＣスプリント	７番人気	14着	2.4秒差	X位
５歳	６月17日	函館1200m	ＧⅢ	函館ＳＳ	３番人気	１着	0.0秒差	X位　逃げ
５歳	１月28日	京都1200m	ＧⅢ	シルクロードＳ	５番人気	２着	0.3秒差	X位　逃げ
４歳	３月26日	中京1200m	ＧⅠ	高松宮記念	５番人気	１着	0.2秒差	３位
５歳	１月29日	京都1200m	ＧⅢ	シルクロードＳ	４番人気	２着	0.0秒差	X位

2018年　３番人気　レッツゴードンキ　牝６

前走	２月18日	東京Ｄ1600m	ＧⅠ	フェブラリーＳ	10番人気	５着	0.7秒差	X位
前々走	12月10日	香港1200m	ＧⅠ	香港スプリント	３番人気	６着		
５歳	10月１日	中山1200m	ＧⅠ	スプリンターズＳ	５番人気	２着	0.0秒差	３位
５歳	３月26日	中京1200m	ＧⅠ	高松宮記念	２番人気	２着	0.2秒差	１位
５歳	２月18日	京都1400m	牝馬ＧⅢ	京都牝馬Ｓ	１番人気	１着	0.3秒差	２位
４歳	12月17日	中山1600m	牝馬重賞	ターコイズＳ	６番人気	２着	0.2秒差	１位
４歳	11月３日	川崎Ｄ1600m	牝馬ＧⅠ	ＪＢＣレディスクラシック	４番人気	２着	0.2秒差	2位　3角先頭
３歳	４月12日	阪神1600m	牝馬ＧⅠ	桜花賞	５番人気	１着	0.7秒差	3位　逃げ
２歳	12月14日	阪神1600m	牝馬ＧⅠ	阪神ＪＦ	２番人気	２着	0.1秒差	２位
２歳	11月１日	東京1600m	牝馬ＧⅢ	アルテミスＳ	１番人気	２着	0.0秒差	２位

2015年　６番人気　ハクサンムーン　牡６

前走	３月７日	中山1200m	ＧⅢ	オーシャンＳ	１番人気	２着	0.1秒差	X位　逃げ
前々走	12月27日	阪神1400m	ＧⅡ	阪神Ｃ	11番人気	18着	1.6秒差	X位　逃げ
５歳	９月14日	阪神1200m	ＧⅡ	セントウルＳ	１番人気	２着	0.2秒差	X位
４歳	９月29日	中山1200m	ＧⅠ	スプリンターズＳ	２番人気	２着	0.1秒差	X位　逃げ
４歳	９月８日	阪神1200m	ＧⅡ	セントウルＳ	２番人気	１着	0.0秒差	3位　逃げ
４歳	７月28日	新潟1000m	ＧⅢ	アイビスＳＤ	１番人気	１着	0.1秒差	1位　逃げ
４歳	６月30日	中京1200m	ＧⅢ	ＣＢＣ賞	２番人気	２着	0.0秒差	X位　逃げ
３歳	11月24日	京都1200m	ＧⅢ	京阪杯	10番人気	１着	0.0秒差	X位　逃げ

2014年　８番人気　スノードラゴン　牡６

前走	３月８日	中山1200m	ＧⅢ	オーシャンＳ	11番人気	２着	0.2秒差	１位
前々走	２月２日	東京Ｄ1400m	ＧⅢ	根岸Ｓ	７番人気	11着	0.7秒差	X位
５歳	12月８日	中山Ｄ1200m	ＧⅢ	カペラＳ	７番人気	２着	0.0秒差	３位

2013年　２番人気　ドリームバレンチノ　牡６

前走	１月27日	京都1200m	ＧⅢ	シルクロードＳ	２番人気	１着	0.0秒差	Ｘ位
前々走	９月30日	中山1200m	ＧⅠ	スプリンターズＳ	９番人気	３着	0.2秒差	３位
５歳	６月17日	函館1200m	ＧⅢ	函館ＳＳ	２番人気	１着	0.1秒差	２位

2012年　３番人気　サンカルロ　牡６

前走	２月26日	阪神1400m	ＧⅢ	阪急杯	１番人気	３着	0.3秒差	２位
前々走	12月17日	阪神1400m	ＧⅡ	阪神Ｃ	４番人気	１着	0.0秒差	２位
５歳	３月27日	阪神1200m	ＧⅠ	高松宮記念	４番人気	２着	0.2秒差	１位
５歳	２月27日	阪神1400m	ＧⅢ	阪急杯	４番人気	１着	0.2秒差	１位
３歳	12月17日	阪神1400m	ＧⅡ	阪神Ｃ	11番人気	２着	0.2秒差	２位
３歳	４月11日	中山1600m	ＧⅡ	ＮＺＴ	１番人気	１着	0.3秒差	１位

2010年　６番人気　ビービーガルダン　牡６

前走	２月28日	阪神1400m	ＧⅢ	阪急杯	１番人気	７着	0.6秒差	Ｘ位
前々走	11月３日	名古屋Ｄ1400m	ＧⅠ	ＪＢＣスプリント	２番人気	６着	2.0秒差	Ｘ位
５歳	10月４日	中山1200m	ＧⅠ	スプリンターズＳ	２番人気	２着	0.0秒差	Ｘ位
５歳	８月30日	札幌1200m	ＧⅢ	キーンランドＣ	２番人気	１着	0.4秒差	Ｘ位
５歳	３月１日	阪神1400m	ＧⅢ	阪急杯	７番人気	１着	0.2秒差	２位
４歳	８月31日	札幌1200m	ＧⅢ	キーンランドＣ	２番人気	２着	0.1秒差	Ｘ位　逃げ

2005年　６番人気　キーンランドスワン　牡６

前走	２月27日	阪神1200m	ＧⅢ	阪急杯	７番人気	１着	0.0秒差	Ｘ位
前々走	２月６日	京都1200m	ＧⅢ	シルクロードＳ	７番人気	15着	1.2秒差	Ｘ位
５歳	９月12日	阪神1200m	ＧⅢ	セントウルＳ	３番人気	２着	0.2秒差	２位
５歳	２月８日	京都1200m	ＧⅢ	シルクロードＳ	１番人気	１着	0.1秒差	Ｘ位

2002年　２番人気　アドマイヤコジーン　牡６

前走	２月24日	阪神1200m	ＧⅢ	阪急杯	２番人気	１着	0.6秒差	３位
前々走	１月27日	東京1600m	ＧⅢ	東京新聞杯	10番人気	１着	0.1秒差	Ｘ位
２歳	12月13日	中山1600m	ＧⅠ	朝日杯３歳Ｓ	１番人気	１着	0.0秒差	１位
２歳	11月21日	東京1800m	ＧⅢ	東スポ杯３歳Ｓ	１番人気	１着	0.2秒差	１位

2001年　３番人気　ブラックホーク　牡７

前走	２月25日	阪神1200m	ＧⅢ	阪急杯	１番人気	２着	0.1秒差	１位
前々走	12月16日	中京1200m	ＧⅡ	ＣＢＣ賞	２番人気	２着	0.2秒差	３位
６歳	９月10日	阪神1200m	ＧⅢ	セントウルＳ	１番人気	２着	0.0秒差	２位
６歳	５月14日	東京1400m	ＧⅡ	京王杯ＳＣ	２番人気	２着	0.3秒差	Ｘ位
６歳	２月27日	阪神1200m	ＧⅢ	阪急杯	１番人気	１着	0.2秒差	１位
５歳	12月19日	中山1200m	ＧⅠ	スプリンターズＳ	２番人気	１着	0.0秒差	２位
５歳	10月30日	京都1400m	ＧⅡ	スワンＳ	１番人気	１着	0.3秒差	１位
５歳	８月８日	新潟1600m	ＧⅢ	関屋記念	３番人気	２着	0.4秒差	Ｘ位
４歳	４月11日	中山1600m	ＧⅢ	ダービー卿ＣＴ	２番人気	１着	0.3秒差	１位

【爆勝的中シート】のご案内

次ページ以降に掲載してあるのは、2020年10月に行われた古馬ＧⅡ『京都大賞典』において皆さんに配布した

【１番人気的中シート】

【１着穴馬的中シート】

【２着穴馬的中シート】

【買い方シート】

です。ご覧ください。

参考　2020年　GⅡ　京都大賞典
1番人気で勝てる馬【1番人気的中シート】

1番人気で勝てる馬を浮かび上がらせます

注意：ハードルはすべて3歳以上戦

4歳ハードル❶
2400m以上GⅠ馬

5歳ハードル❷
2200m以上GⅠ「1着歴か、2着歴2回」(3歳戦1回は可)

6歳大前提
当年2勝以上

6歳ハードル❸
2500m以上GⅠ連対歴（負けていても0.1秒）か、
菊花賞馬

年度	京都大賞典の1番人気候補馬	性齢	4歳ハードル❶	5歳ハードル❷	6歳大前提	6歳、ハードル❸	判定
2020	キングオブコージ	牡4	×				×
2020	グローリーヴェイズ	牡5		◎			◉
2020	キセキ	牡6			×	◎	×

◆１番人気が飛ぶとわかったらココへ

１番人気が「負ける」とわかったら、２番人気以下の馬から勝つ馬を見つけます。ハードルを越えた馬しか勝ちませんので、【１着穴馬的中シート】を利用して見つけだしてください。

２番人気以下で勝てる馬を浮かび上がらせます

注：ハードルはすべて３歳以上戦（菊花賞は除く）

４歳ハードル❶
前走重賞「１番人気か、上がり１位」、かつ、「重賞１番人気完勝歴か、菊花賞馬」

５歳ハードル❷
2200ｍ以上ＧⅠ馬か、１年以内に重賞連対歴

６歳以上ハードル❸
重賞１着歴、かつ、「前走重賞１番人気か、１年以内にオープン１着歴」

２番人気以下で勝てる馬【１着穴馬的中シート】

条件	馬番 or 馬名
４歳 ハードル❶クリア	キングオブコージ
５歳 ハードル❷クリア	アイスバブル、グローリーヴェイズ、ステイフーリッシュ、タイセイトレイル
６歳以上 ハードル❸クリア	パフォーマプロミス、モンドインテロ、アルバート

2着馬を見つけるのはココで

では、2着候補を2番人気以下から見つけたいと思います。それを手助けするのが大前提とハードルです。こちらも【2着穴馬的中シート】を使って見つけてください。
なお、1番人気に応えられなくても2着に来ることはありますので、1番人気馬は無条件で2着候補です。

2番人気以下で2着に入れる馬を浮かび上がらせます

4歳ハードル❶
前走3勝クラス以上1番人気1着か、重賞連対歴か、菊花賞4着以内

5歳ハードル❷
2200m以上GⅡ以上3着以内歴2回以上（ただし1回は当年）

6歳以上大前提
1年以内に「重賞3着以内歴か、オープン特別2勝歴」

6歳以上ハードル❸
2000m以上重賞2勝歴か、
2400m以上「重賞連対歴3回以上か、
GⅠ連対歴（負けていても0.0秒）**」**

2番人気以下で2着に入れる馬【2着穴馬的中シート】

条件	馬番 or 馬名
4歳 ハードル❶クリア	カセドラルベル、キングオブコージ
5歳 ハードル❷クリア	アイスバブル、（グローリーヴェイズ）、ステイフーリッシュ
6歳以上 大前提クリア	アルバート、キセキ、ドゥオーモ、パフォーマプロミス、モンドインテロ
6歳以上 ハードル❸クリア	アルバート、キセキ、パフォーマプロミス

単勝・馬単・3連単【買い方シート】

単勝		馬単		3連単
1着固定		2着候補7頭		3着候補7頭
グローリーヴェイズ		カセドラルベル		カセドラルベル
		キングオブコージ		キングオブコージ
		アイスバブル		アイスバブル
※グローリーヴェイズが1番人気になったときは、このシートを使ってください。	➡	ステイフーリッシュ	➡	ステイフーリッシュ
		キセキ		キセキ
		パフォーマプロミス		パフォーマプロミス
		アルバート		アルバート

単勝		馬単		3連単
1着固定		2着候補8頭		3着候補8頭
キングオブコージ		カセドラルベル		カセドラルベル
アイスバブル		キングオブコージ		キングオブコージ
グローリーヴェイズ		アイスバブル		アイスバブル
ステイフーリッシュ	➡	ステイフーリッシュ	➡	ステイフーリッシュ
タイセイトレイル		キセキ		キセキ
		パフォーマプロミス		パフォーマプロミス
		アルバート		アルバート
		1番人気馬		1番人気馬

ステルス佐藤の投資法

5歳馬グローリーヴェイズが1番人気になった際は同馬が勝ちます。単勝100%投資です。馬単、3連単は上段のシートを参考に遊びで買ってください。

4歳馬キングオブコージか6歳馬キセキが1番人気になった際は、2番人気以下から勝つ馬が現れます。今年は8頭がハードルをクリアしていますが、8歳馬のパフォーマプロミスとモンドインテロ、9歳馬のアルバートは1着は厳しいと思いますので1着候補から消去し、5頭を候補とします。もしそのなかのキングオブコージが1番人気になった場合、同馬は負けますので単勝は買わないでください。馬単、3連単は下段のシートを参考に遊びで買ってください。

投資は単勝馬券のみ。馬単、3連単はギャンブルであることをお忘れなく。

僕は、レースの直前予想を本書の主旨に則って発表していますので、是非ご利用ください。
【爆勝的中シート】に記入する時間や暇がない方、買い目を知りたい方などに、ハンデ戦を除く重賞を主に提供しています。

では、ステルス佐藤の次回作「2021年4月～7月の重賞版」でまたお会いしましょう！

カバーデザイン■渡川光二
イラスト■ NiklsN/Shutterstock.com
■ MicroOne/Shutterstock.com

メモするだけで
単勝・馬単・3連単が
浮かび上がる！

爆勝的中シート

2020年11月8日　初版第1刷発行

著　者　　ステルス佐藤
発行者　　池田雅行
発行所　　株式会社ごま書房新社
〒101-0031
東京都千代田区東神田1丁目5番5号マルキビル7F
TEL：03-3865-8641
FAX：03-3865-8643
http://gomashobo.com/

印刷・製本　精文堂印刷株式会社

ISBN978-4-341-08776-0 C0075